本册撰稿：

李文才　周　鼎

王　旭　胡耀飞

国家出版基金项目
NATIONAL PUBLICATION FOUNDATION

"十四五"时期国家重点出版物出版专项规划项目

扬州通史

《扬州通史》编纂委员会 编

王永平 总主编

隋唐五代卷 上

李文才 主编

广陵书社

图书在版编目（CIP）数据

扬州通史. 隋唐五代卷 / 《扬州通史》编纂委员会编；王永平总主编；李文才主编. -- 扬州：广陵书社，2023.3
ISBN 978-7-5554-2071-2

Ⅰ. ①扬… Ⅱ. ①扬… ②王… ③李… Ⅲ. ①扬州－地方史－隋唐时代②扬州－地方史－五代(907-960) Ⅳ. ①K295.33

中国国家版本馆CIP数据核字(2023)第030667号

书　　名	扬州通史：隋唐五代卷
编　　者	《扬州通史》编纂委员会
总 主 编	王永平
本卷主编	李文才
出 版 人	曾学文
责任编辑	胡　珍　方慧君
出版发行	广陵书社

扬州市四望亭路 2-4 号　　　邮编　225001
（0514）85228081（总编办）　　85228088（发行部）
http://www.yzglpub.com　　E-mail : yzglss@163.comm

印　　刷	常州市金坛古籍印刷厂有限公司
开　　本	720毫米 × 1020毫米　1/16
印　　张	69
字　　数	1200千字
版　　次	2023年3月第1版
印　　次	2023年3月第1次印刷
标准书号	ISBN 978-7-5554-2071-2
定　　价	290.00元

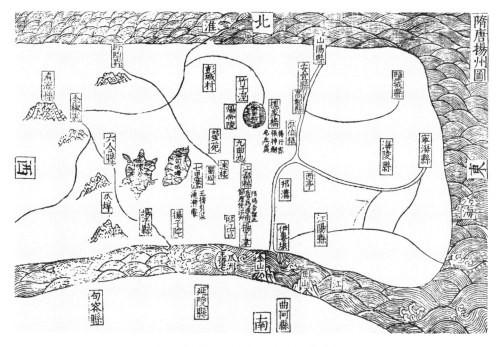

隋唐扬州图（选自《嘉靖惟扬志》）

曹庄隋唐墓（隋炀帝墓）

隋炀帝萧后凤冠（复原后复制品）

1965年出土于泰安乡金湾坝工地的唐打马球铜镜

唐代石塔寺遗存

瓜洲古渡

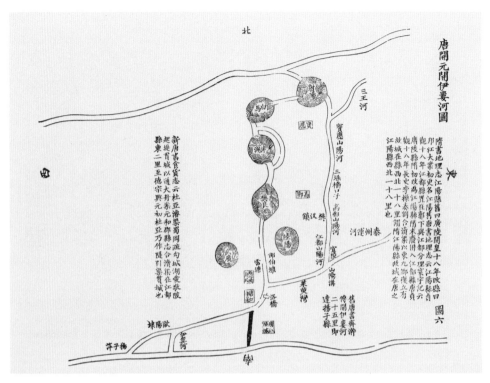

唐开元开伊娄河图（选自《扬州水道记》）

1960年出土于扬州南郊施桥挖河工地的唐代竞渡船

唐高僧鉴真坐禅像　　　　　　　　　　崔致远像

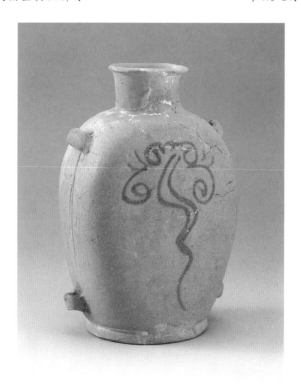

1980 年出土于扬州东风砖瓦厂的唐青釉绿彩阿拉伯文扁壶

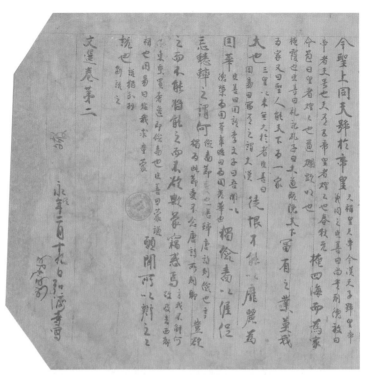

李善《文选注》书影（法国国家图书馆藏敦煌写本）

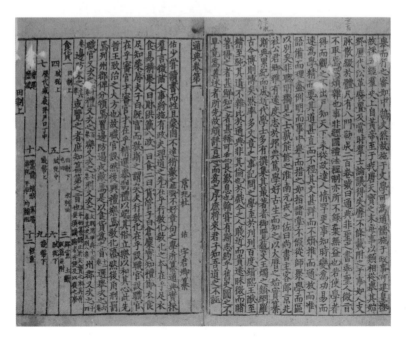

北宋刻本《通典》书影（日本宫内厅藏）

1975 年出土于杨庙公社蔡庄寻阳公主墓的木雕曲颈琵琶

1975 年出土于杨庙公社蔡庄寻阳公主墓的木雕双人首蛇身俑

唐故范阳卢府君墓志铭并序

康周行大都功版（杨吴顺义四年，924）

1990年出土于西湖乡五代墓的南唐木地券

坚持历史自信　拥抱辉煌未来

——《扬州通史》序

　　《扬州通史》正式出版，这是扬州人民在推进中国式现代化征途上文化建设中的一件大事。可喜可贺！

　　2020 年 11 月，习近平总书记视察扬州时称赞："扬州是个好地方，依水而建、缘水而兴、因水而美，是国家重要历史文化名城。""特别是文明、文化、历史古城，在全国都很有分量。"

　　扬州有着悠久而深厚的历史文化。早在距今约 7000—5000 年间，就有土著先民繁衍生息于其间，新石器时代的龙虬庄文化成为江淮大地的文明之光。夏商周时期，扬州先是作为南北文化交流的走廊和过渡地带，继有干（邗）国活跃于此，虽然至今尚缺少充分的干（邗）国考古资料，但历朝历代众多的遗存器物、制度无不打上"邗"的印记，可见影响之巨。而公元前 486 年"吴城邗，沟通江淮"，则成为扬州有文字记载的历史的开篇。由此至中华人民共和国成立前的 2400 余年，综合政治、经济、社会、文化诸因素，扬州历史发展的脉络大致可以分为几个阶段：先秦起步发展期——汉代初步兴盛期——魏晋南北朝融合发展期——隋唐鼎盛发展期——宋元明起伏发展期——清代前中期全面繁盛发展期——晚清民国转型发展期。

　　扬州的历史命运从来都是与国家、民族的命运紧密相联的，正如钱穆《中国近三百年学术史》所言："扬州一地之盛衰，可以觇国运。"扬州对于中国政治、经济、社会、文化等许多方面都有过特殊贡献。

　　以政治而言，广陵人召平矫诏命项梁渡江，为亡秦立下首功；董仲舒为江都相十年,提倡"正谊明道",政风影响后世;谢安以广陵为基地,命谢玄训练北府兵,与苻坚决战于淝水,大获全胜,后移镇广陵,治水安民,筹备北伐,遗爱千秋;杨广经营江都,为隋唐扬州的繁盛奠定了基础;康、乾二帝南巡,推动了扬州经济文化的发达和政治地位的提升。

以经济而言,播在人口的是汉代广陵"才力雄富",唐代扬州"扬一益二",清代两淮盐业"动关国计"。特别是大运河的开通,使扬州成为东南财赋重地;邗沟第一锹的意义,经济大于军事。

以社会而言,"江都俗好商贾",渔盐之利、商贸之利,造就了城市,更造就了人。扬州较早出现商人和士民两大阶层,率先突破坊市分区制度,为其他城市起到了示范作用。

以文化而言,从古到今,从官到民,扬州士农工商各阶层对文化都有着特殊的敬畏与爱好;在学术、艺术、技术的各个领域、各个门类多能自成一派,独树一帜,都有在全国堪称一流的代表人物,有些技艺"扬州工"成为公认的标识。中国文化史上,不少大事都发生在扬州。扬州虽然地处江北,却被视为江南文化的代表性城市之一。更重要的是,两汉、隋唐、清代在扬州周边地区客观存在着一个以河、漕、盐、学为纽带的扬州文化圈。

以对外交往而言,汉唐以来,扬州曾经是陆上丝绸之路和海上丝绸之路的连接点,成为对外交往最广泛、最频繁的地区之一,以波斯、大食人为主的"胡商",日本遣唐使和留学人员,朝鲜半岛在华的文化名人,欧洲传教士、一赐乐业犹太人的定居者及有关活动家,都在扬州留下了历史的印迹。扬州本地人也不畏艰险地走向国外,传播中华文化。扬州无愧为中外交流、文明互鉴的窗口。

以城池而言,扬州城遗址大体分为蜀冈古代城址和蜀冈下城址两部分。扬州虽迭经兴衰成败,但历代城池都未偏离过这块土地。蜀冈古代城址始于春秋,历经两汉、六朝、隋唐至南宋晚期;蜀冈下城池始于唐代,沿用至明、清,这两部分构成了一部完整的扬州城遗址的通史。正因其特有的价值,故被国家列入大遗址保护名录。

在漫长的历史岁月中,扬州涌现出众多彪炳千秋的仁人志士、英雄豪杰,大量脍炙人口的名篇佳作、诗文著述,不少惊心动魄的军事、政治、文化大事与盛事,无数巧夺天工的工艺制品。这些可观、可触、可闻、可用的载体背后,折射出来的是一个城市的深沉的文化力量,是一个城市得以绵延发展、永葆生机活力的遗传基因。特别是鉴真东渡传法的献身精神、史可法舍身护城的浩然正气、朱自清宁可饿死不领美国救济粮的爱国气节等,已成为炎黄子孙民族精神的代表,被列入中华民族的精神谱系,万世景仰。

　　清代思想家龚自珍在《尊史》一文中说:"出乎史,入乎道。欲知大道,必先为史。"扬州一直有着尊史的传统,官员、学者都力求为扬州一地留下信史。远在汉代,即有王逸撰《广陵郡图经》,三国两晋时有华融的《广陵烈士传》、逸名的《广陵耆旧传》《江都图经》等,可惜多已不存。唐宋时期崔致远的《桂苑笔耕集》、王观的《扬州赋》、陈洪范的《续扬州赋》等,虽以诗文名,而其史料价值更为重要。李善《文选注》征引经史子集图书一千余种,保存了众多已亡佚古籍的重要资料。明代方志勃兴,扬州府及所属州县修成志书三十多种,宋代扬州诸多志书如《扬州图经》《广陵志》《仪征志》《高邮志》等也赖以留下蛛丝马迹。《两淮运司志》是最早的区域性盐业史专著。清代扬州学人以朴学为标识,把清代学术推向高峰,如张舜徽《清代扬州学记》所云:"无扬州之通学,则清学不能大。"他们研究的重点是经学,但"辨章学术,考镜源流",同样体现出他们自觉的史学意识。阮元的《儒林传稿》、江藩的《汉学师承记》《宋学渊源记》等其实皆为学术史专著。他们最值得称道的是对方志学的贡献。乾嘉道时期,扬州学派的一些著名人物,如王念孙、汪中、刘台拱、朱彬、江藩、焦循、阮元、王引之、刘文淇、刘宝楠等,直至刘师培,大多直接从事过地方志书的编修。王念孙的《〔乾隆〕高邮州志》,江藩、焦循等参与的《〔嘉庆〕重修扬州府志》,刘文淇、刘毓崧父子重修《〔道光〕仪征县志》,刘寿曾纂修《〔光绪〕江都县续志》等,都被视为名志。焦循的《北湖小志》、董恂的《甘棠小志》影响也很大。

　　虽然说,方志可称为"一方之史",但毕竟不同于史。前人有所谓"县志盖一国之书,其视史差易者三",曰"书约则易殚,地狭则易稽,人近则易辩"(清施闰章《安福县志序》)。或曰:"志与史不同,史兼褒诛,重垂戒也;

志则志其佳景奇迹、名人胜事,以彰一邑之盛。"(程大夏《〔康熙〕黎城县志叙例》)故相较而言,历代扬州学人编著地方通史者不多。清代仅汪中一人有《广陵对》,以文学笔调简述扬州贤杰对国家的贡献以及扬州之精神。朱珪称赞:"善乎,子之张广陵也!辞富而事核,可谓有征矣。"江藩云:"《广陵对》三千余言,博征载籍,贯穿史事,天地间有数之文也。"汪中更有《广陵通典》,以编年形式概述扬州史之大纲,始于吴王夫差城邗沟,止于唐昭宗乾宁元年杨行密割据扬州。梁启超《中国近三百年学术史》评价:"此书极佳,实一部有断制之扬州史。"惜其未能完稿。后之人虽欲续之,但有心无力。新中国成立后,百业待举,百废待兴,间有此议,亦终未果。

进入新时期,国力日强,文化日盛,撰修《扬州通史》的条件渐次成熟:《扬州地方文献丛刊》《清宫扬州御档》《扬州文库》等文献资料整理出版,提供了良好的文献基础;考古事业的发展,大量遗址文物的出土,提供了有力的历史实物证据;《唐代扬州史考》《扬州八怪人物传记丛书》《扬州学派人物评传》《扬州文化丛书》《扬州史话丛书》《江苏地方文化史·扬州卷》等成果的涌现,作了较好的前期铺垫;扬州文化研究会和扬州大学中国史学科聚集了一批有志于扬州历史文化研究的学者,实现了扬州地方和高校力量的有效整合,培育了一批专业化的研究骨干力量;更重要的是,党和国家重视弘扬中华优秀传统文化,盛世修典的大气候、大环境已经形成,为区域历史文化研究提供了最可靠的政治保障和学术支撑。可以说,市委、市政府作出编撰《扬州通史》的决定是顺应形势、水到渠成的。

为此,扬州市成立了由市委、市政府主要负责同志为主任、各有关部门和扬州大学负责同志组成的《扬州通史》编委会,聘请了学术顾问和总主编,采用市、校合作形式,编委会负责内容把关和总体把握,委托扬州大学社会发展学院负责项目实施,市委宣传部负责协调,广陵书社负责出版。明确分工,各负其责。经过五年努力,各位学者精心结撰,反复打磨,终于向世人捧出了扬州历史上第一部真正意义上的通史著作《扬州通史》。

《扬州通史》大致以扬州现辖行政区划为地理范围,根据扬州历史特点,分为《先秦秦汉魏晋南北朝卷》《隋唐五代卷(上下册)》《宋代卷》《元明卷》

《清代卷(上下册)》《中华民国卷》等六卷八册,总计400余万字。此书以时代为经,以城池、事件、人物为纬,勾勒扬州自先秦至民国两千多年的历史演进脉络,综合政治、军事、经济、社会、文化等诸多内容,兼及自然地理条件变化,突出扬州各个历史时期的主要特点,努力探求历代治乱兴衰之由,以为镜鉴。总体上看,《扬州通史》体例完整,写作规范,资料丰富,史论结合,编校精严,印制精美,是一部具有一定学术水准与可读性,能够站得住、留得下的史学著作。

《扬州通史》的编辑出版告一段落,如何运用这一部新的史著,充分发挥其应有的作用,为当代的中国式现代化事业服务,是摆在我们面前的一项重要任务。

我们党历来十分重视历史,重视鉴古知今,征往训来。对于历史的学习和认知,有种种态度,我们坚决反对怀疑和否定流传几千年的中华优秀传统文化、否定中国历史发展创造的文明成果、否定中国共产党领导人民取得的丰功伟绩,反对迎合"西方中心论"的历史虚无主义;坚决纠正言必称古、似是而非,甚至错把糟粕当精华的厚古薄今的不良倾向;坚决反对在区域历史文化研究中,束书不观,游谈无根,罔顾历史事实,牵强附会、任意拔高的乡土自恋情结;也注意克服以搜集历史上一鳞半爪的奇闻逸事,以供茶余饭后谈资为旨趣的浅表式、碎片化的史学态度。我们大力提倡立足客观事实,对历史过程、历史事件、历史人物进行"原始察终""由表及里""由浅入深",把感性认识上升到理性高度,把历史认识变为历史真知,从而增强历史自信。我们之所以强调历史自信,因为它来自于历史,植根于历史,又映照现实,指引未来,对于道路自信、理论自信、制度自信和文化自信,具有历史支撑和精神滋养作用。

在学习中,要通过阅读《扬州通史》,分析扬州在中华文明史上的地位和作用,加深对习近平新时代中国特色社会主义思想和习近平总书记视察扬州重要讲话指示精神的全面、系统、深刻的理解,增强爱国、爱乡的家国情怀;通过对中华文明的突出特征(连续性、创新性、统一性、包容性、和平性)在扬州历史上体现的分析研究,加深对"两个结合",即把马克思主义基本原理同中国具体实际相结合、同中华优秀传统文化相结合重大意义的理解，增强建设中华民族现代文明的强大动力；通过对扬州历史治乱兴衰，特别是对汉、唐、清三度辉煌史实的剖析，加深对社会发展规律的认识，增强在国家治理大框架下发挥敢于作为的积极性和主动性；通过对在重大历史转折点上扬州种种表现的考察，加深对当前正面临百年未有之大变局的认识，增强危机意识和抗击风险的能力。

　　总之，要学习历史，尊重历史，总结历史，敬畏历史，树立历史自信，把握历史主动，担负起时代赋予我们的历史使命，运用历史智慧，去创造新的历史，实现中华民族伟大复兴，构建人类文明新形态。我们有理由相信，扬州的明天一定更加灿烂辉煌！

《扬州通史》编纂委员会

2023 年 3 月

导　言

　　"扬州"之名称，最早见于先秦时期的《尚书·禹贡》："淮、海惟扬州……沿于江、海，达于淮、泗。"传说大禹治水后，按山川形变与土地物产，将天下划分为九州以定贡赋，扬州则居其一。这里的"扬州"，所指为北达淮河，东南抵海，涵盖长江下游的广大地区，大体与今江苏、安徽两省淮水以南及浙江、江西、福建三省相当。汉武帝以先秦九州为基础设十三刺史部，以为监察区，汉灵帝增刺史权重，改监察区为高层行政区，迨至南北朝，皆设"扬州"。但无论从地理方位、地域广狭，抑或区域性质等角度而言，隋代以前的"扬州"与当今的扬州都不能简单地直接对应。

　　今扬州得名始于隋代。春秋以来，该地域曾相继附属吴、越；战国一度属楚国；秦统一后，先后属薛郡、东海郡。西汉初先后属荆国、吴国，汉景帝时更名江都国，汉武帝时更名广陵国。东汉以后称广陵郡，隶属徐州。南朝刘宋元嘉中侨置南兖州于广陵郡，北齐改为东广州，后周称吴州。隋开皇九年（589）平陈，改为扬州，作为一级统县政区，自此扬州遂为本地专名——虽然隋炀帝大业年间与唐玄宗天宝年间一度称广陵郡，唐高祖武德年间一度称兖州、邗州，五代杨吴时期一度称江都府，明代初期称为淮海府、维扬府，但千余年来，则以称扬州为常态；除元代置扬州路外，隋以后的扬州皆为统县政区。历代扬州辖境盈缩不定，区划沿革变动较为频繁，但历代幅员基本处于长江北岸、江淮平原南端。今扬州辖广陵、邗江、江都3个区与宝应县，代管仪征、高邮2个县级市。

　　就地形地貌而言，扬州地处江淮下游平原，是长江下游北岸的三角洲区与宁镇扬丘陵区的交接地带，地势西北高、东南低。除了今仪征市的大部分地区为丘冈、丘陵地貌，其余皆为江淮冲积平原，地势平坦。千百年来，扬州地区的地质地貌没有发生实质性的变化,值得留意的局部变化有两个方面:(一)约距今7500年以前,由于海面的上升,今扬州、镇江为长江入海口处,随着长江泥沙的堆积,长江三角洲逐步向东发育,扬州东境不断拓展,江口东移,扬州经历了由滨海转为内陆地区的过程。(二)扬州地域江中沙洲的积长,蜀冈以南滩涂地的发育,导致扬州南境的拓展,江面渐狭。

就气候而言,扬州地处北亚热带气候向温带季风性气候的过渡区,东受海洋气候、西受内陆气候交错影响,温和湿润,四季分明,雨量充沛,光照充足,雨热同季。盛行风向随季节有明显变化,夏季多为从海洋吹来的湿热东南风和东风,冬季盛行干冷的偏北风。历史上扬州的气候经历过阶段性的冷暖交替,与中国历史上的气候变迁基本同步。气候变化,对人类最直接的影响是农业生产和生活方式的变动。就历史的宏观走向来看,全域性的气候变化造成社会局势变动,扬州区域历史面貌与进程亦深受影响。

地形地貌的沧海桑田,气候的冷暖升降,短时间内也许难以察觉,但其社会影响确实潜移默化地发生着。正是在这样的地理环境所提供的空间舞台上,一代又一代的扬州先民生生不息,不断推衍其人文历史的兴替变革,上演了丰富多彩的历史话剧,绘就了灿烂辉煌的历史画卷。

一、先秦至魏晋南北朝时期的扬州

至今可以证实扬州地区已有先民聚集、生活的历史始于新石器时代中期。龙虬庄遗址的发现,表明当时形成了面积广阔、覆盖江淮东部的"龙虬庄文化",距今约7000—5000年,具有南北过渡地带的文化特征。当时江淮东部的人类生活,在采集与渔猎经济、原始农业和畜牧业、原始手工业和商业等方面都有所表现。从社会形态看,"龙虬庄文化"的第二期大约处于母系氏族社会的繁荣阶段,第三期则处于母系氏族社会的衰落阶段,缓慢地向父系氏族社会过渡。新石器时代晚期,当各地逐渐步入父系氏族社会时,江淮东部因海侵处于千年之久的空白期,出现了父系氏族社会的缺环,此后受到王油坊类型的龙山文化影响,氏族社会逐渐解体,从而跨越文明时代的门槛。

大约距今4000年前后至西周时期,原居于山东一带的"东夷"不断南下,占据了江淮东部地区,史称"九夷"。夏朝末年,在江淮东部出现了一个"干辛邦"的方国,与后来的"干国"可能有名号继承的关系。商朝时期,江淮东部形成了"夷方"联合体,周初太伯、仲雍奔吴,在宁镇地区建立吴国,"夷方"二十六邦建立夷系"干国",以对抗西周的"大吴"战略。夏商西周时期,居住在江淮东部的"九夷""夷方""干国"及"徐国",都是独立于中原王朝的"外服"邦国,所呈现的地域特色是夷文化。干国的核心区域当在江淮之间。公元前584年前后,吴(邗)王寿梦占据江淮东部。公元前486年,吴(邗)王夫差"城邗,沟通江、淮",北上争霸。战国初,越灭吴,江淮东部属越国。战国后期,楚败越国,占领江淮东部。秦统一前,江淮东部处于各国相争的前沿地带,受到诸国政策的影响,其社会风尚在保持"东夷"旧习的基础上,呈现出多元杂糅的特点。

秦汉时期是中国历史上社会发展的一个高峰期,扬州地区随之进入第一个兴盛时期。

在区域政治地位与影响方面,秦朝末年,陈胜、吴广领导的第一次全国性大规模民变在大泽乡(今属安徽宿州)暴发,东楚刘邦、项羽和召平、陈婴等纷起响应。陈婴等于盱眙立楚怀王孙心,项羽一度打算建都于江都,凸显扬州南达吴会、北通淮河的地理区位优势,可谓东楚的核心区域。西汉建立后,先后设置荆国、吴国,管控大江南北的3郡53县。"吴楚七国之乱"后,汉景帝采用削藩之策,设江都国,其后该地区或为广陵郡,或为广陵国,至东汉明帝废除广陵王刘荆,改国为郡,直到东汉末年未再变更。两汉时期,扬州始终是郡、国的政治、经济、文化中心。西汉初期,对诸侯国实行相对宽松的政策,吴王刘濞扩张军政势力,开创其"全盛之时";后朝廷对江都国和广陵国加强控制,迭经废立,辖域日蹙,西汉后期的广陵郡仅辖4县。东汉中后期,在广陵太守马棱、张纲、陈登等人治理下,江淮东部呈现出持续发展的态势。整体而言,两汉时期扬州地区政治、社会秩序较为稳定。

秦汉时期扬州经济显著发展。吴王刘濞在位四十余年,充分利用"海盐之饶,章山之铜"等资源优势和王国特权,冶铜煮盐,开运盐河,颁行钱币,国用富饶,百姓无赋,区域经济得到了前所未有的发展,一度成为全国翘楚。汉武帝时强化中央集权,盐铁官营,对扬州经济有所影响。东汉章帝时推行官营政策,广陵太守马棱"奏罢盐官,以利百姓",促使朝廷调整政策,官营、民营并行。铁器、牛耕逐渐推广,农业技术日益更新,水利事业成就卓著,对农业生产与交通运输具有促进作用。当时扬州的冶铁、铸铜、煮盐和漆器、玉器业等都得到了空前的发展;城市商业繁荣,吴王刘濞时的广陵城,"城周十四里半",所属各县城也在汉初"县邑城"的基础上逐渐形成规模。

秦汉时期扬州文化卓有建树。作为汉代新儒学开创者之一的董仲舒曾任江都王国相,传播儒学,推行教化。为维护"大一统",董仲舒倡导"独尊儒术",对中国历史影响深远。董仲舒主张"立学校之官",倡导文化教育,"正谊明道",任江都相期间当有所实践,故扬州"绩传董相"。吴王刘濞招揽文士宾客,枚乘创作《七发》,标志着汉代大赋的正式形成,邹阳、庄忌等也声名远播。江都公主刘细君善诗文,"和亲"乌孙,促进民族文化交流与融合。东汉时,佛教传入江淮东部,楚王刘英"学为浮屠斋戒祭祀",东汉末笮融督广陵、彭城运漕,"大起浮屠祠",民众"来观及就食且万人"。在社会风俗方面,汉宣帝时,朝廷将江水祠徙至江都,使"岳镇海渎"的国家祠祀理念在扬州得以具体落实;"观涛广陵"及其文学佳作应运而生,区域影响不断扩大;当时扬州的社会风俗,既显现出浓郁的楚文化色彩,又融合了新时代的因子,呈现出"大一统"与地域性不断交融的时代特点。

魏晋南北朝时期,扬州地区陷入衰落状态,主要原因在于南北分裂。当时南北诸政权在此不断争夺,本土人口外迁,外来流民聚集,战争与流民成为这一时期扬州历史的显著特征。

东汉末魏、吴隔江对峙,曹操废弃江北,坚壁清野以待孙吴,广陵成为弃地,急遽衰败。虽然魏、吴曾多次想打破南北对峙的僵局而经略广陵,但没有取得实质性的效果。地处南北夹缝之间的广陵无法获得长期的稳定,经济社会也不可能恢复两汉的繁盛局面。由于战乱的波及,大量广陵人士播迁离乡,或仕于孙吴,或仕于曹魏。西晋的短暂统一,没有完成对南北社会的有效整合,在政治取向上,曾仕于孙吴的广陵人士及其子弟与三吴世族趋同,皆被西晋视为吴人,受到晋廷的歧视,广陵华谭为此建言晋武帝,力求打破南北畛域之见,表明自汉末以来侨寓并出仕孙吴的广陵人士及其后裔,其政治境遇和取向与江东本土人士呈现出一体化的倾向。自永嘉南渡至隋灭陈,长期南北分裂，广陵大体归属东晋南朝，当时大批流民沿邗沟南下，集聚在广陵及其周边地域，东晋南朝无法在地处江北的广陵建立起完备的行政体系，形同羁縻，遍置侨州郡县。

广陵地处邗沟与长江交汇处，与京口隔江对峙，当地又多流民武装，这使得东晋南朝时期的广陵逐渐与京口呈现出一体化的格局，维持现状则镇京口，图谋北进则镇广陵。广陵与建康在地理空间上相距不远，然有大江之隔，这就使得广陵成为独立于建康之外，又可就近制衡建康的具有特殊意义的战略要地。谢安在淝水之战后，受晋廷排挤，于是统军于广陵以自保，并图谋北伐；宋武帝临终，以宿将檀道济统军于广陵以备建康缓急之需。北朝南下，常沿邗沟至广陵。南朝北上，渡江至广陵后再沿邗沟入淮水也是常态。因此，广陵实际上是建康的东部门户。由此东晋南朝常以广陵为北伐基地，桓温、谢安、宋武帝、宋文帝北伐皆沿此路线北进。北方政权一旦兵至广陵，建康必定惊惧。萧梁后期，淮南江北被北齐占领，北齐置东广州于广陵，北周又改称吴州，南北隔江对峙。自此广陵非但不能遮蔽京口，拱卫建康，反而成为北朝南伐的前沿基地。隋灭陈之役，晋王杨广坐镇广陵，隋将贺若弼自广陵渡江至京口，进而入建康，正是南北朝后期广陵军事地位最典型的体现。

当时扬州地区屡遭战乱，缺乏发展经济所必需的安定环境。官方主导的诸如疏浚邗沟、兴修水利等工程，主要出于征战运输之需，少有发展经济与保障民生的考虑。持续的战争状态深刻地影响着扬州地区的文化生态与社会结构。魏晋时期的广陵士人，大多尚存汉末士人风习，汉晋之际肇始于洛阳的玄学风尚，对广陵人士影响甚微，广陵学人多恪守汉儒旧学，儒法兼综，尚忠节孝义，其言行与魏晋玄学名士差异明显。永嘉乱后，江淮之间战乱频仍，文化世族难以立足，次等士族、寒族成为广陵社会的上层，统领乡党、囤聚坞壁的豪强则成为地方上具有一定独立性的武装势力。

汉晋之际，出于军政需要，以邗沟为中心的江淮漕运体系，在客观上成为南北文化交流的通道。广陵不仅曾是北方佛教流传至南方的前沿，南北朝至隋唐之际又成为南方佛教传入北方的基地，东晋南北朝时期广陵地域能融通南北，义学、律学兼而有之，成为江淮间弘扬佛法的重镇。

二、隋唐五代时期的扬州

在中国古代历史发展高峰期的隋唐时期,扬州的区域经济、社会发展也臻于全面兴盛状态。

隋文帝开皇九年(589)平陈而统一南北,改吴州为扬州,扬州从此成为本地域的专有名称。隋朝设置扬州大总管府,扬州成为东南地区的军政中心。隋炀帝在江都境内置江都宫,具有陪都性质;唐朝在扬州设置大都督府。安史之乱后,在扬州置淮南节度使,总揽治下诸州的军、政、民、财大权,为当时唐廷最为倚重的方镇。五代十国时,杨吴政权曾定都扬州;南唐迁都金陵,以扬州为东都。后周世宗于显德年间南征,扬州成为北方王朝经略江南的基地。

隋唐五代时期,扬州城市建筑规模宏大。隋炀帝三下江都并长时间留居,扬州一度作为"帝都"加以经营,兴建了包括江都宫、临江宫、成象殿、流珠堂等著名宫殿在内的庞大建筑群,为扬州城建史上的极盛时期。唐代扬州城由子城和罗城两部分构成,衙署区和居民区分设。唐中期以前,沿袭传统的坊市分离制,随着工商业经济的发展与市民生活的变化,唐代后期扬州突破了旧有的坊市制度,城内出现了市井相连的开放性商业街区。

隋唐时期,扬州作为江淮地区的中心城市,经济持续发展,成为带动长江中下游乃至江淮地区经济、社会发展的引擎。尤其是安史之乱以后,随着黄河流域动乱与藩镇割据不断恶化,江淮地区成为维系唐朝经济命脉的核心经济区。当时以扬州为中心的长江下游经济区的农业发展在全国处于领先地位,成为唐朝廷财赋的保障。扬州手工业发达,其中造船业、冶炼铸造业、纺织业等生产规模大,从业人员多,组织化程度高,经济影响显著。扬州也是全国性的商品贸易集散地,商品贸易以盐、茶、药、瓷器等为大宗;淮南地区是全国最重要的海盐产区,扬州则是江淮食盐的集散地和转运中心。安史之乱后,唐朝"盐铁重务,根本在于江淮",朝廷在扬州设置盐铁转运使,负责食盐的专卖事宜,同时兼营铜、铁的开采与冶炼,且多由淮南节度使兼任。唐代扬州商业发达,出现了经营"飞钱""便换"的金融机构,显现出商业发展、变革的信息。

隋唐时期扬州居于交通枢纽地位。当时随着政治统一与经济发展,全国性的航运交通网络逐步形成,长江的内河航运成为商业流通的主干道,大运河的全面通航沟通了全国主要大河流域。以扬州为中心而形成的交通网络,密集程度不亚于长安、洛阳。扬州发展成为汇聚多元文化的国际化大都市,成为中外文化交流的基地或中转站,对东亚的日本以及今朝鲜半岛诸国的影响尤为显著。以鉴真东渡日本传法为代表,中国文化对日本古代文化的发展产生了深刻影响;日本使节来中国,多从扬州登陆,再前往洛阳、长安等地。此外,海外民间人士亦多由扬州入境开展经商交流,扬州成为当时东南地区最为重要的国际交流与贸易中心之一。

隋唐五代时期,扬州人文荟萃,学术兴盛。就文学而言,“《文选》学”诞生于扬州,江都学者曹宪肇其端,其后如李善、许淹、魏模、公孙罗等皆出其门下;原籍江夏而著籍江都的李善构建了“《文选》学”的基本框架。唐诗作为唐代社会文化的灵魂,多有以扬州为吟诵对象的篇什,唐代诗人或游历或仕宦于此,七十余人有吟咏扬州的作品;张若虚的《春江花月夜》,有“孤篇压全唐”之美誉。在史学领域,杜佑在扬州任职淮南节度使期间撰著《通典》,开创了典制史的新体裁。当时扬州是区域性的佛教中心。扬州佛教发展与隋炀帝杨广关系密切,杨广在扬州担任大总管期间,大兴道场,延揽高僧,极力推动南北佛教融合,为唐代扬州佛学的进一步发展奠定了基础。唐代扬州地区佛教宗派众多,主要的佛教宗派如天台宗(法华宗)、真言宗(又称密宗)、唯识宗(法相宗)、禅宗、律宗等,在扬州都有传法布道的寺院,其中影响最大的是律宗,其代表性人物为大明寺僧鉴真。

三、两宋时期的扬州

北宋统一江南后,扬州的转运地位日益凸显。宋室南渡,扬州一度成为宋高宗赵构行在之所。宋高宗后以临安为行在,宋金(蒙)对峙格局成为常态,扬州作为边郡,被视为南宋“国之门户”。两宋时期的地方高层行政机构淮东提刑司、提举常平司、安抚司等常设于扬州;南宋时期,扬州的战略地位更加突出,不但是重兵屯驻之地,而且扬州守臣多带有军衔。

宋代扬州政区多有变动,主要特点是幅员缩小、属县减少,这与唐末以来扬州地区经济实力上升、运河航道变化、南北军事态势等因素密切相关。就区域经济社会发展而言,高邮、真州的分置,表明区域内总体经济实力不断增强,推动了以扬州为中心的区域城市群的兴起。

两宋时期扬州地区经济持续发展。在农业方面,耕作技术有所进步,农作物分布区域不断拓展。在商业方面,北宋时期扬州持续稳定近170年,为商业繁荣创造了良好的环境。真宗天禧年间(1017—1021)重开扬州古运河,为商业发展提供了交通保障,沿水陆交通要道的市镇经济日渐繁荣,乡村与城市的经济互动频繁。宋代扬州有固定的交易琼花、芍药的花市,颇具地方特色。南宋时,扬州由腹地城市转变为边防重镇,对商业经济产生了负面影响。

作为运河沿线的重要城市,扬州的水运交通受到中央和地方的重视。两宋时期,官方十分重视扬州运河的畅通以确保漕运。就两宋食盐的运销来看,无论是专卖制下的"官般官卖",还是钞引盐制下的"官般商卖""商般商卖",都需经由真州转般仓。宋代真州的逐步崛起,分割了扬州的漕运功能,这是宋代扬州经济逊于唐代的一个重要原因。

在城市建设与布局方面,宋朝廷放弃蜀冈旧城,以蜀冈之下的周小城为基础,将其修缮为扬州州城,顺应了中晚唐以降扬州城市经济发展的趋势。北宋时期扬州城池建设变化不大;南宋时期鉴于扬州长期作为淮东制置司治所,不断修缮、扩建城池,尤以孝宗朝最突出,除修缮州城外,另创堡寨城与夹城,宋代扬州的"三城"格局,或称"复式城市",便是出现在这一阶段。

两宋时期扬州知州254名,其中北宋151名,平均任期一年有余,任职三年者甚少,任期一年左右者居多,最短者仅有数月。南宋扬州地方官守总计103名,平均任期一年半,相较北宋略长,这当与战争因素有关。依照宋代地方官员选任制度,一般不选用本籍人士,不少非扬州籍的守臣为两宋时期扬州经济社会发展贡献颇多,如欧阳修、苏轼、韩琦、崔与之、李庭芝等。

两宋时期扬州文化成就卓著。地方官员普遍重视文化事业,一些著名文士参与扬州文化建设,欧阳修创建平山堂,苏轼等人对扬州花卉的文学书写等,对扬州文化名胜的打造与地方风物的宣传,皆具典范意义。当时与扬州关系密切的非本籍文人众多,他们借助扬州的意象与情境,或抒怀,或咏史,或纪实。宋代诗词中多有描述扬州商业经济与市井生活的作品,从中可见扬州经济社会的风貌。在文学创作方面,秦观、孙觉、王令等知名文士,为一代诗词风尚的代表。在学术方面,除众多学人致力于经史著述外,还出现了一些实用技艺方面的著述,如陈旉所撰《农书》等。在社会风尚与信仰等方面,扬州诸多旧俗逐渐完成转型,由"野"入"文",出现了"率渐于礼""好学而文""好谈儒学"等崇文重教的社会风尚。

四、元明时期的扬州

元世祖至元十三年(1276),元军占领扬州后,设江淮行省为一级行政区,管控两淮、江东地区。此后十数年,江淮行省治所在扬州和杭州之间往复迁移,表明元朝在统管南宋故地与保障东南漕运之间反复权衡,直到海运相对完善,江淮行省的治所才固定在杭州,并改称江浙行省。至元二十八年(1291),扬州划入河南江北行省,成为元代的常态。元代设扬州路,上属河南江北行省淮东道宣慰司,下辖高邮府、真州、滁州、通州、泰州、崇明州6个州府,州府各辖属县,较前代扬州辖境为大。元朝统一后,始终在扬州屯驻重兵。及至元末,江淮间民变迭起,元顺帝至正十二年(1352)置淮南江北行中书省,以扬州为治所。至正十三年,张士诚占领泰州、高邮等地,围攻扬州。至正十五年,元朝廷于扬州设淮南江北等处行枢密院,镇遏江北。至正十七年,朱元璋军攻克扬州。

元朝统一后,扬州的经济有所恢复,造船业发达,促进了漕运、海运的发展。元代前期扬州运河不畅,元仁宗时疏浚运河,漕运大都(今北京)的粮食远超宋代。海运逐步兴盛以后,设置两淮都转盐运使司,运河仍然承担着运送食盐、茶叶、各地土产、手工业品、海外贡品及使客往来的功能。

元代"羁留"、寓居扬州及本土文士、学者数量不少,郝经、吴澄和张翥被称为"三贤"。剧作家睢景臣、小说家施耐庵、数学家朱世杰等,都在中国文化史上留下了不朽印记。元代扬州是中西文化交流史上的重要城市,意大利人马可·波罗、鄂多立克都曾到过扬州;马可·波罗在扬州生活三年,《马可·波罗行纪》记录了扬州的风土人情。

明代扬州府承元末朱元璋所置淮海府、维扬府格局,成为统县政区,以辖3州7县为常态,相当于现扬州、泰州、南通3市的地域,还曾管辖今南京市六合区与上海市崇明区。元明鼎革之际,扬州遭受摧残,经过明前期的休养生息,逐步恢复繁华。明中后期,明武宗南巡至扬州,扰乱地方,民不堪命。嘉靖中叶后,内忧外患频仍,万历之后,政局昏暗,扬州受到影响。明末史可法督师扬州,抗击清军,城破人亡。有明一代的重大事件,如洪武开国、靖难之役、武宗亲征、大礼仪之争、严嵩专权、抗击倭寇、输饷辽东、矿使四出、魏阉乱政、抵御清军等,无不关涉扬州。明代扬州属军事重镇,为维护地方稳定和国家安全,扬州府构建了相对完备的水陆防御网络。嘉靖年间,倭患骤剧,扬州抗倭取得了"淮扬大捷"等一系列胜利,成为明朝抗倭战争的典范。

在经济方面,明代扬州在全国地位相对重要。扬州府人口从洪武至嘉靖的百余年间持续增长。扬州官绅注重兴修水利。在交通方面,运河、长江与漫长的海岸线构成了扬州四通八达的水上交通网,大量驿站、铺舍、递运所的建设,保障了陆路交通的顺畅。明代扬州手工业、商业繁盛,漆器制作技艺不断提升,出现了雕漆、百宝嵌、螺钿镶嵌等新工艺。明廷在扬州设有牙行、税课司、河泊所、钞关等税务部门,其中扬州钞关为全国七大钞关之一。

明代两淮盐场产量巨大,两淮盐课在国家财政中的地位举足轻重,明廷在此设置盐法察院、都转运盐使司,并派员巡查,定御史巡盐制度,形成规模庞大、组织严密的管理体系。为保证国家对盐业经营的垄断,明朝制定了繁复的交易程序。盐业蕴含巨大财富,上自王公贵戚,下至盐官胥吏,无不试图从中渔利。明朝中央与扬州地方皆重视对盐业经营的管理。在食盐流通中,明初以来实施的"开中制",催生出盐商群体。他们交粮报中,边地积储因而丰盈;行销食盐,保证百姓生活所需。明朝对食盐生产者灶户有所赈恤与安抚,注重改善其生产、生活条件。

明代扬州的城市建设,在加强军事防御的功能外,城内行政、生活设施较前代有相当进步。乡村地区也有规划,出现了一些或以军事地位显要,或以工商业繁盛著称的不同类型的名镇。当时扬州园林众多,形成园林鉴赏与品评的风气。在社会生活方面,明代扬州形成了较为完善的地方仓储设施和赈恤制度,地方官员救灾赈济颇为得力。

在教育方面,明代扬州的学校以社学、儒学为主体,以书院为补充。社学属于启蒙教育。儒学以经史、律诰等为主要教学内容,以学田收入为主要运行经费,以培养科举应试生员为目的。分布较广的书院,或由官设,或由民间倡立而官方主导,在教学内容上与儒学基本一致。当时科举是最重要的人才选拔方式,数量众多的扬州生员通过科举步入仕途。此外,地方官学定期向国子监选送优秀生员,有援例入监、纳粟入监、恩贡等不同形式。

明代扬州学术文化颇有建树。经学方面,理学、心学相竞的新学风引人关注,王艮创立的泰州学派影响甚著。史学方面,扬州学人著作颇丰,类型多样,方志编撰成就突出,盐法志尤具特色。文学方面,涌现出如宝应朱氏、如皋冒氏、兴化李氏等文学家族,柳敬亭说书家喻户晓。书画方面,周嘉胄总结中国古代书画装裱技艺,所著《装潢志》别具一格。就技艺实学而言,扬州学人在天文、术数、医学、法律、军事、农业、建筑、园林等领域皆有建树,计成所著《园冶》全面系统地总结造园法则与技艺,开中国古代园林艺术理论之先河;王磐《野菜谱》、王徵《诸器图说》等备受称道,体现了扬州学人重视技艺实学的新学风。

五、清代的扬州

清代是扬州又一次全面兴盛发展的辉煌时期。

清代扬州行政区划间有更易,顺治时扬州府辖泰州、通州、高邮3州及江都、仪真、泰兴、兴化、宝应、如皋、海门7县;康熙中,海门县废;雍正时通州及泰兴、如皋2县析出,新置甘泉县,仪真改称仪征;乾隆时置东台县;宣统中,改仪征县为扬子县,清末扬州实辖2州6县。

清廷注重两淮盐业的经营管理,扬州倍受重视。清廷多选用具备管理经验、熟悉南方社会的降清汉人充任扬州地方官长。此后扬州知府及其属县主要官员、两淮巡盐御史、两淮盐运使等,大多为来自奉天、直隶等地的汉人,他们与清廷关系较为密切,有助于落实清廷的政策,以致扬州日趋安定,盐商回流,经济复苏。清代前期,两淮盐政、盐运使等盐务官员积极参与扬州城市的基础设施、涉盐公共工程、地方赈灾等事务,影响力远超扬州知府等地方官。

随着政局稳定,特别是盐业的复兴和漕运的发展,皖、晋、陕等多地商人来扬贸易,盐业经济成为扬州发展的核心动力。至康熙中期,扬州显现繁华之势,成为全国重要的商业城市。清前期的两淮盐课收入占全国盐税收入的

40% 以上,对清廷的财政收入与军费贡献甚巨。康雍乾时期,扬州凭借产业优势和地理区位优势,社会经济发展再次实现飞跃。康、乾二帝南巡,极大地促进了扬州的城市建设和水利工程修筑。清廷或派亲信掌管盐务,或命地方高官兼管相关事务,可见清廷对扬州的倚重。康乾时期的两淮盐务管理存在一些难以根治的弊端,如私盐贩运和官吏贪赃枉法,乾隆三十三年(1768)的两淮预提盐引案暴露了两淮盐官和两淮盐商之间的利益关联,这也是乾隆朝以后两淮盐业逐渐转衰的重要诱因之一。

鸦片战争后,反帝反封建成为新的历史主题。1851 年太平军起义,1853 年太平天国定都天京后,天京、镇江、扬州三地呈犄角之势,扬州成为军事争夺的关键,太平军与清军在此长期拉锯。太平军曾三进扬州城,1853 年 4 月 1 日,太平军首占扬州,于 12 月 26 日撤出;1856 年和 1858 年,太平军又两度攻入扬州城。清军与太平军在扬州长达八年的争夺,对地方经济、文化等方面自然造成严重的损害。

清代扬州经济经历了恢复、繁荣与衰落的复杂进程。明清之际扬州人口锐减,经济凋敝。随着统治的逐渐稳定,清廷与地方官府着力加强治理,对运河沿岸水利建设尤为重视,这为漕运与农田灌溉提供了基本保障。康熙年间以来,推动"导淮入江"工程,对解决扬州地域水患影响尤著。漕运对扬州社会经济影响甚著,就关税征收而言,仅乾隆七年(1742)免征米谷麦豆税银即达 6 万余两。扬州下属诸沿河州县市镇,如高邮、仪征、瓜洲等,皆随漕运而兴。盐商将淮盐行销本盐区各口岸,回程又装载湖广之粮食、木材等分销江南,以盐业行销为中心,形成了相关转运销售的商业链。在扬州城内及周边市镇,由于盐业与诸商业活动繁盛,衍生出一系列休闲消费的社会服务行业。盐商对扬州城市建设和环境治理功不可没,诸如修桥铺路、治理街肆、疏浚水道等,皆有建树。清代扬州的造园理法和技艺臻于完善,公共风景园林和私家园林繁盛,扬州园林臻于成熟。工艺方面,清代扬州官营工艺制造发达,其中最显著的雕版印刷业、玉雕业皆由两淮盐政承办。

清代扬州的教育体系以地方官学和书院为主体。地方官学以扬州府儒学与各县儒学最为重要。晚清以前,扬州构建起官学与私学相互结合、组织完备、分布广泛的教育体系,教育、科举在国内均处于领先地位。安定、梅花书院等名师聚集,成为国内重要的人才培养基地与学术研究重镇。扬州崇文重教,涌现出一些绵延数代的学术世家,其中以高邮王氏、宝应刘氏和仪征刘氏最为著名。鸦片战争后,西方传教士开始在扬州创办新式学校,传授西学。20世纪初,废除科举,扬州原有的教育体系随之发生根本变革,传统教育体系被新式学堂体系所取代。

清初以来,扬州本籍与侨寓学人交流融通,造就了学术文化繁荣的局面,出现了扬州学派、扬州画派、广陵琴派等既融汇多元又具有鲜明地域印记的学术、艺术群体。清代扬州学术成就卓著,清前期学者在经学考订、舆地之学、"江左"文学等研究方面颇有建树;清代中期,扬州学术臻于繁盛,涌现出汪中、焦循、阮元、王念孙等学术巨匠,还有刘台拱、李惇、任大椿、朱彬、王引之、凌廷堪、江藩、刘文淇、刘寿曾、刘宝楠、刘恭冕、刘毓崧、成蓉镜等,可谓群星璀璨,诸人贯通古今,涉猎广泛,形成博通的学风。清代后期,扬州学术继承传统,汲取西学,如太谷学派代表张积中糅合古今,李光炘融佛、道以释儒经,刘岳云、徐凤诰汲取西学以探究传统实学。在文学方面,形成了具有广陵特色的文学流派,文人结社雅集蔚然成风;曲艺方面,扬州汇集了南腔北调和优秀的梨园艺人,成为南方的戏曲中心;书画方面,以石涛和"扬州八怪"为代表的扬州画派,开启了清代绘画新风;广陵琴派名家辈出,乐谱纷呈,尤以"广陵琴派五谱"为著。

清代扬州社会生活受徽商及其文化影响颇深。两淮盐商将"徽派"文化风俗带入扬州。乾嘉时期,扬州一度引领世风,形成所谓的"扬气"。随着时局变动,扬州城市经济过度依赖盐业与盐商的内在缺陷日益彰显,两淮盐业的衰落,扬州民众生活显现出一些"苏式"风采,隐含着苏州风尚渗透的印迹。鸦片战争后,在欧风美雨的侵蚀下,扬州社会生活明显地体现出"洋气"。

六、民国时期的扬州

民国时期扬州军政局势经历了激烈的变革。1911年10月10日,武昌起义结束了清朝的统治。此后,具有革命党背景的孙天生宣布扬州光复,成立军政府,自任都督;徐宝山率军自镇江入扬州,成立扬州军政分府。1912年1月1日,中华民国成立,废除扬州府,设民政长公署,扬州民政长改称江都县民政长,后相继改称县知事、县长。地方自治过程中,扬州各县的县议会为议事机关。1928年,废除淮扬道,江都县直属江苏省。1927年至1931年间,扬州成为拱卫民国首都南京的江北重镇。1933年,江苏省行政区划调整,于省之下、县之上增设行政督察区,第9行政督察区(即江都区)下辖江都、高邮、宝应、仪征、六合、江浦等县;1935年,省府将第9区(江都区)改名为第5区。

1937年7月7日,抗日战争全面爆发,扬州地区商民团体积极支持全国抗战,成立抗日救亡团体,一些扬州籍青年奔赴各地参加抗日部队。扬州沦陷前夕,各政府部门、银行、学校等机构撤退。12月14日,扬州沦陷。日军在攻占扬州各地及统治过程中,制造了无数惨案,其中较为重大的惨案发生在天宁寺、万福桥、仙女庙等地。在日伪政权统治下,扬州的经济、社会、教育、文化事业等遭受到严重摧残。1939年4月,新四军挺进纵队渡江北上至江都。1941年4月,苏中军区成立,下辖6个军分区和兴化、东台、泰县特区"联抗"司令部。扬州地区划入苏中一分区范围内。1944年3月5日,新四军发动的车桥战役是苏中战略反攻的重大转折,增强了苏中与苏北、淮南、淮北抗日根据地的联系,揭开了华中地区战略反攻的序幕,宝应由此逐渐成为苏中抗日斗争的政治、军事中心和指挥中枢。扬州地区建有苏北抗战桥头阵地、仪扬抗日根据地、江高宝抗日根据地、江镇抗日根据地等中国共产党领导的根据地。1945年12月,日本宣布无条件投降后数月,占据高邮的日军拒绝向新四军投降。19日,粟裕指挥华中野战军主力第7、第8纵队及地方武装共15个团,向盘踞高邮、邵伯的日军发动进攻,经过一周的战斗,迫使日军投降,收复高邮城,被称为"中国抗日战争的最后一役"。1945年,国民政府陆续恢复对扬州部分城镇的统治。1946年6月全面内战爆发后,国民党军于7月下旬至8月下旬,集结约12万兵力进攻苏中解放区。中共华中野战军奋起迎战,苏中七战七捷后,国民党军再次集结优势兵力反攻,华中野战军于1946年9月主动撤出了苏中解放地区。1949年1月25日,扬州城解放,成立中共扬州市委会、军管会与市政府;1949年4月20日,扬州全境解放。

民国时期,扬州经济与社会出现新变化。自1912年恢复两淮盐运使建置始,扬州仍为两淮盐务中心,至1931年2月,两淮盐运使移驻连云港板浦镇,扬州失去了两淮盐务的中心地位。1931 年 5 月,国民政府颁布新盐法,实行自由贸易,十二圩淮盐总栈的作用逐渐式微。1937 年 11 月,日军占领十二圩,淮盐总栈彻底消亡。扬州经济领域出现的新行业和组织主要有新式垦殖业、蚕桑业、近代化的工厂和银行业。北京国民政府时期,扬州境内先后有交通银行、中国银行、江苏省银行、盐业银行、淮海银行、中国实业银行、天津中孚银行 7 家银行入驻。南京国民政府时期,"四行二局"均在扬州设立分支机构。扬州农业有所发展,各县设立农场、农业改良场、农业推广所等。20 世纪二三十年代,扬州境内由政府主导的水利工程建设主要集中在淮河入江水道及圩堤建设、京杭运河扬州段与长江下游扬州段的建设。1947 年,国民政府导淮委员会、江北运河工程局、行总苏宁分署三方联合对运河部分堵口实施复堤工程。1949 年 1 月,人民军队军管会接管国民政府的运河工程处,第二行政区专员公署成立苏北运河南段工程处,在江都、高邮、宝应等县成立运河工程事务所。民国时期扬州初步形成了公路网,出现轮船与汽车运输,开通一些市际、县际公路,组建民营汽车长途客运公司。

民国时期扬州城基本延续了以往的城厢格局,城内埂子街、多子街经教场至彩衣街一带为商业区,各类学校多在西部旧城区域,官署区位于两者之间。钞关至东关街一线为商贾居住区,北门外西北方向为蜀冈 – 瘦西湖风景区。南京国民政府建立后,地方政府规划拓宽城市道路,但阻力重重;沦陷时期,城市遭受破坏。抗战胜利后,1945 年 11 月,江都县政府拟定了《江都县城营建计划大纲》,拆除城墙,建设道路、桥梁,城市照明、用水、清洁卫生等公共设施有所改善。扬州新式学校数量大增,1927 年正式成立的江苏省立扬州中学,办学成效卓著。在学术与文化方面,刘师培、朱自清等在各自研究领域取得了一定的成就;以李涵秋为代表的鸳鸯蝴蝶派扬州作家群体,大多旅居上海,从事新闻报刊、编辑出版行业,创作诸多反映社会生活的通俗文学作品。

通过概略梳理自上古至中华人民共和国成立前扬州地域历史演进的大体脉络,可见距今 7000—5000 年的龙虬庄文化时期,扬州的先民已经生活于江淮东部大地,开启了地域社会历史的进程,奠定了地域文明的基石。自春秋战国以来,扬州逐渐步入地域社会快速发展的历史时期。此后的各个历史阶段,扬州作为区域社会中心在关乎全国的军政格局、国家财政、文脉传承等方面扮演着不可替代的重要角色,发挥了独特的作用,经历了数度盛衰起伏的演变历程。

作为中国历史的一个有机组成部分,要准确把握扬州区域历史发展的特征、规律与贡献,必须将其放置于中华历史的整体格局之中予以观照与体察,其中两方面的感悟尤为深切:

其一,作为一座具有"通史性"特征的历史文化名城,扬州地域历史发展与中国整体历史进程基本同频共振。

众所周知,扬州的文明历史持续发展,春秋战国以降,先后出现了汉代初盛、唐代鼎盛、清代繁盛三个世所公认的"兴盛期",其间地域社会政治昌明,经济繁荣,文教发达,学术卓越,为全国之翘楚,地位显著。而这三个历史时期,正是中华历史上三个大一统王朝,国势鼎盛。显而易见,扬州地域社会的繁荣发展,可谓国家整体兴盛的局部缩影与生动侧面。

在汉、唐、清三个鼎盛期前后的诸间隔历史时段,国家整体处于历史演进的变动更替期,大多表现为分裂动荡状态,如秦汉之前的春秋战国时期,汉唐之间的魏晋南北朝时期,即中国历史上历时长久、程度深重的分裂时期。唐末至清代,其间经历了两宋元明诸朝。在这一历史时段,北宋、明代国势有所局限;至于五代十国、南宋时期,则处于大分裂状态。在这一格局下,扬州或为地域纷争的"中心",或处于南北对抗的"沿边",在经济、社会等方面,或相对"衰落""停滞",或相对"平静""沉寂"。

当然,从长时段或整体性的历史与文化发展的视角看,这些"分裂期"与"衰落期",实际上是中国整体历史发展进程中的积蕴、变革与转型阶段,诸多的社会制度变革与思想文化更替,正是在这些阶段逐步孕育生发而来的,为此后的"兴盛期"聚积了足够催生转型与变革的历史资源,准备了充分发展的历史条件。就扬州地域历史而言,以上诸历史阶段,在或"衰滞"或"沉寂"的表象下,往往积极应对,顺势而为,特别在北宋、明代等国祚较长的王朝统治时期,扬州地方积极作为,储备能量,奠定未来再现辉煌的社会基础。

由此可以说,扬州历史上的数度盛衰兴替,与整个国家的历史发展轨迹基本同频共振,进而言之,在中华历史与文化演进的诸多历史关头,不难感受到来自扬州地域社会的具体作用与影响。

其二,特定的地理区位与交通地位,对扬州历史、文化之衍生与发展影响至深,赋予其鲜明的地域社会特征。

作为区域社会中心,扬州地处江淮之间,临江濒海,特别是凿通运河,其连接南北、沟通东西的地理区位优势日益彰显。早在新石器时期,扬州地域便表现出"南北文化走廊"或"南北文化通道"的区域性特征,这不仅是南北文化的"传输"或"中转",也在此进行南北风尚、异质文化的汇聚、融通与糅合、再造,进而形成具有本地域特征的新文化因素。春秋战国以来特别是隋唐以来,贯通南北的大运河对国家整体的军事、政治、经济与文化发展意义重大,扬州处于运河的中枢区位,在大一统国家中自然成为南北交通的中心与关键;在开放的唐代,扬州一度还成为国际化都市。

扬州地域经济社会繁荣,必然显现"虹吸效应",导致人才聚集,引发文化交融与新变,进而催生学术文化创新——扬州的每一个"兴盛期",都是地域社会文化的高峰期——这是扬州有别于其他偏重政治、军事、经济的地域性中心的鲜明特征——扬州的兴盛,往往具有社会综合性或整体性,尤其学术文化要素凸显。扬州地域的学术文化,包括地域社会生活习尚,具有与生俱来的开放性、包容性、融通性——这正是扬州文化突出的地域性特征。不仅如此,各历史时期,融汇东西南北的扬州文化往往凭借其交通与物流优势而转输各地,对各时代的学术文化与社会风尚产生或轻或重、或显或隐的影响,引领时代风尚。如果用最简洁的词语概括扬州历史文化的特征,那么"融通""汇通""会通""联通""变通"等词语应当是妥帖恰当的。

与此相应,在中国历史上的"分裂动荡"或"变革更替"时期,扬州的地理与交通区位则往往使其处于南北对抗的"前沿",或为南北政权的"过渡地带",有时成为"羁縻"之地,甚至成为"弃地"。随着统一战争的来临,扬州自是南北政权激烈争夺的所在。可见这一地理区位也决定着扬州屡遭兵燹与劫难的历史命运,赋予其悲壮的历史色彩和英雄的历史气息。

因此,准确地把握扬州地域历史文化的特质,应当具备通达的"大历史"眼光,注重强化扬州与中国历史乃至世界历史的关联与"互动"意识,以明其"通",以知其"变"。

　　扬州历史绵延厚重,扬州文化博大精深。对扬州历史与文化的宏观性论述与规律性阐发,是一个无止境的话题,期待博雅有识之士的真切感悟与深刻思考。

　　"雄关漫道真如铁,而今迈步从头越。"1949 年 10 月 1 日中华人民共和国的建立,掀开了中华民族历史的崭新篇章,历史文化名城扬州也焕发出新的生机,迈进了新的历史时期。回顾历史,是为了正视现实,展望未来。在经历了新中国的政治、经济、文化与社会的诸多深刻变革,特别是经过了改革开放的砥砺磨炼,扬州的经济社会步入了高速发展阶段,取得了前所未有的辉煌成就,达到了前所未有的文明高度,这是历史上任何一个"兴盛期"都无可比拟的。我们坚信,在全面建设社会主义现代化国家、全面推进中华民族伟大复兴的新时代征程中,扬州人民一定会用自己辛劳的汗水与无穷的智慧,谱写出无愧于先民的更加波澜壮阔的历史新篇章!

目　录

坚持历史自信　拥抱辉煌未来 ——《扬州通史》序 ················· 1

导　言 ·················· 1

第一章　隋唐五代扬州的自然环境及政区建置 ················· 1

　第一节　扬州的地形地貌 ················· 1

　　一、长江主干道中沙洲的积长 ················· 3

　　二、横向长江北岸三角洲的快速推进 ················· 6

　　三、纵向蜀冈以南滩涂地的发育与局部坍江 ················· 8

　第二节　扬州的气候、土壤及动植物变迁 ················· 11

　　一、扬州的气候变化 ················· 11

　　二、扬州的土壤改良 ················· 16

　　三、扬州的动植物变迁 ················· 20

　第三节　扬州水文环境的变化及人为因素 ················· 35

　　一、长江扬州段的水文变化 ················· 36

　　二、运河扬州段的水文变化 ················· 37

　　三、扬州境内的水体及其变化特点 ················· 40

　第四节　扬州的自然灾害 ················· 50

　　一、水灾 ················· 50

　　二、旱灾 ················· 52

三、蝗灾 ……………………………………… 54

四、潮灾 ……………………………………… 56

五、疫灾 ……………………………………… 56

六、其他灾害 ………………………………… 58

第五节 隋唐五代扬州的行政区划 ………… 59

一、隋代扬州的行政区划 …………………… 60

二、唐代扬州的行政区划 …………………… 62

三、五代时期扬州的行政区划 ……………… 67

第二章 隋代扬州的社会政治 …………… 71

第一节 扬州称谓的变化与"吴州十年" …… 72

一、周隋之际扬州称谓的变化 ……………… 72

二、"吴州十年":隋文帝经略广陵 ………… 76

第二节 从扬州总管府到江都郡府 ………… 81

一、贺若弼经营吴州 ………………………… 81

二、隋朝扬州总管府及其运作机制 ………… 84

三、江都郡府的政治地位 …………………… 106

第三节 隋炀帝与扬州 ……………………… 116

一、总管扬州十年的业绩 …………………… 116

二、即位之后:驾幸扬州与江南的快速发展 … 128

三、第三次下扬州与"江都之变" …………… 150

第四节 群雄混战与隋末唐初的扬州 ……… 178

一、杜伏威集团的兴亡 ……………………… 179

二、沈法兴集团的兴亡 ……………………… 182

三、李子通集团的兴亡 ……………………… 184

四、辅公祏之乱与唐朝平定江淮 …………… 185

第三章　唐代扬州的政局变迁与地方治理 ……………… 192

第一节　大都督府体制与唐朝前期扬州的地方治理 ………… 193

一、扬州大都督府的建立及其行政体制 ………… 193

二、从亲贵到文臣：唐朝前期扬州的牧守群体 ………… 199

第二节　徐敬业之乱与江淮政局 ……………………… 210

一、徐敬业之乱的政治背景 ………………… 210

二、徐敬业反武集团的形成及其举兵经过 ………… 212

第三节　安史之乱与淮南节度使的成立 …………… 218

一、安史之乱的爆发 ……………………… 218

二、永王之乱与淮南节度使的成立 …………… 221

三、刘展、田神功南下扬州与江淮再乱 ……… 227

第四节　淮南节度使与唐朝后期扬州的地方治理 ……… 233

一、淮南节度使及其军政职能 ……………… 233

二、淮南节度使的僚佐系统 ………………… 243

三、宰相回翔之地：淮南节度使与唐朝后期扬州的地方治理 … 255

第五节　唐末动乱与扬州的衰落 ……………………… 281

一、庞勋之乱与扬州 ……………………… 281

二、黄巢之乱与扬州 ……………………… 288

三、高骈与扬州 …………………………… 294

第四章　杨吴、南唐与五代时期的扬州 …………… 300

第一节　杨吴政权定都扬州 …………………………… 300

一、杨行密立足扬州 ……………………… 300

二、杨吴政权的扩张与巩固 ………………… 306

三、杨行密的统治危机 …………………… 312

第二节　杨吴南唐嬗递与扬州 ………………………… 317

一、杨吴权臣徐温的崛起 ………………………………… 317

二、徐知诰取代徐温 ……………………………………… 327

三、徐知诰的禅代历程 …………………………………… 334

第三节　南唐东都与周末宋初的扬州 ………………… 341

一、"二元政治"下南唐东都的形成 …………………… 342

二、南唐东都的军政统治 ………………………………… 347

三、周末宋初的扬州 ……………………………………… 359

第五章　隋唐五代扬州的社会经济 …………………… 370

第一节　隋唐五代扬州农业的快速发展 ……………… 372

一、隋唐五代扬州农业快速发展的原因 ………………… 372

二、隋唐五代扬州农业快速发展的具体表现 …………… 388

第二节　隋唐五代扬州手工业技术的显著进步 ……… 409

一、隋唐五代扬州手工业快速发展与技术显著进步的原因 ……… 409

二、隋唐五代扬州手工业快速发展与技术进步 ………… 417

三、隋唐五代扬州手工业发展的具体表现 ……………… 423

四、隋唐五代扬州铜镜文化及其精神意蕴 ……………… 461

第三节　隋唐五代扬州商业的高度繁荣 ……………… 486

一、隋唐五代扬州商业高度繁荣的原因 ………………… 486

二、隋唐五代扬州商业繁荣的表现 ……………………… 490

三、具有全国影响力的代表性商业 ……………………… 508

四、唐代扬州的胡商 ……………………………………… 525

第六章　隋唐五代的扬州城市空间 …………………… 539

第一节　隋唐五代扬州城概况 ………………………… 540

一、扬州城的位置及修建年代 …………………………… 540

二、扬州城的规模及四至范围 …………………………… 553

第二节　隋唐五代扬州的城市管理 ·············· 567

　一、扬州的坊制及其演变 ················ 568

　二、扬州的市制与市场 ················· 581

第三节　隋唐五代扬州城的空间结构及要素 ·········· 601

　一、宫殿、苑囿与宅园 ················· 601

　二、城墙、城门与城砖 ················· 615

　三、河道、桥梁与道路 ················· 633

　四、佛寺、道观与祠社 ················· 653

　五、排水设施、水涵洞与水井 ············· 671

第七章　隋唐五代扬州的运河、陆路交通与近海航运 ········ 676

第一节　扬州与大运河 ················· 677

　一、邗沟的开凿、疏浚及维护 ············· 678

　二、邗沟扬州段重要的航运站点及交通枢纽 ······· 697

　三、邗沟对隋唐王朝的意义与作用 ··········· 712

第二节　扬州与长江航运 ················ 729

　一、扬州长江航运地位确立的原因 ··········· 731

　二、扬州长江航运的类型 ··············· 742

　三、扬州的长江航线 ················· 755

第三节　扬州与隋唐五代时期的漕运 ············ 767

　一、隋及唐中前期的漕运与扬州 ············ 771

　二、安史之乱后的漕运与刘晏改革 ··········· 785

　三、五代时期的漕运与扬州 ·············· 797

第四节　扬州的陆路交通及近海航运 ············ 799

　一、扬州的陆路交通 ················· 799

　二、扬州的近海航运 ················· 803

第八章　隋唐五代扬州的对外文化交流 …………… 808

第一节　唐代扬州与朝鲜半岛的文化交流 …………… 808

一、造访扬州的新罗使节、僧侣与商人 …………… 809

二、崔致远与《桂苑笔耕集》 …………… 815

第二节　唐代扬州与日本的文化交流 …………… 832

一、遣唐使与扬州 …………… 832

二、"山川异域,风月同天":鉴真东渡弘法 …………… 847

三、圆仁与《入唐求法巡礼行记》 …………… 859

第三节　唐代扬州与伊朗、中亚及阿拉伯世界的交往 …………… 867

一、"隔海城通舶":唐代南海贸易中的扬州 …………… 867

二、"商胡离别下扬州":唐代扬州的"蕃客" …………… 871

第九章　隋唐五代扬州的学术与文化 …………… 894

第一节　隋炀帝与隋代扬州的学术文化 …………… 894

一、隋代扬州文教昌盛的政治背景 …………… 895

二、"收杞梓之才,辟康庄之馆":杨广及其僚佐在扬文化活动 …………… 896

三、"道场兴号,玄坛著名":隋代扬州宗教事业的兴盛 …………… 906

第二节　"《文选》学"与唐代扬州本土学术文化 …………… 919

一、"江淮《文选》学"的肇兴:曹宪及其弟子 …………… 919

二、选学研究的集大成者——李善及其《文选注》 …………… 928

第三节　唐代扬州文学、艺术领域的成就 …………… 936

一、唐代扬州的本土诗歌艺术成就 …………… 937

二、唐代扬州本土书、画艺术的成就 …………… 943

三、唐代著名诗人在扬州的文学活动 …………… 950

第四节　杜佑与《通典》的编纂 …………… 959

一、杜佑的家世与生平 …………… 959

二、《通典》的编纂及其史学价值 ·················· 963

三、《通典》与杜佑的政治思想 ·················· 968

第五节　唐五代扬州的佛教与道教 ·················· 974

一、唐代扬州的佛教 ·························· 974

二、唐五代扬州道教的发展 ·················· 984

第十章　隋唐五代扬州的人口与社会风俗 ·················· 998

第一节　隋唐五代扬州地区的人口及其变化 ·················· 998

一、隋唐五代扬州人口变迁概观 ·················· 999

二、"侨旧相杂"：移民与隋唐扬州社会 ·················· 1003

第二节　隋唐五代扬州地区的社会风俗 ·················· 1012

一、隋唐五代扬州的社会风尚 ·················· 1013

二、隋唐五代扬州的日常生活习俗 ·················· 1020

三、隋唐五代扬州的岁时节日习俗 ·················· 1034

主要参考文献 ·························· 1050

后　记 ································ 1067

跋 ·································· 1069

第一章　隋唐五代扬州的自然环境及政区建置

地理空间是人类生存和发展的根基，也是人类生产和生活的舞台。在地理空间的诸多要素之中，自然环境和行政区划又是最基础的内容，一些地区的富庶与贫困，一些都会的繁荣与萧条，都与自然环境的变化以及行政区划的调整息息相关。扬州位于江苏省中部，北面与淮安、盐城接壤，东面与泰州毗邻，西面与南京市六合区及安徽省天长市交界，地处长江下游北岸，江淮平原南端。境内平畴弥望，水系发达，河渠纵横，湖泊众多，土壤肥沃，蜀冈横亘其间，南临长江，京杭大运河纵贯全境，沟通白马、宝应、高邮、邵伯四湖，与长江形成十字交叉，自然环境优越。这种优越的自然环境是历史时期不断发展演进的结果。

第一节　扬州的地形地貌

扬州地处江淮下游平原，是长江下游北岸的三角洲区与宁镇扬丘陵区的交接地带，包括里下河浅洼平原区、长江三角洲平原区大部分以及苏北滨海平原区、宁镇扬丘陵岗地区的小部分，地势西北高、东南低。除今仪征市的大部分地区为丘冈、丘陵地貌，地势较高外，其余皆为江淮冲积平原，地势平坦，平均高差在 20 米左右。[1]隋唐五代时期，运河区、滨江区和滨海区三大地形板块已经形成，地形地貌虽与当今略有差别，但大致轮廓几乎没有什么变化。专门记载历代山川险要的地理总志《读史方舆纪要》载："（蜀冈）绵亘四十余

---

[1]　参见《扬州市郊区志》第二篇《自然地理》，方志出版社 1996 年版，第 68 页；《扬州市志》第二篇《自然地理》，中国大百科全书出版社上海分社 1997 年版，第 207 页。

里,西接仪真、六合县界,东北抵茱萸湾,隔江与金陵相对。"[1]蜀冈一名昆冈,本是一条黄土冈,系淮阳山脉向东延伸的余脉,北部起伏较大,仅南部较为平坦。延伸至今仪征市、南京六合区境内,由西北向东南倾斜,高出平地约20米,春秋邗城、战国楚广陵城和汉广陵城均建于蜀冈之上。从地质地貌方面考察,扬州地区可以蜀冈为界分为南北两个部分[2]。从水资源的角度看,蜀冈地区有一些丘陵,相对茂密的植被对水土保持有一定的积极作用,连绵的山冈间形成谷地,为人工构筑水库(如陈公塘、勾城塘),调节区域水资源提供了地貌基础。从城市安全的角度看,蜀冈居高临下,是天然的军事防御屏障,为营建城市和军事守备创造了条件,正如旧《图经》所载:"州城在蜀冈东南,城之东南北皆平地,沟洫交贯,惟蜀冈诸山西接庐、滁,凡北兵南侵扬州,率循山而南,据高为垒以临之。"[3]

除了一条连绵的丘冈外,扬州境内还有一些零星分布的孤山,但数量不多、海拔不高,且没有连片而形成山脉。根据北宋初期地理总志《太平寰宇记》的记载,江都县有大铜山,六合县有瓜步山、六合山、小石山、赤岸山,宝应县有箕山,海陵县有孤山、天目山,高邮县有土山,天长县有道人山、九头山,长江入海之处有浪山、军山、塔山、隔山、马鞍山、刀刃山等。[4]境内最高的山,为仪征市境内的大铜山,海拔149.5米。

除非发生地震、火山爆发、海啸、泥石流等较为剧烈的自然灾害,地形地貌长期保持稳定,几百年甚至几千年都变化不大。不过,在扬州这样一个中小尺度的政区单位内,受到长江、海洋、气候等自然因素以及人口增加、土地开垦、砍伐森林等人为因素的影响,地形地貌还是存在一些微小的变化,这些变化不仅为当时历史事件的发生以及历史人物的活动提供了"舞台",还为当代扬州

[1]〔清〕顾祖禹撰,贺次君、施和金点校:《读史方舆纪要》卷二三《南直五·扬州府》,中华书局2005年版,第1117页。

[2]王煦楗、王庭槐:《略论扬州历史地理》,《南京师大学报(社会科学版)》1979年第4期,第80页;杜瑜:《扬州周围历史地理变迁对扬州兴盛的影响》,《江苏省考古学会1983年考古论文选》,未刊本,第103页。

[3]〔清〕顾祖禹撰,贺次君、施和金点校:《读史方舆纪要》卷二三《南直五·扬州府》引,中华书局2005年版,第1117页。

[4]〔宋〕乐史撰,王文楚等点校:《太平寰宇记》卷一二三《淮南道一·扬州》,中华书局2007年版,第2443—2448、2463、2565—2566、2571—2572、2568页。

地区地形地貌的形成奠定了基础。集中表现在长江主干道中沙洲的积长、横向长江北岸三角洲的快速推进、纵向蜀冈以南滩涂地的发育与局部坍江三个方面。

一、长江主干道中沙洲的积长

秦汉以降,由于长江中下游地区的农业开发,造成严重的水土流失,泥沙冲刷入河道,致使今扬州、镇江之间长江河道中淤积起大量沙洲。唐代扬州诗人张若虚创作了"孤篇压全唐"的长篇七言歌行——《春江花月夜》[1],该诗是一首典型的咏物抒情诗。张若虚作为扬州人[2],熟知家乡的自然风物,所以他在诗文中对于地理环境的描写,应该是他的所见所感,他以美妙的诗篇艺术性地再现了扬州南郊滨江一带的自然风光,具有较强的写实性。《春江花月夜》第五至八句为:"江流宛转绕芳甸,月照花林皆似霰。空里流霜不觉飞,汀上白沙看不见。"[3]在皎洁月光的照耀下,一江春水曲曲弯弯地流淌过芳草甸,月光倾泻在花草树木上,像朦胧的霰雾一样,显得洁白无瑕。白色的沙渚与月光、霜气交相辉映、融为一体,使人难以辨识。芳甸,一般解释为"开满花草的郊野"或"遍生花草的原野",不过理解为江岸边长满花草的沙洲更加准确。刘希夷《江南曲》八首之五云:"舣舟乘潮去,风帆振早凉。潮平见楚甸,天际望维扬。洄溯经千里,烟波接两乡。云明江屿出,日照海流长。此中逢岁晏,浦树落花芳。"[4]刘希夷(651—680?)为唐高宗上元二年(675)进士,比张若虚年长。他在诗文中描写的虽然是清晨的扬州江岸,但景色却与张若虚《春江花月夜》中的描述不无相似之处。刘诗中提到的"楚甸"和"花芳"两个物象,正与"江流宛转绕芳甸,月照花林皆似霰"之语相合,作者待到潮水退去之后才能看到"楚甸",可见"甸"在潮涨时会没入江中,而《春江花月夜》正是描写潮涨时的情景,所以"芳甸"应该是指江岸边长满花草的沙洲,但是这些沙洲面积都不大,多数应该是潮涨而没,潮落而出。

---

[1]〔清〕彭定求等编:《全唐诗》卷二一(张若虚)《春江花月夜》,中华书局1960年版,第267页。

[2]〔后晋〕刘昫等:《旧唐书》卷一九〇《贺知章传》载:"先是神龙中,知章与越州贺朝、万齐融,扬州张若虚、邢巨,湖州包融,俱以吴、越之士,文词俊秀,名扬于上京。……若虚兖州兵曹。"(中华书局1975年版,第5035页)

[3]〔清〕彭定求等编:《全唐诗》卷二一(张若虚)《春江花月夜》,中华书局1960年版,第267页。

[4]〔清〕彭定求等编:《全唐诗》卷八二(刘希夷)《江南曲》,中华书局1960年版,第884页。

　　清代地理学家顾祖禹曾指出:"唐、宋以来,(扬州)滨江洲渚日增,江流日狭。"[1]所言趋势大致无误。实际上,早在南北朝时期,就有关于扬州滨江沙渚的记载,如陈武帝永定二年(558),振远将军、梁州刺史张立上表称:"去乙亥岁八月,丹徒、兰陵二县界遗山侧,一旦因涛水涌生,沙涨,周旋千余顷,并膏腴,堪垦植。"[2]长江中江沙堆积的趋势,至隋唐时期有增无减,故时人诗文中也颇多提及扬州江岸的沙洲。如刘禹锡诗云:"客游广陵郡,晚出临江城。郊外绿杨阴,江中沙屿明。"[3]由于上游瓜步山的阻隔以及下游江流速度下降,在润扬段江面上存在一个庞大的沙洲群,这些沙洲有大有小,呈串珠状散布于江流之中,故作者称之为"沙尾"。关于长江下游河道中存在的沙洲群,唐诗中颇多吟咏,如:"江城吹角水茫茫,曲引边声怨思长。惊起暮天沙上雁,海门斜去两三行。"[4]再如:"远岫有无中,片帆风水上。天清去鸟灭,浦迥寒沙涨。树晚叠秋岚,江空翻宿浪。"[5]以江心沙洲为吟咏对象的诗文大量出现于唐代,并给当时的诗人留下了深刻的印象。唐代为数众多的江心沙洲,可考的有名沙洲还有瓜洲、胡逗洲、白鹭洲、东洲、布洲、顾俊沙等。当然,由于这些沙洲形态极不稳定,故还有很多无名沙洲虽然存在过,但并没有在历史文献中留下痕迹,因此唐代长江扬州段到底曾经存在过多少个江心沙洲,数量无法确定。[6]

　　沙洲的形成及开发具有阶段性。关于扬州南部长江段沙洲以及两岸距离之变化,北宋人蔡居厚描述:

---

[1] 〔清〕顾祖禹撰,贺次君、施和金点校:《读史方舆纪要》卷二三《南直五·扬州府》,中华书局2005年版,第1117页。

[2] 〔唐〕姚思廉:《陈书》卷二《高祖纪下》,中华书局1972年版,第36页。

[3] 〔清〕彭定求等编:《全唐诗》卷三五五(刘禹锡)《晚步扬子游南塘望沙尾》,中华书局1960年版,第3993页。

[4] 〔清〕彭定求等编:《全唐诗》卷四七七(李涉)《润州听暮角》,中华书局1960年版,第5433页。

[5] 〔清〕彭定求等编:《全唐诗》卷三二五(权德舆)《晚渡扬子江却寄江南亲故》,中华书局1960年版,第3651页。

[6] 施和金根据宋及以后的方志,推测唐宋时期至少还有马驮沙、鸡距、乌沙、杨林、木瓜、开沙、浮洲、龙潭、鱼袋、藤料沙等十多个沙洲。(详见施和金:《中国历史地理研究(续集)》,中华书局2009年版,第51—62页;施和金:《中国历史地理研究》,南京师范大学出版社2000年版,第310—327页)

润州大江本与今扬子桥为对干,而瓜洲乃江中一洲耳,故潮水悉通扬州城中。……今瓜洲既与扬子桥相连,自扬子距江尚三十里,瓜洲以闸为限,则不惟潮不至扬州,亦自不至扬子矣。山川形势,固有时迁易。大抵江中多积沙,初自水底将涌聚,傍江居人多能以水色验之。渐涨而出水,初谓之涂泥地。已而生小黄花,而谓之黄花杂草地。其相去迟速不常,近不过三五年者。自黄花变而生芦苇,则绵亘数十里皆为良田,其为利不赀矣。故有辨其水色即请射,而悬空出税三二年者。予在丹徒,闻金山之南将有涨沙者,安知异时金山复不与润州为一邪?[1]

蔡居厚虽是宋朝人,但是他追述的情形,仍能反映更早时代长江中沙洲形成的过程。扬子桥即今扬州市扬子津一带,唐以前为扬州滨江之地,后随着瓜洲的积涨与并岸而成为内陆区,其交通地位也渐被滨江的瓜洲所取代。由上引文献可知,沙洲的形成及开发过程,大体上可分为三个阶段:第一个阶段是积沙从水底涌聚,渐涨出水,被称为“涂泥地”。涂泥地的形态不十分稳定,一方面,受到江流的影响较大,坍涨靡常,“固有时迁易”,被冲刷消失的情况也较为常见。另一方面,由于早期镇扬段河道为长江入海口,受海潮影响较大,故很多沙洲是潮涨而没,潮落而出,易受潮水侵袭。第二个阶段是涂泥地上长出杂草植被,被称为“黄花杂草地”。沙洲上生长出杂草,有利于固沙和肥力蓄积。南齐诗人谢朓“喧鸟覆春洲,杂英满芳甸”[2]以及张若虚“江流宛转绕芳甸,月照花林皆似霰”[3]之句,所描写的沙洲应是这种形态。第三个阶段是“芦苇地”。较之杂草,此时的植被覆盖情况更好,到了这一阶段,沙洲已成适合农业耕作的膏腴之地,故当地人“辨其水色即请射”,也就是在政府尚未收税之前进行开垦,有“悬空出税三二年”的便利条件。由于大片新淤积的良田无须纳税,故大量移民迁入,如唐诗“潮落夜江斜月里,两三星

---

[1]〔宋〕胡仔:《渔隐丛话前集》卷二四引《蔡宽夫诗话》,《景印文渊阁四库全书》第1480册,台湾商务印书馆1983年版,第178页。

[2]〔唐〕欧阳询撰,汪绍楹校:《艺文类聚》卷二七“人部十一·行旅”,上海古籍出版社1999年第2版,第487页。

[3]〔清〕彭定求等编:《全唐诗》卷二一(张若虚)《春江花月夜》,中华书局1960年版,第267页。

火是瓜州"[1]之句,表明江心沙洲上已经有人居住,又唐玄宗开元年间(713—741),润州江面曾经出现风暴潮,淹没瓜洲,"损居人"[2],也证明当时瓜洲上已有不少人定居。

二、横向长江北岸三角洲的快速推进

扬州处于长江下游北岸、黄海海边的江口三角洲地带,与江、海的关系都非常密切。自第四纪以后,长江每年携带近四亿吨泥沙沉积于河口三角洲地区,使得长江三角洲不断向海洋推进[3]。不过,三角洲发育的过程相当缓慢,春秋邗城建于蜀冈之上,当是为了避免海潮侵袭,因为当时海水可以直达扬州南部的蜀冈丘麓。由于潮水汹涌,且河口近似喇叭状,奔腾澎湃,蔚为壮观,到了汉代,还形成了"广陵涛""广陵潮"的盛景[4]。西汉枚乘《七发·观涛》:"将以八月之望,与诸侯远方交游兄弟,并往观涛乎广陵之曲江。"在农历八月大潮季节,海潮排山倒海涌入河口,声如雷鸣,犹如万马奔腾,气势恢宏,绝不亚于今天的钱塘江潮景。南北朝时期,随着长江三角洲的发育,大潮虽仍存,但已有东移的趋势。晋郭璞《江赋》云:"鼓洪涛于赤岸,沦余波乎柴桑。"句中之"赤岸"在今南京市六合区,有山名为赤岸山。《太平寰宇记》引《南兖州记》云:"瓜步山东五里,江有赤岸,南临江中。"又云:"涛水自海入江,冲激六七百里,至此岸侧,其势始衰。"[5]"柴桑"即今江西省九江市。可见南朝时在扬州城西南仍然能见到汹涌的潮涌,而感潮区的界顶远及今江西的东北角。不过到了刘宋时期,情况已经发生变化。宋武帝永初(420—422)中,"刺史每以秋月多出海陵观涛,与京口对岸,江之壮阔处也"[6]。海陵即今泰州,在

[1] 〔清〕彭定求等编:《全唐诗》卷五一一(张祜)《题金陵渡》,中华书局1960年版,第5846页。

[2] 〔后晋〕刘昫等:《旧唐书》卷三七《五行志》,中华书局1975年版,第1358页。

[3] 同济大学海洋地质系三角洲科研组:《全新世长江三角洲的形成和发育》,《科学通报》1978年第5期,第310—313页。

[4] 广陵观潮是中古文学常见的一种文学意象,由于地理环境的变迁,引起后人对其产生地域的争论,从文献记载、考古发掘和历史地理的环境变迁等方面分析,广陵观潮应出现在扬州而非钱塘无疑。(参见王建国:《广陵观潮:中古一种文学意象的地理考察》,《郑州大学学报(哲学社会科学版)》2014年第4期,第120—125页)

[5] 〔宋〕乐史撰,王文楚等点校:《太平寰宇记》卷一二三《淮南道一·扬州》,中华书局2007年版,第2448页。

[6] 〔梁〕萧子显:《南齐书》卷一四《州郡志上》,中华书局1972年版,第255页。

广陵之东。南兖州刺史秋季要到海陵才能观涛,可见海潮已有东移的趋势。此时扬州的海岸线大致在今泰兴、如皋以南至白浦(今属如皋)以南一线,沙洲的前端推至如东(掘港),称为廖(料)角嘴,南通尚在大海中。[1]总之,扬州东部境土向大海推进,应是海潮东移的主要原因。

隋唐五代时期,随着长江中下游流域的开发,江口地区泥沙沉积的速度大大加快,三角洲的发育逐渐成熟。《资治通鉴》胡注引《九域志》载:"扬州东至海陵界九十八里,又自海陵东至海一百七里。"[2]可见当时扬州城已经离海岸有两百余里。日本僧人圆仁于唐文宗时期入唐求法巡礼,记开成三年(838)七月二日午时一行人到达长江口,未时至扬州海陵县白潮镇桑田乡东梁丰村,再由江口北行15里到达淮南镇,后由掘港庭登岸。白潮镇应即今如皋县东南白蒲(浦)镇[3],掘港庭即今掘港镇,在如皋县东,其地今已设为如东县,在唐代时为海岸线所在地。由于三角洲面积扩大,沿海土地开发趋于成熟,移民增多,故新设了很多政区单位。如唐文宗大和五年(831),析海陵县东境五乡置如皋场;南唐保大十年(952),如皋场升格为县。杨吴乾贞年间(927—929),在海陵县置制置院,昇元元年(937)升格为泰州,割楚州之盐城县属之,改招远场为县。南唐昇元三年(939),又析海陵县南境五乡置泰兴县。南唐还曾于海陵县之东境置静海制置院,后周显德五年(958)升为静海军,不久又改静海军为通州,并置静海县和海门县。这些州军县政区的新设或改置,无不是以三角洲的发育和开发为前提。以静海县为例,该县之设置是以通吕水脊区为范围,这块水脊地带原是沙洲涨接而成,从今南通市天生港、唐闸附近起,到启东吕四,沿通吕运河两侧,东西长约150里,南北宽约50里,平均高约4—5米。它与其北边的北岸古沙咀之间存在着一条古代夹江,夹江所经,即今南通古河汊区。唐朝末年,由于水浅沙涨,夹江西端首先淤积封闭,泓道除东端近海部分外,逐渐干涸成陆。《太平寰宇记》载:"古横江在州北,元是

---

[1] 邹逸麟编著:《中国历史地理概述》,上海教育出版社2005年版,第78页。

[2] 〔宋〕司马光编著,〔元〕胡三省音注:《资治通鉴》卷二○三则天后光宅元年(684)十一月胡注,中华书局1956年版,第6431页。

[3] 〔宋〕王存撰,王文楚、魏嵩山点校:《元丰九域志》卷五"如皋县"条,中华书局1984年版,第196页。

海,天祐年中沙涨,今有小江,东出大海。"[1]可见这条夹江又被称为横江,其淤积成陆的年代大致是在唐哀帝天祐年间(904—907),沙洲并陆成为设置静海县的自然地理基础。[2]

这一时期长江北岸三角洲的发育主要通过两种方式。第一种是长江中上游冲刷下来的泥沙堆积于河口北岸,直接成陆。隋唐五代时期,随着长江流域开发速度加快,河道固体径流增大,江水裹挟大量泥沙入海,在地转偏向力的影响下,泥沙洄旋堆积于河口北岸,成为沿海滩涂之地。第二种是泥沙先冲击为河道沙洲,后并岸成为陆地。扬州东部地区,江面呈喇叭状,江水过润、扬段后,流速下降,泥沙大量沉积,在海流和海潮的共同作用下,形成河口沙洲。经年累月,这些沙洲连接成片,合并为更大的沙洲。沙洲与陆地之间往往有夹江、支汊,如静海县南四十里有布洲夹,潮势如箭激,为布洲与陆地之间的夹江。这些夹江、支汊易于淤积,当近岸最后一条河道淤积成陆后,沙洲便与陆地合并,成为河口三角洲的一部分。

三、纵向蜀冈以南滩涂地的发育与局部坍江

蜀冈将扬州境内的地质情况一分为二。蜀冈以北属于下蜀层,它与长江以南宁镇山脉地区的下蜀层属于同一地质年代,至少在一二十万年以前就已经形成。蜀冈以南为长江冲积平原,在地质上属于第四纪全新世冲积层。在蜀冈以南冲积平原尚未形成之前,长江北岸的江岸直抵蜀冈南沿,所以在蜀冈南沿形成了较宽广的海蚀平台。汉代以前,扬州的居民主要生活于蜀冈之上。汉至六朝时期,当地居民除在蜀冈之上继续活动外,建城和其他生产活动已开始扩大到蜀冈以南。在今蜀冈之下的扬州城内发现的唐代文化层底部,往往在黄沙生土面上出有六朝青瓷,其下的黄沙生土就是江岸的淤沙土,可见居民大规模迁居到蜀冈之下生活始自六朝时期。[3]

到了隋唐时期,蜀冈以南滩涂地继续积长,其南界至少已经拓展到扬子

---

[1]〔宋〕乐史撰,王文楚等点校:《太平寰宇记》卷一三〇《淮南道八·通州》,中华书局2007年版,第2568页。

[2]陈金渊:《南通地区成陆过程的探索》,《历史地理(第三辑)》,上海人民出版社1983年版,第21—37页。

[3]罗宗真:《扬州唐代古河道等的发现和有关问题的探讨》,《文物》1980年第3期,第22页。

津以南的地区。隋大业元年（605），隋炀帝"发淮南民十余万开邗沟，自山阳至扬子入江"[1]，此处"扬子"即"扬子津"。又，大业七年（611）二月，隋炀帝"升钓台，临扬子津，大宴百僚，颁赐各有差"[2]。可见，当时大运河的入江口在扬子津（今扬州扬子津）附近。唐玄宗开元初年，孟浩然《扬子津望京口》云："北固临京口，夷山近海滨。江风白浪起，愁杀渡头人。"[3]说明从扬子津可以眺望对岸的京口（今镇江），因此，扬子津距离江岸不可能太远。又，祖咏《泊扬子津》云："才入维扬郡，乡关此路遥。林藏初过雨，风退欲归潮。江火明沙岸，云帆碍浦桥。"[4]也可以为之佐证。唐玄宗天宝（742—756）前后，导致过江舟船"迂回六十里"的瓜洲并入北岸，这大大拓展了蜀冈以南滩涂地的面积[5]。根据考古成果，由北而南，越远离蜀冈，所发掘的文化遗迹就越晚近，这也能证明滩地向南拓展的趋势确实存在。与汉代广陵城址相连的唐代罗城修筑于蜀冈之南，唐朝人的墓葬也大量葬在蜀冈以南的地带。如在扬子津附近出土了唐咸通四年（863）石经幢、大中四年（850）唐故文林郎试太常寺协律郎骑都尉雁门郡解府君之夫人上郡蔡氏墓、咸通六年（865）唐京兆韦氏居夫人墓，在扬子桥附近发现解少卿夫妇墓（835、850）、五台山吴绶之妻墓

---

[1]〔宋〕司马光编著，〔元〕胡三省音注：《资治通鉴》卷一八〇隋炀帝大业元年（605）三月戊申，中华书局1956年版，第5618页。

[2]〔唐〕魏徵、令狐德棻：《隋书》卷三《炀帝纪上》，中华书局1973年版，第75页。

[3]〔清〕彭定求等编：《全唐诗》卷一六〇（孟浩然）《扬子津望京口》，中华书局1960年版，第1667页。

[4]〔清〕彭定求等编：《全唐诗》卷一三一（祖咏）《泊扬子津》（一作《泊扬子岸》），中华书局1960年版，第1335页。

[5] 瓜洲并岸的时间，学界存在争论。韩茂莉（《唐宋之际扬州经济兴衰的地理背景》，《中国历史地理论丛》1987年第1辑，第109—117页）认为最晚不会迟于开元二十五年（737），理由是该年齐澣开伊娄河。不过开凿运河与瓜洲并岸并不可等同，齐澣所开之伊娄河长25里，为使航程缩短，这条运河必定端直。而上文引蔡居厚语，"扬子距江尚三十里"，扬子即扬子津（扬子桥），南与瓜洲有水道相连。大业七年（611），隋炀帝临此津，寻置临江宫（亦名扬子宫）于此，说明在瓜洲并岸之前，扬州南部的滨江地为扬子津，而30里乃是瓜洲并岸之后扬子津与江岸的距离。也就是说，伊娄河开凿之时，瓜洲与北岸扬子津尚有宽5里的夹江。故瓜洲并岸并不会早于开元二十五年（737）。邹逸麟《瓜洲小史》（罗卫东、范今朝主编：《庆贺陈桥驿先生九十华诞学术论文集》，浙江大学出版社2014年版，第106—111页）认为并岸是在代宗时代（762—779），依据是此时瓜洲的政区存在变动，但瓜洲改隶扬州与其并岸亦不可等同。当然，这个时间点可以确定为并岸的时间下限。综合来看，将瓜洲并岸的时间定在天宝（742—756）前后较为合适。

（886），在邗江施桥乡发现唐大中六年（852）万夫人墓，在瓜洲运西乡发现南唐保大四年（946）太原郡王氏夫人墓。综合来看，中唐以后，蜀冈以南滩涂地已经拓展到瓜洲至六圩一带。这一时期，扬州以南滩涂地发育了近30里，这导致长江下游江面趋于狭窄。润、扬之间的江面，在唐朝以前阔40里，到了唐宪宗元和年间（806—820），已经缩减到"阔一十八里"[1]，两相比较，江面宽度缩减的幅度超过一半。

与滩涂地发育相反的情况是坍江，由于沙洲以及蜀冈以南新成土地质地疏松，受到江水和潮水的冲刷，很容易出现坍江的情况。《元和郡县图志》逸文记载："江都故城，在县西南四十六里。城临江水，今为水所侵，无复余址。"[2]此处的江都城，就是汉代设江都县时的最初县城，由于坍江而沉入江中。所谓滩涂地的发育，并不是说在所有地段、所有时期泥沙都在增长，积长与坍江应是同时发生，只是以前者为主。

以上所述扬州三类地形地貌的变化并非是相互孤立的现象。长江航道以及入海口沙洲的形成往往是三角洲推进及滩涂地发育的"前奏"，1986年在位于蜀冈以南约20里的京杭大运河施桥船闸，发现一批东汉时期的陶井圈和灰陶罐，说明东汉时期施桥一带已形成一块面积较大的江心沙洲，并已有居民居住，这块沙洲后来并岸，成为蜀冈以南滩涂地的一部分。从广义上讲，蜀冈以南的滩涂地也是长江北岸三角洲的一部分，两种趋势分别从东西向和南北向拓展了扬州的地域。沙洲积长、三角洲快速推进和滩涂地发育，说到底都与泥沙堆积有关。这些泥沙大多是从长江中游冲刷而来，而泥沙的剧增则与中游地区的农业开发紧密相关。长江中游地区的深度开发始自永嘉南渡，在安史之乱后达到高潮，两湖地区因距关中及河南地区较近，成为北方移民的重要迁居之地。人口的激增导致对土地的需求增加，这使得大片湖区、森林和沼泽滩涂地成为农业垦殖的对象，"但更重要的还是开辟新的土地，或

---

[1]〔唐〕李吉甫撰，贺次君点校：《元和郡县图志》卷二五《江南道一·润州》，中华书局1983年版，第591页。

[2]〔清〕缪荃孙校辑，贺次君点校：《元和郡县图志·阙卷逸文》卷二《淮南道·扬州》，中华书局1983年版，第1072页。

者依靠先进生产工具和技术利用此前无法利用的土地"[1]。沼泽被抽干,湖泊被填平,大大削弱了下垫面的蓄水、排水能力。大量森林被砍伐,削弱了土地吸纳雨水和固土的能力,导致水土流失,大量泥沙被冲刷入河道,随着长江流水到达下游地区。

第二节　扬州的气候、土壤及动植物变迁

在所有的自然要素之中,气候是最具基础性和决定性的要素。气候一旦发生变化,会带来一系列连锁反应,如海平面升降、降雨量及河流径流量增减、旱涝灾害增多、湖泊水域面积赢缩、动植物分布变迁等等。相较而言,土壤和动植物受到人类活动的影响较大,不过仍与气候的变化密不可分。

一、扬州的气候变化

扬州地处北亚热带气候向温带季风性气候的过渡区,东受海洋气候、西受内陆气候交错影响,气候温和湿润,四季分明、雨量充沛、光照充足、雨热同季,光、热、水三要素配合较好。夏季多为从海洋吹来的湿热东南风和东风,冬季盛行干冷的偏北风。冬季长达四个多月,夏季次之,约三个月;春、秋两季较短,各两个多月。目前年平均气温在 14.3℃—15.1℃ 之间,无霜期 220 余天。一年之中,1 月最冷,月平均气温约为 1.5℃;7 月最热,月平均气温约为 28℃。年平均降水量约 1000 毫米,多集中在 7、8、9 三个月。[2]

根据著名气候学家竺可桢的研究,近五千年以来,中国大体经历了四次温暖期,四次寒冷期。其中第 6 世纪末至第 10 世纪初是隋唐统一时代(589—907),自 7 世纪中期起,气候逐渐变得暖和,年平均气温高于现代,这种情况一直持续到宋代才结束。[3]作为一种长时段的演变趋势,气温的转变并非一蹴而就,而是存在一个长期性过程。在这一转变过程中,冷暖干湿会存在反复变化,故对于转变时间的选定宜取时间段,而不应限定于某一具体时间点。加之我国地域广阔,地形地貌复杂多样,故在分析具体地域的气候时应有所

[1] 牟发松:《唐代长江中游的经济与社会》,武汉大学出版社 1989 年版,第 48—49 页。
[2] 《扬州市志》第二篇《自然地理》,中国大百科全书出版社上海分社 1997 年版,第 209—210 页。
[3] 竺可桢:《中国近五千年来气候变迁的初步研究》,《考古学报》1972 年第 1 期,第 15—38 页。

区别,尤其要关注到沿海与内陆的差别。[1]具体到扬州,隋唐五代时期的气候总体上较为温暖湿润,可以用一则有关大象的故事加以说明:"张景伯之为和州,淮南多象,州有猎者,常逐兽山中。忽有群象来围猎者,令不得去。有大象至猎夫前,鼻绞猎夫,置之于背。……俄而诸象二百余头,来至树下,皆长跪。"[2]大象本是栖息于热带和亚热带地区的大型哺乳动物,今天我国的象群仅见于云南地区。故事的发生地和州(治今马鞍山和县)与扬州邻近,同属淮南道,纬度也大致相当,故具有可比性。和州地区有大规模象群出没,说明当时这一地区的温度和湿度确实要较今天更高。

气候对人类生存最直接、最明显的作用,表现在它对农业生产的影响。一般情况下,相对温暖湿润的气候有利于农作物生长。水稻是喜高温的农作物,其产量受温度的影响较大,受益于当时温暖湿润的气候,唐代前期在扬州已经出现了再生稻,这类水稻应是自然而生,非人工培育。《新唐书·玄宗纪》载:"是岁(开元十九年,731),扬州稆稻生。"[3]《太平御览》亦记载开元十九年(731)稆稻之事,并补充了更多细节,云:"扬州奏稆生稻二百一十五顷,再熟稻一千八百顷,其粒与常稻无异。"[4]稆生稻就是稻荪,为一种野生稻,是水稻在收获之后,其茎基部的休眠芽又一次萌发抽穗结实,为双季稻的前身。历史文献将"稆生稻""再熟稻"作为轶事记录下来,说明这种农业现象并不常见。不过面积有近两千顷,且稻粒与常稻无异,估计产量不会太低。唐代时,扬州还出现过双季稻[5]。《新唐书·地理志》记载,广陵郡土贡中有黄穄米,这

---

[1] 区域性的研究,学者们已经作出了卓有成就的研究。如张天麟《长江三角洲历史时期气候变迁的初步研究》,《华东师范大学学报(自然科学版)》1982年第4期,第101—119页;朱士光、王元林、呼林贵:《历史时期关中地区气候变化的初步研究》,《第四纪研究》1998年第1期,第1—9页;陈家其、姜彤、许朋柱:《江苏省近两千年气候变化研究》,《地理科学》1998年第3期,第219—226页;郑景云、郝志新等:《中国东部过去2000年百年冷暖的旱涝格局》,《科学通报》第30期,第2964—2970页。

[2] 〔宋〕李昉等编:《太平广记》卷四四一《畜兽八》"淮南猎者"条引《纪闻》,中华书局1961年版,第3602—3603页。

[3] 〔宋〕欧阳修、宋祁:《新唐书》卷五《玄宗纪》,中华书局1975年版,第136页。

[4] 〔宋〕李昉等:《太平御览》卷八三九《百谷部三·稻》引《唐书》,中华书局1960年版,第3750页。

[5] 关于唐代时扬州有无双季稻,学界存在争论,详见陈志一:《江苏双季稻历史初探》,《中国农史》1983年第1期,第22—32页;张泽咸:《试论汉唐间的水稻生产》,《文史(第十八辑)》,中华书局1983年版,第33—68页。但已有的研究都没有关注到《新唐书》中有关上贡农产品的资料。

种黄穋米又称黄穋稻、黄陆稻、黄绿谷,是一种生长期较短的水稻品种[1]。北宋曾安止《禾谱》载:"今江南有黄穋禾者,大暑节刈早种毕而种,霜降节末刈晚稻而熟。"[2]又宋代《嘉泰会稽志》载:"七月始种,得霜即熟,曰黄穋。后种先熟曰穋。"[3]唐代扬州既然上贡黄穋米,说明其地已存在双季稻。总之,无论是秸生稻、再熟稻,还是双季稻,都是以当时扬州气候比较温暖湿润为前提。

　　苎麻、柑橘和竹子都是喜温植物,它们都在扬州有大量种植。首先看苎麻,唐代扬州是苎麻的重要产地,不仅种植面积广,而且质量上乘,曾经作为贡品上贡到朝廷。有关扬州的唐诗中就有不少描写苎麻的篇章,如:"蠹露宗通法已传,麻衣筇杖去悠然"[4],"江声六合暮,楚色万家春。白苎歌西曲,黄苞寄北人"[5]。这些诗文的创作虽然都有特定的时空背景,但仍可以反映出当时扬州穿苎麻衣服的人不在少数,这些苎麻应大多是扬州本地所产。再看柑橘,柑橘是一种喜温湿、畏寒冷的亚热带常绿果树,对气温变化非常敏感,可将其分布作为气候变化的物候指标。唐诗中有关扬州种植柑橘、橙等南方亚热带水果的描述,如:"高柳垂烟橘带霜,朝游石渚暮横塘"[6],"露浴梧楸白,霜催桔柚黄"[7],"青橙拂户牖,白水流园池"[8]。这些诗句表明,当时扬州的气候比较适合柑橘、橙的生长。最后看竹子。《玉堂闲话》载:"江淮州郡,火令最严,犯者无赦。盖多竹屋,或不慎之,动则千百间立成煨烬。高骈镇维扬之岁,有

　　[1]　曾雄生:《中国历史上的黄穋稻》,《农业考古》1998年第1期,第292—306页。

　　[2]　曹树基:《〈禾谱〉校释》,《中国农史》1985年第3期,第74—84页。

　　[3]　〔宋〕施宿等:《嘉泰会稽志》卷一七《草部》,《宋元方志丛刊》第7册,中华书局1990年版,第7024页。

　　[4]　〔清〕彭定求等编:《全唐诗》卷三二三(权德舆)《送漼上人归扬州禅智寺》,中华书局1960年版,第3631页。

　　[5]　〔清〕彭定求等编:《全唐诗》卷二四四(韩翃)《送郭赟府归淮南》,中华书局1960年版,第2737—2738页。

　　[6]　〔清〕彭定求等编:《全唐诗》卷二四三(韩翃)《送万巨》,中华书局1960年版,第2732页。

　　[7]　〔清〕彭定求等编:《全唐诗》卷一八〇(李白)《秋日登扬州西灵塔》,中华书局1960年版,第1835页。

　　[8]　〔清〕彭定求等编:《全唐诗》卷一六八(李白)《赠徐安宜》,中华书局1960年版,第1731—1732页。

术士之家延火,烧数千户。"[1]可知竹子是扬州重要的建筑材料。唐诗中也有不少这方面的描述,如:"有地惟栽竹,无家不养鹅"[2],"远景窗中岫,孤烟竹里村"[3],"暮霭生深树,斜阳下小楼。谁知竹西路？歌吹是扬州"[4]。日僧圆仁也记述了扬州城乡遍种竹子的事实:"竹林无处不有,竹长四丈许为上。"[5]均可证明当时扬州境内竹子的种植面积相当广。

隋唐五代时期的扬州因为是全国首屈一指的大都市、交通枢纽以及经济文化中心,在此停驻的文人墨客、观览的行旅士子留下了大量诗篇,这些诗篇中透露出的物候信息,可以侧面证明这一时期的扬州确实较为温暖[6]。如:"广陵寒食天,无露复无烟。暖日凝花柳,春风散管弦。""满郭是春光,街衢土亦香。"[7]寒食节在清明节前一日,应是初春时节,气温不会太高,但据诗文描述,这时的扬州城已经沐浴在暖日春光里。

降水与温度变化的趋势大体一致,一般情况下,湿润期和温暖期相重合,干旱期和寒冷期相重合。由于隋唐五代时期扬州地区的气候较为温暖,故降雨量也十分丰沛。唐德宗贞元年间(785—805),刘禹锡曾经在傍晚漫步于扬子江边,眺望江中沙洲,云:"淮海多夏雨,晓来天始晴。萧条长风至,千里孤云生。卑湿久喧浊,褰开偶虚清。"[8]说明当时扬州夏季夜晚降雨较多,给人一种"卑湿"之感,这种卑湿感有似于今之扬州夏季高温潮湿闷热的天气。此

[1]〔宋〕李昉等编:《太平广记》卷二一九《医二》"高骈"条引《玉堂闲话》,中华书局1961年版,第1679页。

[2]〔唐〕姚合著,吴河清校注:《姚合诗集校注·姚少监诗集》卷六《扬州春词三首》其三,上海古籍出版社2012年版,第313页。

[3]〔清〕彭定求等编:《全唐诗》卷五一〇(张祜)《禅智寺》,中华书局1960年版,第5824页。

[4]〔清〕彭定求等编:《全唐诗》卷五二二(张祜)《题扬州禅智寺》,中华书局1960年版,第5964页。

[5]〔日〕圆仁撰,顾承甫、何泉达点校:《入唐求法巡礼行记》卷一,上海古籍出版社1986年版,第7页。

[6]竺可桢在探讨中国近五千年来气候变迁时,从诗文中提取了大量的物候信息,这一方法在区域史研究中可以借鉴。

[7]〔唐〕姚合著,吴河清校注:《姚合诗集校注·姚少监诗集》卷六《扬州春词三首》其一、其二,上海古籍出版社2012年版,第311、312页。

[8]〔清〕彭定求等编:《全唐诗》卷三五五(刘禹锡)《晚步扬子游南塘望沙尾》,中华书局1960年版,第3993页。

外,当时扬州降雨的持续时间也较长,刘禹锡遇到的这场雨下了一整晚,直到次日清晨方才转晴。诗文的五、六两句描写了因多雨而导致房屋内潮湿,只有敞开院门窗户才会有流通的清爽空气,足见扬州空气的湿度较高。隋唐时期的诗文之中,也有对扬州梅雨天气的描写,如:"梅黄雨细麦秋轻,枫树萧萧江水平。"[1]"暮涛凝雪长淮水,细雨飞梅五月天。行子不须愁夜泊,绿杨多处有人烟。"[2]这些诗句,展现了其亚热带季风性气候的特征。历代文人墨客还留下了数量众多的降雨诗,展现了扬州独具特色的多雨气候和风貌景色。描写春雨的诗句,如:"程涂半是依船上,请谒多愁值雨中。堰水静连堤树绿,村桥时映野花红。"[3]"春雨连淮暗,私船过马迟。"[4]描写秋雨的诗句,如"雨过一蝉噪,飘萧松桂秋。"[5]"过雨开楼看晚虹,白云相逐水相通。寒蝉噪暮野无日,古树伤秋天有风。"[6]描写夜雨的诗句,如:"千里隔烟波,孤舟宿何处。遥思耿不眠,淮南夜风雨。"[7]"高临月殿秋云影,静入风檐夜雨声。"[8]描写细雨的诗句,如:"暝色湖上来,微雨飞南轩。"[9]以上诗句,均在一定程度上证明了隋唐五代时期扬州的气候确实比较温暖湿润。

不过,到了唐中后期,扬州的气温应该出现过一个下降的过程。日僧圆仁记,唐文宗开成三年十月七日(公元838年10月28日),扬州城附近水面

---

[1]〔宋〕郭茂倩编撰,聂世美、仓阳卿校点:《乐府诗集》卷七九(隋炀帝)《四时白纻歌二首》,上海古籍出版社2016年版,第704页。

[2]〔清〕彭定求等编:《全唐诗》卷三一七(武元衡)《渡淮》,中华书局1960年版,第3574页。

[3]〔清〕彭定求等编:《全唐诗》卷五一四(朱庆馀)《送崔约下第归淮南覲省》,中华书局1960年版,第5876页。

[4]〔清〕彭定求等编:《全唐诗》卷五一四(朱庆馀)《送张景宣下第东归》,中华书局1960年版,第5868—5869页。

[5]〔清〕彭定求等编:《全唐诗》卷五二二(杜牧)《题扬州禅智寺》,中华书局1960年版,第5964页。

[6]〔清〕彭定求等编:《全唐诗》卷二七九(卢纶)《同王员外雨后登开元寺南楼因寄西岩警上人》,中华书局1960年版,第3172页。

[7]〔清〕彭定求等编:《全唐诗》卷五一三(裴夷直)《扬州寄诸子》,中华书局1960年版,第5858页。

[8]〔清〕彭定求等编:《全唐诗》卷五一一(张祜)《扬州法云寺双桧》,中华书局1960年版,第5827—5828页。

[9]〔清〕彭定求等编:《全唐诗》卷一八一(李白)《之广陵宿常二南郭幽居》,中华书局1960年版,第1841页。

出现薄冰[1]。据现代物候记录,镇江背阴处出现结冰情况的平均日期大致在阳历 12 月 1 日,池塘结冰在阳历 12 月 9 日,根据镇江与扬州同期物候的差异天数,可以推算出扬州出现结冰的日期要向前推至 11 月 15—24 日,但与公元 838 年当时扬州的情况相比较,提前了约 20 天。[2] 又,唐僖宗光启二年(886)"十一月,淮南阴晦雨雪,至明年二月不解"[3]。雨雪冰冻的天气持续三个多月,至春季仍不见解冻,这是不同寻常的气候现象。白居易撰于唐敬宗宝历二年(826)的一首诗云:"岁阴中路尽,乡思先春来。山雪晚犹在,淮冰晴欲开。"[4]也足以说明当时淮南地区冬季雨雪天气持续时间较长,这自然是气温下降所致。不过,如果以当代的气候标准来看,即使扬州在唐代后期的气温有所下降,但仍然是一个相对温暖湿润的时期,即所谓的"中世纪温暖期"。

二、扬州的土壤改良

扬州地区的地质土壤,大体上可分为两大部分:一是在下蜀母质上孕育起来的黄色黏土层;一是在冲积母质上孕育起来的黄色沙土层。这两大部分,从地形上来划分,大体上以蜀冈为界,蜀冈以北地区为黄色黏土层,以南地区为黄色沙土层。每个部分再从地貌来看,又可分为两个亚类。在黄色黏土地区,可分为山地与高地;在黄色沙土地区,可分为平地与圩地。扬州的下蜀黄黏土,比之镇江焦山等地的下蜀黄黏土要晚一些,距今在八万年左右;扬州冲积黄沙土的年代,距今不足万年。这是扬州地质地理的一般情况。[5]《尚书·禹贡》载:"淮海惟扬州……厥土惟涂泥。厥田惟下下,厥赋下上上错。……沿于江海,达于淮泗。"这里的"扬州"与隋唐五代时期的扬州并非同一概念,泛指整个东南地区,但包括隋唐五代与今之扬州在内。"涂泥"是指沼泽土,乃等级为"下下"的劣等土地,不利于农业耕作。而当代扬

[1]〔日〕圆仁撰,顾承甫、何泉达点校:《入唐求法巡礼行记》卷一,上海古籍出版社 1986 年版,第 16 页。

[2] 满志敏:《关于唐代气候冷暖问题的讨论》,《第四纪研究》1998 年第 1 期,第 20—28 页。

[3]〔宋〕欧阳修、宋祁:《新唐书》卷三六《五行志三》,中华书局 1975 年版,第 949 页。

[4]〔清〕彭定求等编:《全唐诗》卷四四四(白居易)《除日答梦得同发楚州》,中华书局 1960 年版,第 4976 页。

[5] 朱江:《从文物发现情况来看扬州古代的地理变迁》,《扬州师院学报(哲学社会科学版)》1977 年第 9 期,第 70 页。

州境内的土壤条件已经大为改观,可细分为水稻土、潮土、黄棕壤及沼泽土四类。当代优质的土壤现状与历史时期生活于此的劳动人民的改造和治理息息相关。仅就隋唐五代时期来说,主要表现在水稻土熟化和盐碱地治理两个方面。

（一）水稻土熟化

扬州位于江淮之间,既是小麦种植区,又是水稻种植区。关于扬州种植小麦的诗句,如:"浮人若云归,耕种满郊岐。川光净麦陇,日色明桑枝。"[1]关于种植水稻的诗句,如:"煮盐沧海曲,种稻长淮边。四时常晏如,百口无饥年。"[2]在上述两种主要粮食作物中,水稻的种植对土壤影响较大。在扬州人民的辛勤劳作和精心培育下,隋唐五代时期扬州地区培植出一大批优良的水稻品种,据《新唐书·地理志》载,唐代扬州进贡的农产品中有黄稑米和乌节米[3]。黄稑米在北朝时就已经出现,《齐民要术·水稻篇》中有相关记载。又据宋代陈旉《农书》及明清地方志中的记载,淮南地区的凤阳、江都、泰州等地均有黄稑米的种植,这种水稻延续了一千五百余年,足见其品种之优良。乌节米属粳稻类,是一种优质的黑稻,郭义恭《广志》云:"粳有乌粳黑穬,有青幽白夏之名。"[4]又,日僧圆仁于唐文宗开成四年(839)正月十八日,在扬州开元寺看到当地士兵和僧人都在"择米",记:"扬州择米,米色极黑,择却稻粒并破损粒,唯取健好。自余诸州不如此也。"这些依靠人力精心挑选出来的乌节米,"好者进奉天子,以充御食;恶者留着,纳于官里"。[5]红稻也是一种优良的粳稻品种,韦应物诗云:"沃野收红稻,长江钓白鱼。"[6]从中可知,红稻

---

[1]〔清〕彭定求等编:《全唐诗》卷一六八(李白)《赠徐安宜》,中华书局1960年版,第1731—1732页。

[2]〔清〕彭定求等编:《全唐诗》卷二一二(高适)《涟上题樊氏水亭》,中华书局1960年版,第2207页。

[3]〔宋〕欧阳修、宋祁:《新唐书》卷四一《地理志五》,中华书局1975年版,第1051页。

[4]〔唐〕徐坚等:《初学记》卷二七《草部·五谷第十》引郭义恭《广志》,中华书局1962年版,第662页。

[5]〔日〕圆仁撰,顾承甫、何泉达点校:《入唐求法巡礼行记》卷一,上海古籍出版社1986年版,第28页。

[6]〔清〕彭定求等编:《全唐诗》卷一八九(韦应物)《送张侍御秘书江左觐省》,中华书局1960年版,第1929页。

可与长江"白鱼"齐名,乃是一种珍稀的水稻品种。红稻米又称海陵红、泰州红、桃花米,当时的泰州地区大量生产这种红稻米。骆宾王在《代李敬业讨武氏檄》中载:"海陵红粟,仓储之积靡穷。"[1]以上所有这些优质稻米的培育和种植都有利于改良土壤,并促进了水稻土的熟化。

这一时期水稻种植的技术也大大提高。唐肃宗至德二载(757),高适出镇广陵,任淮南节度使,在扬州亲眼看见水稻的育秧、插秧技术,并写下诗句:"溪水堪垂钓,江田耐插秧。"[2]育秧、插秧技术的推广大大提高了土地利用率,使得稻麦一年两熟成为可能。大规模兴修农田水利工程也有力促进了水稻种植业的发展,这些工程中比较典型的包括大、小雷陂及小新塘、勾城塘、陈公塘等陂塘,通过开凿水渠、修建堰坝,可灌溉的土地数百至数千顷不等,如唐太宗贞观十八年(644)李袭誉"引雷陂水,又筑勾城塘,溉田八百余顷,百姓获其利"[3]。唐宪宗元和三年至六年(808—811),李吉甫在高邮筑堤为塘,"溉田数千顷"[4]。

随着水稻新品种的培育、种植耕作技术的提高以及农田水利工程的兴修,以扬州为代表的江淮地区成为水稻的重要种植区。唐末高丽人崔致远曾在淮南节度使府任职,记山阳县水稻种植情况:"今以山阳沃壤,淮畔奥区,地占三巡,田逾万顷。"[5]山阳属今江苏省淮安市,地近扬州。刘禹锡诗中亦云:"万顷水田连郭秀,四时烟月映淮清。"[6]李中丞为李德修,时任淮南营田副使,所谓"万顷水田"是刘禹锡称赞他在楚州屯田的功绩。又朱庆馀诗云:"鸟声

[1]〔清〕董诰等编:《全唐文》卷一九九(骆宾王)《代李敬业讨武氏檄》,中华书局1983年版,第2009页。

[2]〔清〕彭定求等编:《全唐诗》卷二一四(高适)《广陵别郑处士》,中华书局1960年版,第2229页。

[3]〔后晋〕刘昫等:《旧唐书》卷五九《李袭誉传》,中华书局1975年版,第2332页。

[4]〔宋〕欧阳修、宋祁:《新唐书》卷四一《地理志五》,中华书局1975年版,第1052页。

[5]〔清〕陆心源编:《唐文拾遗》卷四〇(崔致远)《许权摄观察衙推充洪泽巡官》,中华书局1983年版,第10823—10824页。

[6]〔清〕彭定求等编:《全唐诗》卷三五九(刘禹锡)《送李中丞赴楚州》,中华书局1960年版,第4047页。

淮浪静,雨色稻苗深。"[1]这些诗句所描述的对象虽都是唐代楚州而非扬州,但楚州同属淮南节度使辖区,而且与扬州密迩相连,同为江淮地区的核心区域,楚州的情况完全可以用来说明扬州,因此,唐代扬州也应该是稻田广布,这无疑大大提高了扬州地区土壤的熟化程度。

（二）滨海盐碱地的治理

黄淮海平原是我国盐碱土主要的分布地区之一,盐碱土产生的自然条件是地表及地下水含盐量大,地下水位高,排水不畅,因而土壤不易脱盐,高矿化地下水不易淡化,从而导致土壤盐碱化[2]。黄淮海平原东部的苏中、苏北地区,广大的滨海冲积平原都是较晚才淤积成陆的土地,地势低洼。成陆之前,土壤长期浸于海水之中,含盐量相当高;成陆之后,盐度虽有所下降,但土层仍然富含盐类物质。另外,由于近海之地经常遭受海潮侵袭,海水漫灌之下,不仅深度盐渍土区难以脱盐,就是那些早经耕垦已经脱盐或者接近脱盐的地区也会重复盐渍化,从而使得土壤难以耕作。

隋唐五代时期被称为"中世纪温暖期",这一时期的气温比现在要高,这导致海平面上升。据今人研究,8—10世纪的"小高温期",我国海平面明显上升,时太湖流域出现"三江倒灌",东部沿海的湖泊普遍扩张,上海地区海水向陆地入侵约15公里,可推断海平面上升了约1.5米[3]。海平面上升导致扬州滨江沿海地区常遭受海潮侵袭,如唐玄宗天宝十载(751),广陵大风,引起海潮,沉江口之船数千艘;又开元十四年(726)秋,润州刮东北大风,"海涛没瓜步",[4]可见海潮来势相当汹涌。

为了抵御海潮,保护农田,奠民居而便耕稼,唐代宗大历年间(766—779),淮南西道黜陟使李承主持修筑了捍海塘——常丰堰,该堰"自楚州盐

---

[1]〔清〕彭定求等编:《全唐诗》卷五一四(朱庆馀)《送淮阴丁明府》,中华书局1960年版,第5867页。

[2]邹逸麟主编:《黄淮海平原历史地理》,安徽教育出版社1997年版,第51页。

[3]杨怀仁、谢志仁:《中国东部近20,000年来的气候波动与海面升降运动》,《海洋与湖沼》1984年第1期,第10页。

[4]〔宋〕欧阳修、宋祁:《新唐书》卷三六《五行志三》,中华书局1975年版,第931页。

城南抵海陵,绵亘百里,障蔽潮汐,以卫民田"[1]。堰塘修成之后,不仅使滨海大片盐渍地免遭海水倒灌侵袭之苦,而且将土地改造为适宜耕作的良田,为农业发展奠定了基础,农业产量达建堰之前的十倍,史载:"(李承)奏置常丰堰于楚州,以御海潮,溉屯田塉卤,收常十倍它岁。"[2]除筑捍海塘外,引水灌溉也是改造盐碱地较有效的方式之一。唐德宗贞元年间(785—805),杜佑任淮南节度使,"决雷陂以广灌溉,斥海濒弃地为田",连营三十区,积米至五十万斛。[3]这里的"海濒弃地"就是指不利于农作物生长的盐碱地,杜佑决雷陂水以灌溉,实际上就是通过引渠灌水冲刷盐渍土壤,达到洗碱和压碱的效果,从而将这些"弃地"改造为良田。对于杜佑这项爱民举措及其功绩,权德舆曾大加赞赏:"辟我舄卤,长我禾黍。乃建营部,乃新廪庾。成师足食,比屋安堵。里闾熙熙,衍沃肥肥。"[4]又,唐宪宗元和年间(806—820),李吉甫在高邮筑堤塘灌溉农田,"蠹以长堤,潴其天泽,变舄卤为稻粱之壤,致蒸黎有衣食之源"[5],明确讲到,通过引水灌溉可以将舄卤之地改造为稻粱之壤。因此,隋唐五代时期扬州之所以能够成为粮食的重要产地,与盐碱地的治理密不可分。

三、扬州的动植物变迁

隋唐五代是扬州社会经济大发展的时期,特别是安史之乱以后,随着北方人口的大量南迁和经济中心向南方转移,大片荒地、湖泊、滩地、盐碱地和山林地被垦辟为适宜耕作的农田,时至唐末五代,"江、淮间旷土尽辟,桑柘满野,国以富强"[6]。加之冶炼、煮盐、制铜、造船、造纸等手工行业的兴起,对于木材的

---

[1]〔清〕阿克当阿修,〔清〕姚文田等纂,刘建臻点校:《〔嘉庆〕重修扬州府志》卷一四《河渠志六》,广陵书社 2014 年版,第 380 页。

[2]〔宋〕欧阳修、宋祁:《新唐书》卷一四三《李承传》,中华书局 1975 年版,第 4686 页。

[3]〔宋〕欧阳修、宋祁:《新唐书》卷一六六《杜佑传》,中华书局 1975 年版,第 5088 页。

[4]〔唐〕权德舆撰,郭广伟校点:《权德舆诗文集》卷一一《大唐银青光禄大夫检校司徒同中书门下平章事太清宫及度支诸道盐铁转运等使崇文馆大学士上柱国岐国公杜公淮南遗爱碑铭并序》,上海古籍出版社 2008 年版,第 182 页。

[5]〔宋〕宋敏求编:《唐大诏令集》卷四六《李吉甫平章事制》,中华书局 2008 年版,第 230—231 页。

[6]〔宋〕司马光编著,〔元〕胡三省音注:《资治通鉴》卷二七〇后梁均王贞明四年(918)七月,中华书局 1956 年版,第 8832 页。

需求量大幅增长,导致大量森林被砍伐,并影响到野生动物的生存环境。

（一）动植物资源的减少及其表现

中唐时期,陆贽曾记载扬州的自然环境和资源:"淮海奥区,一方都会,兼水陆漕挽之利,有泽渔山伐之饶,俗具五方,地绵千里"[1],世人也常以"泽渔山伐之饶"来形容唐代淮南地区渔业和森林资源之丰富。隋唐五代时期,扬州临江河湖海,故湖泊、河流、陂塘、渠港等水体众多,渔业资源非常丰富。《新唐书》载扬州上贡糖蟹,可见这种品种的蟹已经成为扬州的特色物产,其生长环境必定对河塘有较高的要求。再如扬州太守间丘惠曾经召集境内渔户进行一场捕鱼比赛,规定"所得鱼多者,有金帛之赏",有一渔夫以鹿胎肉为鱼饵,"取鱼倍众力。凡十网得鱼三千六百,无甚小者。众惭而退"。太守询之缘由,曰:"鱼喜鹿胎之香,适散悬者乃此物也。下网召之,万鱼毕聚也。"[2]说明当时扬州地区鱼群规模不小,渔业捕捞技术相当成熟。唐诗中有很多关于扬州垂钓的篇章,也从一个侧面证明了扬州渔业资源的丰富,如:"芜城春草生,君作扬州客。……狎鸟携稚子,钓鱼终老身。"[3]崔颢曾在扬州送别老友还归苏州,作诗云:"长安南下几程途,得到邗沟吊绿芜。渚畔鲈鱼舟上钓,羡君归老向东吴。"[4]王昌龄诗中亦有"为问易名叟,垂纶不见鱼"[5]之句。上述这些唐诗可能不免带有想象和夸张的成分,其中抑或包含着某种期许的意味,但依然可以说明唐代扬州渔业资源较为丰富的事实。

与"泽渔"生长周期较短不同的是,森林的再生周期较长,因此,树木砍伐之后在短时间内较难恢复。历史上淮南地区一直以森林资源丰富而著称,但到了唐宋时期,随着大规模的"山伐",森林的覆盖率已大为缩小。有论者指出:"唐宋时期长江中下游流域的森林开始被大量利用。……森林面积开

---

[1]〔唐〕陆贽撰,王素点校:《陆贽集》卷九《制诰·杜亚淮南节度使制》,中华书局2006年版,第268页。

[2]陶敏主编:《全唐五代笔记》第四册附录《云仙杂记》引(佚名)《扬州事迹》,三秦出版社2012年版,第3466页。

[3]〔清〕彭定求等编:《全唐诗》卷一四七(刘长卿)《送子婿崔真甫李穆往扬州四首》,中华书局1960年版,第1481页。

[4]〔清〕彭定求等编:《全唐诗》卷一三〇(崔颢)《维扬送友还苏州》,中华书局1960年版,1330页。

[5]〔清〕彭定求等编:《全唐诗》卷一四二(王昌龄)《客广陵》,中华书局1960年版,第1439页。

始大面积缩小,但是在许多山地森林还是十分茂密。"[1]扬州地区以平原地形为主,山地较少,而且自魏晋南北朝起一直又是北方移民最大的聚居地之一,因此所谓"许多山地森林还是十分茂密"并不包括扬州在内。唐代扬州地区的森林面积大幅度缩小,应是当时的实际情况,有证据表明唐代扬州的木器加工,原材料是从其他地区获取,如"豫章诸县,尽出良材,求利者采之,将至广陵,利则数倍"[2]。扬州交易的木材之所以要大量从较远的江西运来,乃因为本地木材已经难以做到自给。这一情况到了安史之乱后,可能更加明显,因为此后北方侨民更大规模涌入,人口大量增加,樵采的情况更为普遍,这进一步加剧了扬州地区森林砍伐的力度。

森林资源的减少往往伴随着动物,特别是大型哺乳动物的消失,因为它们需要更多的食物,繁殖能力不强,且对环境变化的适应能力较弱。有两则传说故事可以用来说明隋唐五代时期扬州地区森林环境的变化情况。其一云:

> 海陵人王太者,与其徒十五六人野行,忽逢一虎当路。其徒云:"十五六人决不尽死,当各出一衣以试之。"至太衣,吼而隈者数四。海陵多虎,行者悉持大棒。太选一棒,脱衣独立,谓十四人:"卿宜速去。"料其已远,乃持棒直前,击虎中耳,故闷倒,寻复起去。太背走惶惧,不得故道,但草中行,可十余里,有一神庙,宿于梁上。其夕,月明,夜后闻草中虎行。寻而虎至庙庭,跳跃变成男子,衣冠甚丽。堂中有人问云:"今夕何尔累悴?"神曰:"卒遇一人,不意劲勇,中其健棒,困极迨死。"言讫,入座上木形中。忽举头见太,问是何客。太惧堕地,具陈始末。神云:"汝业为我所食,然后十余日方可死。我取尔早,故中尔棒。今以相遇,理当佑之。后数日,宜持猪来,以己血涂之。"指庭中大树:"可系此下,速上树,当免。"太后如言。神从堂中而出为虎,劲跃太,高不可得,乃俯食猪。食毕,入堂为人形。

---

[1] 蓝勇:《中国历史地理学》,高等教育出版社2002年版,第64页。

[2] 〔宋〕李昉等编:《太平广记》卷三三一《鬼十六》"杨溥"条引《纪闻》,中华书局1961年版,第2632页。

太下树再拜乃还。尔后更无患。[1]

其二云：

> 释法向，姓李，扬州海陵葛岗人。……隋末，海陵大宁寺僧智喜开房延入，于中静坐，昼卧惊起。……大虫伤害，日数十人，乃设禳灾大斋。忽有一虎入堂，抟一人将去。向逐后唤："住，何造次！今为檀越设斋，可放此人。"依言即放。诸虎大集，以杖扣头为说法，于是相随远去。[2]

上述两则故事看似荒诞不经，颇有神话传说的意味，不能看作是"信史"，但反映出的环境史信息却非常丰富。论者曾从环境史角度解读文献中"虎耳如锯"的记载，指出老虎耳朵上的缺口实为"伤口"，"两耳如锯"则是说老虎伤痕累累，这些伤痕是老虎生存竞争的结果。这与唐宋时期的人口增长、经济开发，以及植被破坏有着密切的关系，因此，虎耳有缺如锯可以视作是环境恶化的标志。[3]在第一则故事中，王太持大棒"击虎中耳"实际上就是在虎耳上留下伤痕，这是人虎争夺生存空间的表现。老虎这种习惯生活在茂密森林的动物，不到万不得已，不会踏入人类聚居区。两则故事的结局，最后的"胜利者"都是人，虎"闷倒，寻复起去""中其健棒，困极迮死""相随远去"等情况，都说明虎在与人的争斗中是弱势的一方，随着森林面积不断减少，其生存空间被大大压缩。还有一则老虎被佛祖度化的故事，也颇能说明环境变化的问题：润州摄山栖霞寺释智聪，尝住扬州安乐寺。隋炀帝大业末年，天下大乱，释智聪"思归无计，隐江荻中，诵《法华经》，七日不食，恒有虎绕之。聪曰：'吾命须臾，卿须可食。'虎忽发言曰：'造天立地，无有此理。'忽有一老翁，榜舟而至。翁曰：'师欲渡江至栖霞寺，可即上船。'四虎一时泪

---

[1]　〔宋〕李昉等编：《太平广记》卷四三一《虎六》"王太"条引《广异记》，中华书局1961年版，第3499页。

[2]　〔唐〕道宣撰，郭绍林点校：《续高僧传》卷二一《唐扬州海陵正见寺释法向传》，中华书局2014年版，第805—806页。

[3]　曾雄生：《虎耳如锯猜想：基于环境史的解读》，《中国历史地理论丛》2008年第2辑，第23—32页。

流。聪曰：'尔与我有缘耶！'于是挟四虎利涉，既达南岸，船及老人，不知所在。聪领四虎往栖霞舍利塔西，经行坐禅，众徒八十，咸不出院。若有所事，一虎入寺鸣号，以为恒式。"[1]这则老虎被佛教度化的故事，在一定程度上也透露出老虎逐渐在江淮地区消失，以及老虎生活区域逐渐向南退却的环境变迁信息。

由于人虎关系趋于紧张，故在以扬州为代表的淮南地区还常有老虎伤人的记载，如前引《续高僧传》中"大虫伤害，日数十人""忽有一虎入堂，抟一人去"就是一证。又，唐玄宗在位期间曾下发过一道命人前往淮南捕捉老虎的诏书，云："如闻江淮南诸州大虫杀人，村野百姓，颇废生业，行路之人，常遭死失。州县不以为事，遂令猛兽滋多。泗州涟水县令李全确前任宣州秋浦县令，界内先多此兽，全确作法遮捕，扫除略尽。迄今人得夜行，百姓实赖其力。宜令全确驰驿往淮南大虫为害州县，指授其教，与州县长官同除其害。缘官路两边去道各十步，草木常令芟伐，使行人往来，得以防备。"[2]泗州涟水县县令李全确因为捕虎经验丰富，而被朝廷委派到淮南道境内指导捕虎事宜。此事不仅表明当时包括扬州在内的淮南道境域仍然有不少老虎在活动，而且展现了人虎之间的环境之争。实际上，所谓的"大虫杀人"只是捕杀的诱因或者表象，根本原因是人们对于土地的需求不断增加，导致老虎失去了狩猎地，从而激化了人虎矛盾。淮南诸州县官道沿线原来多"草木"，植被茂盛，本是老虎理想的生存环境，但为了保障行人安全，同时也因为人类拓展生存空间，而"常令芟伐"。又，李绅《虎不食人》诗前序云：

> 霍山县多猛兽，顷常择肉于人，每至采茶及樵苏，常遭啖食，人不堪命。自太和四年至六年，遂无侵暴，鸡犬不鸣，深山穷谷，夜行不止。得摄令和僕状，称潜山县乡村正赵珍夜归，中路与虎同行至家，竟无伤害

[1]〔宋〕李昉等编：《太平广记》卷一〇九《报应八》"释智聪"条引《唐高僧传》，中华书局1961年版，第743页。

[2]〔清〕董诰等编：《全唐文》卷二七（玄宗皇帝）《命李全确往淮南授捕虎法诏》，中华书局1983年版，第307页。

之意。[1]

此事在《新唐书·李绅传》中也有记载,唐敬宗宝历年间(825—827)李绅任滁、寿二州刺史,时"霍山多虎,撷茶者病之,治机阱,发民迹射,不能止。绅至,尽去之,虎不为暴"。[2]后来他还为除虎患而作诗表功云:"匪将履尾求兢惕,那效探雏所患争。当路绝群尝诚暴,为猫驱狖亦先迎。每推至化宣余力,岂用潜机害尔生。休逐豺狼止贪戾,好为仁兽答皇明。"[3]诗文中说到只有到了采茶或者樵伐时节,才会出现虎食人的情况,也就是说,如果人类不进入老虎的"领地"去过度开垦土地或樵伐,就不会出现人虎冲突的情况。然而实际情况却是,由于人类的捕杀以及大量森林被砍伐,江淮地区的老虎已经消失殆尽。正如李绅后来回忆说,他主政寿州期间,曾在霍山"至春常修陷阱数十所,勒猎者采其皮睛。余悉除罢之。是岁,虎不复为害"[4]。又,罗珦初到庐州任职之时,当地的情况是"有里不居,有田不耕","贫人税重,豪家赋薄,田稀弃桑,猛虎为虐",后来经过他的大力治理,"经教大开,垦彼荆榛,化为莓苔。……提封之内,邑无旷土,游手灭迹,艺桑畎亩,青衿圆冠,宛若邹鲁,贫均富敛,袪其疾苦"。[5]所述治理之前与治理之后的差别相当明显。在治理之前,居民稀少、田地荒芜,导致虎患为虐。而罗珦通过召集流民、开垦土地、广植桑树等措施,使"邑无旷土""艺桑畎亩"。罗珦的做法只是当时江淮流域开发的一个缩影,随着人类对土地的需求增加,老虎的生存环境被破坏,并逐渐退出江淮地区。无独有偶,在舒州桐城县,唐玄宗开元年间(713—741)徙治山城,"地多猛虎、毒虺",直到唐宪宗元和八年(813),县令韩震才通过焚剃草木

---

[1]〔清〕彭定求等编:《全唐诗》卷四八○(李绅)《虎不食人·序》,中华书局1960年版,第5468页。

[2]〔宋〕欧阳修、宋祁:《新唐书》卷一八一《李绅传》,中华书局1975年版,第5349页。

[3]〔清〕彭定求等编:《全唐诗》卷四八○(李绅)《忆寿春废虎坑余以春二月至郡主吏举所职称霍山多虎每岁采茶为患择肉于人至春常修陷阱数十所勒猎者采其皮睛余悉除罢之是岁虎不复为害至余去郡三载》,中华书局1960年版,第5467页。

[4]〔清〕彭定求等编:《全唐诗》卷四八○(李绅)《忆寿春废虎坑余以春二月至郡主吏举所职称霍山多虎每岁采茶为患择肉于人至春常修陷阱数十所勒猎者采其皮睛余悉除罢之是岁虎不复为害至余去郡三载》,中华书局1960年版,第5467页。

[5]〔清〕董诰等编:《全唐文》卷四七八(杨凭)《唐庐州刺史本州团练使罗珦德政碑》,中华书局1983年版,第4884—4886页。

等措施，"其害遂除"[1]。舒州经过此次除虎活动，虎患一度得到控制。但到了唐朝末年，由于战乱频发，人口锐减，植被恢复，再次出现虎患。浙西僧人德林少时游舒州，"左右数十里，不见居人"，问之于一农夫，得知"顷时自舒之桐城，至此暴得痁疾，不能去。因卧草中，及稍醒，已昏矣。四望无人烟，唯虎豹吼叫"，自觉必死，幸而遇一人，询之乃"茅将军"。当时其在舒州境内"常夜出猎虎"，"茅将军"乃是护卫来往行旅的神灵[2]。在黄州地区，也有老虎的踪迹，如方干有诗云："弭节齐安郡，孤城百战残。傍村林有虎，带郭县无官。"[3]虽主旨思想是战争对地方经济的破坏，但仍可看出经济开发与野生动物生存环境之间存在着密切的关系。

野生动物的种群数量及分布区域与人口密度、生产类型和经济活动的强度密切相关。除老虎外，以森林为栖息地的象、熊、鹿等大型哺乳动物的生存空间在这一时期也大大压缩。如唐代传奇故事载"淮南多象，州有猎者，常逐兽山中"[4]。又，"开元三年，有熊昼入扬州城"[5]。熊白昼入城自然是一件奇事，不过此现象背后展现的是大型动物生存环境恶化的事实。由于森林被大量垦辟为农田，它们无处觅食才会铤而走险，冒着被猎杀的危险到人类聚居区觅食[6]。鹿是大型陆地野生食草动物，主要分布在沼泽和山林地带，而一旦其栖息地遭到破坏，数量就会减少，甚至灭绝。魏晋之前，江淮流域湖泊众多、河网密布、水系发达，植被覆盖率较高，开发尚不够深入，故鹿的分

---

[1]〔宋〕欧阳修、宋祁：《新唐书》卷四一《地理志五》，中华书局1975年版，第1054页。

[2]〔宋〕李昉等编：《太平广记》卷三一四《神二十四》"僧德林"条引《稽神录》，中华书局1961年版，第2484—2485页。

[3]〔清〕彭定求等编：《全唐诗》卷六四九（方干）《过黄州作》，中华书局1960年版，第7460页。

[4]〔宋〕李昉等编：《太平广记》卷四四一《畜兽八》"淮南猎者"条引《纪闻》，中华书局1961年版，第3602—3603页。

[5]〔宋〕欧阳修、宋祁：《新唐书》卷三五《五行志二》，中华书局1975年版，第922页。又，《旧唐书》卷三七《五行志》亦载："（开元）三年，有熊昼入广陵城。"（中华书局1975年版，第1369页）不过，余国江《扬州读史小札》根据唐莺《朝野金载》和《〔嘉靖〕广平府志》卷八《古迹志》所录"唐宋庆礼庆宾墓"，推测认为"广陵城"应为"广府城"之误，后辗转成谬，遂有熊白昼出入广陵城之说。（《江淮文化论丛（第三辑）》，文物出版社2014版，第35—40页）所论未可遽信，聊备一说。

[6] 关于唐代虎、象行踪变迁的问题，可参翁俊雄《唐代虎、象的行踪——兼论唐代虎、象记载增多的原因》一文的相关论述，载荣新江主编：《唐研究（第三卷）》，北京大学出版社1997年版，第381—394页。

布相当广泛。如西晋张华《博物志》载:"海陵县扶江接海,多麋兽,千千为群,掘食草根。其处成泥,名麋畯。民人随此畯种稻,不耕而获,其收百倍。"[1]又梁陶弘景《本草经集注》载:"今海陵间最多,千百为群,多牝少牡。"[2]由于野生鹿的数量很多,是当地人常见的动物,故一些神话传说也以鹿为原型,如唐人段成式《酉阳杂俎》续集卷四《贬误》载:"相传江淮间有驿,俗呼露筋。尝有人醉止其处,一夕,白鸟(蛄)〔咕〕嘬,血滴筋露而死。据江德藻《聘北道记》云:自邵伯埭三十六里至鹿筋,梁先有逻。此处足白鸟,故老云:有鹿过此,一夕为蚊所食,至晓见筋,因以为名。"[3]故事所据之《聘北道记》(原名《聘北道里记》)被认为是记载露筋传说最早的文献。[4]东晋义熙(405—418)至南朝陈天嘉四年(563)间,"鹿"字出现在当地地名之中,传说也以鹿为对象,不过到了唐代,传说主体演变成了人。任何文字或传说,不管内容如何荒诞,形式如何变化,都是创作者感知、选择和表达的过程,也必定有其现实原型。鹿之所以能够进入传说,与魏晋时代江淮地区较为原始的生态环境有关,而到了唐代却演变为人,其中透露出的环境信息肯定与江淮地域的开发相关。中国古代动植物变迁的规律是"人进物退",即一个地区如果人口大量增加,会影响到动植物的生存环境,鹿的生存环境自然也受到人的影响。中国野生麋鹿灭绝的时间,一般认为华北是在西汉以后,而长江流域则是晚于西汉千年左右的唐代。[5]也就是说,江淮流域野生麋鹿大批消亡应大致在西汉至唐之间,这一时期随着人口大量增加,沼泽、湖泊被淤填,森

---

[1]〔宋〕李昉等:《太平御览》卷八三九《百谷部三·稻》引《博物志》,中华书局1960年版,第3751页。

[2]〔南朝梁〕陶弘景编,尚志钧、尚元胜辑校:《本草经集注》(辑校本),人民卫生出版社1994年版,第439页。

[3]〔唐〕段成式著,杜聪校点:《酉阳杂俎·续集》卷四《贬误》,齐鲁书社2007年版,第175页。

[4] 南北朝中后期,南北政权频繁通使,留下了不少交聘朝觐的记录,《聘北道里记》即是南朝使臣江德藻在陈文帝天嘉四年(563)出使北齐时所作。(〔唐〕姚思廉:《陈书》卷三四《江德藻传》,中华书局1972年版,第456—457页)按,唐代史臣修《陈书》,采用旧有资料,对于其中一些扬南抑北倾向的史料不加辨析,而将"聘北"书作"北征",故而书作《北征道理记》。又,《陈书》校勘记认为天嘉四年为天嘉二年之误。

[5] 文焕然、何业恒:《中国珍稀动物历史变迁的初步研究》,《湖南师院学报(自然科学版)》1981年第2期,第56—62页。

林被砍伐,鹿因栖息地遭破坏而被迫迁徙或消失。由于鹿的数量大大减少,唐代江淮地区的人对鹿不再熟悉,在口耳相传的传说中,他们对露筋故事早期版本的记忆也逐渐变得模糊,故将传说对象"替换"成人。概言之,露筋传说对象的变化是江淮地区生态环境变迁的一种文化表象。

(二)森林资源的减少与农工商业的发展

安史之乱以后,大量北方移民迁入扬州地区,使其人口大幅度增长。人口增加之后,首先要解决的就是粮食问题,而最快速有效的方式就是毁林开荒,这导致森林面积随着人口的增加而缩小。除了种植小麦、水稻等粮食作物需要砍伐森林外,经济作物的种植同样也会影响到森林植被。当时在扬州的蜀冈之上种植有大面积的茶树,《太平寰宇记》引旧《图经》云:"冈有茶园,其茶甘香,味如蒙顶。"[1]随之带来的负面影响是森林遭到破坏和水土流失。[2]

隋唐五代又是扬州手工业蓬勃发展的时期,包括冶铸业、造船业、制瓷业、制盐业、制茶业、建筑业、金银制造业、纺织业、造纸业等[3]。这些手工业品虽然技艺精湛、质量上乘,畅销全国,但需要使用大量的木材及树皮等天然资源作为原料,并且部分手工业品在制造生产过程中,要用到木柴或木炭作为燃料,这对自然环境造成一定程度的负面效应。1970年代数次考古发现,唐代扬州城区存在着金属镕铸及雕刻制骨等大型手工业作坊,其面积广达10000平方米以上[4]。若使用木炭作为燃料,一般家庭或小型手工业作坊对环境的影响尚小,但对于扬州这样拥有大型手工业作坊,且有金属镕铸作坊的城市来说,每年所耗费的燃料应相当惊人。

---

[1]　〔宋〕乐史撰,王文楚等点校:《太平寰宇记》卷一二三《淮南道一·扬州》,中华书局2007年版,第2443页。

[2]　本部分主要参见朱祖德:《唐代淮南地区手工业的发展——并论对自然生态的影响》,《淡江史学》第26期,2014年,第31—63页。

[3]　扬州的手工业种类有十多种,门类齐全。详见朱祖德:《唐代扬州手工业析论》,《淡江史学》第24期,2012年,第123—151页。

[4]　详见南京博物院、扬州博物馆、扬州师范学院发掘工作组:《扬州唐城遗址1975年考古工作简报》,《文物》1977年第9期,第16—30页;南京博物院:《扬州唐城手工业作坊遗址第二、三次发掘简报》(刘惠英执笔),《文物》1980年第3期,第11—16页。

以冶铸业为例,扬州管辖之江都、六合、天长三县均有铜矿,且六合县境内还有铁矿,可供冶炼。加之数量众多且技术精熟的工匠,使得扬州拥有较好的冶铸业基础。其中以铸铜业最为有名,隋炀帝巡幸江都时,江都郡丞王世充因献铜镜屏风,获得嘉奖。唐代诗人白居易在《百炼镜》诗中云:"百炼镜,镕范非常规,日辰处所灵且祇。江心波上舟中铸,五月五日日午时。琼粉金膏磨莹已,化为一片秋潭水。镜成将献蓬莱宫,扬州长吏手自封。人间臣妾不合照,背有九五飞天龙。"[1]可窥铜镜华丽之一斑。又有铸钱业,隋开皇十年(590),杨广在扬州立五炉铸钱[2]。唐开元年间,江淮地区设有七个钱监,扬州占其二:一为广陵监,一为丹阳监,监址都在扬子县,"江淮七监,岁铸钱四万五千贯,输于京师"[3]。若按平均数计算,扬州每年铸造输入京师的钱币当在一万两千八百贯左右。天宝末年,全国各地设官铸钱,"天下炉九十九:绛州三十,扬、润、宣、鄂、蔚皆十,益、郴皆五,洋州三,定州一"[4],扬州的炉数仅排在绛州之后,为第二等级之首。许棠在《送李员外知扬子州留务》一诗中描述道:"冶例开山铸,民多酌海煎。"[5]唐代宗广德年间,刘晏掌盐铁转运使一职,他注意到"江、岭诸州,任土所出,皆重粗贱弱之货,输京师不足以供道路之直",于是"积之江淮,易铜铅薪炭,广铸钱,岁得十余万缗,输京师及荆、扬二州,自是钱日增矣"[6]。由此可见,扬州的铸钱地位日重。实际上,无论是铸镜,还是铸钱,都主要是以木炭作为燃料。在1975年扬州唐代手工业作坊遗址中,发掘的数个灶膛内,均发现有草木灰,显示当时系以木炭或木柴作为燃料。[7]这一需求很大程度上导致当地及邻近地区森林资源的过度砍伐,对生态环境造成一定程度的负面影响。

---

[1]〔清〕彭定求等编:《全唐诗》卷四二七(白居易)《百炼镜》,中华书局1960年版,第4700页。

[2]〔唐〕魏徵、令狐德棻:《隋书》卷二四《食货志》,中华书局1973年版,第692页。

[3]〔后晋〕刘昫等:《旧唐书》卷一二九《韩滉附韩洄传》,中华书局1975年版,第3606页。

[4]〔宋〕欧阳修、宋祁:《新唐书》卷五四《食货志四》,中华书局1975年版,第1386页。

[5]〔清〕彭定求等编:《全唐诗》卷六〇三(许棠)《送李员外知扬子州留务》,中华书局1960年版,第6964页。

[6]〔宋〕欧阳修、宋祁:《新唐书》卷五四《食货志四》,中华书局1975年版,第1388页。

[7]　南京博物院、扬州博物馆、扬州师范学院发掘工作组:《扬州唐城遗址1975年考古工作简报》,《文物》1977年第9期,第16—30页。

（三）江边之枫与运河之杨柳

隋唐五代时期，扬州地区的森林虽然被大量砍伐，但有两种树木却常见于文献和诗文记载，那就是江边的枫树和运河两岸的柳树，它们分别是自然林和人工林的代表。

隋唐时期描写扬州江树的诗文非常多，如："广陵相遇罢，彭蠡泛舟还。樯出江中树，波连海上山。风帆明日远，何处更追攀。"[1]"树入江云尽，城衔海月遥。秋风将客思，川上晚萧萧。"[2]"君家旧淮水，水上到扬州。海树青官舍，江云黑郡楼。"[3]"江横渡阔烟波晚，潮过金陵落叶秋。嘹唳塞鸿经楚泽，浅深红树见扬州。"[4]这些诗文中提到的江中树、海树实际上是指枫树，入秋后枫树叶变红，故有"深浅红树"的描述。这在孟浩然的诗中有更为直白的描述，如："日夕望京口，烟波愁我心。心驰茅山洞，目极枫树林。"[5]"林开扬子驿，山出润州城。海尽边阴静，江寒朔吹生。更闻枫叶下，淅沥度秋声。"[6]作者乘船穿过树林才能看见扬子驿，说明江岸边枫树生长得相当茂密。又如施肩吾诗云："怪来频起咏刀头，枫叶枝边一夕秋。又向江南别才子，却将风景过扬州。"[7]在这首诗中，施肩吾以叶衬秋，更添凄凉，秋天的江边枫叶共同成为作者送别友人、寄托忧思的自然物象。张若虚《春江花月夜》中有"白云一片去悠悠，青枫浦上不胜愁"一句，是说思妇想到爱人一去不返，如

---

[1]〔清〕彭定求等编：《全唐诗》卷一六〇（孟浩然）《广陵别薛八》，中华书局 1960 年版，第1642 页。

[2]〔清〕彭定求等编：《全唐诗》卷一〇八（韦述）《广陵送别宋员外佐越郑舍人还京》，中华书局 1960 年版，第 1119 页。

[3]〔清〕彭定求等编：《全唐诗》卷二〇〇（岑参）《送扬州王司马》，中华书局 1960 年版，第2078 页。

[4]〔清〕彭定求等编：《全唐诗》卷四八一（李绅）《宿扬州》，中华书局 1960 年版，第 5470 页。

[5]〔清〕彭定求等编：《全唐诗》卷一五九（孟浩然）《宿扬子津寄润州长山刘隐士》，中华书局 1960 年版，第 1619 页。

[6]〔清〕彭定求等编：《全唐诗》卷一六〇（孟浩然）《渡扬子江》，中华书局 1960 年版，第1654—1655 页。

[7]〔清〕彭定求等编：《全唐诗》卷四九四（施肩吾）《送裴秀才归淮南》，中华书局 1960 年版，第 5598 页。

白云飘过无痕,进而感到无限的忧愁和思念[1]。又如:"驿道青枫外,人烟绿屿间。晚来潮正满,数处落帆还。"[2]"青枫江畔白蘋洲,楚客伤离不待秋。"[3]这些诗文,所描述的物象皆是扬州江边的枫树林,扬州江岸的枫树在秋天呈现红色,春夏则为青绿色,所以青枫浦应是因枫树而得名。之所以有这么多吟咏扬州青枫的诗句,应该是因为当时青枫浦上设有驿站或驿馆,而且因为地处运河与长江航道的交汇处,游子从此处出发外出经商,久之遂成为思妇寄托相思的地理标识。

江边之枫常见于唐代诗文中,表明隋唐五代时期扬州枫树的种植较为普遍,然而从枫林主要分布于江边来看,这些枫林的面积可能都不是很广。根据前文所述,隋唐五代时期扬州地区野生天然林几乎被砍伐殆尽,因此那些成片的树林多数应该是人工林。在这些人工林中,比较有代表性的是柳树、杨树和榆树,它们都是温带、亚热带的易生树木。扬州地势平坦,水源充足,气候温润,非常适合杨树、柳树及榆树等树种的生长,如宋人沈括在《梦溪笔谈》中就称"扬州宜杨"[4]。隋炀帝大业年间开运河,同时在运河两岸栽种树木,其中以柳、榆、杨几类树木为主。据《隋书·食货志》载:"自板渚引河,达于淮海,谓之御河。河畔筑御道,树以柳。"[5]又,《大业杂记》载:"两岸为大道,种榆柳,自东都至江都二千余里,树荫相交。"[6]不过,唐诗中所记多是杨树和柳树,如汪遵《隋柳》诗云:"夹浪分堤万树余,为迎龙舸到江都。"[7]

[1]　关于"青枫浦"的位置,学界存在争议。有学者认为是指青浦县和枫泾古镇一带,但是青浦县在嘉靖二十一年(1542)才从华亭县和上海县分出,而枫泾镇原名白牛镇,到明代才改名,故此说不实。(详见满志敏:《1542—2001年青浦县界变迁》,《历史地理(第二十五辑)》,上海人民出版社2011年版,第108—123页;《〔弘治〕嘉兴府志》卷一四《嘉善县·市镇》,《上海图书馆藏稀见方志丛刊》第95册,国家图书馆出版社2011年版,第16—17页)还有些学者认为是指湖南浏阳市的双枫浦,单从字形和字音上就无法说得通。

[2]　〔清〕彭定求等编:《全唐诗》卷一一八(孙逖)《扬子江楼》,中华书局1960年版,第1192—1193页。

[3]　〔清〕彭定求等编:《全唐诗》卷二八三(李益)《柳杨送客》,中华书局1960年版,第3226页。

[4]　〔宋〕沈括撰,胡道静校注:《新校正梦溪笔谈》卷二五《杂志二》,中华书局1957年版,第252页。

[5]　〔唐〕魏徵、令狐德棻:《隋书》卷二四《食货志》,中华书局1973年版,第686页。

[6]　〔唐〕杜宝撰,辛德勇辑校:《大业杂记辑校》,中华书局2020年版,第190页。

[7]　〔清〕彭定求等编:《全唐诗》卷六〇二(汪遵)《隋柳》,中华书局1960年版,第6960页。

江为《隋堤柳》:"空余两岸千株柳,雨叶风花作恨媒。"[1]这是吟咏运河大堤上的柳树。又如杜牧《隋堤柳》:"夹岸垂杨三百里,只应图画最相宜。"[2]窦巩《登玉钩亭奉献淮南李相公》:"朱槛入云看鸟灭,绿杨如荠绕江流。"[3]这是吟咏运河大堤上的杨树。凡此,均可证隋唐五代时期扬州种植柳树、杨树数量之多。

隋朝短祚而亡,后人常将其灭亡归结为隋炀帝开通大运河,虚耗民力,于是"隋柳"便经常被用作批评讽刺隋炀帝暴政的自然物象,以此抒发或表达对王朝盛衰兴亡、世事变迁的感慨之情。如李山甫《隋堤柳》:"曾傍龙舟拂翠华,至今凝恨倚天涯。但经春色还秋色,不觉杨家是李家。背日古阴从北朽,逐波疏影向南斜。年年只有晴风便,遥为雷塘送雪花。"[4]诗人运用拟人的手法写出了杨柳隐喻的"国恨",隋炀帝身死扬州后,徒留夹岸百里千株柳树随风飘扬,不禁令人感慨万端。白居易《隋堤柳》一诗的主题思想为"悯亡国也",诗云:"隋堤柳,岁久年深尽衰朽。风飘飘兮雨萧萧,三株两株汴河口。……大业年中炀天子,种柳成行夹流水。西自黄河东至淮,绿阴一千三百里。大业末年春暮月,柳色如烟絮如雪。南幸江都恣佚游,应将此柳系龙舟。……海内财力此时竭,舟中歌笑何日休。上荒下困势不久,宗社之危如缀旒。……二百年来汴河路,沙草和烟朝复暮。后王何以鉴前王?请看隋堤亡国树。"[5]在这首诗中,杨柳成为隋王朝灭亡的象征,伫立于运河两岸,时刻警醒着后代君主以隋炀帝为鉴。

由于柳的谐音是"留",所以杨柳还经常出现于隋唐时期的送别诗中。如皎然《春日又送潘述之扬州》:"别渚望邗城,岐路春日遍。柔风吹杨柳,芳景流郊甸。"[6]独孤及《官渡柳歌送李员外承恩往扬州觐省》:"君不见官渡河

---

[1]〔清〕彭定求等编:《全唐诗》卷七四一(江为)《隋堤柳》,中华书局1960年版,第8448页。

[2]〔清〕彭定求等编:《全唐诗》卷五二二(杜牧)《隋堤柳》,中华书局1960年版,第5972页。

[3]〔清〕彭定求等编:《全唐诗》卷二七一(窦巩)《登玉钩亭奉献淮南李相公》,中华书局1960年版,第3050页。

[4]〔清〕彭定求等编:《全唐诗》卷六四三(李山甫)《隋堤柳》,中华书局1960年版,第7362页。

[5]〔清〕彭定求等编:《全唐诗》卷四二七(白居易)《隋堤柳》,中华书局1960年版,第4708—4709页。

[6]〔清〕彭定求等编:《全唐诗》卷八一八(皎然)《春日又送潘述之扬州》,中华书局1960年版,第9215页。

两岸,三月杨柳枝,千条万条色,一一胜绿丝。花作铅粉絮,叶成翠羽帐。此时送远人,怅望春水上。远客折杨柳,依依两含情。夹郎木兰舟,送郎千里行。郎把紫泥书,东征觐庭闱。脱却貂襜褕,新著五彩衣。双凤并两翅,将雏东南飞。五两得便风,几日到扬州。莫贪扬州好,客行剩淹留。郎到官渡头,春闱已应久。殷勤道远别,为谢大堤柳。攀条傥相忆,五里一回首。明年柳枝黄,问郎还家否。"[1]在柳絮杨花纷飞的时节送别友人,让人感觉到惆怅和不舍。诗中的每一句都借杨柳来表达诗人的心境,"三月杨柳枝"是起兴,"千条万条色"是思念,"花絮"令人惆怅,"远客折柳"是依依不舍的别情。又,郑谷《淮上与友人别》:"扬子江头杨柳春,杨花愁杀渡江人。数声风笛离亭晚,君向潇湘我向秦。"[2]几乎是相同场景的呈现,只是表达得更加间接婉转。扬子江头,水牵离恨,为诗人提供了一个抒发内心苦闷的契机,"杨柳""杨花"令人生愁,在傍晚时送别友人更显伤感。扬州的杨柳虽然被赋予了相当多的文化意义,但客观上却起到了遮阴、护堤和美化环境的效果,使扬州成为杨柳的王国,并形成隋唐时期扬州独特的植被景观。

（四）鲜花之城

隋唐五代时期的扬州,还是一个花团锦簇的世界,一如诗人赵嘏诗中所云:"广陵城中饶花光,广陵城外花为墙。高楼重重宿云雨,野水滟滟飞鸳鸯。"[3]赵嘏的这首诗,给人一种扬州城内城外被鲜花包围的感觉。

扬州地处北纬30多度的亚热带地区,四季分明,雨热同期,加之整个唐代气候比较温暖湿润,因此草木生长十分旺盛,除前文提到的竹子、柳树、枫树、杨树外,还有琼花、芍药、梅花、木兰等众多花卉。当时扬州城内,无论是官府衙门,还是高门大院,甚至寺庙和街道两旁都遍种花木。人们触目所及,花木苍翠、生机盎然,因此,花木便成为唐代诗人纵情描摹的重要物象,如李益《扬州送客》中就提到了梅花,云:"南行直入鹧鸪群,万岁桥边一送君。

---

[1]〔清〕彭定求等编:《全唐诗》卷二四七(独孤及)《官渡柳歌送李员外承恩往扬州觐省》,中华书局1960年版,第2769—2770页。

[2]〔清〕彭定求等编:《全唐诗》卷六七五(郑谷)《淮上与友人别》,中华书局1960年版,第7731页。

[3]〔唐〕赵嘏著,谭优学注:《赵嘏诗注》,上海古籍出版社1985年版,第162页。

闻道望乡闻不得,梅花暗落岭头云。"[1]诗人想到朋友即将远去他乡,不由产生相怜之情,"梅花"飘落送去的是远方祝福。扬州城中也颇多种植菊花,于是菊花便被诗人用来表达归隐之愿和思乡之情,如许敬宗诗云:"本逐征鸿去,还随落叶来。菊花应未满,请待诗人开。"[2]诗人借菊花表达了厌倦他乡漂泊的情绪,同时也抒发游人在外思念家乡的心情。秋天本是归家之季,这个季节家乡的菊花又是诗人所熟悉的,故全部的思乡之情都凝聚到了"菊花"之上。

　　唐代扬州更加被熟知的花卉,应该是琼花和芍药。尽管琼花在宋代诗文中更加常见,但唐代扬州实际上已经出现了琼花,并呈现渐趋流行的趋势。吴融在诗中已经正式将琼花作为一种花名,云:"搔首隋堤落日斜,已无余柳可藏鸦。岸傍昔道牵龙舰,河底今来走犊车。曾笑陈家歌玉树,却随后主看琼花。四方正是无虞日,谁信黎阳有古家。"[3]又据宋人陈景沂《全芳备祖》注引《刘禹锡诗序》云:"扬州后土庙有琼花一株,洁白可爱,且其树大而花繁,不知实何从来也。俗谓之琼花,因赋诗以状其态。"[4]可见,唐人已肯定扬州出琼花之说,故诗人才会将到扬州看琼花当成了隋炀帝三下扬州的动机之一加以记述。又宋人宋敏求曾说:"扬州后土庙琼花,或云自唐所植,即李卫公(李德裕)所谓玉蕊花也。"[5]宋人刘敞也说:"自淮南还东平,移后土庙琼花,植于濯缨亭。此花天下只一株耳,(欧阳)永叔为扬州,作无双亭以赏之。彼土人别号八仙花,或云李卫公玉蕊花即此。"[6]宋人的这些相关记述,也可以证明扬州出琼花的说法始于唐代。至于扬州芍药之盛始于何时,宋人提出了很多解释和猜测,刘攽认为可能始于唐代,唐人之所以没有留下关于扬州芍药的记

[1]〔清〕彭定求等编:《全唐诗》卷二八三(李益)《扬州送客》,中华书局1960年版,第3227页。

[2]〔清〕彭定求等编:《全唐诗》卷三五(许敬宗)《拟江令于长安归扬州九日赋》,中华书局1960年版,第467页。

[3]〔清〕彭定求等编:《全唐诗》卷六八七(吴融)《隋堤》,中华书局1960年版,第7904页。

[4]〔宋〕陈景沂编,程杰、王三毛点校:《全芳备祖》前集卷五《花部》"琼花"条注引《刘禹锡诗序》,浙江古籍出版社2014年版,第145页。

[5]〔宋〕陈景沂编,程杰、王三毛点校:《全芳备祖》前集卷五《花部》"琼花"条注引宋敏求《春明退朝录》,浙江古籍出版社2014年版,第144页。

[6]〔宋〕陈景沂编,程杰、王三毛点校:《全芳备祖》前集卷五《花部》"琼花"条注引《刘原父诗序》,浙江古籍出版社2014年版,第144—145页。

载,是因为"时所好尚不齐"[1],即唐人不重视芍药。孔武仲认为张祜、杜牧等描写扬州的诗文中都没有言及芍药,反映出唐代扬州芍药还没什么名气,普遍种植的可能性较小。王观对孔武仲的观点进行反驳,推测"观其今日之盛,古想亦不减于此矣",认为扬州芍药应当始于唐代。[2]无论实际情况怎样,种类繁多的花卉已经成为唐代扬州一景,装点着这座当时经济最繁华、文化最昌盛的大都市。

第三节　扬州水文环境的变化及人为因素

古代扬州地区的水文状况与当代相比有较大的差别,根据文献记载,历史时期江淮地区自然湖荡河流众多。《禹贡》中有"淮海惟扬州……厥土惟涂泥"的记载,涂泥是指粒径细小的细粉砂质、淤泥质黏土,主要为湖沼的沉积物。春秋时代,江淮之间有艾陵、武广、陆阳、沙湖、樊良、博支、白马、津湖等大型湖泊,呈串珠状分布,湖泊之间,水势相连。魏晋时代,在邗沟附近,分布着破釜涧、白水塘、富陵湖、泥墩湖、万家湖、成子湖、羡塘等湖塘,且人对自然水体的改造愈来愈强。隋唐时期,气候较为温暖湿润,降水丰沛,且江淮平原还未受到黄河水系太大的影响,魏晋时代的湖泊到了隋唐时期大多并未消失。[3]这一时期扬州境内的大小河川同样数量众多。如六合县石梁溪,"西北自滁州清流县界流入。宋元嘉中,石梁涧中,古铜钟九口,大小行列引次南向,刺史临川王献以为瑞钟"[4]。宝应县安宜溪,"在宝应县西南四十里"[5]。高

[1]〔宋〕刘攽:《芍药谱序》,曾枣庄、刘琳主编:《全宋文》第69册,上海辞书出版社、安徽教育出版社2006年版,第165页。

[2]〔宋〕王观:《扬州芍药谱》,卢桂平主编:《扬州文库》第49册,广陵书社2015年版,第430页。

[3] 参见潘凤英:《晚全新世以来江淮之间湖泊的变迁》,《地理科学》1983年第4期,第361—368页;邹逸麟:《历史时期华北大平原湖沼变迁述略》,《历史地理(第五辑)》,上海人民出版社1987年版,第25—39页;张文华:《汉唐时期淮河流域历史地理研究》,上海三联书店2013年版。

[4]〔宋〕乐史撰,王文楚等点校:《太平寰宇记》卷一二三《淮南道一·扬州》,中华书局2007年版,第2449页。

[5]〔宋〕王象之编著,赵一生点校:《舆地纪胜》卷三九《楚州·景物下》引《寰宇记》,浙江古籍出版社2012年版,第1220页。今通行点校本《太平寰宇记》未见此段文字,仅载:"在县界古安宜邑,因此溪为名。"

邮县下阿溪,徐敬业起事,尝屯兵于下阿溪,以拒官军。[1]扬州城附近有舆浦,《初学记》引《南兖州记》云:"舆浦朝夕恒淤浊。一朝清澈,太守范邈表以为瑞。"[2]这些河川、湖泊与长江、大运河一起,共同构成扬州地区密集的水系网络,为灌溉、航运、养殖的发展提供了条件。不过受到人口大量增加、江淮地区漕运地位上升、经济重心南移等因素的影响,人对于水文环境的影响变得越来越强,陂塘、堰闸、人工渠道等水利工程大量兴建。

一、长江扬州段的水文变化

扬州境内最大的两条河流无疑是长江和大运河。关于长江扬州段的水文变化,前文已述,主要表现在主干道中沙洲的积长、横向长江北岸三角洲的快速推进以及纵向蜀冈以南滩涂地的发育与局部坍江三个方面。除此之外,扬州段长江河道还出现了向南摆动以及渐趋束狭的情况。据唐代诗人李绅诗文云:

> 潮水旧通扬州郭内,大历已后,潮信不通。李顾诗:"鸬鹚山头片雨晴,扬州郭里见潮生。"此可以验。
>
> 菊芳沙渚残花少,柳过秋风坠叶疏。堤绕门津喧井市,路交村陌混樵渔。畏冲生客呼童仆,欲指潮痕问里闾。非为掩身羞白发,自缘多病喜肩舆。[3]

李绅在扬州城内可以看到昔日的"潮痕",说明李顾"扬州郭里见潮生"所言非虚。这一时期,扬州城不通潮信的原因主要有三:一是由于扬州城快速膨胀,人口大量涌入城市,出现侵占河道的情况,城内官河淤塞。兴元、贞元年间,淮南节度观察使杜亚上奏:"扬州官河填淤,漕挽埋塞,又侨寄衣冠及工商等多侵衢造宅,行旅拥弊。"[4]后来虽然有所疏浚,但效果并不持久。二是长江河道向南摆动。梁肃《通爱敬陂水门记》载:"江派南徙,波不及远,河流浸

---

[1]　〔后晋〕刘昫等:《旧唐书》卷六〇《王孝逸传》,中华书局1975年版,第2344页。

[2]　〔唐〕徐坚等:《初学记》卷八《州郡部·淮南道第九》,中华书局1962年版,第185页。

[3]　〔清〕彭定求等编:《全唐诗》卷四八二(李绅)《入扬州郭》,中华书局1960年版,第5487页。

[4]　〔后晋〕刘昫等:《旧唐书》卷一四六《杜亚传》,中华书局1975年版,第3963页。

恶,日淤月填,若岁不雨,则鞠为泥涂。"[1]扬州地势南高北低,蜀冈的阻隔使江水入城较为困难,随着长江河道的南移,这种困难变得愈来愈明显。三是长江江面趋于狭窄。润、扬之间的江面,唐以前阔四十里,到了元和年间,已经缩短到十八里[2],缩幅超过一半。又,清代地理总志中亦记载:"唐、宋以来,滨江洲渚日增,江流日狭。初自广陵扬子镇济江,江面阔相距四十余里,唐立伊娄埭,江阔犹二十余里,宋时瓜洲渡口犹十八里,今瓜洲渡至京口不过七八里。"[3]可见江面趋于束狭与沙洲的并岸有关,其中影响最大的当属瓜洲。《蔡宽夫诗话》云:"润州大江,本与今扬子桥为对岸,而瓜洲乃江中一洲耳,故潮水悉通扬州城中。……今瓜洲既与扬子桥相通,自扬子距江尚三十里,瓜洲以闸为限,则不惟潮不至扬州,亦不至扬子矣。"[4]可见瓜洲与北岸相连,导致长江江面由阔而窄,潮水不能到达扬州城。沙洲在并岸之前,与扬州之间存在一条小江(夹江),从文物发掘情况和史籍记载来看,唐代的小江(夹江)水道,大致东起三江营,向北呈弧形弯进,经佘家坂、八江口、新码头、华家湾、黄港、施家桥、三汊河,经仪河至三塔沟。[5]

二、运河扬州段的水文变化

隋唐两代虽然都定都于北方,但经济上却对南方越来越依赖,正所谓:"唐都长安,而关中号称沃野,然其土地狭,所出不足以给京师,备水旱,故常转漕东南之粟。高祖、太宗之时,用物有节而易赡,水陆漕运,岁不过二十万石,故漕事简。自高宗已后,岁益增多,而功利繁兴,民亦罢其弊矣。"[6]实际上,不仅是漕粮,当时南方的很多工农产品也有赖运河转运。特别是安史之乱以

---

[1]〔清〕董诰等编:《全唐文》卷五一九(梁肃)《通爱敬陂水门记》,中华书局1983年版,第5274—5275页。

[2]〔唐〕李吉甫撰,贺次君点校:《元和郡县图志》卷二五《江南道一·润州》,中华书局1983年版,第591页。

[3]〔清〕顾祖禹撰,贺次君、施和金点校:《读史方舆纪要》卷二三《南直五·扬州府》,中华书局2005年版,第1117—1118页。

[4]〔宋〕王象之编著,赵一生点校:《舆地纪胜》卷三七《扬州·景物下》引,浙江古籍出版社2012年版,第1164页。

[5]　朱江:《从文物发现情况来看扬州古代的地理变迁》,《扬州师院学报(哲学社会科学版)》1977年第9期,第71页。

[6]〔宋〕欧阳修、宋祁:《新唐书》卷五三《食货志三》,中华书局1975年版,第1365页。

后,传统的黄河中下游产粮区被藩镇所占,他们不服中央管束,朝廷命脉全系于东南八道,杜牧就说:"今天下以江淮为国命。"[1]在这种情况下,扬州段运河的交通地位得到提升,不过这种提升仍在很大程度上受制于运河水文环境的变化。具体表现为两个方面:

其一是运河水源由长江变为湖陂。梁肃《通爱敬陂水门记》云:"当开元以前,京江岸于扬子,海潮内于邗沟,过茱萸湾,北至邵伯堰,汤汤涣涣,无隘滞之患。"[2]茱萸湾也就是今扬州湾头镇,邵伯堰在今扬州邵伯镇,"汤汤涣涣"形容水量之大,"无隘滞之患"则说明运河水量较大,舟船航行顺畅。不过这里的"海潮"并非是指海水,而是受到海水顶托沿长江和运河河道上溯的江水,"海潮区"也就是感潮区,可见此时邵伯至长江段运河主要是由江水补给。唐中前期,潮信对于扬州仍有较强的影响,如开元十四年(726)秋,"润州大风自东北,海涛没瓜步";天宝十载(751),"广陵大风驾海潮,沉江口船数千艘"。[3]受到海潮水的顶托,江水早晚两次能上达邵伯,故邵伯至长江段的运河通航情况较好。然而开元以后,由于江道南徙、河道束狭、海岸东移,导致江水难以补给运河。为了缓解这一困境,官府疏浚了运河沿线的太子港、陈登塘、爱敬陂等陂塘以济运河,《新唐书·食货志》记杜亚的功绩云:"淮南节度使杜亚乃浚渠蜀冈,疏句城湖、爱敬陂,其堤贯城,以通大舟。"[4]特别强调了疏浚陂塘与运河航运之间的关系。太子港、陈登塘、句城湖、爱敬陂等陂塘均位于扬州境内,其疏浚和开凿在一定程度上弥补了"海潮水"的缺失,成为此后扬州段运河的主要水源。

其二是运河水量严重不足,且航运的季节、年际变化明显。梁肃说开元以后近百年,扬州段运河"随导随塞,人不宽息,物不滋殖"[5],虽有反衬宣扬

---

[1]〔清〕董诰等编:《全唐文》卷七五三(杜牧)《上宰相求杭州启》,中华书局1983年版,第7805—7806页。

[2]〔清〕董诰等编:《全唐文》卷五一九(梁肃)《通爱敬陂水门记》,中华书局1983年版,第5274—5275页。

[3]〔宋〕欧阳修、宋祁:《新唐书》卷三六《五行志三》,中华书局1975年版,第931页。

[4]〔宋〕欧阳修、宋祁:《新唐书》卷五三《食货志三》,中华书局1975年版,第1370页。

[5]〔清〕董诰等编:《全唐文》卷五一九(梁肃)《通爱敬陂水门记》,中华书局1983年版,第5274—5275页。

杜亚修爱敬陂功绩的意味,但所说基本符合事实。由于淮扬段运河河床高于淮河和长江,故运河之水容易外泄,难以久蓄,往往是雨季降水丰盈而速泄,旱季涩滞而无源。唐玄宗开元十八年(730),宣州刺史裴耀卿就注意到:"江南户口多,而无征防之役。然送租、庸、调物,以岁二月至扬州入斗门,四月已后,始渡淮入汴,常苦水浅。"[1]淮南地区为亚热带季风性气候,冬春两季降水少,故此时邗沟浅涩,难以通航,江南的漕粮物资要在扬州滞留一个多月才能继续北上,费时费力。为此,裴耀卿行转般之法(分段运输),"节级转运,水通则舟行,水浅则寓于仓以待,则舟无停留,而物不耗失"。[2]又,唐宪宗元和三年(808),李吉甫任淮南节度使时,"河益庳,水下走淮,夏则舟不得前",为此而"筑平津堰,以泄有余,防不足,漕流遂通"。[3]元和三年(808)十月,李翱赴岭南任幕僚,于次年(809)正月沿水路南下,沿途记录了由洛阳至广州行经河道的水文情况,其中对大运河各段水势记载如下:"自淮阴至邵伯,三百有五十里逆流。自邵伯至江九十里,自润州至杭州八百里,渠有高下,水皆不流。"[4]淮阴至邵伯这一段为逆流,乃是因为运河高于淮河,运河之水泄入淮河。唐敬宗宝历二年(826)正月,"扬州城内,旧漕河水浅,舟船涩滞,输不及期程",盐铁使王播不得不从城南"阊门外古七里港开河,向东屈曲,取禅智寺桥,东通旧官河,计长一十九里"。[5]唐文宗开成二年(837)夏干旱,"扬州运河竭"[6]。又刘长卿《赴楚州次自田途中阻浅问张南史》云:"楚城今近远,积霭寒塘暮。水浅舟且迟,淮潮至何处。"[7]由这些材料可知,自唐玄宗开元(713—741)以后,扬州段运河水量严重不足,常有淤塞之患,季节性通航的特征十分明显。

---

[1]〔宋〕欧阳修、宋祁:《新唐书》卷五三《食货志三》,中华书局1975年版,第1366页。

[2]〔宋〕欧阳修、宋祁:《新唐书》卷五三《食货志三》,中华书局1975年版,第1366页。

[3]〔宋〕欧阳修、宋祁:《新唐书》卷五三《食货志三》,中华书局1975年版,第1370页。

[4]〔唐〕李翱:《李文公集》卷一八《来南录》,《景印文渊阁四库全书》第1078册,台湾商务印书馆1983年版,第190页。

[5]〔后晋〕刘昫等:《旧唐书》卷一七上《敬宗纪》,中华书局1975年版,第518页。

[6]〔宋〕欧阳修、宋祁:《新唐书》卷三六《五行志三》,中华书局1975年版,第947页。

[7]〔清〕彭定求等编:《全唐诗》卷一四七(刘长卿)《赴楚州次自田途中阻浅问张南史》,中华书局1960年版,第1482页。

唐文宗开成四年(839),日僧圆仁沿运河北行,二月二十二日过邵伯埭,记:"暂行到常白堰常白桥下停留,暮际且发,入夜暗行。亥时到路巾驿宿住。"[1]常白堰即邵伯堰(今邵伯镇),路巾驿即露筋驿(今露筋村)。释圆仁暮际之时由邵伯出发,夜行至路巾(露筋)驿投宿,说明当时邵伯以北一带的运河尚能够满足舟船夜行的要求,这或许是因为扬州段运河的航运不仅存在季节变化,还存在年际变化,在降水量较丰沛或疏浚较及时的年份,舟船通行顺利,反之则涩滞,难以航行。

三、扬州境内的水体及其变化特点

隋唐五代时期扬州境内的水体数量众多,类型多样,主要包括自然湖泊、人工陂塘、港渠、河流等。为了系统全面地展现扬州水文面貌,可对这些水体进行一番梳理。[2]

1. 白马湖。在今宝应县西北白马湖一带。《水经注》卷三〇《淮水》载:"又东过淮阴县北,中渎水出白马湖,东北注之。"同卷又载:"(中渎水)自广陵出山阳白马湖,径山阳城西,即射阳县之故城也。"[3]《隋书》卷三一《地理志下》江都郡"安宜县"条下也记有白马湖。宋代《舆地纪胜》卷三九《楚州》"景物下"条载:"白马湖,在宝应县北十五里。"[4]

2. 樊梁湖。又作繁梁湖。在今高邮市西北约五十里。《陈书》卷一二《敬成传》载:"别遣敬成为都督,乘金翅自欧阳引埭上溯江由广陵。齐人皆城守,弗敢出。自繁梁湖下淮,围淮阴城。"[5]又《初学记》卷七《地部下》亦在山阳郡下记有樊梁湖。[6]

[1] 〔日〕圆仁著,顾承甫、何泉达点校:《入唐求法巡礼行记》卷一,上海古籍出版社1986年版,第32页。

[2] 汉唐时期淮河流域的湖泊、陂塘、堰埭等水体,参见张文华《汉唐时期淮河流域历史地理研究》,上海三联书店2013年版。另,很多水体在隋唐五代文献中不见记载,但如果在隋唐五代之前和之后的文献都有记载,那么可以视作隋唐五代时期的水体。

[3] 〔北魏〕郦道元著,陈桥驿校证:《水经注校证》卷三〇《淮水》,中华书局2013年版,第684—685页。

[4] 〔宋〕王象之编著,赵一生点校:《舆地纪胜》卷三九《楚州·景物下》,浙江古籍出版社2012年版,第1218页。

[5] 〔唐〕姚思廉:《陈书》卷一二《敬成传》,中华书局1972年版,第191页。

[6] 〔唐〕徐坚等:《初学记》卷七《地部下·湖第一》,中华书局1962年版,第140页。

3. 射阳湖。又名射陂。在今建湖县西射阳湖一带。《旧唐书》卷四〇《地理志三》"山阳"条及《初学记》卷七《地部下》均记山阳县有射阳湖[1]，在县之东南。又北宋初年的《太平寰宇记》卷一二四"山阳县"条载："射阳湖，在县东南八十里。……与盐城、宝应三县分湖为界。大历三年，与洪泽并置官屯，自后所收岁减。今并停废。"同卷"盐城县"条载："湖阔三十丈，通海三百里，预五湖之数也。"[2]可见射阳湖的面积十分辽阔。另，这一时期的射阳湖各湖区之间还有水道相通、湖荡连片，反映了海洋对湖区有一定影响的特点。[3]

4. 津湖。又称精湖。在今宝应县西南约六十里。《水经注》卷三〇《淮水》载："至永和中，患湖道多风，陈敏因穿樊梁湖北口，下注津湖径渡，渡十二里方达北口，直至夹邪。兴宁中，复以津湖多风，又自湖之南口，沿东岸二十里，穿渠入北口，自后行者不复由湖。"[4]又《初学记》卷七《地部下》亦在山阳郡下记有津湖。[5]

5. 岱石湖。在今扬州市一带。《太平御览》卷七五引《扬子图经》云："六合县东三十里，从岱石湖入四里至(张纲)沟中心，与(海)陵分界。"[6]《太平寰宇记》卷一二三"广陵县"条载："张纲沟，在县东三十里。从岱石湖入，四里至沟中心，与海陵分界。按《后汉书》，纲为广陵太守，济惠于百姓，劝课农桑，于东陵村东开此沟，引湖水灌田，以此立名。"[7]

6. 千人湖。在今泰州兴化市东北约百里处。《太平寰宇记》卷一三

[1]〔唐〕徐坚等：《初学记》卷七《地部下·湖第一》，中华书局1962年版，第140页。

[2]〔宋〕乐史撰，王文楚等点校：《太平寰宇记》卷一二四《淮南道二·楚州》，中华书局2007年版，第2462、2465页。

[3]凌申：《射阳湖历史变迁研究》，《湖泊科学》1993年第3期，第225—233页。

[4]〔北魏〕郦道元著，陈桥驿校证：《水经注校证》卷三〇《淮水》，中华书局2013年版，第685页。

[5]〔唐〕徐坚等：《初学记》卷七《地部下·湖第一》，中华书局1962年版，第140页。

[6]〔宋〕李昉等：《太平御览》卷七五《地部四十·沟》引《扬子图经》，中华书局1960年版，第350页。按，《扬子图经》作者不知何人，根据张国淦《中国古方志考》及刘纬毅《汉唐方志辑佚》中的考证，当为隋唐五代时所撰。

[7]〔宋〕乐史撰，王文楚等点校：《太平寰宇记》卷一二三《淮南道一·扬州》，中华书局2007年版，第2447—2448页。

〇"兴化县"条载："千人湖,在县东北百二十里。故老相传云:'隋末有千余人避难于此,得见太平,因号千人湖。'现有八湖,在邑界。"[1]可见千人湖是由众多的小湖泊连缀而成。

7. 万岁湖。在今安徽天长市。《太平寰宇记》卷一三〇"天长县"条载:"万岁湖,在城西二里。方圆三十里。"[2]昔周世宗驻跸于此,民因山呼,因以为名焉。[3]可见该湖在宋代以前就已经存在,只是名称发生了变化。

8. 博支湖。又称博芝湖。在今宝应县东南。《后汉书志·郡国志三》广陵郡"射阳县"条下,刘昭注云:"有梁湖。《地道记》曰:'有博支湖。'"[4]隋唐五代时虽无该湖的记载,但从宋人李曾伯《可斋杂稿》卷一七《淮阃奉诏言边事奏》中仍出现博支湖之名看,该湖在隋唐五代时并未消失。明清地志中也多见博支湖的记载。

9. 武广湖。又称武安湖。在今高邮市西南约三十里处。《水经注》卷三〇《淮水》:"中渎水自广陵北出武广湖东、陆阳湖西,二湖东西相直五里,水出其间,下注樊梁湖。旧道东北出,至博芝、射阳二湖。"[5]《天下郡国利病书》及《读史方舆纪要》等清代地志中均载此湖。

10. 陆阳湖。又称渌洋湖、绿洋湖。在今高邮市南。详见"武广湖"条,《嘉靖惟扬志》《读史方舆纪要》等明清地志中均载此湖。

11. 艾陵湖。在今扬州市江都区邵伯镇东。《太平寰宇记》卷一二三"江都县"条引阮昇之记云:"齐高宗建武五年,遏艾陵湖水立裘塘屯,移县于万岁村。"同卷"广陵县"条又载:"邵伯埭,有斗门,县东北四十里,临合渎渠。有

[1] 〔宋〕乐史撰,王文楚等点校:《太平寰宇记》卷一三〇《淮南道八·泰州》,中华书局 2007 年版,第 2566 页。

[2] 〔宋〕乐史撰,王文楚等点校:《太平寰宇记》卷一三〇《淮南道八·天长军》,中华书局 2007 年版,第 2573 页。

[3] 〔宋〕王象之编著,赵一生点校:《舆地纪胜》卷四四《盱眙军·景物下》,浙江古籍出版社 2012 年版,第 1330 页。

[4] 〔晋〕司马彪撰,〔梁〕刘昭注补:《后汉书志》卷二一《郡国志三·广陵郡》,中华书局 1965 年版,第 3461 页。

[5] 〔北魏〕郦道元著,陈桥驿校证:《水经注校证》卷三〇《淮水》,中华书局 2013 年版,第 685 页。

小渠,阔六步五尺,东去七里入艾陵湖。"[1]

12. 白沙湖。在今泰州兴化市境内。《舆地纪胜》卷四三《高邮军·景物下》载:"白沙湖,在兴化南一十里。《南兖州记》云:'湖岸有白沙,故名。'"[2]

13. 陈公塘。又称陈登塘、爱敬陂。在今仪征市东北二十里官塘集一带。相传为魏广陵太守陈登在建安初年所开,百姓爱而敬之,故名爱敬陂。该塘周回九十余里,陂水散为三十六汊,灌溉田地千余顷,[3]历两晋南北朝不衰。至唐代,又修爱敬陂水门以控制水量。贞元四年(788),杜亚"乃召工徒,修利旧防,节以斗门,酾为长源,直截城隅,以灌河渠,水无羡溢,道不回远。于是变浊为清,激浅为深,洁清澹澄,可灌可鉴。然后漕挽以兴,商旅以通,自北自南,泰然欢康。其夹堤之田,旱暵得其溉,霖潦得其归。化硗薄为膏腴者,不知几千万亩"。当时扬州地区"方圆百里,支辅四集,盈而不流"。[4]杜亚主要的贡献是疏导淤塞水道,使河溪之水都注入爱敬陂,再通过闸口调节水量,将余水排入运河,于灌溉和航运两利。

14. 句城塘。又称勾城塘、句城湖。在今扬州市西南约三十五里处。塘一般修筑于丘岗地区,利用天然低洼谷地,培筑堤岸,拦截山溪水而成。《新唐书·地理志》载:"贞观十八年,长史李袭誉引渠,又筑勾城塘,以溉田八百顷。"[5]又《旧唐书》卷五九《李袭誉传》载:"江都俗好商贾,不事农桑,袭誉乃引雷陂水,又筑勾城塘,溉田八百余顷,百姓获其利。"[6]到了贞元年间,淮南节度使杜亚又再次疏浚句城湖、爱敬陂,"起堤贯城,以通大舟"。[7]

15. (上、下)雷塘。又称雷陂、雷波。在今扬州市东北十余里,相传为隋

[1]〔宋〕乐史撰,王文楚等点校:《太平寰宇记》卷一二三《淮南道一·扬州》,中华书局2007年版,第2446、2447页。

[2]〔宋〕王象之编著,赵一生点校:《舆地纪胜》卷四三《高邮军·景物下》,浙江古籍出版社2012年版,第1309页。

[3]〔清〕顾祖禹撰,贺次君、施和金点校:《读史方舆纪要》卷二三《南直五·扬州府》,中华书局2005年版,第1123页。

[4]〔清〕董诰等编:《全唐文》卷五一九(梁肃)《通爱敬陂水门记》,中华书局1983年版,第5274—5275页。

[5]〔宋〕欧阳修、宋祁:《新唐书》卷四一《地理志五》,中华书局1975年版,第1052页。

[6]〔后晋〕刘昫等:《旧唐书》卷五九《李袭誉传》,中华书局1975年版,第2332页。

[7]〔宋〕欧阳修、宋祁:《新唐书》卷五三《食货志三》,中华书局1975年版,第1370页。

炀帝葬地。分为上、下两塘,上雷塘长广共六里,下雷塘长广共七里。[1]《新唐书·地理志》"江都县"条下记,县东十一里有雷塘。贞观十八年(644),长史李袭誉引雷陂水溉田。又贞元中(785—805),淮南节度使杜佑,"决雷陂以广灌溉,斥海濒弃地为田,积米至五十万斛,列营三十区,士马整饬,四邻畏之"。[2]

16.富人塘。在今高邮市。李吉甫在任淮南节度使期间(808—811),"筑富人、固本二塘,溉田且万顷。"[3]

17.固本塘。在今高邮市。详见"富人塘"条。

18.白水塘。又称白水陂。在今宝应县西南。《太平寰宇记》卷一二四《楚州》"淮阴县"条下载,塘在县南九十五里,又引故老语云:"邓艾平吴时修此塘,置屯四十九所,灌田以充军储。"同卷"宝应县"条下云:"白水陂,在县西八十五里。邓艾所立,与盱眙县破釜塘相连,开八水门立屯,溉田万二千顷。大业末,破釜塘坏,水北入淮,白水塘因亦竭涸。今时雨调适,犹得灌田。"[4]同书卷一六泗州"临淮县"条下又载,白水陂"东西长三十五里,去县百里",其周回达到二百五十里。[5]白水陂面积如此广大,与穆宗长庆年间朝廷在此屯田有关。淮阴、宝应、临淮三县均将该陂记载在本县之下,这是因为他们都受益于此陂。

19.小新塘。又称小星塘。在扬州市西北约十里处,上雷塘之西南。东西阔一百丈,南北长一百七十丈,塘水注上雷塘,转注下雷塘,由淮子河东入漕河。小新塘与陈公塘、句城塘、上雷塘、下雷塘,合称为扬州五塘,相传创建于汉代,完善于唐代。[6]

[1]〔清〕顾祖禹撰,贺次君、施和金点校:《读史方舆纪要》卷二三《南直五·扬州府》,中华书局2005年版,第1122页。

[2]〔宋〕欧阳修、宋祁:《新唐书》卷一六六《杜佑传》,中华书局1975年版,第5088页。

[3]〔宋〕欧阳修、宋祁:《新唐书》卷一四六《李吉甫传》,中华书局1975年版,第4740页。

[4]〔宋〕乐史撰,王文楚等点校:《太平寰宇记》卷一二四《淮南道二·楚州》,中华书局2007年版,第2463页。

[5]〔宋〕乐史撰,王文楚等点校:《太平寰宇记》卷一六《河南道十六·泗州》,中华书局2007年版,第315—316页;〔清〕顾祖禹撰,贺次君、施和金点校:《读史方舆纪要》卷二三《南直五·扬州府》,中华书局2005年版,第1140页。

[6]张芳:《扬州五塘》,《中国农史》1987年第1期,第59—64页。

20. 羡塘。在今宝应县西南,白水塘北。《新唐书·地理志》载:"(宝应县)西南八十里有白水塘、羡塘,证圣中开,置屯田。"[1]

21. 裘塘。在今宝应县西南,白水塘北。详见前"艾陵湖"条。

22. 涂塘(滁塘)。又称瓦梁堰。在今南京市六合区一带。宋王应麟《通鉴地理通释》卷一二载:"滁、和州六合间有涂塘。吴赤乌中,遣兵十万,断涂作塘。南唐于滁水上立清流关。"[2]《太平寰宇记》卷一二三《淮南道一·扬州》"六合县"条下作"滁塘"。《舆地纪胜》卷三八《真州·景物下》记,滁塘即瓦梁堰也。[3]

23. 高邮堤塘。在今高邮市境内。据《旧唐书·李吉甫传》载,李吉甫在任淮南节度使期间(808—811),"于高邮县筑堤为塘,溉田数千顷,人受其惠"。[4]

24. 太子港。在今仪征市境内。《新唐书·食货志》载:"扬州疏太子港、陈登塘,凡三十四陂,以益漕河,辄复堙塞。"[5]这里的三十四陂应都是人工水利工程,但大部分名称今已不知,唯太子港留名,是其中较具代表性的水利工程。又《舆地纪胜》卷四〇《泰州·古迹》载:"太子港,在登仙桥西古市河之西岸。相传梁大同间,王仙翁上升,昭明太子取道此港通天目山,共致礼于仙翁。"[6]

25. 七里港渠。在今扬州城内。宝历二年(826)正月,"扬州城内,旧漕河水浅,舟船涩滞,输不及期程",盐铁使王播不得不从城南"阊门外古七里港开河,向东屈曲,取禅智寺桥,东通旧官河,计长一十九里"。[7]

26. 山阳渎(合渎渠)。在今扬州市。《太平寰宇记》卷一二三《淮南道

[1]〔宋〕欧阳修、宋祁:《新唐书》卷四一《地理志五》,中华书局1975年版,第1052页。

[2]〔宋〕王应麟著,傅林祥点校:《通鉴地理通释》卷一二《三国形势考下》,中华书局2013年版,第355页。

[3]〔宋〕王象之编著,赵一生点校:《舆地纪胜》卷三八《真州·景物下》,浙江古籍出版社2012年版,第1198页。

[4]〔后晋〕刘昫等:《旧唐书》卷一四八《李吉甫传》,中华书局1975年版,第3994页。

[5]〔宋〕欧阳修、宋祁:《新唐书》卷五三《食货志三》,中华书局1975年版,第1370页。

[6]〔宋〕王象之编著,赵一生点校:《舆地纪胜》卷四〇《泰州·古迹》,浙江古籍出版社2012年版,第1247页。

[7]〔后晋〕刘昫等:《旧唐书》卷一七上《敬宗纪》,中华书局1975年版,第518页。

一·扬州》"江都县"条载："合渎渠,在县东二里。本吴掘邗沟以通江淮之水路也。……今谓之山阳渎。"[1]山阳渎在不同的河段名称有所差别,在淮阴县称为渎水。

27. 棠梨泾。在今宝应县。《新唐书·地理志》载："(淮阴)南九十五里有棠梨泾,长庆二年开。"[2]

28. 徐州泾。在今宝应县。《新唐书·地理志》载："(宝应)西南四十里有徐州泾、青州泾,西南五十里有大府泾,长庆中兴白水塘屯田,发青、徐、扬州之民以凿之,大府即扬州。北四里有竹子泾,亦长庆中开。"[3]

29. 青州泾。在今宝应县。详见"徐州泾"条。

30. 大府泾。在今宝应县。详见"徐州泾"条。

31. 竹子泾。在今宝应县。详见"徐州泾"条。

32. 洪泽陂。在今盐城、宝应及淮安交界处。王应麟《通鉴地理通释》卷一二载："洪泽陂,唐大历二年,与射阳湖并置官屯。射阳湖,即射阳陂也。"[4]杜佑《通典》卷二《食货二》则载,洪泽屯置于肃宗上元年间[5],洪泽屯应即洪泽陂。修建时间存在差异或许是因为屯田存在废置的情况。

33. 射阳陂。在今盐城、宝应及淮安交界处。详见"洪泽陂"条。

34. 张纲沟。在今扬州市茱萸湾一带。《太平寰宇记》"广陵县"条载："张纲沟,在县东三十里。从岱石湖入,四里至沟中心,与海陵分界。按《后汉书》,纲为广陵太守,济惠于百姓,劝课农桑,于东陵村东开此沟,引湖水灌田,以此立名。"[6]

35. 茱萸沟。在今扬州市茱萸湾一带,乃古邗沟之一段。《太平寰宇记》"广

[1]〔宋〕乐史撰,王文楚等点校:《太平寰宇记》卷一二三《淮南道一·扬州》,中华书局2007年版,第2447页。

[2]〔宋〕欧阳修、宋祁:《新唐书》卷四一《地理志五》,中华书局1975年版,第1052页。

[3]〔宋〕欧阳修、宋祁:《新唐书》卷四一《地理志五》,中华书局1975年版,第1052页。

[4]〔宋〕王应麟著,傅林祥点校:《通鉴地理通释》卷一二《三国形势考下》,中华书局2013年版,第357页。

[5]〔唐〕杜佑撰,王文锦、王永兴、刘俊文、徐庭云、谢方点校:《通典》卷二《食货二》"屯田"条,中华书局1988年版,第45页。

[6]〔宋〕乐史撰,王文楚等点校:《太平寰宇记》卷一二三《淮南道一·扬州》,中华书局2007年版,第2447—2448页。

陵县"条载："茱萸沟,在县东北一十里。西从合渎渠,东过茱萸埭,七十里至岱石湖入,西四里对张纲沟,入海陵县界。按阮昇之记云:'吴王濞开此沟,通运至海陵仓。北有茱萸村,以村立名。"[1]

36. 伊娄河。在今扬州南,清代时部分河段没入江中。该河穿瓜洲而过,南到长江边,北抵扬子津。《旧唐书·齐澣传》载:"润州北界隔吴江,至瓜步沙尾,纤汇六十里,船绕瓜步,多为风涛之所漂损。澣乃移其漕路,于京口塘下直渡江二十里,又开伊娄河二十五里,即达扬子县。自是免漂损之灾,岁减脚钱数十万。又立伊娄埭,官收其课,迄今利济焉。"[2]根据《旧唐书》的记载,齐澣在瓜洲修伊娄河时,官衔是润州刺史,此时瓜洲尚未并岸,"遥隶润州,故澣得以改置漕路"。[3]江中沙洲属于新生土地,其归属最初并无定数,瓜洲初成之时,很有可能位于江中靠南的位置,故遥隶润州。这种遥隶的情况一直持续到唐代宗年间,时任扬州刺史、淮南节度观察使的张延赏以"边江之瓜洲,舟航凑会,而悬属江南",故"奏请以江为界"。[4]自此以后,瓜洲由润州改属扬州,结束了跨江遥隶的情况,伊娄河也随之入扬州。

通过以上梳理,可总结出隋唐五代时期扬州水文环境的若干特点:

第一,这一时期扬州地区的自然河流和湖泊数量颇多,总体的水文环境可用"河湖交错,水网纵横"来概括,魏晋时代即已有之湖泊和河流大部分此时都还存在,不过这些水体基本上都有受到人工改造或干预的痕迹。相关水利工程的种类也相当多,有塘、陂、泾、堰、埭、港、渠、沟等。这些水利工程的功能不一,有些是为了农田灌溉。如位于今盐城、宝应及淮安交界处的射阳湖,为了屯田灌溉而修建了射阳陂、洪泽陂。位于山阳、宝应和盱眙三县之界的唐堰,顾炎武《天下郡国利病书·淮南水利考》称:"(唐堰)乃唐人所筑也,其堰中高,旁夹以二子堰,……盖蓄水以灌堰西之田,西畴水足而徐

---

[1] 〔宋〕乐史撰,王文楚等点校:《太平寰宇记》卷一二三《淮南道一·扬州》,中华书局2007年版,第2447页。

[2] 〔后晋〕刘昫等:《旧唐书》卷一九〇中《齐澣传》,中华书局1975年版,第5038页。

[3] 〔宋〕史弥坚修,〔宋〕卢宪纂:《〔嘉定〕镇江志》卷六《地理》,《宋元方志丛刊》第3册,中华书局1990年版,第2368页。

[4] 〔后晋〕刘昫等:《旧唐书》卷一二九《张延赏传》,中华书局1975年版,第3607页。

灌东田,盖因地势以行水而为之利也。"[1]其修筑也是为了农田灌溉。还有一些水利工程是为了通漕济运,如位于今扬州市东北邵伯镇的邵伯埭。《舆地纪胜》卷三七《扬州·古迹》引《元和郡县志》云:"(邵伯埭)在江都县东北四十里。晋谢安镇广陵,于城东二十里筑垒,名曰新城。城北二十里有埭,盖安所筑,后人思安,比于召伯,因以立名。"[2]隋唐五代时,邵伯埭又扩建为南北二埭。这大大增强了邵伯埭的蓄水通航能力,因为两埭之间形成一个相对封闭的水域,可以防止河水走泄。之所以如此重视蓄水,则是为了保证河道水量充足以通漕,宋人沈括指出"淮南漕渠,筑埭以畜水,不知始于何时,旧传召伯埭谢公所为"[3]。再如,位于今高邮市的平津堰,《新唐书》卷一四六《李吉甫传》载:"漕渠庳下不能居水,(李吉甫)乃筑堤阏以防不足,泄有余,名曰平津堰。"[4]具有类似功能的堰埭还有龙舟堰、湾头堰、白土埭、伊娄埭等。

第二,水文环境逐渐由自然转向人工。大体来说,隋及唐前期,江淮地区的水文环境整体格局较为稳定,处于良性发展阶段,当地居民对于水文环境的影响虽然有一些,但并不太大。中唐以后,随着江淮地区在国家漕运体系中地位的上升,人口大量增加,农业耕作区扩大,对水文环境改造的进程大大加快。新修的陂塘等水利工程虽然有利于农业灌溉,堰埭等拦河工程虽然有利于运河航运,但却大大破坏了水文环境的良性循环,重塑了这一地区的水网体系,导致水涝灾害频繁发生。唐宪宗元和三年(808)六月,听从盐铁转运使的奏请,"罢江淮私堰埭二十二"[5]。这些私人堰埭应有相当一部分位于扬州,它们是当地居民为了农田灌溉而修,但却阻隔了河道,使河水无法顺利宣泄,航运艰难。

[1]〔清〕顾炎武撰,顾宏义、严佐之、严文儒校点:《天下郡国利病书·淮南备录·淮南水利考》,《顾炎武全集》第13册,上海古籍出版社2011年版,第1052页。

[2]〔宋〕王象之编著,赵一生点校:《舆地纪胜》卷三七《扬州·古迹》,浙江古籍出版社2012年版,第1166页。

[3]〔宋〕沈括撰,胡道静校注:《新校正梦溪笔谈》卷一二《官政二》,中华书局1957年版,第131页。

[4]〔宋〕欧阳修、宋祁:《新唐书》卷一四六《李吉甫传》,中华书局1975年版,第4740—4741页。

[5]〔后晋〕刘昫等:《旧唐书》卷一四《宪宗纪上》,中华书局1975年版,第426页。

第三,水利工程事业蓬勃发展。为了更有效地利用水资源,官私两方都作出了较大的努力,新修了大量的水利工程设施。扬州地区的水利设施大体上可分为两类,第一类是历代因军事、政治、经济原因开凿的运河,如春秋时代的邗沟、汉代茱萸湾,到了隋唐五代时期又进行大规模的修缮,如隋文帝开山阳渎、唐开凿伊娄河等。这些运河既连通了长江与淮河两大水系,又成为重要的航运通道。第二类是为满足农业生产发展需要的农田水利设施,如陈公、勾城、上雷、下雷、小星五塘,蓄积蜀冈雨水的同时,也大大促进了扬州地区农业的发展。

第四,水资源的利用存在灌溉与漕运的矛盾。隋炀帝开通大运河,沟通南北,但由于享国短促,并未真正受其利惠。初唐时期,"用物有节而易赡","漕事简",每年转运的漕粮不过二十万石,[1]江淮地区在全国的经济和交通地位并不十分突出。此后,随着中央官僚机构膨胀,军事用度剧增,"所费广者,全在用兵,所谓漕运,全视兵多少"[2],江淮的转漕和农业地位日重。高宗朝之后,"岁益增多",皇帝也频繁到洛阳就食,"东都有河朔之饶,食江淮之利"[3]。在这种背景下,对于运河沿线水资源的利用就存在灌溉与漕运的矛盾。《唐会要》卷八七《漕运》载:"贞元二年五月敕:'漕运通流,国之大计,其河水每至春夏之时,多被两岸田莱盗开斗门,舟船停滞。职此之由,宜委汴、宋等州观察使,选清强官,专知分界勾当。'"[4]所述虽然是汴河流域的用水困境,但对于承担着供应粮食和运输粮食双重任务的淮南东部地区来说,灌溉与航运用水的矛盾同样存在。淮南作为稻作区,春夏季节需要大量灌溉用水,而这时又是漕运最繁忙的季节,两者在水资源的分配上势必会出现矛盾。

---

[1]〔宋〕欧阳修、宋祁:《新唐书》卷五三《食货志三》,中华书局 1975 年版,第 1365 页。

[2]〔宋〕马端临:《文献通考》卷二五《国用考三·漕运》,中华书局 2011 年版,第 753 页。

[3]〔清〕董诰等编:《全唐文》卷二四〇(宋之问)《为东都僧等请留驾表》,中华书局 1983 年版,第 2431—2432 页。

[4]〔宋〕王溥:《唐会要》卷八七《漕运》,中华书局 1955 年版,第 1598 页。

第四节　扬州的自然灾害

受到自然环境变化以及人为活动的影响,隋唐五代时期扬州的自然灾害频发,主要包括水灾、旱灾、蝗灾、地震、风暴潮、海潮、雪灾等类型。

一、水灾

洪涝灾害是对扬州影响最大的自然灾害之一。扬州属于亚热带季风性气候区,冬季吹西北风,夏季吹偏南风。每年到了春夏季节,来自亚热带太平洋的高气压与北来的冷空气接触交锋,在短时期内带来大量降水,这就是通常所说的梅雨季节。唐代诗文中多有言及这一地区的梅雨天气,如吴融《渡淮作》:"红杏花时辞汉苑,黄梅雨里上淮船。雨迎花送长如此,辜负东风十四年。"[1]梅雨时节,雨水连续,降雨量大,常常导致江河湖泊水量猛增,极易造成水灾。如权德舆在《论江淮水灾上疏》中奏,贞元七年(791)六月以后,关东多雨,导致"淮南、浙西、徐、蔡、襄、鄂等道,霖潦为灾者二十余州,皆浸没田畴,毁败庐舍,而濒淮之地,为害特甚。因风鼓涛,人多垫溺,其所存者,生业半空"[2]。在季风气候的影响下,降水常以暴雨形式出现,如唐僖宗光启三年(887)九月,"暴雨方霁,沟渎间忽有小鱼,其大如指,盖雨鱼也"[3]。"雨鱼"现象很有可能是大风裹挟暴雨将江河湖海中的鱼卷入空中,随后降落到地面。加之扬州地势平坦低洼,积水不易排泄,更加大了洪涝的影响。

---

[1]〔清〕彭定求等编:《全唐诗》卷六八五(吴融)《渡淮作》,中华书局1960年版,第7874页。

[2]〔清〕董诰等编:《全唐文》卷四八六(权德舆)《论江淮水灾上疏》,中华书局1983年版,第4962—4963页。

[3]〔宋〕李昉等编:《太平广记》卷一四五《征应十一》"高骈"条引《妖乱志》,中华书局1961年版,第1041—1042页。

表 1-1　　　　　　**隋唐五代扬州地区（淮南）洪涝灾害表**[1]

时　间	灾情及措施	资料来源
贞观八年（634）	七月，山东、江淮大水 山东、河南、淮南大水，遣使赈恤	《新唐书·五行志三》； 《旧唐书·太宗纪下》
开元元年（713）	秋，七月暴风雨，发屋拔木	《〔道光〕仪征县志》
开元九年（721）	七月，扬州、润州暴风雨，发屋拔木	《新唐书·五行志二》
开元二十三年（735）	八月，江淮已南有遭水处，本道使赈给之	《旧唐书·玄宗纪上》
大历二年（767）	秋，湖南及河东、河南、淮南、浙东西、福建等道州五十五水灾	《新唐书·五行志三》
大历十年（775）	水灾	《〔康熙〕仪征志》
贞元二年（786）	六月，东都、河南、荆南、淮南江河溢	《新唐书·五行志三》
贞元三年（787）	三月，东都、河南、江陵、汴、扬等州大水	《新唐书·五行志三》
贞元三年（787）	十月，东都、河南、江陵、汴州、扬州大水，漂民庐舍	《旧唐书·德宗纪上》
贞元八年（792）	秋，大雨，河南、河北、山南、江淮凡四十余州大水，漂溺死者二万余人	《旧唐书·五行志》
贞元九年（793）	秋，大水，害稼	《〔康熙〕仪征志》
元和六年（811）	淮南水旱，上命蠲其租	《〔乾隆〕江都县志》
元和七年（812）	扬、楚大水，害稼	《淮系年表》
元和九年（814）	秋，淮南、宣州大水	《旧唐书·五行志》
大和四年（830）	夏，山南东道、淮南（天长等七县）、京畿……大水，皆害稼	《新唐书·五行志三》
大和七年（833）	秋，浙西及扬、楚、舒、庐、寿、滁、和、宣等州大水，害稼	《新唐书·五行志三》
开成元年（836）	十月，扬州江都七县水旱，损田	《旧唐书·文宗纪下》
开成四年（839）	夏，江溢，大水，害稼	《〔康熙〕仪征志》
大中十二年（858）	大水	《〔乾隆〕江都县志》
咸通七年（866）	夏，江淮大水	《新唐书·五行志三》

---

　　［1］　本表主要参考张秉伦、方兆本主编：《淮河和长江中下游旱涝灾害年表与旱涝规律研究》，安徽教育出版社 1998 年版；江苏省革命委员会水利局编：《江苏省近两千年洪涝旱潮灾害年表》（附：江苏省地震年表），1976 年未刊本。以下诸表来源同。

　　上表所记,虽然有些年份只言及淮南或江淮,但皆应涵盖扬州地区,因为不少仅言及淮南、江淮的洪涝灾害可以在明清扬州的地方志中找到痕迹。如贞观八年(634)的江淮大水,《〔乾隆〕江都县志》记"秋七月,江淮大水"。又咸通七年(866)的江淮大水,《〔嘉庆〕重修扬州府志》记"江淮大溢",《〔嘉庆〕高邮州志》记"江淮大水,害稼"。分析表格可知,隋唐五代时期,扬州地区共出现洪涝灾害20次,平均每19年一次。考虑到在文献中留下痕迹的洪涝灾害规模都较大,大量规模较小的灾害在文献中没有记载,那么这一频率还会增大。频繁的洪涝灾害,不仅损害农田庄稼,还危及人民生命财产的安全。

二、旱灾

　　亚热带季风性气候,季节性降水常常趋于极端,年际的降雨量也不十分稳定,故极易造成旱灾。旱灾导致农作物减产甚至绝收,引发大面积饥荒,给民众生产生活、社会经济带来巨大的损失。有时甚至还会引起流民潮和农民起义,严重影响到社会秩序稳定。

表1-2　　　　　　　　隋唐五代扬州地区(淮南)旱灾表

时　间	灾情及措施	资料来源
大业十三年 (617)	大旱,自淮及江,东西数百里,水绝无鱼	《〔乾隆〕江南通志》; 《〔嘉庆〕重修扬州府志》
总章元年(668)	京师及山东、江淮大旱	《新唐书·五行志二》; 《〔道光〕续增高邮州志》
长寿元年(692)	五月,江淮旱饥,民不得采鱼虾,饿死者甚众	《资治通鉴》卷二〇五
宝应元年(762)	淮南旱饥,节度使张延赏奏,遣流民就食外境	《〔嘉庆〕高邮州志》
唐代宗年间 (762—779)	淮南数州,秋夏无雨	《全唐文》卷四七《停扬洪宣三州作坊诏》
大历五年(770)	秋夏无雨,田莱卒荒,闾阎艰食,百价皆震	《册府元龟》卷四九〇
大历六年(771)	时淮南旱荒民饥,有逃亡他境者;夏,淮南、浙西、福建道大旱,井泉俱竭,疫	《旧唐书·代宗纪》; 《〔嘉庆〕合肥县志》
大历九年(774)	九月甲子,……淮南旱饥,流民就食外境	《〔民国〕江苏通志稿》
贞元六年(790)	夏,淮南、浙西、福建等道大旱,井泉竭,人喝且疫,死者甚众	《新唐书·五行志二》; 《〔乾隆〕高邮州志》
贞元七年(791)	扬、楚、滁、寿、澧等州旱	《新唐书·五行志二》; 《〔同治〕山阳县志》

续表 1-2

时　　间	灾情及措施	资料来源
永贞元年（805）	秋,江浙、淮南、荆南、湖南、鄂、岳、陈、许等州二十六,旱 十月,润、池、扬、楚、湖、杭、睦、江等州旱	《新唐书·五行志二》; 《旧唐书·宪宗纪上》
元和三年（808）	淮南、江南、江西、湖南、广南、山南东西皆旱	《新唐书·五行志二》; 《〔乾隆〕江都县志》
元和四年（809）	秋,淮南、浙西、江西、江东旱;淮南扬、楚、滁三州,浙西苏、润、常三州,今年歉旱尤甚,米价殊高	《新唐书·五行志二》; 《〔乾隆〕江都县志》; 《册府元龟》卷一〇六
元和六年（811）	淮南水旱,上命蠲其租	《〔乾隆〕江都县志》
元和七年（812）	夏,扬、润等州旱	《新唐书·五行志二》; 《〔乾隆〕江南通志》
长庆中 （821—824）	至淮南,遇岁旱,有至骨肉相食者	《册府元龟》卷五一〇
长庆二年（822）	江淮诸州旱损颇多	《旧唐书·穆宗纪》
长庆三年（823）	淮南旱	《旧唐书·五行志》; 《〔乾隆〕江都县志》
宝历元年（825）	秋,荆南、淮南、浙西、江西、湖南及宣、襄、鄂等州旱	《新唐书·五行志二》; 《〔康熙〕仪征志》; 《〔乾隆〕江都县志》
大和八年（834）	夏,江淮及陕、华等州旱	《新唐书·五行志二》
开成元年（836）	十月,扬州江都七县水旱,损田	《旧唐书·文宗纪下》
开成二年（837）	夏,旱,扬州运河竭	《新唐书·五行志三》
大中六年（852）	高邮夏旱饥	《〔乾隆〕高邮州志》; 《〔乾隆〕江都县志》
大中九年（855）	秋旱饥,民多逃亡	《〔道光〕仪征县志》; 《〔乾隆〕江都县志》
咸通二年（861）	秋,淮南、河南不雨,至于明年六月	《新唐书·五行志二》; 《〔乾隆〕高邮州志》
咸通三年（862）	夏,淮南、河南蝗旱,民饥	《旧唐书·懿宗纪》
咸通九年（868）	江淮旱	《新唐书·五行志二》; 《〔康熙〕仪征志》

　　分析表格可知,隋唐五代时期,扬州地区出现过较大的旱灾 27 次,平均约 14 年一次,频率较之洪涝灾害还要大一些。当发生较严重的旱灾时,官

府往往会采取救助、赈贷、蠲免赋税徭役等赈济措施。如唐代宗年间,淮南数州秋夏无雨,于是诏停扬、洪、宣等三州供应军需物资的作坊。[1]永贞元年(805)八月乙巳,唐宪宗即位,时淮南的扬州等多地遭受旱灾,"辛酉,遣度支、盐铁转运副使潘孟阳宣慰江、淮,行视租赋,榷税利害,因察官吏否臧,百姓疾苦"。[2]唐宪宗元和四年(809)春,包括扬州在内的南方广大地区发生旱灾,"庚寅,命左司郎中郑敬等为江、淮、二浙、荆、湖、襄、鄂等道宣慰使,赈恤之"。将行之时,宪宗皇帝还告诫他们:"朕宫中用帛一匹,皆籍其数,惟赒救百姓,则不计费,卿辈宜识此意,勿效潘孟阳饮酒游山而已。"[3]唐宣宗大中九年(855)七月,淮南大旱,"遣使巡抚淮南,减上供馈运,蠲逋租,发粟赈民。丙辰,崔铉罢。庚申,罢淮南、宣歙、浙西冬至、元日常贡,以代下户租税"。[4]类似的宣抚赈济行为在当时不在少数,这在一定程度上有利于减轻灾害的危害。不过更多的时候,官府对于这些旱涝等影响范围较大的自然灾害无力应对,如唐代宗宝应元年(762),淮南旱,饥民太多,官府无力赈济,只得遣流民就食外境。唐宣宗大中九年(855)秋旱,也是民多逃亡。在中国古代,官府一方面极力想将农民固定在居住地,防止出现大规模的流民潮,进而引发农民的反抗运动;另一方面又会在大灾之年允许农民到其他地方就食,防止出现饿殍遍地的情况。这表明皇权政治体制之下的官府,应对自然灾害的力量十分有限。

三、蝗灾

蝗灾属于一种虫灾,在江淮流域分布的种群主要是东亚飞蝗。东亚飞蝗的主要食料是乔本科植物,除了野生的芦苇、野稗、白茅、树木外,人工栽培的小麦、水稻、经济作物等都是东亚飞蝗喜食的植物,因此农作物受蝗灾影响较大。往往是蝗虫越境,庄稼大面积绝收。如唐僖宗光启二年(886),"淮南蝗,

---

[1]〔清〕董诰等编:《全唐文》卷四七(代宗皇帝)《停扬洪宣三州作坊诏》,中华书局1983年版,第519页。

[2]〔宋〕司马光编著,〔元〕胡三省音注:《资治通鉴》卷二三六唐顺宗永贞元年(805)八月辛酉,中华书局1956年版,第7621页。

[3]〔宋〕司马光编著,〔元〕胡三省音注:《资治通鉴》卷二三七唐宪宗元和四年(809)正月庚寅,中华书局1956年版,第7656页。

[4]〔宋〕欧阳修、宋祁:《新唐书》卷八《宣宗纪》,中华书局1975年版,第250页。

自西来,行而不飞,浮水缘城入扬州府署,竹树幢节,一夕如剪,幡帜画像,皆啮去其首,扑不能止。旬日,自相食尽"。[1]自西而来的蝗虫进入扬州城后,啃食竹木,就像剪刀剪过一样,甚至旗帜、画像都难以幸免。罗隐在《广陵妖乱志》中对这次蝗灾有更多的细节描写:"唐光启三年,中书令高骈镇淮海。有蝗行而不飞,自郭西浮濠,缘城入子城,聚于道院,驱除不止。松竹之属,一宿如剪。幡帜画像,皆啮去其头,数日之后又相唉食。"[2]蝗虫飞过,略无孑遗,其为害之严重于此可见一斑。

蝗虫自身有着独特的生活习性,其生存、繁殖和成灾要受到温度、湿度等自然条件的影响和制约,这种特殊的成灾机理使得蝗灾的发生往往与旱灾结伴而行,大规模的蝗灾往往出现在干旱之后,旱、蝗可以说是一对"孪生姊妹"。如唐懿宗咸通三年(862)夏,"淮南、河南蝗旱,民饥"。[3]从生物学角度看,干旱可看作蝗虫生存的一种压迫机制。蝗虫是一种无真正滞育性的昆虫,它不能通过延滞发育来逃避不利环境的影响,因此干旱迫使蝗虫从源地向外迁飞,去寻找有利的生存环境,以维持种群的繁衍,其后果是蝗灾区域随蝗虫迁飞而扩大,出现蝗灾范围大小的年际波动。不过也要注意到,干旱只是影响蝗灾时间变化的一个因素,一般大蝗灾年份均有大旱出现,但有干旱年份不一定会有蝗灾的广泛危害。[4]

表 1-3　　　　　　隋唐五代扬州地区(淮南)蝗灾表

时　间	灾情及措施	资料来源
大和四年(830)	十一月,淮南大水及虫霜,并伤稼	《旧唐书·文宗纪下》
开成五年(840)	夏,螟蝗害稼	《〔乾隆〕江都县志》;《〔嘉庆〕重修扬州府志》
咸通三年(862)	六月,淮南、河南蝗	《新唐书·五行志三》
咸通九年(868)	江淮、关内及东都蝗	《新唐书·五行志三》;《〔民国〕江苏通志稿》

[1]〔宋〕欧阳修、宋祁:《新唐书》卷三六《五行志三》,中华书局1975年版,第940页。

[2]〔宋〕李昉等编:《太平广记》卷一四五《征应十一》"高骈"条引《妖乱志》,中华书局1961年版,第1041—1042页。按,光启三年疑为光启二年之误,因传抄而误。

[3]〔后晋〕刘昫等:《旧唐书》卷一九上《懿宗纪》,中华书局1975年版,第652页。

[4]邹逸麟主编:《黄淮海平原历史地理》,安徽教育出版社1997年版,第82页。

续表 1-3

时　间	灾情及措施	资料来源
光启元年（885）	淮南蝗	《〔道光〕续增高邮州志》
光启二年（886）	淮南蝗,浮水缘城入扬州府署	《新唐书·五行志三》

四、潮灾

风暴潮多发生在沿海地区,我国海域辽阔,海岸线漫长,故多风暴潮。隋唐五代时期,扬州所在区域气候整体上温暖湿润,导致海平面上升,这更增加了风暴潮发生的概率。所谓风暴潮,是由强烈大风扰动引起的海平面异常升高而使海水漫溢上陆,从而酿成灾害的现象。如唐玄宗开元十四年（726）七月,"润州大风从东北,海涛奔上,没瓜步洲,损居人"。[1]

隋唐五代时期的大多数海洋灾害都是由风暴潮引发,其主要表现为大风、暴雨、海溢并发。明确记载扬州受到潮灾影响的是唐玄宗天宝十载（751）,"广陵大风驾海潮,沉江口船数千艘"[2],足见破坏力之大。不过,实际发生的灾难显然并非仅这一次,如《天下郡国利病书·淮南水利考》载,唐代时"每东风大发三五日,常遇海水入射阳湖,湖水涨溢,常至平河溪,溪田多浸"[3]。可见风暴潮是常发灾害。为了抵御海潮侵袭,保护沿海农田和盐灶,地方官员还修筑了捍海堰。在扬州境内的常丰堰,在大历年间由淮南西道黜陟使李承所筑,他循着天然砂堤东冈修筑了一条长长的堤坝,北起盐城,南抵海陵,长一百余里。堰成之后成功抵御了海潮侵袭,堤内谷物常丰,"溉屯田塝卤,收常十倍它岁",故称为常丰堰。南唐李昪昇元年间对该堰有所增修,后范仲淹又在此堰的基础上修筑了著名的范公堤。[4]

五、疫灾

疫灾作为一种生物性灾害,既可以单独发生,即作为原生灾害出现,但更多的时候是在水、旱等灾害发生之后作为次生灾害出现,这是因为大规模水旱等自然灾害发生之后,饥饿和营养不良降低了人抵御疾病的能力,大量尸

［1］〔后晋〕刘昫等:《旧唐书》卷三七《五行志》,中华书局 1975 年版,第 1358 页。

［2］〔宋〕欧阳修、宋祁:《新唐书》卷三六《五行志三》,中华书局 1975 年版,第 931 页。

［3］〔清〕顾炎武撰,顾宏义、严佐之、严文儒校点:《天下郡国利病书·淮南备录·淮南水利考》,《顾炎武全集》第 13 册,上海古籍出版社 2011 年版,第 1052 页。

［4］凌申:《苏北古海堤考证》,《海岸工程》1990 年第 2 期,第 61—70 页。

体得不到及时埋葬,形成了污染源和病原体,加上灾民聚居食宿,卫生环境恶劣,易于疾病传播,因此,大灾之后往往伴随而来的就是大疫。[1]文献所见隋唐五代时期扬州(淮南)地区的疫灾出现过多次,列举如下:

一是贞元六年(790)夏,"淮南、浙西、福建道疫"。据《旧唐书·德宗纪》记,这一年出现大疫,与大旱相关,"井泉多涸,人渴乏,疫死者众"。[2]二是大顺二年(891)春,"淮南疫,死者十三四"。这两次疫灾均见于《新唐书·五行志》。[3]三是大中九年(855)七月,江淮遭受水旱后出现疾疫。唐宣宗《赈恤江淮遭水旱疾疫百姓德音》载:"近者江、淮数道,因之以水旱,加之以疾疠,流亡转徙,十室九空,为人父母,宁不震悼。……尚思灾异之后,闾里未安,须更申明,用示忧轸。应扬、润、庐、寿、滁、和、宣、楚、濠、泗、光、宿等州,其间或贞元以来旧欠,逃移后阙额钱物,均摊见在人户。频年灾荒,无可征纳,宜特放三年。"[4]

针对疫灾,官府除了免除赋税等措施外,还会寻医问药。如《太平广记》引《逸史》记李吉甫主政淮南期间发生的一次病疫事件,其时扬州境内发生大规模瘟疫,"亡殁相踵",官府一时束手无策。当时有一位王炼师,授之以救疫之法,"相公但令于市内多聚龟壳大镬巨瓯,病者悉集,无虑不瘥"。李吉甫如其言,"令浓煎,重者恣饮之,轻者稍减,既汗皆愈"。[5]扬州乃是当时全国最大的药材交易市场之一,这或许与当时扬州地区较多发生疫病有关。扬州虽非烟瘴之地,但户口众多,人口流动性大,疫病容易出现交叉感染。如卢仝

---

[1]　例如,三吴地区(吴郡、吴兴、会稽)某年尝大旱,"饥甚,人相食","明年大疫,死者十七八,城郭邑居,为之空虚,而存者无食,亡者无棺殡悲哀之送。大抵虽其父母妻子,亦唼其肉而弃其骸于田野,由是道路积骨,相支撑枕藉者,弥二千里。"(〔清〕董诰等编:《全唐文》卷三九三(独孤及)《吊道殣文并序》,中华书局 1983 年版,第 4003—4004 页)此吊文虽有夸张之嫌,但仍能看出前一年的大旱对后一年大疫的影响。

[2]　〔后晋〕刘昫等:《旧唐书》卷一三《德宗纪下》,中华书局 1975 年版,第 369 页。

[3]　〔宋〕欧阳修、宋祁:《新唐书》卷三六《五行志三》,中华书局 1975 年版,第 957 页。

[4]　〔宋〕李昉等编:《文苑英华》卷四三六《赈恤德音下》,中华书局 1966 年版,第 2208 页。

[5]　〔宋〕李昉等编:《太平广记》卷四八《神仙四十八》"李吉甫"条引《逸史》,中华书局 1961 年版,第 297 页。李吉甫元和三年至六年(808—811)为淮南节度使,镇守扬州。这段时间内,正史并无淮南地区发生瘟疫的记述,故《逸史》中的这条记事可补正史之不足。

诗云：“扬州蒸毒似燀汤，客病清枯鬓欲霜。”[1]这首诗描写了作者客居淮南，身染疾病的痛苦。《太平广记》引《稽神录》则记述了扬州一次“大疫”的情况："广陵神将郑守澄，新买婢。旬日，有夜扣门者曰：‘君家买婢，其名籍在此，不可留也。’开门视之，无所见，方怪之。数日，广陵大疫，此婢亦病，遂卒。既而守澄亦病卒，而吊客数人转相染着，皆卒。甲寅岁春也。”[2]这则故事记述的就是一起疫病交叉感染的案例。

六、其他灾害

隋唐五代时期，扬州除了出现水灾、旱灾、蝗灾、潮灾这些较为常见的自然灾害外，还有一些灾害较为稀见，但影响仍然较大，包括火灾、风灾、雪灾、地震等。

1. 火灾。扬州地区城市居民众多、建筑密集，木材、竹子、茅草等主要建筑材料易燃，故极易发生火灾。如唐文宗大和四年（830）十一月，扬州海陵城火；八年三月，扬州火，皆燔民舍千区；八年十月，扬州市区再遭大火，燔民舍数千区。[3]由于以竹木为主要建筑材料的房屋极易发生火灾，故唐代扬州城内的禁火令十分严格，据《太平广记》引《玉堂闲话》云："江淮州郡，火令最严，犯者无赦。盖多竹屋，或不慎之，动则千百间立成煨烬。高骈镇维扬之岁，有术士之家延火，烧数千户，主者录之，即付于法。”[4]

2. 风灾。《新唐书·五行志》载："（开元）九年七月丙辰，扬州、润州暴风雨，发屋拔木。”[5]如果仅仅是暴雨，不太可能会将树木连根拔起，只有同时伴有大风才有如此威力。关于此事，《旧唐书·玄宗纪》中的记载稍有不同，云："扬、润等州暴风，发屋拔树，漂损公私船舫一千余只。”[6]同一件事，这里就提到了暴风发屋、拔树和毁船。唐玄宗天宝年间，长沙尉成珪护送河南桥木前往扬

[1]〔清〕彭定求等编：《全唐诗》卷三八七（卢仝）《客淮南病》，中华书局1960年版，第4372页。

[2]〔宋〕李昉等编：《太平广记》卷三五五《鬼四十》"郑守澄"条引《稽神录》，中华书局1961年版，第2815页。

[3]〔宋〕欧阳修、宋祁：《新唐书》卷三四《五行志一》，中华书局1975年版，第886页。

[4]〔宋〕李昉等编：《太平广记》卷二一九《医二》"高骈"条引《玉堂闲话》，中华书局1961年版，第1679页。

[5]〔宋〕欧阳修、宋祁：《新唐书》卷三五《五行志二》，中华书局1975年版，第900页。

[6]〔后晋〕刘昫等：《旧唐书》卷八《玄宗纪上》，中华书局1975年版，第182页。

州,在途中"累遭风水,遗失差众",成珪因此被怀疑有盗卖木材之举。[1]无独有偶,虔州参军崔进思充纲入都,"至瓜步江,遭风船没,无有孑遗。家资田园,货卖并尽,解官落职,求活无处"[2]。有相似经历的还有"广陵贾人",他"以柏木造床,凡什器百余事,制作甚精。其费已二十万,载之建康,卖以求利。晚至瓜步,微有风起,因泊山下",但不久有一巨舟靠岸,疑遇到盗寇,遂想开船速走,不意"前浦既远,风又益急,逃避无所,夜即相与登岸"。[3]瓜步江是指建康到扬州段的长江,由于江面较宽,舟船在此航行遇到大风很容易倾翻。

3. 雪灾。由于隋唐五代时期的气候总体上偏暖,所以扬州地区的雪灾并不常见,目前仅见两例。其一是唐玄宗开元十一年(723)十一月,"自京师至于山东、淮南大雪,平地三尺余"。[4]其二是唐僖宗光启二年(886)至光启三年(887),"十一月,淮南阴晦雨雪,至明年二月不解"。[5]

4. 地震。地震目前仅见一例,大足元年(701),"七月乙亥,扬、楚、常、润、苏五州地震"。[6]

第五节　隋唐五代扬州的行政区划

一个传统的农业社会最需要并且最合适的治理方式,就是在统一的中央集权下进行的分地域与分层级的行政管理。这种分地域与分层级的管理体系就是行政区域,或曰行政区划。任何行政区划体系都要分成若干层级以实行运转,每一层级都有一定的管理幅度。层级与幅度之间存在反比例关系,层级数多,则每个层级管理的幅度就越小;反之,层级数少,每个层级管理的

---

[1]〔宋〕李昉等编:《太平广记》卷一一一《报应十》"成珪"条引《卓异记》,中华书局1961年版,第768—769页。

[2]〔宋〕李昉等编:《太平广记》卷一二六《报应二十五》"崔进思"条,中华书局1961年版,第891页。

[3]〔宋〕李昉等编:《太平广记》卷三五五《鬼四十》"广陵贾人"条引《稽神录》,中华书局1961年版,第2810—2811页。

[4]〔后晋〕刘昫等:《旧唐书》卷八《玄宗纪上》,中华书局1975年版,第186页。

[5]〔宋〕欧阳修、宋祁:《新唐书》卷三六《五行志三》,中华书局1975年版,第949页。

[6]〔宋〕欧阳修、宋祁:《新唐书》卷三五《五行志二》,中华书局1975年版,第907页。

幅度就大。层级是行政区划体系中最基本的关系,一般而言,层级越多,上下阻隔越甚,政令不易贯彻,下情不易上达,中央政府也就越难进行有效的行政管理。因此,从中央集权的角度看来,应划分尽量少的层级,但由于管理幅度的限制,层级也不能随意减少。按照层级变化的趋势,可将秦至民国前期分为三个阶段:第一阶段是秦汉魏晋南北朝时期,由两级制变成三级制;第二阶段是隋唐五代宋辽金时期,重复了两级制变成三级制的循环;第三阶段是元明清时期及民国前期,从多级制简化为三级制。具体到隋唐五代时期,隋及唐中前期是由三级制简化为二级制,唐后期至五代时是由二级制增加为三级制。[1]

一、隋代扬州的行政区划

北周大定元年(581),隋文帝杨坚代周建隋,改元开皇。但此时仅得北周的江北之地,广陵随属。开皇九年(589),隋灭陈,统一南北,结束了东晋十六国以来长达近三百年的分裂局面。隋炀帝大业十四年(618),隋朝历二世而亡,存在仅三十八年即倾覆,然而隋在政区改革方面却颇多建树,改变了南北朝时期长期混乱的地方行政区划。魏晋南北朝是我国历史上政区多变的时代,州县数量大增,冗员严重,同时又掺杂有很多侨郡和双头郡,行政建置混乱不堪,"但要荒之所,旧多浮伪,百室之邑,便立州名,三户之民,空张郡目"[2]是当时真实的写照。这种政区格局不仅造成行政负担过重,而且政令民情下达上传受阻,不利于地方行政管理。

隋朝初年,地方政权沿袭周齐旧制,弊端日显。兵部尚书杨尚希在呈送给隋文帝的奏疏中说:"窃见当今郡县,倍多于古,或地无百里,数县并置,或户不满千,二郡分领。具僚以众,资费日多,吏卒人倍,租调岁减。清干良才,百分无一,动须数万,如何可觅? 所谓民少官多,十羊九牧。琴有更张之义,瑟无胶柱之理。今存要去闲,并小为大。"[3]开皇三年(583),隋文帝废除郡一级政区,将施行了约四百年的州—郡—县三级制简化为州—县二级制,

---

[1]　周振鹤、李晓杰:《中国行政区划通史·总论卷》,复旦大学出版社 2017 年版,第 1、47、51—53 页。本节大量参考《中国行政区划通史》中隋、唐、五代卷,特此说明。

[2]　〔唐〕李百药:《北齐书》卷四《文宣帝纪》,中华书局 1972 年版,第 63 页。

[3]　〔唐〕魏徵、令狐德棻:《隋书》卷四六《杨尚希传》,中华书局 1973 年版,第 1253 页。

州设刺史,县置县令。同时又大量省并不必要的州县,淘汰浮冗,精简机构。
589年平陈之后,州—县二级制被推广到全国,当时全国有二百五十余州,
一千五百余县,经过省并,州数减少了二十五个,县数减少了三百余个。大业
三年(607),隋炀帝再次大规模省并州县,并因仰慕秦汉郡县制度,改州为郡。
同时,隋炀帝又仿照汉武帝时创设的十三刺史部制度,置十四刺史巡察天下。
至大业五年(609),隋朝境内"大凡郡一百九十,县一千二百五十五"[1],平均
每郡辖六七个县。经过两轮政区裁并,隋代政区的数量和分布趋于合理,大
大加强了中央集权,上下通达,官民称便,为社会经济的发展奠定了基础。

开皇元年(581),隋朝初建国,此时的扬州称为吴州[2],辖广陵、江阳(双
头郡)、海陵、山阳、盐城、神农、盱眙七郡,诸郡领县如下表所示:

表1-4 　　　　　　　 **开皇元年(581)吴州(扬州)政区表**

郡 名	辖 县
广陵、江阳(双头郡)	广陵、江都
海陵	海陵、建陵、如皋、宁海
山阳	山阳
盐城	盐城
神农	高邮、竹塘、三归、临泽
盱眙	盱眙、考城、直渎、阳城

此时王朝初建,隋文帝忙于征伐战争和巩固帝位,尚未及对混乱的政区
体系进行改革,地方上仍然实行的是州—郡—县三级制,吴州领七郡十六县,
诸郡所辖县数不仅过少,而且极不平衡,有的仅辖一县,有的则多达四县,这
无疑不利于地方行政管理。开皇三年(583),隋文帝着手整顿地方行政区划,
在长江以北隋控制的地域进行行政体制改革。当年十一月,即下诏"悉罢诸
郡为州"[3],实际上是废郡留州。地方政区改革整顿之后,吴州废去了原属海

---

[1]〔唐〕魏徵、令狐德棻:《隋书》卷二九《地理志》,中华书局1982年版,第808页。

[2] 此时被称为扬州的地区在吴州之西北,今安徽寿县及其周边地区,领淮南、梁郡、北谯、汝
阴、陈留、北陈六郡,其中淮南郡领寿春县,梁郡领蒙县,北谯郡领北谯县,汝阴郡领汝阴县,陈留郡领
浚仪、小黄、雍丘三县,北陈郡领长平、西华二县,全州共领九县。

[3]〔宋〕司马光编著,〔元〕胡三省音注:《资治通鉴》卷一七五长城公至德元年(583)十一月甲
午,中华书局1956年版,第5468页。

陵郡的建陵县和如皋县,又废去原属神农郡的竹塘、三归、临泽三县及原属盱眙郡的考城、直渎、阳城三县,同时又从海陵县分出部分土地,新立江浦县,共领广陵、江都、海陵、宁海、江浦、山阳、盐城、高邮、盱眙九县。开皇九年(589),隋出兵灭陈,"得州三十,郡一百,县四百"[1],改吴州为扬州,置扬州总管府,辖县保持不变。开皇十八年(598),改广陵县为邗江县。隋炀帝大业二年(606),再次整顿全国州县,江浦县被并入海陵县。大业三年(607),改天下之州为郡,扬州遂改为江都郡,因郡治为江都县而名,同时改邗江县为江阳县,共领十六县。

表1-5　　　　　　　　大业三年(607)江都郡辖县表

江都	江阳	海陵	宁海
山阳	盐城	高邮	盱眙
安宜	清流	全椒	六合
永福	延陵	曲阿	句容

隋末纷乱,各地割据势力纷纷称王,有些割据政权为了适应统治的需要,往往对政区进行调整。如李魏(即李密魏国)属部臧君相割据山阳、安宜二县隶楚州;韦彻据盐城县,改为射阳县,隶射州。[2]在江都郡下,乡人曾自立金山县。另还有一县名为本化县,建置不详,唯《太平寰宇记》引《州图经》云:"'大业十二年分江阳,又立本化县于郡南半逻合渎渠'。今故城在西北一十八里。"[3]对比隋初和隋末的情况,扬州(吴州、江都郡)的辖县数大致不变,但废除了中间层级,使中央的行政权力更容易下达到地方。就统辖面积来说,存在一个缩小再扩大的过程,境土扩大而辖县未增,是因为有大量的县被省并,如建陵、竹塘、三归、临泽等县。

二、唐代扬州的行政区划

隋在地方设立总管府,唐初因袭之。唐高祖武德七年(624),改总管府

[1]〔宋〕司马光编著,〔元〕胡三省音注:《资治通鉴》卷一七七隋文帝开皇九年(589)二月,中华书局1956年版,第5515页。

[2]郭声波、颜培华:《唐朝淮南道行政区沿革》,纪宗安、汤开建主编:《暨南史学(第五辑)》,暨南大学出版社2007年版,第380—416页。

[3]〔宋〕乐史撰,王文楚等点校:《太平寰宇记》卷一二三《淮南道一·扬州》,中华书局2007年版,第2447页。

为都督府,其基本职责是负责以都督所治州为中心的若干州的军事设施建设及管理、保养与巡防工作。都督府之上有道,唐太宗贞观元年(627),根据"山川形便"的原则,即主要根据山川道里与交通便利情况,将全国划分为十道。唐中宗神龙二年(706),诸道置巡察使。唐睿宗景云二年(711),改巡察使为按察使,且将原来的差遣制变为常置制。唐玄宗开元二十一年(733),析分"十道"为"十五道",同时在"每道置采访(处置)使,检察非法,如汉刺史之职"[1],让采访使兼任各道要州的刺史,至此正式确立了道一级的监察区体制。都督府之下为州(郡),高祖武德元年(618)五月,改隋郡为州。天宝元年(742),玄宗改州为郡。肃宗至德二载(757),再改郡为州,称郡的时间仅有十五年。按地理位置和户口多寡,州分为辅、雄、望、紧、上、中、下七个等级。按其有无军权及军权大小,州又有防御州、团练州、刺史州之别。综上所述,唐中前期地方统辖关系为朝廷—道—(总管)都督府—州(郡)—县。

唐后期政区的一大变动是增加了方镇一级,方镇又称藩镇、节镇,最初是节度所领兵及其防区,景云二年(711)始以边州都督充节度使者,职能仅限于沿边军事。安史之乱时期,内地迫于军事压力,多效仿边地藩镇之制,节度、观察使成为地方最高长官,藩镇为地方最高行政机构,都督府遂名存实亡。[2]方镇的数目不定,在四五十之间波动。唐宪宗元和二年(807),李吉甫上《元和国计簿》称:"总计天下方镇四十八,州府二百九十五,县千四百五十三。"[3]每镇辖三四州或十来州不等。此时,藩镇巡属诸州称"支郡",而不受藩镇节度的称"直属州",即直接属朝廷管辖的州。

江、淮之间,唐代称为淮南道,先后为东南道行台之和、扬、西楚、光、黄、舒、安等州总管府,扬(广陵)、安(安陆)二州都督府及淮南节度使、淮南西道节度使、安黄节度使、奉义军节度使辖区。这一地区,乃是武德七年(624)春灭辅公祏宋国而得。江都郡入唐后,其名称屡次变动。

---

[1]〔后晋〕刘昫等:《旧唐书》卷三八《地理志一》,中华书局1975年版,第1385页。

[2]〔唐〕杜佑《通典》卷三二《职官十四》云:"自至德以来,天下多难,诸道皆聚兵,增节度使为二十余道。其非节度使者,谓之防御使,以采访使并领之。采访理州县,防御理军事。"(中华书局1988年版,第895页)

[3]〔宋〕司马光编著,〔元〕胡三省音注:《资治通鉴》卷二三七唐宪宗元和二年(807),中华书局1956年版,第7647页。

表 1-6　　　　　　　　　　唐代扬州名称变化表

名　称	时　间
江都郡	618—619 年
前扬州	619—620 年
兖州	620—624 年
邗州	624—626 年
扬州	626—742 年
广陵郡	742—758 年
扬州	758—907 年

　　唐初江都郡领江都、海陵、曲阿、前延陵、六合、全椒、清流、盱眙、高邮、安宜、山阳、盐城十二县,较之大业三年(607)少了江阳、句容、宁海、永福四县,当是隋末割隶别处或被并废罢所致。唐高祖武德二年(619),陈稜以江都郡归唐,改为前扬州,以隋旧州为名,治江都县,置总管府。[1]是年,归李吴(即李子通吴国),建为都城;[2]沈梁(沈法兴梁国)取前延陵、曲阿二县,隶云州。武德三年(620),杜伏威取前扬州归唐,改为兖州,直属东南道行台;割清流、全椒二县隶滁州;改海陵县为吴陵县,割隶吴州。武德四年(621),割盱眙县隶西楚州。武德六年(623),直属辅宋(即辅公祐宋国)。武德七年(624),唐朝收复此地,改兖州为邗州,以邗沟为名,直属东南道行台,析六合县置石梁县,因石梁溪而名,同时将六合县割隶方州;以废吴州之吴陵县来属,复为海陵县。武德九年(626),复改为扬州,直属扬州大都督府。唐太宗贞观十年(636),隶扬州都督府,以废方州之六合县来属。贞观十八年(644),从江都县析置江阳县,与江都县分治州郭下。唐高宗永淳元年(682),又从江都县析置扬子县。唐中宗景龙二年(708),析海陵县置海安县。唐玄宗开元十年(722),省海安县。二十二年(734),扬州成为淮南道治所。天宝元年(742),改扬州为广陵郡,以北朝旧郡为名,隶广陵郡都督府,同时从江都、六合、高邮三县析置千秋县,因唐玄宗开元中以诞辰为千秋节而名。天宝七载(748),改千秋县

[1]《资治通鉴》卷一八七唐高祖武德二年(619)四月丁未条:"隋御卫将军陈稜以江都来降;以稜为扬州总管。"(中华书局 1956 年版,第 5852 页)

[2]《资治通鉴》卷一八七唐高祖武德二年(619)九月己巳条:"子通得尽锐攻江都,克之,(陈)稜奔伏威。子通入江都,……子通即皇帝位,国号吴,改元明政。"(中华书局 1956 年版,第 5863 页)

为天长县,以帝寿为名。天宝十五载(756),隶淮南节度使,为使治。乾元元年(758),复为扬州。[1]后扬州的政区趋于稳定,辖县再无变化。

表 1-7　　　　　　　　　　**唐代扬州辖县变化表**

州郡名	时　　间	辖县(数量)
扬州	贞观十三年(639)	江都、六合、高邮、海陵(4)
扬州	武周长安四年(704)	江都、江阳、扬子、六合、高邮、海陵(6)
广陵郡	天宝十三载(754)	江都、江阳、扬子、六合、天长、高邮、海陵(7)
扬州	元和十五年(820)	江都、江阳、扬子、六合、天长、高邮、海陵(7)
扬州	咸通十四年(873)	江都、江阳、扬子、六合、天长、高邮、海陵(7)

唐玄宗开元年间,为了加强州县管理,全面考核全国州县的等级。当时考核测定的方法,以各个州县纳税的户数、人口多少为标准,划分州县"等第"。《唐会要》记载开元年间划分县的等第标准:"开元十八年三月七日,以六千户已上为上县,三千户已上为中县,不满三千户为中下县。其赤、畿、望、紧等县,不限户数,并为上县。"[2]其中赤、次赤、畿、次畿多集中于京兆、河南、太原三府,以突出这些县的政治地位,望及望以下的等级则"以户口多少,资地美恶为差"。[3]在扬州长期统辖的江都、江阳、扬子、六合、天长、高邮、海陵七县中,望县占五个,足见扬州的户口众多、人烟繁盛、土地肥沃。

在县之下,还有一些军镇,也具有政区性质。尤其是中唐以后,军镇权力的膨胀对基层政权造成冲击,出现县内某几个乡交由镇直接管辖,县司只管辖区内部分乡村的情况。[4]扬州所属之镇的数量,不得详知,仅《入唐求法巡礼记》中所载,就有白潮镇、海陵镇、如皋镇等。在唐代相关文献及北宋初年的地理总志中又记载了扬子镇、樊梁镇、济南镇、静海镇、东洲镇等。唐代的藩镇体系,将领被称为镇将,镇将的级别有高低之分,除了连亘州郡的大型藩镇外,还有数量众多的县级藩镇。大型藩镇的统辖区域广袤,且多驻扎于

---

[1]　参见郭声波:《中国行政区划通史·唐代卷》(上),复旦大学出版社2017年第2版,第433页。

[2]　〔宋〕王溥:《唐会要》卷七〇《量户口定州县等第例》,中华书局1955年版,第1231页。

[3]　参见翁俊雄:《唐代的州县等级制度》,《北京师范学院学报(社会科学版)》1991年第1期,第9—18页。

[4]　详见赵璐璐:《唐代县级政务运行机制研究》,社会科学文献出版社2017年版,第125页。

州郡治所,其镇将如何将势力向下延伸到县,以对抗唐王朝的基层政区体系,是维持其统治和地位的关键。在这种情况下,县域之内出现了大量的军镇。在扬州,比较典型的就是瓜洲镇。《舆地纪胜》卷三七《扬州·景物上》云:"瓜洲,在江都县南四十里江滨,相传即祖逖击楫之所也。昔为瓜洲村,盖扬子江中之沙碛也,沙渐涨出,其状如瓜,接连扬子渡口,民居其上,唐立为镇,今有石城三面。"[1]《舆地纪胜》记唐代瓜洲已设镇,应是可信的。唐敬宗宝历二年(826),"崔从镇淮南。五月三日,瓜步镇申浙右试竞渡船十艘,其三船平没于金山下,一百五十人俱溺死。"[2]在瓜洲正式定名之前,常与瓜步混称,浙右之船没于金山之下,金山正与瓜洲南北相对,故此处的"瓜步镇"不太可能是远在百里之外的瓜步山,而只有可能是瓜洲镇。五代时期,瓜洲镇附近还有广化镇。1964年12月出土于扬州市邗江县运西乡鞠庄村薛前庄的《(南唐太原郡)王氏夫人墓志》云:"以保大三年十二月十八日微疾终于广化镇寝舍。……有男延禧,充广化镇遏使、沿江里运水军指挥使,钤辖诸务事。……以保大四年正月十四日葬于永贞县广化后江乡。"[3]鞠庄村位于今瓜洲镇西北侧。[4]

此外,较著名的军镇还有白沙镇。该镇在扬州城西南八十里,相传以其地多白沙故名。南宋诗人陆游《入蜀记》载:"(真州)本唐扬州扬子县之白沙镇。杨溥有淮南,徐温自金陵来觐溥于白沙,因改曰迎銮镇。"[5]白沙在唐后期或已经成镇,崔致远《张雄充白沙镇将》云:"眷彼古津,实为要路。是成镇务,乃在江壖。既居使府之要冲,宜假公才而管辖。况兼场货,可赡军须。且卷

---

[1]〔宋〕王象之编著,赵一生点校:《舆地纪胜》卷三七《扬州·景物上》,浙江古籍出版社2012年版,第1156页。

[2]〔宋〕李昉等编:《太平广记》卷一五五《定数十》"崔从"条引《独异志》,中华书局1961年版,第1115页。按,骆宾王曾在扬州看竞渡,其文云:"夏日江干,驾言临眺。于时桂舟始泛,兰棹初游,鼓吹沸于江山,绮罗蔽于云日",可见扬州确有竞渡之风。(周绍良主编:《全唐文新编》卷一九九(骆宾王)《扬州看竞渡序》,吉林文史出版社2000年版,第2270页)

[3]周阿根:《五代墓志汇考》一四八,黄山书社2012年版,第403—405页。

[4]详见印志华:《从出土唐代墓志看扬州古代县、乡、里的设置》,《扬州博物馆建馆五十周年纪念文集》(《东南文化》2001年增刊),第125—132页。

[5]〔宋〕陆游:《入蜀记》卷二,中华书局1985年版,第11页。

豹韬,共养斩蛟之勇;亻迎凤诏,别迁建隼之荣。"[1]白沙还是刘晏设立的十三巡院之一,由此可知,白沙镇的经济地位相当高。[2]关于白沙镇在中唐兴起的原因,论者指出是因为唐中叶扬州城南的瓜洲并入北岸,从此扬州城远离长江,因此江滨的白沙镇代之而起。[3]2007 年在扬州城南门遗址的发掘中,出土了带有"迎銮窑户徐"文字的城砖,当是杨吴时期烧制于白沙镇。

三、五代时期扬州的行政区划

后梁开平元年(907)四月,朱温代唐,国号梁,史称后梁,以开封为东都,洛阳为西都,由此拉开了五代十国时代的序幕。五代十国时期(907—960)是唐宋两个统一王朝的过渡阶段,大致以淮河为界,北方先后出现了后梁、后唐、后晋、后汉、后周五个政权,南方及河东地区则相继出现了吴、南唐、前蜀、后蜀、吴越、楚、闽、南汉、南平、北汉十个政权。江淮地区以扬州为中心,唐肃宗至德元载(756),置淮南节度使,治扬州。唐懿宗咸通十四年(873),淮南节度使领扬、和、滁、庐、舒、光、寿、楚八州,治扬州。唐僖宗光启三年(887)十月,杨行密占据扬州,自称淮南留后。自此之后,各方势力围绕扬州展开激烈争夺。文德元年(888)四月,淮西节度使秦宗权部将孙儒攻打扬州,杨行密弃城而走。唐昭宗景福元年(892)六月,杨行密重新占据扬州。是年八月,唐廷授杨行密为淮南节度使。乾宁四年(897)十月,杨行密在清口、寿州等地大败朱温,"行密由是遂保据江、淮之间,全忠不能与之争"[4],南北对峙的局面由此稳定了下来。天复二年(902),唐廷封杨行密为吴王。唐哀帝天祐二年(905),杨行密子杨渥继任。此时杨渥仍沿用唐天祐年号,所据之淮南节度使领扬、和、滁、庐、舒、寿、楚、泗、濠、海、光十一州,治扬州。吴武义元年(919)四月,杨行密子隆演继吴王位,改扬州为江都府,定都于此,淮南节度使遂废。吴天祚二年(936),以江都府为东都。顺义七年(927)十一月,杨行密子杨溥

[1]〔清〕陆心源编:《唐文拾遗》卷四〇(崔志远)《张雄充白沙镇将》,中华书局 1983 年版,第10828 页。

[2]　张泽咸:《唐代工商业》,中国社会科学出版社 1995 年版,第 245 页。

[3]　严耕望:《唐代扬州南通大江三渠道》,林庆彰、刘楚华总策划,翟志成主编:《景印香港新亚研究所〈新亚学报〉》第 17 卷,万卷楼图书股份有限公司 2017 年版,第 195—247 页。

[4]〔宋〕司马光编著,〔元〕胡三省音注:《资治通鉴》卷二六一唐昭宗乾宁四年(897)十一月癸酉,中华书局 1956 年版,第 8511 页。

称帝。天祐三年（937）十月，徐知诰接受杨溥禅让，自称皇帝，改国号为唐。南唐保大十四年（956）二月，后周攻占南唐东都，改称扬州。七月，南唐复收回扬州，又称东都江都府。保大十五年（957），后周最终占据南唐江都府，再次改称扬州。这时，扬州领江都、广陵、六合、高邮、永贞五县，治江都县。

表 1-8　　　　　　　　五代时期扬州名称变化表

名　　称	时　　间
扬州	907—919 年
江都府	919—956 年
扬州	956 年
江都府	956—957 年
扬州	957—959 年

吴王天祐四年（907），扬州领江都、江阳等七县。武义二年（920），析海陵县北境招远场置兴化县，取"兴盛教化"之意为名，属江都府。乾贞二年（928），析海陵县置海陵制置院。制置院的行政级别与县略同。南唐昇元元年（937）十二月，升海陵制置院为泰州，并割海陵、兴化县及楚州盐城县隶属。同年，为避吴国杨氏讳，江阳县改称广陵县，扬子县改称永贞县，兴化县别属泰州。昇元三年（939），又析海陵县南境五乡置泰兴县，泰州此时下辖海陵、泰兴、盐城、兴化四县。元宗保大十年（952），分海陵县如皋场设置如皋县，泰州增辖如皋县。同年又于海陵县东境设置静海都镇，置制置院。昇元六年（942）闰正月，又析天长县置建武军。至南唐保大十五年（957）江都府被后周占据，府辖五县的格局始终未变。

表 1-9　　　　　　　　五代扬州辖县变化表

时　　间	辖　　县
吴天祐四年（907）	江都、江阳、六合、海陵、高邮、扬子、天长
吴天祚二年（936）	江都、江阳、六合、海陵、高邮、扬子、天长、兴化、海陵制置院
南唐昇元六年（942）	江都、广陵、六合、高邮、永贞

"政区设置"与"地域开发"之间存在着紧密的关系。一地方至于创建县治，大致即可以表示该地开发已臻成熟；而其设县以前所隶属之县，又大致即为开发此县动力所自来。故研求各县之设治时代及其析置所自，骤视之似为

一琐碎乏味的工作,但就全国或某一区域内各县作一综合的观察,则不啻为一部简要的地方开发史。[1]纵观隋唐五代时期扬州的政区变化,析置新县、新州的情况颇多,如从江都县析出江阳、扬子县,由江都、六合、高邮三县析出天长县,以海陵、兴化等县设泰州,表明扬州地区的人口越来越多,开发程度越来越高。

本章叙述隋唐五代时期扬州的自然环境及政区建置两个问题。就自然环境来说,首先,隋唐五代时期扬州的地形地貌出现了一些微小变化,主要表现在三个方面,即润、扬间长江主干道中沙洲的积长、横向长江北岸三角洲的快速推进、纵向蜀冈以南滩涂地的发育以及局部坍江。以上三种变化并不是各自孤立的现象,而是相辅相成的关系。河道中泥沙的堆积是导致这一时期扬州地形地貌变化的主要因素,而泥沙的剧增则与长江中下游地区的农业开发密切相关。其次,在气候方面,隋唐五代时期的扬州整体上温暖湿润,此特点与唐代整体的气候面貌一致,表现在已经出现稻生稻、再熟稻和双季稻,苎麻、柑橘和竹子等喜温植物大面积种植等方面。不过到了唐代中后期,扬州的气温应该存在一个下降的过程。然以当今的气候标准来看,总体上仍是一个相对温暖湿润的时期,即所谓的“中世纪温暖期”。在土质方面,当代扬州优质的土壤现状与历史时期当地居民的改造和治理息息相关,主要表现在水稻土熟化和滨海盐碱地治理两个方面。气候环境变化和人类活动还影响到动植物的生存环境,隋唐五代是扬州社会经济的大发展时期,特别是安史之乱以后,随着北方人口大量南迁和经济重心南移,大片的荒地、湖泊、滩地、盐碱地和山林被垦辟为适宜耕作的农田,加之冶炼、煮盐、制铜、造船、造纸等手工行业的兴起,对木材的需求量大增,导致大量森林被砍伐,并影响到野生动物的生存环境,老虎、大象等大型哺乳动物从江淮流域消失。再次,水文环境发生变化。受到人口大量增加、江淮漕运地位上升等因素的影响,人们对于水文环境的影响变得越来越强,陂塘、堰闸、人工渠道等水利工程大量兴修。

---

[1]　谭其骧:《浙江省历代行政区域——兼论浙江各地区的开发过程》,《长水集》(第二版),人民出版社 2009 年版,第 422 页。

隋唐五代时期,扬州地区的水文环境及其变化情况主要表现在四个方面:第一,扬州地区的自然河流和湖泊数量非常多,总体的水文环境可用"河湖交错,水网纵横"来概括;第二,水文环境逐渐由自然转向人工;第三,水利工程事业蓬勃发展;第四,水资源利用存在灌溉与漕运的矛盾。最后,自然灾害频发,这些自然灾害主要包括水灾、旱灾、蝗灾、潮灾、疫灾等。

就行政区划的变化来说,隋唐五代时期的扬州存在一个由混乱到正常的演变过程,中间又存在若干次反复。对比隋初和隋末的情况,扬州(吴州、江都郡)的辖县数大致不变,但是废除了中间层级,使中央的行政区权力更容易下达到地方。就统辖面积来说,存在一个缩小再扩大的过程,境土扩大而辖县未增,是因为有大量的县被省并,这些措施改变了魏晋时期政区设置混乱的情况。唐代时,扬州的名称数次改易,称呼过江都郡、前扬州、兖州、邗州、广陵郡,至乾元元年(758)才最终确定为扬州。其辖县的变化趋势则是由少到多,贞观十三年(639)时仅辖江都、六合、高邮、海陵四县,至武周长安四年(704),增加江阳、扬子两县,数量达到六个,天宝十三载(754)又增天长一县,其后基本固定为七个县。这七个县中,望县占五个,足见扬州的户口众多、人烟繁盛,土地肥沃,经济地位突出。在县之下,还有一些军镇,也具有政区性质,可考的镇包括白潮镇、淮南镇、海陵镇、如皋镇、扬子镇、樊梁镇、济南镇、静海镇、东洲镇、瓜洲镇、白沙镇等军镇,很多镇后来成为县治所在。五代时期,其名称在扬州与江都府之间变化不定。辖县也有较大的变化,杨吴天祐四年(907),扬州领江都、江阳等七县,杨吴天祚二年(936)增至九个县,后来随着泰州的设立,扬州所辖县被划割。南唐保大十五年(957),江都府被后周攻占,府辖五县的格局始终未变。从五代时期存在大量分州及分县的情况看,扬州地区的人口不断增加,开发渐趋成熟。

第二章　隋代扬州的社会政治

隋朝（581—618），既是中国历史上的一个短命王朝，也是一个具有承上启下意义的统一朝代。以言其承上，隋朝上承三国两晋南北朝，结束了自公元184年黄巾大起义所开始的长达405年的漫长混乱时代；以言其启下，则开启了唐朝289年的大一统局面。即以隋朝自身而言，尽管国祚不永，仅有37个年头，但同样堪称中国历史上的强盛时代。以扬州地区而言，不仅在隋代获得了快速发展的契机，而且大大提升了社会政治地位，取代六朝故都建康而成为东南地区新的政治、经济、军事和文化中心。隋朝在扬州城市发展史上具有不可替代的重要性，因为现代意义上的"扬州"，其地方行政区划疆域正是开始于隋朝，从《禹贡》九州之一到魏晋南北朝时期大"扬州"的地域概念期间，扬州一直被称为广陵（广陵郡或广陵国），只有到了隋朝，扬州才逐渐取代"广陵"而被用作这个地区的城市专名。隋朝建国以后，加强对扬州地区的经略，在589年改名"扬州"之前的"吴州十年"期间，是扬州地位快速提升的重要时期，因为这里被确定为隋朝征伐陈朝的军事基地。589年改名扬州以后，在这里设置了扬州大总管府，为当时全国仅有的四个大总管府之一，而且在四大总管府中管辖地域最为广阔。隋炀帝即位以后，扬州的政治地位进一步上升，江都太守的品级被提升为京尹同一级别。隋炀帝在位期间，曾经三次临幸并长时间居留于扬州，在这里发布包括继续完善运河工程、征伐高丽、巡视西北、厘定官制等一系列重大政治决策，这个时期的扬州拥有了全国政治中心的崇高地位。隋末全国性的动乱时期，隋炀帝没有回到长安，而是一直居住在扬州，其间李渊控制了长安的留守政权，立代王杨侑为帝，宣布遥尊隋炀帝为太上皇。不久之后，宇文化及操控禁卫军，发动"江都之变"，杀害了隋炀帝，隋朝的统治基本宣告结束。618年，李渊废黜杨侑，建立唐朝，随后开始经略江淮地区。隋末唐初,扬州地区先后兴起几股武装割据势力,但最终随着唐朝略定中原,控制大局,包括扬州在内的广大南方地区也陆续被平定,至唐高祖武德七年(624),唐朝基本完成全国统一大业,扬州也进入了新的发展时期。

第一节　扬州称谓的变化与"吴州十年"

隋朝作为扬州城市发展史上的重要时期,不仅在于奠定了唐代扬州进入极盛时期的政治、经济基础,还在于第一次明确了其后乃至当今扬州的行政区划,使得"扬州"从《禹贡》九州之一或汉魏南北朝大"扬州"的抽象、朦胧的地域概念,演变成为涵盖地区明确的州郡级行政区划。进入唐代乃至于现代意义的"扬州",作为地方行政区划的疆域都是开始于隋朝,在此之前的魏晋南北朝时期,"扬州"的名字可谓变化多端,除最为常见的"广陵"之外,其间"扬州"还先后有南兖州、东广州、吴州等称呼。因此,讲述隋代"扬州"的历史发展,有必要将其名称演变略作陈述。

一、周隋之际扬州称谓的变化

魏晋南北朝时期,广陵(即今之扬州)由于处在南北交争之地,有时被南方政权控制,有时又归北方政权管辖,名称发生过多次变动,在"扬州"成为专用名称之前,先后有过南兖州、东广州、吴州等称谓。不过,无论是在南方统治还是北方统治时期,也不论是被叫作兖州,还是叫作东广州,抑或是被称为吴州的时候,"广陵"始终属于这个地区的专名。"扬州"被用作广陵地区的专用名称,时间相对较晚,直到隋文帝开皇九年(589)平灭陈朝,统一全国以后,才确定下来。

三国初期,广陵地区属于曹魏,后来归于孙吴。孙吴、西晋时期一直设置有广陵郡,只是在西晋时期,广陵郡的治所一度移到淮阴,但广陵郡的建置始终存在,且一直以今之扬州地区为主体区域。西晋末年"永嘉之乱",大批北方人来到广陵郡,其中最主要的来自于原兖州、青州、并州地区,东晋为了安置这些来自北方的流民,开始实行侨置郡县的政策,先后侨置了南青、南兖、南并三州。在这些侨置州郡中,最重要的是南兖州,因为北来流民中,来自原兖州地区的人数最多。不过,南兖州的治所并不在广陵,而是寄治于长江南岸的京口(今江苏镇江),侨置南兖州的时间为东晋成帝咸康四年(338)[1]。东晋安帝(397—418年在位)时期,从广陵郡中分出建陵(在今江苏泰州东北)、临江(在今江苏靖江西北、长江入海口北岸)、如皋(在今江苏如皋)、宁海(在今江苏如皋西南)、蒲涛(在今江苏如皋东南)五县,设置山阳郡,归属于南兖州管辖,南兖州因此获得实际辖区,但其治所仍在京口而非广陵[2]。南朝宋武帝永初元年(420),对行政区划进行调整,也包括侨置州郡在内,以南兖州而言,主要就是将原侨置的南并州并入。宋文帝元嘉八年(431),经过再次调整,南兖州"始割江淮间为境,治广陵"[3],到这个时候,侨置的南兖州才以广陵为治所,只不过,其时南兖州的实际管辖区域,并不专指今之扬州,而是同时包括今之泰州以及南通的部分地区在内。刘宋以后的齐、梁两朝,南兖州一直存在,广陵作为治所,也始终未发生改变。广陵地区被称作南兖州,就是由此而来。

梁武帝末年发生"侯景之乱",江北大片土地被北方政权所占。广陵地区先被北齐占领,并将南朝侨置的南兖州改为东广州,扬州在历史上被称为"东广州"即始于此,时间大约在公元555年前后[4]。由于广陵地处南北交争之地,地理位置具有重要的战略价值,因此南北双方在这个地区的争夺一直十分激烈。陈朝自建国起,即任命吴明彻担任南兖州刺史,尽管只是悬空虚授,却体现出陈朝对广陵地区志在必取的态度。北齐虽然将主要精力放在北方,同北周进行角逐,却也并不甘心轻易放弃广陵,北齐和陈朝在广陵地区的较量与争夺,前后持续了至少十年之久,直到陈文帝天嘉六年(即北齐后主天统元年,565年)以后,陈朝始将北齐的势力驱离,重新控制了广陵地区并恢复南兖州的建置,仍以广陵为治所。也就是说,直到公元565年,吴明彻所担任的"南兖州刺史",仍然是遥领虚授之职。吴明彻的"南兖州刺史"

[1]〔唐〕房玄龄等撰,〔清〕吴士鉴、刘承干注:《晋书斠注》卷一四上《地理上》"兖州"条,中华书局2008年版,第262页。

[2] 按,东晋安帝时所置山阳郡的实际辖区,与后来隋朝时期的山阳郡不同,隋代山阳郡的地域范围,大体与汉代山阳县相同,以今江苏淮安市楚州区以及今江苏扬州市宝应县为其核心区。

[3]〔梁〕沈约:《宋书》卷三五《州郡志一》,中华书局1974年版,第1053页。

[4]〔唐〕姚思廉:《陈书》卷一《高祖纪上》,中华书局1972年版,第10页。

成为拥有实际辖区的实职,要到北齐势力退出广陵以后,时间在565年之后,这主要是因为北齐在后主高纬继位之后,朝政日趋败坏,在北方地区和北周之间的斗争中日益窘迫,从而在南方不得不收缩兵力,采取守势。

陈宣帝太建十年(578)二月,吴明彻被北周俘虏,同年三月,陈朝任命淳于量为南兖州刺史[1],淮河以南的广大地区因此逐渐落入北周之手。据历史记载,陈宣帝太建十一年(579)十二月,南兖、北兖、晋三州以及盱眙、山阳、阳平、马头、秦、历阳、沛、北谯、南梁等九郡的百姓,全部向南撤退到京师建康,不久,谯郡和北徐州又被北周攻陷,"自是淮南之地尽没于(北)周"[2]。至迟到579年,陈朝就在事实上丧失了对广陵地区的控制权[3]。

北周在占领淮河以南地区之后,加强了对这个地区的统治,体现在地方行政管理方面,就是恢复北朝的名号。广陵作为南朝政权首都建康的江北屏障,一直是南朝苦心经营的重要藩镇,也是南朝在淮南地区实施统治的政治、军事中心,在南朝控制时期,广陵始终都是南兖州治所,故"南兖州"也被用作广陵的另外一个名称。北周占领广陵之后,出于政治、军事及社会心理等方面的多重考虑,首先就是废除了南兖州之名,而改用北齐"东广州"作为广陵的名号,时间大约在579年底[4]。不久,鉴于北齐已经亡国,北周又将"东广州"改名为"吴州",并设置吴州总管府,以加强对这个地区的控制和经营。扬州在历史上被称为"吴州",始于北周。

吴州作为扬州历史上的曾用名,较为确切的起始时间,应当在北周静帝

[1] 据〔唐〕姚思廉《陈书》卷五《宣帝纪》:太建十年二月"甲子,北讨众军败绩于吕梁,司空吴明彻及将卒已下,并为周军所获";三月"丁酉,以中军大将军、开府仪同三司、护军将军淳于量为南兖州刺史,进号车骑将军"。(中华书局1972年版,第91页)

[2] 〔唐〕姚思廉:《陈书》卷五《宣帝纪》,中华书局1972年版,第95页。

[3] 据〔唐〕令狐德棻等《周书》卷七《宣帝纪》:大象元年(579)十一月,"韦孝宽拔寿阳,杞国公(宇文)亮拔黄城,梁士彦拔广陵。陈人退走,于是江北尽平"。(中华书局1971年版,第121页)由此可知,广陵地区于579年十一月即被北周占领。

[4] 据〔唐〕魏徵、令狐德棻《隋书》卷六〇《于仲文传》载,仲文兄颙,在北周大象年间(579—580),曾随韦孝宽攻拔寿阳,后拜东广州刺史。(中华书局1973年版,第1456页)又,前揭《周书》卷七《宣帝纪》载大象元年(579)十一月梁士彦攻占广陵,两相比照,可知颙出任东广州刺史的时间,即在579年十一月梁士彦攻占广陵之时。

大象二年(580)初,很可能就是在当年正月[1]。隋文帝开皇九年(589)出兵灭掉陈朝以后,下令改为扬州,仍置总管府,吴州作为扬州的曾用名从此成为历史,吴州之名前后存在了大约十年。北周为何要将广陵改为吴州,具体原因尽管已经不得而知,但在被称为"吴州"的十年中,广陵或扬州在区域地理位置中的重要性,值得深入探究,从某种意义上可以说,正是"吴州十年",奠定了其后扬州在隋朝乃至唐朝发展的基础。

扬州被称为"吴州"的十年,也是扬州政治、军事地位快速上升的十年。579年十一月,北周徐州总管、郕国公梁士彦率兵南征,俘陈朝大将吴明彻,略定淮南,攻入广陵。北周占领广陵以后,随即任命于颛为东广州刺史。580年初,北周下令改东广州为"吴州",于颛的职务也由原来的东广州刺史变为吴州刺史。不过,由于当时地方行政管理实行的是军政双轨制,除了吴州刺史之外,还有军事长官——吴州总管。这种军政双头制的管理模式,不久就出现了问题。几乎就在于颛就任吴州刺史的同时,北周还任命赵文表为吴州总管,当时处在杨坚执政、谋划夺取北周政权的前夕,对于地方管理层面所出现的问题一时无暇应对,以致吴州的军事长官总管赵文表和行政长官于颛之间的矛盾很快激化并爆发出来。

580年五月,周宣帝宇文赟去世,刘昉、郑译假传诏书,引导杨坚入宫辅政,结果引起北周旧臣不满。六月,相州(治今河南安阳)总管尉迟迥率先举兵,郧州(治今湖北安陆)总管司马消难、益州(治今四川成都)总管王谦也相继于七月、八月起兵,反对杨坚执政,"三总管之乱"爆发。三总管起兵之后,不仅北结突厥,还南连陈朝,并以割让江淮之地为条件,以争取陈朝的支持。受"三总管之乱"的影响,刚占领未久的淮南地区也出现骚动,"人怀异望"。在淮南动荡不安的形势下,吴州军政长官赵文表、于颛二人之间出现不睦。时任吴州刺史、负责吴州行政事务的于颛,不仅自恃家族势力强盛,而且自视为朝廷心腹重臣,对吴州军事长官、总管赵文表心存疑惧,担心赵文

---

[1]　据前揭《隋书·于仲文传》《周书·宣帝纪》所载,大象元年(579)十一月梁士彦攻占广陵后,北周任命于颛为东广州刺史,坐镇广陵,这就意味着,北周将东广州改名为吴州,必在579年十一月之后。再考虑到皇权政治时代朝廷发布大赦、更改帝号、改换地名等除旧更新之举,往往放在每年正月,因此,北周改东广州为吴州,最有可能的时间就是大象二年(580)正月。

表不利于己,便决定先发制人。为此,于颐称病不出,利用赵文表前往家中慰问的时机,亲手刺杀赵文表,随后派人向朝廷奏报,说赵文表图谋造反。其时,执掌北周朝政的杨坚因为"三总管之乱"尚未平定,担心于颐也趁机反叛,于是只好顺水推舟,任命于颐为吴州总管。[1]于颐杀赵文表,就任吴州总管的时间,当在580年七月,因为就在当月,于颐以吴州总管的身份,指挥所部击退了陈朝大将陈慧纪、萧摩诃对广陵发动的进攻[2]。于颐就任吴州总管的时候,可能同时卸任吴州刺史之职,根据《隋书·高祖纪》的记载,就在于颐以吴州总管的身份击退陈朝进攻广陵的同时,广陵人杜乔生聚众造反,被刺史元义平定[3]。这表明于颐由吴州刺史转任总管时,吴州刺史应当已经改由元义担任。

从吴州总管、刺史分别由不同的人担任这一情况来看,北周在攻取广陵之后,在此地采用了军政二元体制的管理模式,而且在东广州尚未改名为"吴州"的情况下,就已经率先设置吴州总管,与"东广州"并治广陵。于颐杀赵文表之后,北周朝廷下令将"东广州"正式改名"吴州",仍然实行吴州总管、吴州刺史并置的军政二元体制。在这种二元体制模式下,总管、刺史皆有权指挥军队,而又有所分工,于颐以吴州总管的身份率部击退陈朝的军事攻击,是为对外作战;元义以吴州刺史的身份压平杜乔生之乱,是为平定内乱。至于二者所统军队有何区别,史书并无记载,很有可能是总管所统为野战军,主要负责对外征战;刺史所领则为地方军,主要负责境内治安。

二、"吴州十年":隋文帝经略广陵

公元581年二月甲子,杨坚即皇帝位,定国号为"隋",改元开皇。隋朝建国以后,隋文帝开始进行政治、经济、军事等多方面的改革,具体到地方行

---

[1]〔唐〕令狐德棻等:《周书》卷三三《赵文表传》,中华书局1971年版,第581—582页。

[2]〔唐〕魏徵、令狐德棻:《隋书》卷一《高祖纪上》载,大象二年(580)"七月,陈将陈纪、萧摩诃等寇广陵,吴州总管于颐转破之"。(中华书局1973年版,第3页)按,陈纪即陈慧纪,为避唐太宗爱妃徐惠(627—650)名讳,故省去"慧"字。盖因《隋书》为唐太宗时官修史书,参与修撰的人员中,有《初学记》作者徐坚,为徐惠的侄子,故《隋书》避"慧""惠"等字,无足怪也。

[3]〔唐〕魏徵、令狐德棻:《隋书》卷一《高祖纪上》载:大象二年"七月,陈将陈纪、萧摩诃等寇广陵,吴州总管于颐转破之。广陵人杜乔生聚众反,刺史元义讨平之"。(中华书局1973年版,第3—4页)

政管理方面，主要针对魏晋南北朝政区划分繁杂、地方行政管理混乱的情况，实行简化地方行政机构的改革。开皇三年（583），隋文帝下诏"废诸郡"[1]，改郡为州，州下设县，实行州、县二级制。作为隋文帝谋划灭陈的江北重镇，吴州的行政区划及其所管辖的疆域，在隋文帝开皇九年（589）灭陈前后变化颇多，吴州行政疆域所发生的这些变化，从某种意义上正可说明吴州地位之重要，也体现了隋文帝对这个地区的重视程度，隋文帝决定渡江灭陈，对吴州的经营自然格外用心。

　　隋文帝经营吴州，有以下三个方面：一是对吴州行政区划的不断调整；二是精心选拔吴州总管人选；三是在继续实行总管、刺史军政二元体制的前提下，委总管以更大权力。

　　首先看吴州行政区域的不断调整。根据《隋书·地理志》的记述，江都郡下辖 16 个县，分别为江阳、江都、海陵、宁海、高邮、安宜、山阳、盱眙、盐城、清流、全椒、六合、永福、句容、延陵、曲阿[2]。江都郡所管辖的上述 16 县，其中句容、延陵、曲阿 3 县的地域范围，皆在长江以南今江苏镇江与常州境内，隋文帝开皇九年（589）平定陈朝以后始划入江都郡。因此，在开皇九年改名为"扬州"之前，吴州所辖县级行政区，并不包括句容、延陵和曲阿 3 县，只有其余的 13 县。另外，吴州所辖 13 县的名称，也和《隋书·地理志》所载并不完全一致，因为《隋书·地理志》所载县名，是隋炀帝改州为郡、将扬州改为江都郡之后的名称。因此，这里有必要将隋代吴州下辖县级行政区，及其调整、变化的情况略加陈述。

　　（1）江阳县：今江苏扬州城区。江阳之名，历史悠久，一直以来就是广陵地区的核心区域。北齐短暂占领时期，曾在此地设置广陵、江阳二郡。隋文帝开皇三年（583）[3]，废除北齐所置二郡，改设江阳县；开皇十八年（598），改江阳县为邗江县；隋炀帝大业元年（605），复改为江阳县。（2）江都县：

---

　　[1]　〔唐〕魏徵、令狐德棻：《隋书》卷二九《地理志上》，中华书局 1973 年版，第 807 页。

　　[2]　〔唐〕魏徵、令狐德棻：《隋书》卷三一《地理志下》，中华书局 1973 年版，第 873—874 页。

　　[3]　按，〔唐〕魏徵、令狐德棻《隋书》卷三一《地理志下》所载江都郡下辖县域行政区划之变化情况，多处均记载为"开皇初"。隋文帝在位期间，以"废郡为州"这一基本措施而展开的地方行政制度改革，开始于开皇三年（583），因此《隋书·地理志》所载的"开皇初"，在正常情况下就是指开皇三年。以下情况相同，不再特别注出。

今江苏扬州城区。江都之名亦历时久远,实际地域与江阳每有重合,故《隋书·地理志》说"自梁及隋,或废或置",意即江都县在萧梁至隋朝期间,或废或置,变化不一,原因之一在于江都与江阳地域每有重合,多不并置,可见开皇九年(589)之前,曾设置过江都县。(3)海陵县:今江苏泰州市所在地。南朝萧梁时期,曾于此地设置海陵郡。开皇三年,海陵郡废,将建陵县并入,改称海陵县。但不久之后,又从海陵析出江蒲县,隋炀帝大业初年,又将江蒲县并入海陵。(4)宁海县:地域大致在今江苏如皋、泰兴之间。开皇三年,如皋县并入宁海。(5)高邮县:县治在今江苏高邮北约15公里处。南朝萧梁统治时期,曾经从高邮县析出竹塘、三归二县,并设置广业郡,后因出现所谓嘉禾而改名神农郡。开皇三年,废神农郡,恢复高邮县建置,同时并入竹塘、三归、临泽三县。(6)安宜县:县治在今江苏宝应西南。南朝萧梁于此地设置阳平、东莞二郡。开皇三年,废二郡,并入石鳖县,改置安宜县。(7)山阳县:县治在今江苏淮安东南、今苏北灌溉总渠与大运河交汇处。旧置山阳郡,开皇三年,废郡为县。(8)盱眙县:县治在今江苏盱眙东北。三国曹魏时期曾置盱眙郡,后一直沿袭,陈朝曾一度设置北谯州,但为时较短。开皇三年,废郡置县,又将考城、直渎、阳城三县并入,仍以盱眙为名。(9)盐城县:今江苏盐城城区。北齐曾置射阳郡,陈朝改为盐城郡。开皇三年,废郡为县。(10)清流县:今安徽滁州。旧名顿丘县,曾置新昌郡、南谯州。开皇三年,改为滁州,又废乐钜、高塘二县,并入顿丘县,改名新昌县。开皇十八年,改名清流县。(11)全椒县:今安徽全椒。南朝萧梁置北谯郡,北齐时改为临滁郡,北周回改为北谯郡。开皇三年,废郡置县,改名为滁水县。隋炀帝大业初年,改名为全椒县。(12)六合县:今江苏南京市六合区。旧名尉氏县,南朝曾在此地设置秦郡,北齐占领时改为秦州,北周改名为方州,将秦郡改为六合郡。开皇三年,废六合郡,开皇四年,将尉氏改名为六合,设置县级建置,同时将方山、堂邑二县并入。(13)永福县:县治在今安徽天长西北。东晋南朝初期,曾于此地侨置沛郡;萧梁时期置泾城、东阳二郡;陈朝并泾城、东阳二郡为沛郡;北周占领以后,改为石梁郡,沛县改为石梁县,并入横山县。开皇三年,废石梁郡,保留石梁县建置。隋炀帝大业初年,改为永福县。

　　根据以上所述,可知隋代吴州所辖地域范围广阔,其所辖县级行政区分布于今之江苏扬州、泰州、淮安、盐城、南通、南京部分地区以及安徽天长部分地区，而以今之扬州为核心区域。及至隋文帝开皇九年（589）平定陈朝以后，又把长江以南的今镇江、常州部分地区（即句容、延陵、曲阿三县）划归吴州，不久之后，又将吴州改名为扬州。"吴州十年"行政区划和管辖地域的不断调整、灭陈之后江南三县划归扬州管辖，凡此均可证吴州地位之特殊重要性，体现出隋文帝加强对江南地区控制的政治意图，更重要的是，"吴州十年"不仅奠定了此后扬州核心区域的地域基础，也奠定了扬州在隋炀帝时期以及唐朝发展繁荣的政治、经济基础。

其次谈吴州总管人选的问题。隋文帝建国以后，其当务之急是稳定中央政局和应对北方突厥扰边，因此并没有立即对陈朝用兵。不过，由于渡江灭陈、统一全国乃是隋朝既定国策，故而隋文帝在这方面早有谋划和布局。其中一个重要表现，就是进一步强化吴州在政治军事方面的战略地位，并精心挑选吴州总管的人选。开皇元年（581）三月，任命贺若弼为吴州总管，镇守广陵；以韩擒虎为庐州总管（治今安徽合肥），镇守庐江[1]，这两项人事任命实际上都是为了征伐陈朝所做的准备工作。

作为隋代最著名的军事家之一，贺若弼被隋文帝任命为吴州总管，坐镇广陵，其目的性十分明显，就是为了南征伐陈。据《隋书·贺若弼传》记载，隋朝建国以后，隋文帝南下并吞陈朝的战略构想就已经形成，为此他向群臣垂询，访问何人可以担此大任。高颎向他推荐了贺若弼，以为综合文武才干而论，群臣之中，无人能及贺若弼。实际上，隋文帝心目中的人选也正是贺若弼，所以当他听完高颎的话以后，便毫不犹豫地宣布任命，由贺若弼出任吴州总管，委以平陈大计。对此，贺若弼"忻然"领命，并以平陈作为自己的第一要务，《隋书·贺若弼传》记载说"与寿州总管源雄并为重镇"，此处所说的"寿州总管"，在当时实际上应该叫"扬州总管"，《隋书》系唐初官修史书，唐人

---

[1]　据〔唐〕魏徵、令狐德棻《隋书》卷一《高祖纪上》：开皇元年三月，"以上开府、当亭县公贺若弼为楚州总管，和州刺史、新义县公韩擒为庐州总管。"（中华书局 1973 年版，第 14 页），其中所言"楚州"为"吴州"之误，岑仲勉先生曾有详细考证，可从其说（详见岑仲勉：《隋书求是》，商务印书馆 1958 年版，第 5 页、第 162 页）。又，《隋书》为唐初官修史书，为避唐太祖李虎名讳，而改"韩擒虎"为"韩擒"。

所说的"寿州"实指隋初的"扬州"。对于自己所担负的重任,贺若弼本人也有清醒认识,在就任吴州总管以后,他立即给隋文帝上了一道奏章,"献取陈十策",并因此得到隋文帝的嘉奖,特别赐予他宝刀一口[1]。

最后谈军政二元体制的问题。在平定陈朝、完成全国统一之前,隋朝在地方行政管理制度上继续实行总管、刺史军政二元体制的模式,这种总管主军、刺史主政的军政二元体制模式,其在运行过程中所遇到的最大问题,即为总管、刺史二者权力如何协调与平衡。从制度设计的层面来说,总管、刺史各司其职,地位相等,但具体到不同的地区,二者权力就不可能完全平等。在边境地区,因为面临战争的形势,总管的权力重于刺史,甚至越界干涉刺史的行政权,就不可避免。其时之吴州,因为处于对陈朝战争的前沿,故吴州的军政大权,主要由总管掌握,而非刺史。检核相关文献记载,见到的多是关于吴州总管的相关信息,而吴州刺史则较为少见。除上面提到的于颙、元义之外,仅见慕容三藏曾于开皇元年(581)担任吴州刺史的记载,开皇九年(589)慕容三藏奉诏持节,前往凉州道行使黜陟之权[2]。联系此前一年(580)七月吴州刺史元义仍然在任,并领兵平定吴州所发生的民乱,因此慕容三藏应当是在此后不久接替元义担任吴州刺史,一直到开皇九年奉诏前往凉州,这才从吴州刺史任上离开。这就意味着慕容三藏担任吴州刺史的9年,与贺若弼担任吴州总管的任期相同。然而,文献记载二人在吴州任期内的行迹,详略差距明显。慕容三藏在吴州的活动情况,除了上面所说的开皇元年曾任吴州刺史、开皇九年奉诏持节凉州外,再无只字言及。贺若弼的情况就明显不同,他在吴州活动事迹比慕容三藏丰富得多,其中原因或许主要就在于,其时吴州处于军事斗争的前线,乃是未来平陈战役的主要军事基地之一,因此在吴州的行政管理上,总管之权大于刺史之权。

总之,从579年底北周改东广州为吴州开始,到589年初隋朝灭陈、改吴州为扬州,吴州作为隋朝在今扬州地区所设置的州级行政单位,前后存在了10年,对于扬州历史上改名为"吴州"的10年,或可以称之曰"吴州十年"。"吴州十年",对扬州地区而言,是其社会各方面快速发展的10年;从隋朝国

[1]〔唐〕魏徵、令狐德棻:《隋书》卷五二《贺若弼传》,中华书局1973年版,第1344页。

[2]〔唐〕魏徵、令狐德棻:《隋书》卷六五《慕容三藏传》,中华书局1973年版,第1532页。

家战略来说,则是隋朝酝酿平灭陈朝、规划统一全国的 10 年。

第二节　从扬州总管府到江都郡府

隋文帝开皇八年到九年(588—589)之间所发动的平陈之役,尽管历时甚短,但意义重大,因为此役之后,隋朝彻底结束了分裂的历史,再次实现了全国的统一,并开启了隋唐盛世的序幕。平陈之役结束不久,隋文帝下诏改吴州为扬州,并将吴州总管改为扬州总管府,扬州作为广陵地区的专用名称,从此开始。大业元年(605),隋炀帝即位后,对地方行政制度又进行改革,在废除总管府的同时,又改州为郡,扬州总管府在这次地方行政制度改革中被废除,改为江都郡,此后直到隋朝灭亡,广陵地区一直称为江都郡。

一、贺若弼经营吴州

开皇八年(588)三月,隋文帝下诏伐陈,平陈之役正式启动。十月,隋文帝进行军事部署,下令在寿春(今安徽寿县)置淮南行台省,以晋王杨广为尚书令;不久,又以晋王杨广、秦王杨俊(时任山南道行台尚书令,山南道行台治襄阳)、清河公杨素(时任信州总管)并为行军元帅。十一月,在晋王杨广的统率下,隋军 90 总管共 51.8 万人,沿长江分兵八路,大举攻陈:晋王杨广出六合(今属江苏),秦王杨俊出襄阳(今属湖北),杨素出信州(治鱼复县,今重庆奉节),荆州刺史刘仁恩出江陵(今湖北荆州),蕲州总管王世积出蕲春(今属湖北),庐州总管韩擒虎出庐江(今安徽合肥),吴州总管(治广陵,今江苏扬州)贺若弼出广陵,青州总管(治今山东青州)燕荣率水军出东海(东魏海州,隋改东海郡,治今江苏连云港海州区)。开皇九年(589)正月初一,贺若弼东路军团率先渡江,攻占南徐州(治今江苏镇江),并于正月二十日攻入建业(今江苏南京),同一天,韩擒虎西路军团攻入建业台城,俘虏陈后主陈叔宝。正月二十二日,隋三军统帅杨广进入建业。三月,陈后主及其王公百官被尽数带到长安,陈朝宣告灭亡。平陈之役,以隋朝的全面胜利宣告结束。

隋朝的平陈之役与今天的扬州有着密不可分的关系,因为自隋朝建立以后,这里就作为伐陈最重要的军事基地而加以经营。这是因为在上述伐陈的八路军队中,以吴州总管贺若弼所统率的东路军团、庐州总管韩擒虎所统率的西路军团为主力部队,其中贺若弼的东路军团,自 580 年起就一直驻扎于此,也就是当时的吴州。除此而外,在隋军发起最后的军事行动时,三军统帅、晋王杨广的出兵地点——六合(当时叫作秦郡),当时也是吴州下辖的县域。由此可知今之扬州(彼时之吴州)乃是隋朝筹划渡江伐陈这一重大军事行动中最重要的军事基地。

平陈之役的起止时间,如果从贺若弼南渡长江、攻克南徐州算起,至晋王杨广进入建业为止,则前后不过 22 天,时间可谓短暂;而从战役的进程来看,隋军在作战期间虽然遇到陈军局部的顽强抵抗,但总体上进展顺利。但实际上,隋朝乃至于此前的北周,为这次统一战争所做的准备工作却时日久远。早在北周武帝宇文邕统治时期,就准备南征,统一全国,只不过周武帝英年早逝,未能克竟其功,渡江灭陈、统一全国的任务,就落到了隋朝统治者的身上。隋朝建立以后,隋文帝出于稳固帝位和优先解决北方突厥扰边问题这两个方面的考虑,并没有立即兴兵伐陈,反而派遣使团到陈朝联络,摆出与陈朝和好的姿态。这只是隋文帝的一种政治策略,南下攻陈的军事部署工作,实际上从隋文帝即位后就已经展开,开皇元年(581)三月,贺若弼、韩擒虎分别被任命为吴州总管、庐州总管,负责镇守广陵和庐江,皆属未雨绸缪的政治举措,终极目标都是为了将来的伐陈之役。

正是因为肩负隋朝未来伐陈的军事重任,所以贺若弼自从担任吴州总管以后,他在广陵地区的所有活动,全部围绕伐陈这一战略而展开。除了日常操练兵马、积极备战等常规性军事活动外,贺若弼根据自己以前给隋文帝上奏的“取陈十策”,有针对性地对陈朝展开军事行动。在贺若弼对陈朝所展开的军事斗争中,值得我们特别注意的,是他所采用的疑兵之计,其具体做法是:(1)在隋陈两国边境地区持续派遣间谍,刺探陈朝军情,从而做到知己知彼,并据以做出针对性的军事部署。如张弼、来护儿二人皆是早在贺若弼担任寿州刺史期间,即追随于他,及贺若弼改任吴州总管,镇守广陵,二人又随同前来,并利用其家住江边、熟悉地理的优势,一直在陈隋边境从事刺探军事情报的间谍工作,平陈之役,二人从征,皆立下大功[1]。(2)长期派遣小股游军在边境线上持续进行毫无规律可循的军事袭扰,造成陈朝边境地区军民人心恐慌。(3)每逢军队换防之际,在历阳(今安徽境内,在江北,与南岸的采石即今之马鞍山隔江相望,旧置历阳郡,开皇三年废)举行大规模的阅兵活动,让陈朝误以为隋朝大军准备渡江作战,从而调集全国军队到此地布防,而每当陈朝大军汇集历阳之后,贺若弼便解散军队,复归平常。经过多次反复之后,陈朝上上下下包括边境守将在内,对此都是习以为常,认为这是隋军每年例行的阅兵活动,从而不再设防[2]。经过长达十年的反复操练之后,贺若弼的疑兵之计最终收到奇效,开皇九年正月,伐陈之役正式发起,贺若弼率东路军团顺利渡江,攻占南徐州,而陈朝军队丝毫没有觉察,其根本原因即在于此,可以说,他们早就被贺若弼的疑兵之计所麻痹了。

贺若弼镇守广陵期间,除了进行军事备战外,还有一事值得我们关注,那就是他主持疏浚了邗沟故道,即历史文献所记载的"开山阳渎"之事。隋文帝开皇七年(587)四月,"于扬州开山阳渎,以通运漕"。[3]一般而言,"开山阳渎",主要为了疏通漕运线路。此处所说的山阳渎,也是后来隋炀帝所开掘的大运河中的一段。后人言及隋朝大运河,往往只知隋炀帝开大运河。事实上,隋朝修治或疏浚运河,从隋文帝时期就已经展开,如为解决渭河水流乍深乍浅、关中漕运不畅的问题,开皇四年(584)命令将作大匠宇文恺率水工开凿了300余里的广通渠(隋炀帝即位后,以避讳改称富民渠),此为隋朝所修治、开凿的第一段运河。开皇七年四月"于扬州开山阳渎",则是有史可考的隋文帝时期第二次修治运河。

山阳渎,本是春秋时期吴王夫差所开掘的古邗沟,开皇七年四月"开山阳渎",是在旧有邗沟渠道的基础上,对其进行加深加宽,修治而成。这次"开

[1]〔唐〕魏徵、令狐德棻:《隋书》卷六四《张奫传》:"张奫字文懿,自云清河人也,家于淮阴。……高祖作相,授大都督,领乡兵。贺若弼之镇寿春也,恒为间谍,平陈之役,颇有功焉。"(中华书局1973年版,第1510页)同卷《来护儿传》:"来护儿字崇善,江都人也。……护儿所住白土村,密迩江岸。于时江南尚阻,贺若弼之镇寿州也,常令护儿为间谍,授大都督。平陈之役,护儿有功焉。"(中华书局1973年版,第1515页)

[2]〔唐〕魏徵、令狐德棻:《隋书》卷五二《贺若弼传》,中华书局1973年版,第1344页。

[3]〔唐〕魏徵、令狐德棻:《隋书》卷一《高祖纪上》,中华书局1973年版,第25页。

山阳渎"的主要目的,根据"以通运漕"的记载,应该是为了解决漕运方面所存在的问题。不过,此处"以通运漕"与隋炀帝时期运河全线贯通以后的"漕运"有很大区别,这主要是因为开皇七年仍处于陈隋对峙的格局,"以通运漕"不可能是将南方的物资运往北方,而只能是方便北方的物资向吴州调运。为何要将北方的物资向吴州调运?其所要解决的问题又在哪里?答案只有一个,那就是为了未来的伐陈军事行动提供人力、物力方面的保证,开山阳渎"以通运漕",主要目的就是为了提高向吴州调兵运粮的效率[1]。正是由于"开山阳渎"的主要动机和目的在于军事方面,是为了即将展开的伐陈之役所进行的准备性工作,所以其实际主持者,应当是当时的吴州总管贺若弼。

二、隋朝扬州总管府及其运作机制

开皇九年(589)平定陈朝,完成统一,全国形势为之大变。隋朝的国家治理和建设进入新阶段,政治、经济、军事、文化等各个方面,都面临重新建构或调整的局面。以扬州地区而言,平陈不久,隋文帝即下诏书,正式改吴州为扬州,原吴州总管府也改为扬州总管府,这是广陵地区正式称为扬州的开端。

隋炀帝即位以后,又推行改州为郡的地方行政制度改革,将扬州改为江都郡,并废除了扬州总管府[2]。从隋炀帝改扬州为江都郡起始,到唐朝初年,扬州的称谓又发生过几次变化,具体情况大致如下:隋末大乱,隋炀帝被宇文及杀害以后,李子通于唐高祖武德二年(619)攻占江都郡。武德三年(620),杜伏威击破李子通,夺取江都郡,宣布归附唐朝,唐高祖下诏于润州江宁县(今江苏南京)设置扬州;同时又将隋朝的江都郡改为南兖州,并于此设置东南道行台。武德六年(623),辅公祏起兵反唐。武德七年(624),赵郡王李孝恭讨平辅公祏后,唐高祖下令改南兖州为邗州。武德九年(626),废黜武德三年设置于江宁县的扬州,同时又将邗州改为扬州,置扬州大都督府,下辖扬、

---

[1]　据〔宋〕司马光编著、〔元〕胡三省音注《资治通鉴》卷一八〇隋炀帝大业元年(605)三月,开凿通济渠同时,"又发淮南民十余万开邗沟,自山阳至杨子入江"。(中华书局1956年版,第5618页)隋炀帝大业元年再次疏通山阳渎,其时的主要目的已经改变,是为了方便将江南的人力物力向北方漕运,与隋文帝开皇七年疏浚山阳渎的目的,正好呈相反的方向。

[2]　〔唐〕魏徵、令狐德棻:《隋书》卷三一《地理志下》,中华书局1973年版,第873页。

和、滁、楚、舒、庐、寿七州。[1]从此之后,扬州作为广陵地区的专有名称,最终固定下来,并一直沿用至今。

从上述可知,"扬州"作为广陵地区的专用名称,尽管经过了隋末到唐初的几次反复之后始最终确定下来,但589年隋文帝改吴州为扬州,并设置扬州总管府,乃是广陵专用"扬州"之名的开端。扬州总管府在广陵的设置,在扬州发展史上实具有里程碑式的意义,这里有必要对扬州总管府前后演变的情况,稍作叙述。

(一)扬州总管府名称的变迁

魏晋南北朝后期,地处关中地区的西魏、北周推行了一种新的政治军事制度——总管制度,其时"总管"包括两种类型,一种是纯军事性的"行军总管",一种是作为地方行政管理机构的"总管府"。前者作为统兵将领,只是一种军事职务,主要职能就是领兵征战;后者作为地方行政长官,兼具军事、行政双重职能。我们这里所要讲述的"扬州总管府",属于后一种,即作为地方行政长官、性质为国家行政管理机构的总管府。

作为魏晋南北朝后期新出现的一种地方行政管理制度,总管府制是在都督制基础上发展而来,创始于西魏,到北周明帝武成元年(559)全面推行,行用于北周及隋文帝统治时期,废除于隋炀帝大业元年(605)。周隋之际,全国共有28个总管府,其中25个设置在北方或长江上游的西南地区,而在南方与陈朝接壤之地,仅设置3个总管府,分别是扬州总管府(治寿春,今安徽寿县)、吴州总管府(治广陵,今江苏扬州)、江陵总管府(治江陵,今湖北荆州)。及至周隋嬗代完成、隋朝建立以后,隋文帝着手进行政治、经济、军事等各方面的改革,在地方行政管理领域的主要改革,就是在统治区域内推行了大规模的行政区划调整,相继撤销了大约10个总管府,同时又新增一些总管府,开皇初期的全国总管府数量,与隋朝建国时大致持平。

开皇九年(589),平定陈朝以后,隋王朝将总管府制进一步推广到江南地区,陆续增置了蕲州、吴州、杭州、洪州、广州、循州、桂州、湘州、永州9个总管府。需要特别指出的是,开皇九年在江南地区新置"吴州总管府",与589年

[1]〔宋〕乐史撰,王文楚等点校:《太平寰宇记》卷一二三《淮南道一·扬州》,中华书局2007年版,第2441—2442页。

以前的"吴州总管府"并不是同一个,589年以前的"吴州总管府"已经改为"扬州总管府",治所在广陵;589年新置的"吴州总管府",治所在原会稽郡,即今浙江绍兴。治于广陵的原吴州总管府改名为扬州总管府,治所在寿春的原扬州总管府,改名为寿州总管府。隋文帝在位期间,是总管府制得到充分发展的时期,至仁寿四年(604),隋朝境内总共大约设置有36个总管府[1]。其中淮南地区置寿州、扬州两个总管府,江南地区置吴州、杭州、洪州、潭州4个总管府[2]。

　　自北周大象元年(579)在广陵地区置吴州总管府,至隋文帝开皇九年(589)平定江南之前,广陵一直是吴州总管府的治所;而同一时期的扬州总管府,则一直以寿春(今安徽寿县)为治所。开皇九年(589),随着统一大业的完成,隋朝为了加强在江淮地区的统治,采取包括调整行政区划在内的一系列措施,着力强化对江南地区的管控,由此所导致的江淮地区行政区划发生了较大变动。隋朝调整江淮地区行政区划的具体措施,主要包括两个方面:(1)废除部分总管府的同时,增设了新的总管府,如平陈之后,在原陈朝统治下的江南地区新设置了9个总管府,从而将总管府制全面推广到江南地区,有力强化了对江南地区的政治、军事控制。(2)在废除和增设一批总管府的基础上,对一部分总管府的管辖区域进行调整,以今之扬州地区而言,在这次政区辖域调整中变化最大,具体表现为,将北周时期所设置的吴州改名为扬州,原吴州总管府改称扬州总管府,治所仍在广陵(今江苏扬州),与此同时还将江南地区的句容(今属江苏)、延陵(今江苏常州与镇江之间)、曲阿(今属江苏常州)三县,划入扬州总管府的管辖范围。

　　由于新的扬州总管府成立,原北周时期设置于寿春的扬州总管府,自然不能继续使用"扬州"的名称,遂改置为寿州总管府。为强化在江南地区的控制,又将原会稽地区,亦即梁、陈二朝所设的东扬州,改名为吴州,亦设总管

　　[1]　据严耕望先生考订,有隋一朝先后共置64个总管府,其中有些是暂时性,有些则是"恒置","恒置"的总管府数大约为30个。(详参严耕望:《隋代总管府考》,载《严耕望史学论文集》,上海古籍出版社2009年版,第226—259页)

　　[2]　周隋之际总管府的创设、改易、调整与废除等方面的具体情况,可详参〔唐〕魏徵、令狐德棻《隋书》卷二九、三○、三一《地理志(上、中、下)》。

府,治于会稽(今浙江绍兴)。扬州成为广陵地区的专用名称,也就是今天意义上的"扬州",是从 589 年在广陵地区设置新的扬州总管府开始的。

（二）扬州总管的品级、僚佐构成及其职能

扬州总管的品级。根据历史记载,隋朝的总管府分为上、中、下三个等级,其中上总管的品秩,为视从二品;中总管的品秩,为视正三品;下总管的品秩,为视从三品。[1]在隋朝先后设置过的 40 多个总管府中,尽管多数总管府的等级已经无法考证,但是作为全国仅有的四大总管府之一的扬州总管府,其等级为上总管府,则可以肯定无疑。因此,扬州总管的品秩至少应该为视从二品。如果再考虑到扬州、益州、并州、荆州为仅有的 4 个大总管府,其长官有可能高于一般的上总管府的长官,则包括扬州总管在内的 4 个大总管,其品级甚至可能高于视从二品。另外,根据隋朝的职官制度,总管府的长官属于有实际职掌的"流内视品"官员,扬州大总管府的长官——扬州大总管的品秩至少与从二品的职事官相当,而从二品已然和中央的宰相平级,更遑论其还有可能高于视从二品了。

扬州总管府的僚佐构成与组织架构情况。扬州总管府作为统辖众多州郡的地方军政机构,必定有一套自上而下的组织系统,以协助扬州总管完成地方行政或军事镇抚职能,否则以总管一人之力,断然难以运转整个辖区的军政事务。那么,扬州总管府的组织系统,是怎样的一种架构呢? 有一种观点认为,周隋时期凡设置总管之州,无论总管是否兼任该州长官(即刺史),总管府所在州都不再另外设置长史、司马等职,意即总管府所在州,只有府佐而不置州佐[2]。但这个说法似有绝对化嫌疑。事实上,周隋地方行政机构很多时候还是州佐、府佐两套系统同时并置,例如北周天和五年(570),谯王宇文俭出任益州总管,汉王宇文赞同时出任益州刺史,"高祖乃以(柳)带韦为益州总管府长史,领益州别驾,辅弼二王,总知军民事"。[3]在僚佐系统中,长史、司马皆为总管府的僚佐即所谓的"府佐",而治中、别驾则属于刺史府的僚佐即

---

[1] 〔唐〕魏徵、令狐德棻:《隋书》卷二八《百官志下》,中华书局 1973 年版,第 789 页。

[2] 严耕望:《中国地方行政制度史:魏晋南北朝地方行政制度》,上海古籍出版社 2007 年版,第 600 页。

[3] 〔唐〕令狐德棻等:《周书》卷二二《柳庆附带韦传》,中华书局 1971 年版,第 375 页。

所谓的"州佐",这里我们看到柳带韦既担任益州总管府的长史,同时又领益州刺史府的别驾,一身兼任府佐、州佐双重职务,辅佐谯、汉二王。益州总管府到了隋朝,和扬州总管府的地位几乎同等重要,二者都是级别相同的大总管府,因此,扬州总管府的僚佐设置情况,完全可以根据益州总管府的情况加以推拟,益州总管府既然是州佐、府佐并置,扬州总管府应该也是一样。另外,再结合前面所述580年吴州刺史于颛刺杀吴州总管赵文表一事,可知无论是"吴州十年"期间,还是589年改名扬州以后,扬州总管府都应该同时存在府佐、州佐两套僚佐系统。

扬州总管府同时存在府佐、州佐两套僚佐系统,这两套僚佐系统的关系又该如何协调呢?这可以分为两种情况,一种情况是扬州总管同时兼任扬州刺史,这样做起来相对容易,可以将扬州的军政事务纳入总管府的管控范围,或者二者合署办公。另一种情况是,扬州总管并不兼任刺史,这就要复杂一些,直接涉及两套系统如何有效协调。由于历史文献并未留下这方面的相关记载,所以还难以说清这个问题。不过,如果考虑到扬州总管府为大总管府,且总管多由亲王担任这一事实,大致可以认为,无论扬州总管是否兼任刺史,也不论府佐、州佐两套系统怎样协调,扬州大总管有权总揽辖区军政事务,对发生于辖区的行政或军事问题,都应该有权决断,其中也包括直接责令刺史处理相关事务。

扬州总管府的僚佐人员,具体包括哪些,组织架构又是如何的呢?隋朝在继承北周总管府制以后,对这项制度尽管做过一些调整,但这些调整多数无关紧要(如僚佐成员的增减),隋朝总管府的机关构成、运作机制,与北周时期相比并无根本性的变化,因此隋朝总管府僚佐的人员构成完全可以根据北周制度进行推拟。北周总管府的组织架构,由行政、军事两个职官系统组成:(1)总管府僚佐系统:总管(府)长史、总管(府)司马、总管(府)治中(此职隋朝置,以代司马,开皇三年复改治中为司马)、总管(府)录事参军、总管(府)中郎(此职北周有,隋朝无)、总管(府)掾、总管(府)属、总管(府)诸曹参军(记室、功、户、仓、法、士、田)、总管(府)参军(事)、总管(府)主簿。(2)军事镇防系统:防主、副防主,城主、副城主,镇将、副镇将,别将,统军,军主,幢主,戍主、戍副,烽帅,驿将。[1]以上两套职官系统完整地构成了北周总管府的组织机构,这两大系统在总管的领导下,彼此协调、相互配合,共同履行总管府所承担的行政、军事职能。

隋朝的扬州总管府的组织架构,与上述北周总管府一样,由上述两套系统组成。当然,在实际运作中,这两套职官系统都可能不是十分完备,间有阙置的情况应当是存在的。扬州总管府这种包括行政、军事两套职官系统的架构,正与总管府的性质和职能直接相关,因为自总管府制度建立以后,它就是身兼行政、军事两种职能,总管府僚佐系统的主要职掌,就是协助总管处理辖区一切行政事务;军事镇防系统则承担辖区内镇守防卫、征讨叛乱等军事任务,防、城、镇、戍相当于总管府的军事派出机构,烽、驿则为军情的传递设施,它们连臂相呼、彼此策应,共同执行辖区内的军务。

扬州总管府僚佐的品级与职掌。由于《隋书·百官志》并未记载总管府僚佐的品级,因此只能通过相关史料作推测性分析。与唐初都督府相同,隋代总管府也分为上、中、下三等,但总管府(都督府)级别又相应地高于所在州半级,例如上总管府为视从二品,则其所在上州刺史为视正三品(上都督府从二品,上州正三品)。如果考虑到扬州总管府为四大总管府之一,品级应当高于一般上总管的品级,则扬州总管府很有可能为"视正二品"。有人曾根据相关史料进行过统计分析,认为从西魏到隋朝,总管府的长史品级较府主(总管)低4级、诸曹参军事较府主低8级、诸曹参军较府主低9级[2]。如果这个级差符合史实,则扬州总管府僚佐成员的品级,大致如下:扬州总管长史的品级为视从四品(中间相隔视从二、视正三、视从三、视正四,共4级),扬州总管司马的品级又较长史低一级,故为视正五品,扬州总管司录(录事参军)、总管掾为视正六品,诸曹参军为视正七品,参军事为视从七品,主簿品级无考。

需要特别说明的是,以上只是从职官制度的层面对扬州总管府主要僚佐人员的品级所进行的推拟,在实际政治运作中,扬州总管府僚佐的品级,较诸推定的品级或有高低差异。这可以通过李圆通的例子稍加说明,李圆通"以左丞领左翊卫骠骑将军。伐陈之役,圆通以行军总管从杨素出信州道,以功

---

[1]　参见王仲荦:《北周六典》卷一〇"总管府"条,中华书局1960年版,第623—637页。

[2]　蒙海亮:《周隋总管府研究》,陕西师范大学硕士学位论文,2011年,第40页。

进位大将军,进封万安县侯,拜扬州总管长史。寻转并州总管长史。秦孝王(杨俊)仁柔自善,少断决,府中事多决于圆通。入为司农卿、治粟内史,迁刑部尚书。后数岁,复为并州长史"。[1]我们来分析李圆通的任职经历及其品级:尚书左丞(从四品)→大将军(正三品)→扬州总管长史→并州总管长史→司农卿、治粟内史(正三品)→刑部尚书(正三品)→并州总管长史。我们注意到,李圆通是以从四品的尚书左丞之职,参加平陈之役,立功后加大将军,晋升为正三品,然后历任扬州、并州总管长史,再从总管长史任上改转正三品的司农卿、刑部尚书等职,其中的扬州总管长史、并州总管长史二者品级相同,从担任总管之前、之后职务的品级皆为正三品来看,无论扬州总管长史还是并州总管长史,其品级都应该是视正三品。尽管隋朝总管府一直处于变化之中,但扬州、并州始终位列四大总管府,政治地位一直保持稳定,而且由于并、扬二州总管多数情况下都由亲王担任,故扬州、并州总管府的上佐长史,全部采用高配方式,品级较诸其他一般上总管府的僚佐要高出一级或二级。至于扬州总管录事参军、总管掾、诸曹参军的品级,是否也同样较其他一般上总管府高一些,由于史料并无记载而无从考知。

　　扬州总管府僚佐的品级大致清楚以后,接下来说一说扬州总管府僚佐的具体职掌。魏晋南北朝时期的地方行政机构,一般分为州佐、府佐两套系统,同一性质的州佐、府佐职能基本相同,这也是有些时候州府两套僚佐系统可以合署办公的原因所在。尽管相关诸史"职官志"或"百官志"并未记述总管府僚佐的职掌,但可以根据刺史府州佐的职掌加以推拟。此外,唐人杜佑总论唐代"郡佐"制度,认为"大唐州府佐吏与隋制同"[2],故可以同时参考唐朝的相关情况,推演隋朝扬州总管府僚佐成员的具体职掌,兹分类陈述如下:

　　(1)扬州总管(府)长史:1员,作为总管府中排名第一的上佐[3],职掌最为重要,"通判"总管府事,即有权协助扬州总管处理府中一切军政事务。(2)

---

　　[1]〔唐〕魏徵、令狐德棻:《隋书》卷六四《李圆通传》,中华书局1973年版,第1508页。

　　[2]〔唐〕杜佑撰,王文锦、王永兴、刘俊文、徐庭云、谢方点校:《通典》卷三三《职官十五》"总论郡佐"条,中华书局1988年版,第910页。

　　[3]〔唐〕杜佑撰,王文锦、王永兴、刘俊文、徐庭云、谢方点校:《通典》卷三三《职官十五》"总论郡佐"条下注云:"大都督府司马有左右二员。凡别驾、长史、司马,通谓之上佐。"(中华书局1988年版,第910页)

扬州总管(府)司马：2员，分为左右，亦为总管府上佐，排位仅次于总管长史，司马本军府之官，主要分工管理总管府中的军事，如总管长史出现阙位，则代理长史职能，"所职与长史同"[1]。(3)扬州总管(府)录事参军：2员，职掌总管府诸曹文书簿籍，同时负责"举弹善恶"，有权监督、纠察总管府僚佐成员的不法行为。(4)诸曹参军：又称"判司"，即分工处理总管府各曹事务。具体职掌分工如下：记室参军职掌府中文墨、章表、启奏等文书事务；功曹参军职掌官员、祭祀、礼乐、学校、选举、表疏、医筮、考课、丧葬等事务；法曹参军职掌总管府律令、刑狱、盗贼、赃赎等事务；仓曹参军职掌仓储、财物、会计、市场等事务；田曹参军职掌园林农田事务；士曹参军职掌土木工艺事务。(5)扬州总管主簿：职掌总管府中的文书出纳，以及传令、检校等事务。(6)扬州总管府掾、属：职掌总管府文学、经学等文化事务。(7)扬州总管(府)参军事：隋炀帝时改名为"书佐"，属于无固定职掌，随事听候调遣的散职僚属人员。

扬州总管府辖域辽阔，境内关隘津梁众多，又因总管府具有军事属性，扬州总管府治下应该同时存在一套体系完备的军事镇防系统，否则如此辽阔区域的军事安全便无法得到保证。扬州总管府下属的军事镇防系统，是指除了承担野战攻城等军事征讨任务的府兵之外的地方守卫部队，他们负责把守辖区内的关隘津梁、边境要塞等交通孔道，担负辖区日常军事警卫工作，防止和弹压辖区发生的小规模叛乱，可以视为维持社会安定的地方卫戍部队。这些统率地方卫戍部队的基层军官，一方面尽管名目繁多，但同时也是秩序井然；另一方面他们的品级虽然不是很高，却也能够享受国家提供的俸禄。以下略述其品级、职能、构成情况如下：

首先，扬州总管府军事镇防系统的基层军官，大致又可分为两类，其中第一类可以概括为"关、防、城、镇"守卫部队的军职。关、防、城、镇，皆属军事防卫设施，凡关隘险要之地，必筑墙为城、聚众为镇、屯兵以守，城、镇、戍、防

---

[1]〔唐〕杜佑撰，王文锦、王永兴、刘俊文、徐庭云、谢方点校：《通典》卷三三《职官十五》"总论郡佐"条，中华书局1988年版，第912页。

四者,其义或可相通[1]。关、防、城、镇守卫部队的基层军职,主要包括关令、关丞,防主、副防主,城主、副城主,镇将、副镇将,戍主、戍副,共5种。第二类则包括别将、统军、军主、幢主、烽帅、驿将,共6种,其中前四者为军阶由高而低的下级军官,往往执行前线冲锋等战术性军事行动,烽帅、驿将则属于军事情报系统的军职,主要负责军情传递,一般情况下,关、防城、镇等基层守卫部队中,都设置有烽帅、驿将等军情人员,以通传军事情报。

其次,扬州总管府军事镇防系统的基层军职,尽管自身品级不是太高,但多数也有一套由高到低排列的僚属人员,据史书记载:"镇,置将、副。戍,置主、副。关,置令、丞。其制,官属各立三等之差。"[2]也就是说,镇、戍、关也分为上、中、下三个等级,并根据不同等级设置相应的僚属人员,这一点史书也有记述:"三等诸镇,置镇将、副将,长史,录事参军,仓曹、中兵、长流、城局等参军事,铠曹行参军,市长,仓督等员。三等戍,置戍主、副,掾,队主、副等员。"[3]

再次,扬州总管府下属军事镇防系统的基层军职,不仅所隶属的机构条分缕析、秩序井然,而且他们的品级也是明白可辨,大致可区分为10个级差,兹排列如下:(1)上镇将为从四品;(2)中镇将、上镇副为从五品下阶[4];(3)下镇将、中镇副为正六品下阶;(4)下镇副为从六品下阶;(5)上戍主为正七品下阶;(6)上镇长史为从七品上阶,上镇司马为从七品下阶;(7)别将、中镇长史为正八品上阶,中戍主、上戍副为正八品下阶;(8)上关令、下镇长史为从八品上阶,统军、中关令、上镇诸曹参军事为从八品下阶;(9)下关令、中镇诸曹参军事、上镇士曹行参军为正九品上阶,下戍主、上关丞为正九品下阶;(10)中关丞、下镇诸曹参军事、中镇士曹行参军为从九品上阶,幢主为从九品下阶。

最后,扬州总管府下属军事镇防系统的基层军职,不仅有正式的品级,

---

[1]〔宋〕司马光编著,〔元〕胡三省音注:《资治通鉴》卷一六七陈武帝永定三年(北齐文宣帝天保十年,559)二月,"齐斛律光将骑一万击周开府仪同三司曹回公,斩之,柏谷城主薛禹生弃城走,遂取文侯镇,立戍置栅而还"。(中华书局1956年版,第5183页)从中可以看到,"城""镇""戍"三者意义相通,筑墙为城,聚众为镇,屯兵以戍,皆与军事防卫相关。

[2]〔唐〕魏徵、令狐德棻:《隋书》卷二八《百官志下》,中华书局1973年版,第784页。

[3]〔唐〕魏徵、令狐德棻:《隋书》卷二七《百官志中》,中华书局1973年版,第763页。

[4]按,隋朝官制,官员按等级分为九品,每品又分为正、从,共18个等级,自五品以下,除了品分正、从以外,每品又分为上、下阶,如正五品又细分为正五品上、正五品下,其下皆同。

而且同样可以享受国家提供的俸禄。据史载："州自长史已下，逮于史吏，郡县自丞已下，逮于掾佐，亦皆以帛为秩。郡有尉者，尉减丞之半。皆以其所出常调课之。其镇将，戍主，军主、副、幢主、副，逮于掾史，亦各有差矣。"[1]这段史料所记载的虽然是北魏、北齐的制度，但隋朝的镇戍制度基本承袭魏齐之制，隋朝军事镇防系统的基层军职既然列入正式的品官序列，就必然同时存在与之相对应的禄秩，是可以确定无疑的。另外，《隋书·百官志》曾按照京官、地方两大系列，记述了隋朝品官的俸禄及其秩级等差，其中明确规定"食封及官不判事者，并九品，皆不给禄"[2]，意思就是说，只有"不判事"即没有实际职掌的官员，才不给俸禄，而上述扬州总管府下属军事镇防系统的基层军职，都是有实际职掌而非"不判事"的品官，他们无疑可以从国家获得数量不等的俸禄。

（三）扬州总管府的地位

总管府作为北周及隋文帝统治时期重要的地方行政机构，不仅政治级别高于州或郡级政区，而且因为具备军事、政治双重职能而兼理军民两政事务，在某些时候，总管府甚至拥有原本属于中央吏部的选举权，有权力直接任免辖区所属州、县的官员。

与都督府分为上、中、下 3 个不同层级的情况类似，隋朝的总管府也根据所管辖州级行政区数量多少，而划分为上、中、下 3 个层级，不同层级的总管府下辖州级行政区数目不等，其少者仅领一州，如营州总管府下辖只有 1 州；其多者则同时领几州，甚至数十州，如云州总管府领 2 州 10 镇，夏州总管府领 3 州 6 镇，并州、广州总管府各领 24 州，荆州总管府领 36 州，扬州总管府领 44 州。由以上所列数据可知，扬州总管府统辖政区的数目最多、管辖政区的地域范围最广，因此，扬州总管权力之大，在众多总管府中确实最为重镇。扬州总管府所管辖的地域范围，具体包括哪些地区，文献记载又有不同表述，如秦王杨俊担任扬州总管的时候，他的职衔为"扬州总管四十四

［1］〔唐〕魏徵、令狐德棻：《隋书》卷二七《百官志中》，中华书局 1973 年版，第 764 页。

［2］〔唐〕魏徵、令狐德棻：《隋书》卷二八《百官志下》，中华书局 1973 年版，第 791 页。

州诸军事"[1];晋王杨广担任此职,职衔为"扬州总管",所辖区域包括淮水以南,直到岭表之地[2];齐王杨暕担任此职,职衔为"扬州总管沿淮以南诸军事"[3]。文献所记述的隋代扬州总管府辖区,大致有如上3种说法,这3种说法尽管表述之词不同,但所标示的疆域范围却是大致相当,即淮河以南,包括今江苏、安徽、浙江、福建在内的广大南方地区,凡上述地区发生重大军事、政治变动,扬州总管府皆有权过问,或发布命令,调整其行政,或直接调动其兵马,部署军事行动。

隋朝扬州总管府地位之重要,一方面确是因为它下辖政区最多、统治地域最广;另一方面,还由于扬州总管府是隋朝全国范围内仅有的4个"大总管府"之一,并且一直由亲王坐镇。总管府制在隋文帝统治时得到长足发展,除了全国范围内普遍设置总管府以外,还有一点就是,除了数量众多的一般总管府外,还设置有为数不多的"大总管府",大总管府的地位高于一般的总管府。根据历史记载,有隋一代,仅置有并州、扬州、益州、荆州4个大总管府,四大总管府中除了荆州大总管以外,其余3个均以亲王担任,所以一旦异姓朝臣出任四大总管之职,就会被认为是一种无上荣光[4]。就扬州大总管府而言,自开皇九年(589)平定江南,成立新的扬州总管府以后,除了燕荣曾一度短暂代理扬州总管(即"检校扬州总管")外,该职绝大多数时间都是由亲王担任,如秦王杨俊、晋王杨广、齐王杨暕先后以扬州大总管的身份坐镇扬州。因此,扬州大总管府统辖区域最广,大总管之职一直由亲王担任的情况,完全可以视为隋代扬州地位具有特殊重要性的标识。

基于扬州地位的特殊性、重要性,隋朝特别规定,凡亲王任职扬州总管,每年必须亲自到京师长安述职,如晋王杨广坐镇扬州期间便是如此。然而,

---

[1]〔唐〕魏徵、令狐德棻:《隋书》卷四五《文四子·秦孝王俊传》,中华书局1973年版,第1239页。

[2]〔唐〕魏徵、令狐德棻:《隋书》卷三《炀帝纪上》载,大业元年(605)十月己丑,"赦江淮以南。扬州给复五年,旧总管内给复三年"。(中华书局1973年版,第65页)由此可知,扬州总管的辖区尽有淮河以南,南尽岭表之地,唯其如此,炀帝大业元年十月"赦江淮以南",并给予扬州总管辖区以"给复"的优待,在逻辑上始可成立。

[3]〔唐〕魏徵、令狐德棻:《隋书》卷五九《炀三子·齐王暕传》,中华书局1973年版,第1442页。

[4]〔唐〕魏徵、令狐德棻:《隋书》卷四七《韦世康传》:"于是出拜荆州总管。时天下唯置四大总管,并、扬、益三州,并亲王临统,唯荆州委于世康,时论以为美。"(中华书局1973年版,第1267页)

亲王入京述职期间，扬州总管府的军政事务，就必须有得力、可靠的人物代理。晋王杨广进京述职的时候，扬州总管之职都是由其从叔河间王杨弘（时任蒲州刺史）临时代理，及至晋王还藩，杨弘复还蒲州[1]。根据当时通例，若地方长官进京述职，或因故暂时离任，该地军政事务多数都是委诸其上佐——长史或司马临时代理，晋王杨广到长安述职期间，却从蒲州临时抽调河间王杨弘代理扬州总管事务，其中原因正在于扬州的特殊地位。

河间王杨弘（？—约606），隋文帝杨坚从祖弟，军政才能突出，曾屡立战功，任职地方时"治尚清静，甚有恩惠"，深得隋文帝的信赖和倚重。后来，鉴于河东地区社会秩序动荡，隋文帝将杨弘调任蒲州刺史（治今山西永济市东南），允许他"得以便宜从事"。杨弘就任以后，"州境帖然，号为良吏"，可见杨弘颇有干能。扬州总管辖域广阔，地位十分重要，政务尤其繁忙，而晋王杨广每年又必须按照制度规定进京述职，在其述职期间，扬州总管之军政事务便需要交给可信可倚之重臣临时负责。河间王杨弘不仅拥有隋文帝从弟、晋王从叔的身份，而且军政才能突出，自然就成为最佳人选。河间王杨弘以宗室郡王之重，每年都要代行扬州总管之职，反过来恰恰说明扬州地位之特殊重要性。及隋炀帝在位时，河间王杨弘更得信重，征拜杨弘为太子太保即明证，其中也不能排除是对他当初替自己代理扬州重镇的感激之情。这又进一步说明扬州地位之特殊重要性。

扬州地位的重要性，除上面所说的几点可资证明而外，还可以通过对扬州总管府僚佐成员相关情况的分析，作进一步的说明。通过翻检史料，总共得18例隋代扬州总管府僚佐的事例，兹将他们的相关信息，整理列表如下：

---

[1]　〔唐〕魏徵、令狐德棻：《隋书》卷四三《河间王弘传》："拜蒲州刺史，得以便宜从事。……号为良吏。每晋王广入朝，弘辄领扬州总管，及晋王归藩，弘复还蒲州。在官十余年，风教大洽。炀帝嗣位，征还，拜太子太保。岁余，薨。大业六年，追封郇王。"（中华书局1973年版，第1212页）

表 2-1　　　　　文献所见隋代扬州总管府僚佐人员信息统计表

人　名	职务名称	籍　贯	任职时间	资料出处	合计人数
李圆通	总管长史	京兆泾阳	589—590年间	《隋书》卷六四《李圆通传》	4
元长寿	总管长史	河南洛阳	590 年前后	尚书左仆射元长寿碑[1]	
张煚	总管长史	河间鄚县	590 年以后	《隋书》卷四六《张煚传》	
王　弘	总管长史		仁寿末年	《隋书》卷七三《辛公义传》	
赵元恪	总管司马	天水西县	开皇末年	《隋书》卷四六《赵芬附子元恪传》	6
李　彻	总管司马	朔方岩绿	590 年	《隋书》卷五四《李彻传》	
张　衡	总管司马	河内	591 年前后	《隋书》卷五六《张衡传》	
段文振	总管司马	北海期原	589—590年间	《隋书》卷六〇《段文振传》	
张煚	总管司马	河间鄚县	590 年以后	《隋书》卷四六《张煚传》	
王　弘	总管府司马		597 年前后	《续高僧传》卷一九释灌顶传[2]	
张　衡	总管掾	河内	590 年	《隋书》卷五六《张衡传》	1
薛　孺	总管司功参军	河东汾阴	开皇年间	《隋书》卷五七《薛道衡传附》	2
张　轲	总管司功参军	范阳	开皇年间	张盈墓志[3]	
魏彦玄	总管记室参军	巨鹿下曲阳	开皇年间	《隋书》卷五八《魏澹传附》	2
诸葛颖	总管记室参军	丹阳建康	590—600年间	《隋书》卷七六《诸葛颖传》	
游　元	总管法曹参军	广平任县	590 年	《隋书》卷七一《游元传》	1
张　轲	总管府主簿	范阳	开皇年间	张盈墓志	1
诸葛颖	总管府参军事	丹阳建康	590—600年间	《隋书》卷七六《诸葛颖传》	1
扬州总管府僚佐人次总计					18

[1]〔清〕倪涛编，钱伟强等点校：《六艺之一录总目》卷六二"尚书左仆射元长寿碑（大业八年正月）"条，浙江人民美术出版社 2017 年版。

[2]〔唐〕释道宣撰，郭绍林点校：《续高僧传》卷一九《唐天台山国清寺释灌顶传》："至（开皇）十七年，智者现疾，瞻侍晓夕，艰劬尽心。爰及灭度，亲承遗旨，乃奉留书并诸信物，哀泣跪授。晋王乃五体投地，悲泪顶受，事遵宾礼，情敦法亲。寻遣扬州总管府司马王弘，送顶还山，为智者设千僧斋，置国清寺，即昔有晋昙光、道猷之故迹也。"（中华书局 2014 年版，第 717 页）

[3]《张盈墓志》，王其祎、周晓薇：《隋代墓志铭汇考》，线装书局 2007 年版，第 317 页。

治于广陵的扬州总管府,成立于开皇九年(589)灭陈之后,至605年隋炀帝即位改州为郡、废除总管府制,扬州总管府前后实际存在16个年头(589—605)。表中所列扬州总管府僚佐,共13人、18人次,他们的任职时间全部在此期间,而且基本和晋王杨广坐镇扬州同步。上述13人中,除王弘籍贯不可考知、诸葛颖籍贯为丹阳建康(今江苏南京)、张轲籍贯范阳但世代居于江南以外,其余10人皆为北方人。至于扬州总管府僚属中的"上佐"——长史、司马二职,籍贯可考者全部来自北方(表中所列8人,除王弘籍贯不详,余者7人皆然),这个情况从某一侧面反映了灭陈之后隋朝对南方地区的总体施政方针。

自589年灭陈,完成江山一统之后,隋朝对南方地区的基本施政方针,就是强化对江南地区的管控。正是基于这一堪称国策性的施政方略,隋朝将南朝门阀大族连同陈朝皇室一起北徙长安,由此造成广大南方地区一时进入政治空窗阶段,为了弥补由强制迁徙所导致的权力真空及社会不稳定状态,隋朝不得不派遣大批北方人到南方任职,从而直接导致南方社会政治舞台被北方人所把持的局面。隋灭陈后,南方地区不仅地方最高长官全由北方人担任,就连原本应该从本土人士选拔的地方州府僚属人员,也基本被北方人所垄断。这就是扬州总管府僚佐绝大多数来自北方地区的社会背景。

扬州总管府的僚佐基本来自北方的情况,一方面固然反映出其时北、南双方互不信任甚至是敌意的社会心态,另一方面也正可表明扬州地区在隋朝统治者心目中的重要地位,因为在北人主政、南方土著心怀狐疑甚至敌意的情势下,用什么办法才能够强化扬州总管府的政治力量,稳定扬州总管府所辖广大区域的社会状况,直接关系到隋朝对整个南方地区的治理。扬州总管一直由亲王担任,并且亲王必须亲自开府坐镇,扬州总管府的僚佐也绝大多数来自北方,而且任职者皆为精心择选、颇富军政才能的杰出人士,这显然是统治者的刻意安排。由此可见扬州总管府地位之特殊。

先来看扬州总管长史、司马的情况。表中所载共8人(10人次,其中张煚先任司马,后任长史;王弘先后任司马、长史)。王弘在《隋书》无传,余者7人中,除赵元恪的事迹附见于其父赵芬传而较简略外,李圆通、元长寿、李彻、张衡、段文振、张煚6人,则《隋书》中皆有独立列传(《北史》亦如此),这首先就表明他们都是隋朝有重要影响的人物。以下略加叙述：

（1）李圆通（生卒年不详），京兆泾阳（今属陕西）人。隋文帝杨坚在北周辅政时，即"委以心膂""参预政事""深被任信"，从隋朝建国至担任扬州总管长史期间，历任左卫长史（从四品）、左右庶子（正四品）、给事黄门侍郎（正四品）、尚书左丞（从四品）、摄刑部尚书（正三品）、尚书左丞领左翊卫骠骑将军（正四品）。589 年，伐陈之役启动，以行军总管的身份从征，以功劳进位大将军（散实官，正三品），进封万安县侯（爵位，正二品），拜扬州总管长史[1]。可见李圆通在出任扬州总管长史之前，所任官职最低品级也是从四品，担任扬州总管时的散实官——大将军，为正三品武职，万安县侯则为正二品爵位。因此，李圆通以开国县侯之爵位、正三品散实官（大将军）的身份，就任扬州总管长史，绝对属于政治上的低职高配。

（2）元长寿（549—611），名寿，字长寿，河南洛阳人，西魏侍中、邵陵王元敦之孙，北周凉州刺史元宝之子。据《隋书·元寿传》载，开皇初年讨论伐陈事宜，隋文帝命元寿"奉使于淮浦监修船舰，以强济见称"，开皇四年（584）任尚书主爵侍郎（正六品），开皇八年（588）随晋王杨广伐陈，任行台左丞（视从四品），兼领元帅府属，平陈之后，任尚书左丞（从四品），其后历任太常少卿（正四品）、基州刺史（正四品）、太府少卿（正四品）诸职，进位开府（散实官，正四品）。[2]据前文所引元寿墓志文，平陈后元寿任扬州总管府长史，后升迁尚书左丞。可见元寿在担任扬州总管长史之前，所任行台左丞为视从四品的执事官，这个任职资格并不低。元寿从扬州总管长史离任后的仕途也颇为顺畅，历任中央、地方正四品实职执事官。

（3）李彻（？—599），字广达，朔方岩绿（今陕西靖边县白城子）人。隋朝建国，李彻加上开府（散实官，从三品），转云州刺史（从三品），一年之后，任左武卫将军（从三品），"及晋王广之镇并州也，朝廷妙选正人有文武才干者，为之僚佐"，"诏彻总晋王府军事，进爵齐安郡公"，后又历任卫王杨爽元帅府长史、行军总管诸职，领兵对突厥作战，封安道郡公（爵位，从一品）。开皇十年（590），进位柱国（散实官，正二品），时晋王杨广改任扬州总管，李彻随而

---

[1]〔唐〕魏徵、令狐德棻：《隋书》卷六四《李圆通传》，中华书局 1973 年版，第 1507—1508 页。

[2]〔唐〕魏徵、令狐德棻：《隋书》卷六三《元寿传》，中华书局 1973 年版，第 1497—1498 页。

出任扬州总管司马,封德广郡公(爵位,从一品),不久徙封城阳郡公(爵位,从一品)[1]。从李彻历任官职、封爵来看,既是低职高配,也是晋王杨广信赖和倚重的大臣。

(4)张衡(？—612),字建平,河内(今河南沁阳)人。隋朝建国,历任司门侍郎(正六品),河北道行台刑部曹郎(视正六品)、度支曹郎(视正六品),并州总管掾,晋王杨广转任扬州总管,随同转任扬州总管掾、扬州总管司马诸职,曾以行军总管身份率兵平定熙州(治今安徽潜山)李英林叛乱,拜开府(散实官,正四品)。及晋王杨广为皇太子,张衡转任太子右庶子(正四品),领给事黄门侍郎(正四品)。从仕宦履历看,张衡出任扬州总管司马以前的历官不是太高,不过,由于张衡与晋王杨广的特殊关系,自他从中央的司门侍郎一职离任之后,无论是在河北行台,还是在并州总管府,再到扬州总管府,张衡始终都是晋王杨广最为信任和倚重的僚属,在扬州任职期间,他统兵压平熙州李英林叛乱,依然是在执行晋王杨广的指令,因为熙州原本属于扬州总管府的辖区。张衡与晋王杨广关系尤其亲密,史载"及王转牧扬州,衡复为掾,王甚亲任之。衡亦竭虑尽诚事之,夺宗之计,多衡所建也"[2]。

(5)段文振(？—612),北海期原(今山东青州)人。隋朝建国,历任鸿胪卿(正三品),石州刺史(从三品,治今山西吕梁市离石区),河州刺史(从三品,治今甘肃临夏县西南),兰州总管(视从二品)诸职,改封龙岗县公(爵位,从一品)。开皇九年(589)平陈战役发动,段文振任秦王杨俊元帅府司马,别领行军总管;陈朝平定,任扬州总管司马;不久之后,又随秦王转任并州总管司马[3]。段文振是一位具有卓越指挥才能的军事家,在北周时曾长期对北齐作战,后随韦孝宽转战江淮,屡立战功。杨坚执政期间,"三总管之难"发生,段文振选择支持杨坚,并受命到江淮地区对司马消难作战,从而成为杨坚信任和倚重的重要人物。在担任扬州总管司马之前,段文振的官品最低者也是从三品,其所任实职(执事官)中更有视从二品的兰州总管之职,而其爵位则是从一品的龙岗县公,因此,他也绝对属于政治上的低职高配。

---

[1]〔唐〕魏徵、令狐德棻:《隋书》卷五四《李彻传》,中华书局1973年版,第1367—1368页。
[2]〔唐〕魏徵、令狐德棻:《隋书》卷五六《张衡传》,中华书局1973年版,第1391页。
[3]〔唐〕魏徵、令狐德棻:《隋书》卷六〇《段文振传》,中华书局1973年版,第1457—1460页。

（6）张煚（531—604），字士鸿，河间鄚县（今河北任丘）人。北周末年，杨坚执政，张煚"深自推结"，杨坚也因其富有干才，而"甚亲遇之"。隋朝建国，张煚历任尚书右丞（从四品）、太府少卿（正四品）、领营新都监丞（使职差遣）、仪同三司（散实官，正五品）、太府卿（正三品）、民部尚书（正三品），先曾进爵北平县侯（爵位，正二品），后袭爵虞乡县公（爵位，从一品）。晋王杨广为扬州总管，授总管司马，加银青光禄大夫（散官，正三品），后转任冀州刺史（正三品），"晋王广频表请之，复为晋王长史，检校蒋州事"。晋王为皇太子，张煚复任冀州刺史，进位上开府（散实官，从三品）。[1]张煚出任扬州总管司马、长史，也是政治上的低职高配。另外，张煚离任扬州总管司马之后，晋王杨广曾多次上奏表，希望朝廷能够让他再度出任扬州总管府僚佐，原因就在于张煚不仅政治才干突出，而且性格、品行、见识都属于上乘之选[2]。

（7）赵元恪（生卒年不详），天水西县（今甘肃礼县红河乡）人，赵元恪的事迹附见于其父赵芬传。赵芬在隋文帝朝颇受信重，太子杨广对他也很友好，赵芬死后，隋文帝不仅派遣专使祭奠，而且令"鸿胪监护丧事"[3]。赵芬死后，元恪继嗣，官至扬州总管司马，后不知何故，左迁候卫长史[4]。

（8）王弘，生卒年、籍贯皆不详。王弘在《隋书》中无传，事迹不如上述7人详明。《隋书·炀帝纪》：大业元年（605）三月"庚申，遣黄门侍郎王弘、上仪同於士澄往江南采木，造龙舟、凤艒、黄龙、赤舰、楼船等数万艘"。[5]此事亦载诸《隋书·食货志》："炀帝即位……又命黄门侍郎王弘、上仪同於士澄，往江南诸州采大木，引至东都。所经州县，递送往返，首尾相属，不绝者千里。"[6]《隋书·辛公义传》："及炀帝即位，扬州长史王弘入为黄门侍郎，因言公义之短，竟去官。吏人守阙诉冤，相继不绝。"[7]据此可知，王弘担任扬州

[1]〔唐〕魏徵、令狐德棻：《隋书》卷四六《张煚传》，中华书局1973年版，第1262页。

[2]〔唐〕魏徵、令狐德棻：《隋书》卷四六《张煚传》："煚性和厚，有识度，甚有当时之誉。"担任冀州刺史期间，"吏民悦服，称为良二千石。"（中华书局1973年版，第1262页）

[3]〔唐〕魏徵、令狐德棻：《隋书》卷四六《赵芬传》，中华书局1973年版，第1251—1252页。

[4]〔唐〕魏徵、令狐德棻：《隋书》卷四六《赵芬附子文恪传》，中华书局1973年版，第1252页。

[5]〔唐〕魏徵、令狐德棻：《隋书》卷三《炀帝纪上》，中华书局1973年版，第63—64页。

[6]〔唐〕魏徵、令狐德棻：《隋书》卷二四《食货志》，中华书局1973年版，第686页。

[7]〔唐〕魏徵、令狐德棻：《隋书》卷七三《循吏·辛公义传》，中华书局1973年版，第1683页。

总管府长史,是在隋文帝仁寿末年,及隋炀帝即位,由扬州总管府长史转任黄门侍郎之职。王弘在担任扬州总管府长史之前,还曾担任总管府司马,其事载诸《续高僧传·释灌顶传》,略云:"释灌顶,字法云,俗姓吴氏,常州义兴人也……开皇十一年,晋王作镇扬州,陪从智者,庋止邗沟,居禅众寺……至十七年,智者现疾,瞻侍晓夕,艰劬尽心。爰及灭度,亲承遗旨,乃奉留书并诸信物,哀泣跪授。晋王乃五体投地,悲泪顶受,事遵宾礼,情敦法亲。寻遣扬州总管府司马王弘送顶还山,为智者设千僧斋,置国清寺,即昔有晋昙光道猷之故迹也。"[1]据此可以理清王弘任职的大致过程:隋文帝开皇年间,晋王杨广在担任扬州总管期间,王弘曾在总管府担任司马之职;后来晋王杨广被立为太子,王弘继续在扬州总管府任职,并于仁寿末年担任扬州总管府长史;隋炀帝即位,王弘由扬州总管府长史转任黄门侍郎。从王弘任职扬州总管府司马期间,曾奉晋王杨广之命礼送释灌顶还山,操办智者大师千僧斋会诸事来看,可知他备受晋王杨广信任,隋炀帝即位之后,就将王弘从扬州总管府长史任上擢升为黄门侍郎,又因为王弘长期任职于扬州总管府,对于江南地区的社会情况十分熟悉,隋炀帝命其负责到江南采办大木打造龙舟、楼船等事务。

　　根据以上所述,可以总结出扬州总管府"上佐"人物的四个共同特点:(1)全部来自北方,他们的父、祖或曾祖辈人物,多曾任职于北魏、东魏、西魏、北齐或北周,大多数家世较为显赫。(2)他们颇富政治军事才能,或有着丰富的军事、政治阅历,功绩显著,深得隋朝皇室的信重。(3)他们在担任扬州总管府上佐之前,原本已经担任较高品级的执事官,所任散官、散实官的品级更高,多数拥有较高爵位。(4)他们从扬州总管长史或司马任上离职以后,除赵元恪以外,仕途大多顺畅,都得以升官或进爵。根据上述四个特点,可以得出结论认为,扬州总管府长史、司马这两个"上佐"职务,采用了低职调配的政治安排,这正从一个方面说明扬州总管府和扬州在隋朝的地方政治上具有特殊重要的地位。

　　其他一般的僚佐人员,似乎也可以作为侧证。(1)张衡出任扬州总管府司马以前,曾任扬州总管掾,其例不必再说。(2)薛孺,河东汾阴(今山西万

---

　　[1]〔唐〕释道宣撰,郭绍林点校:《续高僧传》卷一九《唐天台山国清寺释灌顶传》,中华书局2014年版,第716—717页。

荣)人,薛道衡从弟,隋文帝朝备受重用。河东薛氏为魏晋南北朝以来的北方名族,薛孺清贞孤介,不交流俗,有才思,词致清远,担任扬州总管司功参军之前,曾任侍御史(从七品,执事官),任职扬州总管府期间,"每以方直自处,府僚多不便之",任职期满,转清阳令(从六品)、襄城郡掾。[1](3)张轲,出身范阳张氏,世代定居江南,萧梁外戚世家,历任扬州总管府司功参军、主簿之职。(4)魏彦玄,巨鹿下曲阳(今河北晋州)人,魏氏家族在北魏、北齐时即"称为著姓,世以文学自业",可谓文化盛门,魏彦玄本人"有文学",从扬州总管府记室参军离任后,转洧州(治今河南鄢陵县西北)司马。(5)诸葛颖(536—612),丹阳建康(今江苏南京)人,梁末"侯景之乱",诸葛颖投奔北齐,任太子舍人。晋王杨广坐镇扬州,闻其名,引为扬州总管府参军事,后转记室参军。晋王为太子,转任药藏监(正七品),隋炀帝即位,"甚见亲幸,出入卧内。帝每赐之曲宴,辄与皇后嫔御连席共榻"。后历任朝散大夫(文散官,正四品)、正议大夫(文散官,正四品)诸职。[2](6)游元(?—613),广平任县(今河北任县)人,北魏游明根玄孙,游氏为北朝著名世家大族之一。游元出任扬州总管法曹参军之前,曾任殿内侍御史,在任扬州总管法曹参军时,以父忧离职,后任内直监(正六品)。隋炀帝即位,任尚书度支郎(正六品);辽东之役,领左骁卫长史(视正七品)、领盖牟道监军,拜朝请大夫(文散官,从五品),兼治书侍御史(从五品),一征高丽时,宇文述等九军败绩,游元奉命按治其狱。大业九年(613),奉使到黎阳督运粮草,被杨玄感所杀。[3]

从上述情况来看,扬州总管府的一般僚佐人员,也多数来自北方,且有较为显著的家族背景,本人富有文学、政治才能,颇得隋朝统治者的信任。另外,他们在担任扬州总管府僚佐前后,都担任过具有实际职掌的执事官,有些人的散官品级还相对较高,这个情况也可以说明扬州总管府在挑选僚佐时,即便是一般性的僚佐成员,对于任职者的要求还是相对较高。以往学术界有种说法,认为重用南方人是隋炀帝政治的一个突出特色,不过就扬州总管府的

---

[1]〔唐〕魏徵、令狐德棻:《隋书》卷五七《薛道衡附从弟孺传》,中华书局1973年版,第1413页。

[2]〔唐〕魏徵、令狐德棻:《隋书》卷七六《文学·诸葛颖传》,中华书局1973年版,第1734页。

[3]〔唐〕魏徵、令狐德棻:《隋书》卷七一《诚节·游元传》,中华书局1973年版,第1643—1644页。

长官及主要僚佐人员均来自北方这一情况来看,似乎与上面的这个说法并不吻合。

（四）周隋历任扬州（吴州）总管事迹述略

扬州总管府作为隋朝最重要的四大总管府之一,其最高长官的选拔任命实为重要的政治事件,因为扬州总管的品行、才能、资历都可能直接影响到辖区的治乱兴衰。以下略述隋朝扬州历任总管的事迹（包括北周吴州总管的事迹）。

（1）赵文表（？—580）:北周第一任吴州总管,任职时间为579年某月至580年七月。

据《周书·赵文表传》载,赵氏祖籍天水西县（今甘肃礼县红河乡）,后徙家南郑（今陕西汉中市南郑区）,由其“累世为二千石”可知,赵氏至迟从其曾祖父起,就已经徙居南郑了,可谓南郑地区的盛门。赵文表的父亲赵江,在北周历任东巴州刺史、计部中大夫、骠骑大将军、开府仪同三司、御伯中大夫,爵封昌国县伯,死后赠官、赠谥,完全称得上家世显赫。

赵文表志行修谨,志存忠节,娴习弓马,好读《左氏春秋》,可谓文武双全的忠勇之士。西魏时,起家为周太祖宇文泰亲信;魏恭帝元年（554）,从征山南有功,授都督;后从征南巴州、信州,以功授帅都督。北周时,随许国公宇文贵镇守蜀地,单独执掌昌城郡政事,加中军将军、左金紫光禄大夫;周武帝保定元年（561）,任许国公府司马,任大都督;保定五年（565）,授畿伯下大夫,其后历任许国公府长史、车骑大将军、仪同三司。赵文表的功绩中,还有一项就是随宇文贵一同前往突厥迎娶皇后,并以此功获封伯阳县伯,邑600户。周武帝天和三年（568）,任梁州总管府长史,其间讨平恒陵獠族反叛,迁蓬州刺史,在任期间“政尚仁恕,夷獠怀之”,加骠骑大将军、开府仪同三司,不久又进位大将军、爵伯阳县公。

北周静帝大象年间（579—580）,赵文表被任命为吴州总管,出镇广陵。其时杨坚执政,“三总管之乱”爆发,江淮地区一时“远近骚然,人怀异望”。吴州刺史于顗因为心存猜忌,又害怕赵文表对自己不利,遂先发制人,刺杀了赵文表,并派人进京告状,说赵文表图谋造反,时在大象二年（580）七月,杨坚当时尚未完全掌控全局,又担心于顗叛乱,只好宣布于顗接任吴州总管之职。

后来,隋朝建国,杨坚也知道赵文表含冤受屈,但又无法追究于顗罪过,只好让赵文表之子赵仁海继承父亲的爵位。[1]

（2）于顗（生卒年不详）：北周第二任吴州总管,任职时间为580年七月至581年三月。

据《周书·于顗传》载,于顗祖籍代北怀荒镇（今河北张北）,后为河南洛阳人,于谨之孙,于寔之子。于氏本姓万忸于（或作"毋忸于"）氏,鲜卑族,世代居于怀荒镇,后随北魏孝文帝南迁洛阳,孝文帝推行汉化改革,改姓于氏。怀荒镇为北魏北方六镇之一,于氏世代为怀荒镇将,以武力著称。于顗的祖父于谨为北周"八柱国家"之一,父亲于寔、叔父于翼在北周皆居高位,从那时起,于氏家族就居于关陇集团的核心层。

大象二年（580）七月,时任吴州刺史的于顗袭杀吴州总管赵文表,史书记载云："顗自以族大,且为国家肺腑,惧文表图己,谋欲先之"[2],可见于顗是在经过反复思考之后,才决定刺杀赵文表。赵文表被杀,杨坚明知其冤枉,却不能治罪于顗,因为于氏"族大,且为国家肺腑",乃是杨坚必须刻意笼络的对象。进而,杨坚还任命于顗接任吴州总管之职。于顗担任吴州总管始于大象二年七月,隋朝建国以后,开皇元年（581）三月,贺若弼就任吴州总管,于顗离职。

（3）贺若弼（544—607）：隋朝第一任吴州总管,任职时间为581年三月至589年三月。

贺若弼,鲜卑族,河南洛阳人,贺若氏也是关陇集团的重要家族,父亲贺若敦,北周时曾任金州（治今陕西安康）总管,遭宇文护陷害致死;叔父贺若谊,隋朝灵州（治今宁夏灵武）刺史、海陵郡公。贺若弼自幼胸怀大志,骁勇善战,精于骑射,早年曾任齐王宇文宪记室参军,封当亭县公,升小内史之职。北周静帝大象元年（579）,随韦孝宽征战淮南,功谋俱多,拜寿州刺史,改封襄邑县公。"三总管之乱"发生时,杨坚担心贺若弼生变,派遣长孙平到寿州取而代之。

隋朝建国,在高颎的推荐下,贺若弼于开皇元年（581）三月出任吴州总管,并向隋文帝贡献"取陈十策"。开皇九年（589）伐陈之役启动,贺若弼统东路军团率先渡江,击败陈军主力,隋文帝称赞他："克定三吴,公之功也。"赐物

---

[1]〔唐〕令狐德棻等:《周书》卷三三《赵文表传》,中华书局1971年版,第582页。
[2]〔唐〕令狐德棻等:《周书》卷三三《赵文表传》,中华书局1971年版,第582页。

八千段,加位上柱国,进爵宋国公,并将陈叔宝的妹妹赏赐贺若弼为妾,不久官拜右领军大将军,转右武候大将军。其兄贺若隆、弟贺若东也都封为郡公,并任刺史、列将,一门贵盛。贺若弼为人居功自傲,自认为"功名出朝臣之右,每以宰相自许",由此招致隋文帝和权臣杨素等人的猜忌,从而除名为民。隋炀帝即位后,贺若弼"尤被疏忌";大业三年(607),有人告发,说他和高颎、宇文弨等人私议朝政,遂一起被诛杀,时年64岁。[1]开皇元年(581)三月,贺若弼出任吴州总管;开皇九年(589)三月,平陈之役胜利后,贺若弼转任右领军大将军,从吴州总管任上离职。不久,吴州改为扬州,吴州总管亦改为扬州总管。

(4)杨俊:隋朝第一任扬州总管,任职时间为589年三月至590年十一月。

杨俊,隋文帝第三子,封秦王。开皇九年(589)三月,任扬州总管,统四十四州诸军事,镇广陵[2]。开皇十年(590)十一月,以并州总管、晋王杨广为扬州总管,杨俊改任并州总管[3]。

(5)燕荣:隋朝第二任扬州总管(代理),任职时间为590年十一月前后。

燕荣,弘农华阴(今陕西华阴)人,开皇九年(589),以行军总管身份,参与平陈之役,率水军傍海入太湖,攻取吴郡。开皇十年(590),江南发生叛乱,燕荣率部参与平叛,同年被任命为"检校扬州总管"[4],亦即临时代理扬州总管,不久之后,燕荣被征召为右武候将军。综合秦王杨俊、晋王杨广任职履历,可知燕荣"检校扬州总管",应当是在秦王杨俊离任,而晋王杨广尚未到任之际临时代理该职,属于特殊情势下的权宜之计。之所以让燕荣临时代理扬州总管一职,一是因为该职不可或缺,因为扬州总管管辖范围已经延伸到江南;二是因为发生在开皇十年的江南叛乱,燕荣也是参与平叛的将领之一,对该地情况比较熟悉。

(6)杨广:隋朝第三任扬州总管,任职时间为590年十一月至600年十一月。

---

[1]〔唐〕魏徵、令狐德棻:《隋书》卷五二《贺若弼传》,中华书局1973年版,第1343—1346页。

[2]〔宋〕司马光编著,〔元〕胡三省音注:《资治通鉴》卷一七七隋文帝开皇九年(589)三月,中华书局1956年版,第5518页。

[3]〔宋〕司马光编著,〔元〕胡三省音注:《资治通鉴》卷一七七隋文帝开皇十年(590)十一月,中华书局1956年版,第5532页。

[4]〔唐〕魏徵、令狐德棻:《隋书》卷七四《酷吏·燕荣传》,中华书局1973年版,第1695页。

　　杨广,即隋炀帝,隋文帝第二子,封晋王。开皇十年(590)十一月,晋王杨广由并州总管改任扬州总管[1];开皇二十年(600)十月,废黜太子杨勇,十一月戊子,"立晋王(杨)广为皇太子"。[2]

　　(7)杨暕:隋朝第四任扬州总管,任职时间为601年正月至605年正月。

　　杨暕,隋炀帝第二子,开皇年间封豫章王。"仁寿中,拜扬州总管沿淮以南诸军事"。[3]开皇二十年(600)十一月,扬州总管、晋王杨广被封为太子入京,一个月以后,便是仁寿元年(601),因此,杨暕"仁寿中,拜扬州总管沿淮以南诸军事"的时间,应当就是在杨广从扬州总管任上离职以后。而据《隋书·炀帝纪》,大业元年(605)正月,"己亥,以豫章王暕为豫州牧"。[4]可知,隋炀帝即位以后,杨暕进封齐王的同时,转任豫州牧。

　　周隋时有史可查的扬州总管,共有上述7人。及至隋炀帝统治时期,对地方行政制度进行了改革,"改州为郡",扬州因之改为江都郡,扬州总管遂就此退出历史舞台,郡之最高长官改称太守,原来的扬州总管也就顺理成章地改称江都郡太守了。

三、江都郡府的政治地位

　　隋炀帝即位后,对地方行政制度进行改革,在废除总管府的同时,又改"州"为"郡",此后一直到隋朝灭亡,扬州在隋朝的地方行政区划中的正式名称是江都郡。郡的最高长官称为太守,从文献记载的情况来看,"江都郡太守"往往省"郡"字而径称"江都太守",江都太守的地位与以前的扬州总管相当。

　　隋炀帝时期,江都的地位得到进一步提升。不过,包括《隋书》在内的相关文献所记述的江都太守事迹,却极为少见。以《隋书》而言,总共只有2条史料,一条是《隋书·炀帝纪》记载大业六年(610)六月,"甲寅,制江都太守秩同京尹"。[5]另一条是《隋书·杨杲传》记载赵王杨杲"从幸淮南,诏行江

　　[1]〔宋〕司马光编著,〔元〕胡三省音注:《资治通鉴》卷一七七隋文帝开皇十年(590)十一月,中华书局1956年版,第5532页。

　　[2]〔宋〕司马光编著,〔元〕胡三省音注:《资治通鉴》卷一七九隋文帝开皇二十年(600)十一月,中华书局1956年版,第5585页。

　　[3]〔唐〕魏徵、令狐德棻:《隋书》卷五九《炀三子·齐王暕传》,中华书局1973年版,第1442页。

　　[4]〔唐〕魏徵、令狐德棻:《隋书》卷三《炀帝纪上》,中华书局1973年版,第62页。

　　[5]〔唐〕魏徵、令狐德棻:《隋书》卷三《炀帝纪上》,中华书局1973年版,第75页。

都太守事"。[1]《资治通鉴》所载与江都太守有关的事迹,除上述《隋书》2例之外,还有陈稜一例,618年三月,宇文化及发动"江都之变",弑隋炀帝之后,自称大丞相,准备率兵西还长安,于是"以左武卫将军陈稜为江都太守,综领留事"。[2]同年八月,"隋江都太守陈稜求得炀帝之枢,取宇文化及所留辇辂鼓吹,粗备天子仪卫,改葬于江都宫西吴公台下,其王公以下,皆列瘗于帝茔之侧"。[3]可见宇文化及弑隋炀帝之后,曾任命陈稜为江都太守。《隋书·陈稜传》并没有明确记述陈稜担任"江都太守"一事,对于此事仅作如此表述:"俄而帝以弑崩,宇文化及引军北上,召稜守江都。"[4]尽管《隋书》并未说陈稜担任江都太守,但所说的"召稜守江都",应当就是让他担任江都太守之职,负责留守江都一切军政事务。如果考虑到陈稜担任江都太守之职,是在隋炀帝驾崩之后,则隋炀帝统治期间,有确切史料可查的"江都太守"任职者,实际上只有赵王杨杲1人。

然而,赵王杨杲担任江都太守,只是挂名遥领,是名义上的江都郡最高地方长官,因为他当时还只是一个七八岁的孩童,不可能具有领导行政的能力。据《隋书·杨杲传》记云:"赵王杲,小字季子,年七岁,以大业九年封赵王。寻授光禄大夫,拜河南尹。从幸淮南,诏行江都太守事。杲聪令,美容仪,帝有所制词赋,杲多能诵之。性至孝,常见帝风动,不进膳,杲亦终日不食。又萧后当灸,杲先请试炷,后不许之。杲泣请曰:'后所服药,皆蒙尝之。今灸,愿听尝炷。'悲咽不已。后竟为其停灸,由是尤爱之。后遇化及反,杲在帝侧,号恸不已。裴虔通使贼斩之于帝前,血溅御服。时年十二。"[5]大业九年(613),杨杲封赵王,时年7岁,不久之后,拜河南尹,从隋炀帝驾幸淮南,"诏行江都太守事",当时肯定不超过8岁,很显然,无论是担任河南尹还是"行江都太守事",杨杲都只能挂名遥领。所以,赵王杨杲所任的"行江都太守事",事实

---

[1]〔唐〕魏徵、令狐德棻:《隋书》卷五九《炀三子·赵王杲传》,中华书局1973年版,第1444页。

[2]〔宋〕司马光编著,〔元〕胡三省音注:《资治通鉴》卷一八五唐高祖武德元年(618)三月,中华书局1956年版,第5784页。

[3]〔宋〕司马光编著,〔元〕胡三省音注:《资治通鉴》卷一八六唐高祖武德元年(618)八月,中华书局1956年版,第5807页。

[4]〔唐〕魏徵、令狐德棻:《隋书》卷六四《陈稜传》,中华书局1973年版,第1520页。

[5]〔唐〕魏徵、令狐德棻:《隋书》卷五九《炀三子·赵王杲传》,中华书局1973年版,第1444页。

上空有其名。如此一来,就出现了这样一个问题,即在隋炀帝推行改州为郡的地方行政制度改革以后,江都太守实际上处于一种空窗状态,或者说,江都太守可能一直采用这种挂名遥领、虚置的任职方式。在江都太守处于空置状态的情况下,江都郡的军政事务,又是如何处置的呢? 为什么江都郡要采取这种管理方式呢?

要回答上述问题,就必须联系隋朝建国特别是隋炀帝即位以后,扬州政治地位所发生的变化。隋朝建国以后,扬州政治地位所发生的变化,最主要的表现就是,扬州已经取代原六朝首都——建康的地位,成为整个东南地区的中心城市,尤其是到了隋炀帝即位,改扬州为江都郡之后,更是俨然成为隋朝新的国家首都了——后世所说扬州具有隋朝“帝都景象”,多数是从隋炀帝晚年长期居住在江都,并在这里做出三征高丽等重大政治决策而立论。这个已经被广泛认可的看法,当然没有什么不妥,不过,这里还必须从制度的层面说明隋炀帝统治时期扬州已经具有都城的性质。

扬州具有隋朝“帝都景象”的说法,可以从扬州改为江都郡、扬州总管府改为江都郡府这一制度史的层面得到说明。江左六朝时期,“扬州”的地域性含义有两个,一个是大的地域概念,主要指长江以南,包括今江苏、浙江等部分地区在内的长江中下游区域,皆可谓之“扬州”;当时的“扬州”还有一个较小地理范围,亦即东晋时期所置丹阳郡(治今江苏南京)。上述二者当中,无论哪一个“扬州”,它的政治中心都在建康(或称建业、建邺,即今江苏南京),而与今之所谓扬州关系不大。今天所说的扬州,彼时为广陵郡,后来一度名为南兖州、吴州。开皇九年(589),隋朝举兵灭陈,平定江南,隋文帝下令将建康城“平荡耕垦”[1],也就是将建康城内地面上的所有建筑全部拆毁,平整为可以耕种的田亩,此即历史上所说的“及陈亡,建康为墟”。[2]隋文帝将建康城夷为平地,根本动机或目的,是为了从心理上彻底摧毁江南人企图恢复半壁江山的图谋,这是政治上的“破”。与此同时,为了加强对江南地区的控制,大幅度提升扬州(原广陵郡)的政治地位,这是政治上的“立”。经过这政治上的一“破”一“立”,隋朝在东南地区的统治便确立起来。

---

[1]〔唐〕魏徵、令狐德棻:《隋书》卷三一《地理志下》,中华书局 1973 年版,第 876 页。

[2]〔唐〕魏徵、令狐德棻:《隋书》卷二三《五行志下》,中华书局 1973 年版,第 646 页。

开皇九年平陈之后,隋文帝下令改吴州为扬州,治于江都,并在扬州设置大总管府,扬州总管府乃是当时四个大总管府之一,担负着镇抚整个东南地区的重任。在隋文帝统治时期,扬州大总管之职一直由亲王担任,充分体现出隋朝对于扬州的重视程度。隋炀帝即位以后,改州为郡,扬州改为江都郡,扬州的地位进一步上升。大业六年(610)六月,隋炀帝下制书,"制江都太守秩同京尹",就是说江都太守的品秩与京兆尹相同,也就意味着江都的政治地位与京师长安齐平。根据隋朝制度,"郡"分为上、中、下三等九品,其中上郡太守的品级为从四品;而京兆尹则为正三品。[1]一般来说,在汉唐时代,只有三品以上,才可称得上高级官吏,正三品的地方官员更是有封疆大吏之称。所以,江都太守的品秩与京兆尹相同,就意味着步入高级官吏的行列。

随着江都郡守的品秩提升到三品,其机构编制也较诸一般的郡有所扩大。据《隋书·百官志》,在隋朝的三等九品"郡"中,"上上郡"的机构编制是这样的:"郡,置太守,丞,尉,正,光初功曹,光初主簿,县正,功曹,主簿,西曹,金、户、兵、法、士等曹,市令等员。并佐史,合一百四十六人。"[2]而京兆郡的机构编制是这样的:"京兆郡,置尹,丞,正,功曹,主簿,金、户、兵、法、士等曹佐等员。并佐史,合二百四十四人。"[3]因此,从机构编制来看,大业六年以后的江都郡,编制内的人员达到244人,比"上上郡"的146人,多出了98人,机构编制的扩大,当然意味着政治地位的上升。西汉、隋、唐三朝,京兆府都是首都长安的所在地,因此,隋炀帝大业六年六月,将江都太守的品秩提升与京兆尹平级,江都郡的机构编制也和京兆郡看齐,实际上就是把江都郡也看成首都了。

再从隋炀帝巡幸、驻跸于扬州期间的政治举措来看,扬州也具有"帝都"的性质了。从大业六年巡幸江都以后,隋炀帝后来的不少时间都是在江都度过的,在他驻跸江都期间,隋朝绝大多数的文武百官、将相公卿也都汇集于此,皇朝的大政方针、诏敕政令,都是从这里发出,接见外国使节的进贡,也在

[1]〔唐〕魏徵、令狐德棻:《隋书》卷二八《百官志下》,中华书局1973年版,第785页。

[2]〔唐〕魏徵、令狐德棻:《隋书》卷二八《百官志下》,中华书局1973年版,第783页。

[3]〔唐〕魏徵、令狐德棻:《隋书》卷二八《百官志下》,中华书局1973年版,第783页。

江都进行,因此,无论从内政还是外交来说,扬州都可谓隋朝的"帝都"所在了。正因为扬州在隋炀帝时期已然具有"帝都"之实,故而到了唐朝,人们说起隋朝时期的扬州,往往就直接将它说成隋朝的首都。例如,唐人韦应物在《广陵遇孟九云卿》一诗中说:"雄藩本帝都,游士多俊贤。夹河树郁郁,华馆千里连。"[1]显然,在韦应物看来,广陵亦即扬州作为唐朝的"雄藩",本来就是前朝的首都啊。唐宪宗时期的宰相武元衡,在诗作中干脆直接说:"扬州隋故都,竹使汉名儒。"[2]也就是说,武元衡是直接将扬州看作隋朝"故都"的。权德舆《广陵诗》中说:"广陵实佳丽,隋季此为京。八方称辐凑,五达如砥平。"[3]也是将扬州视为隋朝的京城。杜牧《扬州三首》诗中也有"自是荒淫罪,何妨作帝京"之句,表明在杜牧的眼中,扬州就是隋朝的"帝京"。[4]如果说诗人的这些看法多少还有些夸张浪漫的情调,那么,作为一位曾经执掌扬州政坛长达 15 年之久,且富有家国情怀、时刻关心社会现实的政治家杜佑,也认为扬州就是隋炀帝时期的"帝都",他说:"广陵郡……今之扬州。春秋时属吴,故《左传》云'吴城邗,沟通江淮'是也。……隋初为扬州,置总管府;炀帝初府废,又为江都郡,后帝徙都而丧国焉。(自注:炀帝制。江都太守秩与京尹同。)"[5]杜佑认为隋炀帝丧家亡国,是在"徙都"扬州以后发生的,杜佑正是从职官制度的层面,将扬州论断为隋炀帝时期的都城的。

扬州在隋朝具有"帝都"的性质,还可以从江都宫的设置加以说明。另外,江都宫的设置,还可以作为讨论江都太守多数挂名虚置这一问题的切入点。关于江都太守的事迹记述极为罕见,除赵王杨杲以外,只有段文振一个人曾经短暂地"行江都郡事",所谓"行"即临时代理,属于并未真除实授的"非真

---

[1]〔唐〕韦应物:《韦苏州集》卷五《广陵遇孟九云卿》,上海古籍出版社 1993 年版,第 46 页。

[2]〔清〕彭定求等编:《全唐诗》卷三一七(武元衡)《奉酬淮南中书相公见寄》,中华书局 1960 年版,第 3564—3565 页。

[3]〔唐〕权德舆撰,郭广伟校点:《权德舆诗文集》卷九《广陵诗》,上海古籍出版社 2008 年版,第 153 页。

[4] 吴在庆:《杜牧集系年校注·樊川文集》卷三《扬州三首》其三,中华书局 2008 年版,第 339 页。

[5]〔唐〕杜佑撰,王文锦、王永兴、刘俊文、徐庭云、谢方点校:《通典》卷一一〇《州郡典十一》"广陵郡"条,中华书局 1988 年版,第 4801 页。

官"[1]。这种情况一则可能表明，因为江都郡具有帝都的性质而较少设置；另外一个原因，应当与所设置的江都宫有关系。此外，其时江都郡的郭下有两个附郭县，也表明扬州具有都城的规模和性质。

江都郡作为隋炀帝时期事实上的都城，政治地位高于普通的郡，然而其长官——江都太守又处于不常置的状态，那么，江都郡的军政事务，应该由何人处置呢？拥有与京兆郡同样机构编制的江都郡，在缺少最高长官的情况下，行政机构又是如何运转的呢？根据对史实的考索与分析，可以知道江都太守的职掌，应该由其副贰江都郡丞负责。有迹象显示，江都郡丞在行使江都太守职能的时候，很可能还同时兼任"江都宫使"或"江都宫监"的职衔。史籍所记载的江都郡丞事迹，有如下几例：

（1）赵元楷：天水西县（今甘肃天水）人。据《隋书·赵芬传》，少子元楷明干世事，"大业中为历阳郡丞，与庐江郡丞徐仲宗，皆竭百姓之产，以贡于帝。仲宗迁南郡丞，元楷超拜江都郡丞，兼领江都宫使"。[2]从中可知，赵元楷尽管品行有失德之处，但确实也有一定的政治能力，隋炀帝大业年间，曾担任历阳郡丞，后来与庐江郡丞徐仲宗一起获得升迁。因为江都郡实同首都，故赵元楷擢升江都郡丞之职，史书称为"超拜"，也就是破格、越级提拔，而徐仲宗擢升南郡丞，只是普通的升迁。

（2）王世充（？—621）：字行满，原姓支，本西域人，祖父支颓耨，徙居新丰（今陕西临潼东北），颓耨死后，其妻与仪同王粲野合，生子曰王琼，粲遂纳之以为小妻。王世充的父亲王收，随母亲改嫁王粲，而改姓王。王世充为人诡诈，通晓兵法，隋文帝开皇年间，凭借军功拜仪同、兵部员外郎之职。隋炀帝时，积累军功，官至江都郡丞。王世充后来在官场上发达，主要得益于他在担任江都郡丞期间赢得了隋炀帝的信任。王世充崛起于政坛，并积累起后来逐鹿中原的政治资本，在一定程度上确实有赖于他擅长政治投机。不过，他

---

[1]〔唐〕魏徵、令狐德棻：《隋书》卷六〇《段文振传》："炀帝即位，征为兵部尚书，待遇甚重。……以功进位右光禄大夫。帝幸江都，以文振行江都郡事。"（中华书局1973年版，第1459页）此处只说隋炀帝即位以后，驾幸扬州，以段文振"行"即临时代理江都郡事，并未正式任命他为江都太守，从职官制度的角度来说，"行江都郡事"只能属于并未真除实授的"非真官"。

[2]〔唐〕魏徵、令狐德棻：《隋书》卷四六《赵芬传》，中华书局1973年版，第1252页。

在政治上的一步步成功,正是在担任江都郡丞期间。

王世充担任江都郡丞时,通过揣摩圣意赢得隋炀帝信任,兼任"江都宫监"之职。在兼任江都宫监之后,王世充又对江都宫进行整修,雕饰亭台楼阁,进奉珍异,进一步得到隋炀帝的信重。大业八年(612),天下始乱,王世充利用得隋炀帝宠信的机会,在江淮地区刻意邀买人心,赢得声望。大业九年(613)六月至八月间,杨玄感在黎阳发动叛乱,在其影响下,江南发生朱燮、管崇之乱,吐万绪、鱼俱罗率兵平叛,无功而返。在此情形下,本不领兵的江都郡丞王世充,利用这个机会,在江都招聚兵马万余人,参与平定叛乱,频频立功。大业十年(614),王世充率兵在都梁山(今江苏省盱眙县境内南山)击败齐郡贼帅孟让;大业十一年(615),隋炀帝北巡,被突厥围困于雁门关,王世充又在江都大规模征兵,准备赴雁门关解围,让隋炀帝更为感动。大业十二年(616),王世充"迁江都通守"之职。

王世充起初担任江都郡丞,能够"每入言事",说明该职的职能与江都太守相当,因为按制度规定,"每入言事"即向皇帝汇报所在辖区情况的人,应当是当地的最高地方长官。然而,史籍绝无江都太守入宫言事的记载,这种情况只有两种解释,一是江都太守阙而不置,一是空置江都太守而实不理政,无论是哪一种情况,都为江都郡丞提供了面圣奏事的机会。正是因为王世充"每入言事",深得隋炀帝"善之",故而隋炀帝又让他"以郡丞领江都宫监"之职。

在以郡丞兼领江都宫监之职以后,王世充"乃雕饰池台,阴奏远方珍物以媚于帝",这句话应该这样理解:正是在获得"江都宫监"的兼职之后,王世充获得"雕饰池台,随便奏远方珍物"的机会。这表明整治行宫的亭台楼阁、接受外藩朝贡等事务,原本属于江都宫监的职掌范围,而扬州地区的行政事务才是江都郡丞的本职范围。王世充以江都郡丞兼领江都宫监,就同时获得扬州地方行政和江都行宫政务的双重权力。

江都郡丞作为江都太守的副贰,本来只是协助太守行使政治权力,并不掌管军事。然而,自从大业八年(612)天下动乱,特别是江南地区发生武装叛乱之后,王世充以"江都郡丞兼江都宫监"的身份招兵买马,参与平叛,不仅在平叛战争中不断壮大实力,而且赢得政治声望,并于大业十二年(616)擢升江都通守之职。通守一职,始创于隋炀帝时期,隋炀帝改州为郡,郡置太守,后来又加置通守一人,专门负责所在郡之军事事务。在隋末战乱时期,由于军事活动为压倒一切的首要政务,故通守就显得尤为重要,他们活跃于隋末的政治舞台,甚至呈现出取代太守职能之态势。[1]

王世充由江都郡丞兼江都宫监之职,因功、宠被任命为江都通守,却始终未获江都太守之任命,除了表明江都太守因为地位崇重同于京兆尹,不轻易授予以外,还可能与该职一直由亲王遥领或担任有着直接的关系。

(3)冯慈明(550—617):字无佚,信都长乐(今河北衡水)人。隋朝建国,曾历任司空府司仓参军事、行台礼部侍郎、并州总管府司士参军事(时晋王杨广任并州总管)、吏部员外郎兼内史舍人诸职。隋炀帝即位以后,曾任伊吾镇副、交趾郡丞、尚书兵部曹郎诸职,大业十三年(617),"摄江都郡丞事"。后李密进逼东都洛阳,隋炀帝令冯慈明"安集瀍、洛,追兵击密。至鄢陵,为密党崔枢所执。密延慈明于坐,劳苦之,因而谓曰:'隋祚已尽,区宇沸腾,吾躬率义兵,所向无敌,东都危急,计日将下。今欲率四方之众,问罪于江都,卿以为何如?'慈明答曰:'慈明直道事人,有死而已,不义之言,非所敢对。'密不悦,冀其后改,厚加礼焉。慈明潜使人奉表江都,及致书东都留守,论贼形势"。[2]不久,冯慈明被翟让所杀,时年68岁。

冯慈明于隋炀帝大业十三年(617)"摄江都郡丞事",即临时代理江都郡丞之职,其时李密率瓦岗军进攻东都洛阳,隋炀帝命冯慈明领兵进击李密,负责安辑洛阳地区。史书未载冯慈明其时有新的官衔,应当仍是以"摄江都郡丞事"的职衔领兵征战。冯慈明担任"摄江都郡丞事"的时间,为大业十三年(617)。

除以上3例"摄江都郡丞"或任职江都郡丞之外,还有前面所说的段文振"行江都郡事",据《隋书·段文振传》,段文振"行江都郡事"时间很短,其"行江都郡事"究竟是临时代理江都太守之事,还是临时代理江都郡丞之职,尚无法确定。由于冯慈明所任"摄江都郡丞事",也属于临时代理性质,所以段文振"行江都郡事"也有可能是"行江都郡丞事"。

[1] 李文才:《隋代通守事迹及其职掌考略》,《贵州社会科学》2022年第2期,第90—98页。
[2]〔唐〕魏徵、令狐德棻:《隋书》卷七一《诚节·冯慈明传》,中华书局1973年版,第1644—1645页。

　　江都太守之职既然是虚置或亲王挂名遥领,则江都郡之行政事务便由江都郡丞实际负责。又由于江都在当时已在事实上具有隋朝帝都的性质,所以除了江都郡的行政事务管理之外,还有行宫——江都宫的事务管理一项。江都宫是因为隋炀帝临幸扬州并长期居住于此而兴建的行宫,其功能、作用相当于长安大兴城的皇宫。江都宫的始设时间,应该就在扬州总管府改为江都郡同时。根据隋朝制度,"行宫所在,皆立总监以司之。上宫正五品,中宫从五品,下宫正七品"。[1]江都宫可以肯定为"上宫",因此,江都宫监为正五品的职事官,品级略低于从四品的江都郡丞[2]。王世充"以郡丞领江都宫监",是以从四品江都郡丞之本官,同时兼领正五品江都宫监,可以直接参与江都行宫的管理事务。除了"江都宫监"之外,还有"江都宫使",大概是一种执行临时性任务的使职差遣。

　　江都太守之所以较少设置或由亲王挂名遥领,原因除上述之外,还可能与江都宫监、江都宫使代行本应属于江都太守部分职掌有所关系,如前面所说赵元楷在大业年间,曾"超拜江都郡丞,兼领江都宫使",就是说赵元楷以江都郡丞的本职官,同时兼任"江都宫使";王世充"又以郡丞领江都宫监",同样是以"江都郡丞"的本职,兼领"江都宫监"之职。赵、王二人都是未曾担任江都太守之职,却在事实上行使江都太守之职权。

　　隋炀帝时期的江都具有"帝都"的性质,在制度上还另有体现。书同文、车同轨、统一度量衡、律吕历法,皆为国家重要制度,任何一个新皇朝的建立,这几方面的制度建设都是必须进行的,所厘定的参照标准器具,藏于国都之礼部机关。据《隋书·律历志》的记载,作为国家重要礼器的"律调钟磬八音之器",除了藏于首都长安的尚书礼部机关以外,江都也同样有所收藏,当时江都不仅收藏有这些"国家级"的音乐礼器,而且收藏有刘焯等人所参校议定的相关律吕标准的制度性文件。据《隋书·律历志》载:"至仁寿四年,刘焯

---

　　[1]〔唐〕魏徵、令狐德棻:《隋书》卷二八《百官志下》,中华书局1973年版,第802页。

　　[2]据〔唐〕魏徵、令狐德棻《隋书》卷二八《百官志下》,隋炀帝罢州置郡以后,郡置太守,上郡太守为从三品,中郡太守为正四品,下郡太守为从四品,京兆、河南则为尹,并为正三品。江都郡原先为上郡,大业六年升级与京兆尹相同,因此江都太守的品级也是正三品。郡丞,京兆、河南两郡的郡丞为从四品,上郡丞为正五品,中郡丞为从五品,下郡丞为正六品;江都郡丞原为正五品,后来随着江都郡升格与京兆郡相同,故江都郡丞也相应升格为从四品。(中华书局1973年版,第802页)

上启于东宫,论张胄玄历,兼论律吕。……其年,高祖崩,炀帝初登,未遑改作,事遂寝废。其书亦亡。大业二年,乃诏改用梁表律调钟磬八音之器,比之前代,最为合古。其制度文议,并毛爽旧律,并在江都沦丧。"[1]从最后一句"其制度文议,并毛爽旧律,并在江都沦丧"可知,隋炀帝大业二年所改用之"律调钟磬八音之器",以及相关的制度文件,江都均有收藏,否则"并在江都沦丧",便无从谈起。2013年,中国十大考古发现之一的扬州曹庄隋炀帝墓正式发掘,在所附萧后墓(M2)中出土了一组高规格的铜编钟和一组石编磬,时代属于唐太宗贞观二十二年,这组乐器实物的出土进一步证明了《隋书·律历志》相关记载的准确性。隋炀帝墓的埋葬时间为唐朝,考古工作者认为这是"目前国内唯一发现的唐代铜编钟、编磬实物"。[2]然而据《隋书·音乐志》载:"其雅乐鼓吹,多依开皇之故。雅乐合二十器,今列之如左:金之属二:……二曰编钟,小钟也,各应律吕,大小以次,编而悬之。上下皆八,合十六钟,悬于一簨簴。石之属一:曰磬,用玉若石为之,悬如编钟之法。"[3]曹庄隋炀帝墓出土的铜编钟正好是16件,正与《隋书》记载的情况相吻合。出土的20枚磬,既然"悬如编钟之法",应该是上下各10枚排列,《隋书·音乐志》没有记载隋代石磬的数目,隋炀帝墓所出土实物,正好可以补充文献所阙载的内容[4]。萧后墓所出土的铜编钟、石编磬,不仅可以用来证明《隋书·律历志》记载的正确性,而且从制度的层面说明隋炀帝时期的江都确实具有"帝都"的地位。

隋炀帝时期的江都具有"帝都"的性质,还可以从都城制度的层面得到说明。据扬州唐城考古队的最新考古发现,隋朝江都城南门遗址的面貌已经大致呈现于世,隋朝江都城的南门遗址为"三门道"的规制,而依据中国古代都城制度的规定,"三门道"属于都城的建制。因此,从都城制度的层面上,也可以认为隋炀帝时期的江都城,其政治地位实与京师长安相侔而同样具有"帝都"的性质。

---

[1]〔唐〕魏徵、令狐德棻:《隋书》卷一六《律历志上》,中华书局1973年版,第392页。

[2] 南京博物院等:《江苏扬州市曹庄隋炀帝墓》,《考古》2014年第7期,第76页。

[3]〔唐〕魏徵、令狐德棻:《隋书》卷一五《音乐志下》,中华书局1973年版,第375页。

[4] 尽管隋炀帝墓埋葬时间为唐朝,但墓中所发现的编钟、编磬,却可能是隋朝江都宫旧物,盖因唐代帝王以姻亲之旧,为前朝亡国之君隋炀帝夫妇举行葬礼,则将其旧有之物随而下葬,实合乎情理。

第三节　隋炀帝与扬州

隋唐时期扬州的兴盛,与隋炀帝有着密不可分的关系。开皇八年(588)十月,隋文帝决策渡江伐陈,时封晋王的杨广任行军元帅,驻屯于六合(今江苏省南京市六合区,当时属于吴州下辖县域),总统八路兵马,指挥伐陈,从此晋王杨广与扬州正式结缘。开皇九年(589)正月,晋王杨广以三军统帅的身份,由六合渡江,来到陈朝首都建康。灭陈大业胜利完成之后,晋王杨广从建康北还,调任北方重镇并州,出任并州总管。开皇十年(590),江南地方爆发全面性的反隋暴动,尽管动乱不久即被杨素领兵压平,但此事却让隋文帝不得不重新思考绥服江南的问题。经过反复斟酌,隋文帝决定将此重任交由晋王承担。开皇十年十一、十二月间,晋王杨广由并州总管调任扬州总管,从此之后,直到开皇二十年(600)十一月被立为皇太子,他除了需要“每岁一朝”,前往长安述职外,在扬州度过了十年的时光。仁寿四年(604)七月,隋炀帝登基为帝,次年改元大业。大业年间(605—618),隋炀帝曾三次驾幸并居住于扬州,直至大业十四年(618)三月,“江都之变”中被弑,死后埋骨于扬州。因此,无论生前还是身后,隋炀帝与扬州都有着割舍不断的联系。

一、总管扬州十年的业绩

隋炀帝在位期间,曾三次临幸扬州,并写过不少抒发对扬州留恋之情的诗歌,其中有一首《江都宫乐歌》,很可能就是他初即帝位之后,第一次驾幸扬州时所写。诗中写道:“扬州旧处可淹留,台榭高明复好游。风亭芳树迎早夏,长皋麦陇送余秋。渌潭桂楫浮青雀,果下金鞍驾紫骝。绿觞素蚁流霞饮,长袖清歌乐戏州。”[1]其中除了有对扬州旖旎风光的歌唱之外,更有对自己当年总管扬州岁月的追忆。扬州作为一处令隋炀帝心生长久“淹留”想法的“旧处”,在多年以后重游时,面对着早夏时节的风亭芳树和穿梭不断的渌潭桂楫,他一定还会想起当年任职扬州总管期间的卓越治绩,“绿觞素蚁流霞饮,长袖清歌乐戏州”一句,所想表达的思想感情,应该也是他的政治理想和奋斗

---

[1]〔宋〕郭茂倩编撰,聂世美、仓阳卿校点:《乐府诗集》卷七九《近代曲辞(一)》(隋炀帝)《江都宫乐歌》,上海古籍出版社1998年版,第837页。

目标。隋炀帝总管扬州十年期间的政治作为，约略可以概括为文治武功、发展地方文化和夺嫡上位三个方面。

（一）总管扬州十年的文治武功

隋文帝开皇九年（589），平陈大业完成之后，晋王杨广奉命调任并州总管。然而，就在一年以后的开皇十年（590）十一、十二月间，他又从并州奉调扬州，出任扬州总管。从此，直到开皇二十年（600）被册封为皇太子而从扬州离任，他在扬州整整住了十年的时间。

开皇十年末，晋王杨广从并州调任扬州总管，与江南地区发生的全域性叛乱有直接关系。隋文帝开皇十年十一月，江南地区的婺州、会稽、苏州、饶州、蒋山、乐安、永嘉、泉州、余杭以及岭南地区的交趾，爆发了全面的反政府动乱，面对着整个长江以南广大区域的全面动荡，隋文帝急令上柱国、内史令杨素率兵讨伐。杨素为隋朝名将，军事才能突出，他率兵来到江南以后，采用军事打击和怀柔招慰两手策略，很快就将动乱平定。[1]不过，动乱尽管平定，随后的江南社会治理却必须由可信、得力之人出任。经过反复斟酌，隋文帝决定将上任不久的并州总管、晋王杨广调回，由他出任新的扬州总管。

将晋王杨广从晋阳紧急调往扬州，出任扬州总管之职，隋文帝显然是经过慎重考虑之后才做出的决定。促使隋文帝做出这个重要决策的一个重要原因，就是一年前晋王曾以诸军统帅的身份领兵伐陈，其间不仅表现出了令人信服的军事、政治才能，而且在攻入陈朝都城建康以后，还做出诛杀陈朝"五佞"[2]的决策，这些都是稳定江南社会局势、安抚民心的正确措置，体现出卓越的政治智慧。所以，在杨素平定江南地区的动乱之后，隋文帝综合考虑多方面的因素，从而做出以晋王杨广总管扬州的决定。

坐镇扬州十年期间，晋王杨广除了按照规定，"每岁一朝"，即每年到长安朝觐皇帝一次，向他汇报扬州总管府辖区的军、政、民事情况外，绝大部分时

---

[1]　〔唐〕魏徵、令狐德棻：《隋书》卷二《高祖纪下》，中华书局1973年版，第35页。《隋书》卷四八《杨素传》，第1284—1285页。

[2]　据〔宋〕司马光编著，〔元〕胡三省音注：《资治通鉴》卷一七七隋文帝开皇九年（589）四月"晋王广之戮陈五佞也"，胡三省注云："五佞，谓施文庆、沈客卿、阳慧朗、徐析、暨慧景。"（中华书局1956年版，第5518页）

间都是在扬州度过。扬州总管府所统辖的沿淮以南四十四州之地,自晋王杨广就任之后,可谓政通人和,经济发展,社会安定,人民富足,充分显示出晋王杨广突出的理政才能。正是凭借在扬州总管任期内的卓越治绩,到了开皇后期,大约从开皇十五年(595)以后,晋王杨广还经常奉诏保驾,领兵北征突厥,展示其突出的军事领导才能。据记载,开皇十四年(594)十二月,隋文帝到山东地区"巡狩",开皇十五年(595)正月,车驾临幸齐州(今山东济南),隋文帝亲自询问民生疾苦,就在当月,隋文帝因为年遭大旱的缘故,"祠太山,以谢愆咎"[1],也就是奉祠泰山,向上天忏悔祈祷,同时发布大赦天下的命令。隋文帝的这次泰山之行,晋王杨广奉诏前来伴驾,并以扬州总管的身份同时"领武候大将军",直到第二年即开皇十六年(596),始奉诏归藩,回返扬州[2]。这是晋王杨广在担任扬州总管期间,除朝觐之外第一次这么长时间地离开扬州,在此之前从未有过[3]。

　　果然,就在这次长达一年时间的陪王伴驾之后,晋王杨广尽管仍然担任扬州总管之职,但是在北方边境出现紧急情况的时候,他还以扬州总管的本职,兼任起北征突厥等重任了。开皇二十年(600)四月,突厥进犯北部边塞,隋文帝令晋王杨广为行军元帅,统兵击败来犯之敌。关于此次北征突厥之役,《隋书·突厥传》《资治通鉴》等史书都有较为详细的记述,根据这些记述可以知道,在此次北征突厥之役中,晋王杨广所扮演的角色,有点类似开皇九年的伐陈之役,晋王杨广再次担任"行军元帅",节度诸军。开皇二十年四月,突厥达头可汗侵犯北疆,隋文帝分几路派兵征讨,分别是:晋王杨广、杨素率一路兵马从灵武道(即灵州道)出发,汉王杨谅、太平公史万岁兵出马邑道(即朔州道),长孙晟为秦州行军总管,并受晋王杨广节度指挥。几路大军协同配合,大破达头可汗,达头可汗听闻晋王杨广亲自统兵来伐的消息之后,竟至于

---

[1]〔唐〕魏徵、令狐德棻:《隋书》卷二《高祖纪下》,中华书局1973年版,第39页。

[2]〔唐〕魏徵、令狐德棻:《隋书》卷三《炀帝纪上》,中华书局1973年版,第60页。

[3]　此事应该作何解释?其中原因肯定与晋王在扬州总管任上所取得的突出政绩有着直接关系,而且在此前后,隋文帝已然流露出改易太子的想法了,因此开皇十五年至十六年,至少长达一年的时间晋王杨广都陪伴在隋文帝的身边,可能正透露出隋文帝对他的瞩目与中意。

闻风而逃[1]。随后，史万岁所部又追击到塞外，达头可汗因此远窜碛北数百里。此役胜利之后，长孙晟率部返回大利城（开皇十九年，长孙晟奉命修筑，在今内蒙古呼和浩特南清水河县境内），安抚新归附的启民可汗及其部众。

扬州总管府所辖地域辽阔，淮河以南直到岭表之地的四十四州，地理范围大致包括今江苏、安徽、浙江、福建在内的广大南方地区，皆归其节制管辖，凡在上述地域所发生的军政大事，扬州总管皆有权直接过问。凡其管辖区域发生动乱，扬州总管府皆须发兵平叛，这些都可谓晋王杨广任职扬州总管期间的军功。由于晋王杨广治政有方，扬州总管府所辖的广大区域，民变或民乱等极少发生，有史可查的大概只有开皇二十年（600）二月，熙州所发生李英林叛乱，熙州的治所怀宁县，即今安徽省潜山县，隋文帝时属于扬州总管府管辖范围。尽管李英林叛军一度势力发展迅速，并署置百官，但不久之后还是被扬州总管府发兵压服，平定李英林之乱的领兵大将为扬州总管府司马张衡。张衡始仕于北周，入隋以后一直追随晋王杨广，及晋王杨广转任扬州总管，他又随而转任扬州总管府掾，深得晋王信重，后来升任扬州总管司马。开皇二十年，李英林在熙州发动叛乱，张衡以扬州总管司马之职被任命为行军总管，率步骑五万，很快就平定了叛乱。张衡也因此军功得拜开府，赏赐奴婢一百三十口，物五百段等[2]。

晋王杨广在担任扬州总管期间，除了正常处理扬州军政事务之外，对于朝廷政事也曾有直接参预。如开皇十四年（594），晋王杨广曾领头上疏，请求封禅。隋文帝接受其奏请，下令让牛弘创定封禅礼仪，仪注奏上后，隋文帝看后决定东巡，致祭泰山[3]。晋王杨广为何对于此事如此热情，而"帅百官抗表，固请封禅"呢？其中原因有公私两个方面，于公而言，是晋王在扬州任职期

---

　　[1]〔宋〕司马光编著，〔元〕胡三省音注：《资治通鉴》卷一七九隋文帝开皇二十年（600）四月胡注，中华书局1956年版，第5571页。

　　[2]〔唐〕魏徵、令狐德棻：《隋书》卷五六《张衡传》，中华书局1973年版，第1391页。（此事亦见〔宋〕司马光编著，〔元〕胡三省音注《资治通鉴》卷一七九隋文帝开皇二十年（600）二月，中华书局1956年版，第5570页）

　　[3]〔宋〕司马光编著，〔元〕胡三省音注：《资治通鉴》卷一七八隋文帝开皇十四年（594）十一月，中华书局1956年版，第5547页。

间,曾招揽博士学者,组织编写《江都集礼》[1],对于礼仪的重要性有不同于常人的深刻认识,他深知封禅大典对于宣扬大隋国威,具有其他任何礼仪难以比拟的重要作用。于私而言,晋王杨广也想借此赢得父皇的进一步信赖,讨取欢心,从而增强自己对于政事的发言权,当然也不排除从这时候起,晋王杨广已经暗生夺嫡的想法。晋王率百官奏请封禅的提议,隋文帝采纳了,并开始做封禅的准备,同年十二月,隋文帝到山东巡幸,并于次年(595)正月"祠太山"即到泰山祭祀神祇。在这次祭祀泰山的过程中,晋王杨广一直陪伴在隋文帝的身边,实现了他初步的政治目标,直到开皇十六年(596),晋王杨广才奉诏回到扬州。

(二)发展扬州文化事业

晋王杨广坐镇扬州十年的第二项突出政绩,表现为大力发展地方文化事业,大大提升了扬州地区的文化水平,扬州发展为学术昌明之区、南北文化交融的津梁,实与他有着密不可分的关系。晋王杨广自幼聪慧过人,勤学好问,醉心文艺,擅作诗文,可谓皇室子弟中博学多艺的才子。在坐镇扬州十年期间,他广泛招揽各类人才,积极倡导各项文化活动。晋王杨广对于扬州文化事业发展所做出的贡献,具体表现在宗教、学术与文学等方面。

1. 宗教活动。从宗教方面来说,晋王杨广秉承杨氏家族笃信佛教的家风,自幼即对佛教表现出浓厚的兴趣,成年后独立执政,对于佛教更是刻意倡导,这是因为杨隋皇室本来就笃信佛教,包括隋文帝杨坚、皇后独孤伽罗在内,都是虔诚的佛教信徒。杨广又名杨英,小字阿㦛(音 mó),是梵语 ambā 的译音,意译为母、善女。为何在他出生时,要给他取这样一个女性化的名字?最大的原因自然与他的母亲独孤伽罗有关系,因为独孤氏虔诚礼佛,故而给他取了这样一个名字。正是由于自幼生长于一个信佛礼佛的家庭中,所以晋王杨广很早就对佛教产生了浓厚的兴趣。早在他担任三军统帅,率师伐陈的时候,就曾下令不得随意毁坏佛寺,要求军士注意收集保护佛像、佛经,并组织高僧、学士对收集起来的佛经进行抄录、整理。及其出镇扬州期间,他在晋王府设立"宝台经藏",专门用来收藏、保管佛教经书,宝台经藏共分四藏,近

---

[1]〔唐〕魏徵、令狐德棻:《隋书》卷七六《文学·潘徽传》,中华书局 1973 年版,第 1745 页。

十万卷轴,由此可见晋王府所藏佛教经书之丰富。宝台经藏设有专门的僧职人员守护,如沙门释智果就曾在晋王府看护宝台经藏[1],晋王杨广亦亲自过问其日常管理工作。除晋王府宝台经藏这个"正藏"外,还有慧日道场、日严道场等"次藏",也收藏有大量佛教经典,这些佛经也主要是由晋王杨广组织相关人员抄写赠送。

晋王杨广与当时的许多高僧有密切往还,彼此之间音讯通传十分频繁,如《国清百录》《续高僧传》《广弘明集》三书中,所收录杨广与高僧的来往信件,数量可谓惊人,其中《国清百录》中所收录的杨广与天台山智𫖮大师(538—597)之间的信函就有71件之多,占全书收录文书的2/3以上[2]。智𫖮大师与晋王杨广之间的交往,以及晋王礼聘他主持江都慧日道场,乃是中国佛教史上一件大事,更是隋唐时期扬州地区佛教发展史上的重大事件。晋王杨广在江都创建的慧日道场(按,隋朝将"寺"改称为"道场"),乃是天下四大道场之一,道场建成以后,晋王礼聘智𫖮大师前来主持道场。开皇十一年(591),晋王杨广还与王妃萧氏同日受戒,并拜智𫖮为师,受菩萨戒,法名"总持",戒名曰"孝","总持菩萨"意为"功德圆满的菩萨"。智𫖮大师作为佛教天台宗的创始人,乃是一位汇佛道儒三学于一身、融南义北禅为一体的佛学大师,他在扬州慧日道场聚众讲学,为佛学的南北交流、扬州地区佛学的昌盛发达,做出了不可磨灭的贡献。从佛学南北交流的历史来看,创建慧日道场、礼聘智𫖮大师担任住持,均可视为晋王杨广对扬州地区佛教发展所做出的卓越贡献。

晋王杨广在扬州期间所礼聘的高僧,还有释慧觉。释慧觉,俗姓孙,本太原晋阳人,梁陈时代已有高名,深得南朝达官贵人之信重。晋王出镇扬州以后,致书礼聘,请他到扬州慧日道场开讲佛法,晋王亲临听讲,"称善久之",并让他主持宝台经藏的管护工作。及至晋王即帝位,大业二年(606)他又伴驾来到京师长安。释慧觉在扬州弘法期间,后来又驻锡白塔寺,讲说《大品》《涅

---

[1]〔唐〕释道宣撰,郭绍林点校:《续高僧传》卷三〇《隋东都慧日道场释智果传》,中华书局2014年版,第1256页。

[2]〔隋〕释灌顶:《国清百录》,《大正新修大藏经》第46册,新文丰出版公司1983年版。

槃》、《华严》、四论等经多遍,学徒甚多,大大推动了扬州地区佛教的发展[1]。

晋王杨广信佛而不佞佛,对于道教也有一定的信仰,坐镇扬州期间与道教人士的来往颇多。仅据《隋书》记载,晋王杨广在扬州期间所结交的道士,就有徐则(东海郯县人)、宋玉泉(建安人)、孔道茂(会稽人)、王远知(丹阳人)等[2],晋王杨广与上述道士之间均非泛泛之交,而是对他们十分看重,以徐则为例,就深得晋王杨广之尊崇。徐则,早在陈朝时即已入山修道,徐陵曾为之刊山立颂德碑,在江南地区甚有名望。及晋王杨广受命出镇扬州,派遣专使持其亲笔手书,到天台山礼聘徐则,邀请他到扬州传道布化。徐则来到扬州以后,晋王杨广"将请受道法",尽管最后徐则未能替晋王亲授符箓,但晋王对他却仍是礼敬有加。及至徐则死后,晋王又亲自下书,表彰其德,称之为"天台真隐",并派遣专人护送其法体归葬天台,据说从江都到天台山的途中,有人多次见到徐则徒步而行。晋王听闻这些神迹之后,对徐则更加敬佩,不仅馈赠天台山道观物千段,还派遣画工为其绘影图形,并让柳䛒撰写画赞,称扬徐则的高尚品行[3]。再如丹阳人王远知,琅邪王氏后裔,祖曾任梁江州刺史,父曾任陈扬州刺史。王远知自幼博览群书,后入茅山从师于陶弘景,传习其道法。王远知与晋王杨广交往尤为密切,杨广出镇扬州不久,就连续派出王子相、柳䛒前往礼聘,邀请他到扬州传教。隋炀帝即帝位以后,对王远知依然信重有加,隋炀帝临幸涿郡时,还特地派遣员外郎崔凤举邀请王远知同行,及王远知到临朔宫之后,"炀帝亲执弟子之礼",隋炀帝还特别为王远知在京城长安修建了玉清观。在隋炀帝决定驾幸扬州时,王远知也曾劝谏,建议隋炀帝"不宜远去京国"[4]。

2. 学术与文学活动。隋炀帝在扬州地区所推行的学术活动,大体可以划分为两个时段,一是他为晋王时,即总管扬州十年期间,二是他即帝位以后,这里合而述之。在担任扬州总管期间,晋王杨广积极招聚学者汇集于江都,

[1]〔唐〕释道宣撰,郭绍林点校:《续高僧传》卷一二《释慧觉传》,中华书局2014年版,第405页。

[2]〔唐〕魏徵、令狐德棻:《隋书》卷七七《隐逸·徐则传》,中华书局1973年版,第1758—1760页。

[3]〔唐〕魏徵、令狐德棻:《隋书》卷七七《隐逸·徐则传》,中华书局1973年版,第1758—1760页。

[4]〔后晋〕刘昫等:《旧唐书》卷一九二《隐逸·王远知传》,中华书局1975年版,第5125页。

并从首都长安运来大批图书典籍,及其即皇帝位,特别是三下江都时,就更加有条件聚学者、汇图书于扬州了。因此,扬州文化在隋唐时期的昌明发达,与隋炀帝积极倡导学术、文学的态度和实际活动有着直接的关系。

以学术言,最突出的表现就是"礼学"和"文选学"的大盛,其时汇聚于扬州的著名学者,如虞世基、诸葛颖、潘徽、蔡允恭、庾自直、曹颖、王胄、虞绰等,江都籍学者则有曹宪、魏模、公孙罗、李善等。"礼学"的代表作则有《江都集礼》《集礼图》等。据《隋书·文苑传》记载:潘徽,字伯彦,吴郡人,少年通习《礼》《诗》《书》《庄子》《老子》,擅长作文,精通三史(即《史记》《汉书》《后汉书》)之学,在陈朝时深得尚书令江总的尊敬。陈朝亡国之后,秦王杨俊素闻潘徽之名,遂将其召为王府学士。及杨俊死后,晋王杨广将潘徽招至晋王府,为博士,令他和诸儒搜集周、汉以来的礼制因革,并组织学者进行讨论,最后撰成《江都集礼》120卷,而以潘徽撰写序文。[1]除了《江都集礼》这部礼学集成著作之外,还有一部50卷的《江都集礼图》,也是隋炀帝组织儒家学者所完成的礼学论著,从书名来看,很可能是以图画的形式来表现《江都集礼》的内容,或者说《江都集礼图》就是《江都集礼》的图画版。

礼学之外,还有文选学的兴盛,也是隋炀帝对扬州学术的重要贡献。文选学在隋唐之际兴盛于扬州,肇端于扬州学者曹宪。曹宪,扬州江都人,仕隋曾任秘书学士,门下学徒数百人。曹宪著述很多,曾奉隋炀帝之命率诸儒撰《桂苑珠丛》(100卷),又训注张揖所撰《博雅》(10卷),隋炀帝令藏诸秘阁[2]。此外,曹宪还著有《广雅音》(4卷)、《古今字图杂录》(1卷)[3]、《文字指归》(4卷)[4]等。不过,曹宪在扬州学术史上的最大贡献,还是在于他开启了扬州文选学之先河,曹宪是最早注《昭明文选》的学者,其书名曰《文选音义》。曹宪之后的唐朝初年,同郡学者魏模、公孙罗、李善以及润州句容人许淹,皆以教授《文选》为业,而全部本之于曹宪,江淮地区文选学因此一时大

———————

[1] 〔唐〕魏徵、令狐德棻:《隋书》卷七六《文学·潘徽传》,中华书局1973年版,第1743—1747页。

[2] 〔后晋〕刘昫等:《旧唐书》卷一八九上《儒学上·曹宪传》,中华书局1975年版,第4945—4946页。

[3] 〔唐〕魏徵、令狐德棻:《隋书》卷三二《经籍志一》,中华书局1973年版,第937、945页。

[4] 〔后晋〕刘昫等:《旧唐书》卷四六《经籍志上》,中华书局1975年版,第1985页。

盛,其中许淹著有《文选音》10卷,公孙罗撰有《文选音义》10卷,李善著有《文选注》60卷,则为隋唐之际文选学集大成之作。

至于隋代扬州地区的文学活动,也与隋炀帝本人雅好诗赋有关系。隋代关于扬州的诗词歌赋,传世较多者有隋炀帝本人所创作的诗歌,其中有些内容已经失传。不过,从传世的隋炀帝诗作来看,多数与扬州的美景有关,如《春江花月夜》《江都宫乐歌》《泛龙舟》《四时白纻歌·江都夏》等,多是如此。这些诗歌有些是创作于隋炀帝担任扬州总管期间,有些则是他当皇帝以后巡幸扬州时所撰。除了隋炀帝本人的诗歌创作,隋代的文人墨客,也颇有诗赋歌咏扬州的,如王贞的《江都赋》,写作于隋炀帝即帝位以后、齐王杨暕出镇江都期间,赋成之后齐王特别赏赐钱十万贯、马二匹[1],令人可惜的是,《江都赋》原文已经亡佚。至于和隋炀帝的诗篇相唱和者,则有柳䜣、虞世基、蔡允恭、庾自直、诸葛颖等人,他们的这些应和诗多数亡佚,只有极少数流传下来,收录于逯钦立辑校的《先秦汉魏晋南北朝诗》。

（三）夺嫡上位

晋王杨广总管扬州十年期间的最大政治成就,是通过政治谋划,成功夺嫡上位。开皇十年(590)十一、十二月间,年仅22岁的杨广奉命从晋阳来到江都,接替其弟杨俊担任扬州总管。杨广何时产生夺嫡的想法,并无明文记述,但基本可以肯定是在担任扬州总管期间。在皇权专制的社会中,对于权力的渴望与祈盼,以及围绕权力所进行的争夺,从来都是政治的常态。杨广天生就是一个政治人物,而且功勋、才能突出,因此对于储君地位甚至是最高权力心生觊觎,实属一种必然心态。杨广何以能够最终夺嫡上位? 一方面确是出于杨广对权力的追求,以及为此所做出的艰苦努力,但主要的还是皇太子杨勇在政治上、生活上的严重疏误,为他提供了可乘之机。

杨勇(? —604),字睍地伐,隋文帝杨坚长子。在隋文帝以隋代周前夕,内领禁卫,外统故齐之地,已然挑起重担。隋朝建立后,立为太子,军国大政及尚书奏死罪以下,均可参与。杨勇还经常就时政发表看法,并被隋文帝所接受,在很长一段时间里,杨勇深得父亲宠信。但杨勇也有性格弱点,行事

---

[1]〔唐〕魏徵、令狐德棻:《隋书》卷七六《文学·王贞传》,中华书局1973年版,第1738页。

"率意任情，无矫饰之行"，做事随心所欲，从来都不注意掩饰自己的行为，这是从事政治者的致命弱点。杨勇在私生活方面又得罪了母亲独孤皇后，而独孤氏在政治上也有较大影响力，杨勇惹恼了独孤皇后，从而为晋王杨广提供了可乘之机。杨勇在众多姬妾中，特别宠爱云昭训，不仅与她生下三个儿子，而且对云氏的礼遇甚至超过母后为他聘娶的元氏，这让母后相当不满。元氏因受到冷落，气出了心病，没两天就死了，杨勇随即让云昭训主持太子后宫。独孤氏认定是杨勇与云昭训合谋害死嫡妻，对杨勇终于心生愤恨。晋王杨广了解到这些情况以后，便刻意修饰自己的行为，假装没有什么姬妾，平日出处做到只和王妃萧氏一人厮守。于是，独孤皇后愈加讨厌杨勇，而对晋王杨广的德行大加称赞。每当独孤皇后抱怨云氏专宠、感叹元氏夭亡时，杨广也在一旁表现出痛苦不解的神情，甚至陪着母后落泪，这让独孤皇后更加喜爱晋王杨广，并最终产生废黜杨勇、改立晋王杨广为太子的想法。

当然，晋王杨广能够最终夺嫡成功，仅有母后独孤氏的支持还是不够，关键还是要获得父皇的认可。实际上，早在独孤皇后转变态度之前，杨勇就曾因为生活作风奢侈而惹怒隋文帝，例如杨勇曾得到一副难得的蜀甲，大喜之下使用黄金装饰，隋文帝看到后，便对他进行严厉训诫，说："我闻天道无亲，唯德是与，历观前代帝王，未有奢华而得长久者。汝当储后，若不上称天心，下合人意，何以承宗庙之重，居兆民之上？吾昔日衣服，各留一物，时复看之，以自警戒。今以刀子赐汝，宜识我心。"[1]隋文帝杨坚素以节俭著称，对杨勇奢华的生活方式颇为不满，故语重心长地加以教训。然而，杨勇对于父皇的教诲并未放在心上，大约是在开皇六年的冬至节，杨勇在东宫大摆宴席，接受百官朝贺。此事被隋文帝知晓后，认为"东宫如此，殊乖礼制"，实际上就是批评杨勇的做法超出礼制规定，有"僭越"的嫌疑，于是隋文帝下诏规定，从此之后"宜悉停断"。此事对杨勇造成了很大影响，"自此恩宠始衰，渐生疑阻"。[2]此事《资治通鉴》系于隋文帝开皇二十年（600）六月，但

---

[1]〔唐〕魏徵、令狐德棻：《隋书》卷四五《文四子·房陵王勇传》，中华书局1973年版，第1230页。

[2]〔唐〕魏徵、令狐德棻：《隋书》卷四五《文四子·房陵王勇传》，中华书局1973年版，第1230—1231页。

由于此段叙事采用的是倒叙的写法，而且在记述时又将此事放在杨勇宠幸云昭训以及元氏患心病而死之前，因此综合诸事可以推定，此事应该发生在开皇十年（590）前后，这就是说，大概从开皇十年（590）以后，杨勇就逐渐失去隋文帝的恩宠与信任了。

在探知父皇母后态度发生转变之后，晋王杨广便开始了他夺嫡的计划。杨广一方面竭力克制欲望，刻意修饰言行，从而讨得父皇母后的欢心，例如杨广担任扬州总管期间，每年按规定入朝奏事，事毕返还扬州，入宫与母后辞行时，总是泫然泪下，表现出对母后的依依不舍，独孤皇后也是泪流满目，母子相对而泣，这让她愈发感觉杨广真是个孝顺贤良的儿子，于是就经常在隋文帝的面前为他美言。另一方面杨广又"敬接朝士，礼极卑屈"，由此获得朝中大臣一致称赞，名望"冠于诸王"[1]。与此同时，杨广又暗中联系杨素、宇文述等重臣，积极培植政治势力，杨素、宇文述等人不仅成为晋王杨广朝中内应，随时向他通传朝中动静消息，也在日后夺嫡行动中密切配合，协助他完成夺嫡大计。此外，杨广还指令段达暗中收买东宫僚属人员，如杨勇的亲信姬威，很早就被收买过来，因此东宫的机密信息源源不断地被传送到杨广那里，这样晋王杨广就在夺嫡斗争中，可谓知己知彼，早早就确立了优势。

面对晋王杨广咄咄逼人的态势，杨勇虽然心中着急却又没有什么应对的办法。隋文帝在了解杨勇的不安情绪之后，曾专门派杨素去观察他的动向。然而，杨素早已成为晋王杨广政治集团的核心人物，在奉命前往东宫时，故意激怒杨勇。杨勇果然沉不住气而口出怨言。杨素遂向隋文帝报告，说杨勇满腹怨怒，恐怕会出现什么异变，提醒隋文帝深加提防。从此，隋文帝对杨勇愈加猜疑。独孤皇后也暗中派人伺察东宫，对那里发生的细微举动，随时向隋文帝汇报，并在汇报中添加各种诬饰之词。这样一来，隋文帝对于杨勇就从原先的不信任，一步步发展到怀疑猜忌，乃至厌恶，直到最后下定决心废黜其太子之位。

开皇二十年（590）九月，隋文帝从仁寿宫返回长安，第二天就在大兴殿召集文武大臣，举行公卿集议。隋文帝下令有司审讯东宫僚属人员唐令则等

---

[1]〔宋〕司马光编著，〔元〕胡三省音注：《资治通鉴》卷一七九隋文帝开皇二十年（600）六月，中华书局1956年版，第5575页。

人的同时，又让杨素当着文武百官的面陈述东宫近来的情况。于是，杨素说道："微臣奉诏回到京城，传达皇命让皇太子检校刘居士一案的余党。太子接诏后，脸色更变，对我说：'刘居士余党早已全部伏法，你让我到哪里去追捕他的余党？你身为右仆射，受皇帝委以重任，你自己去检校就行了，此事与我何干？'太子还说：'如果当初大事不成（按，指当年隋文帝以隋代周一事），首先被杀的人是我。现在做了天子，竟然令我的地位还不如几个弟弟。一点小事，我都没有权力做出决定。'太子还回头长叹：'我浑身都觉得不舒服。'"就在同时，姬威上奏表，状告太子杨勇有非法之举，隋文帝让他将所知道的情况如实讲出来，于是早有精心准备的姬威，便将有真有假的"事实"一一道来。由于姬威本为杨勇东宫的亲信，所以他出来指控，杨勇便真的百口莫辩，谋杀皇帝之罪名遂被坐实。[1]十月乙丑（公历 11 月 20 日）隋文帝下诏，将皇太子杨勇及其诸子全部废黜为庶人。十一月戊子（公历 12 月 13 日），改立晋王杨广为皇太子。

晋王杨广成功夺嫡，其过程曲折漫长而又充满阴谋诡计。在夺嫡过程中，晋王杨广不仅表现出极大耐心和自我克制力，而且居中策划，运筹帷幄，从容布置其阴谋密计，正从某个方面展示了他过人的政治智慧。《隋书》说："由是讽上黜高颎，竟废太子立晋王广，皆后之谋也。"[2]《隋书》将杨勇、杨广之废立，归因于独孤皇后的谋划，并不符合历史事实。因为无论独孤皇后，还是杨素等人，都不过是自觉或不自觉地充当了晋王杨广夺嫡的工具，夺嫡主谋正是晋王杨广本人。还有一点需要特别说明，后人评判晋王杨广夺嫡，总是摆脱不了一种同情失败者的感情因素，认为若非隋文帝废嫡立庶，隋朝可能不会如此短命。这种看法实为不妥。就杨勇的品性、行为来看，即使他做了皇帝，也不会是一个好皇帝。与晋王杨广相比，无论军功、政绩，还是政治素质、政治才干，杨勇都颇有不如，让他领导隋朝，可能只会把天下搞得更乱。

───────────

[1] 〔唐〕魏徵、令狐德棻：《隋书》卷四五《文四子·房陵王勇传》，中华书局 1973 年版，第 1233—1235 页。

[2] 〔唐〕魏徵、令狐德棻：《隋书》卷三六《后妃·文献独孤皇后传》，中华书局 1973 年版，第 1109 页。

二、即位之后：驾幸扬州与江南的快速发展

仁寿四年七月丁未（公元604年8月13日），隋文帝杨坚在仁寿宫驾崩，太子杨广在灵柩前登基为帝，次年（605）改元大业，隋朝的历史掀开崭新的一页。

大业年间（605—618），隋炀帝曾三次驾幸并居住于扬州，实与他被确立为太子之前，曾经坐镇扬州十年的经历有着直接的关系。总管扬州十年的生活经历，不仅让隋炀帝对扬州这座城市产生了深厚的感情，也使得他对以扬州为中心的江淮地区的社会状况有了全面而深刻的认识和了解，可以说，对于扬州地区日益发展的社会经济，以及江淮地区在整个国家版图构成愈发重要的政治地位，隋炀帝比那些长期生活在长安的统治阶级有着更为直接和深刻的理解。隋炀帝在位的十四年中，曾三次驾幸江都并驾崩于此，都源于这段特殊重要的人生经历。

魏晋南北朝时期，扬州固然也是东南地区的一个军事重镇，但其重要性却远远不及六朝的都城建业（后改名建康），到了隋唐时期，这个形势发生了变化，扬州取代建康成为东南地区的军事、政治与经济中心。扬州地位的上升有着深刻而复杂的社会背景，追根溯源，就要从隋朝时期说起。589年灭陈完成统一大业之后，隋朝所面临的最严峻的考验，也是最重要的任务，就是巩固统一的局面。然而，魏晋南北朝近四百年的长期分裂，以及由分裂所造成的南北社会隔阂与差异的社会情绪，不可能随着陈朝的灭亡而一下子完全泯灭，江南作为隋朝最后占领的新区域，如何稳定这个新占领区的社会形势，就成为隋朝统治者所首先要考虑的问题。开皇九年（589），灭陈战役结束之后，隋文帝就下令将陈朝首都建康城"平荡耕垦"，主要目的是彻底铲除南朝的政治中心，同时从心理上摧毁南方人恢复故国的幻想，这是通过"破"的手段加强对南方的控制。然而，仅有政治上的"破"并不足以实现控制南方的战略目标，还必须"立"，即从制度建设的层面确立对江南的长效管控，着手提升江北扬州的政治军事地位，就是这一制度建设上的"立"。开皇九年灭陈之后，扬州治所迁至广陵，设置大总管府，同时规定扬州大总管一律由亲王担任，开皇十年以晋王杨广取代秦王杨俊担任此职，更是体现对扬州长官人选的重视。及至仁寿元年（601），晋王杨广被改立为太子，扬

州总管改由其子豫章王杨暕担任。隋炀帝大业六年（610），又下令将江都太守的品秩提升为正三品，与京兆尹相同，这些都是从制度层面提升扬州政治地位的做法，也是强化对江南地区长期而有效控制的具体措施。

隋炀帝即位以后，三次临幸江都、营建东都洛阳、开挖运河以通漕运等重大举措，最终目的都是一个，就是将扬州打造为东南地区的新政治、军事中心，进而实现控扼南朝故地，稳定江淮全局，从而实现国家统一、长治久安的政治局面，从这个意义上来说，建设扬州、提升扬州地位实为隋朝实现长治久安、维护国家统一局面的重要国策之一。

（一）隋炀帝一下扬州及其政治举措

隋炀帝即帝位以后，第一次起驾前往扬州，时在大业元年八月壬寅（公元605年10月2日）；大业二年三月庚午（公元606年4月28日），自扬州启程前往东都洛阳。故隋炀帝一下扬州的时间，前后共六个多月，超过半年。如果再算上为了一下扬州而进行的准备工作，则时间更长了。扬州作为隋炀帝的“龙兴之地”，又是他曾经坐镇十年的地方，因此，在继承帝位之后，他就想重游故地，其心情是完全可以理解的。为此，隋炀帝进行了精心的准备，早在大业元年三月间，隋炀帝就派遣其心腹之一黄门侍郎王弘，与上仪同於士澄一起，前往江南伐木造船。王弘、於士澄二人经过五个月的努力，营造了包括龙舟、凤䴥、黄龙、赤舰、楼船等在内的各种船只数万艘[1]，从而为隋炀帝八月间的大规模出巡江淮地区做好了充分的准备。

大业元年农历八月壬寅，隋炀帝乘坐龙舟，率领文武百官，前往扬州。此次驾幸扬州的阵势浩大，左武卫大将军郭衍率部为前军，右武卫大将军李景率部为后军，五品以上的文武官员全部乘坐楼船，九品以上官员则乘坐黄䓕船，整个船队绵延二百多里，可谓盛极一时。[2]到达扬州以后不久，隋炀帝发布命令，大赦长江、淮河以南地区，扬州地区免除赋税徭役五年，过去曾经属于扬州总管管辖的地区则免除三年的赋税徭役。[3]隋炀帝第一次下扬州，时间长达半年有余，在扬州处理军国大政自属政治生活的常态，扬州也就因此

---

[1]〔唐〕魏徵、令狐德棻：《隋书》卷三《炀帝纪上》，中华书局1973年版，第63—64页。

[2]〔唐〕魏徵、令狐德棻：《隋书》卷三《炀帝纪上》，中华书局1973年版，第65页。

[3]〔唐〕魏徵、令狐德棻：《隋书》卷三《炀帝纪上》，中华书局1973年版，第65页。

具有临时国家政治中心的性质,其间隋炀帝所处理的重要政务,包括人事任免、并省州县、创设职官、厘定舆服制度、自扬州移驾东都等几个方面,兹一一陈述如下。

1. 人事任免。隋炀帝第一次下扬州期间的人事任免,主要有两项:一是大业元年十一月己未(公元605年12月18日),以大将军崔仲方为礼部尚书;二是大业二年正月辛酉(公元606年2月18日),以大理卿梁毗为刑部尚书。[1]

崔仲方(约534—609),字不齐,博陵安平人,少年时即与隋文帝交情深厚,在隋文帝建国过程中有劝进之功,其后历任诸州刺史、总管诸职,曾参与平陈战争有功。隋文帝驾崩时,汉王杨谅造反,崔仲方奉命率兵平定汉王余党,进位大将军,任民部尚书,不久转任礼部尚书。[2]综合各种情况来看,大业元年十一月,崔仲方改任礼部尚书,这个人事变动并无复杂的政治背景,是隋炀帝在新即帝位以后,出于稳定政局的考虑而安抚老臣。

梁毗(?—约607),字景和,安定乌氏人,为人刚正,有学识而善执法,隋文帝朝曾历任御史、诸州长史、刺史、大理卿诸职,任职大理卿期间"处法平允,时人称之",曾弹劾权臣杨素而得隋文帝赏识。综合梁毗政治生涯来看,他最大的政治贡献以及为政的突出特点,是不畏权势,"处法平允",隋炀帝即位不久,擢升梁毗为刑部尚书,并摄御史大夫事[3],正显示出隋炀帝加强以法治国的政治倾向。

2. 并省州县。隋炀帝第一次下扬州期间的一项政治措施,是大业二年正月丁卯(公元606年2月24日),派遣十路使者分赴全国各地,督促"并省州县"[4]。

"并省州县"作为一项政治改革措施,目的在于精简政府机构,提高行政效率,同时也能够减轻百姓的财税负担。中国历史上颇多皇朝或政权都曾进行过类似的改革,距离隋朝时间最近的北齐,在文宣帝高洋执政期间,就曾行以并省州县为主要内容的地方行政机构改革。然而,隋炀帝所推行的这一

旨在精简机构、提高行政效率的政治改革,长期以来却被当成了隋文帝的功劳,将"并省州县"的时间明确界定在隋文帝开皇三年(583)[1]。

那么,隋炀帝为什么要在即位不久,就推行"并省州县"的地方行政机构改革呢? 其直接的诱因,乃是隋文帝统治时期的地方机构进一步膨胀,加重了民众的经济负担,以此言之,隋炀帝"并省州县"的改革,正是为了纠正隋文帝时期的政治失误。隋文帝在位期间,固然废省合并了一些州县,但新增的更多,这使得隋朝地方行政机构的数量实际上是增加了。据统计,隋文帝开皇、仁寿年间总共废州 34、县 255,新置州 91、县 299 (其中并不包括平陈以后所增的原陈朝 34 州),废、置相互抵销,全国实际上新增了 57 州、44县。[2]

"并省州县"在全国范围内推行,隋炀帝派出了十路使者指导这项工作,"并省"工作成效卓著。据统计,隋炀帝大业初年共废州 123、县 216,整个大业年间所增置的州(郡)共 16 个、县 16 个[3],而且这些新增州县,多数又是在边远地区,属于隋朝新"拓展"的疆土。因此,经过隋炀帝"并省州县"以及随后"改州为郡"等政治改革,隋朝地方行政机构得到了精减,行政效率有所提高,国家对于地方的控制进一步强化,民众的经济负担也因此而有所减轻。

3. 创设职官。隋炀帝第一次下扬州期间的又一项政治举措,是大业二年二月戊戌(公元 606 年 3 月 27 日),下诏"置都尉官"[4]。众所周知,隋炀帝在位期间的重大政治变革之一,是对职官制度进行了全面的调整和改革。据历史记载,"炀帝即位,多所改革。(大业)三年定令,品自第一至于第九,唯置正从,而除上下阶。罢诸总管,废三师、特进官……"[5],大业三年(607)的这次

---

[1]　岑仲勉仅统计 119 州,漏计泰、静、新、明 4 州,详参张连生:《隋文帝并省州县说辨误》,《扬州师院学报(社会科学版)》1984 年第 3 期,第 84—85 页。

[2]　张连生:《隋文帝并省州县说辨误》,《扬州师院学报(社会科学版)》1984 年第 3 期,第 84—85 页。(张文数据依据岑仲勉《隋书求是》以及《隋书·地理志》等所进行的统计)

[3]　张连生:《隋文帝并省州县说辨误》,《扬州师院学报(社会科学版)》1984 年第 3 期,第 84—85 页。

[4]　〔唐〕魏徵、令狐德棻:《隋书》卷三《炀帝纪上》,中华书局 1973 年版,第 65 页。

[5]　〔唐〕魏徵、令狐德棻:《隋书》卷二八《百官志下》,中华书局 1973 年版,第 793 页。

官制改革,以官品设置为核心,涉及中央、地方各个机构,一至九品只分正从,而不再设上、下阶,从而大大精简了官吏队伍的员数,可见精简政府机关乃是这次官制改革的方向。全面性的官制改革,尽管是从大业三年展开,但大业二年二月戊戌"置都尉官",应该视为这次职官制度改革的先导。那么,隋炀帝改革官制,为何要从"置都尉官"开始呢? 由于缺乏这方面的直接记载,只能根据相关史料进行一些推测性分析。

都尉作为古代一种职官,起源很早,最迟可以上溯至秦代。秦始皇统一六国之后,地方行政管理采用郡县制,郡的长官曰郡守,同时设"郡都尉"(简称"郡尉"[1])佐助郡守,分工专掌郡中武事;县亦如此,长官称县令或县长,同时置"县尉"为副贰,分工掌一县之武事。汉承秦制,而略有变化,地方上实行郡国并行制,郡国的职官设置一同秦朝,凡一郡人口达到 20 万人,则推举一人专掌郡兵,负责缉捕郡中盗贼,维护辖区治安。汉武帝元鼎四年,为强化长安周边的治安,又设置"三辅都尉"各二人,负责出入境检查工作;边境地区的郡则设置"农都尉",职掌屯田事务;同时又设置"属国都尉",职掌归降蛮夷部落的安抚工作。东汉建国以后,汉光武帝于建武七年,罢省诸郡都尉,将其所职掌的武事权力收归太守。及至魏晋南北朝时期,主要是那些动荡较为激烈的郡中设置临时性的都尉,一般情况下都是事毕则罢;在一些边境关隘或边郡,则设置关都尉或边郡都尉、属国都尉。[2] 从秦汉魏晋南北朝都尉的历史演变来看,除了西汉武帝时期一度设置的农都尉以外,其他诸职多是作为各级地方长官郡守(太守)、县令(长)的副贰或辅佐出现的,是在地方长官的领导下,分工负责所在地区的安全保卫、治安维持等军事事务的一个官职。

隋炀帝第一次下扬州期间所设置的"都尉官",有何不同呢? 据杜佑说:"隋炀帝时,别置都尉领兵,与郡不相知。又置京辅都尉,立府于潼关,主兵镇。

---

[1]〔汉〕班固撰,〔唐〕颜师古注:《汉书》卷一上《高帝纪上》:秦三年十月,"齐将田都畔田荣,将兵助项羽救赵。沛公攻破东郡尉于成武。"注引孟康曰:"尉,郡都尉也。"师古:"本谓之郡尉,至景帝时乃改曰都尉。"(中华书局 1962 年版,第 17—18 页)

[2]〔唐〕杜佑撰,王文锦、王永兴、刘俊文、徐庭云、谢方点校:《通典》卷三三《职官十五》,中华书局 1988 年版,第 916 页。

大唐无其制。"[1]就"领兵"这一点来说,隋炀帝所置都尉与此前历代都尉相同,即都拥有领兵的权力。所不同者,以前历代都尉尽管都有领兵权,但同时都归地方长官(郡守、太守、县令等)领导,具有地方长官副贰或助手的性质;而隋炀帝所置都尉,领兵却"与郡不相知",即不归属同级地方长官的领导,而是与其同级并列,这样就直接造成隋朝地方行政权与军事权的分离。隋炀帝为何要这样做? 考虑到当时是大业二年二月,隋炀帝即帝位仅一年有余,隋朝国家政治正处于向上发展的周期,因此隋炀帝设置都尉官,以分地方长官的军事权,就只能从加强中央集权、强化对地方的管控进行考虑。为什么这样说呢? 这是因为,魏晋南北朝时期由于特殊的社会形势,地方长官往往身兼军政两职,垄断民事、行政、财政、军事大权,很容易造成中央令行不遵、地方尾大不掉的政治弊端,魏晋南北朝时期经常发生地方反叛或公开对抗中央的情况,一个主要原因就在于地方长官权力过大,同时拥有军、政两项核心权力,控制众多社会资源,从而拥有割据一方的能力。因此,如果联系这些历史情况进行考虑,就不难明白隋炀帝大业二年二月"置都尉官"的真实用意了,其措置可谓深谋远虑。

　　大业二年二月隋炀帝下令"置都尉官",可能也与天人感应的思想观念的影响有某些关系。时至隋唐,君权神授等观念早已失去在思想界的支配地位,盛行于汉代的"天人感应"思想观念在社会上的影响日益减弱。但这并不意味着"天人感应"等迷信思想完全失去了市场,作为一种古老的观念,"天人感应"的思想仍然对当时的社会具有一定影响,特别是当人们在面对重大社会变动的时候,仍然会自觉或不自觉地将这些变动与神秘的"上天"联系起来,并采取一些社会行动。都尉作为一种以武事为职掌的职官,在神秘的"上天"也有与之对应的星宿,与都尉相对应的,是二十八星宿中西方七宿中的参宿,据《黄帝占经》所载,"参"应七将,"中央三小星曰伐,天之都尉也,主胡、鲜卑、戎狄之国,故不欲明。七将皆明大,天下兵精也"。[2]参宿共十星,中央三个小星叫作"伐",是上天的都尉,与之相对应的是胡、鲜卑、戎狄之国,

　　[1]〔唐〕杜佑撰,王文锦、王永兴、刘俊文、徐庭云、谢方点校:《通典》卷三三《职官十五》,中华书局1988年版,第916—917页。

　　[2]〔唐〕魏徵、令狐德棻:《隋书》卷二〇《天文志中》,中华书局1973年版,第547页。

亦即与中国北方边境的少数民族相对应,因此这代表"天之都尉"的三小星,理想状态是晦暗不明。然而,当时的天象却显示,这参宿七星都是硕大光明,正对应着人世间精兵汇集于此地。隋朝建国前后,中国北方边境的最大敌人——突厥,正处于最强盛的时代,另外辽东地区的高丽也不时犯边,奚、契丹、靺鞨等也开始兴起于东北。以此言之,都尉作为领兵的官职,隋炀帝在全面改革官制的前夕,首先恢复设置此职,很难说没有这方面的考虑。

4.厘定舆服制度。隋炀帝第一次下扬州期间的又一项重要政治活动,是"制定舆服",从而确立隋朝车马、服饰制度的标准。据《隋书·炀帝纪》记载,大业二年二月丙戌(朔,公元606年3月15日),"诏尚书令杨素、吏部尚书牛弘、大将军宇文恺、内史侍郎虞世基、礼部侍郎许善心制定舆服。始备辇路及五时副车。上常服,皮弁十有二琪,文官弁服,佩玉,五品已上给犊车、通幰,三公亲王加油络,武官平巾帻,裤褶,三品已上给艐槊。下至胥吏,服色皆有差。非庶人不得戎服"。[1]

车马服饰为中国古代礼仪制度的重要内容,制定舆服标准属于文化建设的范畴,隋炀帝第一次下扬州期间"制定舆服",表明隋炀帝在重视"武备"的同时,对于"文治"也甚为用心。从中国古代历史发展来看,舆服制度是国家礼仪制度的重要象征之一,国家一旦进入和平建设的时期,无不重视礼仪制度的建设。以隋朝来说,隋文帝开皇九年(589)平定陈朝之前,由于当时主要的任务是统一全国及为此所进行的军事斗争,因此,在礼仪制度建设方面,尽管也每有行动,但并不具备大规模"文治"的条件。及至开皇九年灭陈,全面推行"文治"就有了可能,包括"制定舆服"在内的礼仪制度建设,都可以从容展开。然而,隋文帝"务从俭省"的政治作风,使他潜意识中形成了礼仪制度等同于奢靡之风的看法,所以统一大业完成之后,对于包括制定舆服标准在内的礼仪文化建设,隋文帝并未给予足够的重视,从而造成礼仪制度建设上"于礼多阙"的局面[2]。

隋炀帝下诏"制定舆服"的具体时间,《隋书·礼仪志》定在大业元年(605),与《隋书·炀帝纪》所记大业二年(606)有所不同,但这二者并不矛盾,

---

[1]　〔唐〕魏徵、令狐德棻:《隋书》卷三《炀帝纪上》,中华书局1973年版,第65页。

[2]　〔唐〕魏徵、令狐德棻:《隋书》卷一〇《礼仪志五》,中华书局1973年版,第203页。

大业元年"制定舆服"的工作就已经开始,至大业二年下诏书正式公布。另外,参加此次"制定舆服"工作的主要人员,除《炀帝纪》所载数人之外,还有太府少卿何稠、朝请郎阎毗等人,"制定舆服"的主要依据与具体工作内容,则是"审择前朝故事,定其取舍"[1],也就是梳理以前朝代的舆服制度,并进行取舍,以确定隋朝的舆服制度标准,其中所说的"前朝故事",也包括此前隋文帝时所推行的一些改革在内。隋炀帝所进行的舆服制度改革,包括"舆"与"服"两个方面。

"舆",即车舆、车马,包括皇帝、后宫、大臣各色人等乘用车的配置、装饰、仪仗等方面的内容。隋炀帝"制定舆服"所涉及的车舆制度改革,主要包括两个方面,一是皇帝出行所乘用的"五辂",根据《隋书·炀帝纪》的记述,改制之后的车舆制度,"始备辇路及五时副车",用《礼仪志》的说法,则是"更制车辇,五辂之外,设副车"。从《礼仪志》的相关记载来看,隋炀帝对车舆制度的改革,应该是对隋文帝开皇十四年改革的继承和完善,隋文帝时,皇帝出行备有"五辂",但不用"副车",至隋炀帝"制定舆服",始恢复"副车"的设置[2]。二是大臣出行用车制度,即《隋书·炀帝纪》所记述的"五品已上给犊车、通幰,三公亲王加油络,武官平巾帻,袴褶,三品已上给钑槊"。犊车,起源于何时,史无明文,但最迟可以上溯至东汉末、三国曹魏之际。综合《隋书》纪、志相关记述,可知隋炀帝"制定舆服"之后,自王公以下至五品以上官员,皆由国家提供犊车;亲王、三公的犊车另外增加"油络"(古代一种丝质网状的车饰)的配置;三品以上武官的仪仗队,可以使用金瓜槌(即"钑槊")作为仪仗,金瓜槌由国家提供。至于六品以下的官员,准许他们自备犊车,但车上不许施幰,即不准许用帷幔作为装饰[3]。

"服",即服饰制度。大业二年"制定舆服"的具体内容包括:"上常服,皮弁十有二琪。"按,皇帝常服中有"皮弁"一项,中国传统服饰,特别重视冠帽,被认为是服饰中的"首服"。所谓皮弁,即以皮革制作的冠帽,皮革缝隙之间一般都要缝缀珠玉宝石以为装饰。大业二年的舆服改革,规定:皇帝的皮弁,

[1]〔唐〕魏徵、令狐德棻:《隋书》卷一〇《礼仪志五》,中华书局1973年版,第204页。

[2]〔唐〕魏徵、令狐德棻:《隋书》卷一〇《礼仪志五》,中华书局1973年版,第203—205页。

[3]〔唐〕魏徵、令狐德棻:《隋书》卷一〇《礼仪志五》,中华书局1973年版,第210—211页。

装饰以 12 颗美玉。"文官弁服,佩玉",意即文官弁服,可以用玉作为佩饰。按,弁服为中国传统服饰之一,是一种仅次于冕服的服饰,从皇帝到一般官员、士大夫皆可服用。对皇帝而言,是他视朝听政或接受诸侯朝见时所穿用的服饰;对大臣而言,则是上朝参见皇帝时所穿的服饰[1]。"武官平巾帻,裤褶。"按,平巾帻,是与介帻、平上帻同属一个系统的冠服。帻,本为裹在额头上的布,王莽专政时期,做成有硬挺的顶部,可以覆罩整个头部,接着出现了顶部呈"介"字形屋顶的帻,是为介帻。到了东汉时期,又开始用一种平顶的帻作戴冠时的衬垫物,称为平巾帻。至西晋末年,平巾帻的形式又发生变化,变为前面呈半圆形平顶,后面升起呈斜坡形尖突,称为平巾帻,又因为平巾帻在穿戴时不能覆盖整个头顶,只能罩住发髻的小冠,故又称小冠。魏晋南北朝时期,平巾帻大为流行。隋炀帝大业二年,改革舆服制度,便将平巾帻确定为武官的一种通用冠帽。裤褶,中国传统服装的一种款式,上服褶而下缚裤,其外不复用裘裳,故称裤褶。裤褶之名,源起于汉末,最大特点是方便骑乘,故多用为军中之服。魏晋南北朝时期,裤褶上下通用,都是作为军队和行旅之服,北朝尤其流行,并被用作常服和朝服,甚至于北方妇女也多穿裤褶。至此,隋炀帝根据现实情况,将裤褶定为武官常服。"下至胥吏,服色皆有差。非庶人不得戎服。"——大业二年厘定服饰制度,并不局限于统治阶级,对于下层胥吏,乃至平民的服饰,也做出了明确规定。

5. 东都建成,移驾洛阳。隋炀帝第一次下扬州期间的最后一项政治活动,是从江都移驾东都洛阳。据《隋书·炀帝纪》:大业二年正月辛酉(公元 606 年 2 月 18 日),"东都成,赐监督者各有差"。三月庚午(公历 4 月 28 日),"车驾发江都"。四月庚戌(公历 6 月 7 日),"入于东都"。这里有一个问题,隋炀帝自扬州移驾东都洛阳,除了帝王巡幸全国的一般理由之外,是否还有其特殊的政治背景呢?

隋炀帝一生颇多兴作,修建东都洛阳和开通运河,皆为其即位之后立即发起的全国性重大工程,也是历代所指斥的两项"暴政"。据历史记载,仁寿四年(604)七月,隋文帝驾崩,隋炀帝在仁寿宫即帝位;八月,奉隋文帝灵枢

---

[1] 弁的形制,上部锐而小,下部广而大,一若人之两手做相合状,"弁"为象形字。弁与冠,自天子至士皆可戴之,时至周代,冕、弁开始分其尊卑,冕尊而弁次之。

返回长安。十一月乙未(公历 11 月 29 日),隋炀帝驾幸洛阳;癸丑(公历 12 月 17 日),下诏在"伊、洛营建东京"[1]。次年,即大业元年(605)三月丁未(公历 4 月 10 日),命尚书令杨素、纳言杨达、将作大匠宇文恺营建东都,营造东都工程正式启动。四天以后,即三月辛亥(公历 4 月 14 日),下诏征发河南诸郡百万余人,开通济渠[2];同时,征发淮南民夫开邗沟。

隋炀帝所兴建的旨在沟通南北的运河工程,其总体布局和设计方案,就是以东都洛阳为中心,以黄河为骨干,充分利用黄河南北自然地形的特点,让河水顺应地形,由高处向低处流动;运河分为南北两个系统,向东南、东北两个方向作扇形展开,先南后北,分期进行,南系统运河是洛阳东南方向的通济渠、邗沟、江南河三段,北运河即永济渠。

营造东都洛阳与开掘通济渠,乃是隋炀帝即位以后所兴两个国家级的大型工程。从启动时间来看,这两项工程前后间隔不过四天,表明二者之间应当有密切的关系,或者说这两项大工程乃是配套的系统工程。隋炀帝为什么在即位不久,立即着手兴起这两项大工程?隋炀帝做出这一重大决策的背景和真实动机又是什么?

无论是营造东都,还是开掘运河,都必然耗费巨大的人力物力,广大吏民因此承受了巨大痛苦,例如杨素担任营作大监的时候,每月役使的工匠就多达 200 万,为了赶工期,每天都有很多丁夫劳累致死[3]。但具体就隋炀帝营造这类工程而言,也有其历史和现实的考虑。首先,中国历史上多数朝代都实行两京制,例如西周都镐京(今陕西西安),周公姬旦营建洛邑(即洛阳),后来洛邑成为东周首都;东汉也是长安、洛阳两京制;唐朝则西京长安、东都洛阳、北京太原。两京制或陪都制乃是中国历史上一项传统政治举措,目的在于强化国家的控制力,因此都是被肯定的,唯有隋炀帝兴建东都洛阳,被看成"暴政"而加以否定。其次,对于兴建东都洛阳,必须从其时政治、经济、军事形势全域的角度加以考量。隋继北周,以关中一隅之地,东进南下统一了中国,长安作为全国政治中心,在实现南北统一之后,开始呈现力有不逮的趋势。山

---

[1]〔唐〕魏徵、令狐德棻:《隋书》卷三《炀帝纪上》,中华书局 1973 年版,第 61 页。

[2]〔唐〕魏徵、令狐德棻:《隋书》卷三《炀帝纪上》,中华书局 1973 年版,第 63 页。

[3]〔唐〕魏徵、令狐德棻:《隋书》卷二四《食货志》,中华书局 1973 年版,第 686 页。

东、江南两大地域,对居住在长安的最高统治集团来说,是两股离心力极强的力量,如何加强对它们的政治控制,就成为最高统治者不能不考虑的问题。从地缘构成的角度看,以洛阳为中心,更能满足镇抚山东、江南的政治需要。以地理形势而论,洛阳北临黄河,具有"控以三河,固以四塞"的形胜之势,早在即位之前,隋炀帝就曾亲临洛阳,对其地理形势进行实地考察;大业元年三月,隋炀帝下诏营建洛阳时,再次提到:"关河重阻,无由自达。朕故建立东京,躬亲存问。"[1]就是说,导致隋炀帝做出营建东都决策的关键原因,实为洛阳在地理位置上具有不可比拟的优势[2]。从经济的角度来说,首先就是为了解决关中粮食不足的问题。作为政治中心和军事重心,关中地区人口稠密,粮食供应已经遇到很大困难,在正常或丰收的年份,尚且要从关东漕运粮食接济长安,那么遇到灾荒之年?可想而知!以当时的运输条件,向关中漕运粮食,并不足以解决那么多人的吃饭问题,所以每逢这种时候,就只好"移民就丰"。这个问题实际上从周齐对峙的时候,就已经出现,故北周武帝宇文邕在灭掉北齐之后,曾经一度以洛阳为东京,并且营建了洛阳宫,其中就有解决关中粮食供应不足这个问题的意图!在隋文帝统治时期,每逢关中遇到灾荒,他都要亲自率领臣民,前往洛阳就食,如开皇四年九月甲戌(公元584年10月24日),"驾幸洛阳,关内饥也"。[3]开皇十四年八月辛未(公元594年8月30日)"关中大旱,人饥。上率户口就食于洛阳"。[4]开皇十五年(595)正月,以岁旱,祠泰山,"及东拜太山,关中户口就食洛阳者,道路相属。上敕斥候,不得辄有驱逼,男女参厕于仗卫之间。逢扶老携幼

---

[1]〔唐〕魏徵、令狐德棻:《隋书》卷三《炀帝纪上》,中华书局1973年版,第61、63页。

[2] 按,明朝人陈建曾写过《建都论》,讨论长安、开封、洛阳、北京四地作为首都方面的条件对比,其中说:"按,古今天下大都会有四:曰长安,曰洛阳,曰汴,曰燕。四者,自昔帝王建都之地也。然论时宜地势,尽善全美,则皆不如洛阳。何也?夫建都之要,一形势险固,二漕运便利,三居中而应四方。必三者备,而后可以言建都。长安虽据形势,而漕运艰难;汴居四方之中,而平夷无险,四面受敌。惟洛阳三善咸备。"(《昭代经济言》卷九《建都论》,清《岭南遗书》本)事实上,早在西周初年周公营建洛阳邑的时候,就已经指出,洛阳居于"天下中,诸侯四方纳贡职,道里钧矣"。(〔汉〕班固撰,〔唐〕颜师古注:《汉书》卷四三《娄敬传》,中华书局1962年版,第2119页)

[3]〔唐〕魏徵、令狐德棻:《隋书》卷一《高祖纪上》,中华书局1973年版,第22页。

[4]〔唐〕魏徵、令狐德棻:《隋书》卷二《高祖纪下》,中华书局1973年版,第39页。

者,辄引马避之,慰勉而去。至艰险之处,见负担者,遽令左右扶助之"。[1]因此,营建东都洛阳,绝非隋炀帝轻信谣言或迷信而做出的轻率之举,当然更不是出于个人追求享受逸乐的荒唐举动,而是经过对当时政治、经济、军事、地理等形势综合分析之后,所做出的顺应时代要求的重大政治决策,有论者指出:"炀帝因在重建新都时大肆挥霍而受到道德论者的谴责,但如果看到他自己对此举的论点和地缘政治学的合理性,人们就会发现充足的理由。在两份命令重建新都的诏书中,他提到在这一地点建都的著名的先例:周公约在公元前1100年在那里建东都;汉高祖盛赞这一地址。他还应提到那里也是东周和东汉的国都,汉之主要继承国在312年该城沦于'异族'之手前也建都于此地。494年汉化的北魏帝也选此城为新都。他提到周在东方建立第二个根据地的必要性,因为从那里可以控制被征服的商(约公元前1100年);他举近期他兄弟汉王叛乱之例来证明同样的需要;关中区作为基地过于偏僻,难以由此遏制东部的反抗者。此外,洛阳是水陆运输的自然中心及储藏和转运贡粮的要地。这些因素也促使唐朝在将近三百年期间以洛阳为东都。"[2]实际上,营建东都并非仅仅是隋炀帝的主张,也是隋文帝的夙愿,隋炀帝在营建东都诏书中明确指出:"我有隋之始,便欲创兹怀、洛,日复一日,越暨于今。念兹在兹,兴言感哽!"[3]这段话的意思十分清楚地告诉我们:从建国时起,隋朝就已经准备兴建东都,但日复一日,一直拖到现在,每每想起此事,未尝不心情激动! 可见早在隋文帝建国时,就已经有创建新东都洛阳的计划了。

隋炀帝即位仅四个月之后,就着手营建东都,实具有政治、经济方面的双重考虑。仅从粮食安全的角度看,洛阳是随后修建起来的通济渠的终点,也就是山东、江淮粮食转运的集散地,有洛阳作为陪都,在关中遇到饥荒,上自皇帝下至各级官吏及百姓,都到洛阳就食。另外,洛阳作为粮食集散地,又可作为平时向关中漕运粮食的基地,有利于减轻关中粮食紧张的压力。何以言之? 因为隋炀帝在营建东都的同时,就在洛阳周围兴建洛口仓、回洛仓等几

---

[1]〔唐〕魏徵、令狐德棻:《隋书》卷二《高祖纪下》,中华书局1973年版,第54页。

[2]〔英〕崔瑞德编,中国社会科学院历史研究所西方汉学研究课题组译:《剑桥中国隋唐史(589—906年)》,中国社会科学出版社1990年版,第131—132页。

[3]〔唐〕魏徵、令狐德棻:《隋书》卷三《炀帝纪上》,中华书局1973年版,第61页。

个超大型国家粮仓,这些粮仓都是东都的配套工程,这充分表明隋炀帝在兴建东都洛阳时,已经充分考虑到粮食供应这个经济问题了。

大业二年正月辛酉(公元 606 年 2 月 18 日),新的东都洛阳城正式建成,隋炀帝分别赏赐了有功人员之后,即于三月庚午(公历 4 月 28 日),从扬州起驾,前往东都,四月庚戌(公历 6 月 7 日),到达东都。隋炀帝为何在新东都建成之后,立即从扬州移驾洛阳呢? 其中原因,除了视察、庆祝新东都工程胜利完成之外,同时也是为了亲身体验运河工程——邗沟与通济渠这两段水路的通行效率。

通济渠,又名御河,是连接黄河、淮河两大水系的运河;邗沟,又称山阳渎,是连接淮河、长江两大水系的工程。隋炀帝大业元年三月辛亥(公元 605 年 4 月 14 日),"命尚书右丞皇甫议发河南、淮北诸郡民,前后百余万,开通济渠。自西苑引谷、洛水达于河;复自板渚(在虎牢东)引河历荥泽(今河南郑州西北)入汴;又自大梁(今河南开封)之东引汴水入泗,达于淮;又发淮南民十余万开邗沟,自山阳至杨子入江。渠广四十步,渠旁皆筑御道,树以柳;自长安至江都,置离宫四十余所"。[1]通济渠开凿之前,汴河由黄河流至开封以东的雍丘(今河南杞县)附近,便东流至徐州,再向南流与泗水同入淮河。通济渠修成以后,汴河由黄河流至雍丘一段,完全与旧日的汴河河道相同,但到达雍丘之后,向东南流至泗州,注入淮河。这样一来,南北水路大大缩短。在隋炀帝所开运河中,这是最重要的一段,因为它把黄河和淮河两大水系连接起来,所谓大运河沟通南北这一说法,很大程度上就是指通济渠勾连黄河、淮河两个区域来说的。邗沟,本春秋时吴王夫差所开管道,山阳渎就是利用旧有邗沟渠道,加深加宽修成[2]。邗沟航程较短,只有 300 余里长,但作用十分重要,因为它沟通了淮河、长江两大水系。随着通济渠、邗沟两段运河的开通,自黄河乘船,就可以快捷地到达长江了。通济渠、邗沟这两段运河,皆宽

---

[1]〔宋〕司马光编著,〔元〕胡三省音注:《资治通鉴》卷一八〇隋炀帝大业元年(605)三月,中华书局 1956 年版,第 5618—5619 页。

[2] 实际上,大运河邗沟段的整修工作,隋文帝开皇七年(587)四月,就实施过一次,"于扬州开山阳渎,以通运漕"。此次主要是军事目的,是为伐陈做运兵运粮的准备工作。隋炀帝曾任伐陈军事总指挥,因此,他对江淮地区水路运输的高效率,早就有了直观认识。

40 步,管道两旁皆修筑宽阔的御道,"种榆柳,自东都至江都二千余里,树荫相交"。[1]绿化也做得很好,说明隋时已经充分关注环境问题了。

（二）隋炀帝二下扬州期间的政治活动与政治变动

隋炀帝第二次起驾前往扬州,时在大业六年三月癸亥(公元 610 年 3 月 31 日);大业七年二月乙亥(公元 611 年 4 月 7 日),自扬州乘龙舟入通济渠,前往涿郡。[2]故隋炀帝二下扬州,在此居留的时间,长达一年有余。

隋炀帝二下扬州期间的政治活动,及其间所发生的政治变动,可以归纳为安抚人心(宴赏嘉勉)、人事变动(包括官员任免、薨亡)、制度变改、接受外邦贡献、开挖江南运河、讨伐叛乱等几个方面,兹一一叙述如下。

1. 宴赏嘉勉,安抚人心。隋炀帝从政之后,就注意招抚人心,早在为晋王、任伐陈统帅期间,隋炀帝就注意约束军纪,招抚江南地区的民心;后来出任扬州总管,也致力于笼络辖区的人心;即帝位不久,就开始巡幸南北,其中一个主要动机在于"观风问俗""忧勤兆庶"[3]。在第一次下扬州期间,隋炀帝发布了大赦令,"赦江淮已南",扬州地区"给复五年",原扬州总管辖区的州郡"给复三年"[4],其主要目的就是安抚江淮、江南地区的民心。二下扬州期间,隋炀帝于大业六年夏四月丁未(公元 610 年 5 月 14 日),"宴江淮已南父老,颁赐各有差"。[5]宴请江淮以南地区的父老,并给予赏赐,目的仍然是安抚"江淮已南"地区的人心。因为在中国传统社会中,"父老"实为地方乡里公共事务的管理人,他们多数都是由拥有一定家族实力的地方大族中的老人担任,汉唐时期的"父老",绝大多数都有雄厚的家族势力,是地方郡县政府与乡里村落沟通的媒介。传统中国乃是一个宗法制的社会,"乡(亭)三老""村(里)父老""豪长者(长老)"一方面是当地实力派的代表人物,另一方面又是上级郡、县政府的联络人,郡县地方乃至中央政府的政策能否最终得到贯彻落实,很大程度上取决于他们配合与支持的程度,如果这些乡里"父老"愿意和政府合

---

[1]〔唐〕杜宝撰,辛德勇辑校:《大业杂记辑校》,中华书局 2020 年版,第 190 页。

[2]〔唐〕魏徵、令狐德棻:《隋书》卷三《炀帝纪上》,中华书局 1973 年版,第 75 页。

[3]〔唐〕魏徵、令狐德棻:《隋书》卷三《炀帝纪上》,中华书局 1973 年版,第 67 页。

[4]〔唐〕魏徵、令狐德棻:《隋书》卷三《炀帝纪上》,中华书局 1973 年版,第 65 页。

[5]〔唐〕魏徵、令狐德棻:《隋书》卷三《炀帝纪上》,中华书局 1973 年版,第 75 页。

作,则政令的推行就会十分顺利,反之,则政令很难落到实处。所以,二下扬州期间,隋炀帝宴请江淮地区的"父老",给予其赏赐,和一下扬州期间大赦江淮以南、给予扬州及其总管区内复除徭役等优待措施,其考虑问题的出发点,和最终所要达到的目标,都是一样的,都是为了安抚、争取江淮以南地区的民心。

大业七年二月己未(公元 611 年 3 月 22 日),"上升钓台,临扬子津,大宴百僚,颁赐各有差"。[1]这是隋炀帝为了获得官僚阶层的支持与拥护,而采用的抚慰嘉勉的措施。皇权专制政体下,皇帝驾驭大臣的方法,从来都是软硬两手,有奖有罚。大业七年二月己未,隋炀帝在扬子津大宴文武百官,并给予赏赐,是为"奖",也是为了争取百官支持他东征高丽的政治决策。就在扬子津宴赏群臣的第二天,即二月庚申(公历 3 月 23 日),隋炀帝在扬州接受了百济使团的进贡。半个月以后的二月乙亥(公历 4 月 7 日),隋炀帝从扬州乘龙舟入通济渠,前往涿郡;二月壬午(公历 4 月 14 日),正式下诏,准备东征高丽。从整个过程来看,隋炀帝在扬子津大宴并嘉奖群臣,主要目的应该就是为了争取他们支持东征高丽的决策;而接受百济使团的进贡,也可能与准备东征高丽有关系,因为在当时的朝鲜半岛,存在百济、新罗、高丽三个大的政权,其中百济在最南端,与隋朝交好,与高丽则为世仇,因此隋炀帝在东征高丽之前,专门接见百济使团的进贡,不能排除双方相互联络、共同对付高丽的可能。

2. 人事变动(包括官员任免、薨亡)。隋炀帝第二次下扬州期间的人事变动,主要包括官员任免和大臣薨亡,这些人事变动载入《隋书·炀帝纪》,一定程度上正说明这些人事变动具有不同寻常的政治影响。当然,其间所发生的人事变动,有些并未能载入《隋书·炀帝纪》,对于这些变动的政治影响,必须给予充分的关注。

(1)隋炀帝二下扬州期间的官员任免情况,值得注意者主要有如下两例。

其一,大业六年三月癸亥(公元 610 年 3 月 31 日),隋炀帝驾临江都宫,次日即三月甲子(公历 4 月 1 日),任命鸿胪卿史祥为左骁卫大将军。史祥由鸿胪卿转任左骁卫大将军,是否有什么特殊的政治背景? 史祥(? —约

617），字世休，朔方（治今陕西靖边县东北白城子）人，少年时代即表现出过人的文武才干，在北周时袭爵武遂县公。隋文帝建国后，史祥官拜仪同，领交州事，进爵阳城郡公；伐陈之役，出任宜阳公王世积先锋，一举攻取江州，进位上开府，拜蕲州总管，不久转任左领左右将军。开皇十九年（599）前后，以行军总管之职随晋王杨广出击突厥，在灵武（今宁夏灵武西南）一带大破突厥军，这是史祥第一次作为晋王杨广的部将，从事征战，二人从此有了上下级隶属的关系。仁寿年间（601—604），史祥统兵屯驻弘化郡（治今甘肃庆阳），以防备突厥侵扰，其时已经被立为太子的杨广，曾与史祥有书信往还，"太子甚亲遇之"，二人之间建立了密切的关系。隋炀帝即位后，汉王杨谅举兵反叛，史祥被任命为行军总管，驻扎于河阴，阻挡叛军渡河，不久率军大破叛军。史祥因此进位大将军，转任太仆卿，赏赐丰厚，隋炀帝还特别赐诗赞美，并降手诏慰问嘉勉。不久之后，史祥升迁为鸿胪卿。其时突厥启民可汗归降隋朝，隋炀帝派遣史祥代表自己前往迎接；后来，史祥又领兵征讨吐谷浑，因功受赏。

由史祥一生行迹可知，他不仅军事才能突出，并屡立战功，而且也是隋炀帝十分信任和倚重的将领。因此，大业六年三月甲子，史祥由鸿胪卿转任左骁卫大将军，隋炀帝必定有其特殊的考虑。次年即大业七年二月壬午（公元611年4月14日），隋炀帝发布东征高丽的诏书，在随后的一征高丽军事行动中，史祥也领军从征，率部出蹋顿道。据此可知，史祥由鸿胪卿转任左骁卫大将军，其政治背景就是隋炀帝准备东征高丽，希望他能够再立军功，为征讨高丽做出新的贡献。不过，由于一征高丽以全面失利而告终，史祥所部也是失利而还，并因此受到了惩处，但不久之后又重新出任地方长官[1]。

其二，罢免张衡，提拔王世充。隋炀帝第二次驾幸江都期间的另一项重要人事任免，是罢免张衡的同时，提拔了王世充。此事《资治通鉴》系于大业六年（610）三月。

张衡（？—612），字建平，河内郡（今河南沁阳）人，初仕于北周，隋文帝建国以后，先任职于中央，担任司门侍郎之职。后来随晋王杨广转任并州、扬

---

[1]〔唐〕魏徵、令狐德棻：《隋书》卷六三《史祥传》："进位左光禄大夫，拜左骁卫将军。及辽东之役，出蹋顿道，不利而还。由是除名为民。俄拜燕郡太守……"（中华书局1973年版，第1496页）

州,先后担任河北行台刑部、度支二曹郎、并州总管掾、扬州总管掾、扬州总管府司马、行军总管诸职,为晋王杨广最信重的僚属。晋王杨广谋划夺嫡,张衡出力最多,晋王杨广成为皇太子后,张衡任太子右庶子,兼给事黄门侍郎。仁寿四年(604),隋文帝驾崩,杨广即帝位,张衡任给事黄门侍郎,不久升任银青光禄大夫、御史大夫,成为隋炀帝最为亲重的大臣之一。那么,大业六年(610)三月,隋炀帝为何罢免了张衡呢?其中原因既有张衡恃宠而骄,也缘于他对隋炀帝的一些做法公开提出批评意见。例如,大业四年(608),隋炀帝欲扩建汾阳宫,令张衡主持此事,张衡和纪弘整二人画好图纸奏上,并乘机劝谏隋炀帝要体察民生疾苦,隋炀帝听后心中很是不爽。隋炀帝有一次曾目视张衡,对侍臣说:"张衡自以为是因为他的计谋,才让我有了天下。"这时就有人上奏,说齐王杨暕违反制度,将伊阙县令皇甫诩带到汾阳宫;又有人上奏,说隋炀帝祭祀恒山时,前来谒见圣驾的父老乡亲衣冠不整,身为司法官的张衡有失察之罪责。于是,隋炀帝就将张衡外放,让他出任榆林太守。大业五年(609),隋炀帝再次来到汾阳宫,张衡此时正在督建楼烦城,又令隋炀帝心中不快,让他再次回到榆林任职。不久之后,张衡又奉命监修江都宫,这时有人到张衡那里状告监工,张衡不但没有处理监工,反而将告状信交给了监工,告状者因此遭受更大困顿。适逢礼部尚书杨玄感出使江都,此人又到杨玄感那里喊冤。杨玄感虽然不认同张衡的做法,但并没有当面指出,张衡却对杨玄感说:"薛道衡死得真冤枉。"结果杨玄感将这些报告了隋炀帝,几乎同时,江都丞王世充也上奏,弹劾张衡克扣劳工的粮饷。于是,隋炀帝下令将张衡绑赴江都市,准备将其斩杀,关了很长一段时间后,将张衡除名为民,放回家乡。但隋炀帝同时派人暗中监视,想看看张衡究竟还有什么举动。大业八年(612),隋炀帝一征高丽失利而返,这时张衡的小妾上奏说他心怀怨诽,隋炀帝遂下诏赐死于家中。临死前,张衡大声呼喊:"我为人作何物事,而望久活!"由此可见,张衡之被罢免,及后来被赐自尽,既是他恃宠而骄的结果,也与他当初为隋炀帝谋划夺嫡,并亲手加害隋文帝,对于隋炀帝的政治底细过于清楚有关。因为隋炀帝担心,张衡一旦将当初夺嫡阴谋及谋害隋文帝的秘事和盘托出,自己的政治形象必定会大受损害。因此,大业六年三月罢免张衡,也就不再是一般性的人事任免,而蕴含着较为重大的政治隐情了。

罢免张衡的同时,王世充获得提拔,主要是因为王世充此前担任江都丞期间表现突出,赢得隋炀帝的信任,便让他同时兼任江都宫监,负责江都宫的营造与管理。不久,隋炀帝下诏提升江都太守品秩,王世充因为身兼江都丞、江都宫监二职,确实受到重用。

(2)隋炀帝二下扬州期间,薨亡的重要大臣,据《隋书·炀帝纪》的记述,至少有如下四人,兹简略陈述如下。

①大业六年(610)十月间,刑部尚书梁毗卒。

梁毗(528—609),字景和,安定乌氏(今甘肃平凉)人。初仕于北周,入隋后进封侯爵,隋文帝任命为治书侍御史,后历任大兴令、雍州赞治、西宁州刺史、散骑常侍、大理卿诸职。梁毗在担任大理卿期间,不畏权势,秉公执法,曾先后弹劾权臣刘昉、杨素等人的不法行为,隋文帝晚年不再对杨素委以专任,就是由于梁毗的直言进谏。隋炀帝大业二年正月辛酉(公历606年2月18日),梁毗由大理卿升任刑部尚书[1],同时兼摄御史大夫事。在任期间,梁毗又弹劾宇文述私自役使部下士兵,隋炀帝想免除宇文述的罪行,但梁毗坚决反对,因而忤旨,遂被免去御史大夫职。梁毗心中不平,于大业六年(610)十月间忧愤而卒。梁毗死后,隋炀帝派吏部尚书牛弘前往吊唁,并赠缣五百匹以示慰勉[2]。

②大业六年十月壬子(公元610年11月15日),民部尚书、银青光禄大夫长孙炽卒[3]。

长孙炽(549—610),字仲光,河南洛阳人。初仕于北周,入隋后任内史舍人、上仪同三司,以本官摄判东宫右庶子。隋文帝派八路使者出巡,长孙炽任左领军长史,持节巡行东南道三十六州,回朝后授太子仆,加谏议大夫,摄长安令,不久领右常平监,迁雍州赞治,改封饶良县子。后历任鸿胪少卿、太常少卿,进位开府仪同三司,复持节为河南道二十八州巡省大使,又任吏部侍郎。隋炀帝大业元年(605),升迁为大理卿,复为西南道大使,巡省风俗。擢拜民部(户部)尚书。吐谷浑入侵张掖,长孙炽率精骑五千将其击退,以功授

---

[1] 〔唐〕魏徵、令狐德棻:《隋书》卷三《炀帝纪上》,中华书局1973年版,第65页。

[2] 〔唐〕魏徵、令狐德棻:《隋书》卷六二《梁毗传》,中华书局1973年版,第1479—1480页。

[3] 〔唐〕魏徵、令狐德棻:《隋书》卷三《炀帝纪上》,中华书局1973年版,第75页。

银青光禄大夫。大业五年(609)末,隋炀帝前往江都宫,留长孙炽留守东都洛阳,摄左候卫将军事。大业六年十月壬子,长孙炽在民部尚书任上去世,时年62岁,谥静。[1]

③大业六年十一月,左光禄大夫、吏部尚书牛弘卒。

牛弘(545—610),本姓寮氏,字里仁,安定鹑觚(今甘肃灵台)人。牛弘性格宽厚,少年好学,博览群书。北周时期起家为中外府记室、内史上士,历任纳言上士、员外散骑侍郎,袭封临泾公。宣政元年(578),转任内史下大夫,进位使持节、大将军、仪同三司。

隋朝建国,迁授散骑常侍、秘书监,进爵奇章郡公。开皇三年(583),拜礼部尚书,奉敕修撰《五礼》百卷,流行于世,又上奏请修明堂;开皇六年(586),任太常卿;开皇九年(589),隋文帝下诏改定雅乐,牛弘又撰作乐府歌词,并与姚察、许善心、何妥、虞世基等人一起,"正定新乐",后牛弘又任大将军、吏部尚书,与上述人等讨论"新礼降杀轻重",牛弘所议,为众人所推服,从而确立了隋朝的礼乐制度。牛弘担任吏部尚书,职掌选举期间,主张"先德行而后文才,务在审慎",史称:"隋之选举,于斯为最。时论弥服弘识度之远。"隋炀帝在东宫时,即与牛弘有诗书往还,其深得炀帝钦重。大业二年(606)进位上大将军,次年改任右光禄大夫。隋炀帝巡行恒山、太行山,礼仪规范皆为牛弘所拟定,还曾将牛弘引入内帐,赐他与皇后同席饮食。大业六年(610),牛弘跟从隋炀帝巡幸扬州,其年十一月,死于江都。隋炀帝甚为痛惜,赙赠甚厚。归葬安定,赠开府仪同三司、光禄大夫、文安侯,谥宪。[2]

④大业七年春正月壬寅(公元611年3月5日),左武卫大将军、光禄大夫、真定侯郭衍卒[3]。

郭衍(?—611),字彦文,自言太原介休(今属山西)人。西魏侍中郭崇之子。郭衍少年时便骁壮武勇,善于骑射。初仕北周,领兵对北齐作战,令北齐甚为忌惮,官至车骑大将军、开府仪同三司,封武强县公,赐姓叱罗氏。宣

---

[1] 〔唐〕魏徵、令狐德棻:《隋书》卷五一《长孙览附从子炽传》,中华书局 1973 年版,第 1328—1329 页。

[2] 〔唐〕魏徵、令狐德棻:《隋书》卷四九《牛弘传》,中华书局 1973 年版,第 1297—1309 页。

[3] 〔唐〕魏徵、令狐德棻:《隋书》卷三《炀帝纪上》,中华书局 1973 年版,第 75 页。

政元年(578),为右中军熊渠中大夫。

北周末年,杨坚执政,"三总管之难"爆发,郭衍跟随韦孝宽征讨尉迟迥,连战克捷,超授上柱国,封武山郡公。又因密劝诛杀北周宗室诸王,早行禅代,而深得杨坚信重。隋朝建国,隋文帝下敕令其恢复旧姓郭氏。时突厥犯边,郭衍担任行军总管,驻军平凉以为防备。开皇四年(584),郭衍任开漕渠大监,开凿广通渠(后改名富民渠),关东粮食得以西运,缓解关中粮荒。开皇五年(585),担任瀛州刺史期间,开仓赈济灾民,而后上报朝廷,隋文帝大为嘉奖。擢升为朔州总管,在镇期间开置屯田,解决边军粮草供应问题。开皇十年(590),跟随晋王杨广出镇扬州,适逢江表地区发生动乱,郭衍任行军总管,迅速平定陈朝残余势力的反叛,出任蒋州刺史(治今江苏南京)。

尽管郭衍为人"临下甚踞,事上奸谄",但确有突出的军政才能,尤为晋王杨广所看重。杨广谋划夺嫡,郭衍遂成其心腹之一,积极为晋王夺嫡奔走操劳,并参与"仁寿宫变",负责控制宫门禁卫,从而保证政变成功。隋炀帝即位后,郭衍官拜左武卫大将军、光禄大夫,炀帝临幸扬州,郭衍统帅左军随行保驾。大业五年(609),隋炀帝西征吐谷浑,郭衍领兵出金山道,招纳降民二万多户。史言郭衍"能揣上意,阿谀顺旨",故深得隋炀帝宠信。大业六年(610),以恩幸获封真定侯。大业七年(611)正月,死于扬州,谥襄。[1]

3. 制度变改。隋炀帝第二次下扬州期间,在制度变改方面有两点值得关注。其一,提升江都太守的品秩,属于职官制度改革的范畴。大业六年六月甲寅(公元610年7月20日),"制江都太守秩同京尹"[2],按照隋朝官制,京尹为正三品,江都太守的品秩既然提升到正三品,意味着江都的地位已经与长安、洛阳齐平,前文所说的江都具有"帝都"的性质,这就是一个很重要的因素。

其二,明确规定随驾人员的服装款式及颜色,这属于舆服制度范围的变革。改革舆服制度,早在一下扬州期间,就已经展开。大业六年末,再次提到这个问题,表明隋炀帝变革舆服制度具有持续性,应该是他在政治实践的过程中,感觉到变革舆服制度不可能一蹴而就。第一次下扬州期间,隋炀帝规

---

[1] 〔唐〕魏徵、令狐德棻:《隋书》卷六一《郭衍传》,中华书局1973年版,第1468—1470页。
[2] 〔唐〕魏徵、令狐德棻:《隋书》卷三《炀帝纪上》,中华书局1973年版,第75页。

定随驾官员全部穿着裤褶,但裤褶在军旅过程中甚为不便,于是大业六年末下诏规定:"从驾涉远者,文武官皆戎衣,五品以上,通着紫袍,六品以下,兼用绯绿,胥史以青,庶人以白,屠商以皂,士卒以黄。"[1]此后,隋朝文武百官的常服,都要按照这个"品色"标准来执行。[2]这道诏令所规定的服饰的"品色"标准,并不限于各级品官,对于随驾胥吏、平民百姓、屠夫商贩、普通士兵的服饰颜色,也都作出了明确规定,充分体现了传统社会中贵贱有别的等级制度。

4. 接受外邦贡献。大业六年六月辛卯(公元610年6月27日),室韦、赤土并遣使贡方物。七年二月庚申(公元610年3月23日),百济遣使朝贡。

室韦,中国古文献中又作"失韦""失围""豕韦""猗韦",属于东胡鲜卑的一支,与契丹同出一源,以兴安岭为界,南为契丹,北为室韦,居住地在今黑龙江中上游及嫩江流域。室韦以狩猎为业,亦种植麦、粟,夏时城居,冬逐水草。各部首领号"莫贺咄"(亦作"余莫弗瞒咄"),相当于酋长。"室韦"之名见于汉文史籍,始于北魏,北周、北齐时均有室韦朝贡的记载。隋朝建国前后,室韦依附突厥,突厥派三名吐屯官总领其事[3]。隋朝建立后,室韦曾于开皇十三年(593)遣使朝贡。大业六年(610)六月,则为室韦第二次朝贡,朝贡地点则为扬州。

赤土,扶南之别种,故地大多认为在今马来半岛,亦有认为在今印度尼西亚的苏门答腊岛,因其土地呈赤色而得名。大业三年(607),隋炀帝派遣屯田主事常骏、虞部主事王君政等人访问其国,受到隆重接待。[4]大业四年三月壬戌(公元608年4月9日),赤土国遣使朝贡。当月丙寅(公历4月13日),隋炀帝派遣屯田主事常骏,再次出使赤土。[5]大业六年(610)春,常骏带领赤土国王子到弘农(今河南灵宝)朝见了隋炀帝,赏赐了王子及随行官员。[6]大业

---

[1]〔宋〕司马光编著,〔元〕胡三省音注:《资治通鉴》卷一八一隋炀帝大业六年(610)十二月,中华书局1956年版,第5652页。

[2]〔宋〕司马光编著,〔元〕胡三省音注:《资治通鉴》卷一八一隋炀帝大业六年(610)十二月胡注,中华书局1956年版,第5652页。

[3]〔唐〕魏徵、令狐德棻:《隋书》卷八四《北狄·室韦传》,中华书局1973年版,第1882—1883页。

[4]〔唐〕魏徵、令狐德棻:《隋书》卷八二《南蛮·赤土传》,中华书局1973年版,第1833—1835页。

[5]〔唐〕魏徵、令狐德棻:《隋书》卷三《炀帝纪上》,中华书局1973年版,第71页。

[6]〔唐〕魏徵、令狐德棻:《隋书》卷八二《南蛮·赤土传》,中华书局1973年版,第1835页。

六年六月辛卯(公历6月27日),赤土使团朝贡,应该是赤土国王子回国之后,再次派遣使团前来进贡,不过这次的朝贡地点已经改在扬州了。

百济,为朝鲜半岛三国之一,或曰其祖先出自高丽,然而百济国王给北魏皇帝所上奏表中,说百济与高丽俱出夫余。隋文帝时期,百济曾多次遣使朝贡。隋炀帝大业三年,百济王余璋连续派遣两个使团朝贡。大业七年二月庚申(公历3月23日),百济再次遣使到扬州朝贡,同年隋炀帝亲征高丽,百济王余璋派遣使臣询问出兵日期,表示愿意配合隋军作战。因此,大业七年二月百济使团在扬州朝贡时,双方可能已经有这方面的某些约定。

5. 开挖江南河。大业六年十二月,隋炀帝在江都期间,下敕开挖江南河,这是隋炀帝所兴大运河工程的最南段,自京口(今江苏镇江)至余杭(今浙江杭州),长800余里。江南河作为隋朝大运河的一个组成部分,其作用主要表现为将长江和钱塘江连接起来。

江南河宽十余丈,可以通过大型龙舟,沿途设置驿宫、草顿,表明隋炀帝可能有意于南巡会稽。不过,我们还是应该从连接中国南北交通的方面,去理解江南河开通的重大意义。江南河的完工,意味着纵贯中国南北的大运河完全打通,隋朝大运河北起涿郡,南达余杭,全长4000多里,成为贯通南北的水运大动脉。大运河的全线贯通,不仅加强了隋朝对南方地区的政治、军事控制,便利了江南财物向洛阳、长安的转输,而且大大加强了中国南方和北方的政治、经济、文化联系,对以后的历史发展产生了深远影响。何以言之? 其一,它把海河、黄河、淮河、长江、钱塘江五大水系连接起来,大大缩短南北间的交通距离,便利了南北的沟通;其二,它使南北物资交流有了畅通管道,对经济发展起了很大促进作用,以后沿运河干线,兴起许多商业城市,这些城市因所处地理位置优越而繁荣起来,如扬州逐渐成为全国经济中心,即缘于此;其三,运河还使得继隋而兴的唐、宋等王朝,由于南北经济文化联系进一步紧密而愈趋稳固,从而也加强了全国的统一。在海运尚未畅通、内陆交通尚未采用新式交通工具以前,大运河一直是沟通中国南北最重要的通道。

6. 讨伐叛乱。隋炀帝第二次下扬州期间,隋王朝正处于全盛时期,尽管局部地区偶尔发生一些动乱,但总体局势还是十分稳定。在此期间,隋朝境内所发生的反政府叛乱仅有两起,均发生于大业六年的下半年,这两起叛乱的规模都不是很大,而且都发生在隋朝的边境地区,所以很快就被平定了。

第一起反叛发生在北方边境地区的雁门郡(治今山西代县),即今山西省忻州境内,据《隋书》记载:大业六年六月壬辰(公元 610 年 6 月 28 日),雁门贼帅尉文通聚众三千,保于莫壁谷,遣鹰扬杨伯泉击破之[1]。第二起叛乱,发生在朱崖郡(治今海南徐闻县西),即今海南省的雷州半岛,据《隋书》记载:大业六年十二月辛酉(公元 611 年 1 月 23 日),朱崖人王万昌举兵作乱,遣陇西太守韩洪讨平之[2]。

上述两位平叛将领中,鹰扬郎将杨伯泉的事迹不详。韩洪(约 549—611),则是隋史有记载的名将。韩洪为河南东垣(今河南新安县五头镇)人,系隋朝名将韩擒虎季弟,也是隋朝一位勇敢善战的名将,曾以行军总管之职参与平陈之役,以军功加柱国,拜蒋州刺史(治今江苏南京)。在担任蒋州刺史期间,与晋王杨广结缘,并深得赏识。其后历任廉州刺史(治今广西合浦县廉州镇)、检校朔州总管事、代州总管、陇西太守诸职,一直战斗在对抗突厥的前线。大业六年十二月,王万昌叛乱发生后,韩洪以陇西太守身份领兵平叛,以军功加金紫光禄大夫,同时兼领朱崖郡。不久,王万昌弟王仲通再次叛乱,又被韩洪讨平,后韩洪病死于返师途中,时年 63 岁。

三、第三次下扬州与"江都之变"

说到隋炀帝与扬州的密切关系,还必须讲隋炀帝的人生结局。大业十四年(618)宇文化及发动"江都之变",隋炀帝遇弑,一代雄主便永远地埋骨于此,真的应了他那句"扬州旧处可淹留"了!"江都之变"不仅在事实上终结了隋朝的统治,江淮地区也陷入了一个较长时段的动荡之中,一直到唐高祖武德六年(623)以后,以扬州为中心的江淮地区才再次进入政治稳定时期。

(一)隋炀帝三下扬州及其背景

大业十二年七月甲子(公元 616 年 8 月 27 日),隋炀帝从洛阳起驾,前往江都宫,此为隋炀帝第三次下扬州。隋炀帝作出第三次下扬州的决策,先后有大臣上疏劝阻。他为何执意要第三次下扬州呢? 这就直接涉及第三次下

---

[1]〔唐〕魏徵、令狐德棻:《隋书》卷三《炀帝纪上》,中华书局 1973 年版,第 75 页。
[2]〔唐〕魏徵、令狐德棻:《隋书》卷三《炀帝纪上》,中华书局 1973 年版,第 75 页。

扬州的时代背景。隋炀帝第三次下扬州之前,三次东征高丽,均以失败告终,造成了北方的动乱,特别是第三次东征高丽期间,杨玄感的叛乱直接造成统治集团内部的分裂。但总体来看,大业九年(613)以后的江淮地区,社会形势相比北方,实际上也不稳定。梳理一下大业九年第二次东征高丽失利之后的全国局势,就会发现江淮地区所发生的武装叛乱,明显比北方要多,而且江淮地区动乱的目标所指,都是这个地区的中心城市——扬州。因此,稳定南方社会形势、确保扬州的安全,就成为隋炀帝当时考虑的重点,因为扬州作为隋炀帝在南方的政治活动中心,不仅在事实上已经成为隋朝在南方地区的陪都,在隋炀帝的心目中具有很高的地位,同时这里也是隋炀帝最有感情的地方,总管扬州十年已经让隋炀帝对扬州产生了深深的热爱之情,这里既是他建功立业的"福地",也是他完成夺嫡大计的"风水宝地"。无论是在即皇位之前的总管十年,还是即皇位以后两次临幸,隋炀帝对于扬州及南方地区的用心经营,都使得扬州与他产生了紧密的联系。自从他坐镇扬州以后,不仅积极采取广泛收纳江南人士参与政权、尊崇礼遇江南文士等措施,以缓和南人对北方的敌对情绪,还学会一口流利的吴方言,既是为了更好地笼络江南文士,也是为了使自己融入南方的社会文化环境。寻找隋炀帝三下扬州原因,这些都是应该给予充分关注的因素。

1. 三下扬州前夕南方地区的武装动乱

隋炀帝大业年间的社会动乱,尽管在征高丽前后就已经出现,但彼时之动乱不仅次数少,而且规模亦小,可谓无关大局,更未动摇隋朝的统治根基。大业九年六月乙巳(公元613年6月25日),杨玄感在黎阳起兵反叛,以及随后进逼洛阳,这一来自统治集团内部的萧墙之祸尽管很快就被平定,但却从根本上撼动了隋朝的统治基础。这次统治集团的内乱不仅直接造成了隋炀帝第二次东征高丽的不战而退,而且开启了隋朝末年的社会大动乱,原先处于隐藏状态的各种社会矛盾,全部浮现到表面,多频次、大规模的吏民反抗运动,竞相爆发。

从扬州为中心的江淮地区,直到岭南的广大南方地区,社会局势逐渐陷入动荡之中,众多规模不等的反政府叛乱不时或起。综合而言,以扬州为中心的江淮地区属于南方社会动乱的核心区域,扬州更是成为各路叛乱武装进

攻的中心。今根据《隋书·炀帝纪》的记载并参考相关列传,将杨玄感叛乱前后、隋炀帝三下扬州前夕的南方武装叛乱略述如下:

大业九年(613)

长江下游地区的武装反叛,先后有余杭(今浙江杭州)人刘元进,以及吴(今江苏苏州)人朱燮、晋陵(今江苏常州)人管崇所领导的反政府武装,尽管他们起兵有先后,但因为不久之后就联合到一起,所以迅速发展为长江下游地区实力最强、对扬州威胁最大的一股反叛力量。

大业九年七月癸未(公历8月2日),刘元进首先在江南举兵,以响应杨玄感[1];八月癸卯(公历8月22日),朱燮、管崇起兵,二人自称将军,率部寇掠江南,其时正在涿郡(今北京)的隋炀帝发布命令,令虎牙郎将赵六儿屯兵于江都郡的扬子津,分为五营,以防备叛军对江都的袭扰。管崇派遣部将陆颚渡江,夜袭赵六儿的大营,结果击破两营,大收器械军资而去,朱燮、管崇的部众迅速发展到十万[2]。十月壬辰(公历12月9日),朱、管所部与刘元进合兵,占据吴郡(今江苏苏州),刘元进被推举为天子,朱燮、管崇俱为尚书仆射,署置百官。在其影响下,毗陵、东阳、会稽、建安等地的豪杰纷纷起事,"多执长吏以应之"。在这种情势下,隋炀帝只好派遣久经沙场、屡立战功的左屯卫大将军吐万绪、光禄大夫鱼俱罗领兵,前往征讨。[3]

刘元进起兵后,率部进攻润州(今江苏镇江),兵锋直指润州对岸的扬州。吐万绪领兵至扬子津渡口布防,击退了企图从茅蒲渡江的刘元进,随后渡过长江,背水结营,与叛军形成对峙,次日又一举挫败刘元进的进攻,从而解润州之围。随后,吐万绪继续进兵,在曲阿(今江苏丹阳)与刘元进再度形成对峙局面。在相持百余日之后,吐万绪指挥所部发起攻击,一举击溃刘元进,叛军赴长江而死者数万,刘元进与少数几个人乘夜色逃脱,逃归驻扎在毗陵(今江苏常州)的朱燮、管崇大营。其时朱、管所部有兵十余万,连营百余里,声势

---

[1]〔宋〕司马光编著,〔元〕胡三省音注:《资治通鉴》卷一八二隋炀帝大业九年(613)七月癸未,中华书局1956年版,第5679页。

[2]〔宋〕司马光编著,〔元〕胡三省音注:《资治通鉴》卷一八二隋炀帝大业九年(613)八月癸卯,中华书局1956年版,第5682—5683页。

[3]〔宋〕司马光编著,〔元〕胡三省音注:《资治通鉴》卷一八二隋炀帝大业九年(613)十月,中华书局1956年版,第5685页。

甚大。吐万绪、鱼俱罗联兵并进,乘胜进攻,很快便击溃朱、管营垒,迫使叛军退保黄山。吐万绪继续追击,阵中斩杀管崇及其部将陆颉等五千多人,刘元进、朱燮逃脱,叛军穷途末路,遂大部投降,吐万绪收系叛军家属子女三万余口,送往扬州的江都宫。吐万绪、鱼俱罗乘胜进兵,解会稽之围。

然而,长江下游地区的动乱形势并未因此役的胜利而从根本上扭转,动乱仍不时发生。侥幸逃脱的刘元进等人,不久又在建安郡(治今福建福州)举兵,隋炀帝下令吐万绪、鱼俱罗继续进兵征讨。吐万绪、鱼俱罗二人根据多年征战的经验,深知叛军一时之间不可能完全清除,而且部下兵众又都疲劳不堪,因此二人向隋炀帝奏请,希望能够休整兵马,待来年春天再行进兵。然而,隋炀帝却认为二人怯懦畏战,秘密下令调查两人的罪过和失误。结果吐万绪被除名为民,不久便抑郁而死;鱼俱罗则因为受到猜忌,被诬以不臣之罪,而被斩杀。[1]

吐万绪、鱼俱罗死后,刘元进的叛乱尚未平定,于是隋炀帝又派遣江都郡丞王世充,领淮南兵数万进讨。王世充渡江后,连战皆捷,在吴郡击杀刘元进、朱燮,叛军余部或降或散。为了彻底清除隐患,王世充召集投降者在通玄寺佛像前焚香起誓,约定凡投降者皆不杀,那些已经散去的人原本想入海为盗,听闻此事后便出来归降,然而王世充却背弃盟约,在黄亭涧将这些人全部坑杀。消息传出后,刘元进余党重新聚集,再举反抗大旗,直至隋朝灭亡,也未能完全平灭。[2]

除刘元进、朱燮等人所领导的武装反抗外,长江下游地区还发生过一些较小规模的武装反叛,如同年九月丁酉(公历10月15日),东阳(今浙江金华)人李三儿、向但子在家乡举兵,部众多时也达一万余人。[3]这些小规模的武装反叛势力,大概后来也都汇入了刘元进的反叛大军之中。

岭南地区的武装反叛,主要有两起:一是八月乙卯(公历9月3日),陈

[1] 详参〔唐〕魏徵、令狐德棻:《隋书》卷六五《吐万绪传》,中华书局1973年版,第1537—1539页;卷六四《鱼俱罗传》,第1517—1518页。同时可参〔宋〕司马光编著,〔元〕胡三省音注:《资治通鉴》卷一八二隋炀帝大业九年(613)十二月,中华书局1956年版,第5687—5688页。

[2]〔宋〕司马光编著,〔元〕胡三省音注:《资治通鉴》卷一八二隋炀帝大业九年(613)十二月,中华书局1956年版,第5688页。

[3]〔唐〕魏徵、令狐德棻:《隋书》卷四《炀帝纪下》,中华书局1973年版,第85页。

瑱等人起兵反叛,部众三万人,攻陷信安郡(治今广东肇庆,辖境相当于今广东肇庆、德庆、云浮、新兴、高鹤及阳春市北部地区)。二是九月庚辰(公历9月28日),今广西、广东交界地区发生梁慧尚反叛事件,部众四万,攻陷苍梧郡(治今广东封开县)。

黄河以南、淮河以北地区的武装反叛,主要也有两起:九月己卯(公历9月27日),济阴(今山东菏泽市定陶区)人吴海流、东海(今江苏连云港市海州区)人彭孝才举兵反叛,部众有数万之多。[1]直到大业十年(614)十二月,彭孝才率部转掠沂水(今属山东),被彭城留守董纯擒获[2],这股武装反叛始告平定。

大业十年(614)

大业十年三月壬子(公历4月28日),隋炀帝行幸涿郡,准备三征高丽;癸亥(公历5月9日),隋炀帝驻跸临渝宫(在今河北卢龙县境内),斩杀叛逃士兵以立威,但仍然无法阻止士兵逃亡。七月,隋炀帝亲临怀远镇,其时天下已经大乱,所征集的军队多数不能按时到达,但此时的高丽也是困弊不堪。在来护儿大军准备直趋平壤的时候,高丽国王高元派遣使者乞降,同时囚送二征高丽期间叛逃高丽的斛斯政。在此情形下,隋炀帝下令班师,令人持节召来护儿撤兵。在隋炀帝三征高丽期间,各地的反隋武装暴动更加高涨,全国各地都进入动荡的状态。以江淮地区而言,主要有如下几股武装叛乱:

(1)四月辛未(公历5月17日),就在隋炀帝到达涿郡不久,彭城(今江苏徐州)人张大彪聚众数万,保悬薄山为盗,隋炀帝派遣榆林太守董纯领兵进讨,董纯在昌虑(今山东兰陵境内)一带击溃张大彪,斩首一万余级。[3]

(2)六月辛未(公历7月16日),郑文雅、林宝护等众三万,陷建安郡(治今福建福州),太守杨景祥战死。[4]

---

[1]〔唐〕魏徵、令狐德棻:《隋书》卷四《炀帝纪下》,中华书局1973年版,第85页。

[2]〔宋〕司马光编著,〔元〕胡三省音注:《资治通鉴》卷一八二隋炀帝大业十年(614)十二月,中华书局1956年版,第5693页。

[3]〔唐〕魏徵、令狐德棻:《隋书》卷四《炀帝纪下》,中华书局1973年版,第87页。按,〔宋〕司马光编著,〔元〕胡三省音注:《资治通鉴》卷一八二隋炀帝大业十年(614)四月,"张大彪"作"张大虎"(中华书局1956年版,第5690页),未知孰是。

[4]〔唐〕魏徵、令狐德棻:《隋书》卷四《炀帝纪下》,中华书局1973年版,第87页。

（3）十二月庚寅（公元 615 年 1 月 31 日），孟让率众十余万占据都梁宫（在今江苏盱眙境内），隋炀帝派遣江都郡丞王世充前往征讨。孟让起兵反隋，始于大业九年三月，其时他追随王薄在齐郡（治今山东济南）长白山举兵，当时天下承平日久，民间久不习战，故王薄、孟让的势力得以快速发展。及王薄被张须陀接连击败以后，孟让率部辗转南下，于大业十年十二月攻占江都郡境内的都梁宫，随即沿淮河安营扎寨，直接对江都形成威慑之势。面对这种形势，江都郡丞王世充奉隋炀帝之命，领兵前往拒敌，在淮河对岸的险要处扎下五处营寨，与孟让形成对峙。在双方相持的过程中，王世充故意示弱，以麻痹孟让，孟让果然中计，他公开嘲笑王世充文法小吏，根本不懂得用兵之法，并说准备一举攻入江都。然而，孟让当时所面临的最大问题，却是给养供应困难，这是由于当时江淮地区的民众皆实行坚壁清野，故孟让叛军无法通过掠夺获得物资补充。在粮草不继的情况下，孟让只得留下小股人马包围王世充的五座营寨，而以大部人马继续向南挺进，希望通过抄略物资补充久已匮乏的给养。王世充因此觅得战机，纵兵出击，大破孟让，斩首万余级，仅孟让等数十骑得以逃脱，扬州地区的危机，一时得以缓解。

大业十一年（615）

大业十一年三月，隋炀帝自长安出发，巡幸太原；八月，巡幸塞北，被突厥始毕可汗围困于雁门关，接受虞世基的建议，下诏停止东征高丽之役，并诏令天下募兵勤王；九月，始毕可汗撤围而去，隋炀帝回到太原；十月，回到东都洛阳，重新讨论东征高丽之事，结果引起群情激愤。由于杨玄感之乱中，焚毁了所有龙舟战舰，故隋炀帝于十月壬申（公历 11 月 9 日）下诏，令江都郡重新打造数千艘规模制度更胜过去的龙舟战舰。然而，就在隋炀帝北巡期间，江淮地区的动乱却呈进一步加剧之势。概括而言，主要有如下五股反隋武装势力：

（1）七月己亥（公历 8 月 8 日），淮南人张起绪举兵，部众发展到三万余人。

（2）十月丁卯（公历 11 月 4 日），彭城人魏骐骥聚众起事，众至一万余人，进攻鲁郡（治今山东济宁兖州区）。

（3）十月壬申（公历 11 月 9 日），卢明月聚众十余万，进攻陈州（即淮阳郡,治今河南淮阳)、汝州(即襄城郡,治今河南襄城)。

（4）东海人李子通因为不满意长白山贼帅左才相的残暴,主动脱离出来,率部南渡淮河,与杜伏威合兵渡淮,自号楚王,建元明政,进攻江都。

（5）十二月庚辰(公元616年1月16日),谯郡(治今安徽亳州)人朱粲起兵,拥众数十万,进攻荆襄,僭称楚帝,建元昌达,汉南诸郡多数被其攻陷。

大业十二年（616）

大业十二年,新爆发的武装叛乱,主要有两起:

（1）二月,东海人卢公暹起兵,率众万余,占领苍山(今山东兰陵)。

（2）七月戊辰(公历8月31日),高凉通守冼珤彻起兵,得到岭南地区土豪洞主的广泛响应,南方动乱终于绵延至边缘地区的岭南。

由《隋书·炀帝纪》的记述可知,从大业九年六月杨玄感叛乱发生以后,自黄河以南一直到岭南地区的广大区域,反抗隋朝的武装叛乱竞相而起,特别是以扬州为中心的江淮地区,武装反叛最为活跃。隋炀帝正是在南方已经陷入普遍性动乱的形势下,不仅一意孤行地发动了第三次东征高丽的军事行动,随后又北巡雁门关外,与突厥进行了直接交锋,在经历了雁门关被突厥包围以及突围之后,隋炀帝来到了东都洛阳。在洛阳稍事休整之后,最终做出了第三次下扬州的决策。

在对东都洛阳留守事宜做出精心安排以后,隋炀帝于大业十二年七月甲子(公历8月27日),正式启动了第三次下扬州的行程。隋炀帝决定第三次下扬州,引起一些大臣的强烈反对,在他即将从东都起驾的时候,奉信郎崔民象以天下动乱、盗贼蜂起为理由,在洛阳建国门前上奏表,谏阻隋炀帝南下扬州,结果被隋炀帝下令斩首。七月己巳(公历9月1日),隋炀帝行至汜水(在今河南荥阳汜水镇)时,奉信郎王爱仁又上奏章,认为眼下盗贼日盛、动乱加剧,实在不宜继续南下江都,并极力劝说隋炀帝立刻回驾长安。但隋炀帝依然固执己见,斩杀王爱仁以后,车驾继续向扬州进发。[1]

2.第三次下扬州期间的社会动乱

隋炀帝第三次下扬州期间,反隋武装势力此伏彼起,并逐渐蔓延全国,社

---

[1]〔唐〕魏徵、令狐德棻:《隋书》卷四《炀帝纪下》,中华书局1973年版,第90—91页。

会已然陷入全面动乱。在数量众多、规模不等、遍布全国的吏民反抗运动中，渐渐形成几股强大的武装集团，进而又演变成为具有全局性影响的政治势力。隋末这些具有决定性影响的政治势力中，多数是由反政府武装发展而来，也有一些则是由镇压吏民反抗运动的政府军转变而来，他们在利用镇压反政府武装的机会发展壮大起来以后，反过来也站到了隋朝对立面，例如王世充集团就是如此。从某种意义上可以说，隋炀帝第三次下扬州期间的政治变动与社会动乱，主要就是表现为上述反隋武力集团之间的纵横捭阖、逐鹿中原，随着社会政治形势的发展变化，反抗隋炀帝的暴政，到后来不过是他们招揽人心、角逐天下的一种宣传口号罢了。

隋炀帝第三次下扬州期间所发展、壮大起来的武装势力或曰政治集团，最有实力的几股全部在北方，主要有：(1)瓦岗寨李密集团，由瓦岗寨反隋武装发展壮大而来，早期的主要领导人另有翟让，其他重要人物还有徐世勣、单雄信、秦叔宝、程咬金等。(2)洛阳王世充集团，是在镇压反政府武装的过程中逐渐发展而来，王世充政治发迹始于扬州，因为军政才能突出，特别是在镇压江淮地区反隋势力中多立功勋，从而得到隋炀帝的赏识和信任，及其奉命前往镇压瓦岗寨的李密，便趁机控制洛阳，从而发展成为一股自外于隋炀帝的政治势力。(3)河北窦建德集团，兴起于河北，后来又割据河北，是河北地区实力最强的反政府武力集团。(4)长安李渊集团，起兵于晋阳，攻占长安，扶植代王杨侑，遥尊隋炀帝为太上皇，取得"挟天子以令诸侯"的政治优势，又以诡诈称臣为代价获取突厥的支持，实力迅速发展壮大。(5)陇右薛举集团，与李渊攻占关中几乎同时，薛举在金城(今甘肃兰州)起兵，自称西秦霸王，占据陇右。(6)河西李轨集团，薛举起兵时，李轨与曹珍、关谨、梁硕、安修仁等在河西起事，自称河西大凉王，尽有武威、张掖、敦煌、西平、枹罕河西五郡之地。

南方武装反隋势力，尽管规模、声势均不及北方，但由于地缘的关系，对于困居扬州的隋炀帝所造成的威胁更大。南方反叛势力地域分布广泛，从淮河以南的长江中下游地区，一直到岭南地区，可谓狼烟滚滚，征尘四起。其中长江中游地区的反隋武装势力主要有三股，分别是：(1)朱粲集团，主要活动于今湖北与河南交界处，先后攻占竟陵(今湖北钟祥)、沔阳(今湖北仙桃)、邓州(今属河南)等地,一度有兵马 20 万,僭称楚帝。(2)萧铣集团,主要活动于今湖南境内,萧铣为南朝梁皇室后裔,又有隋朝外戚的身份,大业十三年起兵于岳州(今湖南岳阳),先后称梁公、梁王、梁帝,一度占有岭南地区的部分州郡。(3)林士弘集团,主要领导人物另有张善安,主要活动于今江西境内,大业十二年起兵于饶州(今江西鄱阳),先后攻占豫章(今江西南昌)、虔州(今江西赣州)、九江(今属江西)、临川(今江西抚州)、庐陵(今江西吉水)、南康(今属江西)、宜春(今属江西)、番禺(今属广东)等州郡,势力一度发展到岭南地区。

不过,南方地区为数众多的反隋武力中,对扬州地区威胁最大也最直接的是淮河以南、长江下游地区的几股反隋势力,它们分别是:(1)杜伏威集团,早在大业八年(612),杜伏威就与辅公祏起兵反隋,其势力从齐州章丘(今属山东)辗转向淮南地区拓展,在击败陈稜的政府军之后,乘胜攻占高邮(今江苏),进而夺取历阳(今安徽和县),势力进一步发展到长江以南。(2)李子通集团,李子通本为左才相的部下,于大业末年在齐郡长白山起事,后与左才相分道扬镳,率部南渡淮河,一度与杜伏威联合,被来整击败后,率部占据海陵(今江苏泰州),从而发展为长江下游一支重要的反隋武装集团。(3)沈法兴集团,沈法兴是湖州武康(今浙江德清)人,吴兴沈氏是显达于江左五朝的南方著名家族,在江南地区有着极大的社会影响力,大业末年曾任吴兴郡守(吴兴郡即湖州),起兵后势力迅速壮大,兵锋直指江都,后与李子通、杜伏威等争夺地盘而相互攻战,也是隋末长江下游地区一支重要的反政府武装力量。

以上就是隋炀帝第三次下扬州期间的社会动乱的大致情况,从南到北的全国范围内,武装反隋运动可谓此伏彼起,并逐渐形成几股较大的武装集团,尽管这些武装集团皆以反抗隋炀帝暴政为号召,但发展到后来,他们的终极目标逐渐演变成争夺天下。反隋武装暴动的风起云涌,进一步加剧了隋朝统治集团内部的分化,原本属于统治集团内部的一些人物,也在镇压吏民反抗运动过程中壮大了力量,从而也产生了叛隋之心,他们后来也加入到逐鹿中原、争夺天下的行列中,并转化为新的反隋力量,例如后来盘踞洛阳的王世充集团,就是从统治集团内部分化出来的一个武装集团。

隋炀帝第三次下扬州期间的政治状况,也因为社会动乱的加剧而发生重大变化,变化的总趋势则是朝着失控的方向发展。随着那些忠于隋炀帝、忠于隋王朝的文武将相的相继去世或战死沙场,越来越多的人表现出离心的倾向,甚至直接加入反隋的阵营,统治集团的分崩离析,反过来又进一步加剧了社会的动乱。正是在隋末政治变动与社会动乱的双重重压之下,隋王朝的统治终于崩溃了,大业十四年(隋恭帝义宁二年,618)三月,宇文化及等人在扬州策划发动了"江都之变",隋炀帝在这次政变中被杀,隋朝就在事实上宣告完结了。

(二)"江都之变"与隋短祚而亡的原因

隋炀帝大业十四年三月,以右屯卫将军宇文化及为首,联合隋炀帝左右近臣,率领禁卫骁果,发动武装政变,弑隋炀帝,此即历史上著名的"江都之变"[1]。作为中古时代发生于扬州地区的重大政治事件,"江都之变"对中国历史发展所产生的重要影响,不仅表现为它直接关乎隋炀帝个人的生死结局,也和隋朝的国家命运休戚相关,诸如隋朝何以短命而亡、唐朝何以倏然兴起、隋亡唐兴这一历史转变的契机何在、"江都之变"对于江淮地区尤其是扬州地区造成了怎样的影响等问题,都可以从"江都之变"入手进行分析。因此,对于"江都之变"的起因、过程、性质及后果等方面的内容,实有详加叙述之必要,通过对"江都之变"的全面叙述,进而可以分析隋朝短祚而亡的原因。

"江都之变"的起因、过程与后果,皆直接影响到对其性质的判断,而准确界定政变的性质,又有助于我们进一步梳理和认识其起因、过程与后果。因此,界定"江都之变"的性质,就成为首先要解决的问题。判断和界定"江都之变"的第一步工作,就要先弄清楚"江都之变"的主要策划人和主要参与者都有哪些人。记述"江都之变"的文献很多,最基本、最权威的文献记录则为《隋书》和《资治通鉴》。先来看《隋书·炀帝纪》的叙述:"(义宁)二年三月,右屯卫将军宇文化及,武贲郎将司马德戡、元礼,监门直阁裴虔通,将作少监宇文智及,武勇郎将赵行枢,鹰扬郎将孟景,内史舍人元敏,符玺郎李覆、牛方

---

[1] 关于"江都之变",学界颇有研究,扬州乡贤汪篯先生曾撰有《宇文化及之杀炀帝及其失败》一文,对于这次政变有所论述,可以参看。汪文载唐长孺等编:《汪篯隋唐史论稿》,中国社会科学出版社 1981 年版,第 279—288 页。

裕、千牛左右李孝本、弟孝质，直长许弘仁、薛世良，城门郎唐奉义，医正张恺等，以骁果作乱，入犯宫闱。上崩于温室，时年五十。"[1]据此可知，"江都之变"的主要谋划者和参与者，有宇文化及、宇文智及、司马德戡、元礼、裴虔通、赵行枢、孟秉[2]、元敏、李覆、牛方裕、李孝本、李孝质、许弘仁、薛世良、唐奉义、张恺等。除了《隋书·炀帝纪》所记载的上述人员外，《资治通鉴》《旧唐书》的相关记述中，还可以找到其他一些主要参与者，如杨士览、马(文)举、元武达、令狐行达、席德方五人[3]。

再来看上述政变策划人和主要参与者的任职情况。据《隋书》卷二八《百官志下》，隋炀帝即位之后，对官制进行了多方面的改革，其中"十二卫"，另外加上左右备身府、左右监门，共"十六卫"(或称"十六府")，这"十六卫(府)"所统领之"府兵"，即为隋朝主要军事力量。[4]在十六卫(府)所统领的军队中，右屯卫将军、武贲郎将(按，应为"虎贲郎将"，唐避讳改"虎"为"武"，后文"武勇郎将"与此同)、监门直阁、武勇郎将、鹰扬郎将，千牛左右卫、(监门)直长诸职，均属职司保卫皇帝安全的近侍禁卫武官系列，其中左、右屯卫将军(正四品)，统领羽林军；左右备身府"掌侍卫左右"，下辖千牛左右、司射左右(均正六品)，其中"千牛掌执千牛刀宿卫，司射掌供御弓箭"；虎贲郎将(原为护军，正四品)；鹰扬府，每府置鹰扬郎将一人(正五品)；虎勇郎将，为雄武郎将之副贰，专领骁果(从五品)；左右监门"并分掌门禁守卫"，其属官监门直阁(正五品)、监门直长(从五品)。另外，内史舍人，为门下省主要属官，职掌皇帝诏令之草拟、审核诸事；符玺郎则掌管皇帝印玺；医正则是负责皇帝身体健康状况的医疗服务人员；城门郎，据《隋书·百官志》："城门置校尉一人，降为正五品。后又改校尉为城门郎，置员四人，从六品。自殿内省隶

　　[1]〔唐〕魏徵、令狐德棻：《隋书》卷三《炀帝纪下》，中华书局1973年版，第93页。

　　[2]　按，《隋书·炀帝纪》此处所载"孟景"，当即〔宋〕司马光编著，〔元〕胡三省音注《资治通鉴》卷一八五唐高祖武德元年(618)三月所载之"孟秉"，盖因《隋书》系唐初官修，以避唐世祖李昞名讳，故改"秉"为"景"。

　　[3]〔后晋〕刘昫等：《旧唐书》卷三《太宗纪下》，中华书局1975年版，第42页。

　　[4]　据〔唐〕魏徵、令狐德棻《隋书》卷二八《百官志下》载，隋炀帝改革后的"十二卫"分别是左右翊卫(原左右卫)、左右骑卫(原左右备身)、左右武卫(原名未改)、左右屯卫(原领军)、左右御(新增)、左右候卫(原左右武候)。此"十二卫"再加上左右备身府(原领左右府)、左右监门(原名未改)，则为所谓"十六卫(府)"。

为门下省官。"[1]城门郎原属殿内省,后改隶门下省,但职掌不变,仍然属于能够与皇帝近距离接触的官员。

接下来看上述人员与隋炀帝的关系,因为有些人的事迹文献没有记载,故只能选择其中主要的人物略加叙述。(1)宇文化及、智及兄弟,为左翊卫大将军宇文述之子,而宇文述乃是隋炀帝最为信重的大臣之一,宇文化及至迟从隋炀帝被立为太子的时候,就追随其左右了。据历史记载,隋炀帝为太子的时候,宇文化及就统领东宫千牛卫队,经常出入其卧室之内,累官至太子仆。尽管在此期间宇文化及曾经因为受贿而多次被免除官职,但由于隋炀帝"嬖昵之",而又多次复出任职。大业初年,隋炀帝行幸榆林时,宇文化及与弟弟宇文智及因为违禁与突厥交易而被禁锢数月,终究还是受到宽恕。宇文述死后,隋炀帝追忆往事,于是重新起用宇文化及为右屯卫将军、宇文智及为将作少监。[2]由此可见,宇文化及、宇文智及兄弟与隋炀帝之间,有着两代至亲、密不可分的关系。(2)司马德戡(580—618),扶风雍县(今陕西凤翔)人,隋文帝开皇年间,从侍官升迁至大都督,后在杨素帐下从征,讨伐汉王杨谅有功,授仪同三司。大业三年(607),任鹰扬郎将,领军东征高丽,进位正议大夫,升迁为武贲郎将,"炀帝甚昵之"。[3]正是因为深得隋炀帝的宠信,故而隋炀帝三下扬州,到达江都以后,司马德戡被委以禁卫重任,统领左右备身府骁果万余人,驻屯于扬州城内,负责江都宫的守卫任务。(3)裴虔通,河东人,早在隋炀帝还是晋王的时候,就成为亲信人员,官至监门校尉。隋炀帝即位以后,大力提拔昔日的亲信人员,裴虔通授爵宣惠尉,官迁监门直阁,后来多次随从征役,官至通议大夫。[4]由此可见,裴虔通也是一位侍从隋炀帝身边多年的心腹。(4)许弘仁、张恺,据《隋书·宇文化及传》记载,义宁二年(618)三月一日,司马德戡等人策划发动政变,准备公开扯旗举事,可是又担心不能令骁果信服,便考虑用什么诡诈的方法能够胁迫骁果听从号令。司马德戡最后想到了许弘仁、张恺,认为由他俩出面造谣惑众,必能奏效,他对许、张二

---

[1]〔唐〕魏徵、令狐德棻:《隋书》卷二八《百官志下》,中华书局1973年版,第795页。

[2]〔唐〕魏徵、令狐德棻:《隋书》卷八五《宇文化及传》,中华书局1973年版,第1888页。

[3]〔唐〕魏徵、令狐德棻:《隋书》卷八五《司马德戡传》,中华书局1973年版,第1893页。

[4]〔唐〕魏徵、令狐德棻:《隋书》卷八五《裴虔通传》,中华书局1973年版,第1894页。

人说："君是良医，国家任使，出言惑众，众必信。君可入备身府，告识者，言陛下闻说骁果欲叛，多酝毒酒，因享会尽鸩杀之，独与南人留此。"于是许、张二人便到骁果所在的备身府宣布上述谣言。果然，骁果听闻这番话语之后，相互传言告知，加快了谋叛的步伐。[1]由这个记载可知，许弘仁、张恺乃是随身侍奉隋炀帝的御医，也是隋炀帝非常宠信的人物，司马德戡之所以让许弘仁、张恺二人出面散布谣言，就是因为他们是隋炀帝"任使"的亲信，他们出面才能够取信于骁果。

总之，"江都之变"主要策划者以及参与政变的核心成员，全部是一直深受隋炀帝宠信的贴身近侍人员，其中又以禁卫武官所占比重最大，其他人员则是能够与皇帝近距离接触的官员，包括草拟诏书、掌管玺印、殿内侍奉及宫廷御医等各类近侍官员。其中，宫廷禁卫武官乃是"江都之变"的主角，这一点与魏晋南北朝以来政变的策动者往往主要是禁卫武官的惯例一致。至此，可以对"江都之变"的性质进行界定："江都之变"乃是一次以皇帝近侍人员为核心、以侍从皇帝的禁卫武官为主导、以禁卫骁果为主要武力所发动的一次宫廷政变，他们策划"江都之变"的动机和目的，不止于废黜、杀害隋炀帝，还包括政变的策划者乘机夺取天下的政治企图。

对于"江都之变"的性质及其过程的探讨和分析，如果仅仅止步于此，还是远远不够，这主要因为参与谋划这场政变的人员，尽管全部来自于和隋炀帝有近距离接触的官员，然而能够将如此众多的人员聚拢到一起，而且在谋划的过程中做到严格保密，绝非一朝一夕所能够办到，而是需要一个长时段的精心密谋和策划。这里特别需要引起我们注意的是，《隋书》《资治通鉴》等文献在记述"江都之变"主要策划人时，故意隐讳了一个极为重要甚至是关键性的人物——宇文士及，而众多史籍对宇文士及参与"江都之变"讳而不书，甚至是有意撇清他与政变有染，恰恰直接影响到我们对"江都之变"性质的探析和认识。宇文士及究竟有没有参与"江都之变"呢？

《隋书·宇文化及传》记载，宇文化及、宇文智及等人发动政变，囚禁隋炀帝的时候，宇文士及正在南阳公主的宅第，对于政变的发生毫不知情，宇文智

---

[1]〔唐〕魏徵、令狐德棻：《隋书》卷八五《宇文化及传》，中华书局 1973 年版，第 1889 页。

及担心他会破坏政变大事,还特别派遣家僮庄桃树前往公主府第诛杀宇文士及,庄桃树不忍下手,便将他抓来交给宇文智及。过了很长时间后,宇文士及才被释放。[1]《旧唐书·宇文士及传》也说宇文化及等人密谋发动政变的时候,因为宇文士及为隋炀帝的女婿,出于顾忌而没有告诉他,一直到杀了隋炀帝之后,才任命他担任内史令。[2]《隋书·南阳公主传》则叙述了南阳公主和宇文士及深厚的夫妻感情,以及入唐之后,宇文士及礼请南阳公主,希望恢复夫妻关系,而被南阳公主拒绝的整个过程:

> 南阳公主者,炀帝之长女也。美风仪,有志节,造次必以礼。年十四,嫁于许国公宇文述子士及,以谨肃闻。及述病且卒,主亲调饮食,手自奉上,世以此称之。
>
> 及宇文化及杀逆,主随至聊城,而化及为窦建德所败,士及自济北西归大唐。……
>
> 及建德败,将归西京,复与士及遇于东都之下,主不与相见。士及就之,立于户外,请复为夫妻。主拒之曰:"我与君仇家。今恨不能手刃君者,但谋逆之日察君不预知耳。"因与告绝,诃令速去。士及固请之,主怒曰:"必欲就死,可相见也。"士及见其言切,知不可屈,乃拜辞而去。[3]

以上三处记载叙事情节详略不同,但是在宇文士及是否曾经参与谋划"江都之变"或与政变是否有染的问题上,则观点一致,都认为宇文士及未曾参与谋划政变,也与政变没有牵连。

不过,此事颇有令人费解之处,宇文士及的兄弟宇文化及、宇文智及均为"江都之变"的主要策划者,宇文士及本人也在政变发生、隋炀帝被杀以后,立即担任了叛乱者"内史令"这样重要的官职,因此,如果要说他与政变毫无牵

---

[1] 〔唐〕魏徵、令狐德棻:《隋书》卷八五《宇文化及传》,中华书局1973年版,第1890页。

[2] 〔后晋〕刘昫等:《旧唐书》卷六三《宇文士及传》:"化及之潜谋逆乱也,以其主婿,深忌之而不告,既弑炀帝,署为内史令。"(中华书局1975年版,第2409页)

[3] 〔唐〕魏徵、令狐德棻:《隋书》卷八〇《列女·南阳公主传》,中华书局1973年版,第1798—1799页。

连,于情于理均解释不通。那么,上述这些文献均不载宇文士及与政变有染,其原因何在?

司马光在《通鉴考异》中曾说:"按士及仕唐为宰相,《隋书》亦唐初所修,或者史官为士及隐恶。"[1]司马光带有推测性的解释很有道理,可惜的是他最后还是未敢坚持,反而又否定了自己的解释。实际上,就是由于"隐恶"之缘故,《隋书》对于宇文士及参与谋划政变一事才讳而不书的。因为假如把宇文士及说成是弑逆的叛臣贼子,那么唐高祖、唐太宗也就都难以称得上明君了,因为"贤君明主"对臣子的最起码要求,就是为臣子者必须忠贞不贰,绝对不能谋逆,所以从这个角度上说,唐初史臣修撰《隋书》,替宇文士及隐恶,实际上也就等于给唐高祖、唐太宗的脸上贴金,《隋书》作为一部官修史书,史官在修撰的时候,必须充分注意到这一点。《旧唐书》虽然系后晋所修,但后晋史臣修史所依据之主要材料,也是唐人所留下来的,而且由于《旧唐书》成书仓促,无暇详细考辨,从而使得宇文士及逃脱了谋逆的恶名。对于宇文士及到底是否参与谋划"江都之变",司马光曾经进行过详细考辨,据《资治通鉴》唐高祖武德元年(618)三月胡注云:

> 《考异》曰:《蒲山公传》曰:"赵行枢、杨士览以司马德戡谋告化及,化及兄弟闻之大喜,因引德戡等相见。士及说德戡等曰:'足下等因百姓之心,谋非常之事,直欲走逃,故非长策。'德戡曰:'为之奈何?'士及曰:'官家虽言无道,臣下尚畏服之,闻公叛亡,必急相追捕,窦贤之事,殷鉴在近。不如严勒士马,攻其宫阙,因人之欲,称废昏凶,事必克成;然后详立明哲,天下可安,吾徒无患矣。勋庸一集,公等坐延荣禄。纵事不成,威声大振,足得官家胆慑,不敢轻相追讨,迟疑之间,自延数日,比其议定,公等行亦已远。如此,则去住之计,俱保万全,不亦可乎!'德戡等大悦曰:'明哲之望,岂惟杨家,众心实在许公,故是人天协契。'士及佯惊曰:'此非意所及,但与公等思救命耳。'"《革命记》曰:"帝知历数将穷,意欲南渡江水;咸言不可。帝知朝士不欲渡,乃将毒药酝酒二十石,拟三月十六日为

---

[1]〔宋〕司马光编著,〔元〕胡三省音注:《资治通鉴》卷一八五唐高祖武德元年(618)三月胡注,中华书局1956年版,第5778页。

宴会而鸩杀百官。南阳公主恐其夫死，乃阴告之，而事泄，为此，始谋害帝以免祸。并是凶逆之旅妄构此词。于时上下离心，人怀异志，帝深猜忌，情不与人，酝若不虚，药须分付，有处遣何人！并酝二十石药酒，必其酒有鸩毒，一石堪杀千人。审欲拟杀群寮，谋之者必有三五，众谋自然早泄，岂得独在南阳！只是虞通等耻有杀害之名，推过恶于人主耳！"《隋书·化及传》云："化及弑逆，士及在公主第，弗之知也。智及遣家僮庄桃树就第杀之，桃树不忍，执诣智及。久之，乃见释。"《南阳公主传》责士及云："但谋逆之日，察君不预知耳。"《旧唐书·士及传》云："化及谋逆，以其主婿，深忌之而不告。"按士及仕唐为宰相，《隋书》亦唐初所修，或者史官为士及隐恶。贾、杜二书之言亦似可信，但杜儒童自知酝药酒为虚，则南阳阴告之事亦非其实。如贾润甫之说，则弑君之谋皆出士及，而智及为良人矣。今且从《隋书》而删去庄桃树事及南阳之语，庶几疑以传疑。[1]

贾润甫（又作"贾闰甫"）所撰《蒲山公传》，是一部记述蒲山公李宽、李密家族事迹的"私史"，根据此李家传记可知，李家至迟从蒲山公李宽起，就和宇文述交好，两家可谓世交，贾润甫此处记载宇文士及谋划政变事，显然不是出于诬蔑，而是赞许他善于谋划，因此应当属于可信之史料。对于这条史料，司马光先是详细加以引用，但是最后又舍而不取，否认宇文士及参与策划政变。其中主要原因，应该还是为君隐、为尊讳。杜儒童《隋季革命记》（简称《革命记》）所载隋炀帝秘密准备毒酒，拟于三月十六日宴会时毒杀百官，结果因为南阳公主的泄密而未果。此事也并非全为虚妄，因为根据《资治通鉴》的记载，司马德戡在政变前夕，命令许弘仁、张恺到骁果中散布谣言，说："陛下闻骁果欲叛，多酝毒酒，欲因享会，尽鸩杀之，独与南人留此。"后来，宇文化及等叛逆者准备行弑时，隋炀帝曾说："天子死自有法，何得加以锋刃！取鸩酒来！"隋炀帝为什么当时会有如此言语？原因即在于："初，帝自知必及于难，常以罂贮毒药自随，谓所幸诸姬曰：'若贼至，汝曹当先饮之，然后我

---

[1]〔宋〕司马光编著，〔元〕胡三省音注：《资治通鉴》卷一八五唐高祖武德元年（618）三月胡注，中华书局1956年版，第5777—5778页。

饮。'及乱,顾索药,左右皆逃散,竟不能得。"[1]由此可见,隋炀帝在困居扬州的最后日子里,身边确实一直备有鸩酒,只不过这毒酒并不像杜儒童《隋季革命记》所说的那么多,隋炀帝随身带有鸩酒,并不是准备用来毒杀百官,而是为他自己和身边的嫔妃所准备的。"江都之变"的策划者非常善于造势,他们利用隋炀帝随身带有鸩酒的这个事实来蛊惑人心,要知道当时的形势已然是"上下离心,人怀异志",在天下大乱的情形下,即便是空穴来风的无根谣言,也具有十分强大的煽动作用,本来情绪已经有所稳定的骁果,在这个谣言的刺激下,重新失去了控制。

再从宇文士及本人来说,可谓政治素质极高,史家称誉他为人"通变谨密"[2],入唐以后官至宰相。如此知变通进退的政治人物,面对隋末汹汹之势,怎么可能做到死忠隋朝而没有其他图谋?实际上,宇文士及叛隋的形迹,并不难发现。例如,宇文士及和李氏家族早有密切来往,并曾谋划过时局,据历史记载,当年唐高祖李渊任职殿内少监时,宇文士及任奉御之职,"深自结托"[3],可见早在隋末大乱之前,宇文士及就已经和李渊有政治上的交往,也正是因为早有渊源,及至"江都之变"发生、隋炀帝被杀害,宇文化及领军北上,宇文士及随同来到黎阳,"高祖手诏召之。士及亦潜遣家僮间道诣长安申赤心,又因使密贡金环。高祖大悦,谓侍臣曰:'我与士及素经共事,今贡金环,是其来意也。'及至魏县,兵威日蹙,士及劝之西归长安,化及不从,士及乃与封伦求于济北征督军粮"。[4]再到后来,宇文化及被窦建德擒杀,宇文士及拒绝济北豪族割据河北的提议,与封伦等人率众向李渊投降。试看:

> 俄而化及为窦建德所擒,济北豪右多劝士及发青、齐之众,北击建德,收河北之地,以观形势,士及不纳,遂与封伦等来降。高祖数之曰:"汝兄弟率思归之卒,为入关之计,当此之时,若得我父子,岂肯相存,今欲何地

---

[1]〔宋〕司马光编著,〔元〕胡三省音注:《资治通鉴》卷一八五唐高祖武德元年(618)三月,中华书局1956年版,第5778—5782页。

[2]〔后晋〕刘昫等:《旧唐书》卷六三《宇文士及传》"赞曰",中华书局1975年版,第2411页。

[3]〔后晋〕刘昫等:《旧唐书》卷六三《宇文化及传》,中华书局1975年版,第2409页。

[4]〔后晋〕刘昫等:《旧唐书》卷六三《宇文化及传》,中华书局1975年版,第2409—2410页。

自处？"士及谢曰："臣之罪诚不容诛，但臣早奉龙颜，久存心腹，往在涿郡，尝夜中密论时事，后于汾阴宫，复尽丹赤。自陛下龙飞九五，臣实倾心西归，所以密申贡献，冀此赎罪耳。"高祖笑谓裴寂曰："此人与我言天下事，至今已六七年矣，公辈皆在其后。"[1]

按，宇文士及自济北归唐，时在唐高祖武德二年（619）闰二月，因此从李渊所说"此人与我言天下事，至今已六七年矣"，可知早在隋炀帝大业八九年前后，宇文士及对大隋皇朝就已存有二心，他"早奉龙颜，久存心腹""密论时事""复尽丹赤"的这些夫子自道之词，皆是他早有叛隋之心的明证。唐高祖李渊说宇文士及"汝兄弟率思归之卒，为入关之计"，则明确指出了宇文氏兄弟本来也有夺取天下的政治图谋。因此，说宇文士及在江都参与策划政变，也就绝非虚妄。另外，《蒲山公传》所载宇文士及替司马德戡等人所谋划的"长策"，更是一个可进可退的万全之策，遍检"江都之变"核心成员的政治智慧与政治才能，能够提出如此周密计划者，也只有宇文士及一人而已。

作为"江都之变"中政变的对象和被杀的悲剧人物，隋炀帝在政变前后的表现与反应，也有助于理解"江都之变"的性质。隋炀帝对于可能将要发生的事变，在事前是不是一点觉察也没有呢？答案自然是否定的。以隋炀帝在政治斗争中的精明表现，他在政变发生之前不可能没有任何预感。据历史记载说："帝自晓占候卜相，好为吴语；常夜置酒，仰视天文，谓萧后曰：'外间大有人图侬，然侬不失为长城公，卿不失为沈后，且共乐饮耳！'因引满沉醉。又尝引镜自照，顾谓萧后曰：'好头颈，谁当斫之？'后惊问故，帝笑曰：'贵贱苦乐，更迭为之，亦复何伤！'"[2]在天命观流行的年代，如果不是有所预感，隋炀帝怎么会说出这样带有谶语性质的话呢？由此可以肯定，对于可能出现的政变，隋炀帝本人应该是早有预感。关于这一点，还可以找到进一步的证据，试看政变发生后，令狐行达举刀行弑时的情景：

---

[1]〔后晋〕刘昫等：《旧唐书》卷六三《宇文化及传》，中华书局 1975 年版，第 2410 页。

[2]〔宋〕司马光编著，〔元〕胡三省音注：《资治通鉴》卷一八五唐高祖武德元年（618）三月，中华书局 1956 年版，第 5775—5776 页。

于是引帝还至寝殿,(裴)虔通、(司马)德戡等拔白刃侍立。……帝爱子赵王杲,年十二,在帝侧,号恸不已,虔通斩之,血溅御服。贼欲弑帝,帝曰:"天子死自有法,何得加以锋刃!取鸩酒来!"(马)文举等不许,使令狐行达顿帝令坐。帝自解练巾授行达,缢杀之。初,帝自知必及于难,常以罂贮毒药自随,谓所幸诸姬曰:"若贼至,汝曹当先饮之,然后我饮。"及乱,顾索药,左右皆逃散,竟不能得。[1]

可见隋炀帝从很早时候就已经准备好鸩酒,目的就是为了备不时之需,"帝自知必于难",充分说明他对于可能发生政变,是早有预感的。此外,还有一件事发人深思,那就是从大业九年(613)以后,承担隋炀帝护驾任务的军事力量一直是随驾"骁果",然而后来隋炀帝却又另外组建了"给使",屯驻于玄武门。据文献记载,"江都之变"发生、右屯卫将军独孤盛在成象殿战死以后,千牛独孤开远曾率殿内卫兵数百人,请求隋炀帝亲自督战,试看:

千牛独孤开远帅殿内兵数百人诣玄览门,叩阁请曰:"兵仗尚全,犹堪破贼。陛下若出临战,人情自定;不然,祸今至矣!"竟无应者,军士稍散。贼执开远,义而释之。先是,帝选骁健官奴数百人置玄武门,谓之给使,以备非常,待遇优厚,至以宫人赐之。司宫魏氏为帝所信,化及等结之使为内应。是日,魏氏矫诏悉听给使出外,仓猝际制无一人在者。[2]

护卫亲军既然已经有骁果担任,隋炀帝为何还要亲自挑选"骁健官奴",另行组建给使?这只能说明他对于承担近卫任务的骁果仍然不太放心,这才会亲自组建这支特殊的武装,并给予他们异常优厚的待遇,目的就是为了防备可能出现的不测。然而,由于政变策划者的精心筹划,他们事先笼络好为隋炀帝所信任的司宫魏氏,让她在事变当日,矫诏将给使放出宫外,从而使得这支隋炀

---

[1]〔宋〕司马光编著,〔元〕胡三省音注:《资治通鉴》卷一八五唐高祖武德元年(618)三月,中华书局1956年版,第5781—5782页。

[2]〔宋〕司马光编著,〔元〕胡三省音注:《资治通鉴》卷一八五唐高祖武德元年(618)三月,中华书局1956年版,第5780页。

帝最为亲信的禁卫军没有发挥任何作用。结魏氏为内应,绝非临事始为之,而是早有沟通。此事进一步证明,"江都之变"绝不可能是一次简单的士兵哗变,而是一场计划周密、准备充分而以弑君夺权为目标的政变。

骁果作为"江都之变"的主要军事力量,对它在政变前后的表现、行动进行深入考察分析,对于准确认识和理解"江都之变"的性质也十分重要。隋炀帝大业九年(613),"正月丁丑,征天下兵,募民为骁果,集于涿郡。……辛卯,置折冲、果毅、武勇、雄武等郎将官,以领骁果"。[1]这是骁果在历史舞台上的正式亮相,以"招募"的骁果取代普遍兵役制下的府兵,是隋朝军事制度史上的一个重要变化,造成这个变化的推手则是征讨高丽的军事需要。自从出现以后,骁果就在隋王朝的军事活动中扮演了重要角色,特别是在二征高丽的初期,表现出很强的战斗力。后来,又经过平定杨玄感叛乱的考验,骁果逐渐成为隋王朝东征西讨的主要军事力量,并且作为隋炀帝的禁卫亲军伴驾始终。尤其是隋炀帝的晚年,骁果的地位,更是日渐重要,其逆顺向背直接决定着隋炀帝的去从。在困居江都的日子里,就是靠护驾骁果的支撑,隋炀帝才得以苟延残喘。因此,从叛乱者一方来说,要成功地发动政变,就必须掌握、控制骁果的指挥权;从隋炀帝的角度来说,稳定骁果的人心、保证骁果尽忠于己,则是他保全性命、驾驭全局的关键。

护驾骁果出现骚动情绪,始于李渊攻占长安、屈突通战败投降的消息传至江都。在得知这个消息之后,不仅隋炀帝为之色变,护驾骁果也开始军心不稳,并渐有逃亡的现象。为此,隋炀帝开始想方设法,试图安抚骁果的躁动情绪。据历史记载:

> (裴)矩后从幸江都。及义兵入关,屈突通败问至,帝问矩方略,矩曰:"太原有变,京畿不静,遥为处分,恐失事机。唯銮舆早还,方可平定。"矩见天下将乱,恐为身祸,每遇人尽礼,虽至胥吏,皆得其欢心。时从驾骁果多逃散,矩言于帝曰:"车驾留此,已经二岁,人无匹合,则不能久安。请听兵士于此纳室,私相奔诱者,因而配之。"帝从其计,军中渐安,咸曰:"裴

---

[1]　〔唐〕魏徵、令狐德棻:《隋书》卷四《炀帝纪下》,中华书局1973年版,第83页。

公之惠也。"[1]

对于稳定骁果的重要性,隋炀帝有着十分充分的认识,因此在骁果叛逃的现象刚出现时,他曾采用了武力弹压的方法,试图稳定军心,但效果并不理想[2]。眼看着武力手段并不足以控制骁果的叛逃,隋炀帝不得不向裴矩问计。裴矩献计为骁果娶妻,隋炀帝采纳了他的办法,渐渐稳住了骁果的躁动情绪。

然而,利用思乡情绪、挑动骁果叛乱,乃是"江都之变"策划者一个极为重要的步骤。如果骁果铁心护驾,则政变必不能成功。于是,面对骁果人心趋于安定的情势,"江都之变"的策动者也采取了相应的对策,以激发骁果的叛乱之心,试看:

> 义宁二年三月一日,(司马)德戡欲宣言告众,恐以人心未一,更思谲诈以胁骁果,谓许弘仁、张恺曰:"君是良医,国家任使,出言惑众,众必信。君可入备身府,告识者,言陛下闻说骁果欲叛,多酝毒酒,因享会尽鸩杀之,独与南人留此。"弘仁等宣布此言,骁果闻之,递相告语,谋叛逾急。德戡知计既行,遂以十日总召故人,谕以所为。众皆伏曰:"唯将军命!"其夜,(唐)奉义主闭城门,乃与(裴)虔通相知,诸门皆不下钥。至夜三更,德戡于东城内集兵,得数万人,举火与城外相应。[3]

"江都之变"的策划者利用南人、北人的对立情绪,派许弘仁、张恺等人到骁果中散布谣言,说隋炀帝要鸩杀骁果,而"独与南人留此",使得骁果刚平息下来的不安情绪再次激荡,骁果一致表示愿意听命,政变的策划者就这样控制住骁果。

实际上,再从策划者对政变时机的选择来分析,也可以知道这是一场预

---

[1]〔后晋〕刘昫等:《旧唐书》卷六三《裴矩传》,中华书局1975年版,第2408页。

[2]据〔宋〕司马光编著,〔元〕胡三省音注:《资治通鉴》卷一八五唐高祖武德元年(618)三月:"时江都粮尽,从驾骁果多关中人,久客思乡里,见帝无西意,多谋叛归。郎将窦贤遂帅所部西走,帝遣骑追斩之,而亡者犹不止,帝患之。"(中华书局1956年版,第5776页)可见,在骁果出现叛逃现象的初期,隋炀帝曾采取武力震慑的手段以图稳定人心,但不能奏效。

[3]〔唐〕魏徵、令狐德棻:《隋书》卷八五《宇文化及传》,中华书局1973年版,第1889—1890页。

谋已久的政变。"江都之变"的谋划，早已秘密展开，但他们长期隐忍不发，一直等到李渊攻克长安、屈突通战败被俘投降，这才决定发动政变。其原因就在于，屈突通所统领的骁果，仍有强大战斗力，从而让变乱者心存顾忌。屈突通所部具有强大战斗力，据《旧唐书·屈突通传》载：

> 炀帝幸江都，令(屈突)通镇长安。义兵起，代王遣通进屯河东。既而义师济河，大破通将桑显和于饮马泉，永丰仓又为义师所克。通大惧，留鹰扬郎将尧君素守河东，将自武关趋蓝田以赴长安。军至潼关，为刘文静所遏，不得进，相持月余。通又令显和夜袭文静，诘朝大战，义军不利。显和纵兵破二栅，惟文静一栅独存，显和兵复入栅而战者往覆数焉。文静为流矢所中，义军气夺，垂至于败。显和以兵疲，传餐而食，文静因得分兵以实二栅。[1]

屈突通与刘文静在潼关相持一月有余，足以证明他麾下的骁果战斗力很强。屈突通的部将桑显和夜袭刘文静，直接造成唐军士气大衰，"垂至于败"。然而，据《资治通鉴》所载，当时桑显和所领军队，仅有"骁果数千人"，以区区数千之骁果，却让唐军数万之众大为窘迫，由此可见骁果战斗力之顽强。屈突通坚守河东，李渊以大军久攻不下，准备向西进军攻取长安，却又惧怕屈突通从后面掩杀，也充分表明屈突通麾下之骁果仍具有相当强大的战斗力。后来，屈突通战败降唐，受到唐高祖李渊的特别器重，就是因为他部下的骁果能征善战，可以为大唐创业效力。

"江都之变"发生以后，叛乱者的所作所为更是步步为营、环环相扣，表现出较为周密的计划性，而丝毫没有乱兵哗变的迹象。之所以这么说，主要基于以下几点：其一，政变进行过程中，并未出现乱兵哗变、滥杀无辜的情况，何人在诛杀范围，何人不杀，均目标明确。据《资治通鉴》载："又杀内史侍郎虞世基、御史大夫裴蕴、左翊卫大将军来护儿、秘书监袁充、右翊卫将军宇文协、千牛宇文晶、梁公萧钜等及其子。……黄门侍郎裴矩知必将有乱，虽厮役皆

---

[1]　〔后晋〕刘昫等：《旧唐书》卷五九《屈突通传》，中华书局 1975 年版，第 2320 页。

厚遇之,又建策为骁果娶妇;及乱作,贼皆曰:'非裴黄门之罪。'既而化及至,矩迎拜马首,故得免。化及以苏威不预朝政,亦免之。威名位素重,往参化及;化及集众而见之,曲加殊礼。"[1]由此可见,"江都之变"发生以后骁果的行动很有节制,倘若这只是一次肆意妄为的乱兵哗变,则裴矩、苏威等人,怎么可避免杀身之祸? 其二,"江都之变"发动以后,变乱者首先极力笼络隋炀帝的宠臣,并立秦王杨浩为傀儡皇帝,企图以此招服人心、号令天下。史载隋炀帝遇弑后,"(宇文)化及自称大丞相,总百揆。以皇后令立秦王浩为帝,居别宫,令发诏画敕书而已,仍以兵监守之。化及以弟智及为左仆射,士及为内史令,裴矩为右仆射"。[2]其三,"江都之变"发动以后,叛乱的策动者十分从容地谋划下一步行动计划,在决策进军长安时,不仅事先规划好行军路线,还安排好江都留守的军事守卫工作,以便在进攻受阻时,能够有退兵周旋的余地。据《资治通鉴》载,"宇文化及以左武卫将军陈稜为江都太守,综领留事。壬申,令内外戒严,云欲还长安。……夺江都人舟楫,取彭城水路西归。以折冲郎将沈光骁勇,使将给使营于禁内。"[3]其四,最能说明"江都之变"不是一次简单的兵变,是宇文化及领军西进后,所部骁果表现出来的良好秩序和强悍的战斗力。宇文化及所部的组织有序及战斗力强悍,曾令洛阳的王世充和瓦岗寨的李密,都感到恐惧:

> 东都闻宇文化及西来,上下震惧。有盖琮者,上疏请说李密与之合势拒化及。元文都谓卢楚等曰:"今仇耻未雪而兵力不足,若赦密罪使击化及,两贼自斗,吾徐承其弊。化及既破,密兵亦疲;又其将士利吾官赏,易可离间,并密亦可擒也。"楚等皆以为然,即以琮为通直散骑常侍,赍敕书赐密。……
>
> 时密与东都相持日久,又东拒化及,常畏东都议其后,见盖琮至,大

---

[1] 〔宋〕司马光编著,〔元〕胡三省音注:《资治通鉴》卷一八五唐高祖武德元年(618)三月,中华书局1956年版,第5782—5783页。

[2] 〔宋〕司马光编著,〔元〕胡三省音注:《资治通鉴》卷一八五唐高祖武德元年(618)三月,中华书局1956年版,第5783页。

[3] 〔宋〕司马光编著,〔元〕胡三省音注:《资治通鉴》卷一八五唐高祖武德元年(618)三月,中华书局1956年版,第5784页。

喜,遂上表乞降,请讨灭化及以赎罪……册拜密太尉、尚书令、东南道大行台行军元帅、魏国公,令先平化及,然后入朝辅政。以徐世勣为右武候大将军。仍下诏称密忠款,且曰:"其用兵机略,一禀魏公节度。"……

秋,七月,皇泰主遣大理卿张权、鸿胪卿崔善福赐李密书曰:"今日以前,咸共刷荡,使至以后,彼此通怀。七政之重,伫公匡弼,九伐之利,委公指挥。"权等既至,密北面受诏书。……[1]

东都方面为何主动"捐弃前嫌",不惜与瓦岗山"叛贼"李密联兵?而高举反隋大旗的瓦岗军领袖李密,也欣然表示同意?原因无他,即在于宇文化及兵锋锐利,双方只有联兵抵抗,才能扼制其北上之势。武德元年(618)七月,已无西顾之忧的李密率瓦岗军在童山阻击宇文化及,瓦岗军这次是精兵尽出,尽管宇文化及一度连军粮供应都出现困难,但其麾下骁果仍然再现出强悍的战斗力,李密在战斗中被射伤落马,左右人马溃散,幸赖秦叔宝的护卫,李密才免遭一死[2]。同年九月,经过两个月的激战,李密瓦岗军才最后击破宇文化及,那么结果如何呢?据历史记载,尽管李密最终击破宇文化及,但"其劲卒良马多死,士卒疲病"[3]。也就是说,李密与宇文化及之间的争斗,其最终结果实际上是两败俱伤!

在童山之役的过程中,宇文化及的部将王轨、陈智略、樊文超、张童儿等人陆续率骁果数万人投降李密,战败的宇文化及仅剩余两万部众,不得已之下只好退守聊城。然而,就是这两万残余的骁果,仍扼制唐军的强大攻势,唐将李神通十几万大军围攻聊城十余日,最后也只能不克而退[4]。以负隅之残兵,却挫败了绝对优势的胜利之师,不正说明这支队伍的坚强善战吗?试想,

[1]〔宋〕司马光编著,〔元〕胡三省音注:《资治通鉴》卷一八五唐高祖武德元年(618)六月、七月,中华书局1956年版,第5795—5799页。

[2]〔宋〕司马光编著,〔元〕胡三省音注:《资治通鉴》卷一八五唐高祖武德元年(618)七月,中华书局1956年版,第5799页。

[3]〔宋〕司马光编著,〔元〕胡三省音注:《资治通鉴》卷一八六唐高祖武德元年(618)九月,中华书局1956年版,第5809页。

[4]〔宋〕司马光编著,〔元〕胡三省音注:《资治通鉴》卷一八七唐高祖武德二年(619)闰二月,中华书局1956年版,第5841—5842页。

如果这仅仅是一次乱兵哗变,那么以无领导、无秩序之乱兵,何以会如此部伍整齐、组织有序,而有如此强大的战斗力? 由此可见,宇文化及所统率的骁果,绝非一群乌合之乱兵,否则不会战斗力强大如斯。

综上所述,可以明确指出,"江都之变"绝非一次简单的兵变,而是一场预谋已久、领导得力、部署有序的宫廷政变。"江都之变"的实质,是在全国性吏民反抗运动的打击之下,隋朝统治集团内部发生的一次大分裂,正是这次统治阶级内部的分裂瓦解,导致了隋朝最终走向崩溃,从这个意义上说,隋朝灭亡的根本原因即缘于统治集团内部的分崩离析,而"江都之变"则是其分崩离析的标志性事件。

对于"江都之变"的认识和理解,传统主流看法皆失之于简单,多数论著甚至一笔带过,这种处理办法实不足以概括"江都之变"的历史影响和意义。欲准确、客观地认识和理解"江都之变"的意义,必须结合隋朝短祚而亡的原因展开讨论。在中国历史发展的长河中,隋朝也是一个短命的王朝,然则隋朝为何短祚而亡? 传统主流观点多数将其归因于隋炀帝的暴政,或认为根源于三征高丽。尽管不乏这些原因,但忽视统治集团内部的离心因素,并未抓住问题的关键,而以"江都之变"作为观察视角,就可以清晰地看到离心因素在隋朝短命而亡过程中所起的关键性作用。

首先要认识到北周、隋、唐三个王朝建立的相似性。从北周到隋、从隋到唐,这几次政权的嬗递,其实质不过是最高统治权的击鼓传花,不过是皇权从关陇集团内部的一个家族或派系转到另一个家族或另一个派系而已。周、隋、唐三个政权的内部,也都或多或少地存在着某种分裂的倾向,从而随时都有被取代的可能。分析隋朝短祚而亡的原因,必须首先注意这一点。就隋朝而言,杨坚能够夺取北周政权,并非由于杨氏家族或他所在的政治小集团势力比其他人更有实力,他主要是利用周静帝"皇后之父"的身份和地位,才得以乘机夺取帝位。然而几百年分裂所造成的离心因素依然很多,并没有因为大隋王朝的建立而消失,史言隋文帝"得政之始,群情不附,诸子幼弱,内有六王之谋,外致三方之乱。握强兵、居重镇者,皆周之旧臣"。[1]其

---

[1]　〔唐〕魏徵、令狐德棻:《隋书》卷二《高祖纪下》,中华书局1973年版,第54页。

实,何止三总管不服,就是李氏等关陇著姓家族,也无不时刻垂涎于帝位,这种来自统治集团内部的离心分裂倾向,遇到合适的机会,就会发作,此其一。隋朝灭陈,完成了统一全国的任务,但是南北政治力量完全整合,还需假以时日。以江南士家大族为代表的江南地主集团,特别是梁、陈皇室的余裔,并不甘心受杨隋政权的统治,他们无时不在梦想着恢复江南的半壁江山,此其二。原北齐境内的地主集团,在北齐为北周灭亡之后,在政治上一直受到不公正待遇,他们对于关陇军事勋贵主导的隋朝政权,也并不甘心永远雌伏下去,而渴望建立一个更能代表本集团利益的政权,以改变寄人篱下、受人歧视的政治地位,此其三。周边少数民族,尤其以突厥、高丽为领头羊,则始终构成中原政权的心腹大患,解决不好也会直接影响到中原政权的生死存亡,此其四。上述四点都是潜藏于隋朝内部却无法克服的先天性离心分裂因素,属于隋朝统治集团内部无法根治的痼疾,只要遇到合适的机会,这些固有的潜在离心因素就要发作,一旦发作便无可救药,而且这四者就好像一副环环相扣、互相牵扯的"多米诺骨牌",一个环节被推倒或者变坏,其他环节必定也会做出连锁反应。

隋文帝为人谨慎持重,勤于政事,时刻注意防范臣下,故终其在世,"天下无事,区宇之内宴如也"[1]。然而,这种平静只是暂时的表象,因为他在实际上把许多棘手的难题留给了后继的隋炀帝。隋炀帝即位之时,隋朝已经走上全盛,为了永保大隋江山基业,也是为了国家进一步强盛,他开始着手解决父皇未竟的事业。隋炀帝所要解决的重大问题,主要包括三个方面:第一,征讨高丽。东征高丽,解决东北地区的边患,乃是自隋文帝时代就已经确定下来的既定国策。开皇十八年(598),隋文帝曾派遣汉王杨谅领兵征讨高丽,是为了解决东北边防安全问题,因为高丽与日渐强大的契丹、突厥,已经出现联合的事实,并有进一步联兵的趋势,这给隋王朝的北方边防构成了巨大威胁[2]。第二,巡视江南。这是因为隋炀帝曾担任伐陈的军事总指挥,在继任太子之前,又曾坐镇扬州十年,对于江南地区的社会政治形势十分熟

---

[1]　〔唐〕魏徵、令狐德棻:《隋书》卷二《高祖纪下》"史臣曰",中华书局 1973 年版,第 55 页。

[2]　按,后来唐太宗、唐高宗继续征讨高丽,其用意均与此相同。详参李文才:《隋炀帝三征高丽的背景》,《江汉论坛》2005 年第 3 期。

悉,深知江南大族不甘心失败的社会心理,所以他不畏旅途劳顿,亲自耀兵南域,目的就是要警告江南地方势力不要轻举妄动。第三,安抚笼络"山东士族"。隋炀帝继位以后,继续执行隋文帝时期笼络山东士族的政策,传统所说的"山东"或"河北"地区,历来都是易生变乱的地方,特别是北齐灭亡带给山东士族地主的"亡国之痛",更需要隋朝统治者的加倍安抚。开皇十年(590)五月,隋文帝曾下诏罢山东、河南及北方缘边之地新置军府[1];大业三年(607)四月,隋炀帝又下诏:"古者帝王观风问俗,皆所以忧勤兆庶,安集遐荒。自蕃夷内附,未遑亲抚,山东经乱,须加存恤。今欲安辑河北,巡省赵、魏。所司依式。"[2]隋文帝、炀帝时期多次发诏安抚天下,山东、河北均是重点关注区域,其深层用意即在于取悦山东士族,进而消弭山东地主集团的离心倾向。

　　然而,隋炀帝的悲剧也正在于此,在于他想解决所有重大难题。因为无论是征讨高丽,还是耀兵南域,都需要大规模征发,势必加重广大吏民的经济徭役负担,尤其是"山东"之地,作为征讨高丽的总兵站和后勤供应地,吏民所承受的各种负担更是不胜其繁,其结果就是首先在那里发生了吏民的反抗运动。山东地区的吏民反抗运动,直接造成了统治集团内部的分裂,大业九年六月杨玄感率先在黎阳起兵反叛,兵锋直指洛阳,标志着隋朝统治集团内部的矛盾已然公开化。而随着吏民反抗运动的日趋激荡,来自统治集团内部的反叛活动越来越多,大量地主阶级人物也打着救民的旗号,纷纷登场,江南地区的地主人物特别是梁、陈两朝的皇族余裔,他们起兵反隋的态度最为坚决,反隋的政治目标也最为明确,那就是恢复旧日政权,实现割据江南的夙愿。据《旧唐书·萧铣传》载:

　　　　大业十三年,岳州校尉董景珍、雷世猛,旅帅郑文秀、许玄彻、万瓒、徐德基、郭华,沔州人张绣等同谋叛隋。郡县官属众欲推景珍为主,景珍曰:"吾素寒贱,虽假名号,众必不从。今若推主,当从众望。罗川令萧铣,梁氏之后,宽仁大度,有武皇之风。吾又闻帝王膺箓,必有符命,而隋氏

---

[1] 〔唐〕魏徵、令狐德棻:《隋书》卷二《高祖纪下》,中华书局1973年版,第34—35页。

[2] 〔唐〕魏徵、令狐德棻:《隋书》卷三《炀帝纪上》,中华书局1973年版,第67页。

冠带,尽号'起梁',斯乃萧家中兴之兆。今请以为主,不亦应天顺人乎?"众乃遣人谕意,铣大悦,报景珍书曰:"我之本国,昔在有隋,以小事大,朝贡无阙。乃贪我土宇,灭我宗祊,我是以痛心疾首,无忘雪耻。今天启公等,协我心事,若合符节,岂非上玄之意也。吾当纠率士庶,敬从来请。"即日集得数千人,扬言讨贼而实欲相应。遇颍川贼帅沈柳生来寇罗川县,铣击之,不利,因谓其众曰:"岳州豪杰首谋起义,请我为主。今隋政不行,天下皆叛,吾虽欲独守,力不自全。且吾先人昔都此地,若从其请,必复梁祚,遣召柳生,亦当从我。"众皆大悦,即日自称梁公,改隋服色,建梁旗帜。柳生以众归之,拜为车骑大将军,率众往巴陵。自起军五日,远近投附者数万人。[1]

萧铣系后梁宣帝萧詧曾孙。萧铣祖父萧岩,在隋文帝开皇初年,叛隋归于陈朝,陈朝灭亡时,被隋文帝所杀,这表明萧氏对于隋朝素来怀有亡国之恨。因此,到隋末天下动乱之时,萧铣便积极投身反隋阵营,从萧铣回复董景珍的书信,以及起兵以后自称"梁公",改易隋朝服色、建立梁朝旗帜等做法来看,他们起兵的目标,就是要恢复江南割据政权。同书《沈法兴传》也记载:

> 沈法兴,湖州武康人也。父恪,陈特进、广州刺史。法兴,隋大业末为吴兴郡守。东阳贼帅楼世干举兵围郡城,炀帝令法兴与太仆丞元祐讨之。俄而宇文化及弑炀帝于江都,法兴自以代居南土,宗族数千家,为远近所服,乃与祐部将孙士汉、陈果仁执祐于坐,号令远近,以诛化及为名。发自东阳,行收兵,将趋江都,下余杭郡,比至乌程,精卒六万。……法兴自克毗陵后,谓江淮已南可指拗而定……称梁王,建元曰延康,改易隋官,颇依陈氏故事。[2]

沈法兴出自南朝三吴大族吴兴沈氏,起兵后迅速聚集数万人马,建立"梁"政权,改易隋朝职官,采用陈朝制度,这种种做法正是江南地主集团企图恢复半

---

[1]〔后晋〕刘昫等:《旧唐书》卷五六《萧铣传》,中华书局1975年版,第2263—2264页。
[2]〔后晋〕刘昫等:《旧唐书》卷五六《沈法兴传》,中华书局1975年版,第2272—2273页。

壁江山宿愿的反映,表明江南地主集团反隋的图谋由来已久。

隋朝统治集团的内部矛盾,究竟严重到什么程度呢? 可以根据隋末吏民反抗运动的次数窥知一斑。据统计,隋末农民起义共一百二十余起,而地主起兵也有六十多起,实为历代所罕见。[1]如果将其中的"地主起兵"看成统治集团内部的矛盾,则来自其内部的武装反抗的次数,相当于被压迫者反抗的"农民起义"的一半,由此可见隋朝统治集团内部矛盾,是多么地突出! 而根据对隋末唐初历史的分析,这种来自统治集团内部的"地主起兵",其实力远远超过属于被压迫者的"农民起义"。基于此,我们分析隋朝短祚而亡的原因,就应该从统治集团的内部矛盾和内部斗争寻找,可以这么说,隋朝之短命而亡,其主要原因不在于隋炀帝的暴政,也不在于征讨高丽的战争,当然也不在于民变叛乱,而是由于它内部的离心因素实在太多。隋炀帝试图解决这些问题,但结果却适得其反,使得原本隐藏着的矛盾一下子迸发出来,使得渐趋平静的离心因素又重新激荡。如果说杨玄感的武装叛乱,发出了隋朝统治集团公开分裂信号的话,那么李渊太原起兵、攻占长安,就是隋朝统治集团分崩离析的标志,而"江都之变"则给苟延残喘的隋朝政权以最后致命一击,隋炀帝也在这场由统治集团内部分子所策划的政变中殒命丧身。

第四节　群雄混战与隋末唐初的扬州

从隋炀帝第三次巡幸扬州期间开始,包括江淮地区在内的广大南方也逐渐陷入动荡之中,并先后形成几股较大的武装集团。就在这种情势下,大业十三年(617)五月,隋朝太原留守李渊宣布起兵,十一月攻占长安。次年(618)三月,隋炀帝遇弑于江都;五月,李渊在长安称帝建国,国号唐,改元武德。

唐朝建立之后,首要的任务便是完成全国的统一。从地缘构成和当时的政治形势看,唐朝要完成统一大业,北方的黄河流域和长安所在的关陇地区为其优先用兵的方向,这是决定唐朝能否获得逐鹿中原的最后胜利并稳固统治的根本。不过,对于包括江淮地区在内的广大南方,唐朝也同时给予了高度

---

[1] 胡如雷:《关于隋末农民起义的几个问题》,《文史(第十一辑)》,中华书局1981年版。

关注,也必须尽快平定,从而避免南北对立格局的再次形成。伴随着隋亡唐兴,南方地区原有的反隋武装集团,几乎全数演变为阻碍唐朝统一的武装割据势力,他们与隋朝之间的矛盾、对立和战争,也转化为同唐朝逐鹿中原、争夺天下的武装斗争。唐朝经略南方的军事行动,地域范围包括长江中游、下游的江淮地区和长江以南的岭南地区,其中又以扬州为中心的长江下游地区最为核心。因此,唐朝能否最终平定南方、完成统一大业,就主要取决于对扬州及其周围地区的经营和控制。作为江淮地区政治、经济、军事与文化中心,扬州的重要性不言而喻,对于新兴的唐朝来说,经略江淮地区的首要任务,就是平定和控制扬州及其所在的长江下游地区。

在隋末唐初南方武装割据势力中,朱粲集团主要活动于长江中游、淮河上游一带;萧铣集团主要活动于长江中游的荆襄地区,势力一度延展至岭南地区;林士弘集团的活动区域,主要在长江中游的鄱阳湖一带,后来又控制着包括今浙江、福建、广东在内的岭南地区;杜伏威、辅公祏、李子通、沈法兴等势力集团,则活动于长江下游的江淮地区,扬州则是这几股武装势力争夺的中心城市,因此唐朝经略南方军事行动的重点,就是长江下游地区的这几股武装集团。以下逐次叙述长江下游这些武装集团的兴亡过程。

一、杜伏威集团的兴亡

杜伏威(?—624),隋末江淮地区吏民反抗运动首领之一,齐州章丘(今属山东)人。[1]杜伏威自幼家贫,又不善于经营,故只能依靠偷盗为生,与辅公祏为刎颈之交。辅公祏的姑妈家以牧羊为业,辅公祏经常到姑妈家偷羊送给杜伏威,结果被姑妈告发,官府追捕严急,二人于是落草为寇,当时杜伏威只有16岁。杜伏威在偷盗行动中,出则居前,入则殿后,深得群盗之叹服,共同推举他为头目。

隋炀帝大业九年(613),杜伏威率众投奔长白山贼帅左君行,因为不受尊重,遂立即率部离开,转战于淮南,自称将军。当时淮南地区的反隋武装,另有下邳(今江苏邳州)的苗海潮部。杜伏威派辅公祏前往游说苗海潮,说:"如

---

[1]〔后晋〕刘昫等:《旧唐书》卷五六《杜伏威传》,中华书局1975年版,第2266—2268页。本节所述杜伏威事迹,主要依据《旧唐书·杜伏威传》,同时参阅《新唐书·杜伏威传》《资治通鉴》等相关记述。

今我们苦于隋政残暴而各举义兵，但力量分散，恐怕很容易被官军擒获，我们如果合兵一处，就不怕隋军势强了。如果您觉得有能力担任首领，我们必当遵从您的领导，如果您觉得不堪此任，那么就来听我们的命令，不然的话就让我们一战以决雌雄。"苗海潮心中恐惧，便率部归附杜伏威麾下。

杜伏威、辅公祏武装势力在淮南地区的快速发展，直接威胁到江都的安全。隋朝江都留守派遣校尉宋颢率兵征讨，此为杜伏威和隋朝政府军之间第一次较大规模的对战。双方开战以后，杜伏威假装败北，将宋颢的军队引入芦苇丛中，然后从上风向纵火，将宋颢的步兵骑兵全部逼入大泽之中，此战隋军被大火几乎全部烧死。当时长江下游地区还有另外一支反隋武装，为海陵（今江苏泰州）人赵破阵为首的吏民反抗武装，赵破阵的兵马远多于杜伏威，故对杜伏威十分轻视，他派人前往杜伏威军营，要求杜伏威率部加入自己的队伍，服从其领导。杜伏威便让辅公祏严兵居外，以防不测之变，自己则领着十个人携带牛酒前往赵破阵大营。看到杜伏威亲自前来，赵破阵大喜，将杜伏威迎入大帐后，又集合部下所有头目，纵情畅饮。杜伏威在帐中突然发难，将赵破阵斩杀于座位之上，兼并了他的部众。杜伏威因此军威大震，随后率部攻陷安宜（今江苏宝应），并对安宜实施了屠城行动。

眼见杜伏威的势力一步步坐大，并直接威胁到江都的安全，隋炀帝派遣右御卫将军陈稜率八千精兵前往征讨。鉴于杜伏威兵势强盛，陈稜不敢与之对战，为了激怒陈稜，杜伏威派人送给陈稜一套妇女服装，并在给他的挑战书中称呼他为"陈姥"。陈稜果然禁不住这种羞辱的刺激，大怒之下率全部兵马前来讨战，杜伏威亲自率兵应战。陈稜的部将善射，一箭射中杜伏威的额头，杜伏威十分震怒，手指敌将骂道："不杀了你，我绝对不会拔出这支箭。"于是率兵猛冲。陈稜部将赶紧逃奔本阵大营，杜伏威追赶至陈稜阵营之中，所向披靡，擒获了那个箭射自己的敌将，令他为自己拔出了羽箭，然后杀了他，并携带其首级，第二次冲入陈稜军中，又杀了几十人，陈稜的阵营因此溃败，只有陈稜一人脱身而走。杜伏威乘胜进军，一举攻破高邮（今属江苏），随后又引兵攻占淮南的历阳（今安徽和县），自称总管，分遣部下将领经略所属诸县，杜伏威兵马所到之处，无不应声而下，江淮地区的众多小股吏民反抗武装争相投奔杜伏威，表示愿意归服他的领导。在合并江淮各部武装势力之下，很快就占有江淮之间的广大地区,成为江淮地区实力强悍的反隋武装集团。

大业十四年(618)三月,宇文化及发动"江都之变",弑隋炀帝。宇文化及深知杜伏威集团武力强大,就想将他收伏以为自己效力。当年八月,宇文化及以隋朝的名义,任命杜伏威为历阳太守,但遭到了杜伏威的拒绝。拒绝宇文化及邀请的同时,杜伏威派人前往洛阳,向皇泰主杨侗称臣,皇泰主任命他为东道大总管,封为楚王。[1]当初,杜伏威击败陈稜以后,率部移居丹阳(今江苏南京),在那里杜伏威开始整顿吏治,选用读书人为官,大规模地修治武器,减轻赋税,去除殉葬法,对于强奸犯、盗窃犯或贪污的官员,则无论轻重一律处以死刑。杜伏威从此便以丹阳为根据地,和沈法兴、李子通、陈稜等几股江淮地区的武装集团,围绕江都的争夺,展开混战。时至唐高祖武德二年(619)八月,李子通在混战中,击败陈稜,夺占江都,陈稜兵败后投奔杜伏威。杜伏威率兵退出江都后,投降唐朝,唐高祖任命他为淮南安抚大使、和州总管(治历阳)。[2]武德三年(620)六月,唐高祖下诏任命杜伏威为使持节、总管江淮以南诸军事、扬州刺史、东南道行台尚书令、淮南道安抚使,进封吴王,赐姓李氏。[3]同年十二月,杜伏威派遣辅公祏领兵渡江攻打李子通,迫使其兵败后放弃江都,退保京口(今江苏镇江),杜伏威遂控制庐州、和州等地,并将根据地迁至江南的丹阳。[4]武德四年(621),秦王李世民率部攻打洛阳王世充,杜伏威派遣手下将军陈正通、徐绍宗率兵助战。[5]同年,杜伏威又派遣将军王雄诞攻打杭州,擒获李子通献给朝廷,同时派兵攻破歙州的汪华,尽有江东、淮南之地。[6]

武德五年(622)七月,秦王李世民攻破徐圆朗,连下淮泗地区十余城,声

[1]〔宋〕司马光编著,〔元〕胡三省音注:《资治通鉴》卷一八六唐高祖武德元年(618)八月,中华书局1956年版,第5807页。

[2]〔宋〕司马光编著,〔元〕胡三省音注:《资治通鉴》卷一八七唐高祖武德二年(619)八月,中华书局1956年版,第5863页。

[3]〔宋〕司马光编著,〔元〕胡三省音注:《资治通鉴》卷一八八唐高祖武德三年(620)六月,中华书局1956年版,第5884页。

[4]〔宋〕司马光编著,〔元〕胡三省音注:《资治通鉴》卷一八八唐高祖武德三年(620)十二月,中华书局1956年版,第5898—5899页。

[5]〔后晋〕刘昫等:《旧唐书》卷五六《杜伏威传》,中华书局1975年版,第2268页。

[6]〔后晋〕刘昫等:《旧唐书》卷五六《杜伏威传》,中华书局1975年版,第2268页。

威大震江淮。在此情形下,杜伏威奏请入朝,临行前留下辅公祏驻守丹阳,但兵权却交给右将军王雄诞。来到长安以后,唐高祖任命杜伏威为太子太保,仍兼东南道行台尚书令,位在齐王李元吉之上,表示对他的特殊宠遇。武德六年(623)八月,辅公祏起兵反唐,并伪称这是奉杜伏威之命行事。不久,辅公祏兵败被杀,但他所伪造的书信却被发现,唐高祖未辨真假,便免除杜伏威一切官职,并抄没其家眷,废除其宗室属籍。武德七年(624)二月,杜伏威暴卒于长安。唐太宗深知杜伏威冤枉,于贞观元年(627)宣布赦免,恢复杜伏威官爵,并以公礼待遇进行安葬。

二、沈法兴集团的兴亡

沈法兴(？—621),隋末江淮地区吏民反抗运动首领之一,湖州武康(今浙江德清)人。[1]父亲沈恪,仕于陈朝,官至特进、广州刺史。隋朝大业末年,沈法兴担任吴兴(治今浙江湖州)郡守,其时东阳(今属浙江)贼帅楼世干举兵反隋,围攻吴兴郡城。隋炀帝下诏,令沈法兴与太仆丞元祐一同讨伐楼世干。

大业十四年(618)三月,宇文化及发动"江都之变",弑隋炀帝。在此情形下,沈法兴开始图谋起兵,因为吴兴沈氏自东晋南朝以来世代居于南方,为江南地区的著名世家大族,沈氏同姓宗族多达数千家,素来被远近所归向顺服。沈法兴于是联合元祐的部将孙士汉、陈果仁(或作陈杲仁[2]),控制住元祐,以诛讨宇文化及、尽忠隋炀帝为名起兵。沈法兴从东阳出发,一路招兵买马,兵锋直指江都,行进至乌程(今浙江湖州)时,沈法兴已拥有六万精兵。在攻占余杭郡(治今浙江杭州)以后,沈法兴继续北进,进攻毗陵(今江苏常州),遭到隋朝毗陵通守路道德的抵抗。为避免攻城可能造成的较大伤亡,沈法兴提出议和的请求,并在随后的双方会盟中,袭杀路道德,占据了毗陵城。既克毗陵,下一个攻击的方向便是丹阳(今江苏南京)。当时,防守丹阳城的是齐郡贼帅乐伯通,他是受宇文化及之命为其守城,沈法兴派遣陈果仁领兵攻克

---

[1]　〔后晋〕刘昫等:《旧唐书》卷五六《沈法兴传》,中华书局 1975 年版,第 2272—2273 页。本节所述沈法兴事迹,主要依据《旧唐书·沈法兴传》,同时参阅《新唐书·沈法兴传》《资治通鉴》等相关记述。

[2]　按,《资治通鉴》作"陈杲仁",《旧唐书》作"陈果仁"。

丹阳。至此,顺利攻占长江以南十几个郡,自称江南道大总管。[1]

　　同年八月,听闻越王杨侗在洛阳即位的消息之后,沈法兴便上书杨侗,自称大司马、录尚书事、天门公,承制设置百官,任命陈果仁为司徒,孙士汉为司空,蒋元超为尚书左仆射,殷芊为尚书左丞,徐令言为尚书右丞,刘子翼为选部侍郎,李百药为府掾,从而走上了割据称王的第一步。到了唐高祖武德二年(619)八月,沈法兴感觉已有足够的割据实力,以为江淮之间唾手可得,于是就在毗陵公开称梁王,建元为延康,并设置文武百官。就在沈法兴称梁王的时候,杜伏威占据历阳,陈稜占据江都,李子通占据海陵,三人皆手握重兵,而且都有图谋江南的打算,因此沈法兴当时实际面临三面受敌的境况。从内部来说,沈法兴为人生性残忍,而且一味崇尚严刑峻法,不知体恤下情,麾下将士稍有过错,就会遭到斩首之刑,以致部下纷纷产生叛离怨恨之情,从而造成他在随后的一系列军事斗争中屡屡败北。

　　长江下游的这几股势力开始了混战,李子通率兵攻打陈稜,试图夺取江都。陈稜眼见形势危急,只好向沈法兴、杜伏威求救,并向他们递送人质,以换取援助。沈法兴原本就有夺取江都的想法,于是就派儿子沈纶领兵,与杜伏威合作,同时赴援江都。当时,杜伏威驻兵于清流,沈纶则驻扎在扬子,两军相隔数十里。李子通为化解危机,采纳其部下毛文深所献离间计,招募了一批江南人伪装成沈纶的士兵,乘夜袭击杜伏威军营。杜伏威不辨真假,以为沈部袭击了自己,因此很是气愤,也派兵袭击沈纶。沈、杜双方原本就各怀心事,救援陈稜只是表面现象,实则双方都想寻机攻占江都,在中了李子通离间计后,双方的相互猜忌进一步加深,谁也不敢轻易进军。李子通因此得以用全力攻打陈稜,并终于一举攻克江都城,随后又乘势挥兵攻打沈纶,一举将其击溃。

　　武德三年(620),李子通率部渡过长江,很快就攻占京口(今江苏镇江)。沈法兴派遣仆射蒋元超领兵抵抗李子通,双方在庱亭(在今江苏省丹阳市境内)交战,蒋元超兵败身亡。在此情形下,沈法兴知道大势已去,于是便放弃毗陵,率左右数百人逃往吴郡。吴郡反政府军首领闻人遂安派手下将领叶孝

---

　　[1]〔宋〕司马光编著,〔元〕胡三省音注:《资治通鉴》卷一八五唐高祖武德元年(618)三月,中华书局1956年版,第5785页。

辩前往迎接沈法兴,沈法兴行至半路心生悔意,打算杀掉叶孝辩转而奔向会稽,但是他的意图被叶孝辩发觉,在窘迫恐惧之下,沈法兴只得投江自杀。

三、李子通集团的兴亡

李子通(?—622),隋末江淮地区吏民反抗运动首领之一,东海郡丞县(今山东峄县)人。[1]据历史记载,李子通其人具有两面性,一方面乐善好施,家有余财则赈穷救急;另一方面又心胸狭隘,睚眦必报。隋末天下大乱,左才相占据齐郡长白山,走上了武装反抗隋政府的道路。李子通投奔左才相之后,因为武力出众而得到他的倚重。凡有同乡入伙者,李子通必定护理保全。与群盗多数凶暴残忍不同,李子通大行仁义宽厚之风,于是很快赢得人心,很多人竞相归附于他,不到半年的时间,李子通的麾下就拥有一万部众。李子通势力的快速发展,引起左才相的猜忌。在这种情况下,李子通选择主动离开,率领部众渡过淮河与杜伏威会合。不过,李子通与杜伏威很快也产生了矛盾,他派兵袭击了杜伏威,杜伏威重伤落马后,被部属王雄诞救下,将他藏匿到芦苇丛中,从而躲过一劫。杜伏威恢复后,重新收聚溃散的部众,重振军威。但不久之后,杜伏威又被隋将来整击败,来整又乘胜击败李子通。李子通只好率残部逃奔海陵(今江苏泰州),并以海陵为根据地招兵买马,很快又募集二万人众,自称将军。大业十一年(615),李子通自称楚王,从而成为活动于长江下游地区的一支反隋武装势力。

义宁二年(618),宇文化及杀害隋炀帝以后,率部众北上,临行前任命右御卫将军陈稜为江都太守,留守后方。但就在宇文化及北上不久,陈稜宣布归顺隋朝,当时李渊已经攻占长安,扶植隋恭帝杨侑,挟天子以令诸侯,李渊便以隋恭帝的名义发布命令,以陈稜为总管,继续镇守江都。

武德二年(619)八月,李子通围攻江都,陈稜向沈法兴、杜伏威求救。沈、杜二人原本就不是真心解围而是想寻机夺占江都,加上又中了李子通的离间计,双方相互猜疑、相互攻击,谁也不愿真正进兵,李子通遂得全力攻击江都。江都城池既克,陈稜转而投奔杜伏威,李子通乘势进攻并大败沈纶,杜伏威见

---

[1]〔后晋〕刘昫等:《旧唐书》卷五六《李子通传》,中华书局 1975 年版,第 2273—2275 页。本节所述李子通事迹,主要依据《旧唐书·李子通传》,同时参阅《新唐书·李子通传》《资治通鉴》等相关记述。

状也主动撤兵。李子通于是称帝建国,国号吴,建元明政。在此情势下,原本受命于宇文化及而驻防丹阳的乐伯通,也率领部众一万余人归降李子通,被任命为尚书左仆射。次年(武德三年,620),李子通率部渡过长江攻打沈法兴,迫使沈法兴放弃毗陵,逃奔吴郡。丹阳、毗陵等郡相继被李子通占领,江南士人多来归附,势力臻于鼎盛。就在这个时候,已经归顺唐朝的杜伏威派行台左仆射辅公祏等人领兵攻打李子通,辅公祏渡过长江,攻克丹阳后进驻溧水,李子通率领数万兵马拒敌。在互有胜负的交锋之后,辅公祏的副将王雄诞率数百敢死队夜袭李子通,采用火攻之法大获全胜。李子通粮草尽绝之后,放弃江都,保守京口。杜伏威继续进攻,李子通放弃京口,向东逃逸至太湖地区,重整旧部,得到二万人。随后,李子通在吴郡击败沈法兴,二度兴起,将都城迁到余杭(今浙江杭州),接管了沈法兴的全部地盘,东到会稽,南至五岭,西抵宣城,北达太湖,全为其所有。

　　唐高祖武德四年(621)十一月,杜伏威派遣王雄诞攻打李子通,双方大战于苏州,李子通被击退,退守独松岭,王雄诞麾下将领陈当率小股人马,乘夜登高据险,多张旗帜,缚扎炬火于树,遍布山泽之间。李子通误以为大兵压境,恐惧之下烧营而逃,退保余杭。王雄诞乘势进军包围余杭城,李子通力尽势穷,开城投降,杜伏威于是将他和乐伯通等人一起押送长安(今陕西西安)。李子通等人被送到长安以后,唐高祖李渊出于招揽人心的目的,并没有将李子通治罪,反而赏赐宅第、良田和钱物。武德五年(622)七月,杜伏威奉诏入朝,被唐高祖留在长安,任命为太子太保,同时兼任东南道行台尚书令之职。李子通见状,就对乐伯通说:"杜伏威已来长安,江东尚未安定,我们回去收拾旧部,可以再建不世之功。"二人经过一番准备后逃出长安,逃至蓝田关时被抓,唐高祖于是下令将他们处死。

四、辅公祏之乱与唐朝平定江淮

　　随着沈法兴、李子通集团的相继覆灭,隋末唐初活跃于长江下游地区的几股主要武装集团中,就只剩下杜伏威集团了。尽管早在唐高祖武德二年(619),杜伏威就派遣使节归降唐朝,唐高祖亦发布诏书封官赐爵,但其时的江都及其所辖东南地区只是名义上属于唐朝,唐朝并未能实际控制这一地区。武德五年(622)七月,唐高祖下诏征杜伏威入朝,杜伏威临行前,将江都军政事务交由辅公祏代为统领。武德六年(623),辅公祏反唐。武德七年(624),唐军擒杀辅公祏,江都及东南地区才真正成为唐朝实际控制的疆土。这就是说,直到辅公祏之乱平定以后,唐朝才真正完成平定江淮、江山一统的任务。因此,这里必须简要叙述辅公祏兴亡及唐朝平定江淮的过程。

辅公祏(?—624),隋末江淮地区吏民反抗运动首领之一,齐州临济(今山东济南)人。[1]隋炀帝大业九年(613),辅公祏与杜伏威开始亡命为盗,起兵反隋,由于在每次行动中,杜伏威总是冲锋在前,撤退在后,因此被徒党推为首领。其时下邳人苗海潮也聚众为盗,杜伏威派辅公祏前往游说威胁,苗海潮恐惧之下,率部归降杜伏威。此后,辅公祏与杜伏威便率众转战抢掠到淮南一带。在随后的征战中,辅公祏、杜伏威相继打败隋朝校尉宋颢,兼并海陵贼帅赵破阵,势力进一步发展。义宁元年(617)正月,杜伏威、辅公祏率部大败隋将陈棱,乘胜攻破高邮,占据历阳,杜伏威自称总管,任命辅公祏为长史。随后,杜伏威分派诸将四出掠地,攻取江都郡下属各县,江淮地区的众多小股盗匪争相归附,杜伏威、辅公祏的势力迅速坐大。

唐高祖武德二年(619),辅公祏随同杜伏威一起归附唐朝。武德三年(620)六月,辅公祏被唐朝任命为淮南道行台尚书左仆射,爵封舒国公。其时,李子通占据江都,进而又渡江击败沈法兴,势力扩展至江南地区。同年十二月,杜伏威派辅公祏率领数千精兵渡江攻打李子通,同时任命阚棱、王雄诞作为他的副将。辅公祏渡过长江以后,首战攻克丹阳后,进驻溧水,李子通率领数万兵马前来拒战。首次对战李子通,辅公祏以一千精兵手持长刀作为前锋,另外派一千兵马紧随其后,并对他们说:"有敢退却者,立即斩首!"他自己则带领其余兵马殿后。由于辅公祏严令后退者杀无赦,因此其前锋部队只能拼命向前冲杀,同时辅公祏又派兵分左右翼攻击李子通的方阵,李子通兵败逃跑。不过,在随后的追击战中,辅公祏反而被李子通击败,返回军营后,辅公祏坚壁不战。副将王雄诞向他提议,应该趁李子通营寨壁垒尚未建立,且又满足于小胜而没有防备的有利时机,发动突然袭击,就可

---

[1]〔后晋〕刘昫等:《旧唐书》卷五六《辅公祏传》,中华书局1975年版,第2269—2270页。本节所述辅公祏事迹,主要依据《旧唐书·辅公祏传》,同时参阅《新唐书·辅公祏传》《资治通鉴》等相关记述。

以反败为胜。但是,辅公祏并没有采纳王雄诞的这个建议。在这种情况下,王雄诞只好带领自己手下几百名士兵,冒险发动夜袭,从而大败李子通。粮草尽绝之后,李子通只得放弃江都,保守京口,附近地区遂全部归杜伏威所有,杜伏威也乘势迁居丹阳。

随着实力的壮大,起初亲如兄弟一般的杜伏威与辅公祏,二人之间也渐渐产生了隔阂、矛盾,主要表现为杜伏威对辅公祏的不信任乃至猜忌。为了解除辅公祏的领兵权,杜伏威任命阚棱为左将军、王雄诞为右将军的同时,而推尊辅公祏为仆射,这属于明升暗降的常用手法。对于杜伏威的做法,辅公祏尽管心中很是不快,但并没有公开表露,而是找到昔日的老友左游仙,跟随他习学修道、辟谷之术,借此韬光养晦。

唐高祖武德五年(622),杜伏威奉诏入朝,辅公祏奉命留守丹阳,而以王雄诞领兵作为辅公祏的副手。杜伏威暗中叮嘱王雄诞,要求他在自己到长安之后,秘密监视辅公祏,如果自己到长安并未失去职位,则一定要严防辅公祏出现什么变故。杜伏威离开丹阳不久,左游仙就游说辅公祏,劝他起兵造反,然而由于当时兵权尽握于王雄诞之手,辅公祏未敢贸然行动。不过,辅公祏早已下定起兵造反的决心,当务之急就是要寻找和制造合适的借口。经过一番谋划之后,辅公祏对外宣称收到杜伏威的来信,说是怀疑王雄诞图谋不轨,要求自己相机而动。王雄诞听闻这些谣言以后,心中不快,便假装生病而不去衙门治事。辅公祏便趁机夺取其领兵权,在控制军队之后,辅公祏派出他的党羽西门君仪前去王雄诞住处,将准备起兵的计划告诉他,并胁迫他一同起兵。至此,王雄诞方才醒悟过来,但他拒绝起兵反叛,认为唐朝军力强盛,起兵反叛就是自寻灭族之祸。在这种情况下,辅公祏便下令勒死王雄诞,扫除起兵路上的一个障碍。随后,辅公祏公开宣布:杜伏威被唐朝扣留,已不可能再返回江南,他暗中送来书信命令他起兵反唐。同年八月九日,辅公祏在丹阳称帝,国号宋,修复陈朝的旧宫殿而居之,设置百官,任命左游仙为兵部尚书、东南道大使、越州总管,同时还主动派人前往联络张善安,并任命张善安为西南道大行台。

辅公祏起兵的消息很快传到长安,武德六年(623)八月二十二日,唐高祖下诏讨伐,距辅公祏起兵只有短短的十三天。唐军兵分四路讨伐辅公祏,这四路人马分别是：襄州道行台仆射、赵郡王李孝恭统率水军，直趋江州（治今江西九江）；岭南道大使李靖统率交、广、泉、桂等州军队，开赴宣州（治今安徽宣城）；怀州总管黄君汉领兵，取道谯州、亳州南下；齐州总管李世勣取道淮水、泗水南下。就在唐军发兵讨伐以后，辅公祏也调兵遣将，四出攻城掠地，九月十五日，辅公祏派徐绍宗领兵攻打海州（治今江苏连云港）、陈政道率兵攻打寿阳（治今安徽寿县）。同年十一月，唐朝黄州总管周法明带兵攻打辅公祏，张善安以夏口（今湖北武汉）为据点，抗击周法明，其时周法明的主力部队驻扎在荆口镇。十一月初十，唐军主帅周法明正在战船上饮酒，被张善安派出的刺客伪装成渔民杀死。

武德七年（624）正月十一日，李孝恭在枞阳（今属安徽）击败辅公祏的别将。同年二月，辅公祏派兵围攻猷州[1]，唐朝猷州刺史左难当据城坚守，誓死不降。在此情形下，唐高祖派遣安抚使李大亮领兵增援，以解猷州之围。不久之后，李孝恭率部攻克辅公祏的重要军事据点——鹊头镇（在今安徽省铜陵市境内）；二月十二日，唐行军副总管权文诞在猷州附近接连击败辅公祏的军队，攻占叛军的几处军事要地；三月十六日，李孝恭部在芜湖击溃辅公祏军，相继攻占芜湖及梁山等三镇；三月二十一日，唐河南安抚大使任瓌率部攻克扬子城，辅公祏所任命的广陵城主龙龛投降，唐军进据扬州；三月二十八日，李孝恭率部攻克丹阳，夺取辅公祏叛军的"首都"。

丹阳既克，辅公祏率残部出逃，其时尚有数万兵马。辅公祏的打算是，先逃到会稽（今浙江绍兴），找到左游仙，以此为据点伺机再起，因为当时左游仙的部属损失不大。不过，唐军并未陶醉于攻克丹阳之喜悦而暂缓追击的步伐，李世勣在攻克丹阳之后，立即率部展开追击。辅公祏逃至句容时，随从残部只剩下五百人了，行至毗陵（今江苏常州）时，看到天色已晚，追兵喊杀之声也已消失，狼狈不堪的辅公祏决定稍事休息，然后再继续东进会稽。宿

---

[1]　按，猷州始设于唐高祖李渊武德三年（620），终于武德八年（625），共存续五年，辖区相当于今泾县、旌德县、黄山市黄山区，池州市的东至县、青阳县、石台县部分地区。隋末社会动乱，泾县乡民左难当（596—644）组织民众自保，后归服杜伏威，被任命为总管。及杜伏威降唐，左难当亦随之归顺，为笼络人心，唐高祖于武德三年十月下诏设置猷州，而以左难当为刺史。辅公祏起兵反唐，左难当据城为唐坚守，抵抗辅公祏叛军围城。武德八年，左难当以守城之功，被任命为宣州大都督，同时废猷州，原辖区转属宣州。

营时,辅公祏手下将领吴骚、孙安等人密谋,打算将他缚送唐军。吴、孙等人企图被辅公祏觉察,于是他丢下妻儿老小,带领几十名贴身心腹,拼死冲破关卡,脱身逃走。行至武康(今浙江德清)时,辅公祏一行又受到当地土豪武装的攻击,西门君仪等人战死,辅公祏被捉送丹阳。李孝恭下令将辅公祏处斩,悬首示众,然后传首长安。随后,唐军分别搜捕辅公祏的余党,罪恶大者全部处决。

随着辅公祏集团的覆灭,唐朝平定江南地区的军事任务基本完成,江淮地区的战火也宣告平息。作为江淮地区新政治中心的扬州,也重新进入了和平发展的轨道。

隋朝是扬州城市发展史上的重要时期,不仅奠定了唐代扬州进入极盛时期的政治、经济基础,而且第一次明确了其后乃至当今扬州的行政区划,使得"扬州"从《禹贡》九州之一或汉魏南北朝大"扬州"抽象、朦胧的地域概念,演变为涵盖地区明确的州郡级行政区划。唐代乃至现代意义上的"扬州",其作为地方行政区划的疆域,都是始于隋朝。从581年隋朝建国前后至589年出兵灭陈的"吴州十年"期间,扬州是被隋文帝当成南伐陈朝、完成国家统一的军事基地而加以经营的,贺若弼主政的"吴州十年",乃是扬州城建快速发展的十年,也是确立扬州在东南地区城市群中核心地位的十年。其间扬州实行总管、刺史双重领导的军政二元体制,而以总管为主导,扬州总管府是当时全国仅有的四个大总管府之一。扬州总管府下属有两套职官机构,即总管府僚佐系统和军事镇防系统,这两套职官系统完整地构成了扬州大总管府的组织机构,这两大系统在扬州总管的领导下,彼此协调、相互配合,共同履行总管府所承担的行政、军事职能。不过在实际运作中,这两套职官系统皆不完备,而间有阙置。隋朝扬州总管府地位之重要,一是因为它下辖政区最多、统治地域最广,一是由于其是隋朝全国范围内仅有的四个大总管府之一,并且一直由亲王坐镇。

隋炀帝即位后,改革行政制度,地方上改州为郡,扬州改为江都郡。江都郡守之职多为虚置或亲王挂名遥领,江都郡之行政事务由"江都郡丞"实际负责。江都郡在当时具有隋朝帝都的性质,除了江都郡的品级与首都长安平行以外,还在多项制度上有所体现,如作为国家重要礼器的"律调钟磬八音之器",除了收藏于首都长安的尚书礼部机关外,江都也同样有所收藏,当时江都郡不仅收藏有这些"国家级"的音乐礼器,而且收藏有刘焯等人所参校议定的相关律吕标准的制度性文件。这就从制度的层面上说明,隋炀帝时期的江都郡确实具有"帝都"的地位。江都郡的"帝都"性质,还可以从都城制度的层面上加以说明,据隋朝江都城南门遗址的发掘情况显示,隋朝江都城的南门遗址为"三门道"的规制,而"三门道"属于都城方可拥有的建制,因此隋炀帝时期的江都城,政治地位实与京师长安相侔而具有"帝都"的性质。

589年,隋朝跨江南征,一举平定陈朝,攻克六朝首都建康之后,随即将其隳废,扬州因此取代建康的地位而成为整个东南地区的核心城市,从此开始了扬州在隋唐五代时期的光辉历史。隋炀帝在扬州城市发展史上,是一位值得大书特书的历史人物,他在被改立为太子之前,曾经在扬州主政十年(590—600),其间扬州不仅牢固树立了东南地区政治、经济中心的地位,也成为南北文化交流的中心,奠定了扬州全面繁荣的基础。在整个隋代,扬州的最高地方长官——扬州大总管始终由亲王亲自担任或者遥领其职,扬州大总管府的主要僚佐人员,多数都是经过精心挑选的能臣干将,而隋朝仅有的四个大总管府中,扬州大总管府所管辖的地域最为广阔。隋炀帝即帝位以后,推行了改州为郡的地方行政改革,扬州被改为江都郡,政治地位继续提升,江都郡守的品级与首都长安的京尹相同。隋炀帝在位期间,曾三次临幸扬州并较长时期地留居此地,在三下扬州期间,隋炀帝不仅按照首都的规制对扬州城进行了大规模的建设,兴建了包括江都宫、临江宫在内的堪与京城长安相比美的宫殿楼阁群,而且在这里做出了继续完善运河工程、三征高丽、巡视西北、改革官制等一系列重大政治决策,扬州就在事实上具备了"帝都"的性质。隋炀帝人生的最后岁月也是在扬州度过的,隋末天下大乱,隋炀帝试图以扬州为中心图谋控驭天下的努力失败以后,宇文化及率领护驾的禁卫骁果发动了"江都之变",隋炀帝在政变中被叛乱者杀害,从而埋骨扬州。

隋炀帝被杀之后,扬州地区也陷入混战的漩涡,陈棱、李子通、杜伏威、沈法兴、辅公祏等先后攻占或经略此地。618 年,唐受隋禅,李渊在长安称帝,唐朝建立。在唐朝建国初期,因为用兵的主要方向是关中和中原地区,因此对于以扬州为中心的江淮地区、以荆襄为中心的长江中游地区以及更远的岭南之地,主要采取拉拢招抚的羁縻政策。直到唐高祖武德六年(623),辅公祏起兵反唐,唐朝派出以赵郡王李孝恭为首的四路人马前往征剿,并于第二年捕杀辅公祏,南方地区的叛乱这才基本平定,唐朝在扬州地区的统治也从此确立,扬州从此进入了又一个稳定发展的时期。

第三章　唐代扬州的政局变迁与地方治理

　　唐代前期,尤其唐太宗贞观以后,政局逐渐趋于稳定,社会经济得到较快的恢复与发展,更兼统治者励精图治,先后涌现出唐太宗、武则天、唐玄宗等中国历史上杰出的帝王,以及房玄龄、杜如晦、魏徵、姚崇、宋璟等一大批德才兼备的贤臣良相,在这些因素的共同作用下,先后出现了"贞观之治"与"开元之治"的局面。及至 8 世纪中叶的天宝年间,唐朝国势臻于鼎盛。得益于全国局势的稳定,扬州在唐前期历任都督、长史的治理下,维持了长达一百余年的长治久安,并承续隋代的发展轨辙,跻身区域性中心城市行列。

　　以唐玄宗天宝十四载(755)爆发的安史之乱为分水岭,唐朝的政治体制、经济、文化等各领域都发生了天翻地覆的变化。原本作为唐皇朝腹心之地的关中、河南、河北等地饱受兵燹蹂躏,"人烟断绝,千里萧条"[1],而江淮以南地区则战乱相对较少,社会经济未受到直接破坏,以扬州为代表的东南诸州,在国家版图中的战略位置便凸显出来,时人有言:"当今国用,多出江南"[2],"天下以江淮为国命"[3]。相应地,唐朝后期在扬州设立的淮南道节度使成为江淮地区的最高军政机构,9 世纪的扬州,也迎来了她作为区域中心城市的黄金时代。

---

　　[1]　〔后晋〕刘昫等:《旧唐书》卷一二〇《郭子仪传》,中华书局 1975 年版,第 3457 页。

　　[2]　〔唐〕白居易著,谢思炜校注:《白居易文集校注》卷三一《苏州刺史谢上表》,中华书局 2011 年版,第 1847 页。

　　[3]　吴在庆:《杜牧集系年校注·樊川文集》卷一六《上宰相求杭州启》,中华书局 2008 年版,第 1019 页。

第一节　大都督府体制与唐朝前期扬州的地方治理

扬州大都督府是唐朝在扬州地区推行统治的主要机构。大都督府是一种军政二元体制的政府机构，兼具军事、行政的双重职能，在唐朝建立之初平定江淮及南方的过程中，都督府在实际运行中以军事职能为主导，及唐朝完成统一并稳固统治以后，都督府的行政职能开始凸显。以下叙述扬州大都督府的行政体制，以及唐朝前期扬州的地方治理情况。

一、扬州大都督府的建立及其行政体制

隋末动乱中，扬州地区先后被隋将陈稜、李子通、杜伏威、沈法兴、辅公祏等割据势力占据，彼此间兵戈扰攘，江淮地区的统治秩序一度趋于瓦解。唐朝建国以后，历时数年时间铲平各地割据势力。唐高祖武德二年（619），杜伏威归顺唐朝，武德三年被任命为东南道行台尚书令，治所在和州（今安徽和县），时隋将陈稜为扬州总管（隋江都郡），隶属东南道行台。此后不久，将扬州治所迁至江南，而将隋江都郡（今江苏扬州）改为兖州、邗州。武德七年（624），唐将李孝恭、李靖等平定辅公祏之乱，不久废东南道行台。武德九年（626），以襄邑王李神符为扬州大都督，将治所从江南迁回江北。自此以降，终唐一代，今江苏省扬州市便稳定地成为扬州大都督府的治所。

唐朝对扬州地区的实际控制，始于唐高祖武德末年，及至唐太宗贞观年间，建立了常态统治秩序。在此以前，为顺应局势的需要，设立过一系列特殊的军政机构，如东南道行台尚书省、扬州总管府。这些军政合一的机构往往统辖数州至数十州之地，置尚书令、左右仆射、左右丞、民兵两部尚书等职务，一仿中央的尚书省，总揽境内的军事、民政、财政、人事等各项大权。上述体制随着战事的结束，很快被裁撤，代之而起的是以大都督府为核心的治理体系。

（一）大都督府的军事职能

从制度设计来看，唐代的都督府是一种军政合一的地方行政机构。它在制度上直接承袭了周、隋时期的总管府，再往前还可追溯至魏晋南北朝时期的持节都督制度。然而发展到唐代，都督府体制又呈现出一些新的特征，扬

州大都督府正是其中典型。

都督府长官的正式职衔一般书作"使持节都督……州诸军事",性质属于军事长官,其主要职责是负责以治所州为中心的军事设施的日常维护、兵马操练等事务,即所谓养兵权。都督的用兵权则相对有限,仅限于镇压叛乱等军政要务。都督府往往统辖若干州级政区,按统州数量,又可分为上大、上、中、下四等。扬州在唐代(除了贞观年间的短暂变更外),一直名列最高一级的"大都督府"序列。其辖州数屡有变更:武德九年正式成立之时,辖扬、润、常、和、楚、方、滁七州;贞观元年,辖州数达到最高峰,计有扬、滁、常、湖、润、楚、舒、庐、濠、寿、歙、苏、杭、宣、东睦、南和等十六州。此后盈缩不定,较为稳定的辖州是扬、滁、常、润、和、宣、歙等七州。

唐代前期江淮局势整体较为平稳,扬州虽然名列四大都督府,肩负控遏东南之重任,但实际的用武之地不多。从少数几次民变来看,如唐高宗永徽四年(653)睦州女子陈硕真自称皇帝,攻陷睦州,又进攻歙州,扬州长史房仁裕发兵协助征讨,很快平息民变。[1]当时歙州是扬州大都督府所管诸州之一,出兵平叛正是都督府所应履行的职能。

鉴于六朝时期都督、刺史军权过重,尾大不掉的历史教训,唐初统治者对都督的军权进行了严格限制。除沿边诸州外,都督府兵力有限,归其直接指挥的只是少量的州兵、民兵,无权调动作为正规军的当地府兵。都督拥兵自重、对抗中央的事例虽间有发生,但均以失败告终,扬州大都督自然也不例外。武则天光宅元年(684),徐敬业在扬州举兵反武,自称扬州大都督。史书记载,因兵力不足,徐敬业不得不"开府库,……驱囚徒、工匠授以甲"[2]。由此可见,在"强干弱枝"的中央政策主导下,扬州虽然置有大都督府,但作为内地州府,其所辖兵力不宜过高估量,以之镇压小规模的民变固然绰绰有余,但并没有对抗中央政府的武力,也正因此,徐敬业起事月余即告失败。

唐玄宗开元以后,随着道级行政区划的实体化,尤其是此后藩镇体制的

---

[1]〔宋〕司马光编著,〔元〕胡三省音注:《资治通鉴》卷一九九唐高宗永徽四年(653)十月,中华书局1956年版,第6282—6283页。

[2]〔宋〕司马光编著,〔元〕胡三省音注:《资治通鉴》卷二〇三则天后光宅元年(684)九月,中华书局1956年版,第6423页。

确立,都督府体制便趋于瓦解了。但值得注意的是,有唐一代始终没有正式废除都督府的建制,唐代后期的淮南节度使照例兼带扬州大都督府长史一职,都督府可谓"实亡而名存"。

（二）大都督府的行政职能与僚佐系统

都督府对所督诸州的监管仅限于军事,民政、人事等一般无权过问。因此,扬州大都督府并非拥有治权的州以上政区,[1]这是它与后来淮南道节度使的本质差异。但另一方面,都督府长官依例兼任治所州的刺史,掌管一州民政,在大多数场合下,都督府与治所州政府合署办公,作为州级行政机构行使职权。

都督府的僚属设置也与一般州级政府基本一致,只是员额、品级不同。在这一点上,扬州的情况与其他诸州并没有显著差异,下面根据唐代一般性的典章制度,将大都督府的僚属及职权简述如下。

唐代前期又被称为"律令制时代",原因在于当时国家政治生活中,从中央到地方各级衙署,其中人员配置、组织形态以及文书行政的流程,均严格按照律令执行。按政务文书处理中承担的职责,一个衙署中的官吏一般分为长官、通判官、判官、主典等四级,又有监督文书行政的勾检官,合称四等官制度。扬州大都督府的行政体系也大体按照这一组织原则运作。

大都督是一府之长,属于长官,《唐六典》载其职掌:

> 掌清肃邦畿,考核官吏,宣布德化,抚和齐人,劝课农桑,敦谕五教。每岁一巡属县,观风俗,问百姓,录囚徒,恤鳏寡,阅丁口,务知百姓之疾苦。部内有笃学异能闻于乡闾者,举而进之;有不孝悌,悖礼乱常,不率法令者,纠而绳之。其吏在官公廉正己清直守节者,必察之;其贪秽诌谀求名徇私者,亦谨而察之,皆附于考课,以为褒贬。[2]

---

[1]　唐睿宗景云二年(711),曾一度考虑扩大都督府职权,"纠察所管州刺史以下官人善恶",使其成为实体的行政、监察区,但这一政策遭到朝臣反对,认为这样一来便会出现"权重难制"的局面,结果并未正式施行。见〔宋〕王溥:《唐会要》卷六八《都督府》,中华书局1955年版,第1192页。

[2]　〔唐〕李林甫等撰,陈仲夫点校:《唐六典》卷三〇《三府督护州县官吏》,中华书局1992年版,第747页。

以上法律条文明确规定了大都督的职权,即对治下百姓拥有全面的治理、教化之权,对辖下官吏拥有黜陟、监察之权,可谓位高权重,事无不总。

其下设长史一名、司马两名,属于通判官,又称"上佐","掌贰府、州之事,以纪纲众务,通判列曹,岁终则更入奏计"。[1]亦即作为都督的副手,协助处理各项政务。一般州级政府中,上佐并没有具体职务,位尊而权轻,带有闲职色彩。扬州的情况比较特殊,除了唐高祖武德年间曾以宗室实任大都督外,唐太宗贞观以后,例以亲王、外戚遥领大都督,或者以扬州大都督作为大臣死后的追赠官职。在这种情况下,因大都督不能履行职务,长史便不再是闲职,而是扬州地区实际上的最高军政长官。相应地,在他们的正式官衔中会加上"判都督事"的职衔,有些场合甚至会径称为"扬州刺史"。这里涉及唐代扬州历任长官,大多数情况是指大都督府长史。

录事参军一人,属于勾检官。《唐六典》载其职责:"掌付事勾稽,省署抄目。纠正非违,监守符印。若列曹事有异同,得以闻奏。"[2]简单来说,其核心职掌有三:其一,检查文书行政中的违章、失误,每一份行政文书除需要长官及职能部门签署外,还要经由录事参军核准、署名,才能具有法律效应。其二,财政审计与监察,对州级政府的各项财政收支进行一年一度的审计,上报中央尚书省比部,对亏损进行追责。其三,监督、揭举府中官员的违法行为。录事参军在大都督府僚佐中职权之重,仅次于长官,号称一府之纲纪。

功、仓、户、兵、法、士六曹,通称"判司",长官称参军事,分工负责各类日常行政事务。具体而言,功曹参军负责人事与文教,包括"官吏考课、假使、选举、祭祀、祯祥、道佛、学校、表疏、书启、医药、陈设之事"。仓曹是财经类政务部门,"掌公廨、度量、庖厨、仓库、租赋、征收、田园、市肆之事"。户曹以民政为主,"掌户籍、计帐,道路、逆旅,田畴、六畜、过所、蠲符之事,而剖断人之诉竞"。兵曹负责地方准军政事务,包括"武官选举,兵甲器仗,门户管钥,烽候传驿之事"。法曹负责司法与治安,"掌律、令、格、式,鞫狱定刑,督捕盗贼,纠

[1]〔唐〕李林甫等撰,陈仲夫点校:《唐六典》卷三〇《三府督护州县官吏》,中华书局1992年版,第747页。

[2]〔唐〕李林甫等撰,陈仲夫点校:《唐六典》卷三〇《三府督护州县官吏》,中华书局1992年版,第748页。

逖奸非之事"。士曹负责工程与手工业管理,"掌津梁、舟车、舍宅、百工众艺之事"。[1]州府六曹在职能上与中央六部大体对应,彼此分工,又相互协作,共同保障州级行政有序运转。六曹参军外,还有一些没有具体职掌的参军事,负责出使、导引、监工等临时性事务。

录事参军、六曹是以文书行政为中心的政务机构,其下还有一些具体的事务部门,如市署,设令、丞,负责征纳商税、评定市场物价、发放作为买卖凭证的市券;州学,设五经博士,以儒家经典教授生徒;医学博士,教授医学生,并"以百药救疗平人有疾者",是负责地方医疗卫生事业的机构。除此以外,大都督府各衙署中还有众多办事人员,如执刀、白直、典狱、佐、史等,名目不一,职掌琐碎,任职者身份大多类似于胥吏,没有品级。

整体而言,唐代州级政府的人员设置是较为精简的,依托严整的律令法典,他们职责分工明确,行政运作高效、有序。唐朝前期江淮地区维持了一百多年相对稳定的局面,这与扬州大都督府的有效治理密不可分。

(三)县级政府与基层乡里体制

唐代地方行政层级中,州以下为县。作为最基层的政区,县级行政与民众日常生活紧密相关,构成了唐皇朝统治的基础。唐代县级政区数目相对稳定,以唐玄宗开元年间为例,据统计,全国范围内计1500个左右,分属300余州,平均一州约辖5县。唐代扬州置有大都督府,地位非比寻常,辖县数要超过平均数。扬州下辖诸县屡有变更、分合,较为稳定的是江都、江阳、扬子、六合、天长、高邮、海陵等7县。按人口、区位等指标,唐朝的县大体分为上、中、下三等,或细分为赤、畿、望、紧、上、中、下七等。[2]扬州所辖诸县中,江都、江阳位列望县,其余皆为上县,[3]这与扬州大都督府在全国行政区划中的地位是相匹配的。

---

[1]〔唐〕李林甫等撰,陈仲夫点校:《唐六典》卷三〇《三府都护州县官吏》,中华书局1992年版,第748—749页。

[2] 按,唐代县级政区分等有三分法、七分法乃至十分法,名目繁多,不一一列举。其中上、中、下三等系按户口多寡划分,最为简明。其划分标准据《通典》卷三三所载开元年间制度:"六千户以上为上县,三千户以上为中县,不满二千户为下县。"(中华书局1988年版,第909页)

[3] 扬州下辖诸县分等不见于传世文献,此据敦煌出土天宝初年《地志残卷》,录文见王仲荦著,郑宜秀整理:《敦煌石室地志残卷考释》,中华书局2007年版,第38页。

县级政府的机构设置与州大体相似,只是编制相应缩小。县令是一县之长,也是所谓亲民官。唐朝政府非常重视县令的选任,屡次出台政令,要求吏部从严铨选,因为县令直接担负施政理民的重任,与民众日常生活关系最为紧密。《唐六典》载其职掌:"导扬风化,抚字黎氓,敦四人之业,崇五土之利,养鳏寡,恤孤穷,审察冤屈,躬亲狱讼,务知百姓之疾苦。"[1]说得有些笼统,具体而言,县令的核心政务是税收和治安等。县级僚佐有县丞,是县令的副官,类似州府的上佐;主簿,"掌付事勾稽,省署抄目,纠正非违,监印,给纸笔、杂用之事";录事,"掌受事发辰,勾检稽失";县尉,职掌对口州级政府的六曹,但一般只设两员,"亲理庶务,分判众曹,割断追催,收率课调";博士,"掌以经术,教授诸生"。[2]以上是县级政府中的品官,由中央的吏部任命。除此之外还有一些基层办事人员、服役人员,如市令、仓督、佐、史、典狱、问事等等,总称为"杂任""杂职",身份类似胥吏,多由州县政府选派本地人充任。

县级以下也有一套严密的基层管理体制,可以概称为"乡里制度"。这套组织虽不是官方行政机构,却是实施地方治理的最基层细胞。唐代前期的律令中,详细规定了乡里制度的组织形态,据杜佑《通典》记载云:

> 大唐令:诸户以百户为里,五里为乡,四家为邻,五家为保。每里置正一人,掌按比户口,课植农桑,检察非违,催驱赋役。在邑居者为坊,别置正一人,掌坊门管钥,督察奸非,并免其课役。在田野者为村,别置村正一人。其村满百家,增置一人,掌同坊正。其村居如满十家者,隶入大村,不须别置村正。……诸里正,县司选勋官六品以下白丁清平强干者充。其次为坊正。若当里无人,听于比邻里简用。其村正取白丁充,无人处,里正等并通取十八以上中男、残疾等充。[3]

[1]〔唐〕李林甫等撰,陈仲夫点校:《唐六典》卷三〇《三府都护州县官吏》,中华书局1992年版,第753页。

[2]〔唐〕李林甫等撰,陈仲夫点校:《唐六典》卷三〇《三府都护州县官吏》,中华书局1992年版,第753页。

[3]〔唐〕杜佑撰,王文锦、王永兴、刘俊文、徐庭云、谢方点校:《通典》卷三《食货·乡党》,中华书局1988年版,第63—64页。

法律规定,县下分别设有乡、里两级基层组织,百户为一里,五里为一乡。以唐玄宗天宝年间为例,扬州下辖计有 115 乡,其中江都县 28 乡,江阳县 17 乡,扬子县 10 乡,高邮县 22 乡,六合县 20 乡,海陵县 18 乡。[1] 里的数量不能确知,就出土墓志所见,位于今扬州市区的江都、江阳、扬子三县计有 30 个里左右,[2] 实际数量当然远不止于此。

在实际的基层治理中,乡并非实体组织,没有具体负责人,但设有耆老、乡望等头衔,授予本地德高望重的长者。这类头衔仿照了汉代的三老、北朝的民望等乡里制度,旨在推行教化、提倡尊老之风,没有具体的行政职掌,并非基层管理职务。真正担负基层管理的是"里",设有里正一人,由县政府选派当地人士充任,其首要职责为监控、统计户口,每年编写户口手实,作为国家掌握人口、征收赋税的依据。除此之外,里正还负责维持治安、劝课农桑等事务。里正承接政府文书,是国家政策的直接执行人,虽然不是真正的品官,但在一般民众眼中却是国家权力的象征,唐人有诗云:"当乡何物贵?不过五里官。"[3] 因此,严格说来,唐代前期扬州的基层治理体制是州(都督府)—县—里三级制。

在乡、里之外,又有坊与村,分别设置坊正与村正。与侧重户口统计的乡里制不同,坊、村主要着眼于居住形态的城乡之别,所谓"在邑居者为坊,在田野者为村"。[4]

作为首屈一指的地方城市,唐代扬州严格按照国家律令,设计出相应的基层行政体系。这套管理机制运作井然有序,与中央、州府层级的行政体系紧密对接,确保了国家政令在基层社会的畅通无阻。

二、从亲贵到文臣:唐朝前期扬州的牧守群体

唐代前期的扬州维持了长达百余年的长治久安,并承续隋代的发展轨辙,从南北朝时期的边陲军镇,转型为区域性中心城市。从制度层面来看,与

---

[1]　王仲荦著,郑宜秀整理:《敦煌石室地志残卷考释》,中华书局 2007 年版,第 38 页。宋代《太平寰宇记》所载数目与此有所差异,这应该反映了晚唐五代的变化。

[2]　余国江:《六朝隋唐时期的扬州城与坊市》,《历史地理(第三十一辑)》,上海人民出版社2015 年版,第 201—211 页。

[3]　陈尚君辑校:《全唐诗补编·续拾》卷五,中华书局 1992 年版,第 707 页。

[4]　〔后晋〕刘昫等:《旧唐书》卷四八《食货志上》,中华书局 1975 年版,第 2089 页。

大都督府体制下的有效治理密不可分,而作为最高行政长官的历任都督、长史(以下统称"牧守")则在其中扮演了关键角色。官员选任机制以及与之紧密相关的吏治问题,是中国古代地方治理中的关键环节,举凡经济繁荣、民生富足的历史时期,往往地方牧守得人,吏治清明。本节将重点叙述唐代前期扬州牧守人选的特点,并择要介绍其在扬期间的施政业绩。

(一)皇室宗亲群体与扬州大都督

从职权管辖范畴来看,唐代扬州大都督府虽不如隋代所置大总管府,但同样位望崇重。自武德年间以降,大都督例授予皇室宗亲、贵戚。但不同历史时期,这一群体出任扬州大都督的背景又不尽相同。具体而言,宗亲群体担任的扬州大都督,经历了从军政实职到荣誉性头衔的转变。

唐高宗武德年间是唐政府建立江淮统治秩序的肇始阶段,此期战事频仍,人心未定,最高统治者对扬州大都督的人选极为重视。第一任为宗室赵郡王李孝恭,他是唐高祖的从子,李唐建政后,出任山南道招慰大使,降附三十余州。后担任夔州总管、荆湘道行军总管,与李靖等人平定割据荆襄的萧铣势力,进而经略岭南,降附四十九州。武德七年,李孝恭率李靖、李勣、任瓌、黄君汉、张镇州、卢祖尚等六总管讨伐盘踞江淮的辅公祏集团,部将李靖下广陵城,拔扬子镇,将长江下游地区纳入唐朝版图,最终建立平定东南的赫赫战功。

李孝恭以宗室而兼功臣,唐高祖对他颇为倚重,先后授东南道行台尚书左仆射,拜扬州大都督,委以镇抚东南之重任,史称:"自大业末,群雄竞起,皆为太宗所平,谋臣猛将并在麾下,罕有别立勋庸者,唯孝恭著方面之功,声名甚盛。"[1]然而战功之外,李孝恭政绩可称述者无多,当时扬州大都督府治所犹在江宁,孝恭"厚自崇重,欲以威名镇远,筑宅于石头,陈庐徼以自卫"[2]。江宁地当六朝旧都,自古有"虎踞龙盘""金陵王气"之类的说法,这一举动很容易被解读为暗藏割据江东的政治野心,招致最高统治者猜忌。果不其然,李孝恭很快被征调入京,转任没有实权的宗正卿。值得一提的是,李孝恭担任大都督期间,名将李靖作为长史负责日常政务。当时境内"连罹兵寇,百姓凋

---

[1] 〔后晋〕刘昫等:《旧唐书》卷六〇《宗室·河间王孝恭传》,中华书局1975年版,第2349页。
[2] 〔后晋〕刘昫等:《旧唐书》卷六〇《宗室·河间王孝恭传》,中华书局1975年版,第2349页。

弊",李靖安抚流民,稳定社会秩序,"吴、楚以安"。[1]

唐高祖武德九年(626)前后,李孝恭、李靖先后去职,继任大都督之职的是襄邑王李神符。李神符出身宗室大郑王房,是唐高祖的从弟,李唐建政后一度出任并州总管,抵御北边突厥的侵袭,屡立战功。转任扬州后,李神符鉴于治所江宁屡遭兵燹摧残,不复六朝旧都之盛况,而作为新兴都市的江北扬州(隋江都郡)区位优势明显,更兼隋末成为江淮地区的政治中心,因此决策"移州府及居人自丹阳渡江"。据称此举"州人赖焉"[2],显然是顺应时势与人心的。江北的扬州从此稳定成为扬州大都督府的治所州,以及此后淮南道首府。武德九年的这次治所迁徙,是扬州城市发展史上的一件大事,为唐代扬州的全面繁荣奠定了政治基础。

李神符担任大都督的时间不长。武德九年六月,秦王李世民发动"玄武门之变",杀太子建成、齐王元吉。不久,唐高祖被迫退位,李世民即位,是为唐太宗。唐太宗对于当初唐高祖广封宗室、委以要职的做法,颇为不满。当时君臣间有这样一段对话:

> 初,高祖受禅,以天下未定,广封宗室以威天下,皇从弟及侄年始孩童者数十人,皆封为郡王。太宗即位,因举宗正属籍问侍臣曰:"遍封宗子,于天下便乎?"尚书右仆射封德彝对曰:"历观往古,封王者今最为多。两汉已降,唯封帝子及亲兄弟,若宗室疏远者,非有大功如周之郇、滕,汉之贾、泽,并不得滥封,所以别亲疏也。先朝敦睦九族,一切封王,爵命既隆,多给力役,盖以天下为私,殊非至公驭物之道。"太宗曰:"朕理天下,本为百姓,非欲劳百姓以养己之亲也。"于是宗室率以属疏降爵为郡公,唯有功者数人封王。[3]

唐太宗依靠政变上台,虽然贵为天子,但一直对自身统治合法性抱有焦虑,对那些位高权重的宗室群体尤为忌惮。宰相封德彝迎合唐太宗的意图,指责武

[1]〔后晋〕刘昫等:《旧唐书》卷六七《李靖传》,中华书局1975年版,第2478页。

[2]〔后晋〕刘昫等:《旧唐书》卷六〇《宗室·襄邑王神符传》,中华书局1975年版,第2344页。

[3]〔后晋〕刘昫等:《旧唐书》卷六〇《宗室·淮安王神通传》,中华书局1975年版,第2342页。

德年间广封宗室之举是"以天下为私,殊非至公驭物之道",由此下诏对宗室爵位进行降夺、减封。

以旁支宗亲为代表的宗室势力,在唐高祖武德年间活跃于政治舞台,因此唐太宗贞观初年的上述举措,意在削弱旁支宗室,提升皇权。李神符虽然战功显赫,不在降封之列,但太宗对这位坐镇东南、手握重兵的族叔显然并不放心,对外宣称:"朕之授官,必择才行。若才行不至,纵朕至亲,亦不虚授,襄邑王神符是也。"[1]公开贬低其政治品行。即位不久后就调他入京,转任宗正卿,终其一生,虽然仍受礼遇,但李神符始终未再担任军政要职。

有唐一代,实际担任过扬州都督的宗室还有越王李贞,他是唐太宗之子,身份是亲王,有别于李孝恭、李神符等人。李贞出任扬州都督,牵涉到贞观年间朝堂之上一项颇有争议的政治举措,需要稍作分析。

早在即位之初,唐太宗便与群臣讨论过封建制与郡县制的优劣:

> 贞观二年十二月十六日,太宗以宇内清晏,思以致理,谓公卿曰:"朕欲使子孙长久,社稷永安,其理如何?"尚书右仆射宋国公瑀对曰:"臣观前代,国祚所以长久者,莫不封建诸侯,以为磐石之固。秦并六国,罢侯置守,二世而亡。汉有天下,众建藩屏,年逾四百。魏晋废之,不能永久。封建之法,实可遵行。"上然之,始议分封裂土之制。[2]

封建与郡县,是治理天下的两种地方行政体制,自秦汉以降,大体推行的都是郡县制度,但关于两者优劣的争论从未停歇。在"家天下"的皇权体制下,皇帝一方面对宗室抱有强烈的防备之心,另一方面又希望通过分封关系亲近的直系宗亲来达到内外相维、藩屏王室的作用。唐太宗虽然号称一代英主,但他的思维方式也未脱"家天下"的传统。在君主个人狭隘的血亲意识主导下,分封制便被提上议事日程。

支持唐太宗的人并不多,朝臣大多还是秉持了基本的政治理性,认为在郡县体制早已成熟的历史条件下,分封诸王、功臣的做法不切实际。如李百

---

[1]〔后晋〕刘昫等:《旧唐书》卷六五《长孙无忌传》,中华书局 1975 年版,第 2447—2448 页。
[2]〔宋〕王溥:《唐会要》卷四六《封建杂录上》,中华书局 1955 年版,第 824 页。

药认为分封制下地方牧守皆由世袭,子弟政治素养不及祖先,必然会产生严重的统治危机。魏徵则认为"圣人举事,贵在相时",全国刚刚经历隋末动乱,民生尚未恢复,封建宗室必然会消耗大量的财力、人力。颜师古提出了一个折衷方案,主张效法西汉的郡、国并行制度,"量其远近,分置王国,……画野分疆,不得过大。间以州县,杂错而居,互相维持"[1]。这场封建与郡县之争在朝堂上持续了数年时间,但君、臣并未达成统一意见。

贞观五年(631),太宗也意识到三代的分封制已不可能恢复,所以又提出了世袭刺史的方案,"宗室及勋贤之臣,宜令作镇藩部,贻厥子孙。非有大故,毋或黜免"[2]。实质上是以郡县制的外衣,包裹封建制的内核。此后迁延至贞观十一年,这一方案终于付诸实施。世袭刺史分两类,一类是功臣,如赵国公长孙无忌为赵州刺史,梁国公房玄龄为宋州刺史,卫国公李靖为濮州刺史;另一类是皇弟、皇子等近支宗室,如荆王元景为世袭荆州都督,吴王恪世袭安州都督,齐王祐为齐州都督,越王贞为扬州都督等,计有二十一王。诏令颁布后,以长孙无忌、房玄龄为首的功臣群体纷纷上疏,不愿远离京师,作牧外州。于是功臣世袭刺史并未真正推行。[3]宗室亲王则大多奉诏出镇,于是一时间世袭刺史便成了实际上的分封子弟。

当然,亲王世袭刺史也并未真正制度化。唐太宗、唐高宗年间,虽然有宗室亲王长期担任某州刺史的现象,但更多情况下还是会有不定期的迁转、改任。宗室刺史也并未像魏晋南北朝时期那样,衍生成一股割据势力。越王李贞正是在这样的政治背景下担任扬州都督,前后六年时间。他也是有唐一代唯一一位实际赴任的亲王,史称其"少善骑射,颇涉文史,兼有吏干",但"所在或偏受谗言,官僚有正直者多被贬退,又纵诸僮竖侵暴部人,由是人伏其才而鄙其行"[4],看来李贞的官声并不太好。从史书记载来看,越王李贞在任期间并没有太大作为,这与当时大多数担任牧守的宗室亲王并无二致,是魏晋

[1]〔宋〕王溥:《唐会要》卷四六《封建杂录上》,中华书局1955年版,第826页。
[2]〔宋〕司马光编著,〔元〕胡三省音注:《资治通鉴》卷一九三唐太宗贞观五年(631)十一月,中华书局1956年版,第6089页。
[3]〔后晋〕刘昫等:《旧唐书》卷六五《长孙无忌传》,中华书局1975年版,第2449—2451页。
[4]〔后晋〕刘昫等:《旧唐书》卷七六《太宗诸子·越王贞传》,中华书局1975年版,第2661页。

南北朝以降宗王政治式微的表征。李贞在任期间,负责实际政务的是扬州都督府长史裴怀节,同时他还兼任越王府长史。[1]将王府和都督府两套班底合二为一,以王府长史兼任州府长史,是唐太宗、高宗两朝比较特殊的一种地方行政体制。

唐太宗贞观十七年,越王李贞离开扬州,转任相州刺史,自此宣告了宗室坐镇扬州局面的终结。此后,唐朝例以亲王、外戚遥领大都督或节度使,而以庶姓臣僚为大都督府长史,负责实际政务。唐朝前期遥领扬州大都督的先后有太宗之子魏王李泰、外戚长孙无忌、高宗之子沛王李贤(后立为太子)、中宗之子卫王李重俊、外戚韦温、睿宗之子宋王李成器、玄宗之子盛王沐等,无一例外都是皇室至亲。对他们而言,扬州大都督只是一种荣誉性头衔,用以彰显其在朝的政治地位,原本附属于头衔的实际权力他们已无法染指。

从大都督与都督府长史的权力升降来看,其结果实现了职衔与职能的分离。站在今天来看,这一举措反映出某种基于理性的政治考量。我们知道,在家天下的皇权官僚体制下,最高统治一方面希望倚仗宗亲群体藩屏王室,以收"宗子维城"之效。另一方面,这类"因亲而贵"的宗法贵族又天然对皇位构成了威胁,不得不加以防禁,皇权政治的这种内在矛盾张力可谓贯穿了整个传统时代。整体而言,可以看到这样一个规律:皇权越稳固、官僚制度越发达,对宗亲的限制也就越趋于严厉。

唐代初期的统治者承续了秦汉以来历史发展的大趋势——中央集权官僚制传统——厘清了皇室宗亲与国家机器之间的关系,客观上终结了魏晋南北朝时期宗王政治的负面影响。"亲王遥领,长史理政"体制下的唐前期扬州,正是这段历史的一个缩影。

值得一提的是,唐代前期遥领扬州大都督的亲王、外戚几乎都卷入到围绕储位的宫廷斗争中,如皇子李泰、李贤、李重俊,他们或深受皇帝宠爱,有夺嫡的野心,或年辈居长,拥有皇位继承的合法性;外戚长孙无忌、韦温都曾权倾朝野,但在翻云覆雨的政治博弈中,无一例外都成为牺牲品。著名历史学家陈寅恪曾指出,唐代前期的最高权力结构中,以太子为中心的皇位继承制

[1]《大唐故宫府大夫兼检校司驭少卿裴君墓志铭并序》,周绍良、赵超主编:《唐代墓志汇编续集》,上海古籍出版社2001年版,第135页。

度一直不稳固,由此导致宫廷政变频发,政治斗争异常惨烈。[1]上述诸位扬州大都督的人生遭际,正是这段波谲云诡的历史进程的一个缩影。

（二）庶姓臣僚担任扬州大都督府长史

相比同姓宗亲,由庶姓臣僚担任的大都督府长史,是唐代前期扬州地方政务的实际担当者。由于扬州在地缘政治与交通区位上的重要性,更兼南来北往的人员庞杂,治理难度较高,所以唐朝中央历来重视长史的遴选。唐代前期的扬州大都督府长史,按家世出身、仕宦履历以及施政风格等要素,大体可以分为两种类型。

1. 功臣、勋贵群体

这一类型的长史集中在唐太宗至唐高宗统治前期,从政权性质来看,此时唐朝仍不脱"关陇本位"色彩,西魏、北周以降出身关陇一带的军事贵族占据了内外各项要职。另外,在李唐建政过程中也涌现出一批新兴功臣群体,深受最高统治者倚重。扬州地当要冲,大都督府长史位高权重,所以自然不能例外。兹将这类群体中的代表人物事迹简述如下。

杨恭仁,贞观元年至贞观五年在任。杨恭仁,弘农华阴人,其父杨雄,隋朝封观王,官至司空,深受杨坚父子倚重。杨恭仁承袭父荫,在隋代便已经仕宦显贵,官至吏部侍郎、辽东道行军总管、河南道黜陟大使等。"江都之变"后,被宇文化及集团裹挟北上,后降唐。因自身才识与家世背景,杨恭仁深受唐高祖李渊赏识,历任黄门侍郎、凉州总管、吏部尚书、左卫大将军等要职,袭爵观国公。贞观初年,由雍州牧转任扬州大都督府长史。杨恭仁在任时间不短,但史书中对他在扬州期间的政绩未着一字,史称其"性虚澹,必以礼度自居,谦恭下士,未尝忤物",为政"务举大纲,不为苛察"[2],或许与这样一种风格有关。

李袭誉,贞观七年至贞观十三年在任。李袭誉,字茂实,金州安康人。李袭誉一族长期以来活跃于今陕西南部的山南地区,属于地方的武力强宗。在南北朝末期,李袭誉的祖父李迁哲率众归附北周政权,构成了捍御山南地区的一支重要武装力量,深受周、隋统治者倚重,家族世袭安康郡公。因此,李

---

[1]　陈寅恪:《唐代政治史述论稿》中篇《政治革命与党派分野》,生活·读书·新知三联书店2015年版,第236—253页。

[2]　〔后晋〕刘昫等:《旧唐书》卷六二《杨恭仁传》,中华书局1975年版,第2381—2382页。

袭誉也属于广义的关陇集团成员。李渊起兵后,李袭誉从汉中归附,深受礼遇,授太府少卿,并与其兄李袭志附李唐宗室属籍。此后转任内外要职,贞观七年任扬州大都督府长史、江南道巡察大使。李袭誉"性严整,所在以威肃闻",在扬州期间政绩显著,史书对此多有褒赞。例如,当时扬州地区"俗好商贾",不务农桑,他到任后大兴水利,"引雷陂水,又筑勾城塘,溉田八百余顷,百姓获其利",此举对扬州农业经济的发展影响深远。李袭誉虽然是勋贵功臣,但他倾心向学的作风迥异于其他关陇勋贵。史称其"凡获俸禄,必散之宗亲,其余资多写书而已。及从扬州罢职,经史遂盈数车"。他对在扬州期间写得的书籍尤为珍重,曾告诫子孙:"吾近京城有赐田十顷,耕之可以充食;河内有赐桑千树,蚕之可以充衣;江东所写之书,读之可以求官。吾没之后,尔曹但能勤此三事,亦何羡于人。"[1]俨然一介儒者。李袭誉的文儒化转向,很可能与隋唐之际扬州浓郁的学术文化氛围密不可分。除此之外,李袭誉在任期间还不遗余力地奖励文教,对居乡讲学的大儒曹宪等人礼敬有加,有力推动了"江淮《文选》学"的兴盛。

李君球,约麟德、乾封年间在任。李君球,齐州平陵人,其父曾是隋末保据一方的乡里豪强,后归降李唐,封平陵郡公,跻身功臣之列。李君球"少任侠,颇涉书籍",历任左骁卫、义全府折冲都尉、兴州刺史等职。在扬州期间,"政尚严肃,人吏惮之,盗贼屏迹,高宗频降书劳勉"。[2]

张士贵,贞观二十二年至永徽二年在任。张士贵,字武安,虢州卢氏人。本名忽峍,擅长骑射,膂力过人。隋朝大业末年,曾聚众为盗,攻剽城邑,远近患之,号为"忽峍贼"。唐朝建国后,唐高祖广泛招揽天下豪强,张士贵主动投诚,官拜右光禄大夫。后凭借战功,赐爵新野县公,平定东都洛阳之后,授虢州刺史。后历任太子内率、右骁卫将军、右武候将军、右屯卫大将军、左领军大将军,封虢国公。唐高宗显庆初年卒,赠荆州都督,陪葬昭陵。[3]

---

[1]〔后晋〕刘昫等:《旧唐书》卷五九《李袭誉传》,中华书局1975年版,第2331—2332页。

[2]〔后晋〕刘昫等:《旧唐书》卷一八五上《良吏上·李君球传》,中华书局1975年版,第4789—4790页。

[3]〔后晋〕刘昫等:《旧唐书》卷八三《张士贵传》,中华书局1975年版,第2786页;《大唐故辅国大将军荆州都督虢国公张公墓志铭》,周绍良主编:《唐代墓志汇编》,上海古籍出版社1992年版,第263—265页。

房仁裕,永徽三年以后在任。唐高祖武德四年,归顺唐朝,曾任麟州刺史、郑州刺史,约于永徽三年任金紫光禄大夫、行扬州都督府长史[1]。

上述扬州长史有一项共同特征,他们往往在李唐建国过程中经受战争洗礼,身上多带有"威肃""严整""严肃"的军人气质;与此同时,他们在地方施政中又多数能够体察民瘼、兴利除弊,呈现出循吏的形象。对历经隋末动乱战火洗礼的扬州而言,这类地方长官的施政风格有利于社会秩序的全面恢复。

2.科举、门荫等途径入仕的士人群体

相对于魏晋南北朝时期,隋唐两代重建了强有力的中央集权。但对此前盘踞地方的世家大族,最高统治者并没有将其摈弃,而是将他们积极吸纳到政权中。可以说,隋唐政权中这些旧士族依然占据了很高的比例,尤其在结束战乱、恢复统治秩序后,旧士族利用世代为官的家世背景以及对文化资源的垄断,在科举、门荫等人才选拔机制中占据显著优势。在这种社会背景下,不难想象,很多地方州府的重要官员,都是士族出身,扬州地区这一倾向很是显著。兹胪列诸人事迹如下:

卢承业,总章二年至咸亨二年在任。出身范阳卢氏,系北齐名士卢思道之孙。自幼以学业著称,以门荫入仕,历任太子舍人、绵州司马、雍州长史、邢州刺史、同州刺史、尚书左右丞、陕州刺史等职,"前后皆有能名",最终在扬州大都督府长史任上去世。作为中古时期首屈一指的世家大族,范阳卢氏一直注重学术文化的传承,卢承业"瑶编宝笥之文,孔壁魏陵之篆,其犹指掌,成诵在心"[2],可见其文化素养。

柳范,唐高宗年间在任。出身河东柳氏,号称"最为名家"。柳范以正直敢言著称,在朝为官时曾尖锐批评唐太宗沉迷于畋猎的缺点,由此得到太宗赏识。

李敬玄,开耀元年至永淳元年在任。亳州谯县人,以学识著称,"博览群书,特善五礼",撰有《礼论》六十卷、《正论》三卷、《文集》三十卷。贞观年

[1] 陈尚君辑校:《全唐文补编》卷二二《房仁裕碑》、同书卷一四八《房仁裕母李氏碑》,中华书局 2005 年版,第 268 页、第 1795 页。

[2] 《大唐故银青光禄大夫行扬州大都督府长史魏县子卢公墓志铭并序》,周绍良主编:《唐代墓志汇编》,上海古籍出版社 1992 年版,第 551 页。

间,李敬玄受马周、许敬宗等重臣举荐。唐高宗年间历任西台侍郎、检校司列少常伯(吏部侍郎)、吏部尚书、同东西台三品(宰相)等职,"久居选部,人多附之。前后三娶,皆山东士族,又与赵郡李氏合谱,故台省要职,多是其同族婚媾之家"。在主掌吏部期间致力于文官铨选制度,"天下称其能"。晚年因在对吐蕃的战事中失利,先被贬为衡州刺史,后又升迁为扬州大都督府长史。李敬玄兼具文学、政术之才,是唐朝前期的名相之一,也是以前宰臣身份担任扬州大都府长史的第一人。[1]

苏瓌,长安二年至长安四年在任。出身京兆苏氏,系隋代名臣苏威曾孙,在官以清廉著称,"扬州地当冲要,多富商大贾,珠翠珍怪之产,前长史张潜、于辩机皆致之数万,唯瓌挺身而去"[2],因此而获朝野称颂。

从身份背景来看,扬州地方长官中另一类型是科举出身的官僚士族,他们从武则天统治时期开始,逐渐占据主流。比如李怀远,史称其"早孤贫好学,善属文",有宗族长辈想让他以门荫入仕,但他予以婉拒:"因人之势,高士不为;假荫求官,岂吾本志?"后参加制举及第,因门第与科第双美,李怀远可谓一路仕途坦荡,先后担任司礼少卿、冀州刺史,扬州、益州大都督府长史,后入朝被委以重任,并在武后与唐中宗时期先后两次拜相。史称李怀远"在职以清简称","虽久居荣位,而弥尚简率,园林宅室,无所改作",[3]看来应该是一位品行可称的循吏。

科举出身的官员在唐玄宗开元以后逐渐成为高级官员中的主流,扬州大都督府长史中,科举出身所占比重也在此时期明显提升。如王志愔(开元四年前后在任),进士及第,为官刚正不阿,任职扬州期间,"令行禁止,奸猾屏迹,境内肃然"[4]。李杰(开元五年至开元六年在任),出身陇西李氏,自幼以孝友著称。明经及第,曾任吏部员外郎等职,"明敏有吏才,甚得当时之誉",又任卫尉少卿、河东道巡察黜陟使、御史大夫等,史称其"勤于听理,每有诉列,

[1] 〔后晋〕刘昫等:《旧唐书》卷八一《李敬玄传》,中华书局1975年版,第2754—2756页。

[2] 〔后晋〕刘昫等:《旧唐书》卷八八《苏瓌传》,中华书局1975年版,第2878页。

[3] 〔后晋〕刘昫等:《旧唐书》卷九〇《李怀远传》,中华书局1975年版,第2920页。

[4] 〔后晋〕刘昫等:《旧唐书》卷一〇〇《王志愔传》,中华书局1975年版,第3123页。

虽衢路当食,无废处断,由是官无留事,人吏爱之",[1]是唐代前期著名的能吏。程行谌(开元六年至开元七年在任),出身广平程氏,以科举及第,曾任刑部侍郎、蒲州刺史兼本道按察使,因政绩获得唐玄宗赏识,"顾侍臣曰:'江淮之间,风气果锐,吏诸尤者,朕已得之。'又迁扬州大都督府长史"。在任期间,以法纪严明著称,"刘作奸,锄挠法,万商利于舟楫,三吴贞于鼓铸"[2],境内大治。王易从(开元十二年至开元十四年在任),出身京兆王氏,是北周时期的关陇军功贵族,但到他这一代已逐渐实现文儒化的转变,"八岁工词赋,十五读典坟,十八涉历代史,十九初游太学,二十升甲科",以制举及第。曾任给事中、中书舍人、兵部侍郎等台省要职,朝议"以东南封圻,淮海殷杂,虽陆摄水标,填于委输,而风果气锐,惩以剽轻。巨镇何有?繄公则赖"[3],受任扬州大都督府长史。韦虚心(开元二十二年前后在任),出身京兆韦氏,以明经及第,历任大理丞、侍御史、御史中丞、兵部侍郎、工部尚书、歙曹二州刺史、荆扬潞三州大都督府长史等职,史称其"为官严整","所在官吏振肃,威令甚举,中外以为标准"。在扬州期间,有官员仗着宰相姻亲的身份大肆敛财,韦虚心不为权势所动,依法予以严惩。[4]值得注意的是,韦虚心在任期间还兼任了淮南道采访使,负责监察淮南道下辖诸州官吏为政得失。自此以后,历任扬州大都督府长史便一般都会兼任淮南道采访使,获得对属下州县的监察权、荐任权,淮南道逐渐成为一级实体行政区划。

从唐初到唐玄宗开元、天宝年间,是大一统皇朝由重建而臻于鼎盛的重要转型期,国家治理模式也在调适与探索中日臻成熟,反映在地方政治层面,也可以清晰地看到这种转型色彩。整体来看,扬州大都督府长史作为唐代扬州地区最高行政长官,唐初高祖、太宗、高宗三朝,天下干戈方歇,扬州地方牧守大多以军功贵族或皇室宗亲担任,这主要是基于对地方割据势力的警惕与

[1]〔后晋〕刘昫等:《旧唐书》卷一○○《李杰传》,中华书局1975年版,第3111—3112页。

[2]〔清〕董诰等编:《全唐文》卷二五八(苏颋)《御史大夫赠右丞相程行谋神道碑》,中华书局1983年版,第2614—2615页。

[3]〔清〕董诰等编:《全唐文》卷二五八(苏颋)《扬州大都督长史王公神道碑》,中华书局1983年版,第2618—2619页。

[4]〔后晋〕刘昫等:《旧唐书》一○一《韦虚心传》,中华书局1975年版,第3147页;〔清〕董诰等编:《全唐文》卷三一三(孙逖)《东都留守韦虚心神道碑》,中华书局1983年版,第3178—3179页。

弹压,因为在隋末动乱中,杜伏威、辅公祏、李子通等人一度割据江淮,对唐政府统一东南的进程构成过显著威胁。这一时期的扬州大都督、长史大多直接参与过李唐皇朝的统一战争,拥有浓厚的军功背景。他们对稳定江淮局势、恢复当地社会秩序发挥了重要作用。

　　唐高宗、武则天以后,随着国内局势的稳定,承平日久,唐朝对内统治的基调逐渐发生了变化,主要体现为人才选拔更加注重官员的文化教养,因此科举出身的士人开始崭露头角,出任内外要职。这在扬州地方长官的人选上有直观反映。到了唐玄宗开元年间,文治已成为对内施政的主流基调,扬州地方官中涌现出一批科举出身的文人官僚,他们大多以名节自励,兼具文学、政术之才。在他们的治理之下,扬州的文化面貌发生了极大改观,从南北对峙时期"风气果决""战而贵诈"[1]的边陲军镇,迅速转型为文教昌明的区域性中心城市,而盛唐扬州社会经济的繁盛景况,也应置于这一政治文化生态下来理解。

第二节　徐敬业之乱与江淮政局

　　唐代自高祖武德年间统一天下后,唐太宗、唐高宗父子相继统治五十余年,在国内方面基本维持了河清海晏的局面。作为内地州府的扬州,也呈现出平稳转型的趋势,没有发生激烈的政治军事动乱。唯一的例外是武则天时期发生的徐敬业之乱,使扬州地区几乎成为全国性动乱的策源地。

一、徐敬业之乱的政治背景

　　贞观年间,太子李承乾与魏王李泰围绕储位展开激烈争夺,朝臣也因此形成了不同派别,形成党争之势。这一局面给同样通过暴力手段夺取皇位的唐太宗敲响了警钟,所以他很快做出决断,将太子和魏王双双废黜。第九子李治自幼生长在太宗身边,"性仁孝",得到了舅父长孙无忌等人的支持。经反复权衡后,唐太宗决定立其为太子,是为唐高宗。唐太宗去世之际,安排长孙无忌、褚遂良、来济、韩瑗等人作为唐高宗的辅政大臣。在上述诸人的辅佐

---

[1]　〔唐〕魏徵、令狐德棻:《隋书》卷三一《地理志下》,中华书局 1973 年版,第 886 页。

下,唐高宗即位之初基本延续了太宗时期的统治政策,政治社会实现了平稳过渡。

但随着武则天在政治上的崛起,上述局面很快发生了变化。武则天是太原文水人,其父武士彟出身寒微,早年可能从事过木材生意,积累了不少的财富。隋代末年,武士彟与时任太原留守的唐高祖李渊相识,后被任命为行军司铠参军,随从参与太原起兵,跻身开国功臣行列,后官至荆州都督、工部尚书,封应国公。作为功臣之女,武则天在贞观年间被选入宫中,成为太宗的"才人"(第四品的嫔妃)。唐高宗还是太子时,"入侍太宗,见才人武氏而悦之"[1],二人早已暗生情愫。唐太宗去世后,作为没有子嗣的嫔妃,武则天被安排到皇家的感业寺出家为尼。但高宗还是对她思慕不已,即位后不久便将其迎回宫中,并册封为昭仪(正二品)。但武则天并不满足,还觊觎皇后之位,在后宫运用手腕扳倒了王皇后、萧淑妃等。后宫的一连串变局,引起了以长孙无忌为首的大臣的强烈不满与警惕。但武则天通过拉拢李勣、许敬宗、李义府等其他派系的大臣,获得了在前朝的支持,顺利登上皇后之位,并怂恿唐高宗放逐、诛杀长孙无忌、褚遂良等人。在赢得后宫斗争的胜利后,武则天并未止步于此,她"素多智计,兼涉文史"[2],具有较高的政治素养,随着她权力欲的膨胀,逐渐将触角伸向了朝堂之上。唐高宗素来体弱多病,久受风疾之苦,武则天以辅佐处理政务为名,"百司表奏,皆委天后详决"[3],掌握了政务决策大权。在此期间,她还诛杀了企图阻止其干政的宰相上官仪等人,由此取得了与唐高宗分庭抗礼的地位,史称"上每视朝,天后垂帘于御座后,政事大小皆预闻之,内外称为'二圣'"[4]。

公元683年,唐高宗去世,太子李显即位,但不久即被武则天所废,贬为庐陵王。武则天又立豫王李旦为帝,自己临朝称制,牢牢掌控着最高权力。不仅如此,她还竭力树立党羽,制造舆论,鼓动臣下进献祥瑞,为改朝换代做

[1] 〔宋〕司马光编著,〔元〕胡三省音注:《资治通鉴》卷一九九唐高宗永徽五年(654)三月,中华书局1956年版,第6284页。

[2] 〔后晋〕刘昫等:《旧唐书》卷六《则天皇后纪》,中华书局1975年版,第115页。

[3] 〔后晋〕刘昫等:《旧唐书》卷六《则天皇后纪》,中华书局1975年版,第115页。

[4] 〔后晋〕刘昫等:《旧唐书》卷五《高宗纪下》,中华书局1975年版,第100页。

好舆论准备。这一系列举动引起忠于李唐的旧臣强烈不满,"唐宗室人人自危,众心愤惋"[1]。在上述背景下,徐敬业率先在扬州举起反武大旗。

二、徐敬业反武集团的形成及其举兵经过

徐敬业出身勋贵家族,其祖父李勣,原名徐世勣,是唐初名将、功臣,被赐姓李氏,封英国公,官至司空。在唐高宗初年废王立武事件中,李勣作为山东集团中的代表人物,在关键时刻给予了武则天援助,也因此晚年倍极荣宠。徐敬业自幼跟随祖父南征北战,素有勇敢之名,继承了将门之风。其父去世后,他继承了英国公的爵位,先后担任太仆少卿、眉州刺史等官职,虽然不是显赫的要职,也基本延续了家族政治地位。但在眉州刺史任上因贪赃被贬为柳州司马,暂时客居扬州。

此时扬州还聚集了一些和他有相似遭遇的中下级官员。如其弟徐敬猷,因为徐敬业的缘故,在盩厔县令任上被免职;魏思温曾担任过御史,此时获罪贬黜;唐之奇曾官至给事中,后被免职,又被贬为括苍县令;长安主簿骆宾王被贬为临海县丞;詹事司直杜求仁,被贬为黟县令。这些政治失意者家世背景大多也与徐敬业兄弟相似,出身官僚世家,父祖辈为李唐旧臣,如唐之奇,其父在太原起兵之初即是太子李建成僚佐,官至吏部侍郎等职,杜求仁是宰相杜正伦之侄。至于骆宾王则是当时在文坛崭露头角的著名诗人,后来位列"初唐四杰"之一。他们或出身贵胄,或以才华自负,不满于自身政治境遇,且对李唐政权抱有深厚的眷念之情。这些因素都促使他们对武后改朝换代的野心满腔愤慨。扬州地当南北交通要冲,上述诸人在贬谪途中正好都经过于此,晤谈一室之内,慷慨激昂之下,他们推举徐敬业为首,准备干出一番勤王的大业。

首先由魏思温联络担任监察御史的党羽薛仲璋,让其主动申请出使扬州。接着派雍州人韦超中途"告变"(即举报谋反等大罪),并编造了扬州大都督府长史陈敬之意图谋反的罪状,薛仲璋赶赴扬州后立刻把陈敬之囚禁起来。这一计策利用了武则天统治时期告密政治所塑造的肃杀气氛,成功使当时的扬州官府陷入群龙无首的境地。接着过了几天,徐敬业假装经由官方驿站来到扬州,矫诏诛杀了陈敬之,并宣传自己是新任扬州司马,企图全

---

[1]〔宋〕司马光编著,〔元〕胡三省音注:《资治通鉴》卷二〇三则天后光宅元年(684)九月,中华书局1956年版,第6422页。

面接管扬州的军政事务。同时，他们还对外宣称接到密旨，要征调兵马讨伐当时高州（今属广东）的蛮族酋长冯子猷。于是下令打开府库，搬运武器与其他战备物资，并令扬州士曹参军李宗臣组织官府作坊中的囚徒与工匠们，授予他们武器、盔甲，以之作为作战的军事力量。这一系列举动也引起了部分地方官员的疑惧，如录事参军孙处行即拒不执行徐敬业的指令，但很快被斩杀。[1]此举震慑了其他官员，徐敬业很快控制了整个扬州城。

　　为领导反武斗争，徐敬业在扬州创立了三个幕府，分别是匡复府、英公府、扬州大都督府，自称匡复府上将，领扬州大都督。任命唐之奇、杜求仁为左、右长史，李宗臣、薛仲璋为左、右司马，魏思温为军师，骆宾王为记室。接着便着手招募人马，十几日间便募得十余万人。

　　为了进一步壮大声势，联络全国反武力量，徐敬业还让骆宾王撰写了一篇《讨武氏檄》，也是传诵千古的名篇。骆宾王首先详细列举了武则天的诸项罪状：

> 伪临朝武氏者，性非和顺，地实寒微。昔充太宗下陈，曾以更衣入侍。洎乎晚节，秽乱春宫。密隐先帝之私，阴图后庭之嬖。入门见嫉，蛾眉不肯让人；掩袖工谗，狐媚偏能惑主。践元后于翚翟，陷吾君于聚麀。加以虺蜴为心，豺狼成性，近狎邪佞，残害忠良，杀子屠兄，弑君鸩母。神人之所共疾，天地之所不容。犹复包藏祸心，窥窃神器。君之爱子，幽在别宫；贼之宗盟，委以重任。[2]

站在儒家道德的立场，指责武则天以太宗嫔妃的身份勾引了高宗，致使其伦理有亏，又称其天性歹毒，"残害忠良，杀子屠兄，弑君鸩母"，以致人神共愤。这些指控当然首先是出于政治斗争的需要，未必完全属实（如"弑君鸩母"显然是不足信的），但也可见当时朝野间对武氏代唐的不满情绪。檄文接着说：

---

　　[1]〔宋〕司马光编著，〔元〕胡三省音注：《资治通鉴》卷二〇三则天后光宅元年（684）九月，中华书局1956年版，第6422—6423页。

　　[2]〔清〕董诰等编：《全唐文》卷一九九（骆宾王）《代李敬业讨武氏檄》，中华书局1983年版，第2009页。

> 敬业，皇唐旧臣，公侯冢子。奉先帝之遗训，荷本朝之厚恩。……是用气愤风云，志安社稷。因天下之失望，顺宇内之推心，爰举义旗，以清妖孽。南连百越，北尽三河，铁骑成群，玉轴相接。海陵红粟，仓储之积靡穷；江浦黄旗，匡复之功何远？……以此制敌，何敌不摧？以此攻城，何城不克？[1]

标榜徐敬业作为李唐元勋子弟的身份，夸饰己方军力之雄与粮储之丰，最后号召全国响应：

> 公等或居汉地，或叶周亲，或膺重寄于话言，或受顾命于宣室。言犹在耳，忠岂忘心？一抔之土未干，六尺之孤安在？傥能转祸为福，送往事居，共立勤王之勋，无废大君之命，凡诸爵赏，同指山河。若其眷恋穷城，徘徊歧路，坐昧先几之兆，必贻后至之诛。请看今日之域中，竟是谁家之天下？移檄州郡，咸使知闻。[2]

檄文传递到全国各地后产生了很大的影响。据说武则天也读到了这篇檄文，虽然文中极尽谩骂之能事，但她对作者的文采却欣赏有加，询问大臣这篇檄文出自谁的手笔。当知道是骆宾王后，她感慨："宰相之过也。人有如此才，而使之流落不偶乎！"[3]

为了塑造起兵的合法性，徐敬业等人还采取了一项宣传策略。他们找来一个长相酷似太子李贤的人，对外宣称他其实尚在人世，将其迎入城中，奉之为主。这一策略短期内或能诳惑一般民众，但却称不上高明。因为起兵之初他们打的是勤王、匡复的旗号，而此时中宗李显、睿宗李旦都还在世，徐敬业却另立一个来路不明的"李贤"，稍有智识的人都心知肚明，太子李贤早已被

---

[1]〔清〕董浩等编：《全唐文》卷一九九（骆宾王）《代李敬业讨武氏檄》，中华书局1983年版，第2009页。

[2]〔清〕董浩等编：《全唐文》卷一九九（骆宾王）《代李敬业讨武氏檄》，中华书局1983年版，第2009—2010页。

[3]〔宋〕司马光编著，〔元〕胡三省音注：《资治通鉴》卷二〇三则天后光宅元年（684）九月，中华书局1956年版，第6424页。

武则天迫害致死,怎么会死而复生,并突然在扬州现身呢? 因此,这一举措可谓适得其反,让人怀疑他们起兵的动机。

徐敬业集团在军事策略上也出现了严重失误。起兵之初,面对朝廷大军的围剿,徐敬业幕僚在军事斗争策略上产生了很大分歧。军师魏思温认为:"明公以匡复为辞,宜帅大众鼓行而进,直指洛阳,则天下知公志在勤王,四面响应矣。"他主张火速北上,攻占神都洛阳。而薛仲璋则持不同意见:"金陵有王气,且大江天险,足以为固,不如先取常、润,为定霸之基,然后北向以图中原,进无不利,退有所归,此良策也。"认为应该采取更稳妥的措施,先攻下江南诸州,这样即便北伐失利,起码能保有东南半壁江山。魏思温接着指出:"山东豪杰以武氏专制,愤惋不平,闻公举事,皆自蒸麦饭为粮,伸锄为兵,以俟南军之至。不乘此势以立大功,乃更蓄缩自谋巢穴,远近闻之,其谁不解体!"[1]认为应该趁士气正盛,北上联络更多反武力量,若画地为牢,困守江南,最终只会人心瓦解。

客观来看,魏思温的意见看似冒进,实则颇具战略眼光。李唐平定天下后,确立了府兵制度,在全国陆续设置八百多个折冲府,作为养兵、练兵的军事单位。但折冲府地域分布并不均衡,约有百分之四十设立在长安附近的关内道,河南、河东等道也有不少。因此,以长安、洛阳为中心的中原地区在军事上占有绝对优势,正所谓"举关中之众,以临四方"[2]。扬州虽然在行政建制上属于大都督府,但其所处的江淮地区折冲府的数量有限,兵力寡弱,仅仅依靠当地兵力,加上临时招募的乌合之众,很难正面对抗朝廷的大军。所以对徐敬业而言,上策是趁朝廷惊慌失措、无暇调集大军之际,集中优势兵力,挺进中原,直捣统治中心洛阳。攻掠江南诸州则会延误战机,与地方守军陷入缠斗,让有心反武的李唐旧臣以为他有割据江南、自立为王的野心,在战略上陷入被动。

徐敬业虽然是将门之后,但并不具备高超的战略眼光,他还是听从了薛仲璋等人的计划,令长史唐之奇留守扬州,自己则率军南渡攻打润州等地。

---

[1]〔宋〕司马光编著,〔元〕胡三省音注:《资治通鉴》卷二〇三则天后光宅元年(684)九月,中华书局1956年版,第6426页。

[2]〔宋〕王溥:《唐会要》卷七二《府兵》,中华书局1955年版,第1298页。

眼见徐敬业即将犯下致命的决策失误,魏思温也无可奈何,只能私下对杜求仁感慨:"兵势合则强,分则弱,敬业不并力渡淮,收山东之众以取洛阳,败在眼中矣!"[1]果不其然,武则天很快抽调大军,任命左玉钤卫大将军李孝逸为扬州道行军大总管,以将军李知十、马敬臣为副,率三十万大军进讨徐敬业。

此时徐敬业正率主力渡江攻打润州(今江苏镇江)等地。润州刺史李思文是徐敬业的叔父,在反武的问题上两人却站在了对立面,他在徐敬业起兵之前便派人告发,此时城陷被擒,徐敬业数落他"叔党于武氏,宜改姓武",将他囚禁起来,控制了润州。就在他准备接着攻略江南诸州时,接到李孝逸大军压境楚州(今江苏淮安)的消息,不得不狼狈回师。徐敬业在扬州城内未做停留,很快率军北上,屯驻到高邮县的下阿溪(今安徽天长境内)一带,同时派其弟徐敬猷进军淮阴(今江苏淮安境内),别将韦超、尉迟昭等人驻守都梁山(今江苏盱眙境内),双方大战一触即发。

李孝逸大军在临淮(今江苏盱眙境内)与徐敬业遭遇,双方一番激战,徐敬业一方取得了小胜,随后双方进入相持阶段。面对徐敬业的兵锋,李孝逸显露出了畏敌情绪,打算按兵不动,避其锋芒。殿中侍御史魏元忠劝说他:"天下安危,在兹一举。四方承平日久,忽闻狂狡,注心倾耳以俟其诛。今大军久留不进,远近失望,万一朝廷更命他将以代将军,将军何辞以逃逗挠之罪乎!"[2]李孝逸这才引军前进,着手准备与徐敬业决战。

此时局势的发展逐渐朝着对朝廷有利的方向发展,武则天派出左鹰扬大将军黑齿常之为江南道行军大总管,以增援李孝逸大军。同时任命名将刘仁轨之子刘濬为"江左五州简募宣劳使",意在分化、瓦解徐敬业在江南诸州的势力。据称,刘濬在江南"开恩信,制权宜,无不倒戈,有如破竹"[3],这切断了徐敬业固守东南的后路,形势对扬州的反武势力越发不利。与此同时,李孝逸采纳了魏元忠的意见,采取先易后难、逐个击破的策略,首先集中力量剪除

[1]〔宋〕司马光编著,〔元〕胡三省音注:《资治通鉴》卷二〇三则天后光宅元年(684)九月,中华书局1956年版,第6427页。

[2]〔宋〕司马光编著,〔元〕胡三省音注:《资治通鉴》卷二〇三则天后光宅元年(684)九月,中华书局1956年版,第6429页。

[3]《大唐故十学士太子中舍人上柱国河间县开国男赠率更令刘府君墓志》,周绍良主编:《唐代墓志汇编》,上海古籍出版社1992年版,第1365页。

徐敬业屯驻各地的党羽。唐军先后击败韦超、徐敬猷所部兵马，一时士气大振，双方最终在下阿溪展开决战。

　　唐军初战失利，后军总管苏孝祥率领五千人马企图偷渡夜袭徐敬业，结果被对方觉察，苏孝祥兵败被杀，"士卒赴溪溺死者过半"。左豹韬卫果毅都尉成三朗被徐敬业擒获，唐之奇为提振己方士气，宣称："这就是李孝逸！已被我军俘获。"不料成三朗临刑前大呼："我果毅成三朗，非李将军也。官军今大至矣，尔曹破在朝夕。我死，妻子受荣，尔死，妻子籍没，尔终不及也！"[1]

　　双方接着又展开数番激战，徐敬业一方均占据上风，充分展露出他作为名将之后的军事指挥才能。面对不利局面，唐军主帅李孝逸再次畏战动摇，想引军而退。魏元忠与行军管记刘知柔献计，认为此时正值冬季，芦苇干燥易燃，且风势也朝向敌军，正可采取火攻制敌，力劝李孝逸挥师与敌军决战。于是，在双方大战正酣之际，唐军顺风纵火，形势急转直下，徐敬业一方大败，"斩首七千级，溺死者不可胜纪"。[2]徐敬业与少数部将撤回扬州，携带家属，准备渡海逃往高丽，走到海陵附近时为大风所阻止，未能出海。部将王那相见其大势已去，斩杀徐敬业、敬猷等人，向官军投降。李孝逸大军一举攻占扬州，唐之奇、魏思温等人也陆续被逮捕、斩首。徐敬业领导的反武斗争至此宣告失败。

　　战事结束后，武则天掌控的唐中央对扬州地区官民进行了一番政治清洗。徐敬业起兵时为笼络人心，任命了一大批官员。此时围绕如何处置这批胁从人员，朝廷内部产生了分歧。有人建议"受贼五品官者斩，六品者流"，这可以说是一项非常严厉的处罚方案，也符合武则天一贯狠辣的行事风格。果真这样施行的话，必定会有很多人因此枉死。所幸当时朝中不乏有识之士，如司宾少卿刘延祐认为"诸非元谋，迫胁从盗，则置极刑，事涉枉滥"，最终决定受五品以上官者流放，六品以下者只是除名免官。[3]这可以看作是徐敬业

---

　　[1]〔宋〕司马光编著，〔元〕胡三省音注：《资治通鉴》卷二〇三则天后光宅元年（684）十一月，中华书局1956年版，第6430—6431页。

　　[2]〔宋〕司马光编著，〔元〕胡三省音注：《资治通鉴》卷二〇三则天后光宅元年（684）十一月，中华书局1956年版，第6431页。

　　[3]〔后晋〕刘昫等：《旧唐书》卷一九〇上《文苑上·刘延祐传》，中华书局1975年版，第4994页。

举兵失败后的政治余波。

这场发起于扬州的动乱历时不到三个月便被朝廷镇压,失败原因是多方面的。首先在于其起兵的目标游移不定。虽然一开始徐敬业等人便打出反武勤王的旗号,但其后的一系列政治举动却模糊了起兵的目标,让人怀疑其有割据自立的野心。这显然不利于团结其他忠于李唐的势力,更使自身在政治上陷于被动。其次,起兵失败也是由唐前期强干弱枝的军事格局所决定的。扬州虽然是南北交通要冲、南方经济重心,且设有大都督府,但在承平之世,其实际控制的兵力寡弱,更兼周边地势开阔,无险可守,并非理想的用武之地。徐敬业等人选择在扬州起事,带有一定的偶然性,但在其后他们没有果断采取北进中原的战略,坐失战机,最终不得不与数倍于己方的唐军精锐正面对决。这不得不说是一项战略失策。

徐敬业之乱是唐前期一百多年间扬州地区唯一一次大规模的战乱,给当地政治、社会秩序造成了不小的冲击。但所幸经历时间较短,在后任官员的有效治理下,扬州地区很快恢复生机,并在此后的唐玄宗开元、天宝年间臻于鼎盛。

第三节　安史之乱与淮南节度使的成立

一、安史之乱的爆发

唐朝建国后,经历百余年的社会发展和财富积累,到唐玄宗李隆基在位的开元、天宝年间(713—756)臻于全盛,史称“开天盛世”。作为时代亲历者,杜甫诗云:“忆昔开元全盛日,小邑犹藏万家室。稻米流脂粟米白,公私仓廪俱丰实。”[1]这首诗作于安史之乱爆发后,目睹山河残破、百姓流离的惨状,诗人不胜今昔之叹。令后世钦羡不已的“开天盛世”,在顷刻间土崩瓦解,这背后既有波谲云诡的高层政治斗争,同时也蕴藏着深刻的政治社会变革。

安史之乱的爆发,首先与唐玄宗统治后期的施政方针,尤其是用人政策有关。唐玄宗李隆基在肃清韦后、太平公主等皇亲、外戚势力的基础上夺得

---

[1]〔清〕彭定求等编:《全唐诗》卷二二〇(杜甫)《忆昔二首》,中华书局1960年版,第2324—2325页。

皇位,长期以来的政治斗争,使他对当时社会的主要矛盾有着清醒的认识。即位之初,他在姚崇、宋璟等大臣的辅佐下励精图治,廓清了此前宗戚干政的乱局,进而整顿吏治、轻徭薄赋,使得社会经济得到了空前发展。除此之外,为因应内外形势的变化,他还对赋役、兵役政策进行调整,对中枢政治体制也进行了改革。这些措施直接推动了唐朝国势的鼎盛。

但在统治后期,面对海内升平,唐玄宗对政事日渐懈怠,先后宠幸武惠妃、杨贵妃,沉醉于声色犬马。在外廷先后任用李林甫、杨国忠等权臣为相,导致政治生态恶化,统治集团内部的矛盾日趋尖锐。首先,围绕储位出现了多次政治风波。唐玄宗最早立的太子是次子李瑛,但因其母失宠,所以太子之位并不牢固。武惠妃得宠后,一心想让自己的儿子寿王李瑁成为太子,并与宰相李林甫成为政治盟友,共同构陷太子李瑛。开元二十五年(737),唐玄宗听信武惠妃谗言,废杀太子及其他两名皇子。次年,玄宗立第三子忠王李玙(后改名亨,即唐肃宗)为太子,但围绕储位的权力争夺并未消歇。这是因为权相李林甫拥立寿王李瑁未果,害怕太子即位后会遭到清算,所以竭力挑唆唐玄宗与太子之间的矛盾。继李林甫为相的杨国忠,凭借外戚身份上位,也对与自身关系疏远的太子颇为忌惮。二人先后"掎摭阴事",屡起大狱,"以倾东宫"[1]。

其次是围绕外朝相权的党争与倾轧。权相李林甫、杨国忠为专权固宠,对其他有才干的大臣异常忌惮,为此不惜以血腥的手段镇压异己。李林甫以吏术起家,在任期间,与张九龄、李适之、严挺之等以文学晋身的宰相关系紧张,他通过权术手腕击败政敌,专权十余年。李林甫去世后,杨国忠代之为相,专权程度有过之而无不及。杨国忠同样嫉贤妒能,为在玄宗面前争宠,与手握重兵的边将安禄山、哥舒翰等人矛盾尖锐,这也成为安史之乱爆发以及战争初期战局溃败的导火索。

安史之乱的爆发,还有更为深刻的制度背景,即边疆军政大权的高度集中。唐皇朝以武力平定天下,军事制度的根本是府兵制,其特征是"强干弱枝",长安所在的关中地区布置了占绝对多数的军府。但为了对抗吐蕃、突厥、奚、契丹等边疆少数民族的军事压力,从高宗、武后时期开始,逐渐改变了

---

[1]〔后晋〕刘昫等:《旧唐书》卷一〇六《杨国忠传》,中华书局1975年版,第3242页。

此前内重外轻、守内虚外的军事体系,边疆防御力量从府兵制下的行军,转变为募兵制下的镇军。及至唐玄宗统治末期,陆续建立了九个以节度使为长官的大军区(藩镇),分别是安西、北庭、河西、陇右、河东、朔方、范阳、平卢、剑南等。天宝年间,节度使所统边军总兵力近五十万,而中央禁军兵力不足十万,且战斗力低下。此外的内地州县,则因承平日久,不修武备,几至无兵可用。更为致命的是,为便于不同军区之间的协同作战,唐廷往往以同一人兼任数道节度使,如安禄山便身兼范阳、平卢、河东三镇节度使,手握精兵十余万。

天宝十四载(755)十一月,安禄山以"清君侧"、诛杀杨国忠为名,在范阳(今北京市)举兵反唐。随后,安禄山率所部及同罗、奚、契丹、室韦等蕃汉十五万大军(号称二十万)一路南下,渡过黄河。叛军声势浩大,且都是百战之余的精锐边防军,而当时唐朝统治下的内地州县因承平日久,"百姓累世不识兵革,猝闻范阳兵起,远近震骇"。首当其冲的河北地区原本便是安禄山的辖区(安禄山兼任河北道采访使),"所过州县,望风瓦解,守令或开门出迎,或弃城窜匿,或为所擒戮,无敢拒之者"。[1]玄宗随即派遣当时身在长安的西北边军的高级将领高仙芝与封常清,分别率军屯驻陕郡(今河南陕县)和东都洛阳(今属河南)。但他们所部军士多为临时招募的市井之徒,在叛军铁骑之下接连败退,洛阳很快失守,封常清退守陕郡,随后与高仙芝共守潼关。玄宗听信监军宦官的谗言,认为高、封二人指挥失当,将其处斩,另派告病在家的前河西、陇右节度使哥舒翰防御潼关。哥舒翰深知叛军后勤供给不足的弱点,采取坚壁清野的策略,固守潼关,避开叛军锋芒,再以逸待劳,克敌制胜。这项策略一度起到了效果,但唐玄宗听信杨国忠的意见,连发诏令,催逼哥舒翰出兵与叛军决战。天宝十五载六月,哥舒翰无奈之下"抚膺恸哭",引兵出关,结果中了叛军埋伏,唐军全线溃败,哥舒翰被俘,潼关天险失守。

面对叛军一路长驱直入,唐玄宗不得不带领少数皇亲国戚,在禁军的护送下仓皇出逃。行至马嵬驿的时候,禁军发生哗变,乱军杀宰相杨国忠,又逼迫唐玄宗缢杀杨贵妃,是为"马嵬之变"。事变后,唐玄宗一行向西巡幸成都,太子李亨以关中父老挽留为名,借机脱离玄宗控制,北上灵武,不久之后在朔

---

[1] 〔宋〕司马光编著,〔元〕胡三省音注:《资治通鉴》卷二一七唐玄宗天宝十四载(755)十一月,中华书局1956年版,第6935页。

方军将士的拥立下称帝,是为唐肃宗。唐肃宗即位后,各路唐军迅速得到了统一指挥。在朔方军将领郭子仪、李光弼等人的指挥下,更兼漠北回纥汗国的军事援助,唐军的平叛战事逐渐获得起色,但叛乱直到此后的唐代宗广德元年(763)才最终平息。这场历时八年的大叛乱是唐朝由盛而衰的转折点,对唐朝的政治、经济、军事、文化各领域均产生巨大冲击,也影响了此后一百余年扬州区域社会发展的轨迹。

安禄山兵锋所及,从河北诸州到东京洛阳的广袤领土很快沦陷。如果叛军循运河南下,进一步深入并攻占江淮地区,夺取南方经济中心区域,则将会给唐朝的经济命脉造成致命打击。但叛军在南下途中,在汴河沿线的睢阳(宋州,治今河南商丘)一带遭遇顽强抵抗,唐朝官员张巡、许远等率领军民屡败叛军,坚守睢阳近一年时间,使其不敢南窥江淮,有效阻止叛乱势力对南方地区的侵扰。包括扬州在内的江淮地区因此并没有受到安史叛军的直接蹂躏,这也是唐朝后期以扬州为中心的东南八道能够乘势而起,成为唐朝国家财赋重地的直接原因。

尽管叛军未能深入南方腹地,包括扬州在内的广大江淮地区还是不免受到波及。在这场历时八年的战乱中,扬州地区曾先后遭受了永王之乱和刘展、田神功之乱两次兵祸,可以视为安史之乱的间接影响,正是在这两次危机中,以节度使为核心的藩镇体制在扬州地区正式诞生,并成为此后江淮地方治理的制度框架。

二、永王之乱与淮南节度使的成立

马嵬之变后,太子李亨率部分人马北上朔方,并于灵武即帝位,是为唐肃宗。由此,唐军控制的半壁江山中,出现了一南一北两个政治中心,亦即唐玄宗、唐肃宗并立的二元政治格局。玄宗与肃宗虽然是父子,但双方早已暗生龃龉,为争夺权力,存在着深刻的矛盾。尤其是唐肃宗在未告知唐玄宗的情况下自立为帝,本质上是对皇位的篡夺。唐玄宗虽然被迫承认了既成事实,但并未心甘情愿地移交权力,双方之间持续明争暗斗。

早在天宝十五载(756)七月,唐玄宗还在幸蜀途中,曾发下一道诏令:

> 夫定祸乱者必仗于群才,理国家者先固其根本。……太子亨宜充天

下兵马元帅，仍都统朔方、河东、河北、平卢等节度采访都大使，与诸路及诸副大使等计会，南收长安、洛阳；以御史中丞裴冕兼左庶子，陇西郡司马刘秩试守右庶子。永王璘宜充山南东路及黔中、江南西路等节度支度采访都大使，江陵大都督如故；以少府监窦绍为之傅，以长沙郡太守李岘为副都大使，仍授江陵郡大都督府长史兼御史中丞。盛王琦宜充广陵郡大都督，仍领江南东路及淮南、河南等路节度采访都大使；依前江陵郡都督府长史刘汇为之傅，以广陵郡长史李成式为副都大使，兼御史中丞。丰王珙宜充武威郡大都督，仍领河西、陇右、安西、北庭等路节度支度采访都大使；以陇西郡太守邓景山为之傅，兼武威郡都督府长史、御史中丞，充副都大使。应须兵马、甲仗、器械、粮赐等，并于当路自供。其诸路本节度采访支度防御等使號王巨等，并依前充使。其署官属及本路郡县官，并各任便自简择，五品以下任署置讫闻奏，六品以下任便授已后一时闻奏。其授京官九品以上，并先授名闻，奏听进止。[1]

这道诏令是唐玄宗入蜀前对全国战局的一次战略统筹，用他自己后来的概括，即"命元子北略朔方，诸王分守重镇"，最终意图是"合其兵势，以定中原"。[2] 在发布诏令的时候，唐玄宗并不知道肃宗已自立为帝，此时任命他为天下兵马元帅，统帅朔方、河东等道兵马，收复两京。与此同时，又对其余诸道军政长官的人事进行了安排，以永王李璘为江陵郡大都督和山南东路及黔中、江南西路等节度大使，盛王李琦为广陵郡大都督和江南东路及淮南、河南等路节度大使，丰王李珙为武威郡大都督和河西、陇右、安西、北庭等路节度大使，并允许其自行招募军队，进行官员的人事任命。这一措置看似给予太子李亨极大的实权，实际上与其他皇子并没有实质性区别，诸王之间实际上是一种平行关系。唐玄宗把各地军政大权分割、委托给诸皇子，其实暗含着

———————————

[1]〔清〕董诰等编：《全唐文》卷三六六（贾至）《玄宗幸普安郡制》，中华书局 1983 年版，第 3719—3720 页。

[2]〔宋〕宋敏求编：《唐大诏令集》卷七九《銮驾到蜀大赦制》，中华书局 2008 年版，第 455 页。

遏制唐肃宗权势,争夺对平叛战争领导权的用意[1]。如果这一人事安排最终落地,很可能导致本已风雨飘摇的唐朝彻底分崩离析。

果不其然,一场搅动风云的动乱已开始在南方酝酿。安史之乱前,藩镇只设立于边疆地区,此时为抵御安史叛军,在长江流域也开始普遍推行,治所设于扬州的淮南节度使遂于此时宣告成立。第一任淮南节度使是唐玄宗之子盛王李琦,但他和受任河西、陇右节度使的丰王李珙都未赴任,而是被玄宗留在自己身边。真正赴任的只有永王李璘,他于诏书发出前半月左右,便已从汉中郡出发赶赴江汉地区。永王李璘是玄宗第十六子,自幼生长于深宫内苑,其母早亡,被时为太子的唐肃宗所抚养,"夜自抱眠之"[2],兄弟关系原本应该颇为融洽,此时却因权力斗争而彼此对立。

永王李璘于七月抵达襄阳,两月后抵达江陵,立即着手招兵买马。由于两京沦陷,当时江淮地区的财赋大多沿长江而上,经由江汉地区转输蜀中。史称"江淮租赋,山积于江陵",李璘则顺势将其据为己有,充作军饷,"破用钜亿"[3],很快招募将士数万人,"恣情补署"官职。投身其中的文士薛镠、韦子春、李台卿、蔡坰(駉)、苑咸等,都是流寓、宦游荆楚一带的知名士人,如韦子春出身京兆韦氏,曾任著作郎,"刚气而赡学",以博学知名;苑咸以文采著称,受宰相李林甫赏识,曾任中书舍人等中央要职。值得一提的是,大诗人李白此后不久也受李璘延揽入幕,在随从南下的行程中,李白撰写了《永王东巡歌》等诗篇,成为我们了解那段历史的重要史料。除了上述文士外,李璘帐下武将有刘巨鳞、季广琛、浑惟明、高仙琦等人,大多也是久经沙场的宿将,如刘巨鳞曾任南海太守,长期率军在沿海一带与海盗作战;季广琛武举出身,以军功著称,曾在河西、剑南等地的藩镇任职,历任河西马军副使、剑南支度使、蜀郡长史等职。总之,短短数月之间,在永王李璘身边迅速形成了一个阵容强大的军事政治集团。

永王李璘势力的膨胀,引起了身在灵武的唐肃宗警觉。为扼制其势力的

[1] 贾二强:《唐永王李璘起兵事发微》,《陕西师范大学学报》1991年第1期;李碧妍:《危机与重构——唐帝国及其地方诸侯》,北京师范大学出版社2014年版,第380—389页。

[2] 〔后晋〕刘昫等:《旧唐书》卷一〇七《玄宗诸子·永王璘传》,中华书局1975年版,第3264页。

[3] 〔后晋〕刘昫等:《旧唐书》卷一〇七《玄宗诸子·永王璘传》,中华书局1975年版,第3264页。

进一步坐大,肃宗命令其"归觐于蜀",但遭到拒绝。此时的李璘已萌生了更大的政治野心,他不满足于在长江中游的政治影响力,而是把目光投向了长江下游的富庶地区,意图坐拥东南半壁江山。在李璘看来,只要能控制长江下游地区,便可以坐观成败,未来形势的发展对他自己来说无外乎有两种可能:其一,唐军在与叛军的战事中节节败退,北方国土沦陷,他便可以效法东晋故事,以亲王的身份,在南方再建唐室;其二,如果平叛战争顺利发展,官军获胜,则可以逸待劳,乘胜率兵北上,争夺胜利果实,进而问鼎中原。无论哪种情形,李璘皆可立于不败之地。怀着这样的心思,永王李璘于当年十二月"擅领舟师东下",打着北上救援河南的旗号,实则兵锋直指长江下游的扬州等地。

面对来势汹汹的永王大军,长江下游的唐朝官员也觉察到他的不臣之心,因此都非常警惕。如吴郡太守兼江东采访使李希言在与李璘通信时,"平牒璘,大署其名",采取平级官署间公文往来的方式,不以下级对待长官的礼仪对待永王李璘。此举显然是在公开宣示政治立场,永王李璘见状勃然大怒,回信称:"寡人上皇天属,皇帝友于,地尊侯王,礼绝僚品,简书来往,应有常仪,今乃平牒抗威,落笔署字,汉仪隳紊,一至于斯!"[1]下令部将浑惟明攻打丹阳(润州,今江苏镇江),季广琛攻打扬州。李希言部将元景曜等人率众投降,丹阳太守阎敬之战死,李希言只身逃往苏州,永王李璘所部顺势攻占江南的丹阳一带。

在永王李璘大军压境之下,江北的扬州也危在旦夕。此时执掌扬州军政大权的是广陵长史、淮南采访使李成式。他是文官出身,在任期间虽然颇有政绩,但并没有领兵作战的经验,时任扬州功曹参军的著名文士萧颖士评价其"平时良守,清静临人,……然与今时经略,颇不甚称"[2],可谓知人之论。另外,如前文所谈到的,扬州在内的江淮地区,在唐代并非用兵之地,虽置有大都督府,但守备兵力寡弱,故安史之乱爆发以后,"江淮三十余郡,仅征兵二万,已谓之劳人。将卒不相统摄,兵士未尝训练"[3]。江淮地区眼看即将陷入战乱之中。

[1] 〔后晋〕刘昫等:《旧唐书》卷一〇七《永王璘传》,中华书局1975年版,第3265页。

[2] 〔清〕董诰等编:《全唐文》卷三二三(萧颖士)《与崔中书圆书》,中华书局1983年版,第3271页。

[3] 〔清〕董诰等编:《全唐文》卷三二三(萧颖士)《与崔中书圆书》,中华书局1983年版,第3271—3272页。

　　此时身在西北的唐肃宗君臣也将目光转向东南,他们同样意识到以扬州为中心的江淮地区的战略意义,尤其是东南财源对于维系国家机器运转的重要性。后来以理财知名的宰相第五琦向唐肃宗建议,"以江淮租庸市轻货,溯江、汉而上至洋川"[1]。著名边塞诗人高适此时也"陈江东利害,且言(李)璘必败之状"[2]。在此形势下,至德元载(756)十二月,高适被唐肃宗任命为淮南节度使,主持江淮地区的军事防御,刘晏受任江淮租庸使,以确保江淮财赋运输。高适是第一任实际履职的淮南道节度使,这也标志着以扬州为首府的淮南道藩镇的正式形成。

　　至德二载(757)正月,高适与唐肃宗派遣前来宣诏的宦官啖廷瑶等人正式抵达扬州。高适一行的首要任务是代表唐肃宗政府安抚人心,厉兵秣马,坚定扬州军民抵御外敌的决心,正如他在上表中所称:"(臣)流布圣泽,江淮益深,扇扬皇风,草木增色,……即当训练将卒,缉绥黎甿,外以平贼为心,内以安人为务。"[3]高适等人首先在前任淮南采访使李成式的协助下着手扩充军备,"括得马数百匹"。针对扬州本地将才匮乏的现状,啖廷瑶找来曾任河北招讨判官、司虞郎中的李铣。此人曾追随颜真卿在河北与安史叛军作战,兵败后南下江淮,此时恰好流寓扬州,麾下有千余人的兵力。啖廷瑶与李铣结为兄弟,委任其驻守杨子(今江苏省扬州市南郊扬子津一带),指挥前线作战,李成式部将裴茂则"以广陵步卒三千,同拒于瓜步洲伊娄埭"[4],占据两处要津,与永王李璘大军形成隔江对峙之势。

　　与此同时,高适意识到,仅以扬州一隅的军力可能无法抵御永王大军,须团结南方地区其他拥护唐肃宗政府的军事力量。于是他亲自赶赴安陆(安州治所,今湖北安陆),拜会新上任的淮西节度使来瑱、江东节度使韦陟二人。韦陟认为,"今中原未复,江淮动摇,人心安危,实在兹日。若不齐盟质信,以

---

[1]〔宋〕司马光编著,〔元〕胡三省音注:《资治通鉴》卷二一九唐肃宗至德元载(756)十月,中华书局1956年版,第7001页。

[2]〔宋〕司马光编著,〔元〕胡三省音注:《资治通鉴》卷二一九唐肃宗至德元载(756)十一月,中华书局1956年版,第7007页。

[3]〔清〕董诰等编:《全唐文》卷三五七(高适)《谢上淮南节度使表》,中华书局1983年版,第3625页。

[4]〔后晋〕刘昫等:《旧唐书》卷一〇七《玄宗诸子·永王璘传》,中华书局1975年版,第3265页。

示四方,令知三帅协心,万里同力,则难以集事矣"。于是三人拟定了共同防御永王李璘的作战计划,并"登坛誓众曰:'淮西节度使、兼御史大夫瑱,江东节度使、御史大夫陟,淮南节度使、御史大夫适等,衔国威命,各镇方隅,纠合三垂,翦除凶慝,好恶同之,无有异志。有渝此盟,坠命亡族。皇天后土,祖宗神明,实鉴斯言。'陟等辞旨慷慨,血泪俱下,三军感激,莫不陨泣"。[1] 三节度在安陆的会盟,有效提振了江淮地区唐军的士气。

长于深宫的永王李璘实际并没有多少军事谋略,他之所以能够在政治上崛起,主要是仰仗亲王的身份和唐玄宗的默许。尽管在起兵之初能快速扩充实力,但当高适等三节度使在安陆会盟,并迅速在江淮地区集结起军队后,永王李璘终于开始畏惧起来。高适部将裴茂在布防瓜洲时,采取疑兵之计,"广张旗帜,耀于江津",李璘与其子在对岸的润州登上城楼瞭望,以为唐军援军已至,更加惶恐不安,在此情势下,李璘麾下部将也渐渐产生了贰心。李璘最为倚重的将领是前面提到的季广琛,此人久经战阵,当初出于改变自身政治际遇的考量随永王东下。此时季广琛看到李璘军心已乱,便与其他大将暗中约定,决定投奔唐军。

不久,李璘部将浑惟明走投江宁,冯季康、康谦转投扬州白沙镇,季广琛率步卒六千趋扬州,纷纷临阵倒戈。眼见永王阵营内部已显露瓦解的态势,唐军抓住机会,进一步推波助澜。就在诸将倒戈的当夜,李铣等人命士兵点燃火炬,"人执两炬以疑之,隔江望者,兼水中之影,一皆为二"[2]。李璘一方以为唐军已经渡江攻来,士卒皆无心抵抗,四散溃逃,李璘也带着子女及麾下亲信连夜出城避难。等到次日黎明,他们发现唐军并未过江,于是又"入城具舟楫,使襄城王驱其众以奔晋陵"。

李璘军的内部骚动很快被扬州的唐军侦知,他们迅速展开攻势,"江北之军齐进,募敢死士赵侃、库狄岫、赵连城等共二十人,先锋游弈于新丰"[3]。李璘慌忙派其子襄城王、高仙琦等人迎战,结果被唐军大败,襄城王也被乱兵射

---

[1]〔后晋〕刘昫等:《旧唐书》卷九二《韦陟传》,中华书局1975年版,第2960页。

[2]〔后晋〕刘昫等:《旧唐书》卷一七〇《玄宗诸子·永王璘传》,中华书局1975年版,第3265—3266页。

[3]〔后晋〕刘昫等:《旧唐书》卷一七〇《玄宗诸子·永王璘传》,中华书局1975年版,第3266页。

杀。李璘与高仙琦等狼狈逃窜至江西境内,江西采访使皇甫侁派兵追击,将其擒杀。至此,叱咤一时的永王李璘连同着他割据东南的野心一并谢幕。

永王之乱对唐皇朝江淮地区的统治秩序造成了不小的冲击,但就扬州而言,虽然一度兵临城下,所幸并未被直接波及,可谓危而不殆。这场动乱之所以能很快平息,首先因为李璘集团内部并不团结,缺乏充分的政治凝聚力。永王李璘所部不仅大多是临时招募的乌合之众,内部缺乏有效统驭,而且当唐肃宗在灵武宣布称帝以后,其权力合法性也备受质疑。因此,永王李璘虽然能乘势而起,但在外部政治压力与军事攻势的双重作用下便很快自行瓦解。另一方面,也应看到,以李成式、高适、李铣为代表的扬州地方官员能够临危不乱,在敌众我寡的局面下沉着应战,从而击溃叛军,履行保境安民之职责。

站在唐朝中央的立场来看,永王之乱也暴露了扬州在军事防御方面的薄弱性。正如萧颖士在战前所观察的:"江淮三十余郡,仅征兵二万,已谓之劳人。将卒不相统摄,兵士未尝训练。"[1]扬州及其周边地区经济富庶,百姓多务农、商,不乐从军,战力之弱,不难想见。在两军攻防过程中也可以看到,无论是李璘一方所倚重的季广琛等人,还是唐军一方的李铣等将领,均来自北方,此役几乎看不到本地将领的身影,足见江淮本土军事人才之匮乏。上述情形与扬州作为东南重镇、运河枢纽的地位显然是不相符的,无论以之抵御安史叛军南下江淮,抑或防止永王李璘这样的政治野心家再次冒头,上述情形都是非常不利的。有鉴于此,重新构筑以扬州为中心的江淮军事防御体系便提上议事日程。

三、刘展、田神功南下扬州与江淮再乱

乾元元年(758),唐朝中央在扬州设置了一个新的职官——江淮都统,其职衔全称是"持节都统淮南、江南、江西节度、宣慰、观察处置等使"[2],集军事与民政于一身,管辖地域涵盖淮南道扬、楚、滁、和、舒、庐、濠、寿八州,浙江西道的昇、润、常、苏、湖、杭、睦七州,以及江南西道的洪、虔、江、吉、袁、信、抚七

---

[1]〔清〕董诰等编:《全唐文》卷三二三(萧颖士)《与崔中书圆书》,中华书局1983年版,第3271—3272页。

[2]〔宋〕王溥:《唐会要》卷七八《都统》,中华书局1955年版,第1424页;〔后晋〕刘昫等:《旧唐书》卷一一二《李峘传》,中华书局1975年版,第3343页。按,关于这一职衔的全称及辖区,诸书所记互有异同,相关考辨详见《资治通鉴》卷二二一唐肃宗上元元年(760)十一月《考异》;李碧妍:《危机与重构——唐帝国及其地方诸侯》,北京师范大学出版社2014年版,第444页。

州,几乎囊括了整个长江中下游地区。关于江淮都统创置的背景,需要稍作说明。正如前文提到的,安史之乱爆发后不久,唐朝政府便已经开始在南方推行军政合一的藩镇体制,陆续设立淮南(后分为淮南东、西两道)、江东(后分为浙江东、西两道)等道节度使。但永王之乱初期的军事失利已经表明,这些南方藩镇本身兵力寡弱,又各自为政、不相统属,缺乏协同作战的有效机制,战力堪忧。此时设立的"江淮都统",性质是诸节度使之上、东南地区的最高军政长官,旨在统辖、监管江淮地区的各大藩镇,一旦东南有难,能够迅速组织兵力抵御外敌。[1]

首任江淮都统李峘,出身宗室疏属,是唐太宗之子吴王李恪的曾孙。李峘与其弟李岘俱有才名,安史之乱中两人分别扈从唐玄宗与唐肃宗,"兄弟俱效勋力"[2]。李峘先后担任睢阳太守、蜀郡太守、剑南节度采访使等,收复两京后随唐玄宗回銮,在肃宗朝官至户部尚书,封越国公,其弟李岘则官至宰相。可以说,李峘兄弟是唐玄宗、肃宗两朝深受信任的宗室重臣,由他来担任江淮都统一职,也算是情理之中。不过,李峘虽然在朝野声望颇高,却并不擅长处理地方军政事务,在担任江淮都统期间并没有太大作为。时任扬州长史、淮南节度使邓景山,同样是文史出身,虽然"为政简肃,闻于朝廷"[3],却也同样缺乏应变将略。正是在二人任内,一场前所未有的危机悄然降临扬州,因他们措置失当,几乎使整个江淮地区沦为群雄麏战的戎区。这场危机是由远在河南一带的将领刘展所触发的。

关于刘展的生平,史料中并没有太多记载。根据有限的材料来看,他应该起自行伍,安史之乱中在陈留一带参军。史称其"素有威名,御军严整"[4],因作战英勇而崭露头角。从政治面貌来看,刘展应属于河南一带抵抗叛军的地方实力派,在历次战斗中不断壮大。刘展虽然屡有战功,但个性"刚强自用",因此不为长官所喜。唐肃宗乾元二年(759),刘展由试汝州刺史,调任

[1] 以上详参李碧妍:《危机与重构——唐帝国及其地方诸侯》,北京师范大学出版社2014年版,第444—445页。该书对刘展之乱背景的剖析多有新见,本节于此多有参考,恕不一一出注。

[2] 〔后晋〕刘昫等:《旧唐书》卷一一二《李峘传》,中华书局1975年版,第3342—3343页。

[3] 〔后晋〕刘昫等:《旧唐书》卷一一〇《邓景山传》,中华书局1975年版,第3313页。

[4] 〔宋〕司马光编著,〔元〕胡三省音注:《资治通鉴》卷二二一唐肃宗上元元年(760)十一月,中华书局1956年版,第7098页。

滑州刺史,同时兼任滑、汴等七州节度使许叔冀的副使,稍后又被任命为宋州刺史,并兼任淮西节度使王仲昇的副使[1]。这一连串的频繁调动,反映出最高统治者矛盾的心态,一方面,唐军与叛军在黄河流域的战事吃紧,唐中央不得不倚重刘展这类久经沙场的将领,担当河南一带的防务。另一方面,对这批手握重兵、桀骜不驯的地方实力派又非常不信任。史书称刘展"握兵河南,有异志"[2],其实更多的是由于朝廷对这些将领的猜忌。对刘展多次异地调任,正是基于以上心态。

在宋州任上,刘展以及同为淮西节度副使的李铣,双双与长官王仲昇产生矛盾。李铣在平定永王之乱的过程中出力甚多,是保全江淮地区的功臣之一。他的背景与刘展相似,都属于不被朝廷信任的地方将领,所以一旦江淮地区的危机解除,便被远调到了河南一带。王仲昇视此二人为眼中钉,认为"(李)铣贪暴不法,(刘)展刚强自用"[3],上奏唐肃宗,首先诛杀了李铣。不过,王仲昇对于手握强兵的刘展还是颇为忌惮,不敢轻举妄动。于是他派遣监军宦官邢延恩进京面见唐肃宗,向其进言:"(刘)展倔强不受命,姓名应谣谶,请除之。"[4]所谓"倔强不受命",或许是实情,而所谓"姓名应谣谶",则是因为当时社会上有"手执金刀起东方"的政治谣谶,故王仲昇、邢延恩以此来罗织其罪。唐肃宗对刘展等人素怀猜忌,自然愿意听信王仲昇、邢延恩的奏报。邢延恩趁机向肃宗建议:"(刘)展与李铣一体之人,今铣诛,展不自安,苟不去之,恐其为乱。然展方握强兵,宜以计去之。请除展江淮都统,代李峘,俟其释兵赴镇,中道执之,此一夫力耳。"[5]这是让皇帝以自身政治信誉为筹码,来诱杀一介武臣,即便事成,也是很不光彩的。更何况这一计策并不高明,正如邢延恩自己所言,刘展在李铣被杀后已是唇亡齿寒,此时突然对他委以重任,

[1]〔宋〕司马光编著,〔元〕胡三省音注:《资治通鉴》卷二二一唐肃宗乾元二年(759)五月、上元元年(760)十一月,中华书局1956年版,第7077、7097页。

[2]〔后晋〕刘昫等:《旧唐书》卷一一二《李峘传》,中华书局1975年版,第3343页。

[3]〔宋〕司马光编著,〔元〕胡三省音注:《资治通鉴》卷二二一唐肃宗上元元年(760)十一月,中华书局1956年版,第7097页。

[4]〔宋〕司马光编著,〔元〕胡三省音注:《资治通鉴》卷二二一唐肃宗上元元年(760)十一月,中华书局1956年版,第7097页。

[5]〔宋〕司马光编著,〔元〕胡三省音注:《资治通鉴》卷二二一唐肃宗上元元年(760)十一月,中华书局1956年版,第7097页。

只会加重他的疑心。然而,唐肃宗还是接受了这一建议,下诏以刘展为"都统淮南东、江南西、浙西三道节度使",接替李峘,并令邢延恩去宋州,向刘展传达任命。与此同时,密令李峘及淮南东道节度使邓景山严阵以待,伺机除掉南下的刘展。

果不其然,当邢延恩向刘展宣达诏令时,刘展更加疑惧不安,他向邢延恩自陈:"展自陈留参军,数年至刺史,可谓暴贵矣。江、淮租赋所出,今之重任,展无勋劳,又非亲贤,一旦恩命宠擢如此,得非有谗人间之乎?"说着便泣下沾襟。邢延恩对其虚与委蛇:"公素有才望,主上以江、淮为忧,故不次用公。公反以为疑,何哉?"[1]但刘展不为所动,提出要先拿到江淮都统的节印才肯离开宋州。于是邢延恩急忙赶赴扬州,与李峘商议后取得都统节印,并交付刘展。刘展这才半信半疑地接受了任命,率七千人马,南下扬州赴任。与此同时,为了麻痹刘展,李峘、邢延恩还让江淮三道官员向刘展"遣使迎贺",申报辖区户籍图册。

此时身在扬州的李峘、邓景山等人,按照唐肃宗指示,已发兵拒守,并移檄江淮诸州县,称刘展擅自领兵南下,有不臣之心。身在途中的刘展这才恍然大悟,确认调其南下是一个彻头彻尾的圈套。但他仗着有唐肃宗正式的除授诏书,也移檄州县,声称李峘等人谋反。一时之间,江淮官员人心惶惶,不知所从。刘展深知已无退路,决定奋力一搏,于是倍道兼程,挥师南下。面对汹汹兵势,驻节扬州的李峘引兵南渡,与润州刺史韦儇以及浙西节度使兼昇州刺史侯令仪屯兵京口(今江苏镇江),同时令邓景山屯驻徐城(今江苏泗洪),拦截刘展。

刘展所部都是在河南一带久经战阵的精兵,并且他"素有威名,御军严整",江淮守军根本无力阻挡,纷纷望风披靡。在与邓景山两军对峙之际,刘展以江淮都统自居,派人责问:"吾奉诏书赴镇,此何兵也?"邓景山自知理亏,未作应答。刘展见状派人于阵前大呼:"汝曹皆吾民也,勿干吾旗鼓。"很快击溃邓景山部。邓景山与邢延恩败走寿州,刘展顺势攻占扬州,并派遣部将屈突孝标将兵三千,攻陷淮南境内的濠州、楚州;派遣部将王暅将兵四千进攻淮西,又

---

[1]〔宋〕司马光编著,〔元〕胡三省音注:《资治通鉴》卷二二一唐肃宗上元元年(760)十一月,中华书局1956年版,第7098页。

攻下舒、和、滁、庐等州。

此时身在京口的李峘不敢正面迎敌,收复江北失地,而是"插木以塞江口",唯恐敌军南下。刘展也摸清了李峘的畏战心态,于是采取疑兵之计,佯装要从瓜洲渡江,直趋对岸的北固山,实则暗地里屯兵白沙。李峘果然中计,将兵力悉数派驻北固山一带。刘展趁机从白沙南渡,迅速攻占对岸句容境内的下蜀戍。润州的唐军闻讯不战自溃,李峘狼狈逃往宣城。刘展不费吹灰之力便攻占了润州,接着向南连下昇州(今江苏南京)、常州、苏州、湖州,往西攻陷宣州,"所向无不摧靡,聚兵万人,骑三千,横行江、淮间"[1]。当时在江南坚持抵抗刘展叛军的只有李峘的副使李藏用,他"收散卒,得七百人,东至苏州募壮士,得二千人,立栅以拒刘展",实则仅能自存。

眼见江淮局势一泻千里,这场动乱的"始作俑者"邢延恩再次向唐肃宗进奏,建议朝廷调派北方军队南下平叛。他们选中的是屯驻在任城(今山东济宁境内)的平卢都知兵马使田神功。田神功是冀州南宫县人,出身寒微,天宝末年投身辽东的平卢军,随安史叛军南下,后降唐,归唐军统帅李光弼节制,在河南一带与叛军作战。[2]他的出身背景和刘展其实很相似,都是安史之乱中在河南崛起的地方将领。田神功久已垂涎江淮间的富庶,在叛军中时,史思明曾派遣他"将兵徇江淮",并许诺:"收得其地,每人贡两船玉帛。"[3]只是后来被李光弼所败,未能成行。当邓景山、邢延恩向他发出南下的邀请,并"许以淮南金帛子女为赂",正中其下怀。田神功很快率军南下,进入徐州境内。

此时的刘展正忙于攻城略地,闻讯后"始有惧色",匆忙自扬州发兵八千迎战。渡过淮水后,两军在都梁山一带展开激战,刘展兵败,撤至天长,田神功乘胜追击,刘展不得不再次狼狈逃窜,继而南渡润州。田神功顺势攻占扬州。次年正月,为剿灭江南叛军,田神功兵分两路,以部将范知新等将四千人自白沙渡江,西攻下蜀,自己则与邢延恩率三千人从瓜洲渡江。同时,原淮南

---

[1]〔宋〕司马光编著,〔元〕胡三省音注:《资治通鉴》卷二二一唐肃宗上元元年(760)十二月,中华书局1956年版,第7101页。

[2]〔后晋〕刘昫等:《旧唐书》卷一二四《田神功传》,中华书局1975年版,第3532—3533页;〔宋〕欧阳修、宋祁:《新唐书》卷一四四《田神功传》,中华书局1975年版,第4702页。

[3]〔后晋〕刘昫等:《旧唐书》卷一一〇《李光弼传》,中华书局1975年版,第3307页。

节度使邓景山也率军从海陵(今江苏泰州)渡江,直趋常州,先期收复失地。

刘展率主力步骑万余人在江边的蒜山布阵,一度击退了田神功的渡江部队。然而,范知新等人已经顺利攻占下蜀,或劝刘展引兵入海避难,但他知道大势已去:"若事不济,何用多杀人父子乎!死,早晚等耳!"于是继续率众力战。两军激战之际,刘展被箭射中眼睛,倒扑于地,被田神功生擒。[1]刘展被擒后,江淮一带的叛军迅速作鸟兽散,唐军很快收复失地。刘展之乱终于落下了帷幕,时在上元二年(761)正月。

然而,对扬州地区的军民来说,一场真正的浩劫这才正式降临。田神功麾下将士远比刘展等人残暴、贪婪,他们之所以愿意南下,原本就是垂涎江淮的繁华,攻占扬州后,"大掠百姓商人资产,郡内比屋发掘略遍,商胡波斯被杀者数千人"[2]。这场浩劫给扬州的社会、经济直接造成了前所未有的摧残,史称:"安、史之乱,乱兵不及江、淮,至是,其民始罹荼毒矣。"[3]

仔细检讨这场给扬州带来深重灾难的动乱,有两点是值得重视的。首先,从性质来看,它可以理解为安史之乱在南方的连锁反应。无论"叛贼"刘展,抑或平叛"功臣"田神功,他们都是从河南战场南下的地方将领,这一群体的崛起,与安史之乱以后的地方军事化趋势密切相关。扬州虽地处东南一隅,但与国家的兴衰治乱有着千丝万缕的联动关系。其次,从起因看,动乱的源头是唐朝中央对地方将领的猜忌与打压,而前线唐军将领不同派系间的倾轧,又在客观上催化了这种矛盾。回顾刘展之乱的全过程,作为最高统治者的唐肃宗重用宦官,猜忌大将,李峘、邓景山等地方大员措置失当,引狼入室,而田神功等平叛将领则贪婪暴虐,与叛军如出一辙。凡此种种,共同酿成了扬州地区生灵涂炭、百姓流离的悲剧。

刘展之乱结束后,引发风波的"江淮都统"一职也随之裁撤,这标志着唐肃宗此前江淮政策的彻底失败。然而,扬州之于唐朝全域的重要性是有目共

---

[1] 关于刘展的结局,《资治通鉴》据《刘展乱纪》,认为是当场被斩杀;而两《唐书·田神功传》则明言是生擒后解送京师处斩。相关考辨详参李廷先:《唐代扬州史考》,江苏古籍出版社2002年版,第145页。

[2] 〔后晋〕刘昫等:《旧唐书》卷一二四《田神功传》,中华书局1975年版,第3533页。

[3] 〔宋〕司马光编著,〔元〕胡三省音注:《资治通鉴》卷二二二唐肃宗上元二年(761)正月,中华书局1956年版,第7104页。

睹的,随着河朔藩镇割据,中原残破,对江淮财赋的依赖只会日行加重,所以淮南节度使不但不会裁撤,还要不断加大其权重。上元二年二月,太子詹事崔圆被派往扬州担任淮南节度使,主持平定叛乱之后的江淮善后工作。在崔圆以及随后几任节度使任内,唐朝在扬州重建了一套能够适应新形势的地方治理体系,有力保障了此后一百多年对江淮的有效控制。

第四节　淮南节度使与唐朝后期扬州的地方治理

在永王之乱与刘展之乱中,治所设于扬州的淮南节度使府正式建立,并在地方军政事务中扮演了主导性角色。从 7 世纪初期建立的大都督府体制,到 8 世纪中期以节度使为中心的藩镇体制,并不仅仅是官职名号的改换,更是唐代地方治理模式的一次转型,深刻影响了扬州地方社会的发展。有鉴于此,本节将从静态视角入手,更为细致地介绍这样一种军政体制的起源与发展历程。

一、淮南节度使及其军政职能

顾名思义,"淮南节度使"是一种"使",与都督、长史等官职判然有别。节度使的出现,与唐代军政体制的整体演进趋势有着密不可分的关系。

在李唐建政之初,建立了一套以职事官、散官、勋官、爵位等为核心的职官体系。在这一体系中,各级、各类官爵秩序井然,相应的品级、职权、待遇等等,在《唐令》等法典中都有清晰的记载,流传至今的《唐律疏议》《唐六典》《通典》等唐代典籍中还有不少条文。例如前章介绍的扬州大都督府中,从都督、长史以下的各级职务,便属于州县职事官序列。可以说,唐朝前期的国家事务几乎都是以律令法典为依托而展开的,正因此,这一时期也被称为"律令制时代"。

然而,法典总是呈现出一定的滞后性,唐代律令自然也不例外。随着经济社会的不断发展,以及边疆形势的变化,为应对不断出现的新状况,国家政务处理过程中便会产生大量临时性的事务,其归属部门在法典中没有清晰规定。动辄修订法典,抑或在原有框架内新设官职,显然都不切实际,也赶不上形势的变化。于是,唐朝政府开始陆续设立一系列临时性的"使职",来专门负责这些临时事务。此后有相当一部分使职被固定下来,只不过它们都没有被修订进律令中,也就没有了相应的品级。上述现象早在唐高宗、武后时期就开始陆续出现,到唐玄宗时期,使职制度得到了迅猛发展,在政治、军事、经济等领域广泛设置。

对这样一套有别于律令官的职官体系,一般统称为"使职差遣"。

至于使职与原有职官体系的关系,是一个非常复杂的问题,这里只能简单介绍。首先,在很多情况下,使职分割、取代了律令制下的官员职权,比如唐代后期的户部使、盐铁转运使、度支使,合称财政三司,便是对原户部尚书职权的分割与重组。但使职差遣盛行,并不意味着原有职、散、勋、爵体系被抛弃,相反,旧制度得到了完整保留。因为使职本身没有品阶,担任使职的人照例都要带一个律令官职,作为发放俸禄与晋升的依托。除此之外,很多基本的日常政务,比如在地方州县一级,主要还是要依靠原来的职官系统来处理。唐代学者杜佑称:"设官以经之,置使以纬之。……于是百司具举,庶绩咸理,亦一代之制焉。"[1]使职与官职,是一种经与纬的互补关系,两者共同维系了唐后期国家体系的有效运转。

节度使是在军事领域设立的一种使职,它的出现与唐朝兵制以及边疆防御体系的变化密切相关。唐朝前期主要施行府兵制下的行军制度,边疆有战事,则抽调各地府兵,在临时任命的行军总管率领下奔赴前线,战事结束后兵归于府,将归于朝。唐高宗、武后时期,随着吐蕃以及突厥第二汗国的崛起,对唐朝构成了莫大的军事威胁,不得不在边境屯驻大量镇军,由此逐渐形成了若干大型军区,亦即藩镇。[2]节度使就是藩镇的长官,"得以军事专杀。行则建节,府树六纛,外任之重莫比焉"[3],具有浓厚的军事色彩。节度使例以缘边诸州的都督、刺史充任,并兼本道采访、支度、营田等使,集军事、民政、财政、监察权于一身。唐睿宗景云二年(711),以凉州都督贺拔延嗣为河西节度

---

[1]〔唐〕杜佑撰,王文锦、王永兴、刘俊文、徐庭云、谢方点校:《通典》卷一九《职官一·历代官制总序》,中华书局1988年版,第473—474页。

[2]唐长孺:《唐代军事制度之演变》,收入《山居存稿续编》,中华书局2011年版。

[3]〔唐〕杜佑撰,王文锦、王永兴、刘俊文、徐庭云、谢方点校:《通典》卷三二《职官十四·州郡》,中华书局1988年版,第895页。

使,一般认为这是节度使名号之始[1]。及至唐玄宗开元末期,在边疆地区陆续设立了九个节度使辖区,这标志着藩镇体制的初步形成。

安史之乱爆发以后,出于军事防御的需要,藩镇体制迅速扩展到中原地区,史称"天下用兵,中原刺史亦循其例,受节度使之号"[2],又称"至德之后,中原用兵,刺史皆治军戎,遂有防御、团练、制置之名。要冲大郡,皆有节度之额"[3]。当时一般的做法是,在刺史原有职权基础上,根据辖区大小、兵力多寡、地理位置等要素,授予节度使、防御使、都团练使等军事使职。虽然这些使职头衔各异,但性质上都属于藩镇首长。藩镇的辖区称"道",原本是按山川形便划分的监察区,唐后期,道与藩镇体制相结合,正式成为州以上的实体政区,辖数州至十数州不等。

淮南节度使正式成立于唐肃宗至德元载(756)十二月,此后直至唐朝灭亡,淮南节度使一直都是淮南道的最高军政长官。淮南节度使是在扬州大都督府的基础上建立的,从第一任节度使高适开始,例以"扬州大都督府长史"为本官。这并非虚衔,而是对大都督府原有职能的继承,保障了节度使行使扬州一地的民政、司法等权力。需要说明的是,唐朝后期还沿袭了此前的惯例,例以亲王遥领扬州大都督兼淮南节度大使。这种情况下,庶姓官员的头衔便要有所区分,淮南节度使的正式结衔一般称"淮南节度副大使、知节度事"。但实际职权没有差别,所以很多场合都径称为节度使。[4]

淮南节度使管辖地域——淮南道,乃是一个实体政区层级,其下辖州县变动较为频繁,具体来说,在成立之初的至德年间,辖扬、楚、滁、和、寿、庐、舒、光、蕲、黄、沔、安、申、濠等十四州之地,几乎涵盖了原来扬州大都督府名

[1]〔唐〕杜佑撰,王文锦、王永兴、刘俊文、徐庭云、谢方点校:《通典》卷三二《职官十四·州郡》,中华书局1988年版,第895页。按,节度使设置时间另有一说,在此前一年的景云元年,参见《资治通鉴》卷二一〇《唐睿宗景云元年(710)十月(中华书局1956年版,第6656页)。两说差别实际不大。

[2]〔后晋〕刘昫等:《旧唐书》卷四四《职官志三》,中华书局1975年版,第1922页。

[3]〔后晋〕刘昫等:《旧唐书》卷三八《地理志一》,中华书局1975年版,第1389页。

[4]〔宋〕司马光编著,〔元〕胡三省音注:《资治通鉴》卷二一〇唐睿宗景云元年(710)十月胡注:"唐之制,有节度大使、副大使、节度使;其亲王领节度大使而不出阁,则在镇知节度者为副大使;其异姓为节度使者有节度副使。至后唐开成二年七月敕:'顷因本朝亲王遥领方镇,其在镇者,遂云副大使知节度事,但年代已深,相沿未改。今天下侯伯并正节旄,其未落副大使者,只言节度使。'"(中华书局1956年版,第6656页)

义上的辖区。不久后,因分置淮南西道节度使,将光、申、蕲、黄等州割出。此后辖区屡有盈缩,较为稳定的辖州是扬、楚、滁、和、舒、庐、寿等七州。[1]这也构成了淮南道的核心区域。

节度使的职能首先体现在军事上。唐朝前期扬州虽然置有大都督府,但如前所述,作为内地州府,大都督府兵力寡弱,实际并不能担负镇遏东南的重任。唐人李翰称:"扬州本大都督府,亲王居中,长史理人,有府号而无兵甲。"[2]这从唐前期的徐敬业举兵,以及此后永王之乱、刘展之乱等历次事件都不难看出。也正因此,学界有一种看法认为,淮南节度使属于所谓"东南财源型"藩镇,本身不具有强大的军事实力。但实际情况可能并非如此。扬州地当要冲,肩负着守卫运河与东南财源的重任,自安史之乱爆发始,经营江淮、扩充战力便已经成为唐朝中央政府与历任节度使的共识。在刘展之乱平定之后,上述方针立刻得到贯彻,且颇见成效。例如唐肃宗、代宗之际的节度使崔圆,在镇六载,"齐法令而军戎知禁"[3],"淮南既清,军有余逸,夷难江南,万里康哉"[4],不仅提升了淮南的军力,还协助平定了江南一带的民变。唐德宗时期的杜佑,任内大修武备,"百堵皆作,三军宁宇,辕门言言,夏屋耽耽,……连营三十二,积谷五十万","士马整饬,四邻畏之"。[5]以上事例皆可见,扬州所拥有的军事实力,至少在东南诸藩中是首屈一指的。另外,从当时人的诗文中也可见扬州兵力之雄,如李翰《淮南节度行军司马厅壁记》称:"淮南

[1]　详参郭声波:《中国行政区划通史·唐代卷》,复旦大学出版社2017年第2版,第432—433页;朱祖德:《唐代淮南道研究》,花木兰文化事业有限公司2009年版,第20—23页。

[2]　〔清〕董诰等编:《全唐文》卷四三〇(李翰)《淮南节度行军司马厅壁记》,中华书局1983年版,第4381页。

[3]　〔清〕董诰等编:《全唐文》卷四一〇(常衮)《授崔圆左仆射制》,中华书局1983年版,第4210页。

[4]　〔清〕董诰等编:《全唐文》卷三一八(李华)《淮南节度使尚书左仆射崔公颂德碑铭》,中华书局1983年版,第3228页。

[5]　〔清〕董诰等编:《全唐文》卷四九六(权德舆)《大唐银青光禄大夫检校司徒同中书门下平章事太清宫及度支诸道盐铁转运等使崇文馆大学士上柱国岐国公杜公淮南遗爱碑铭并序》,中华书局1983年版,第5055—5056页;〔宋〕欧阳修、宋祁:《新唐书》卷一六六《杜佑传》,中华书局1975年版,第5088页。

之众,有吴楚锐士,燕韩劲卒,奇材剑客,猿臂虬须。"[1]得益于交通区位优势,淮南节度使麾下应该聚拢了一批能征善战之士。韦应物《广陵行》诗称:"雄藩镇楚郊,地势郁岧峣。双旌拥万戟,中有霍嫖姚。海云助兵气,宝货益军饶。……翕习英豪集,振奋士卒骁。列郡何足数,趋拜等卑寮。"[2]扬州作为雄藩大镇,士马精强的形象跃然纸上。

至于淮南道的具体兵力,史料记载有所歧异,这里可以稍作辨析。在淮南节度使正式设立前,据萧颖士所见,在江淮全境内仅招募得两万人[3],这可以视为淮南镇初期的兵力。此后的中唐时期,史料记载有空白,但推测应该是持续增长。到了晚唐文宗时期,牛僧孺任内,据时任掌书记的杜牧所记,有三万五千人[4]。但数年之后,李德裕担任淮南节度使期间,据日僧圆仁所记:"(扬)州内有二万军。总管七州,都有十二万军。"[5]短短数年,为什么会有这么大的差额呢?初步推测,两处记载的歧异,很可能跟统兵体制有关。当时藩镇所辖诸军中,有中军衙兵与外镇兵之别,除此之外,辖下诸州还有半民兵性质的团结兵等兵种。扬州府城内的属于中军,其数量应在二万至三万之间,外镇以及辖下支州的兵额还要更多,圆仁所说的"都有十二万军",当是囊括了这一部分的兵力。及至唐末,高骈任节度使期间,应该是淮南镇兵力的最高峰,史称其"招募军旅,土客之军七万"[6],这应该只是中军的兵力,因为据其他史料反映,当时扬州辖下的海陵一镇便屯驻了三万人马。[7]当时淮南境内的军镇为数甚夥,即以每镇万人来估算,当时淮南镇辖下总兵力应在

---

[1]〔清〕董诰等编:《全唐文》卷四三〇(李翰)《淮南节度行军司马厅壁记》,中华书局1983年版,第4381页。

[2]〔唐〕韦应物:《韦苏州集》卷九《广陵行》,上海古籍出版社1993年版,第77页。

[3]〔清〕董诰等编:《全唐文》卷三二三(萧颖士)《与崔中书圆书》,中华书局1983年版,第3271—3272页。

[4] 吴在庆:《杜牧集系年校注·樊川文集》卷一〇《淮南监军使院厅壁记》,中华书局2008年版,第809页。

[5]〔日〕圆仁撰,顾承甫、何泉达点校:《入唐求法巡礼行记》卷一,上海古籍出版社1986年版,第14页。

[6]〔后晋〕刘昫等:《旧唐书》卷一八二《高骈传》,中华书局1975年版,第4704页。

[7]〔宋〕司马光编著,〔元〕胡三省音注:《资治通鉴》卷二五六唐僖宗光启二年(886)六月,中华书局1956年版,第8338页。

二十万左右。当然,兵力短期内的膨胀应与唐末动乱中地方军事化的进程有关,并非常态。总之,淮南镇兵力经历了一个不断扩充、壮大的过程,这与淮南镇在唐后期的政治地位也是相符的。

　　正因雄厚的军事实力,在唐朝后期中央与叛藩的战事,以及维护区域稳定的军事行动中,淮南镇扮演了举足轻重的角色。这首先体现在跨境参与平叛战争。举例而言,如唐宪宗元和年间征讨淮西节度使吴元济时,淮南担当了东路军的主力,辖下寿州团练使李文通率军屡败叛军,大小十余战,"降万三千"[1]。与此同时,淮南北部的平卢镇与淮西"表里相援",平卢节度使李师道想施以援手,淮南节度使李鄘"发楚、寿等州二万余兵,分压贼境"[2],在军事上有效震慑了叛军,迫使其不敢出境援助吴元济。此后朝廷讨伐李师道,为策应中央的征讨大军,淮南节度使李夷简又命楚州刺史李听"趋海州,下沭阳、朐山,进戍东海"[3],从南面牵制住叛军。

　　除了跨境平叛,淮南镇的首要任务还是保境安民,这可由淮南将领张万福的事例说明。张万福是魏州元城人,"父祖业儒,皆不达",所以他决定投笔从戎,学习骑射,早年从军辽东,有战功,安史之乱爆发后他流落到扬州一带。时值刘展之乱发生,张万福投入江淮都统李峘麾下,作战勇猛,"效首万级",此后张万福历任舒庐寿三州都团练使、淮南节度副使等职,"将千人镇寿州"。[4]平卢将领许杲率军滞留在濠州一带,"有窥淮南意"。节度使崔圆命张万福摄濠州刺史,许杲闻讯立马逃窜而去。不久,农民军首领陈庄攻陷舒州,崔圆又以张万福为舒州刺史,"督淮南岸盗贼,连破其党"。唐代宗大历三年(768),张万福又被任命为和州刺史,负责清剿许杲叛军,许杲率军逃至楚州,新任节度使韦元甫命张万福追讨之,叛军"循淮而东,万福倍道追而杀之,免者十二三,尽得其虏掠金帛妇人等,皆送致其家"。[5]正是仰仗以张万福为代表的一批淮

　　[1]〔宋〕欧阳修、宋祁:《新唐书》卷二一四《藩镇宣武彰义泽潞·吴元济传》,中华书局1975年版,第6009页。

　　[2]〔后晋〕刘昫等:《旧唐书》卷一五七《李鄘传》,中华书局1975年版,第4148页。

　　[3]〔宋〕欧阳修、宋祁:《新唐书》卷二一三《藩镇淄青横海·李师道传》,中华书局1975年版,5994页。

　　[4]〔宋〕欧阳修、宋祁:《新唐书》卷一七〇《张万福传》,中华书局1975年版,第5178页。

　　[5]〔后晋〕刘昫等:《旧唐书》卷一五二《张万福传》,中华书局1975年版,第4074—4075页。

南道将领,扬州及周边地区才得以在动荡的局势中维持了一百余年的整体安定。就此而言,节度使体制确实在很大程度上适应了唐代后期的社会形势。

寿州、楚州在淮南诸州中军事地位特殊,据杜牧记载,淮南节度使"西蔽蔡,壁寿春,有团练使;北蔽齐,壁山阳,有团练使"。在很长一段时期内,江南地区的藩镇大都服从中央,很少出现叛乱的情况,淮南镇所面临的外部军事威胁主要是淮西、平卢二镇。因此,唐朝在与其接壤的寿、楚二州分别设立团练使(或防御使),屯驻精兵,扬州则"居中统制二处"。[1]这一军事格局有效镇遏了邻道叛军,为元和年间的平叛战争作出了巨大贡献。除了寿、楚等州的团练使、防御使,如前所述,淮南境内州县还设有若干军镇,由节度使任命的军将担任镇遏使(简称"镇将"),构成了藩镇体系下的重要军事力量。因为史料匮乏,这些军镇数量已不能一一确知,今就史料所见,条列如下[2]。

1. 淮口镇。位于泗州境内。《桂苑笔耕集》卷一四收入崔致远所撰《淮口镇将李质充沿淮应接使》一文,知高骈任内淮口置有军镇。另据史料记载,唐懿宗咸通九年,徐州爆发的庞勋之乱中,叛军南下攻打泗州,"围淮口镇,有淮南都押衙李湘、镇将袁公弁领马步三千人被围"[3],可知淮口镇长期由淮南道统辖。按淮口处于泗水与淮河的交汇处,是运河漕运的重要节点,同时置有盐铁转运使巡院。淮口镇的设置,主要职能应该是守护这一交通要冲。

2. 宁淮镇。位置不详,仅见于《桂苑笔耕集》卷一三《请泗州于涛尚书充都指挥使》。

3. 盱眙镇。位于楚州境内。高骈任内,据《桂苑笔耕集》,有盱眙镇将邹唐。[4]另唐德宗时期,淮南节度使陈少游讨伐平卢镇李纳,"以师收徐、海等州,寻弃之,退军盱眙"[5],可见一直是淮南境内的屯兵之地。

---

[1] 吴在庆:《杜牧集系年校注·樊川文集》卷一〇《淮南监军使院厅壁记》,中华书局2008年版,第809页。

[2] 以下参考高正亮:《唐末淮南、两浙镇将地理分布补考》,《历史地理(第三十七辑)》,复旦大学出版社2018年版。

[3] 〔宋〕司马光编著,〔元〕胡三省音注:《资治通鉴》卷二五一唐懿宗咸通九年(868)十二月《考异》引《续皇王宝运录》,中华书局1956年版,第8134页。

[4] 〔新罗〕崔致远撰,党银平校注:《桂苑笔耕集校注》卷一三《授盱眙镇将邹唐御史中丞》,中华书局2007年版,第401页。

[5] 〔后晋〕刘昫等:《旧唐书》卷一二六《陈少游传》,中华书局1975年版,第3564页。

4. 淮阴镇。位于楚州淮阴县境内。高骈任内,有淮阴镇将陈季连。[1]

5. 盐城镇。在楚州盐城县境内,《桂苑笔耕集》卷一四收有《王处顺充盐城镇使》[2]。盐城在唐代是重要的海盐产地,有盐亭百二十三,置有监[3]。守卫监院是盐城镇职责所系。

6. 海陵镇。在扬州海陵县境内。据《入唐求法巡礼行记》记载,日本遣唐使在如皋一带登陆后,"海陵镇大使刘勉来慰问使等"[4],镇大使即镇将,时在唐文宗开成三年。唐末高骈任内,据记载,有海陵镇遏使高霸[5],有三万兵马[6],是扬州境内一支举足轻重的军事力量。

7. 如皋镇。在扬州海陵县境内。《入唐求法巡礼行记》:"从此间(赤岸村)行百廿里,有如皋镇。……有如皋院。"[7]《读史方舆纪要》卷二三《南直五》"如皋县"条:"唐为海陵县之如皋镇。"如皋是扬州境内盐场所在,置有盐铁转运使巡院。如皋镇驻军主要职能应该是保护盐业生产与运输。

8. 海安镇。在扬州海陵县境内。据《范寓墓志铭》记载,他于晚唐担任扬州海安镇副一职[8]。

9. 高邮镇。在扬州高邮县境内。高骈任内,有高邮镇将张雄(神剑),曾与毕师铎兴兵围攻扬州[9]。高邮是扬州北面的屏障,历来是屯兵之所。

10. 白沙镇。在扬州扬子县境内。白沙自古是临江要津,也是扬州城南面

[1]〔新罗〕崔致远撰,党银平校注:《桂苑笔耕集校注》卷一四《淮阴镇将陈季连充沿淮应接副使》,中华书局 2007 年版,第 451 页。

[2]〔新罗〕崔致远撰,党银平校注:《桂苑笔耕集校注》卷一四,中华书局 2007 年版,第 465 页。

[3]〔宋〕欧阳修、宋祁:《新唐书》卷四一《地理志五》,中华书局 1975 年版,第 1052 页。

[4]〔日〕圆仁撰,顾承甫、何泉达点校:《入唐求法巡礼行记》卷一,上海古籍出版社 1986 年版,第 5 页。

[5]〔新罗〕崔致远撰,党银平校注:《桂苑笔耕集校注》卷一二《报海陵镇高霸》,第 395 页。

[6]〔宋〕司马光编著,〔元〕胡三省音注:《资治通鉴》卷二五六唐僖宗光启二年(886)六月,中华书局 1956 年版,第 8338 页。

[7]〔日〕圆仁撰,顾承甫、何泉达点校:《入唐求法巡礼行记》卷一,上海古籍出版社 1986 年版,第 6 页。

[8]《唐故宣节校尉前行扬州海安镇副顺阳范府君墓志铭并序》,周绍良主编:《唐代墓志汇编》,上海古籍出版社 1992 年版,第 2507—2508 页。

[9]〔宋〕司马光编著,〔元〕胡三省音注:《资治通鉴》卷二五七唐僖宗光启三年(887)四月,中华书局 1956 年版,第 8348—8349 页。

的重要屏障,自隋代便置有军镇,唐代一仍其旧。唐武宗会昌年间有白沙镇遏使傅义[1]。高骈任内,据崔致远《张雄充白沙镇将牒》:"眷彼古津,实为要路。是成镇务,乃在江堧。既居使府之要冲,宜假公才而管辖。况兼场货,可赡军须……事须差权勾当白沙镇务兼知场司公事。"[2]白沙也是一处繁华的市镇。

　　11.六合镇。在扬州六合县境内。唐僖宗光启年间,淮南六合镇遏使徐约在此屯驻精兵[3]。

　　12.双港镇、皖口镇。在舒州境内。唐末乾符年间,舒州军吏方某,先后任两镇镇将[4]。

　　13.拓皋镇。在庐州境内。唐末庐州军吏蔡彦卿任拓皋镇将。[5]

　　14.金牛镇。在庐州境内。唐末台濛任金牛镇将[6]。

　　15.楮城镇。在庐州境内。唐末崔自审任楮城镇将[7]。

　　淮南境内的军镇大多位于运河沿线的交通要冲,或处在盐铁等重要物资的集散地。在此屯驻数量不等的兵力,保障了扬州对辖下诸州县的有效控制。与此同时,这些军镇也构成了拱卫扬州的外围防御体系,此即崔致远所言:"中屯锐师,外列诸戍,用备腹心之患,固凭爪牙之勤。"[8]同时,军镇的广泛设置,也是晚唐五代扬州基层管理体制军事化的表现,镇与县级政区共同构成了地方治理的末端环节。

　　除了军事,淮南节度使还会兼带其他职衔,它们赋予了藩镇更为广泛的地方治理权限。其中最重要的一项为"淮南道观察处置使",它由唐玄宗开元、

[1]〔后晋〕刘昫等:《旧唐书》卷一八下《宣宗纪》,中华书局1975年版,第619页。

[2]〔新罗〕崔致远撰,党银平校注:《桂苑笔耕集校注》卷一四《张雄充白沙镇将牒》,中华书局2007年版,第478页。

[3]〔宋〕司马光编著,〔元〕胡三省音注:《资治通鉴》卷二五六唐僖宗光启三年(887)三月,中华书局1956年版,第8347页。

[4]〔宋〕徐铉撰,白化文点校:《稽神录》卷三,中华书局2006年版,第52页。

[5]〔宋〕徐铉撰,白化文点校:《稽神录》卷五,中华书局2006年版,第87页。

[6]〔宋〕路振:《九国志》卷一《台濛传》,傅璇琮、徐海荣、徐吉军主编:《五代史书汇编》第6册,杭州出版社2004年版,第3223页。

[7]〔宋〕路振:《九国志》卷三《田頵传》,傅璇琮、徐海荣、徐吉军主编:《五代史书汇编》第6册,杭州出版社2004年版,第3261页。

[8]〔新罗〕崔致远撰,党银平校注:《桂苑笔耕集校注》卷一四《王处顺充盐城镇使》,中华书局2007年版,第465页。

天宝年间的"淮南道采访使"演变而来,一直由扬州大都府长史兼任。其主
要职权是负责管内民政、司法,以及官员监察、举荐等政务。正因为同时拥有
这一职衔,节度使成为淮南地区名副其实的最高行政长官,对辖下刺史、县令
等官员拥有直接监管之权,对赋税收入,除了上交中央的份额外,也有充分的
支配权。此外如"支度营田等使",是安史之乱以前节度使常兼的使职,主要
负责本道军粮等物资的屯垦、筹措。唐后期,淮南道的楚州境内长期置有军
事屯田,[1]所谓营田,指的应该是这一事务。

　　以上几种都是淮南节度使的常规职权,除此之外,淮南节度使还会兼管
一些特殊政务,在某些历史时期也被纳入淮南节度使的职权范畴。如李夷简
等人任节度使时带"押新罗、渤海两蕃等使"衔[2],负责新罗、渤海等蕃国的朝
觐、通商、侨民管辖等事务。当时山东半岛的平卢镇一度反叛中央,阻遏海道,
所以新罗等国经常从扬州附近海域登陆,向唐朝朝贡。诗人刘禹锡在任杜佑
幕府掌书记时,曾代其草拟《为淮南杜相公论新罗请广利方状》,是一份向朝
廷报告外交事务的公文。其中称:"臣得新罗贺正使朴如言状称,请前件方一
部,将归本国者……臣即欲写付,未敢自专,谨录奏闻。"[3]新罗使节向杜佑求
取医方,杜佑在赠与医方后向皇帝汇报。此外,晚唐开成年间,日本遣唐使抵
达扬州,淮南节度使李德裕临时任命部将王友真为"勾当日本国使",负责与
日本使臣以及学问僧圆仁等人接洽[4]。这些事例都是淮南节度使履行外交职
能的体现。

　　淮南节度使兼带的另一项重要职衔是诸道盐铁转运使,扬州是漕运枢纽
所在,对有些善于理财或位望崇重的节度使,往往会委以漕运重任,如王播、
杜悰、高骈等人都带有这一职衔。

　　[1]〔唐〕刘禹锡撰,陶敏、陶红雨校注:《刘禹锡全集编年校注》卷一三《论废楚州营田表》,岳
麓书社 2003 年版,第 854—855 页;〔新罗〕崔致远撰,党银平校注:《桂苑笔耕集校注》卷一二《楚州
营田判官綦毋蕴》、卷一三《李昭望充奉国巡官》,中华书局 2007 年版,第 392 页、437 页。

　　[2]〔宋〕宋敏求编:《唐大诏令集》卷五三《李夷简淮南节度同平章事制》,中华书局 2008 年版,
第 280 页。

　　[3]〔唐〕刘禹锡撰,陶敏、陶红雨校注:《刘禹锡全集编年校注》卷一三《为淮南杜相公论新罗请
广利方状》,岳麓书社 2003 年版,第 853—854 页。

　　[4]〔日〕圆仁撰,顾承甫、何泉达点校:《入唐求法巡礼行记》卷一,上海古籍出版社 1986 年版,
第 11 页。

二、淮南节度使的僚佐系统

淮南节度使既是扬州地区的地方牧守,也是淮南道的最高军政长官,其职权范围涵盖辖境内军事、民政、财政、司法等诸多方面,并对其下官员拥有监察、荐举等诸项权限。这样一种权力高度集中、政务异常繁杂的军政体制有效运转,依靠原本相对精简的州级行政机构便难以应付了。有鉴于此,藩镇在原有州县官僚机构基础上,建立了另一套行政运作的机构组织——使府僚佐系统。

这套行政系统的运转,相比此前律令制下的州县官僚制,也有一些自身的显著特征。首先,在人事任命上,藩镇获得了相当程度的自主性。在唐代前期,鉴于此前魏晋南北朝时期地方州府尾大不掉的弊端,将地方人事权完全收归中央,大小之官,都要由朝廷铨选任命,所谓“海内一命以上之官,州郡无复辟署”[1]。而此时在使职差遣体系下,“诸道节度、都团练、观察、租庸等使,自判官、副将以下,皆使自铨择”[2]。可以说,以辟召制为依托,唐后期的各级地方军政长官具备了前所未有的人事自主权。

其次,从组织原则来看,这些经由府主辟召的僚佐们,在履行职务时主要只对府主本人负责,减少了很多行政层级。在唐后期战事频仍的局面下,以及应对新的经济社会问题时,藩镇体制下的僚佐体制便显现出较高的行政效率。也正因此,唐朝后期一百多年,直到宋初,幕府僚佐体系得到了极大的发展,成为地方治理的主要担当。需要说明的是,藩镇僚佐系统的盛行,并不意味着原本的州县官僚机构便被裁撤,其实两者的关系正如律令职官和使职差遣,后者虽然对前者的职权多有分割、侵夺,但整体看来是并行不悖、互为补充的。

唐代后期淮南节度使僚佐大体可区分为文、武两个序列,以下分别叙述。

（一）文职僚佐

关于节度使的文职僚佐,在《新唐书·百官志》有一段简要的记载:

---

[1]〔唐〕杜佑撰,王文锦、王永兴、刘俊文、徐庭云、谢方点校:《通典》卷一四《选举二·历代制中》,中华书局 1988 年版,第 342 页。

[2]〔唐〕杜佑撰,王文锦、王永兴、刘俊文、徐庭云、谢方点校:《通典》卷一八《选举六·杂议论下》,中华书局 1988 年版,第 448 页。

　　节度使、副大使知节度事、行军司马、副使、判官、支使、掌书记、推官、巡官、衙推各一人,同节度副使十人,馆驿巡官四人,府院法直官、要籍、逐要亲事各一人,随军四人。节度使封郡王,则有奏记一人;兼观察使,又有判官、支使、推官、巡官、衙推各一人;又兼安抚使,则有副使、判官各一人;兼支度、营田、招讨、经略使,则有副使、判官各一人;支度使复有遣运判官、巡官各一人。[1]

从上引史料可见,淮南节度、观察、支度、营田等使,虽然由同一人兼任,但每个头衔都各自有一套僚佐班子,且职务设置大体相近。下面我们主要以节度使僚佐为中心,对其主要构成及相应职掌略作介绍。

　　1. 节度使副使。副使是长官的副贰之职,在僚佐中地位尊崇。日常军政事务处理中,副使并没有明确的职掌,类似于唐代前期扬州大都督府的司马等上佐。但在节度使离任或出现其他变故无法履职时,经常由副使代掌其职,称"知留后事",如淮南节度使牛僧孺在得知调任后,"以军府事交付副使张鹭,即时入朝"[2]。高骈在率军出征之际,因军务繁忙,以副使李琯"知观察留后"[3],即将观察使权限内的事务全权委托给他来处理。一般情况下,副使由文官担任,因为有可能会代掌留务,所以要具备一定声望与资历,如李夷简任内的副使韦弘景,曾任翰林学士、绵州刺史等职[4],崔郸任内副使薛廷范曾任尚书考功郎中[5]。在有些场合,副使也会作为辖下大将或支州刺史的加衔,比如崔圆淮南节度使任内,以大将张万福为寿州刺史兼淮南节度副使,领兵镇守。

　　2. 行军司马。行军司马是与副使地位、职能相近的另一个重要僚佐。关于其起源与职掌,唐人李翰《淮南节度行军司马厅壁记》叙之甚详:"司马

---

　　[1]〔宋〕欧阳修、宋祁:《新唐书》卷四九下《百官志四下》,中华书局1975年版,第1309页。

　　[2]〔后晋〕刘昫等:《旧唐书》卷一七四《李德裕传》,中华书局1975年版,第4521页。

　　[3]〔新罗〕崔致远撰,党银平校注:《桂苑笔耕集校注》卷一三《请副使李大夫知留后》,中华书局2007年版,第412页。

　　[4]〔后晋〕刘昫等:《旧唐书》卷一五七《韦弘景传》,中华书局1975年版,第4152—4154页。

　　[5]〔清〕董诰等编:《全唐文》卷七二六(崔嘏)《授薛廷范淮南副使制》,中华书局1983年版,第7482—7483页。

盖元武之官号,……军出于内谓之将,镇于外谓之使,佐其职者谓之行军司马。……弼戎政,掌武事。居常习蒐狩之礼,有役申战阵之法。凡军之攻,战之备,列于器械者,辨其贤良。凡军之材,食之用,颁于卒乘者,均其赐予。合其军书契之要,比其军符籍之伍,赏罚得议,号令得闻,三军以之,声气行之哉。虽主武,盖文之职也。"[1]从起源来看,司马最初是一种武职,所以职掌都与军事相关,节度使职权范围内的军政事务,从日常操练、修缮军备、后勤供给等等,行军司马都有权参与。但按照当时惯例,节度使的行军司马一般由文官担任,此即李翰所言"虽主武,盖文之职也"。

除了这些日常事务,在唐德宗贞元年间,还有一项不成文的规定,即往往以行军司马作为后任节度使的预备人选,称为"储帅",故行军司马经常由朝廷直接任命。如杜佑任淮南节度使末期,以年老多病,"屡请代",唐德宗"以刑部尚书王锷为淮南节度副使兼行军司马",不久后"诏杜佑以锷代之"。[2]因此行军司马往往官阶较高,李翰称"开元故事多选台郎为之",这是中唐以前的情况,此后官阶往往更高,如王锷此前曾任岭南节度使、刑部尚书。

3. 判官。判官是唐代行政,尤其是使职差遣体系中的常见官职,并不仅见于藩镇。所谓"判",是指对文书政务的处理之意。也因此,判官有广义与狭义之别,广义即前文所言,泛指处理某项政务的官员,往往和唐前期文书处理的四等官制度有关;狭义的判官则是使职差遣系统中的判官。《唐六典》卷二:"凡别敕差使事务繁剧要重者,给判官二人,每判官并使及副使各给典二人;非繁剧者,判官一人、典二人,使及副使各给典一人。"[3]所谓"别敕差使",实即后来的使职差遣,由此可见,判官作为使职的重要僚佐是由来已久的,此后凡是使职,其下皆设判官。

节度使府中,判官是副使、行军司马以外地位最高的僚佐,不乏以判官升

---

[1]〔清〕董诰等编:《全唐文》卷四三〇(李翰)《淮南节度行军司马厅壁记》,中华书局1983年版,第4380—4381页。

[2]〔后晋〕刘昫等:《旧唐书》卷一三《德宗纪下》,中华书局1975年版,第397页;同书卷一五一《王锷传》,第4060页。

[3]〔唐〕李林甫等撰,陈仲夫点校:《唐六典》卷二《尚书吏部》,中华书局1992年版,第35页。

任节度副使的例子,如高骈任内的判官李珣[1]。在日常政务中,判官职责同样非常重要,下级上报的文书皆由其处理,形成初步意见,再上报长官定夺。另外,判官对地方民政也有管辖权,所谓"分判仓、兵、骑、库四曹",即对州县上报的文书按类别进行处理。除此以外,有些场合判官还被委以其他临时性的军政要务,如大历年间关播以淮南节度判官摄滁州刺史,代掌州政[2];或受命审理案件,如会昌年间观察判官魏铏,曾主持审理辖下江都县尉吴湘贪赃案[3]。因为事繁权重,判官往往是长官深为倚重的心腹,如李珣,在高骈幕中十余年,历任其五镇僚佐。

唐代淮南节度判官不乏当时的知名士人,或此后仕宦显达的青年才俊,虽然职衔不高,却是日后仕途的津梁。如李承少"有雅望,……颇以贞廉才术见称于时"[4],官至山南东道节度使;董晋,以"清勤谨慎""谦恭简俭"知名,久历内外要职,官至同中书门下平章事、宣武军节度使[5]。判官的能力、才行,直接关系到治理的成败,如杜佑任内,判官南宫傅、李亚、郑元均等人争权,"颇紊军政"[6]。

4. 掌书记。又称管记、记室,负责使府各类文书、奏状的草拟,类似后世的秘书。在以文书流转为核心的藩镇日常军政中,掌书记扮演了重要的角色。韩愈《徐泗豪三州节度掌书记厅石记》:"书记之任亦难矣! 元戎整齐三军之士,统理所部之甿,以镇守邦国,赞天子施教化,而又外与宾客四邻交,其朝觐、聘问、慰荐、祭祀、祈祝之文,与所部之政,三军之号令升黜,凡文辞之事,皆出书记。非闳辨通敏兼人之才,莫宜居之。"[7]可见掌书记草拟的文书涵盖了军事、民政、朝觐、礼仪等节度使日常政务,时人称其为"节度之喉舌"。

掌书记首先必须具备出众的辞章之才,所谓"非闳辨通敏兼人之才,莫

[1]〔新罗〕崔致远撰,党银平校注:《桂苑笔耕集校注》卷一三《请节度判官李珣大夫充副使》,中华书局2007年版,第408—409页。

[2]〔宋〕欧阳修、宋祁:《新唐书》卷一五一《关播传》,中华书局1975年版,第4817页。

[3]〔后晋〕刘昫等:《旧唐书》卷一七三《吴汝纳传》,中华书局1975年版,第4501页。

[4]〔后晋〕刘昫等:《旧唐书》卷一一五《李承传》,中华书局1975年版,第3380页。

[5]〔后晋〕刘昫等:《旧唐书》卷一四五《董晋传》,中华书局1975年版,第3934—3937页。

[6]〔后晋〕刘昫等:《旧唐书》卷一四七《杜佑传》,中华书局1975年版,第3979页。

[7]〔清〕董诰等编:《全唐文》卷五五七(韩愈)《徐泗豪三州节度掌书记厅石记》,中华书局1983年版,第5634页。

宜居之"，至于扬州这一级别的雄藩大镇，担任掌书记者更是多为当时第一流的文士，其中不乏中国文学史上赫赫有名的人物，如萧颖士，出身萧梁皇室后裔，自幼"聪俊过人，富词学，有名于时"，"观书一览即诵，通百家谱系、书籀学"[1]，喜奖掖后进，门下名士萃聚，人称"萧夫子"，是中唐文坛的宗主，也是古文运动的先声。陈少游任内的掌书记刘太真，是萧颖士弟子，"行义修洁，词藻瑰异"，以此蜚声文坛，进士及第。离开陈少游幕府后入朝为官，官至礼部侍郎，掌管科举[2]。杜亚任内的掌书记梁肃，也是古文运动的先驱人物之一，号称"文艺冠时"，诗文"粹美深远，无人能到"，[3]官至翰林学士、右补阙。更为人所知的则有著名诗人刘禹锡、杜牧等人，其中杜牧在扬州期间的事迹尤为世所传诵，史称："牛僧孺出镇扬州，辟节度掌书记，牧供职以外，唯以宴游为事。"[4]留下了"十年一觉扬州梦"的千古佳话与诸多华美诗篇。

5. 支使。支使是观察使的僚佐，职掌和掌书记相似，也负责文书一类的机要事务，但在幕府中地位要低于掌书记。唐后期担任淮南观察支使的也不乏知名士人，如杜牧之弟杜颛，以文采著称，进士及第，被李德裕辟为淮南道观察支使；杨收，"善于文咏"，号称"神童"，进士及第，崔珙镇淮南，辟为观察支使，后历任内外要职，官至宰相[5]；唐末诗人顾云，曾任高骈淮南观察支使[6]，与崔致远共掌幕府笔砚。

6. 推官。推官主要负责审理诉讼、勘验狱案等司法事务，推是推鞫、推察的意思。如李绅任淮南节度使期间，推官元寿、吴珙、翁恭等人，与判官魏铏

　[1]〔后晋〕刘昫等:《旧唐书》卷一二〇《萧颖士传》,中华书局1975年版,第3185页;〔宋〕宋祁、欧阳修:《新唐书》卷二〇二《萧颖士传》,中华书局1975年版,第5767页。

　[2]〔清〕董诰等编:《全唐文》卷五三八(裴度)《刘府君神道碑铭并序》,中华书局1983年版,第5466—5467页;〔后晋〕刘昫等:《旧唐书》卷一三七《刘太真传》,中华书局1975年版,第3762页。

　[3]〔后晋〕刘昫等:《旧唐书》卷一三九《陆贽传》,中华书局1975年版,第3800页;〔清〕董诰等编:《全唐文》卷四八〇(崔恭)《唐右补阙梁肃文集序》,中华书局1983年版,第4904页。

　[4]〔宋〕李昉:《太平广记》卷二七三《妇人四》"杜牧"条引《唐阙史》,中华书局1961年版,第2151页。

　[5]〔后晋〕刘昫等:《旧唐书》卷一七七《杨收传》,中华书局1975年版,第4599页。

　[6]〔新罗〕崔致远撰,党银平校注:《桂苑笔耕集校注》卷六《请转官从事状》,中华书局2007年版,第155页。

共同审理辖下官员吴湘的犯罪案件[1]。除了上述常规事务,史料所见推官还会受府主临时委派,处理其他政务,如柳宗元之父在任郭子仪节度推官时"专掌书奏"[2],韩愈在徐州张建封幕府时,被委任主持乡贡进士选拔。淮南节度使的推官想必也有类似职掌。

7. 巡官。巡官是藩镇幕府中较低层级的僚佐,并无固定职掌,在府主的安排下,处理各类事务。其中最为常见的职能是出使外藩,如陈少游为淮南节度使,派巡官赵诜赴郓州,与平卢节度使李纳交结[3]。还有一些特定职掌的巡官,如馆驿巡官,负责辖境内官方驿站设施,崔致远在高骈幕府中曾担任过此职,差不多同期的诸葛殷,以馆驿巡官专知榷酒务[4],似乎也会被委以其他事务。另外,淮南节度使不乏兼任诸道盐铁转运使者,相应也有盐铁巡官,如高骈幕中工棨任"盐铁出使巡官,勾勘当司钱物"[5]。

8. 参谋。参谋本职在参议谋划军务,实际也是文职,杜佑幕府中有节度参谋窦常,他"以讲学著书为事",进士及第[6],在当时颇负名望。参谋有时也会被委以出使外藩的任务,如陈少游在任期间,曾派遣节度参谋温述赴蔡州,以结好淮西节度使李希烈[7]。整体来看,参谋并无明确职掌,因此常被视为冗员,晚唐一度被裁撤[8]。

9. 其他僚佐。以上所列僚佐,虽然在幕府中地位各有高低,但整体看来是都属于高级文职僚佐。他们受到府主的诸多礼遇,被称为"宾僚",正如上举事例所见,其中不乏当时知名诗人、文豪。在这些幕职下面,还有一些事务更为猥杂、地位更低的幕职,其实跟胥吏的角色差不多。下面举其要者。

---

[1]〔后晋〕刘昫等:《旧唐书》卷一八下《宣宗纪》,中华书局1975年版,第620页。

[2]〔清〕董诰等编:《全唐文》卷五八八(柳宗元)《先侍御史府君神道表》,中华书局1983年版,第5942页。

[3]〔后晋〕刘昫等:《旧唐书》卷一二六《陈少游传》,中华书局1975年版,第3565页。

[4]〔新罗〕崔致远撰,党银平校注:《桂苑笔耕集校注》卷一三《诸葛殷知榷酒务》,中华书局2007年版,第435页。

[5]〔新罗〕崔致远撰,党银平校注:《桂苑笔耕集校注》卷一三《右司马王棨端公摄盐铁出使巡官》,中华书局2007年版,第419—420页。

[6]〔后晋〕刘昫等:《旧唐书》卷一五五《窦常传》,中华书局1975年版,第4122页。

[7]〔后晋〕刘昫等:《旧唐书》卷一二六《陈少游传》,中华书局1975年版,第3565页。

[8]〔宋〕王溥:《唐会要》卷七九《诸使杂录下》,中华书局1955年版,第1448页。

（1）衙推。与推官职能相似,负责刑狱审理等,但在很多场合也被府主差遣从事其他政务,如高骈任内有观察衙推许权,充洪泽巡官,负责水利设施的维护[1];节度衙推卫某,兼诸军都粮料使,负责军粮筹集、运输工作[2]。（2）孔目官。孔目官是低级幕职中最重要的一种,所谓孔目,据胡三省的解释:"唐藩镇吏职,使院有孔目官,军府事无细大皆经其手,言一孔一目,无不综理也。"[3]使府的重要文书、账簿皆由其负责看管,所以往往由节度使的心腹胥吏担任,可谓位卑而职重。如陈少游任内,为填补财务亏空,曾"与腹心孔目官等设法重税管内百姓"[4]。（3）随军、要籍、逐要、驱使官。这几类是最下级的幕职,大多没有固定的职掌,负责节度使临时委派的各类事务,或监管市廛交易,或掌管账簿,或看守仓库等等。史料所见,李德裕任内有随军沈弁,曾负责慰问日本僧人圆仁等人[5]。

综上所述,唐代后期随着藩镇体制的建立,在日常军政事务运作中,逐渐形成了一个庞大的文职僚佐系统。相较唐代前期州县官僚制,僚佐绝大多数都由节度使直接任命(辟署),这样一来便保障了地方治理权的高度集中,这与藩镇体制的权力特征也是相适应的。这套体制在全国范围的藩镇都得到了广泛实施,而扬州作为东南第一雄藩,僚佐系统的设置堪称典型。

（二）武职军将系统

唐代后期藩镇实行募兵制,所以官兵都是终身职业,由此形成了一个盘根错节的利益集团,也成为唐代后期地方动乱的根源之一。扬州作为东南地区的藩镇,发生动乱的可能性不高,但为控遏运河、守护东南财赋,还是长期维持了一支庞大的军队,由此也形成了一套人员庞大、层级复杂的武职军将系统。所谓军将,其实就是藩镇中的各级军官。今结合有关史实,将其主要

[1]〔新罗〕崔致远撰,党银平校注:《桂苑笔耕集校注》卷一三《许权摄观察衙推充洪泽巡官》,中华书局2007年版,第440—441页。

[2]《唐渤海吴公故夫人卫氏墓志铭并序》,李文才疏证:《隋唐五代扬州地区石刻文献集成》,凤凰出版社2021年版,第304页。

[3]〔宋〕司马光编著,〔元〕胡三省音注:《资治通鉴》卷二二八唐德宗建中四年(783)十月,中华书局1956年版,第7357页。

[4]〔后晋〕刘昫等:《旧唐书》卷一二六《陈少游传》,中华书局1975年版,第3566页。

[5]〔日〕圆仁撰,顾承甫、何泉达点校:《入唐求法巡礼行记》卷一,上海古籍出版社1986年版,第12页。

职衔叙述如下。

1. 都知兵马使。又称都头、都将、都校等，按职权大小又可分为两种。第一种都知兵马使在安史之乱前的边疆藩镇中便已广泛设置，是节度使之下最为重要的统兵将领。所统一般是藩镇的中军牙兵，所以又被称为中军都知兵马使、衙前都知兵马使等。此后逐渐产生分化，据胡三省解释："唐之中世，以诸军总帅为都头。至其后也，一部之军谓之一都，其部帅呼为都头。"[1]可见晚唐以降，都知兵马使成为普通统兵将领的职衔。根据所统军队建制，还可以细分为许多类别，如按所部屯驻方位，有左、右厢之别，如唐末高骈任内，有左厢都知兵马使毕师铎[2]。按兵种，又有马军、水军等都知兵马使。扬州襟江带海，周边水网发达，历来重视水军建设，高骈时期有战舰两千，宋再雄为水军都知兵马使[3]。此外，为安置黄巢降将，高骈任内设置了归顺军，以孙端为归顺军都知兵马使，同时期还有獬豸军都知兵马使[4]，这些都属于唐末淮南节度使麾下的特殊建制。

淮南镇在辖境内其他州县还有一些外派的都知兵马使，他们属于外镇军系统。如庐州，除刺史以外，有淮南节度使所派遣的八营都知兵马使[5]。另外，泗州有临淮都知兵马使，楚州有山阳都知兵马使[6]。这类驻扎在州县的都知兵马使其实跟镇将很相似，直属节度使，构成了扬州的外围军事防线。

2. 兵马使、散兵马使等。兵马使是都知兵马使之下的职级，性质相似，据胡三省解释："兵马使，节镇衙前军职也，总兵权，任甚重。"[7]也是常见的统兵

　〔1〕〔宋〕司马光编著，〔元〕胡三省音注：《资治通鉴》卷二五四唐僖宗中和元年（881）七月，中华书局1956年版，第8254页。

　〔2〕〔宋〕司马光编著，〔元〕胡三省音注：《资治通鉴》卷二五七唐僖宗光启三年（887）四月，中华书局1956年版，第8348页。

　〔3〕〔新罗〕崔致远撰，党银平校注：《桂苑笔耕集校注》卷一四《宋再雄差充水军都知兵马使》，中华书局2007年版，第452页。

　〔4〕〔新罗〕崔致远撰，党银平校注：《桂苑笔耕集校注》卷四《奏请归顺军孙端状》，第105—106页；同书卷一四《獬豸都将》，第474页。

　〔5〕〔宋〕欧阳修、宋祁：《新唐书》卷一八八《杨行密传》，中华书局1975年版，第5451页。

　〔6〕〔新罗〕崔致远撰，党银平校注：《桂苑笔耕集校注》卷一四《安在荣管临淮都》《吕用之兼管山阳都知兵马使》，中华书局2007年版，第470、472页。

　〔7〕〔宋〕司马光编著，〔元〕胡三省音注：《资治通鉴》卷二一五唐玄宗天宝六载（747）十月，中华书局1956年版，第6877页。

将领,广泛设置于各类军事单位中。史料所见,陈少游任内有兵马使张瑗[1];咸通年间有中军兵马使判官褚颛[2];唐末高骈任内有衙前兵马使郝定,此人"早攻手射","弯三百斤弓,能发七十步箭"[3],是一名骁勇善战的将领。兵马使也被派驻到地方州县,负责维护地方治安,如开成年间入唐僧圆仁所见,扬州海陵"县里官人:长官一人,判官一人,兵马使等总有七人"[4],他们日常屯驻在海陵县境内,与县令分庭抗礼。高骈时期,有衙前兵马使李敏之,兼任辖下宿松县令,兼具文武之才[5]。以县令而兼兵马使,可以看出当时淮南境内基层行政军事化的倾向。

散兵马使,即散员兵马使,有其号而无其职,不实际统兵作战,主要作为一种寄禄职衔。如军将曹威因作战勇猛,屡立战功,被高骈授予散兵马使[6];散兵马使王审球,负责押领进奉给朝廷的绫绢锦绮等物资[7];又如张康,职衔为"淮南节度医院散兵马使"[8],本职应是一名军医,被授予了散兵马使的职衔,实际上不可能领兵作战。散兵马使等职衔的大量出现,表明军人集团在唐后期扬州地方政治中逐渐崛起。

3. 押衙。又作押牙,衙(牙)使职节帅的办公衙署,据胡三省解释:"押牙

[1]〔清〕董诰等编:《全唐文》卷五三〇(顾况)《检校尚书左仆射同中书门下平章事上柱国晋国公赠太傅韩公行状》,中华书局1983年版,第5383页。

[2]《唐故承务郎试左武卫兵曹参军任府君墓志铭并序》,李文才疏证:《隋唐五代扬州地区石刻文献集成》,凤凰出版社2021年版,第244页。

[3]〔新罗〕崔致远撰,党银平校注:《桂苑笔耕集校注》卷一四《郝定补衙前兵马使》,中华书局2007年版,第461页。

[4]〔日〕圆仁撰,顾承甫、何泉达点校:《入唐求法巡礼行记》卷一,上海古籍出版社1986年版,第7页。

[5]〔新罗〕崔致远撰,党银平校注:《桂苑笔耕集校注》卷一四《宿松县令李敏之充招讨都知兵马使》,中华书局2007年版,第476页。

[6]〔新罗〕崔致远撰,党银平校注:《桂苑笔耕集校注》卷一四《曹威转补散兵马使》,中华书局2007年版,第455页。

[7]〔新罗〕崔致远撰,党银平校注:《桂苑笔耕集校注》卷五《进绫绢锦绮等状》,中华书局2007年版,第132页。

[8]《唐故张府君墓志》,李文才疏证:《隋唐五代扬州地区石刻文献集成》,凤凰出版社2021年版,第324页。

者,尽管节度使牙内之事。"[1]负责陪侍、守卫在主帅左右,一般是其亲信侍从,与主帅关系亲密。唐后期各地藩镇中都置有大量押衙,在非战时状态,押衙逐渐散阶化,变为一种身份性的职衔,如贞元年间冀弈为淮南节度押衙[2],无具体职掌;杨行密擅自占据庐州后,高骈为拉拢他,署为淮南节度押衙[3];为安置黄巢降将成令瓛,"补充军前押衙,兼给功名检校国子祭酒兼御史中丞"[4]。此外押衙还经常充任其他临时事务,如晚唐会昌年间,傅义以淮南节度押牙的身份担任白沙镇遏使[5]。高骈任内,曾差押衙王虔向朝廷进奉金银器物;都押衙韩汶押运金帛百万匹,援助前线军队;押衙曹鹏知行在进奏院,负责与朝廷的联络;押衙冯绶率军防御歙州。[6]这类押衙在晚唐政务中非常活跃,在各类事务中扮演了重要角色。

4.虞候。唐代藩镇中的虞候,起源于府兵制下的行军系统,"职在刺奸,威属整旅"[7],负责在军队中维持军纪、纠察非法。虞候只是一种泛称,此后各地藩镇中逐渐发展出了不同层级,如都虞候、马军都虞候、步军都虞候、衙城都虞候、左右厢都虞候等,这些都是高级军职,其下则是一般虞候。史料所见,晚唐会昌年间,有淮南都虞候刘群、左都虞候卢行立[8];唐末高骈任有衙前虞候苏聿。入唐僧圆仁滞留扬州期间,曾与虞候打过多次交道,留下了不少记载。开成三年十一月,节度使李德裕派"衙前之虞候三人特来相见,笔言通

　　[1]〔宋〕司马光编著,〔元〕胡三省音注:《资治通鉴》卷二一六唐玄宗天宝六载(747)十二月,中华书局1956年版,第6887页。

　　[2]《唐故泗州长史试殿中监京兆田府君墓志铭并序》,李文才疏证:《隋唐五代扬州地区石刻文献集成》,凤凰出版社2021年版,第67页。

　　[3]〔宋〕司马光编著,〔元〕胡三省音注:《资治通鉴》卷二五五唐僖宗中和三年(883)三月,中华书局1956年版,第8290页。

　　[4]〔新罗〕崔致远撰,党银平校注:《桂苑笔耕集校注》卷五《奏诱降黄巢下贼将成令瓛状》,中华书局2007年版,第111页。

　　[5]〔后晋〕刘昫等:《旧唐书》卷一八下《宣宗纪》,中华书局1975年版,第619页。

　　[6]〔新罗〕崔致远撰,党银平校注:《桂苑笔耕集校注》卷五《进金银器物状》,中华书局2007年版,第128页;同书卷一一《告报诸道征促纲运书》,第325页;同书卷一四《曹鹏知行在进奏补充节度押衙》,第484—485页;同书卷一一《答江西王尚书书》,第336页。

　　[7]〔清〕董诰等编:《全唐文》卷四一三(常衮)《授张自勉开府仪同三司制》,中华书局1983年版,第4237页。

　　[8]〔后晋〕刘昫等:《旧唐书》卷一八下《宣宗纪》,中华书局1975年版,第619页。

情"，不久召见圆仁等人时，"前后左右……虞候之人卅有余，门头骑马军八十匹许，并皆着紫衣"，事后"更差虞候人赠来白绢二匹、白绫三匹"[1]。均可见虞候的活跃。

藩镇体制下，虞候既是一种军职，也负责地方治安、司法等事务。在扬州这种人员流动频繁的大型都市中，虞候的职责尤为紧要。这里可以举出晚唐诗人温庭筠在扬州的一则轶事：

> 温庭筠……大中初，应进士。……咸通中，失意归江东，路由广陵，……乞索于杨子院，醉而犯夜，为虞候所击，败面折齿，方还扬州诉之。令狐绚捕虞候治之，极言庭筠狭邪丑迹，乃两释之。[2]

当时城市中普遍有宵禁制度，温庭筠虽然是诗名满天下的才子，因违反禁令，竟遭扬州虞候殴打。温庭筠愤愤不平，向节度使令狐绚控诉，而令狐绚对这名严格执法的虞候颇有维护。由此也可见，晚唐扬州虽然市井商业气息浓厚，实际上在藩镇体制下，地方治理的各项条规可能是更趋严厉的。这与诗歌、小说所呈现的城市形象颇有差距。

5. 教练使。教练使负责日常军事操练，教授士兵兵法与武艺。据唐宣宗大中六年五月敕："天下军府有兵马处，宜选会兵法能弓马等人充教练使，每年合教习时，常令教习。仍于其时申兵部。"[3]可知当时藩镇普遍设置了教练使，扬州自然不会例外，只是我们在史料中没有找到具体事例。

6. 讨击使。讨击使也是在军事单位中普遍设置的军职。安史之乱以前，讨击使职全部设置于边疆地区，主要是为了适应对边疆少数民族的军事行动而创设。由于讨击使职均因具体的军事行动而设，且一俟该次军事行动结束，其任职即自动解除，主要是一种军事性的使职差遣。安史之乱以后，内地节

---

[1]〔日〕圆仁撰，顾承甫、何泉达点校：《入唐求法巡礼行记》卷一，上海古籍出版社1986年版，第18—19页。

[2]〔后晋〕刘昫等：《旧唐书》卷一九〇下《文苑下·温庭筠传》，中华书局1975年版，第5078—5079页。

[3]〔后晋〕刘昫等：《旧唐书》卷一八下《宣宗纪》，中华书局1975年版，第630页。

度使府普遍设置讨击使职,甚至呈现"滥授"的趋势,并最终演变为地方政府(主要是节度使府)普遍设置的一种幕职。这与前面介绍的兵马使、押衙等情况是相似的。

具体到淮南节度使府中,唐德宗建中年间,田伾曾在淮南节度使府中担任淮南节度讨击副使之职。[1]韩倰,唐武宗、宣宗、懿宗时期曾任淮南节度讨击使[2]。此外,高骈任内曾以朱廊为讨击使,系"纳助军钱,遂加职赏"[3],可见此时讨击使已完全变为一种散阶化的荣誉性职衔。

7. 其他武职军将。以上列举的几种都是各地藩镇中普遍设置的武职军将,他们构成了藩镇军事力量的支柱。除此以外还有一些低级军将,如十将、散将、总管、客将、经略副使等等,其数量庞大、门类繁杂,不能一一列举。

唐后期淮南节度使体制下,建立了一支庞大的军队,在动荡的局势下成为维持扬州地方稳定的主要力量,而各级武职军将则是节度使指挥这支军队的抓手。总的来看,唐后期淮南节度使府中最重要的军事职务有三种:其一为兵马使,职在统兵作战,戍守要镇;其二为押衙,职在侍卫主帅,并在主帅指派下处理各类临时政务;其三为虞候,职在维持军纪,纠察违法。这三类军职分别对应外部军务、内部警卫与内外督察,共同构成了藩镇使府的主要军事职能,可谓位高权重。

从上文举出的例证不难看出,藩镇体制下,扬州地区的基层行政也出现了明显军事化的倾向。在节度使指派下,各级、各类使府军将深度参与了地方政务,他们或以镇将、都知兵马使的身份驻扎地方州县,协助刺史、县令维护地方秩序,乃至代掌其职;或以虞候的身份负责城市里坊中的治安巡逻;或被派驻乡村负责赋税征收、盐铁专卖等事务。总之,武职军将与文职僚佐共同构成了唐后期扬州地方治理的担当手,保障了唐后期扬州相对稳定的社会秩序,更支撑了唐帝国的东南财源供给。

---

[1]《唐故淮南节度讨击副使光禄大夫试殿中监兼泗州长史上柱国北平县开国伯田府君墓志铭并序》,李文才疏证:《隋唐五代扬州地区石刻文献集成》,凤凰出版社 2021 年版,第 48—49 页。

[2]《唐故淮南节度讨击使银青光禄大夫检校太子宾客上柱国南阳郡韩府君墓志铭并序》,李文才疏证:《隋唐五代扬州地区石刻文献集成》,凤凰出版社 2021 年版,第 248—249 页。

[3]〔新罗〕崔致远撰,党银平校注:《桂苑笔耕集校注》卷一四《朱廊补讨击使》,中华书局 2007 年版,第 459 页。

但是也应该看到,唐末扬州地区的空前战乱,也是由这批武人所直接引发的。揭开唐末扬州动乱的序幕者,是时任左厢都知兵马使毕师铎与高邮镇将张神剑。此后加入混战,并在一片废墟上建立杨吴政权的杨行密,也拥有淮南节度押衙的身份。由此也可见,藩镇体制对于地方社会而言是一把双刃剑,当全国局势稳定,节度使能够有效控御境内军事力量时,藩镇不失为一套高效有序的地方治理体系;而一旦王纲解纽,藩镇体制所孕育的军事割据的萌芽便会乘势而起,反噬其身。

三、宰相回翔之地:淮南节度使与唐朝后期扬州的地方治理

以上叙述了淮南节度使成立的背景,以及藩镇体制下扬州地方治理模式的转型等问题。在社会活动中,人是第一位的能动因素,无论是政治经济政策的制订,还是具体运作,都需要人去执行。淮南节度使作为淮南地方职官系统的最高长官,其施政方针直接影响到扬州及淮南全境的治理。下面以历任淮南节度使人选特征及其政治业绩为线索,历时性地对唐后期扬州政治发展的进程略作考察。

（一）历任淮南节度使综合分析

安史之乱后的唐朝历史,往往被视为"藩镇割据"的时代。这一时期大小藩镇林立,政治立场各异,其中服从中央领导者有之,跋扈抗命者有之,兴兵作乱者也大有人在。然而,值得我们特别关注的是,安史之乱以后的唐朝依然顽强支撑了一百余年,直到公元 9 世纪末期发生黄巢之乱,才真正趋于崩溃。其中原因何在呢?

对此当然可以有很多解释。其中最重要的一个原因是,唐朝后期的藩镇并非铁板一块,而存在明显的地域性差异,因此对中央的态度也大相径庭。据学者研究,这些藩镇大致可以分为四类:河朔反叛型,集中在黄河以北原安史叛军的老巢,以魏博、成德、卢龙三镇为代表;中原防御型,在东都洛阳周边,主要是为了防御河朔叛藩而设置的,以忠武、宣武等镇为代表;边疆防御型,主要设置在都城长安西北,防御吐蕃等少数民族的入侵,拱卫京师;东南财源型,以长江流域的淮南、浙西、浙东等道为代表。[1]这四类藩镇中,只有河朔

---

[1]　张国刚:《唐代藩镇研究》,湖南教育出版社 1987 年版,第 77—103 页。

地区的藩镇长期拥兵割据,朝廷无法掌控;中原防御型藩镇,虽然偶有叛将,但整体对中央也较为恭顺。更重要的是,藩镇的人事任命权大都掌握在中央手中。尤其是东南地区,是唐后期财赋命脉所系,时人称"当今国用,多出江南"[1],"天下以江淮为国命"[2],皆可见东南财源对支撑唐朝统治的重要性。也正因此,淮南等地节度使的任命权一直被唐廷牢牢掌控在手中。直至黄巢起义所引起的全国性动乱中,唐廷才失去了对淮南等地节度使的任命权,而唐朝的统治也便名存实亡了。从这个意义上可以说,淮南节度使的任命权归属乃是观察唐朝后期国运的一项重要指标。

　　为了确保对东南地区的控制,唐朝中央一直非常重视淮南等地节度使人选。据杜牧《淮南监军使院厅壁记》云:"(淮南)节度使……护天下饷道,为诸道府军事最重。然倚海堑江、淮,深津横冈,备守坚险,自艰难已来,未尝受兵。故命节度使,皆以道德儒学,来罢宰相,去登宰相。"[3]杜牧曾在淮南节度使牛僧孺幕府长期担任淮南节度掌书记,对东南军事、政治形势有着深刻的洞察。他在《厅壁记》中首先描述了淮南镇在全国经济格局中的枢纽地位——"护天下饷道,为诸道府军事最重"。接着总结出历任节度使人选的两项特征:其一,"皆以道德儒学";其二,"来罢宰相,去登宰相"。

　　所谓"皆以道德儒学",强调的是淮南节度使的文化面貌,他们大多为文人官僚,即文官。这并非虚言,唐代后期一百余年中,历任节度使大多是文臣,他们普遍具有较高的学识修养,其中更不乏科举及第的精英士人。如高适,是盛唐著名的边塞诗人,"年五十始为诗,即工,以气质自高。每一篇已,好事者辄传布"[4];杜亚"少颇涉学,善言物理及历代成败之事"[5];崔圆,虽然以武

---

　　[1]〔唐〕白居易著,谢思炜校注:《白居易文集校注》卷三一《苏州刺史谢上表》,中华书局2011年版,第1847页。

　　[2]吴在庆:《杜牧集系年校注·樊川文集》卷一六《上宰相求杭州启》,中华书局2008年版,第1019页。

　　[3]吴在庆:《杜牧集系年校注·樊川文集》卷一〇《淮南监军使院厅壁记》,中华书局2008年版,第809页。

　　[4]〔宋〕欧阳修、宋祁:《新唐书》卷一四三《高适传》,中华书局1975年版,第4681页。

　　[5]〔后晋〕刘昫等:《旧唐书》卷一四六《杜亚传》,中华书局1975年版,第3962页。

举出身,但"自负文艺"[1],具有相当的学识修养;杜佑是理财专家兼著名史学家,"性勤而无倦,虽位极将相,手不释卷;质明视事,接对宾客,夜则灯下读书,孜孜不怠"[2];李吉甫"少好学,能属文。……为太常博士,该洽多闻,尤精国朝故实,沿革折衷,时多称之"[3]。也正因此,淮南节度使在文化面貌上明显有别于河北、中原地区武人出身的藩帅。唐代后期扬州在文学、艺术上的繁荣景况,也与这些"以道德儒学"自任的节度使密不可分。

除了文人士大夫的身份,淮南节度使人选还有一项重要特征,即往往是资历深厚的高品级中央官员。所谓"来罢宰相,去登宰相",意思是说,出镇扬州是罢任宰相的常任去向,而担任淮南节度使期间,如果政绩卓著,又会成为宰相的热门人选。这同样并非虚言,据统计,唐代后期实际履职的淮南节度使计有 37 人次,其中前任宰相,或离任后升至宰相的共 22 人次,占比达六成。另外,节度使在任期间还可能被授予"同中书门下平章事"的宰相头衔,不实际履职,称为"使相"。如果算上这种类型,则兼任将相的淮南节度使占比高达七成。[4]也正因此,时人将淮南节度使,以及与之地位相似的剑南西川等藩镇,称为"宰相回翔之地"。除了宰相,淮南节度使人选绝大多数也都有中央任职的背景,总的来看,这一占比高达九成。

上述人事任命上的特征显然是有意为之的,由此不难看出唐朝政府对扬州政治、经济地位的重视,必须派遣久历宦途且忠于朝廷的重臣,才能确保漕运命脉,将东南财赋源源不断地运达京师。

从实际案例来看,绝大多数淮南节度使都成功履行了自身职能,并在立场上与唐朝中央保持高度一致,体现出较强的向心力。例如,在地方财政收入中,除了法律规定上缴中央的额度,淮南节度使经常额外进奉。唐德宗时期,淮南节度使陈少游"奏请本道两税钱千增二百。因诏诸道悉如淮南,盐每一斗更加一百文"[5]。唐宪宗元和年间,当唐宪宗对地方藩镇用兵时,淮南

———————————

[1]〔后晋〕刘昫等:《旧唐书》卷一〇八《崔圆传》,中华书局 1975 年版,第 3279 页。
[2]〔后晋〕刘昫等:《旧唐书》卷一四七《杜佑传》,中华书局 1975 年版,第 3983 页。
[3]〔后晋〕刘昫等:《旧唐书》卷一四八《李吉甫传》,中华书局 1975 年版,第 3992 页。
[4]　朱祖德:《唐代淮南道研究》,花木兰文化事业有限公司 2009 年版,第 113—114 页。
[5]〔后晋〕刘昫等:《旧唐书》卷一二六《陈少游传》,中华书局 1975 年版,第 3564 页。

节度使李鄘不仅派兵出境协助中央平叛,在经费短缺时,"以境内富实,乃大籍府库,一年所蓄之外,咸贡于朝廷。诸道以鄘为倡首,悉索以献,自此王师无匮乏之忧"。[1]陈少游、李鄘的类似举动无疑具有标杆意义,在淮南镇的表率之下,其他拥护唐朝统治权威的藩镇纷纷出钱助军。此外,又如王播在任时期,以淮南节度使兼盐铁转运使,"进羡余绢一百万匹,仍请日进二万,计五十日方毕"[2],嗣后"自淮南入觐,进大小银碗三千四百枚、绫绢二十万匹"[3]。这些都是两税正税之外搜刮的财赋,对扬州地方百姓而言无异于一种变相掠夺,对此今天当然应持批判态度。陈少游、王播等人之所以这么做,动机当然是为个人仕途考虑,借此讨好皇帝,他们都成功晋升为宰相。但从其千方百计敛财的种种举措,恰恰可以看出他们对中央政权的向心力。

（二）淮南节度使事迹述要

唐廷对淮南节度使的人事政策无疑是成功的,依靠这一政策,实现了对江淮地区的有效控御,保障了东南经济命脉。而从扬州地方社会的角度来看,自安史之乱平定到黄巢之乱爆发的一百多年,内部几乎没有出现过大范围的社会动荡。历任节度使中,不乏忠臣循吏,大多从政经验丰富,行政素养深厚,在其治理下,为扬州社会经济的发展创造了稳定的政治局势。下面将择取其中具有代表性的一些人物,通过对他们事迹的介绍,对唐代后期扬州地方政治的变迁做一番鸟瞰。

1. 崔圆（761—768 在任）

崔圆,字有裕,清河东武城人,出自著名世家大族,号称"海内首族,人伦德范"。他自幼胸怀大志,好读兵书,"有经济宇宙之心",以武举及第,而又以文才自负。[4]

安史之乱以前,杨国忠遥领剑南节度使,举荐崔圆任蜀郡大都督府左司马,知剑南节度留后,这是他仕途的重要转折点。安史之乱爆发以后,崔圆

［1］〔后晋〕刘昫等:《旧唐书》卷一五七《李鄘传》,中华书局 1975 年版,第 4148 页。

［2］〔后晋〕刘昫等:《旧唐书》卷一七上《敬宗纪》,中华书局 1975 年版,第 515 页。

［3］〔后晋〕刘昫等:《旧唐书》卷一六四《王播传》,中华书局 1975 年版,4277 页。

［4］〔后晋〕刘昫等:《旧唐书》卷一〇八《崔圆传》,中华书局 1975 年版,第 3279 页。

探知唐玄宗可能会幸蜀的打算,预先"增修城池,建置馆宇,储备什器"[1]。唐玄宗幸蜀后,对迎驾工作非常满意,即日拜中书侍郎、同中书门下平章事、剑南节度。随后不久,崔圆被派到灵武册封唐肃宗,继续得到重用,封赵国公,拜中书令,权倾一时。此后,崔圆因卷入了宫廷内部的斗争,罢为太子少师,留守东都。经过一番宦海沉浮,于上元二年(761)被任命为淮南节度使、扬州大都督府长史。

当时北方的唐军还在与史思明、史朝义叛军激战,扬州则刚刚经历过刘展、田神功等人的混战,社会经济同样遭到极大破坏。崔圆的主要任务在于稳定江淮局势,保障唐皇朝对东南州县的有效控制。有鉴于此,崔圆首先着手肃清刘展之乱的余波,也就是设法控制在平叛中崛起的地方军事力量,因为他们对江淮诸州构成了潜在的威胁。在此期间发生了一件颇具争议性的事件。

如前所述,在刘展之乱爆发以后,江淮都统李峘兵败逃亡,副使李藏用坚持在江南抵御叛军,为肃清刘展势力立下了不小的功劳。李藏用也形成了一股不小的军事力量,唐朝统治者对其深为顾忌。因此,如何处置李藏用便成为一个难题,据当时杭州刺史向唐肃宗的上表云:

> 臣闻当逆贼刘展拥兵过江之日,变起仓卒,锋不可当,人心动摇,物情危骇。五道节制,望风溃散,自淮而南,至于海隅,遂无敢保一城、守一节者。惟少府少监李藏用,以宗室近属,忧国如家,临危抗愤,忠勇奋发,收集散卒,纠合义师,挺身履险,出万死一生之地,与贼转战。坚守苏州,相持经月,杀获过当,使凶徒逆党,锋锐挫衄。自此王师载张,贼众知惧。其后以外援不至,众寡悬绝,遂移师就险,退保杭州。当此之时,江淮诸军已散,平卢之师未至,三分全吴,贼有其二。……向使微夫人之力,捍此州之境,则江界土宇,尽为戎疆;海隅苍生,非复吾有。……今都统使停,本职已罢。孤军无主,莫知适从,将士嗷嗷,未有所隶。天听高邈,无人为言,遂使殊勋见委,忠节未录,口不言赏,赏亦不及。伏恐非圣朝旌有德、表有

---

[1]　〔后晋〕刘昫等:《旧唐书》卷一〇八《崔圆传》,中华书局1975年版,第3279页。

功之意。今逆寇虽殄,人心犹携,山洞海岛,往往结聚。睦州草窃,为蠹犹深,惟惮藏用之兵,是以未敢进逼。若此军一散,必群盗交侵,则臣此州,危亡是惧。伏望早降恩旨,以答其勤,锡之勋策,委之戎政,俾总统所领,以镇遏江表,实江东万姓禺禺之望。[1]

这封上表首先肯定了李藏用坚守杭州的战功,对其"殊勋见委,忠节未录"的处境表示不平,进而指出江淮都统裁撤后,东南民变频发、草贼屯聚的危险局势,建议唐肃宗对李藏用"委之戎政,俾总统所领,以镇遏江表"。应该说,这的确代表了当时东南军民的心声,即要求朝廷对功勋卓著的李藏用委以重任。

然而,站在唐肃宗的角度,李藏用此时已经拥有了自身的武装力量,任其坐大,很可能会威胁到对东南的控制,更何况此时已任命崔圆为淮南节度使,"统江淮,主三军",充当东南地区实际上的最高军事指挥官。唐肃宗注定不会允许东南地区再出现一股强大的军事力量。虽然史料中没有直接记载,但根据相关材料分析,在如何措置李藏用的问题上,唐肃宗很可能与崔圆有过一番密谋,此后局势的发展可以印证这一点。首先,为稳住李藏用,也为安抚江南军民,唐肃宗任命其为浙西节度副使,这是一个位尊而职散的藩镇高级僚佐。李藏用还未到任,又接到了移军扬州的调令。当时流寓江南的李白写过一篇《钱副大使李藏用移军广陵序》:

我副使李公,勇冠三军,众无一旅。横倚天之剑,挥驻日之戈,吟啸四顾,熊罴雨集。……一扫瓦解,洗清全吴,可谓万里长城,横断楚塞。不然,五岭之北,尽饵于修蛇,势盘地蹙,不可图也。而功大用小,天高路遐,社稷虽定于刘章,封侯未施于李广。使慷慨之士,长吁青云。且移军广陵,恭揖后命。组练照雪,楼船乘风,箫鼓沸而三山动,旌旗扬而九天转。良牧出祖,列将登诞,歌酣易水之风,气振武安之瓦。[2]

---

[1]〔清〕董诰等编:《全唐文》卷三八五(独孤及)《为杭州李使君论李藏用守杭州有功表》,中华书局 1983 年版,第 3914—3915 页。

[2]〔清〕董诰等编:《全唐文》卷三四九(李白)《钱副大使李藏用移军广陵序》,中华书局 1983 年版,第 3541 页。

其中提到的李副使,正是李藏用。李白同样对其"功大用小"的境况表示愤愤不平。而所谓"移军广陵,恭揖后命",实则是崔圆在唐肃宗的授意下调虎离山的把戏,意在将李藏用调离江南腹地,置于淮南节度使的直接监视之下。

抵达扬州后,崔圆解除了李藏用的兵权,任命其为楚州刺史。李藏用赴任后不久,朝廷派遣支度租庸使来清查江淮诸州的财政状况。当时因刘展之乱,"仓猝募兵,物多散亡,征之不足,诸将往往卖产以偿之"[1],为了应付财务审计,诸州刺史往往变卖私财来填补亏空。李藏用对此颇为不满,口出怨言。部将高干与李藏用素有仇隙,伺机派人诬告李藏用谋反。崔圆还没有作出裁决,高干唯恐诬告不成,反遭报复,又擅自率军袭杀了李藏用。

身在扬州的崔圆不仅乐观其成,而且还派人罗织罪名,逼迫李藏用部下证其谋反。李藏用部将孙待封则力证其清白:"吾始从刘大夫(展),奉诏书来赴镇,人谓吾反;李公起兵灭刘大夫,今又以李公为反。如此,谁则非反者,庸有极乎!吾宁就死,不能诬人以非罪。"[2]平心而论,所谓李藏用谋反,是一桩彻头彻尾的政治冤案,它由唐肃宗与崔圆一手炮制,意在肃清江淮地区对唐朝统治构成威胁的军事力量。李藏用的个人悲剧,根本原因在于其所部兵马都是私下招募而来,这与唐廷的江淮政策发生了抵触。崔圆所作所为虽系秉承唐肃宗的意志,但处理李藏用的手段却是非常不光彩的,体现了他作为一名官僚的老谋深算与冷酷无情。但从另一个角度来看,正是靠这样一套老辣的政治手腕,才消弭了江淮地区潜在的不稳定因素,确保了唐廷对东南地区的控制。

除了李藏用之外,当时淮南境内的主要军事威胁还有两项,其一是平卢行军司马许杲,他原本可能是随田神功南下的部将,后率军三千人驻扎濠州,滞留不去,"有窥淮南意"。显然,许杲所部也对扬州的稳定局面构成了威胁。崔圆任命此前在刘展之乱中立下战功的名将张万福,命其暂时代理濠州刺史,防御许杲,许杲闻讯后立刻撤出濠州。与此同时,江淮一带又爆发了吏民

---

[1] 〔宋〕司马光编著,〔元〕胡三省音注:《资治通鉴》卷二二二唐肃宗上元二年(761)十月,中华书局 1956 年版,第 7116 页。

[2] 〔宋〕司马光编著,〔元〕胡三省音注:《资治通鉴》卷二二二唐肃宗上元二年(761)十月,中华书局 1956 年版,第 7117 页。

反抗运动,吏民反抗领袖陈庄等人攻陷舒州等地。崔圆以张万福为舒州刺史,"督淮南岸盗贼,连破其党"[1],迅速平定了江淮地区的一系列民变。通过任用张万福等一批骁勇善战的将领,崔圆很快扫清了淮南境内的军事威胁。除此之外,在平定淮南辖境后,"军有余逸",崔圆还曾挥军南下,"夷难江南",镇压了江南一带的农民起义。[2]在此期间,淮南镇也一举扭转此前永王之乱、刘展之乱中孱弱不堪的形象,作为唐后期控遏东南、守卫运河的雄藩重镇,初步显露出其历史地位。

总体来看,崔圆在镇七年,治理业绩是卓有成效的,据皇帝诏书中评价:"苦心恤人,精力勤职。图艰思易,适要除烦。敦风化而少长有礼,齐法令而军戎知禁……有大略南金之贡,有浮泗达河之漕,事多宏济,人不疲劳,淮海晏然。"[3]他采取了诸多措施,扶绥流民,重整军备,有效保障了运河漕运畅通。大历元年(766),崔圆向唐代宗请求回京朝觐,据称"耆耋泣诉,吏人遮道,指日诣阙乞留者三百余人",在得到皇帝允准留任后,"所部八州人舞手蹈足"[4]。以上褒赞或许不无溢美与粉饰[5],但崔圆任内江淮局势渐趋平稳的确是事实,当然这也是因为安史之乱接近尾声,北方的大规模战事已陆续结束。

可以说,崔圆是早期淮南节度使中颇具代表性的一位,他出身政治文化精英阶层,久经宦海沉浮,从政经验丰富,能够驾驭东南大局。更重要的是,他属于皇帝熟悉、信任的勋旧重臣,能充分领会最高统治者的意图。从崔圆的个人经历,以及在扬州任职期间的施政风格,也可以看出唐朝中央治理江淮政策的一贯思路:为确保对扬州等东南财源重地的绝对控制,避免地方势力坐大,其军政长官必须以忠诚于朝廷为第一要务。

---

[1] 〔后晋〕刘昫等:《旧唐书》卷一五二《张万福传》,中华书局 1975 年版,第 4075 页。

[2] 〔清〕董诰等编:《全唐文》卷三一八(李华)《淮南节度使尚书左仆射崔公颂德碑铭有序》,中华书局 1983 年版,第 3228 页。

[3] 〔清〕董诰等编:《全唐文》卷四一〇(常衮)《授崔圆左仆射制》,中华书局 1983 年版,第 4210 页。

[4] 〔清〕董诰等编:《全唐文》卷三一八(李华)《淮南节度使尚书左仆射崔公颂德碑铭有序》,中华书局 1983 年版,第 3228 页。

[5] 如所谓"淮海晏然"显然不是事实,上元二年(761)至宝应元年(762)江淮地区旱灾与瘟疫相继,"僵尸累累","死者十七八。城郭邑居为之空虚",虽是天灾,但之所以破坏力如此之剧,实与之前的战乱有关。参见李廷先:《唐代扬州史考》,江苏古籍出版社 2002 年版,第 153—154 页。

2.陈少游(773—784在任)

陈少游,博州人。祖父官至安西府副都护,其父曾任右武卫兵曹参军,所任虽然都不是高官要职,但也属于官僚世家。陈少游自幼以聪辩著称,正值唐玄宗年间,崇尚道教,他顺应时势,研习《老子》《庄子》等道家经典,得以进入崇玄馆为生徒。学习期间,颇受宰相兼大学士陈希烈赏识,由此获得及第,授渝州南平令。安史之乱爆发后,陈少游历任河东节度参谋、判官,金部员外郎、职方员外郎、河北副元帅判官,又任晋、郑等州刺史。

陈少游长于权变,为官有干才,又热衷敛财与交结权幸,频繁得到拔擢与晋升。唐代宗永泰二年(766),授桂州(州治在广西桂林)刺史、桂管观察使,虽然已是一方诸侯,但他却嫌桂州地处偏僻,于是借机结交当权的宦官董秀:"少游虽不才,请以一身独供七郎之费,每岁请献钱五万贯。今见有大半,请即受纳,余到官续送。免贵人劳虑,不亦可乎?"[1]董秀大喜,当场答应为其谋求要职。果不其然,数日后便调任宣州刺史、宣歙池都团练观察使。数年后,又转任浙东观察使,大历八年任淮南节度使,可谓一路高升,史称其"十余年间,三总大藩,皆天下殷厚处也"[2]。

到任扬州后,史称其任内"悉心绥辑","好行小惠,胥吏得职,人亦获安"[3],虽然因为他后来臣节有亏,史书对他多有偏见,但也无法否认其勤于政事,任内人民生计得到了基本保障。陈少游任内还有一件对扬州城市规划史产生很大影响的举措,此即建中四年时,在原有基础上增修扬州罗城。

虽然治理业绩颇有成效,但陈少游在扬州期间敛财也可谓变本加厉。这一方面有讨好皇帝的考虑,如他曾奏请本道两税钱千增二百,盐原价每斗一百一十文,增一百文,借此博得唐德宗的欢心。更主要则是自身贪婪成性,史称其"征求贸易,且无虚日,敛积财宝,累巨亿万,多赂遗权贵"[4]。为了保住自己的高官厚禄,他还竭力奉承权相元载,每年向他进献金帛十万贯。同时继续保持和内廷宦官的关系,重金结交骆奉先、刘清潭、吴承倩等人,"由是美

[1]〔后晋〕刘昫等:《旧唐书》卷一二六《陈少游传》,中华书局1975年版,第3563—3564页。
[2]〔后晋〕刘昫等:《旧唐书》卷一二六《陈少游传》,中华书局1975年版,第3564页。
[3]〔后晋〕刘昫等:《旧唐书》卷一二六《陈少游传》,中华书局1975年版,第3564页。
[4]〔后晋〕刘昫等:《旧唐书》卷一二六《陈少游传》,中华书局1975年版,第3564页。

声达于中禁"[1]，唐代宗、唐德宗两朝都对他非常信任，累加检校礼部尚书、兵部尚书、司空、同平章事等官衔，前后在任十年。

建中四年(783)，京师长安爆发兵变，唐德宗仓皇出逃奉天避难，一时间人心惶惶。在这微妙的时局下，陈少游犯下了两个致命错误，直接导致了自己晚节不保的政治结局。

陈少游眼看奉天围城中的唐德宗已是朝不保夕，唐皇朝很可能被一举颠覆，却并没有勤王纾困的打算，反而盯上了汇集在扬州的东南财赋。度支汴东两税使包佶此时正在扬州，负责看守总额高达八百万缗的赋税钱帛，并计划将其运往关中，救济正在流亡中的德宗朝廷。陈少游垂涎这笔巨额财赋，于是派判官崔颀去向包佶索要赋税账簿，并"请供二百万贯钱物以助军费"，实则是想劫取据为己有。包佶自然不能同意，动用江淮赋税，必须得到皇帝敕许。崔颀勃然大怒，以武力胁迫其就范。包佶大惧，不敢再坚持，只能将这批理应转输京师的财帛，悉数交给陈少游，自己连夜过江逃亡。在途中，包佶将陈少游劫夺粮饷的行径一一密奏唐德宗。但此时唐中央正处于风雨飘摇之中，唐德宗不得不采取绥靖策略，称："少游国之守臣，或防他盗，供费军旅，收亦何伤。"[2]此后包佶亲自入朝，具奏此事，少游大惧，乃上表，称所取财货都是供军急用，并表示将悉数返还。但因此前战事频仍，财政吃紧，这个巨大的窟窿一时无法填补，无奈之下，他与心腹孔目官设法重税管内百姓，由此导致民怨沸腾。

如果说劫夺赋税只是让唐德宗对陈少游的忠诚产生怀疑，接下来的一个举动则对陈少游的政治生命造成了致命打击。具体来说，陈少游在建中年间的乱局中，为了保全自我，采取了一种首鼠两端的政治策略，即一面保持对唐中央的臣属，一面又与起兵对抗中央的叛藩暗通款曲。与淮南接壤的叛乱势力主要是西面的淮西镇(治蔡州，今河南汝南县)，与北面的平卢镇(治郓州，今山东东平县)。淮西节度使李希烈屡次侵扰邻近，攻占汴州等运河沿线要冲，并自立为帝，建国号为楚。李希烈攻占汴州后声称要接着南下江淮，占领扬州。面对叛军的汹汹气焰，陈少游一心想着如何保住自己的地盘，密派节度参谋温

[1]〔后晋〕刘昫等：《旧唐书》卷一二六《陈少游传》，中华书局1975年版，第3564页。

[2]〔后晋〕刘昫等：《旧唐书》卷一二六《陈少游传》，中华书局1975年版，第3565页。

述等人赶赴汴州,向李希烈乞和,为此不惜纳土称臣:"濠、寿、舒、庐,寻令罢垒,韬戈卷甲,伫候指挥。"[1]即解除与淮西镇接壤的濠、寿等州武装,将其变相割让给李希烈。与此同时,他还派人与平卢节度使李纳暗通款曲。

这一系列举动原本都是秘密进行的,但李希烈在称帝后,派人赴扬州通知陈少游。使者经过寿州时,被刺史张建封所擒杀,于是陈少游与李希烈之间的秘密交易被揭露出来。李希烈闻讯大怒,以部将杜少诚为淮南节度使,命其率兵先平寿州,再攻打扬州。但在张建封的抵抗下,叛军未能长驱直入。此后唐军收复汴州,搜获李希烈自立为帝时编纂的《起居注》,其中明确记载了"某月日陈少游上表归顺"云云。陈少游更加惶恐不安,他知道自己即将遭到皇帝的清算,数日后忧惧而卒。

陈少游在唐后期淮南节度使中无疑算是另类,《新唐书》甚至将其列入《叛臣传》,贬黜之意昭然。但从早年经历来看,陈少游与那些汲汲于仕途的官僚并无二致,甚至从任职期间的作为来看,他还算得上是一员能吏。史书中对他的很多评价都是带有偏见的,如称其"多赂遗权贵,视文雅清流之士,蔑如也",便有失公允。实际上,陈少游在扬州任内辟召的僚属,如刘太真、陆质、卢群、关播等人,都是当时颇具声望的名士,后来大多致身通显。陈少游显然很看重这些"文雅清流之士",任内对其多有奖掖。只是身处乱世,陈少游出于政治投机的心态,多方押注,继而在波谲云诡的政局变幻中举足失措,在成王败寇的历史逻辑作用下,背负了叛臣的千古骂名。

3. 杜亚(784—789 在任)

杜亚,字次公,自称旧族京兆杜氏之裔。安史之乱爆发后,唐肃宗在灵武即位称帝,杜亚前往进谒,并上章陈述政见,由此获肃宗提拔,踏上仕途。此后历任河西、剑南等藩镇幕府的重要僚佐,吏部郎中、谏议大夫、给事中、江西都团练观察使、陕州观察使、刑部侍郎等职,兴元元年转任淮南节度使、扬州大都督府长史。

当时的扬州刚刚经历陈少游在任期间的苛政,横征暴敛之下,百姓苦不堪言,接着又经历了大将王韶等人引发的骚乱,"淮南之人,望亚之至,革刬旧

---

[1]　〔后晋〕刘昫等:《旧唐书》卷一二六《陈少游传》,中华书局 1975 年版,第 3565 页。

弊,冀以康宁"[1],对杜亚的到任抱以厚望。但杜亚的表现显然不能让人满意。从资历来看,杜亚与崔圆、陈少游等人相似,都历任内外要职,甚至一度有拜相秉政的希望。他也一直以宰相之才自居,对出镇扬州的安排自觉怏怏不得志,于是把大小政务多委托给幕府僚佐,自己则招引宾客,谈玄论道。在淮南期间,杜亚行事铺张奢靡。当时江南风俗,春日有所谓"竞渡之戏,方舟并进,以急趋疾进者为胜",类似龙舟竞渡的民俗活动。杜亚为获得最佳观赏效果,命令部下以漆涂船底,"贵其速进","又为绮罗之服,涂之以油,令舟子衣之,入水而不濡"。[2]这一铺张、享乐的做派饱受舆论抨击,宾客李衡愤怒指责:"使桀、纣为之,不是过也!"[3]

　　除此之外,杜亚还效仿前任陈少游,通过进献的方式来取悦皇帝。史称"杜亚、刘赞、王纬及锜岁时进奉,以固其宠,号称'赋外羡余'"[4]。所谓"羡余",原意是指国家正税之外的地方收入,唐后期不少地方官标榜不取于民而财用丰饶,将这部分收入私下进献皇帝。但地方财政的总额是固定的,不会凭空产生,这些所谓"羡余",其实还是从民众身上盘剥而来。陈少游任内曾"奏请本道两税钱千增二百。因诏诸道悉如淮南,盐每一斗更加一百文",堪称此类弊政的始作俑者,而杜亚不仅不作厘革,手法反而更为刁钻,以进献为名私自动用府库,"然献才十二三,余皆私之",直接将国家收入中饱私囊。相比陈少游可谓变本加厉,有过之而无不及,结果导致"江、淮以南,物力大屈,人人憷然忘生"[5]。

　　当然,杜亚主政扬州期间也并非一无是处,在城市管理与新修水利方面便不乏可圈可点之处。自安史之乱后,大批北方士人为避战乱而迁徙南方,扬州城内成为他们聚居之处。这些官僚子弟与富商大贾为营造宅第,多侵占街衢,以致"行旅拥弊",杜亚下令拓宽街道,有效缓解了城内交通。[6]另外,因为中唐以后瓜洲并岸,江岸南移,导致流经扬州城区的官河淤塞,"河流浸

---

[1]〔后晋〕刘昫等:《旧唐书》卷一四六《杜亚传》,中华书局 1975 年版,第 3963 页。

[2]〔后晋〕刘昫等:《旧唐书》卷一四六《杜亚传》,中华书局 1975 年版,第 3963 页。

[3]〔宋〕欧阳修、宋祁:《新唐书》卷一七二《杜亚传》,中华书局 1975 年版,第 5207 页。

[4]〔宋〕欧阳修、宋祁:《新唐书》卷二二四上《叛臣上·李锜传》,中华书局 1975 年版,第 6384 页。

[5]〔宋〕欧阳修、宋祁:《新唐书》卷二二四上《叛臣上·李锜传》,中华书局 1975 年版,第 6384 页。

[6]〔后晋〕刘昫等:《旧唐书》卷一四六《杜亚传》,中华书局 1975 年版,第 3963 页。

恶,日淤月填,若岁不雨,则鞠为泥涂,舟楫陆沉,困于牛车,积臭含败。人中其气,为疾为瘵",给交通以及水利灌溉造成了极大困扰。虽然历任地方官屡有疏浚,但都成效不显。对此,杜亚勘察了扬州城西面的爱敬陂与句城湖两处水利设施,发现可以将其作为补给官河的水源。于是在上报皇帝后,很快组织民力进行修治。著名文士梁肃《通爱敬陂水门记》中称:"乃召工徒,修利旧防,节以斗门,酾为长源,直截城隅,以灌河渠,水无羡溢,道不回远。于是变浊为清,激浅为深,洁清澹澄,可灌可鉴。然后漕挽以兴,商旅以通,自北自南,泰然欢康。其夹堤之田,旱暵得其溉,霖潦得其归。化硗薄为膏腴者,不知几千万亩。"[1]这项工程完工后,一方面有效改善了扬州附近的水路交通状况,保障了官府漕运的畅达;另一方面也解决了农业灌溉用水问题,对民生大有裨益,在扬州城市发展史上留下了重要的一笔。

4. 杜佑(789—803 在任)

杜佑,字君卿,京兆万年(今陕西西安)人,唐代政治家、史学家。关于杜佑其人及其重要著作《通典》,本书其他章节还会有专门介绍,这里重点来看他在扬州任内的施政业绩。

杜佑初到淮南节度使任上,便逢淮南大旱。史书记载:"是夏(贞元六年),淮南、浙东西、福建等道旱,井泉多涸,人渴乏,疫死者众。"[2]面对这一局面,杜佑积极采取措施应对天灾。据权德舆所撰《岐国公杜公淮南遗爱碑铭并序》:

> 初,公之至也,岁丁骄阳,人有菜色。于是息浮费以悦之,蠲杂征以利之。夫家之税有冒没者,免其罪以购之;废居之豪有委积者,盈其直以出之。濒海弃地,茭刍填淤,一夫之勤,百亩可获。终古遗利,沛然嘉生,成于指顾,得以蕃殖。先是,营部未葺,囷仓未完,介夫半寓于仁祠,公聚或委于支郡。公乃虑材用,量事期,辑中权,规大壮。百堵皆作,三军宁宇,辕门言言,夏屋耽耽。可以张射侯,可以容宴豆,爰居爰处,而武备修矣。巨廪崇构,翚飞云蠹,缩以板干,积如京坻。得盖藏之宜,协出入之制。多

黍多稌,而礼节行矣。连营三十二,积谷五十万,工以悦使,人以乐成。又潴雷陂,以溉稉地,酾引新渠,汇于河流,皆省工费,而弘利泽。[1]

面对灾荒,杜佑息浮费、蠲杂役、垦荒田、修仓廪、整部伍、兴水利,政绩斐然。淮南地区旱涝灾害频发,次年,"扬、楚、滁、寿、澧等州旱"。[2]贞元八年七月,江淮等地又大水。[3]淮南多旱涝灾害,所以农田水利的兴修对于以稻作为主的淮南农业的发展尤为重要。杜佑到镇后,重点工作之一就是发展农业、兴修水利,以维持淮南对于朝廷财政和京师经济供给的重要地位。《新唐书》本传也记载:"初,佑决雷陂以广灌溉,斥海濒弃地为田,积米至五十万斛。"[4]这里提到了杜佑在农业方面做了两件大事:一是治理雷陂,修建新渠,以扩大灌溉面积;二是开垦沿海滩涂弃地,扩大耕地面积。

唐代淮南地区的水利工程主要集中在淮南道东部的扬、楚二州和西部的寿州、和州一带,其中扬州境内陂塘众多,又以大小雷陂、小新塘、勾城塘、陈公塘最为有名。[5]雷陂汉代便已有之,在扬州江都之北,唐初贞观十八年(644)扬州大都督府长史李袭誉曾"引雷陂水,又筑勾城塘,溉田八百余顷,百姓获其利"。[6]到了唐中期,雷陂可能经久失修,因此继贞元四年杜亚兴修爱敬陂(即"陈公塘")后,杜佑又重点治理雷陂,开湖疏渠,扩大蓄水量,并兴建新渠,沟通湖水与河流,扩大灌溉农田面积。权德舆评价杜佑此举"省工费,而弘利泽",取得了很好的成效。另一方面,隋唐五代时期,长江入海口地区泥沙沉积速度加快,长江北岸三角洲快速东进,形成了大量沿海滩涂,杜佑命人以"葑刍填淤",即以干草填实淤地,变弃地为良田,有效扩大了耕地面

[1]〔清〕董诰等编:《全唐文》卷四九六(权德舆)《大唐银青光禄大夫检校司徒同中书门下平章事太清宫及度支诸道盐铁转运等使崇文馆大学士上柱国岐国公杜公淮南遗爱碑铭并序》,中华书局1983年版,第5055—5056页。

[2]〔宋〕欧阳修、宋祁:《新唐书》卷三五《五行志二》,中华书局1975年版,第917页。

[3]〔宋〕司马光编著,〔元〕胡三省音注:《资治通鉴》卷二三四唐德宗贞元八年(792)秋七月,中华书局1956年版,第7533页。

[4]〔宋〕欧阳修、宋祁:《新唐书》卷一六六《杜佑传》,中华书局1975年版,第5088页。

[5]陈勇:《论唐代长江下游农田水利的修治及其特点》,《上海大学学报(社会科学版)》2006年第2期,第108页。

[6]〔后晋〕刘昫等:《旧唐书》卷五九《李袭誉传》,中华书局1975年版,第2332页。

积。兴修水利,垦殖滩涂,淮南地区的农业生产有了长足的发展,由此"积谷五十万"。为此,杜佑还兴修仓廪,军队给养得以维系,武备得以整饬。

杜佑任内还致力选贤任能,延揽人才。杜佑幕下文职僚佐,事迹可考者计有韦聿、刘禹锡、刘伯刍、窦常、裴枢、段平仲、张复元、南宫傅、李亚、郑元均、豆卢策、符载、廖某、路应、王锷、穆赏等 16 人[1],均堪称一时之选。但杜佑"为人平易逊顺,与物不违忤"[2],由此也导致他"于宾僚间依阿无制,判官南宫傅、李亚、郑元均争权,颇紊军政"[3],是为其政治生涯为数不多的污点。

杜佑理财、治民有方,"驭戎应变,即非所长"[4],这在历次军事行动中有所体现。如贞元十六年(800),杜佑受命兼任徐泗节度使,阻止徐州效仿河朔藩镇擅自受代。杜佑出师讨伐张愔,初战不利后便"固境不敢进"[5],导致朝廷用兵徐州以失败告终,被迫授张愔旄节,另割濠、泗二州隶于淮南。不过杜佑镇扬州期间,保境安民之功是难以掩盖的。权德舆《岐国公杜公淮南遗爱碑铭并序》称:

> 惟公镇定一方,心平德和,言仁必及人,言智必及事,生聚教训,勤身急病。视阃境如杗闑之内,抚编人有父母之爱。因其习俗而均安之,识其惨舒而导利之。[6]

这一评价是恰如其分的。

5. 王锷(803—808 在任)

王锷,字昆吾,家世寒微,原为湖南团练营的一名低级军官。嗣曹王李皋对他非常器重,提拔为邵州刺史、江州刺史、都虞候等军府要职。李皋入朝后,

[1]　戴伟华:《唐方镇文职僚佐考》,广西师范大学出版社 2007 年版,第 260—262 页。
[2]　〔宋〕欧阳修、宋祁:《新唐书》卷一六六《杜佑传》,中华书局 1975 年版,第 5090 页。
[3]　〔后晋〕刘昫等:《旧唐书》卷一四七《杜佑传》,中华书局 1975 年版,第 3979 页。
[4]　〔后晋〕刘昫等:《旧唐书》卷一四七《杜佑传》,中华书局 1975 年版,第 3982 页。
[5]　〔后晋〕刘昫等:《旧唐书》卷一四七《杜佑传》,中华书局 1975 年版,第 3978 页。
[6]　〔清〕董诰等编:《全唐文》卷四九六(权德舆)《大唐银青光禄大夫检校司徒同中书门下平章事太清宫及度支诸道盐铁转运等使崇文馆大学士上柱国岐国公杜公淮南遗爱碑铭并序》,中华书局 1983 年版,第 5056 页。

在唐德宗面前对王锷大加赞赏，称其"虽文用小不足，他皆可以试验"[1]。由此又得到唐德宗赏识，先后任鸿胪少卿、容管经略使、岭南节度使等职，并于贞元十九年接替杜佑，出任淮南节度使。

王锷出身底层军将，与其他士大夫出身的高级文官行事风格迥异。他熟谙文书细务，以吏干著称，尤其擅长理财，但另一方面也极为贪婪。在广州期间，他注意到岭南地区农业发展水平落后，国家规定的两税征纳额有限，而南海外商贸易颇为兴盛，于是转而课征商税，所得与两税相等。除了进贡给皇帝之外，王锷将其悉数占为己有，其家很快以巨富称雄京师。不仅如此，他还利用广州任职积累的财富为仕途助力。其子王稷常住京师，负责"以家财奉权要，视官高下以进赂"[2]，他本人则"日发十余艇，重以犀象珠贝，称商货而出诸境。周以岁时，循环不绝，凡八年，京师权门多富锷之财"[3]。在杜佑屡次上表请辞时，唐德宗属意王锷接任其职，很显然是看重他出色的理财能力。

到任扬州后，王锷不改旧态，依然以敛财为第一要务。此外，他还沿袭前任进奉"羡余"的弊政，大肆搜刮百姓钱物，并于元和二年亲自赴京进献，希望以此获得皇帝青睐，谋求同平章事的宰相加衔。这一赤裸裸的进京"买官"行径，引发朝野舆论的猛烈抨击。时任翰林学士的白居易上状皇帝：

> 臣窃有所闻，云王锷见欲除同平章事，未知何故，有此商量？臣伏以宰相者，人臣极位，天下具瞻。非有清望大功，不合轻授。王锷既非清望，又无大功，若加此官，深为不可。昨日裴均除平章事，内外之议，早已纷然。今王锷若除，则如王锷之辈皆生冀望之心矣。若尽与，则典章大坏，又未必感恩。若不与，则厚薄有殊，或生怨望。幸门一启，无可奈何。臣又闻王锷在镇日，不恤凋残，唯务差税。淮南百姓，日夜无憀。五年诛求，百计侵削。钱物既足，部领入朝。号为羡余，亲自进奉。凡有耳者，无不知之。今若授同平章事，臣恐四方闻之，皆谓陛下得王锷进奉而与宰相也。臣又恐诸道节度使，今日已后，皆割剥生人，营求宰相。私相谓曰："谁不如王

---

[1]〔后晋〕刘昫等：《旧唐书》卷一五一《王锷传》，中华书局 1975 年版，第 4060 页。

[2]〔后晋〕刘昫等：《旧唐书》卷一五一《王稷传》，中华书局 1975 年版，第 4061 页。

[3]〔后晋〕刘昫等：《旧唐书》卷一五一《王锷传》，中华书局 1975 年版，第 4060 页。

锷邪?"故臣以为深不可也。[1]

其中列举了他在扬州期间"不恤凋残,唯务差税。淮南百姓,日夜无憀。五年诛求,百计侵削"的罪状,其风评之恶可见一斑。迫于朝野舆论,唐宪宗没有给他加宰相衔,但依然委以重任,从淮南转任河中节度使。其间他再次进献二千万家财,终于得偿所愿,官拜宰相。

王锷与此前的陈少游,堪称唐后期官声最差的两任淮南节度使。这二人都以善于理财著称,更因盘剥百姓、进奉"羡余"获皇帝赏识,进而被提拔为淮南节度使这样的要职。他们的官运亨通,正暴露了唐后期高层政治与地方吏治腐败、堕落的一面。

6. 李吉甫(808—810 在任)

李吉甫,字弘宪,出身中古著名的世家大族赵郡李氏。与其父李栖筠、其子李德裕三代都仕宦显达,其中李栖筠官至浙西观察使、御史大夫,李吉甫与李德裕皆官至宰相,是唐后期声名显赫的官僚世家,更因"牛李党争"中李党领袖的身份,深刻影响了中晚唐的政局走向。李吉甫、李德裕父子都与扬州有着很深的渊源,他们先后主政扬州,又都以政绩著称,对中晚唐扬州区域社会发展作出了贡献。

李吉甫自幼好学,擅长属文。年二十七,为太常博士,以博学多闻、精通掌故著称。因得罪了时任宰相陆贽,被贬为明州长史,后又转任忠、郴、饶三州刺史,在南方十五年,因此备知民间疾苦与地方吏治得失。

唐宪宗即位后,改变了此前姑息藩镇的政策,转而采取强硬手段,致力削藩。李吉甫的政治主张与他正相契合,于是被召回朝中担任考功郎中、知制诰,又转翰林学士、中书舍人等中枢要职。在唐宪宗主导的平叛战争中,李吉甫积极出谋划策。如面对西川藩镇刘辟的叛乱,唐宪宗有意派军征讨,但久未决断,李吉甫密赞成之,并建议"广征江淮之师,由三峡路入,以分蜀寇之力"[2],最终成功平定叛乱。由此,李吉甫也得到了宪宗的信任,进而在元和二

---

[1]〔唐〕白居易著,谢思炜校注:《白居易文集校注》卷二一《论王锷状》,中华书局2011年版,第1222—1223页。

[2]〔后晋〕刘昫等:《旧唐书》卷一四八《李吉甫传》,中华书局1975年版,第3993页。

年被任命为中书侍郎、平章事。在主政期间,李吉甫继续推行了一系列削藩政策,其中最重要的一项措施,是将藩镇统兵权部分划归辖下诸州,这样一来有效遏制了藩镇的军事力量。在此前的姑息政策下,藩镇节帅往往终身任职,助长了割据的潜在威胁,李吉甫"为相岁余,凡易三十六镇,殿最分明"[1],有效提升了中央对藩镇的控御力。

元和三年,朝中党争激烈,政敌裴均等人觊觎相位,对李吉甫多方倾轧,更因在此年制举对策中受到攻击,李吉甫不得不以退为进,主动请求出镇淮南。

李吉甫是继杜佑之后另一位较有作为的淮南节度使。到任后,他首先着力发展水利、漕运事业。当时扬州附近运河的流向与今天不同,呈南高北低的走向,为保障运河顺利入淮,必须补充充足的水源。此前杜亚任内虽然疏浚爱敬陂与句城湖,但这两处水源并没有上游活水,主要依靠雨水补给,水量有限,更兼年久失修,"漕渠庳下,不能居水"。这给漕运造成了很大的困扰。有鉴于此,李吉甫任内"乃筑堤阏以防不足,泄有余,名曰平津堰"[2]。"平津"即调节水位之意,水满为患时可向堰上排水,水枯时避免官河水下泄,保障漕运畅通。[3]此外,为保证农业灌溉用水,李吉甫又在高邮县境内修筑富人、固本二塘,"溉田且万顷"[4]。这一系列措施推动了扬州社会经济的发展。

作为久在地方任职的官员,李吉甫备知民间疾苦,任内奏请蠲免百姓赋税数百万。元和三年,江淮以南发生大旱,民众流离失所,李吉甫一方面采取种种保境安民的措施,一方面对邻近的浙西、浙东地区的旱灾也颇为担忧。在知悉当地官员不肯如实上报后,他毅然上疏宪宗,劝其赈济灾民。在得到李吉甫的上奏后,唐宪宗下诏:"遣使臣分命巡行,特加存恤,往救灾患,冀安流庸。俾免其田租,赈以公廪,随便拯给,惠此困穷。其元和三年诸道应遭水旱所损,州府应合放两税钱米等,损四分已下,宜准式处分;四分已上者,并准元和元年六月十八日敕文放免。"[5]除了减免租税,同年十一月的诏书中还采

---

[1]〔宋〕欧阳修、宋祁:《新唐书》卷一四六《李吉甫传》,中华书局1975年版,第4740页。

[2]〔宋〕欧阳修、宋祁:《新唐书》卷一四六《李吉甫传》,中华书局1975年版,第4740—4741页。

[3]吴家兴主编:《扬州古港史》,人民交通出版社1988年版,第24页。

[4]〔宋〕欧阳修、宋祁:《新唐书》卷一四六《李吉甫传》,中华书局1975年版,第4740页。

[5]〔清〕董诰等编:《全唐文》卷五六(宪宗皇帝)《赈诸道水旱灾制》,中华书局1983年版,第610页。

取了一系列赈济措施,针对受灾严重的淮南扬、楚、滁三州,浙西润、苏、常三州,"以江西、湖南、鄂岳、荆南等使折籴米三十万石赈贷淮南道三州,三十万石贷浙西道三州",因担心路途遥远,外州的赈灾粮不能按时送达,宪宗还命李吉甫等江淮大员"以当道军粮米据数给旱损人等"。[1]这些赈灾措施有效保障了江淮地区的民生。

旱灾刚刚平息,淮南地区又接着出现了瘟疫。李吉甫对此忧心如焚,"不饮酒,不听音",积极寻访名医异人,救治百姓。他听闻楚州境内有王炼师,"济拔江淮疾病,休粮服气,神骨甚清,得力者已众",立刻派人将其延请到扬州,对其礼敬有加,自称弟子。王炼师被他的诚意所打动,答应开具了药方,为百姓疗治,"重者恣饮之,轻者稍减,既汗皆愈"。[2]这场旱灾之后的大疫也迅速得到了控制。

李吉甫身在淮南,但时刻关心着朝中局势,史书称其"每有朝廷得失,军国利害,皆密疏论列",[3]虽然不在中枢,但他还是很受宪宗信任。也因此,元和六年正月,出镇扬州三年后,李吉甫再次受诏入朝,担任宰相,直至元和九年在任上去世。

李吉甫博学多才,虽然身居高位,但依然笔耕不辍,著述颇丰,撰有《文集》二十卷、《六代略》三十卷、《元和国计簿》十卷、《元和郡县图志》四十二卷、《百司举要》一卷、《删水经》十卷、《古今地名》三卷、《古今说苑》十一卷等,涉及历史、地理、文学等诸多领域。这些著作今天大多已经亡佚,唯一存世的是《元和郡县图志》的部分篇章(地图已不传,淮南等道也已不存),而这也正是反映其学术成就与政治理念的代表性著作。李吉甫平生治学、从政都以经世济国为主要依归,由此深刻体察到记录山川险要、人口分布的地理资料的重要性,他认为"成当今之务,树将来之势,则莫若版图地理之为切",而"审户口之丰耗","辨州域之疆理"则是首要的两项任务。[4]有鉴于此,在首

[1]〔清〕董诰等编:《全唐文》卷六〇(宪宗皇帝)《赈贷淮南浙西诏》,中华书局1983年版,第643页。

[2]〔宋〕李昉等编:《太平广记》卷四八《神仙四十八》"李吉甫"条引《逸史》,中华书局1961年版,第297页。

[3]〔后晋〕刘昫等:《旧唐书》卷一四八《李吉甫传》,中华书局1975年版,第3994页。

[4]〔唐〕李吉甫撰,贺次君点校:《元和郡县图志·序》,中华书局1983年版,第2页。

次拜相时,他便主持编修《元和国计簿》,详细记录了当时各府道州县的户口、赋税情况。元和八年,他又在此基础上编纂了《元和郡县图志》。此书以唐初划定的十道为纲领,将中晚唐设置的四十七个藩镇悉数纳入其中,每镇之上冠以地图,其下列叙境内山川形势、区划沿革、州县等级、户口数、不同历史时期的赋税以及盐铁、营田、兵马配额等事项。此书体例完备,叙事简明扼要,反映出李吉甫深厚的史地学养与丰富的从政经验,堪称中国传统历史地理学的一部不朽名著。

7. 王播(822—827 在任)

王播,字明敭,出身世家大族太原王氏,但到了唐代,家世已颇为没落,实际上是一个中下级官僚家族。其父王恕,德宗建中年间曾任扬州仓曹参军,此后便侨居在扬州。王播自幼生长于扬州,后来又官至淮南节度使,这在历任节度使中堪称特例。

因为其父早逝,王播自幼家贫,一度非常落魄,寄住在扬州慧照寺的木兰禅院中,饱受冷眼。但他发奋苦读,先后参加进士、制举考试,都一举及第,从此踏上仕途。王播先后任长安令、工部郎中、虢州刺史、御史中丞、京兆尹、刑部侍郎、盐铁转运使等职。从履历来看,王播的仕途可以说一路坦荡,历任内外要职。虽然以文辞进用,但王播在长期的从政实践中又以吏术之才著称,史称其"虽案牍鞅掌,剖析如流,黠吏诋欺,无不彰败",又因在刑部任职的缘故,兼具深厚的法律素养,当时各类"法寺议谳,科条繁杂",王播"备举前后格条,置之座右,凡有详决,疾速如神。当时属僚,叹服不暇"[1]。在首次担任盐铁使时,正值唐宪宗励精图治,有意削平藩镇。王播对此倾力支持,令副手程异"乘传往江淮,赋舆大集,以至贼平,深有力焉"[2],为平叛做出了突出贡献,也因此深受唐宪宗信任,一度被认为是宰相人选。但不久,王播遭到权臣皇甫镈排挤,于元和十三年出镇成都,任剑南西川节度使。

唐穆宗即位后,王播"大修贡奉,且以赂结宦官"[3],希望能被皇帝召回

---

[1]〔后晋〕刘昫等:《旧唐书》卷一六四《王播传》,中华书局 1975 年版,第 4276 页。

[2]〔后晋〕刘昫等:《旧唐书》卷一六四《王播传》,中华书局 1975 年版,第 4276 页。

[3]〔宋〕司马光编著,〔元〕胡三省音注:《资治通鉴》卷二四一唐穆宗长庆元年(821)正月,中华书局 1956 年版,第 7788 页。

朝。这一策略果然奏效，他先后被任命为刑部尚书、盐铁转运等使，不久终于得偿所愿，拜相秉政。此时河北地区原本已归附中央的藩镇再次出现叛乱，而身在相位的王播则"专以承迎为事，而安危启沃，不措一言"。长庆二年（822），迫于朝野舆论压力，王播受命出任淮南节度使，同时兼任盐铁转运使，"携盐铁印赴镇"。[1]

王播以擅长理财著称，他能得到皇帝信任也是因在盐铁转运使任内的业绩。所以在扬州期间，他主要看重的也是这方面的"政绩"。他到任后，正值江淮地区旱灾，民间甚至出现"人相啖食"的惨剧。王播首先忧心的不是百姓疾苦，而是担心赋税难以为继，会进一步失去皇帝的信任。于是"设法掊敛"，加倍盘剥百姓，以致怨声载道。

此后，他任内多次进献"羡余"，又因兼任盐铁转运使，更加方便进行敛财。史书中详细列举了王播任内向皇帝的历次进献，《册府元龟》卷五一〇《邦计部·希旨》：

> （王）播掌财赋，以希恩取媚，特每岁送钱，号为羡余。宝历元年十二月，进羡余绫绢五十万匹。又太和元年五月己卯，自淮南节度兼诸道盐铁转运，进绫绢三万匹；丙戌，又进银槛二百枚，银盖碗一百枚，散碗二千枚，绫绢各二十万匹，并称盐铁羡余。播自淮南入朝，方图大用，故极其进献，仍伪以羡余为名。九月，播进玉带十三条。四年正月丁亥，进羡余绫绢二十万匹。[2]

进献羡余是前任淮南节度使陈少游等人的弊政，地方官以正税之外的财政收入为名，进献给皇帝私人，完全是一种求宠、取媚的政治手段。历任淮南节度使固然不乏此类举动者，但就进献总量与频次而言，王播任内恐怕都是登峰造极的，据称他"巧为赋敛，以事月进，名为羡余，其实正额，务希奖擢，不

───────────

[1]　〔后晋〕刘昫等：《旧唐书》卷一六四《王播传》，中华书局1975年版，第4276—4277页。
[2]　〔宋〕王钦若等编纂，周勋初等校订：《册府元龟》卷五一〇《邦计部（二十八）·希旨》，凤凰出版社2006年版，第5802页。

恤人言"[1]。也因此,王播一直深受皇帝信任,在诏书中称赞其"长才适于通变,……休声早振于全蜀,成绩近著于维扬。山泽之货无遗,输转之资相继。用佐经费,克彰忠劳。"[2]而另一方面,王播这般疯狂敛财的举动也饱受朝野舆论抨击,谏议大夫独孤朗等人"请开延英面奏(王)播之奸邪,交结宠幸","物议纷然不息"。[3]这无疑是莫大的讽刺。

当然,王播毕竟是一名颇具吏干之才的高级官员,在任内也做出过一些值得称道的政绩,其中最重要的便是七里港河的开通。唐代大运河扬州段因水势南高北低,水流平缓,泥沙易淤积,常出现船只搁浅的现象,需要经常疏浚。虽经杜亚、李吉甫等历任官员治理,但因沿袭了隋代运河贯城而过的规划格局,水源供给不足的问题并未彻底解决。有鉴于此,宝历二年(826),王播重新规划官河航道,于城南阊门西七里港引水,向东蜿蜒,不经城内,于禅智寺桥(今邗江区黄金坝附近)注入旧官河,全长十九里,是为七里港河。七里港河开通后,有效保障了扬州段漕运的通畅,也改变了运河穿城而过的城市布局,清代学者刘文淇在《扬州水道记》中指出:"此邗沟运河由城南引江水济运,漕船不复由城内官河之始。"[4]对后世影响深远。

8. 牛僧孺(832—837 在任)

牛僧孺,字思黯,祖籍安定鹑觚,自称为隋代名臣牛弘后裔。入唐后,家世不显,属于中下级官僚。

牛僧孺于贞元二十一年进士及第,元和三年又应贤良方正科制举。在制举对策中,他与同年进士李宗闵等人指斥时事,攻讦时任宰相李吉甫专权,并被考校官列为第一等。这引发了一场轩然大波,李吉甫向唐宪宗哭诉,竭力辩白,并称牛僧孺等人受其政敌指使,考校官评判不公。最终考校官杨於陵等人都被贬官,牛僧孺虽然获得制举及第,但因此在政治上一度很不得志。这便是晚唐政治史上著名的"元和三年对策事件",深刻影响了此后的政局

---

[1]〔后晋〕刘昫等:《旧唐书》卷一六四《王播传》,中华书局 1975 年版,第 4277 页。

[2]〔清〕董诰等编:《全唐文》卷六九(文宗皇帝)《加王播尚书左仆射制》,中华书局 1983 年版,第 727 页。

[3]〔后晋〕刘昫等:《旧唐书》卷一六四《王播传》,中华书局 1975 年版,第 4277 页。

[4]〔清〕刘文淇著,赵昌智、赵阳点校:《扬州水道记》卷一《江都运河》,广陵书社 2011 年版,第 23 页。

走向。此后,牛僧孺、李宗闵等人与李吉甫之子李德裕在政坛上各树党羽,彼此倾轧不休,持续四十年之久,史称"牛李党争"。可以说,元和三年对策事件开启了"牛李党争"先河。更富戏剧性的是,李吉甫、李德裕、牛僧孺三人先后都曾担任淮南节度使,又都有拜相秉政的经历。从这个角度看,中晚唐的扬州,既是宰相回翔之地,也是朝野不同政治集团角力的舞台。

牛僧孺历任伊阙县尉、监察御史、礼部员外郎、都官郎中、库部郎中、知制诰、御史中丞等,大多是朝中清显之职。在御史中丞任内,因守法不阿,获得唐穆宗赏识,转任户部侍郎。在此期间,宣武节度使韩弘派其子到京中结交权贵,大肆行贿。此后不久父子皆去世,唐穆宗派人搜得韩氏父子行贿的账簿,发现"班列之中悉受其遗"[1],唯独在牛僧孺名下以朱书小字记录道:"某年月日,送户部牛侍郎钱千万,不纳。"[2]唐穆宗对此赞赏不已,不久拜其为相。

首度担任宰相后,牛僧孺发现当时朝堂内外政治生态恶劣,宦官专权,大臣彼此朋党为奸,而他又无力匡正,只希望远离是非,多次要求外镇,于是以宰相衔出镇鄂州,任武昌军节度使。此后唐文宗大和年间,李宗闵入朝秉政,因二人是进士、制举的同年密友,他多次向文宗推荐牛僧孺有经国之才,不宜外任。于是在大和四年再次入朝拜相。此后二人联手,在朝中与李德裕一党斗争不休。在官场翻云覆雨的斗争中,牛僧孺也从一位颇具理想抱负、敢直言时弊的青年士人,蜕变为一名老于世故、嫉贤害能的官僚。这种转变,在大和六年处置维州事件的态度上有集中体现。维州是安史之乱后,吐蕃在剑南道西山地区占领的唐朝领土,此后历任剑南节度使虽想收复,但都没有成功。时任节度使李德裕得到吐蕃维州守将有意归降的密信,上奏朝廷,力主乘机收复失地。唐文宗召集朝臣商议,群臣大多同意李德裕的主张,而牛僧孺却坚持不可,他认为:"吐蕃疆土,四面万里,失一维州,无损其势。……比来修好,约罢成兵。中国御戎,守信为上,应敌次之,今一朝失信,戎丑得以为

---

[1]〔后晋〕刘昫等:《旧唐书》卷一七二《牛僧孺传》,中华书局1975年版,第4470页。
[2]吴在庆:《杜牧集系年校注·樊川文集》卷七《唐故太子少师奇章郡开国公赠太尉牛公墓志铭并序》,中华书局2008年版,第702页。

词。"[1]这一见解今天看来首先是颇为迂腐的,而更深层的动机,是他嫉妒政敌李德裕因此建立不世之功,进而威胁到自身政治地位。在牛僧孺的竭力压制下,李德裕最终不得不放弃纳降计划,坐失这一收复维州的大好时机,牛、李二人进一步趋向对立。

维州事件后,朝野舆论对牛僧孺多有非议,唐文宗也对这一决策颇为后悔。在这一政治形势下,大和六年(832)十二月,牛僧孺罢相外任淮南节度使。到任扬州后,牛僧孺也深感卷入朝堂党争太深,且已两度拜相,无意仕途进取,所以在扬州期间索性寄情山水,日与僚佐宴集、唱和。在此期间,牛僧孺对杜牧等文士多有庇护、奖掖,使其在优渥的创作环境下,留下了不少风流佳话与歌咏扬州的千古名篇。除此之外,从文献记载来看,牛僧孺在扬州期间却没有太多值得称述的政绩。杜牧为其撰写的墓志铭,对此一笔带过,而在李珏撰写的神道碑中,也只是泛泛称其"清净简易,化人移风。俾及五年,臻于至理,仓廪实,礼义行",[2]基本可归为谀墓、虚美之辞。

9. 李绅(840—842,844—846在任)

李绅,字公垂,祖籍亳州。中晚唐著名诗人、政治家,也是牛李党争中李德裕一党的重要人物。

李绅出身于世家大族赵郡李氏,其高祖父李敬玄,是唐高宗朝的宰相。但此后家族逐渐没落,其父李晤,颇有士林声誉,但官位不高,在安史之乱前后担任金坛、乌程、晋陵三县令,此后在江南安家,定居在常州无锡县。李绅自幼丧父,在母亲卢氏的教导下研习典籍,以擅长诗歌著称,曾寄住在无锡惠山寺潜心读书。元和元年,李绅参加进士考试,以传颂千古的《悯农诗》干谒名士吕温,获其赞赏:"吾观李二十秀才之文,斯人必为卿相。"[3]由此一举成名,获进士及第。在回江南觐省途中路过润州,被当时的浙西观察使李锜邀入幕府,担任掌书记。不久后,李锜图谋割据,李绅洞悉了他的野心,不肯参

[1]〔后晋〕刘昫等:《旧唐书》卷一七二《牛僧孺传》,中华书局1975年版,第4471页。

[2]〔清〕董诰等编:《全唐文》卷七二〇(李珏)《故丞相太子少师赠太尉牛公神道碑铭并序》,中华书局1983年版,第7407页。

[3]〔宋〕李昉等编:《太平广记》卷一七〇《知人二》"吕温"条引《云溪友议》,中华书局1961年版,第1246页。

与其事，并设计趁机脱身。

因为在李锜之乱中拒不从逆的操守，李绅获得朝廷褒奖，拜右拾遗，又任翰林学士、中书舍人等中枢要职。在此期间，李绅与李德裕、元稹同署为官，彼此交好，时称"三俊"。此后李绅一度被卷入朝堂人事纷争，出为御史中丞、户部侍郎，后来又被贬为端州司马。大和年间，李德裕拜相秉政后，李绅的仕途出现转机，被任命为越州刺史、浙东观察使，后又历任河南尹、宣武军节度使。开成五年，李德裕自淮南再次入朝拜相，李绅则继任淮南节度使。次年曾短暂入朝秉政，会昌四年至会昌六年，又再度出任淮南节度使。

李绅在扬州期间，施政以法纪严明著称。对此，史料中有不少反映，这里只举两例。笔记小说《云溪友议》称，李绅治理淮南期间，"持法清峻，犯者无宥，有严、张之风。狡吏奸豪，潜行叠迹"。但严刑峻法之下，也对本地百姓造成困扰，以致"邑客黎人，惧罹不测之祸，渡江过淮者众矣"，民众纷纷迁徙别处。当下属将这一情形向他汇报时，他说："汝不见淘麦乎？秀者在下，糠秕随流。随流者不必报来。"[1]治下百姓听闻后，再也没有越境逃脱者。由此可见，李绅持法严峻，主要针对的是一些"狡吏奸豪"，他们长期为祸一方，是重点整肃的对象。对自己的故旧亲知，李绅也丝毫不假以颜色。例如有一位曾任宣州馆驿巡官的"同年之旧"，听闻李绅赴任淮南节度使后，特地来拜谒，希望获得他的接济，甚至获得一官半职。刚到扬州后不久，家仆便仗着他与李绅的关系胡作非为，并与市井之人产生纠纷。李绅下令严惩这名家仆，并派人逮捕崔巡官，将其羁押判罪，"笞股二十，送过秣陵，貌若死灰，莫敢恸哭"[2]。唐代地方官大多以奖掖衣冠、优待士流自诩，对投奔自己的亲故，大多极尽优渥。而李绅则不徇私情，对这些仗势欺人的衣冠士流加以严惩。虽然这在当时被不少人批评为刻薄寡恩、不念旧情，但也可见其有意厘革积弊日久的不正之风。

李绅任内，还发生了一件影响深远的案件，此即会昌五年的吴湘之狱。这一事件也是"牛李党争"中的一桩公案，涉及两党中的不少重要人物，更直接牵动了晚唐政局走向。事件最初发生在会昌二年，起因是扬州都虞候卢行

---

［1］〔唐〕范摅撰，唐雯校笺：《云溪友议校笺》卷上，中华书局2017年版，第22页。

［2］〔唐〕范摅撰，唐雯校笺：《云溪友议校笺》卷上，中华书局2017年版，第22页。

立、刘群等人图谋霸占百姓颜悦之女,且谎称是奉监军使(宦官)之命,要将颜氏进奉到宫中,"不得嫁人,兼擅令人监守"[1]。为摆脱卢行立等人的骚扰,颜氏继母焦氏与时任江都县尉(一说县令)吴湘私下商定,将女儿嫁给他。因为吴湘的官员身份,卢行立等人无法阻挠这桩婚事,对其怀恨在心,随后指使他人控告吴湘贪墨公款,并强娶百姓之女。节度使李绅将吴湘捉拿归案,一番审讯后,将其判为死刑,并上报朝廷核准。

吴湘叔父吴武陵与宰相李德裕素有仇怨,此案一出,朝野舆论怀疑李绅系秉承李德裕之意,挟私报复。为平息舆论,朝廷派遣监察御史崔元藻为使,赴扬州复核此案。崔元藻不敢得罪当权的李德裕、李绅,认定吴湘贪赃属实,但他也提出一点质疑,认为颜氏之父曾任青州衙推,其生母出身官宦人家,因此她并非百姓之女。这里需要附带提一下唐代的法律规定,"诸州县官人,在任之日,不得共部下百姓交婚"[2]。因此,如果颜氏是衣冠士流,则吴湘并未触犯律条,罪不至死,否则两罪并罚,则应按律处死。此时正值李德裕权倾朝野,对崔元藻的意见很不以为然,认为是有意回护。他坚持处死吴湘,并将崔元藻贬为崖州司户参军。以上是吴湘案的第一阶段。

唐宣宗即位后,李德裕罢相,李绅病卒,朝中政敌拟借机清算李党,遂指使吴湘之兄吴汝纳鸣冤上诉。大中元年(847),唐宣宗下诏重审吴湘案。崔元藻此时也被召回朝作证,他"既恨德裕",复受牛党利诱,于是坚称吴湘罪不至死,"颜悦实非百姓"云云。[3]案情由此发生反转,最终认定李绅、李德裕枉法构陷吴湘致死,贬李德裕为崖州司户参军,最终死于异域,李党要员李回、杜亚等皆因此获罪流贬。持续数十年的牛李党争,最终以李德裕一派的失败而告终。

吴湘案最初是一桩不太起眼的地方性案件,性质属于官员常见的经济类犯罪,但牛李党争的政治因素发酵,因缘际会成为影响历史进程的重要事件,从初审、复查到重审、平反,可谓波诡云谲,一波三折。吴湘之狱之所以发生于扬州,也并非纯属偶然。作为东南雄藩的淮南镇,号称"宰相回翔之地",牛、

---

[1]〔后晋〕刘昫等:《旧唐书》卷一八下《宣宗纪》,中华书局1975年版,第619页。

[2]〔宋〕王溥:《唐会要》卷八三《嫁娶》,中华书局1955年版,第1529页。

[3]〔后晋〕刘昫等:《旧唐书》卷一七三《吴汝纳传》,中华书局1975年版,第4501页。

李两党主要成员,如李德裕、李绅、牛僧孺、李珏等都曾先后主政扬州。因此,晚唐的扬州城也成为各派政治势力博弈的场所,吴湘之狱的本质,其实是晚唐中枢权力斗争在地方的投影。

第五节　唐末动乱与扬州的衰落

唐皇朝的统治在 9 世纪末期趋于崩溃。在全国性的动乱中,地处江淮四战之地的扬州也不可避免地受到影响。由于扬州处在东南财赋之地,唐廷对其十分重视,也吸引着各种势力的觊觎。在动乱背景下,扬州的兴衰也反映了唐帝国的命运起伏。本节从庞勋、黄巢、高骈等人的活动出发,对唐末扬州政治地位的变迁做一番介绍。

一、庞勋之乱与扬州

唐懿宗咸通年间,南诏攻陷安南都护府数年,最终被新任命的安南都护高骈收复,时在咸通七年(866)十月。在此之前,南诏占领安南的咸通四年(863),为确保岭南无虞,来自徐州武宁军的军士开始戍守桂州,初定三年为期。到了咸通九年(868),安南早已收复,而军士依然在桂州戍守,于是他们以庞勋为首,发动叛乱。关于这场叛乱,《新唐书·南诏传赞》称:

> 懿宗任相不明,藩镇屡畔。南诏内侮,屯戍思乱。庞勋乘之,倡戈横行。虽凶渠歼夷,兵连不解,唐遂以亡。《易》曰:'丧牛于易。'有国者知戒西北之虞,而不知患生于无备。汉亡于董卓,而兵兆于冀州;唐亡于黄巢,而祸基于桂林。《易》之意深矣。[1]

这篇传赞的作者应该就是欧阳修,其中将唐朝灭亡的原因追溯到唐懿宗对南诏的征伐。在欧阳修看来,这场叛乱比黄巢之乱的影响还要深远,最终导致了唐朝的灭亡。至于其理由,欧阳修试图从《易》学角度解释,认为唐廷重视西北,忽略西南,从而"患生于无备",符合《易》学中的"丧牛于易",也就是

---

[1] 〔宋〕欧阳修、宋祁:《新唐书》卷二二二中《南诏传下》,中华书局 1975 年版,第 6295 页。

祸起于对西南边防的疏忽不备。虽然引发动乱的导火索是明确的,但历史演进的脉络往往更为复杂。

庞勋率众北上之后,在路过淮南道期间,坐镇扬州的是淮南节度使令狐绹,此人在文学方面颇有名声,与其父令狐楚(766—837)并称于晚唐文坛。不过,在为官方面,令狐绹小心谨慎,明哲保身,一切皆以自身利益为出发点。咸通九年九月,庞勋率部众经过浙西来到淮南道时,令狐绹竟然派人慰劳,并为他提供人马粮草。当时淮南节度使都押牙李湘向令狐绹提出建议,主张袭击庞勋,李湘说:“徐卒擅归,势必为乱。虽无敕令诛讨,藩镇大臣当临事制宜。高邮岸峻而水深狭,请将奇兵伏于其侧,焚荻舟以塞其前,以劲兵蹙其后,可尽擒也。不然,纵之使得渡淮,至徐州,与怨愤之众合,为患必大。”[1]但令狐绹否决了这一建议。令狐绹之所以做出这样的决断,一方面是担心主动出兵可能会违背朝廷的决策,另一方面大概也是担心无法击败庞勋等出身徐州劲卒的戍兵,反而会节外生枝。于是,令狐绹采取了主动示好的姑息之策,这也间接引发了日后持续近两年的庞勋之乱。

如果追根溯源的话,庞勋之乱的酝酿又与令狐绹之子令狐滈脱不开干系。令狐滈当初凭借父亲宰相的权势,在唐懿宗咸通初年收受李琢贿赂,让李琢赴任安南都护。正是李琢在任上措置失当,导致南诏入侵安南,从而引发了庞勋之乱。[2]合而观之,儿子令狐滈犯下的错误,本应由父亲令狐绹承担责任,但令狐绹的错误决策,却进一步促成庞勋之乱的燎原之势。事实上,令狐绹为相时,对于儿子令狐滈的一系列行为基本都是听之任之,以至于朝野舆论对此十分反感,称其为“白衣宰相”。崔瑄有《论令狐滈及第疏》,指出每年科举考试,都取决于令狐滈之手。等到令狐绹出镇淮南,令狐滈本人及第之后,拟迁任左拾遗时,又有刘蜕《论令狐滈不宜为左拾遗疏》和张云《论令狐滈不宜为左拾遗疏》《复论令狐滈疏》等奏疏,极力指斥令狐绹、令狐滈父子“专恣威福,势倾朝廷”。[3]

---

　　[1]〔宋〕司马光编著,〔元〕胡三省音注:《资治通鉴》卷二五一唐懿宗咸通九年(868)九月,中华书局1956年版,第8122页。

　　[2]〔后晋〕刘昫等:《旧唐书》卷一七二《令狐滈传》,中华书局1975年版,第4469页。

　　[3]　参李廷先:《唐代扬州史考》,江苏古籍出版社2002年版,第332—334页。

就庞勋而言,由于庞勋等人的目的在于回到徐州家乡,故而在令狐绹放走庞勋之后,扬州城并未有战火直接波及。虽然如此,扬州却也一直受到影响。咸通九年(868)十月,庞勋占领徐州,势力大增,史载:

> 勋以许佶为都虞候,赵可立为都游弈使,党与各补牙职,分将诸军。又遣旧将刘行及将千五百人屯濠州,李圆将二千人屯泗州,梁丕将千人屯宿州,自余要害县镇,悉缮完成守。徐人谓旌节之至不过旬月,愿效力献策者远近辐凑,乃至光、蔡、淮、浙、兖、郓、沂、密群盗,皆倍道归之,阗溢郛郭,旬日间,米斗直钱二百。[1]

可见,庞勋在占领徐州后,开始自署将领,包括都虞候许佶、都游弈使赵可立等。另外,又派遣将领屯戍周边各州,包括刘行及率领1500人屯戍濠州,李圆率领2000人屯戍泗州,梁丕率领1000人屯戍宿州等等。当时,庞勋及徐州地方人士认为,唐廷很快会授予庞勋为徐州武宁军节度使,故而周边各个地方的"群盗"都来投靠,甚至导致米价上涨。

值得注意的是这里涉及到的地名,可以分为两类:第一类是庞勋部将占领区,包括濠州、泗州、宿州,以及"自余要害县镇";第二类是庞勋势力影响所及,使得"光、蔡、淮、浙、兖、郓、沂、密群盗,皆倍道归之",但这些地方并非庞勋势力本身所到达的地方。

以上是庞勋之乱早期强盛的情况,按此可将其波及范围分为三个圈层:首先是最核心的徐州,其次是庞勋势力所占领的濠州、泗州、宿州,然后是庞勋势力所影响的外围区域。其中最后一个圈层,并非全以州为单位,而是与藩镇、道有关概而言之。比如"光"即指淮南道北缘的光州,与所谓"淮"重出。"蔡"指蔡州,在河南道南缘,与光州相邻,故而一并被提及。"浙"是指浙西道,"兖、郓、沂、密"则属于河南道下面旧淄青镇的几个州。也就是说,庞勋势力以徐州为核心,以濠州、泗州、宿州为主干区域,影响所及则波及淮南、河南、浙西等道的藩镇。

---

[1] 〔宋〕司马光编著,〔元〕胡三省音注:《资治通鉴》卷二五一唐懿宗咸通九年(868)十月,中华书局1956年版,第8128页。

庞勋势力日渐壮大，已不再满足于局限在徐泗地区，开始波及外围区域，具体表现在如下两个方面：一者属于庞勋之乱核心和主干区域的徐泗地区民众纷纷避乱南下，"扶老携幼，塞涂而来"[1]，到淮南境内避难。当然，徐泗民众南下避乱，其实也有自然灾害的因素。据《旧唐书·懿宗纪》载："是岁，江、淮蝗食稼，大旱。"[2]《新唐书·五行志》亦曰："九年，江淮、关内及东都蝗。"[3]可见，咸通九年时，江淮地区因大旱而导致蝗虫漫天，徐泗民众已罹天灾，又遇兵燹，只有逃难一途。二是咸通九年十二月，庞勋还乘胜"分遣其将丁从实等各将数千人南寇舒、庐，北侵沂、海，破沭阳、下蔡、乌江、巢县，攻陷滁州，杀刺史高锡望。又寇和州，……贼遂大掠城中，杀士卒八百余人"。[4]这里的乌江、巢县、滁州、和州等，都在淮南道境内。直至闰十二月，方因唐将戴可师将兵三万渡淮，而庞勋"尽弃淮南之守"。[5]不过戴可师不久即战败被杀，庞勋之势复振，导致"淮南士民震恐，往往避地江左"。[6]及至唐廷以节度使一职为诱饵，方才稳定庞勋之心，"由是淮南稍得收散卒，修守备"。[7]

总之，庞勋之乱对江淮地区造成了巨大的影响，双方力量在淮南一带反复拉锯。这个影响主要体现在人口的流动上，北来避乱的人口对扬州城平静的社会造成了冲击，且持续数年之久；另外，庞勋军队对淮南地区也多有军事骚扰。对此冲击的反应，则莫过于淮南向徐泗等地的出兵增援。这些增援主要有两类：

一类是单枪匹马的私人赴难，如居住在扬州城内的辛谠孤身前往泗州平

　　[1]〔宋〕司马光编著，〔元〕胡三省音注：《资治通鉴》卷二五一唐懿宗咸通九年（868）十一月，中华书局1956年版，第8130页。

　　[2]〔后晋〕刘昫等：《旧唐书》卷一九上《懿宗纪》，中华书局1975年版，第664页。

　　[3]〔宋〕欧阳修、宋祁：《新唐书》卷三六《五行志三》，中华书局1975年版，第940页。

　　[4]〔宋〕司马光编著，〔元〕胡三省音注：《资治通鉴》卷二五一唐懿宗咸通九年（868）十二月，中华书局1956年版，第8134页。

　　[5]〔宋〕司马光编著，〔元〕胡三省音注：《资治通鉴》卷二五一唐懿宗咸通九年（868）闰十二月，中华书局1956年版，第8135页。

　　[6]〔宋〕司马光编著，〔元〕胡三省音注：《资治通鉴》卷二五一唐懿宗咸通九年（868）闰十二月，中华书局1956年版，第8136页。

　　[7]〔宋〕司马光编著，〔元〕胡三省音注：《资治通鉴》卷二五一唐懿宗咸通九年（868）闰十二月，中华书局1956年版，第8137页。

乱。辛谠是安史之乱期间立有战功的将领辛云京（714—768）之孙，颇有乃祖之风，当时寓居扬州城内，平生喜欢任侠之事，至五十岁依然没有步入官场。庞勋之乱期间，辛谠的老朋友杜慆任泗州刺史，一直在向江淮求援。辛谠闻此，只身前往泗州，一开始只是劝杜慆携家眷避难，后来受到杜慆大义感染，回到扬州，与自己家人诀别，与杜慆共同赴汤蹈火。杜慆对辛谠说："安平享其禄位，危难弃其城池，吾不为也！且人各有家，谁不爱之？我独求生，何以安众！誓与将士共死此城耳！"辛谠听闻此言，答道："公能如此，仆与公同死！"[1]于是，咸通九年十一月，辛谠再赴泗州，庞勋军队已经兵临城下，辛谠只得以小船进城，随即被杜慆任命为团练判官。当时，泗州城危急，幸有都押牙李雅颇有勇略，为杜慆修理守备战具，并主动四处出击，方才得以保全城池。

　　另一类则是受唐廷之命率兵前往增援的，如由郭厚本率领的淮南将士增援之举。当时，庞勋派往进攻泗州的将领为李圆，由于久攻不克，又命吴迥继续进攻泗州，昼夜不息。当时敕使郭厚本"将淮南兵千五百人救泗州，至洪泽，畏贼强，不敢进"。于是在杜慆的首肯下，辛谠前往求援，"乘小舟潜渡淮，至洪泽，说厚本"。但郭厚本并未听从辛谠的意见，辛谠无奈回城。两天后，贼军再次攻城，"欲焚水门，城中几不能御"。辛谠即再次前往洪泽求援，并摸清了郭厚本之所以不答应，是因为这一支淮南兵的都将袁公弁不愿赴援。即便在辛谠剑拔弩张的逼迫之下，在其痛哭流涕的感染之下，好不容易激发了众将士的士气，依然有该军判官畏葸不前。在这样的情况下，辛谠只能将此判官留下，带领其他人渡淮救援泗州。[2]

　　经杜慆和辛谠的努力，庞勋军队败走。不过庞勋随即又派遣另一位将领刘佶来攻，增援吴迥。另有来自濠州刘行及部的庞勋将王弘立来会师。当然，淮南方面也意识到危机，继续增派援军，"令狐绹遣李湘将兵数千救泗州"。这一支部队，与之前渡淮而来的郭厚本、袁公弁所部一千五百人合兵于都梁城，与泗州城隔淮相望。当时，还有"镇海节度使杜审权遣都头翟行约将四千

[1]〔宋〕司马光编著，〔元〕胡三省音注：《资治通鉴》卷二五一唐懿宗咸通九年（868）十一月，中华书局1956年版，第8129页。
[2]〔宋〕司马光编著，〔元〕胡三省音注：《资治通鉴》卷二五一唐懿宗咸通九年（868）十一月，中华书局1956年版，第8132页。

人救泗州"。不过翟行约部在泗州城外的淮河南岸之地被围歼。随后,庞勋
军队乘胜围攻都梁城,并于十二月破城,将李湘、郭厚本等执送徐州。[1]

都梁城一役的失利,除了敕使郭厚本、淮南都将袁公弁本身并不积极平
叛外,还与令狐绹的另一项错误决策有关。据《旧唐书·令狐绹传》记载:

> 时两淮郡县多陷,唯杜慆守泗州,贼攻之经年,不能下。初,诏绹为徐
> 州南面招讨使,贼攻泗州急,绹令李湘将兵五千人援之。贼闻湘来援,遣
> 人致书于绹,辞情逊顺,言:"朝廷累有诏赦宥,但抗拒者三两人耳,旦夕图
> 去之,即束身请命,愿相公保任之。"绹即奏闻,请赐勋节钺,仍诫李湘但
> 戍淮口,贼已招降,不得立异。由是湘军解甲安寝,去警撤备,日与贼军相
> 对,欢笑交言。一日,贼军乘间,步骑径入湘垒,淮卒五千人皆被生絷送徐
> 州,为贼蒸而食之。湘与监军郭厚本为庞勋断手足,以徇于康承训军。[2]

可见,由于令狐绹误中庞勋的缓兵之计,认为唐廷招降庞勋有效,更错误判断
庞勋归降唐廷有望,于是给唐廷上书,建议任命庞勋为节度使,由此导致李湘
军懈怠无备,最终李湘和郭厚本被俘杀。

此后,庞勋挺进淮南,"南寇舒、庐,北侵沂、海,破沭阳、下蔡、乌江、巢县,
攻陷滁州,杀刺史高锡望。又寇和州"。咸通九年(868)闰十二月,此前渡淮
征讨庞勋的唐羽林将军戴可师部也遭到重创,戴可师及其监军、将校被传首
彭城。[3]在此情况下,令狐绹只能再次致书庞勋,答应帮他求取节钺,从而换
来淮南稍稍喘息之机,扬州也未再受到侵扰。[4]

淮南援军相继覆灭后,唐廷重新部署征讨徐州的徐泗行营(徐州行营)人
事,任命了康承训为徐泗行营都招讨使,下设十八位部署于徐州周围其他州

---

[1] 据《旧唐书》卷一七二《令狐绹传》(中华书局 1975 年版,第 4467 页),则是李湘、郭厚本军
败在前,而翟行约军败在后,与《资治通鉴》顺序有异。

[2] 〔后晋〕刘昫等:《旧唐书》卷一七二《令狐绹传》,中华书局 1975 年版,第 4467 页。

[3] 〔宋〕司马光编著,〔元〕胡三省音注:《资治通鉴》卷二五一唐懿宗咸通九年(868)闰十二月,
中华书局 1956 年版,第 8134—8136 页。

[4] 〔宋〕司马光编著,〔元〕胡三省音注:《资治通鉴》卷二五一唐懿宗咸通九年(868)闰十二月,
中华书局 1956 年版,第 8136—8137 页。

县的招讨使,拟于咸通十年正月攻打徐州。[1]根据相关史料,唐廷设置的围攻徐州的行营,应以"徐泗行营"为名,由康承训出任都招讨使,其下设有徐州北路、徐州南路两大方面的招讨使。其中,徐州北路行营设有招讨使王晏权、招讨都虞候朱克诚、招讨前军使王宥;徐州南路(南面)行营设有招讨都虞候李邵,大约相当于徐州北路行营所设招讨使的职位,并且在此后由淮南行营招讨使马举升任徐州南面招讨使。另外,还有负责整个行营后勤保障的都粮料使孟彪。

此外,尚有具体到各个州的招讨使,皆以"某州行营都知兵马使"或"某州行营招讨使"为名。所涉及的州包括颍州、徐州、庐州、曹州、太原、淮泗、兖海、淮南(扬州)、楚州、濠州、宿州。这些诸州行营招讨使,当听命于康承训,但是否会受徐州北路行营、徐州南路行营的节制,或南北路行营如何区分,尚不清楚。不过据记载,其中"将军马举为扬州都督府司马,充淮南行营招讨使;将军高罗锐为楚州刺史、本州行营招讨使;将军秦匡谟为濠州刺史、本州行营招讨使;将军李播为宿州刺史,赴庐州行营招讨使"[2]等,都分布在淮南道境内,似乎是淮南道的后续援军。但这些将军所带兵马,应当大多来自于唐廷中央禁军和北方诸道藩镇军,如马举,初为山南西道节度使帐下步奏官,复为泽潞节度使帐下小将,后为太原河东节度使帐下大将,[3]在征庞勋之前则为天雄军节度使,[4]与淮南不相隶属。高罗锐为义成节度使帐下将领,曾于咸通元年参与平定裘甫之乱。[5]李播不详,秦匡谟(谋)原为黔中观察使。[6]淮南当地,则有"诏司农卿薛琼使淮南庐、寿、楚等州,点集乡兵以自固"。[7]正是由于这些援军的到来,以及淮南本地自卫乡兵的集结,使得淮南道再无遭受庞勋侵轶之虞,扬州也得以恢复平静。咸通十年(869)九月,庞勋战败身死,最终解

[1]〔后晋〕刘昫等:《旧唐书》卷一九上《懿宗纪》,中华书局1975年版,第665页。

[2]〔后晋〕刘昫等:《旧唐书》卷一九上《懿宗纪》,中华书局1975年版,第665页。此十八将姓名、职衔具列于咸通十年正月,但其任命当早于此。

[3]李廷先:《唐代扬州史考》,江苏古籍出版社2002年版,第338—339页。

[4]〔宋〕宋祁、欧阳修:《新唐书》卷九《懿宗纪》,中华书局1975年版,第261页。

[5]〔宋〕司马光编著,〔元〕胡三省音注:《资治通鉴》卷二五〇唐懿宗咸通元年(860)五月,中华书局1956年版,第8086页。

[6]〔宋〕宋祁、欧阳修:《新唐书》卷一四八《康承训传》,中华书局1975年版,第4778页。

[7]〔后晋〕刘昫等:《旧唐书》卷一九上《懿宗纪》,中华书局1975年版,第666—667页。

除了扬州的军事压力。不过,由庞勋之乱所造成的江淮地区的动荡,却隐藏更大的危机,并将直接影响到扬州的政治形势。

二、黄巢之乱与扬州

庞勋带来的动乱,波及了东南财赋之地,从而引起唐廷对扬州地区的重视。鉴于令狐绹在淮南节度使任上的失策,唐廷在咸通十年(869)十月将其撤换,"制以徐州南面招讨使、检校尚书左仆射、右神武大将军、权知淮南节度事、扶风县开国伯、食邑一千户马举可检校司空,兼扬州大都督府长史、淮南节度副大使、知节度事"[1]。而如上所述,马举此前为徐泗行营中的淮南行营招讨使,但其身兼招讨使时的本职是扬州都督府司马,这是唐廷因其战功而授给他的职务。在其进一步得到战功后,晋升为徐州南面招讨使、淮南节度副大使,知节度事。在此期间,除了解围泗州,马举还要安抚淮南,在戴可师战败后,他"驰传入扬州,……曰:'城坚士多,贼何能为?'众稍安"。[2]

马举担任了一年多的淮南节度使,但由于出身军将,对于治理扬州这样一个经济文化重镇,似无经验,其政绩无可称。《潇湘录》曾记载马举在淮南任上一件奇异之事,从中可以窥见马举对于如何治理战乱之后的"疲民"毫无头绪,却愿意花费"钱千万"买一套棋局[3]。咸通十一年(870)十一月,朝廷以宣武节度使李蔚取代马举,成为新任淮南节度使。李蔚为进士出身,对治民之事更为了解,在淮南三年,至咸通十四年离任时,受到百姓的挽留,于是继续干了一年,咸通十五年方才还朝。李蔚任上事迹多是与文士之间(如韦昭度、裴虔余、孙处士、卢澄等人)的交往,或者修葺胜游之地,而对于如何防范日后可能出现的像庞勋之乱这样的动荡,则未见措意。

李蔚之后,继任的是另一位文臣刘邺,时在咸通十五年(874)十月。刘邺在任上曾辟任张祎、杜晦辞等文士[4],与李蔚类似,都是文臣坐镇的特征。值得一提的是,刘邺是润州句容人,年少时,曾在李德裕坐镇润州期间随父刘三

---

[1]〔后晋〕刘昫等:《旧唐书》卷一九上《懿宗纪》,中华书局1975年版,第672页。

[2]〔宋〕宋祁、欧阳修:《新唐书》卷一四八《康承训传》,第4776—4777页。

[3]〔宋〕李昉等编:《太平广记》卷三七一《精怪四》"马举"条引《潇湘录》,中华书局1961年版,第2949页。

[4]吴其昱:《〈甘棠集〉与刘邺传研究》,《敦煌学》第三辑,1976年12月,第34页。

复寓居浙西幕府。李德裕对刘三复颇为优待,刘三复也先后三次跟随李德裕佐幕浙西、淮南。刘邺在扬州任职五年,保持了淮南相对平稳的政局。在此期间,日后扰乱高骈幕府的妖人吕用之正在扬州"用符药以给衣食",刘邺严惩"蛊道"之人,吕用之受到震慑而离开扬州,前往当时浙西节度使高骈幕下。

刘邺在淮南期间,正值皇位更迭,咸通十四年(873)七月,唐懿宗之子唐僖宗即位,次年十一月,唐僖宗改元乾符。唐僖宗初年的朝廷政争和天灾,是王仙芝、黄巢起义的导火索。刘邺镇淮期间,虽然有一定的治理效果,但在军事方面并无未雨绸缪之举。因此,当乾符三年(876)十二月,王仙芝进攻淮南道申州、光州、寿州、庐州等地时,刘邺只能上书唐廷,请求增援。唐廷则请当时徐州感化军节度使薛能选精兵数千相助。[1]

淮南地区经历了马举、李蔚、刘邺三人的平稳治理,在此期间,北方地区则兴起了一场更大的动乱,且深刻地影响了扬州。乾符三年(876)三月,离开扬州之后的李蔚以吏部尚书的身份拜相。此年前后,王仙芝、黄巢先后在河南道东部起义。最初,王仙芝、黄巢的诉求不过是为生存,因为河南地区连年自然灾害,统治者不仅不体恤,地方官吏依旧"贪沓,赋重",而且"赏罚不平"。[2]随着起义势力的扩大,内部成员的各种野心也越来越大,开始攻城略地,甚至将目标定在了东都洛阳,数次试图进攻洛阳城。

不过,在唐廷所派将领宋威等人的招讨之下,义军并未能够突破防线,转而向南发展。王仙芝统率义军时期,曾于乾符三年十月至乾符四年二月的四个月内,按顺时针方向,绕大别山转战一圈,沿途先后经过唐州、邓州、郢州、复州、申州、光州、寿州、庐州、舒州、蕲州,最后攻陷鄂州。[3]其中,申州、光州、寿州、庐州、舒州、蕲州都是淮南道的州县。不过王仙芝部仅是沿路劫掠补给,并未引起淮南节度使刘邺的重视。

乾符四年(877)三月,黄巢在郓州起兵,随后攻陷沂州。此年夏秋之间,

[1]〔宋〕司马光编著,〔元〕胡三省音注:《资治通鉴》卷二五二唐僖宗乾符三年(876)十二月,中华书局1956年版,第8186页。

[2]〔宋〕宋祁、欧阳修:《新唐书》卷二二五下《黄巢传》,中华书局1975年版,第6451页。

[3] 胡耀飞:《黄巢史事与藩镇格局——从王黄集团(未)占领地到黄齐政权政区的考察》,张达志主编:《中国中古史集刊(第二辑)》,商务印书馆2016年版,第364—406页。

王仙芝与黄巢在嵖岈山合兵,并于十月份联合攻下蕲州、黄州。此役之后,黄巢又离开王仙芝单独行动,活跃于河南道,王仙芝则在荆南、鄂岳等地徘徊。两人之间的分分合合,消耗了义军内部力量,间接导致王仙芝在乾符五年(878)二月战死于蕲州黄梅县。王仙芝遇害后,部众多投黄巢,但黄巢孤军奋战于河南,加之东都防线一直无法突破,由此决定南下作战。既欲南下,则需选择一个合适的地方渡江,而淮南道便是绕不过的区域。南下数年之后,黄巢集团积蓄了一定的力量,方才北上,从而又经过了淮南道。由此,黄巢集团先后两次经过淮南道,并在此基础上与扬州,以及坐镇扬州的淮南节度使产生了联系。以下分别论述这两次途经淮南道的情况。

第一次是南下,乾符五年三月,黄巢军队在进攻东都洛阳失败之后,率军渡江。这一次渡江的地点,学界有不同看法[1]。根据《旧唐书》的记载,可以确定应该是在宣州附近渡江,时间在该年三、四月间。[2]宣州与淮南毗邻,这对驻节扬州的淮南节度使刘邺产生不小压力。虽然黄巢军队始终没有打算进攻扬州,不过在进攻宣州不利之后,一度威胁到扬州对岸的润州。根据《〔嘉定〕镇江志》卷七《祠庙·丹徒县》所引高骈幕僚顾云《武烈公庙碑记》"俄属灾流濮上,盗掠江东。孤城怀欲陷之忧,万姓负倒垂之惧"[3]的记载,以及宋人陈师道(1053—1102)《后山谈丛》卷三"黄巢解金陵"条所载故事:"黄巢攻金陵,人说之曰:'王毋以攻也,王名巢,入金陵则镶矣!'遂解去。"[4]唐代的金陵多指润州,结合顾云的记载,可见黄巢军队确曾考虑过进攻润州,并引起

[1] 岑仲勉、杨志玖认为自和州、宣州之间渡江,参岑仲勉:《隋唐史》,高等教育出版社1957年版,第470、495—496页;杨志玖:《隋唐五代史纲要》,上海人民出版社1957年版,第109页。王永兴认为自舒州、江州之间渡江,并认为乾符四年十月即有一部分黄巢军队渡江,参王永兴:《关于黄巢农民军的一些史料的考辨》,《文史(第五辑)》,中华书局1978年版,第46—48页。范文澜、韩国磐等人的论著附图则画在蕲州渡江,参范文澜:《中国通史简编》第三编,河北教育出版社2000年版,第341—342页;韩国磐:《隋唐五代史纲》修订本,人民出版社1977年版,第390页。

[2] 〔后晋〕刘昫等:《旧唐书》卷一九下《僖宗纪》,中华书局1975年版,第701—702页。具体考证,参见方积六:《黄巢起义考》,中国社会科学出版社1983年版,第67—74页。

[3] 〔宋〕史弥坚修,〔宋〕卢宪纂:《〔嘉定〕镇江志》卷七,《宋元方志丛刊》第3册,中华书局1990年版,第2377页。亦见〔清〕董诰等编:《全唐文》卷八一五(顾云)《武烈公庙碑记》,中华书局1983年版,第8587—8589页。

[4] 〔宋〕陈师道:《后山谈丛》卷三"黄巢解金陵"条,上海古籍出版社1989年版,第24页。

润州城内军民"负倒垂之惧"的恐慌。但黄巢军队最终未能攻入润州城,而是继续一路南下。当时,润州作为浙西观察使治所,时任观察使为后来转任淮南节度使的高骈。也因此,顾云的《武烈公庙碑记》会留下痕迹,并在碑记中对高骈不吝褒美之词,如:

> 丞相司徒燕国公,军谋出众,儒术超群。有岸上虎之雄名,有人中龙之美称。才堪料敌,橄可痊风。落塞外之双雕,气吞沙漠;挫筵中之五鹿,声烜议围。以诗书礼乐之兼才,领征伐牢笼之重寄。移从荆渚,代抚吴民。前茅高举于中途,大敌穷奔于外境。仰惟妙算,未毕前功。将全缔构之能,更益增修之美。[1]

顾云说高骈谋略出众,又兼有儒术,文武双全,故而得以从荆南节度使("荆渚")移镇为浙西观察使("代抚吴民")。最终,大概由于高骈对润州的防备甚深,黄巢未能进攻。于是,高骈继续派遣将领张璘等进一步追击黄巢军队,逼迫黄巢进入福建。[2]

第二次是北上,广明元年(880),黄巢军队从广州一路北上,经过潭州、荆州、鄂州等地后欲沿江而下,直达长江下游。这时,淮南节度使已经于乾符六年(879)十月更换为高骈,黄巢再次遇到对手。广明元年正月,淮南将领张璘在池州大云仓(今枞阳)大败黄巢军队,导致后者转入江西。[3]不久,张璘又在饶州打败黄巢军队,后者再退往信州。[4]此后,黄巢军队转危为安,先后攻克婺州、睦州,并于六月攻下宣州。

虽然张璘失败了,但高骈对扬州的防御一直不曾减弱。大约在乾符六年十二月,卢携恢复相位之后不久,在卢携的建议下,唐廷授高骈为诸道行营都

---

[1]〔清〕董诰等编:《全唐文》卷八一五(顾云)《武烈公庙碑记》,中华书局1983年版,第8589页。

[2]〔后晋〕刘昫等:《旧唐书》卷一九下《僖宗纪》,中华书局1975年版,第703页。

[3]〔宋〕宋祁、欧阳修:《新唐书》卷九《僖宗纪》,中华书局1975年版,第269页。

[4]〔宋〕司马光编著,〔元〕胡三省音注:《资治通鉴》卷二五三唐僖宗广明元年(880)四月,中华书局1956年版,第8224页。可惜,张璘在信州失利,反为黄巢军队所杀。〔后晋〕刘昫等:《旧唐书》卷一九下《僖宗纪》,中华书局1975年版,第708页。

统。[1]有了这一名头,高骈即开始传檄天下,征召诸道兵马。据《资治通鉴》记载:"骈乃传檄征天下兵,且广召募,得土客之兵共七万,威望大振,朝廷深倚之。"[2]不过在张璘失败之后,高骈心境也为之一变,毕竟张璘是高骈帐下唯一能与黄巢直接面对面交战的将领。

随后,黄巢军队由宣州渡江,进一步攻陷滁州、和州,然后转攻扬州。不过由于高骈在扬州城内闭门不出,使得黄巢军队仅围攻扬州辖下天长、六合等县,而未能进一步占领扬州。这显示出高骈确实有能力加强扬州城的防御,使之免于黄巢军队的占领,也反映出高骈在张璘死后已经无心积极镇压黄巢起义。此外,当时虽然有毕师铎等人建议出击,但吕用之怕高骈听信毕师铎建议后自己地位不保,故而屡屡以唐廷对功臣的不信任为说辞,力劝高骈纵容黄巢军队北上。[3]此外,高骈自己也在接受昭义、感化、义武等藩镇援军的同时,怕他们抢占自己的功劳,故而又奏请唐廷,将这些军队纷纷遣回淮河以北。[4]

高骈纵黄巢北上,一方面反映出其本人欲割据自保的意图,另一方面也客观上保证了扬州城的安全。不久之后,黄巢军队渡淮北上,进入新的发展阶段。但黄巢与扬州的关联并未断绝,主要体现于淮南节度使高骈与播迁西川的唐廷之间就是否出兵镇压黄巢的往复书函中。并且在这一时期,高骈保障了淮南的安全之后,甚至萌生了"兼并两浙,为孙策三分之计"的割据想法。当时正好有一只雉鸟在扬州府舍上叫唤,占卜者表示,"野鸟入室,军府将空",视之为不祥之事。[5]因此,高骈于广明二年(881)五月出屯东塘,做出勤王的样子后,便回到扬州,以禳灾事。

唐僖宗知道高骈不愿勤王,即让王铎取代高骈为全国范围内镇压黄巢的总指挥部——诸道行营的都统。高骈也因此怏怏不乐,每每上章论列,出言不

---

[1] 方积六:《黄巢起义考》,中国社会科学出版社1983年版,第107—109页。

[2] 〔宋〕司马光编著,〔元〕胡三省音注:《资治通鉴》卷二五三唐僖宗广明元年(880)三月,中华书局1956年版,第8223页。

[3] 〔后晋〕刘昫等:《旧唐书》卷一八二《高骈传》,中华书局1975年版,第4704—4705页。

[4] 〔宋〕司马光编著,〔元〕胡三省音注:《资治通鉴》卷二五三唐僖宗广明元年(880)五月,中华书局1956年版,第8225页。

[5] 〔后晋〕刘昫等:《旧唐书》卷一八二《高骈传》,中华书局1975年版,第4705页。

逊。高骈在一份上章中称：

> 　　只如黄巢大寇，围逼天长小城，四旬有余，竟至败走。臣散征诸道兵甲，尽出家财赏给，而诸道多不发兵，财物即为己有。纵然遣使征得，敕旨不许过淮。其时黄巢残凶，才及二万，经过数千里，军镇尽若无人。只如潼关已东，止有一径，其为险固，甚于井陉。岂有狂寇奔冲，略无阻碍，即百二之地，固是虚言。神策六军，此时安在？陛下苍黄西出，内官奔命东来，黎庶尽被杀伤，衣冠悉遭屠戮。今则园陵开毁，宗庙荆榛，远近痛伤，遐迩嗟怨。……
>
> 　　陛下今用王铎，尽主兵权，诚知狂寇必歼，枭巢即覆。臣读《礼》至宣尼射于瞿相之圃，盖观者如堵墙，使子路出延射曰："溃军之将，亡国之大夫，与为人后者，不入于射也。"严诫如斯，图功也，岂宜容易？陛下安忍委败军之将，陷一儒臣？崔安潜到处贪残，只如西川，可为验矣，委之副贰，讵可平戎？况天下兵骄，在处僭越，岂二儒士，能戡强兵，万一乖张，将何救助？[1]

大体来说，高骈首先向唐僖宗自我表扬了在天长县拖住黄巢的功劳，以及自己散尽家财征召各道兵马的表现，顺带抱怨唐廷敕旨不许各道兵马渡过淮河援助高骈。然后批评了唐廷在潼关防守中的无能表现，接着又数落了唐僖宗任用王铎和崔安潜等文人，致使天下大乱。

对此，唐僖宗回复道：

> 　　卿报国之功，亦可悉数。最显赫者，安南拒蛮，至今海隅尚守。次则汶阳之日，政声洽平。洎临成都，胁归骠信，三载之内，亦无侵凌。创筑罗城，大新锦里，其为雄壮，实少比俦。诸宜不暇于施为，便当移镇；建邺才闻于安静，旋即渡江。自到广陵，并钟多垒，即亦招降草寇，救援临淮。大约昭灼功勋，不大于此数者。朝廷累加渥泽，靡吝徽章，位极三公，兵环大

镇。铜盐重务,绾握约及七年;都统雄藩,幅员几于万里。朕瞻如太华,倚若长城,凡有奏论,无不依允,其为托赖,岂愧神明?

自黄巢肆毒咸京,卿并不离隋苑。岂金陵苑水,能遮鹅鹳之雄;风伯雨师,终阻帆樯之利? 自闻归止,宁免郁陶。卿既安住芜城,郑畋以春初入觐,遂命上相,亲领师徒,因落卿都统之名,固亦不乖事例,仍加封实,贵表优恩。何乃疑怨太深,指陈过当,移时省读,深用震嗟。聊举诸条,粗申报复。[1]

唐僖宗首先列举了高骈的诸多功绩,包括在安南都护任上收复安南,在郓州出任天平军节度使,在成都的剑南西川节度使任上修罗城,又威压南诏。当然,也少不了高骈在扬州"招降草寇,救援临淮"的功劳,谓其管理盐务七年,都统雄藩千万里等等。但是唐僖宗随后逐条批驳了高骈的上章。

随着黄巢之乱的平定,高骈与唐廷之间的矛盾暂时消弭。根据崔致远的《桂苑笔耕集》,在中和年间(881—885)后期,高骈与唐廷之间颇多互动。比如高骈与诸道行营都都统、滑州义成军节度使王铎之间的书信往来,以及与宰相郑畋、度支裴彻等人之间的互相问候[2],语气十分客气。中和三年(883)长安城被收复时,高骈有《贺收复京阙表》《贺收复京城状》[3];中和四年(884)黄巢被杀时,高骈又有《贺杀黄巢表》[4]。可见,高骈至少在表面上恢复了与唐廷的互动。

三、高骈与扬州

虽然勉强渡过了庞勋、黄巢之乱造成的军事危机,但在地方势力纷纷兴起的时代背景下,唐末扬州依然免不了一场浩劫。一方面,淮南道及相邻的浙西道、宣歙道的地方势力崛起,都垂涎扬州这片财赋重地。另一方面,淮南

---

[1]〔后晋〕刘昫等:《旧唐书》卷一八二《高骈传》,中华书局 1975 年版,第 4707 页。

[2]〔新罗〕崔致远撰,党银平校注:《桂苑笔耕集校注》卷七《滑州都统王令公三首》《郑畋相公二首》《度支裴彻相公》等,中华书局 2007 年版,第 159—173 页。

[3]〔新罗〕崔致远撰,党银平校注:《桂苑笔耕集校注》卷一《贺收复京阙表》、卷六《贺收复京城状》,中华书局 2007 年版,第 20 页、第 139 页。

[4]〔新罗〕崔致远撰,党银平校注:《桂苑笔耕集校注》卷一《贺杀黄巢表》,中华书局 2007 年版,第 23—24 页。

节度使高骈晚年的昏聩统治,特别是对"妖人"吕用之的宠信,也引起部下将领们的不满,造成了内部危机。

关于高骈在扬州的治绩,正面的记载不多,反倒有罗隐《广陵妖乱志》一书,专门记载高骈、吕用之等人的倒行逆施。该书虽然近乎小说家言,但其主调影响深远,司马光《资治通鉴》即采纳其中许多记载。根据《广陵妖乱志》的描述,在高骈治下,由于重用吕用之等人,造成"贿赂公行,条章日紊。烦刑重赋,率意而为。道路怨嗟,各怀乱计"的乱局。此外,为镇压异己,吕用之还设立诸多巡察人员,督察扬州城内士庶之家:

> 用之惧有窃发之变,因请置巡察使,采听府城密事。渤海(按,即高骈)遂承制授御史大夫,充诸军都巡察使。于是召募府县先负罪停废胥吏、阴狡凶狠者,得百许人,厚其官佣,以备指使。各有十余丁,纵横间巷间,谓之"察子"。至于士庶之家,呵妻怒子,密言隐语,莫不知之。自是道路以目。有异己者,纵谨静端默,亦不免其祸。破灭者数百家。将校之中,累足屏气焉。[1]

可见,在高骈治下,扬州城虽然免于外来战火,却也难以逃脱吕用之等人的苛政。

高骈对吕用之等人的任用,也影响到他本人在后世史家笔下的形象。根据学者的梳理,高骈在唐末五代时人的眼中,其形象尚且正面,比如乾符三年(876)下葬的李推贤,其墓志特别说到高骈对于时任汉州刺史的李推贤(803—876)颇为赞赏,谓"廉使高相国骈累表闻荐,称蜀郡之课最,即化民阜俗之道可明矣"[2]。五代时期,也有曾任高骈所奏授之楚州刺史的高仁裕之女高氏墓志中,对高骈爱惜高仁裕之才能,"奏授楚州刺史",颇有记载。[3]

---

[1]〔唐〕罗隐:《广陵妖乱志》,〔唐〕罗隐著,潘慧惠校注:《罗隐集校注》,浙江古籍出版社1995年版,第538—539页。

[2]《唐故朝散大夫汉州刺史赐紫金鱼袋李公墓志铭并序》,周绍良主编:《唐代墓志汇编》,上海古籍出版社1992年版,第2481页。

[3]《唐故渤海县太君高氏墓志铭并序》,吴钢主编:《全唐文补遗(第五辑)》,三秦出版社1998年版,第56—57页。

据此两则材料,学者认为,高骈拥兵自重的形象主要在强调儒家道德的北宋政治语境下通过史官之笔凸显出来,比如进入《新唐书·叛臣传》行列。[1]

另外,在当时波谲云诡的政局中,高骈多方押宝,与"僭伪"政权潜相往来,这在传统时代无疑属于重大政治污点。据《广陵妖乱志》记载,高骈僚属诸葛殷于"光启二年,伪朝授殷兼御史中丞,加金紫",吴尧卿"伪朝"授御史大夫,张守一于"光启二年,伪朝授守一德州刺史"。[2]这里的"伪朝",指的是光启二年(886)受关中藩镇势力朱玫胁迫而称帝的襄王李煴政权。为了争取其他藩镇的支持,从而与流亡在外的唐僖宗朝廷抗衡,李煴政权积极拉拢与其有矛盾的淮南节度使高骈。据《资治通鉴》记载,襄王李煴"以淮南节度使高骈兼中书令,充江淮盐铁、转运等使,诸道行营兵马都统;淮南右都押牙、和州刺史吕用之为岭南东道节度使;大行封拜,以悦藩镇"。[3]

对高骈而言,此前纵黄巢渡淮,虽然争取到了淮南地域一时的安定,但由此与朝廷交恶,不利于他在淮南的长期统治。因为在黄巢于中和四年(884)被镇压后,淮西地区的秦宗权势力兴起,直接对淮南造成了压境之势,加之淮南本地势力对于高骈的不满,使得高骈亟需来自唐廷的支援。这种支援,不一定是唐僖宗,只要是唐朝皇帝即可。因此,虽然在中和后期,高骈已经与唐僖宗在一定程度上修复关系,但如果唐僖宗失势,接受襄王李煴政权的官爵,也可作为一个选项。不过襄王政权没能坚持多久,即在光启二年十二月覆灭。高骈及其亲信从襄王政权处得到的官爵,自然也就失去合法性,并对高骈的政治声誉造成沉重打击。

此后不久,淮南地区进一步陷入动荡。首先是高骈部将毕师铎等人以诛吕用之为名起兵。毕师铎原本是扬州城的左厢都知兵马使,受高骈之命防御蔡州秦宗权势力南下,驻扎在扬州北面的高邮县。毕师铎更早之前的身份是黄巢降将,原本便不被信任,加之与吕用之有私人矛盾,惧吕用之图谋于己。

[1] 陈烨轩:《高骈的野心——晚唐的朝廷、淮南节度使和扬州社会》,《中华文史论丛》2020年第4期,第249—253页。

[2] 〔唐〕罗隐:《广陵妖乱志》,〔唐〕罗隐著,潘慧惠校注:《罗隐集校注》,浙江古籍出版社1995年版,第540、545页。

[3] 〔宋〕司马光编著,〔元〕胡三省音注:《资治通鉴》卷二五六唐僖宗光启二年(886)五月,中华书局1956年版,第8335页。

于是,毕师铎联合姻家张神剑,以及同样出身黄巢集团的同乡郑汉璋,组成"行营",自称大丞相、行营使,以郑汉璋为行营副使,张神剑为都指挥使,率军围攻扬州。[1]

光启三年(887)四月,毕师铎率军扎营于扬州城外大明寺,引发扬州城内惊骇。高骈在延和阁上听到城外鼓噪之声,感到奇怪,召吕用之商量。此时吕用之其实已经实际掌控扬州,高骈已不能总揽兵权,一切任凭吕用之主导。扬州城池坚固,毕师铎久攻不下,于是又以淮南节度使这一职务为诱惑,求助宣歙观察使秦彦,后者派将领秦稠领兵而来,合围扬州。[2]此时的扬州城内,高骈已经发觉吕用之的弄权,故而开始亲自掌控牙兵,并遣使与毕师铎和好。然为时已晚,四月下旬,在秦稠所率宣州兵的协助下,毕师铎攻下扬州。高骈不得已,以毕师铎为节度副使、行军司马,毕师铎也去掉自称的"大丞相"号。[3]

随后,毕师铎又囚禁了高骈,为迎接宣歙观察使秦彦做准备。此时扬州城内局面一度非常混乱,面对高骈数年来积累的宝货,不同派系的军队大肆劫掠。为平息这种态势,毕师铎任命部将先锋使唐宏为静街使,积极禁止诸军掠夺财富。[4]另外,毕师铎也搜捕吕用之的党羽,比如诸葛殷等人,公开行刑,用以平息扬州百姓的民愤。[5]光启三年五月下旬,秦彦抵达扬州,毕师铎奉之为淮南节度使,自己仍为行军司马,至此结束了高骈的统治。[6]

但浩劫远未结束。高骈在防御毕师铎时,曾招庐州刺史杨行密来支援,而后者早已在五月上旬即已经抵达天长县。此后扬州的历史舞台上,杨行密

〔1〕〔宋〕司马光编著,〔元〕胡三省音注:《资治通鉴》卷二五七唐僖宗光启三年(887)四月,中华书局1956年版,第8349—8350页。〔后晋〕刘昫等:《旧唐书》卷一八二《毕师铎传》,中华书局1975年版,第4713页;〔宋〕宋祁、欧阳修:《新唐书》卷二二四下《叛臣下·高骈传》,中华书局1975年版,第6399页。

〔2〕〔宋〕司马光编著,〔元〕胡三省音注:《资治通鉴》卷二五七唐僖宗光启三年(887)四月,中华书局1956年版,第8351—8353页。

〔3〕〔宋〕欧阳修、宋祁:《新唐书》卷二二四下《叛臣下·高骈传》,中华书局1975年版,第6400页。

〔4〕〔宋〕司马光编著,〔元〕胡三省音注:《资治通鉴》卷二五七唐僖宗光启三年(887)四月,中华书局1956年版,第8355页。

〔5〕〔宋〕欧阳修、宋祁:《新唐书》卷二二四下《叛臣下·高骈传》,中华书局1975年版,第6401页。

〔6〕〔宋〕司马光编著,〔元〕胡三省音注:《资治通鉴》卷二五七唐僖宗光启三年(887)五月,中华书局1956年版,第8357页。

等人便成为其中主角,具体情况将在下一章详述。这里交代一下高骈的结局。在秦彦、毕师铎占据扬州,与城外的杨行密集团对抗期间,光启三年(887)九月,因怀疑高骈施行厌胜之术,加上杨行密围城的压力,秦、毕二人在妖人王奉仙的建议下,合谋杀了高骈,终结了这位晚唐风云人物的生命,甚至连同其子弟甥侄都一同被杀,合族坑埋之。[1]

　　作为唐朝自主任命的最后一任淮南节度使,高骈对扬州乃至整个唐末政局走向产生了深远影响。高骈从各地招揽的武将,与淮南本地的武将相结合,控制了淮南地方的军事、经济、政治,并逐渐脱离了唐朝中央的控制,极大地改变了扬州此前只是作为唐皇朝财赋之地的面貌。在此期间,以扬州为中心的地方割据政权已见雏形。因此,高骈的统治,不仅代表了唐朝军政统治的终结,也开启了五代十国的割据之局。[2]

　　唐代扬州的持续繁荣,与全国层面政局整体稳定以及历任牧守的有效治理密不可分。唐初统治首先建立了以扬州大都督府为核心的地方行政体系,在经历一系列调适与探索后,逐步确立了"亲王遥领,长史理政"的权力格局。长史以下,唐前期扬州的行政体制以律令为依托,分为州、县、乡、里等层级。在历任牧守的选任上,唐前期呈现出鲜明的转型色彩。唐初天下干戈方歇,扬州地方牧守大多具有浓厚的军事背景,这对稳定江淮局势、恢复当地社会经济发挥了重要作用。唐高宗以后,唐皇朝的对内统治基调发生了变化,牧守选拔更加注重文化教养,科举出身的士人群体开始崭露头角。及至唐玄宗时期,文治已成为对内施政的主流基调,扬州地方官中涌现出一批科举出身的文人官僚。在历任都督、长史的治理下,唐前期扬州维持了长达一百余年的长治久安,并承续隋代扬州的发展轨辙,跻身区域性中心城市行列。

　　以公元8世纪中叶的安史之乱为分界线,扬州地区的政局与治理模式也发生了深刻变革。以扬州为中心的江淮地区虽然并未遭受安史叛军的直

---

　　[1]〔宋〕司马光编著,〔元〕胡三省音注:《资治通鉴》卷二五七唐僖宗光启三年(887)九月,中华书局1956年版,第8362页。

　　[2]　关于高骈对淮南道的统治及其代表的意义,参见〔日〕山根直生:《唐朝军政统治的终局与五代十国割据的开端》,《浙江大学学报(人文社会科学版)》2004年第3期,第71—80页。

接踵踵,但也受其余波殃及,先后爆发了永王之乱与刘展之乱两次动乱,对唐皇朝在江淮的统治构成了直接威胁。为应对军事危机,唐皇朝在扬州建立了以淮南节度使为核心的军政体制,并以扬州作为淮南道首府,控遏东南财源重地,弹压周边叛藩,扬州的政治地位得到空前提升。在节度使体制下,唐后期扬州建立了以藩镇文武僚佐为代表的新型治理架构,部分取代了原有州县官僚制。唐后期的淮南镇号称"宰相回翔之地",例以宰相、重臣坐镇其间,他们大多拥有丰富的从政经历,涌现出以杜佑、李吉甫为代表的杰出政治家。在历任节度使的治理下,唐后期扬州社会维持了长期稳定的局面,为社会经济的繁荣奠定了政治基础。

"扬一益二"的繁盛景况,终结于唐末高骈治下的军事动乱。造成这一状况的原因,当与扬州作为国家的财赋中心有关,在唐末大动乱的时代背景下,财富中心很容易遭到各方势力的争夺,与中晚唐时期的长安、洛阳有所不同,它们因为两京的政治地位而成为各方军事力量觊觎的目标,扬州则是因为其经济上的富裕而受到攻击。因此,从庞勋北上时取道于此,到黄巢之乱期间两次借道而过,再到高骈统治期间最终成为地方割据势力争夺的焦点,唐朝在扬州的统治最终趋于崩溃。

第四章 杨吴、南唐与五代时期的扬州

唐朝灭亡以后,中国历史进入五代十国时期,扬州的发展先后经历唐代末期的战争破坏和五代时期的"复兴"。扬州在五代时期之所以能够迎来"复兴",一是得益于它成为杨吴政权的首都,二是得益于它又是南唐政权的东都。扬州城在五代时期的兴衰,与杨吴、南唐这两个政权的兴衰息息相关。

第一节 杨吴政权定都扬州

杨吴政权(902—937)是唐末五代南方地区实力较强的一个地方政权,其存续时间,若以杨行密获封吴王的902年开始算,只有30多年;但若算上杨行密于唐景福元年(892)正式入主扬州,则有40多年时间。若加上基本通过和平方式予以延续的南唐政权(937—975),则有80多年时间。在此期间,扬州先是作为杨吴政权的首都,然后又成为南唐政权的东都,直到周世宗显德三年(956)江北诸州沦于后周,扬州一直都是杨吴、南唐两个地方政权的实际都城,前后历时60余年。追溯扬州作为杨吴、南唐两个政权"方国之都"的历史,不难发现,正是杨行密主政的十余年时间所奠定的基础。

一、杨行密立足扬州

杨行密(852—905),初名杨行愍,字化源,庐州合淝人。据《旧五代史》记载,杨行密,年幼丧父,而且家境贫寒[1]。杨行密早在少年时代就显示出相当高的军事才能潜质,史言杨行密"与群儿戏,常为旗帜战阵状"[2]。这个历史记载不免有所夸饰,杨行密少年时代未必真有如此神迹,但在客观上也反

---

[1] 〔宋〕薛居正等:《旧五代史》卷一三四《杨行密传》,中华书局2015年版,第2073页。
[2] 〔宋〕欧阳修、宋祁:《新唐书》卷一八八《杨行密传》,中华书局1975年版,第5451页。

映出庐州所在的淮南地区由于遭受唐末以来的长时间战争,对于这个地区的人民生活已经造成了较大影响,很多未成年人也早早被卷入了军事活动,因此杨行密在少年时代的游戏中模拟军事战阵是极有可能的。唐懿宗咸通九年(868)九月,吏民反抗首领庞勋率军至湖南后,沿长江东下,经浙西入淮南,再沿水路经泗州回到徐州。庞勋军队在经过淮南时,曾引发淮南、两浙、兖州、郓州等道的"群盗"归附。[1]这一年,杨行密虚龄十七岁,若居住在合肥家乡,则亲眼看见乱事,他的家庭理应受到这次战乱的影响,数年之后杨行密加入吏民反抗队伍,与此应当不无关联。

杨行密在二十岁时,也就是咸通十二年(871)左右,"亡入盗中"[2],也就是走上武装反抗官府的道路。大概在唐僖宗乾符年间(874—879),杨行密被负责缉捕境内盗贼的庐州刺史郑棨抓获[3],总计其为盗时间,大约五年上下。杨行密被郑棨抓获以后,并没有受到刑事处罚,反而被郑棨任命为"本州步奏官"[4],从而成为官府人员。在此期间,杨行密曾受庐州刺史之命,前往蜀地奏事于唐僖宗,圆满完成任务以后"如约而还"[5]。除了奉命前往蜀中奏事外,杨行密在此期间还曾以州兵(牙将)身份出戍"朔方",即西北的灵州、夏州等地[6],这可能是与防御沙陀的军事行动有关系。

唐僖宗中和二年(882),杨行密起兵于庐州,原因是不满于庐州都将让他再次外戍边塞。起兵之后,杨行密有效整合了庐州的军事力量,约有八营规模,故自称"八营都知兵马使"。当时的庐州刺史郎幼复见状,为确保自身的安危,主动向淮南节度使高骈举荐杨行密,并最终在高骈的运作下,于

---

[1]〔宋〕司马光编著,〔元〕胡三省音注:《资治通鉴》卷二五一唐懿宗咸通九年(868)十月,中华书局1956年版,第8128页。

[2]〔宋〕欧阳修、宋祁:《新唐书》卷一八八《杨行密传》,中华书局1975年版,第5451页。

[3]〔宋〕欧阳修撰,〔宋〕徐无党注:《新五代史》卷六一《吴世家·杨行密传》,中华书局2015年版,第841页。

[4]〔五代〕孙光宪撰,贾二强点校:《北梦琐言》卷七"郑棨相诗"条,中华书局2002年版,第149页。

[5]〔宋〕欧阳修、宋祁:《新唐书》卷一八八《杨行密传》,中华书局1975年版,第5451页。

[6]〔宋〕欧阳修撰,〔宋〕徐无党注:《新五代史》卷六一《吴世家·杨行密传》,中华书局2015年版,第841页;〔宋〕路振:《九国志》卷一《陶雅传》、卷三《田頵传》,傅璇琮、徐海荣、徐吉军主编:《五代史书汇编》第6册,杭州出版社2004年版,第3220、3261页。

中和三年(883)三月被正式任命为庐州刺史[1]。从此,杨行密成为淮南节度使高骈治下的州刺史,不过杨行密的野心显然不止于此。杨行密应高骈之请,出兵解救被毕师铎、秦彦围攻的扬州城,此事对于杨行密的政治生涯产生重大影响,正是这一事件成为杨行密日后以扬州为中心建立吴国的起点。

　唐僖宗光启三年(887)五月,杨行密向和州刺史孙端借兵,进而屯数千兵于扬州城外的天长县。[2]杨行密以天长为据点,笼络招揽各方势力,扬州城周边其余的地方势力遂逐渐归入杨行密帐下,如海陵镇遏使高霸、曲溪刘金、盱眙贾令威等。留守高邮的张神剑因与毕师铎有隙,也运粮资助杨行密。不久之后,杨行密的军队人数便发展到一万七千多人,分为八寨驻扎。[3]甚至在扬州城内遭到毕师铎追捕的吕用之也率众归之,希望能够借助杨行密的力量反攻扬州。[4]与此同时,毕师铎和宣歙观察使秦彦先后入主扬州,后者受前者之邀入城,自称淮南节度使,从而开启了秦彦、毕师铎为首的扬州城内军队和杨行密为首的扬州城外军队的对峙。

　从战绩来看,秦彦军队往往失败,比如六月时,秦彦将领秦稠和毕师铎“以劲卒八千出战,大败,稠死之,士奔溺死者十八”,战死率竟然高达百分之八十。[5]又如八月时,毕师铎和郑汉璋受秦彦之令,出城作战,却遭到埋伏,被“俘斩殆尽,积尸十里”。[6]此外,扬州城内的高骈旧部也纷纷投降杨行密,如七月“癸未,淮南将吴苗帅其徒八千人逾城降行密”。[7]当时在长江以南,还有占据润州上元县的张雄势力,后者受到秦彦的金钱诱惑,但

---

[1]〔宋〕司马光编著,〔元〕胡三省音注:《资治通鉴》卷二五五唐僖宗中和三年(883)三月,中华书局1956年版,第8290页。

[2]〔宋〕司马光编著,〔元〕胡三省音注:《资治通鉴》卷二五七唐僖宗光启三年(887)五月,中华书局1956年版,第8356页。

[3]〔宋〕司马光编著,〔元〕胡三省音注:《资治通鉴》卷二五七唐僖宗光启三年(887)五月,中华书局1956年版,第8356—8357页。

[4]〔宋〕司马光编著,〔元〕胡三省音注:《资治通鉴》卷二五七唐僖宗光启三年(887)五月,中华书局1956年版,第8356页。

[5]〔宋〕欧阳修、宋祁:《新唐书》卷二二四下《叛臣下·高骈传》,中华书局1975年版,第6402页。

[6]〔宋〕司马光编著,〔元〕胡三省音注:《资治通鉴》卷二五七唐僖宗光启三年(887)八月,中华书局1956年版,第8362页。

[7]〔宋〕司马光编著,〔元〕胡三省音注:《资治通鉴》卷二五七唐僖宗光启三年(887)七月,中华书局1956年版,第8360页。

得到金钱之后便不再襄助,转而投靠杨行密。[1]在此期间,高骈本人被幽禁他的秦彦、毕师铎二人所杀,这一方面使得杨行密的军队失去了解救高骈这一作战目标,另一方面其实也给杨行密提供了为高骈复仇,然后取而代之的理由。

至光启三年(887)十月,杨行密对扬州的围攻已经持续了半年,双方大小数十战,基本都是杨行密占上风,并导致扬州城内援尽粮绝。据《资治通鉴》记载:"城中无食,米斗直钱五十缗,草根木实皆尽,以堇泥为饼食之,饿死者太半。宣军掠人诣肆卖之,驱缚屠割如羊豕,讫无一声,积骸流血,满于坊市。彦、师铎无如之何,嚬蹙而已。"[2]可见,城中甚至到了人吃人的地步。不久之后的十一月一日,秦彦、毕师铎实在坚持不住,只能从开化门出城。杨行密随后率军入城,自称淮南留后。

不过杨行密入城后,很快面临新的问题,而且重蹈了秦彦、毕师铎的覆辙,即被困于扬州城内,遭到来自北方的蔡州军队的围攻。当时的蔡州,盘踞着秦宗权为首的地方势力,这一集团以秦氏家族为核心,囊括了其他小姓土豪,借助黄巢失败后余下的部众,发展壮大。光启三年,"秦宗权遣其弟宗衡将兵万人渡淮,与杨行密争扬州,以孙儒为副,张佶、刘建锋、马殷及宗权族弟彦晖皆从。十一月,辛未,抵广陵城西,据行密故寨,行密辎重之未入城者,为蔡人所得"。[3]可以看到,军事形势又反过来了,秦宗衡、孙儒占据了杨行密之前围城时所经营的战略位置,开始进攻驻守在扬州城内的杨行密。在此期间,还发生了孙儒因不愿北返而杀得到秦宗权命令准备北返的秦宗衡,并取而代之的事件。而杨行密方面,为对抗孙儒,开始招徕在外镇守的高骈旧部,包括高邮镇遏使张神剑、海陵镇遏使高霸等,但又无法完全信任他们,在将他

---

[1] 〔宋〕司马光编著,〔元〕胡三省音注:《资治通鉴》卷二五七唐僖宗光启三年(887)八月,中华书局1956年版,第8361—8362页。

[2] 〔宋〕司马光编著,〔元〕胡三省音注:《资治通鉴》卷二五七唐僖宗光启三年(887)十月,中华书局1956年版,第8363页。

[3] 〔宋〕司马光编著,〔元〕胡三省音注:《资治通鉴》卷二五七唐僖宗光启三年(887)十一月,中华书局1956年版,第8364页。

们招来之后,又分别予以杀害。[1]此外,还"遣使至大梁,陈归附之意"[2],即向当时宣武军节度使朱温求援。不过,朱温虽然派遣了牙将张廷范到淮南,想要跟杨行密结盟,但又派宣武军行军司马李璠过去当淮南留后,想让他取杨行密而代之,直接控制淮南。对此,杨行密自然不愿意,在文德元年(888)正月张廷范到扬州之后,本来要礼待张廷范的杨行密,在听闻还有李璠要来当留后时,即将张廷范赶回北方,也不再接纳李璠。[3]

鉴于扬州城内经毕师铎、秦彦之乱,已经残破不堪,无法像毕、秦那样继续坚持下去,杨行密在不久之后只好主动撤出扬州城,将几乎成为空城的扬州让给孙儒。这个建议是在杨行密的重要谋臣袁袭的建议下实施的,根据《九国志·袁袭传》记载,袁袭认为:"今城壁未完,贼且盛,若儒至围城,是重扰民也,不如且避之。"[4]事实上,扬州城经过两次围城,早已没有多少民众,所以也谈不上什么"扰民"。于是,等到文德元年四月,在孙儒再次进攻扬州的情况下,杨行密暂时放弃扬州,出城远走。[5]

出城以后,杨行密一方面保住旧有的庐州,另一方面在袁袭的建议下,于文德元年八月开始溯长江而上,围攻宣州。当时,原来的宣歙观察使秦彦应邀入扬州城,又从扬州城出逃后已经被孙儒所杀,其旧将赵锽继任宣歙观察使。在围攻了将近一年后,龙纪元年(889)六月,杨行密最终攻下宣州,赵锽被杀。在此情况下,唐廷也不得不同意,任命杨行密为新的宣歙观察使。[6]自此以后,即开始了杨行密与孙儒之间,各自以宣州和扬州为基地,围绕扬州及长江南北各州进行的拉锯战。此时,还有一方势力也从南面加入混战,即以

　　[1]〔宋〕司马光编著,〔元〕胡三省音注:《资治通鉴》卷二五七唐僖宗光启三年(887)十一月、闰十一月,中华书局1956年版,第8366—8370页。

　　[2]〔宋〕薛居正等:《旧五代史》卷一三四《杨行密传》,中华书局2015年版,第2074页。

　　[3]〔宋〕司马光编著,〔元〕胡三省音注:《资治通鉴》卷二五七唐僖宗文德元年(888)正月,中华书局1956年版,第8373页。

　　[4]〔宋〕路振《九国志》卷一《袁袭传》,傅璇琮、徐海荣、徐吉军主编:《五代史书汇编》第6册,杭州出版社2004年版,第3218页。

　　[5]〔宋〕司马光编著,〔元〕胡三省音注:《资治通鉴》卷二五七唐僖宗文德元年(888)四月,中华书局1956年版,第8377页。

　　[6]〔宋〕司马光编著,〔元〕胡三省音注:《资治通鉴》卷二五八唐昭宗龙纪元年(889)六月,中华书局1956年版,第8388页。

杭州为根据地的钱镠。在杨行密与孙儒先后占据扬州期间,钱镠于光启三年(887)到龙纪元年(889),先后夺取了浙西道北部常州、润州和苏州三州。[1]于是,从龙纪元年到景福元年(892)八月,即杨行密回到扬州复任淮南节度使的三四年间,杨行密、孙儒、钱镠三股势力交兵,反复争夺浙西道北部三州和淮南道扬州等地。

在此期间,淮南道、宣歙道和浙西道北部各州的归属十分混乱,这里只叙述扬州的相关情况。孙儒一直占据扬州,但由于扬州已经经过数年战乱,居民逃亡殆尽,经济凋敝,无法立足,所以孙儒只能时不时率众渡江南下,寻求发展机会。比如,大顺二年(891)正月,"孙儒尽举淮、蔡之兵济江,癸酉,自润州转战而南,田頵、安仁义屡败退,杨行密城戍皆望风奔溃"。[2]这一次南下,孙儒的目标是杨行密所在的宣州,双方在宣州附近交战至五月份,孙儒军队才因下雨导致大水灌营而回到扬州。[3]

到了大顺二年八月,孙儒再次离开扬州,进攻宣州,并且在离开前"尽焚维扬积聚,驱其民人,大屯广德"[4]。可见,孙儒这次离开扬州,属于背水一战。对此,杨行密颇有忌惮,但谋士戴规认为:"儒军数败,今扫地而至,决死于我,若吾遣降者间至扬州,抚慰衣食,使儒军闻其家尚完,人人思归,不战可禽也。"[5]虽然就孙儒军队来说,将扬州付之一炬后南下,自己也不会留下所谓的"家",但戴规的想法主要是让杨行密派兵占据扬州,以绝孙儒的退路。于是,杨行密将领张训即受命进入扬州,"潜军入广陵,灭其余燎,获军储数十万以赈饥民";随后,"行密令马爽守广陵,爽叛,为诸将所杀,城中大

[1]　胡耀飞:《唐宋之际苏州军政史研究》,陈瑞近主编:《苏州文博论丛(第四辑)》,文物出版社2013年版;胡耀飞:《吴越国与吴越钱氏研究》,社会科学文献出版社2020年版,第30—31页。

[2]　〔宋〕司马光编著,〔元〕胡三省音注:《资治通鉴》卷二五八唐昭宗大顺二年(891)正月,中华书局1956年版,第8412页。

[3]　〔宋〕司马光编著,〔元〕胡三省音注:《资治通鉴》卷二五八唐昭宗大顺二年(891)五月,中华书局1956年版,第8416页。

[4]　〔宋〕路振:《九国志》卷一一《张佶传》,傅璇琮、徐海荣、徐吉军主编:《五代史书汇编》第6册,杭州出版社2004年版,第3347页。

[5]　〔宋〕欧阳修、宋祁:《新唐书》卷一八八《孙儒传》,中华书局1975年版,第5468页。

器。训整师以出,众乃定"。[1]虽然经过了马爽的反覆,但张训总算是为杨行密收复并守住了扬州城。从此以后,扬州城再也没有失守,并在远离战乱后渐渐恢复元气。

失去了扬州城这一退路的孙儒,便在宣州广德县安营扎寨,继续与杨行密作战。但在杨行密与钱镠的夹击之下,粮尽援绝,加之天下大雨,最终于景福元年(892)六月大败,被杨行密将领田頵所杀。至于其部众,大致分三部分:一部分跟随刘建锋、马殷等逃亡湖南,刘建锋去世之后,由马殷统一湖南地区,建立马楚政权;一部分投降杨行密,被收编为"黑云都",因穿着黑衣,披戴黑甲之故也;最后一部分投降钱镠,被收编为"武勇都",日后对吴越国也有重要影响。[2]杨行密则于七月回到扬州,并让田頵驻守宣州。[3]

二、杨吴政权的扩张与巩固

经过数年的战争,杨行密最终回到了扬州,并于景福元年八月接受唐廷任命,成为淮南节度使,真正开始其政权的建设。[4]在这一过程之中,主要包括两大方面:一方面是辖境的扩张,另一方面是统治集团的扩大。

在辖境扩张方面,从杨行密第一次进入扬州开始,即先后出兵征服周围的各种势力,并逐州予以占领。为直观展现这一进程,除了反复易手的州,以下按时间顺序将占领后真正开始稳定统治的州域梳理如下:

表 4-1　　　**杨行密初入扬州后进占各州时间表**

时　间	州域	道	主要参考史料
文德元年 (888)	池州	宣歙道	《资治通鉴》卷二五七,唐昭宗文德元年八月条,第8381页
龙纪元年 (889)	宣州		《资治通鉴》卷二五八,唐昭宗龙纪元年六月条,第8388页

[1]〔宋〕路振:《九国志》卷一《张训传》,傅璇琮、徐海荣、徐吉军主编:《五代史书汇编》第6册,杭州出版社2004年版,第3224页。

[2]　关于孙儒势力的后续影响,参见曾现江:《唐后期、五代之淮蔡军人集团研究》,四川大学硕士学位论文,2002年。

[3]〔宋〕司马光编著,〔元〕胡三省音注:《资治通鉴》卷二五九唐昭宗景福元年(892)七月,中华书局1956年版,第8430页。

[4]〔宋〕司马光编著,〔元〕胡三省音注:《资治通鉴》卷二五九唐昭宗景福元年(892)八月,中华书局1956年版,第8434页。

续表 4-1

时　间	州域	道	主要参考史料
大顺二年 （891）	和州	淮南道	《资治通鉴》卷二五八，唐昭宗大顺二年六月条，第 8416 页
	滁州		
	扬州		《资治通鉴》卷二五八，唐昭宗大顺二年七月条，第 8417 页
景福元年 （892）	常州	浙西道	《资治通鉴》卷二五九，唐昭宗景福元年二月条，第 8426 页
	润州		
	楚州	淮南道	《资治通鉴》卷二五九，唐昭宗景福元年四月条，第 8429 页
景福二年 （893）	庐州		《资治通鉴》卷二五九，唐昭宗景福二年七月条，第 8445 页
	歙州	宣歙道	《资治通鉴》卷二五九，唐昭宗景福二年八月条，第 8447 页
	舒州	淮南道	《资治通鉴》卷二五九，唐昭宗景福二年十月条，第 8451 页
乾宁元年 （894）	黄州		《资治通鉴》卷二五九，唐昭宗乾宁元年三月条，第 8453 页
	泗州	河南道	《资治通鉴》卷二五九，唐昭宗乾宁元年十一月条，第 8458 页
乾宁二年 （895）	濠州		《资治通鉴》卷二六〇，唐昭宗乾宁二年三月条，第 8467 页
	寿州	淮南道	《资治通鉴》卷二六〇，唐昭宗乾宁二年四月条，第 8468 页
乾宁三年 （896）	蕲州		《资治通鉴》卷二六〇，唐昭宗乾宁三年五月条，第 8486— 8487 页
	光州		
光化二年 （899）	海州	河南道	《资治通鉴》卷二六一，唐昭宗光化二年七月条，第 8526 页
天复二年 （902）	昇州	浙西道	《资治通鉴》卷二六三，唐昭宗天复二年六月条，第 8577 页
天祐二年 （905）	鄂州	鄂岳道	《资治通鉴》卷二六五，唐昭宣帝天祐二年二月条，第 8641 页

如上表所列，杨行密在占领扬州之后的近二十年间，特别是在前十年内，先后占领了淮南道、宣歙道的全部州，以及浙西道的常州、润州，河南道的泗州。后十年内，又占领了河南道的海州、浙西道的昇州和鄂岳道的鄂州。要之，在杨行密于天祐二年去世之前，基本奠定了杨吴政权的主体疆域。当然，在此期间，杨行密还曾短期占领过其他州，比如浙西道的苏州、睦州，浙东道的婺州，河南道的密州，鄂岳道的岳州；也尝试过对河南道朱温所占徐州、宿州等的争夺，但都未能持久。[1] 不过，就杨行密已经占领的州域来说，属于唐代

---

[1]　关于杨行密扩张的情况，还可以参考朱祖德整理的"杨行密统一淮南时间表""杨氏领土扩张时间表"，氏著《唐代淮南道研究》，花木兰文化事业有限公司 2009 年版，第 123—127 页。

南方财赋之地,已经足以铸就其强大的国力。

在领土扩张之外,则是统治集团的扩大。这方面,大致经历了从"三十六英雄"到"杨行密集团"的扩大过程。所谓"三十六英雄"[1]的三十六之数,未必确实,此处仅代指跟随杨行密初起的早期元从将领,以庐州籍人为主。随着地盘的扩张,各个地方的文武人才源源不断地归附而来,因为已经不止三十六人,故而论者进一步称之为"杨行密集团",并制表统计了全部156位文武人物籍贯、生卒、才性、出身等。[2]从其表中可以很明显地看到,所谓"杨行密集团"确实随着领土扩张,其来源范围也有一个扩大的现象。

在杨行密集团中,最早加入的是其庐州同乡。据统计,杨行密集团中出身庐州的共计27人,占整个集团人物的36.98%。若加上其余淮南道出身的,共计36人,占整个集团人物的49.31%。[3]可见,淮南道出身的人物占据了基本半个集团。如果考虑到非淮南道出身的人物是在杨行密完全占领整个淮南道之后陆续投靠而来的,则在其集团形成的初期,淮南道出身的人物所占比应当更高。对此,可以从对统治集团成员加入集团的时间来统计分析。跟随杨行密从庐州起兵的人物有37人,占比过半,且大部分是庐州人。在进攻扬州期间,有6人加入;在攻取宣州期间,有4人加入;此后至消灭孙儒之时,又陆续有7人加入。这新加入的17人都不是庐州人,可见其集团成员范围确实是随着统治地域的扩大而逐渐吸纳各地人物。[4]

另外,杨行密集团虽然有数位武将"明显排斥知识分子",但更多史料表明,"不仅具儒者风范或手不释卷者有之;重士,宾礼僚属,礼敬乡里故老者,更颇不乏人"。在家世出身方面,"出身名门者,仅于涛、李戴;曾获功名者,有游恭、李戴二人;父祖曾任官者亦仅李涛、崔太初、严可求、陈濬四人;其余则少孤贫、不拘细行、目不知书,或以鹰隼为事;年少投身军旅,或出身蔡贼、

————————

[1] 〔宋〕欧阳修撰,〔宋〕徐无党注:《新五代史》卷六一《吴世家·徐温传》,中华书局2015年版,第855页。

[2] 何永成:《十国创业君主个案研究——杨行密》,中国文化大学博士论文,1992年,第207—283页。

[3] 何永成:《十国创业君主个案研究——杨行密》,中国文化大学博士论文,1992年,第310页。虽然在对一些人物籍贯进行处理时有失误,此统计数据尚有修正余地,但大致能反映实情。

[4] 何永成:《十国创业君主个案研究——杨行密》,中国文化大学博士论文,1992年,第313页。

草寇者,更为数甚夥,可证其实为一由下阶层人物所组成之集团"。[1]综合这两则分析,可知杨行密集团虽然出身中下层的成员居多,但就整体素质而言,并非乌合之众。因为很明显,有儒者风范的将领和出身名门的人士,往往更受杨行密的重用。

正是借助此一不断扩展的文武集团,杨行密方才能够战胜孙儒,立足江淮,并进而建立杨吴政权。更进一步,为了长久进行统治并继续扩张,仅有的"淮南节度使"头衔已经无法满足需求,这时就需要更多确保自身合法性的认可。对此,自然是从当时尚存权威的唐廷获取。根据统计,在杨行密生前,先后接受过来自唐廷的如下头衔:

表 4-2

时 间	头 衔	来 源
中和三年(883)三月	庐州刺史	《资治通鉴》卷二五五,第 8290 页
文德元年(888)二月	淮南留后	《资治通鉴》卷二五七,第 8373 页
龙纪元年(889)六月	宣歙观察使	《资治通鉴》卷二五八,第 8388 页
大顺元年(890)三月	宁国节度使	《资治通鉴》卷二五八,第 8395 页
景福元年(892)八月	淮南节度使、同平章事	《资治通鉴》卷二五九,第 8434 页
乾宁二年(895)涟水一役胜后	淮南节度副大使,知节度事,检校太傅、同中书门下平章事,封弘农郡王	《新唐书》卷一八八《杨行密传》,第 5455 页
乾宁四年(897)二月	江南诸道行营都统	《资治通鉴》卷二六一,第 8502 页
光化三年(900)	加兼侍中	《资治通鉴》卷二六二,第 8543 页
天复二年(902)三月	东面诸道行营都统、检校太师、守中书令,封吴王	《新唐书》卷一八八《杨行密传》,第 5458 页

其中最重要的关键点有二:一为景福元年(892)杨行密以淮南节度使加同平章事,从而成为使相,得以居于宁国节度使田頵、润州团练使安仁义等自己任命的将领之上;二是天复二年(902)三月获封吴王,从而更明确地处于淮南、宣歙、浙西诸道之上,并正式建立吴国。特别是所谓"东面诸道行营",比乾宁四年的"江南诸道行营"的范围更模糊,也更大,名义上可以包括淮南道、浙东道、浙西道、鄂岳道、湖南道、江西道、福建道等,这些地方大部分都属

---

[1] 何永成:《十国创业君主个案研究——杨行密》,中国文化大学博士论文,1992 年,第 314 页。

于其潜在的扩张目标。而作为该行营的都统,杨行密本身也具有名义上调动各道军队的权力。都统一职在晚唐时期出兵镇压藩镇叛乱和地方民变的时候经常出现。最近的则是高骈所担任的诸道行营都统和东面都统,并随着高骈获得墨敕授官的权力,使得都统的职权也扩大到地方州县的人事任命方面。不过杨行密的这两个都统职位,还需要配合类似于墨敕的特权,这就是"承制封拜"。

除了先后获封节度使、弘农郡王、吴王,以及行营都统等职务,杨行密还取得了东南地区其他地方割据势力未曾有的特殊权力来源渠道和权力实施保障,即"承制封拜"。天复二年(902)三月,唐昭宗为牵制朱温势力,命江淮宣谕使李俨授淮南杨行密为"东面诸道行营都统、检校太师、守中书令,封吴王,承制封拜"[1],其中"承制封拜"即指杨行密可以通过唐昭宗所下达的其实是由杨行密起草的授官制书,分封和拜授自己的部将。所谓"淮南、宣歙、湖南等道立功将士,听用都统牒承制迁补,然后表闻"[2],即先封后奏,这是中央对地方势力的一种高度认可和信任。此后,天复二年十月,"杨行密始建制敕院,每有封拜,辄以告俨,于紫极宫玄宗像前陈制书,再拜然后下"[3]。可见,在得到"承制封拜"的许可后,杨行密又建起了制敕院,每当有封拜之事时,即告诉李俨,在紫极宫唐玄宗像前陈列制书,向唐玄宗像、自己草拟的唐昭宗制书行拜礼后,即可对帐下官员施行封拜。不过制敕院又是怎样的建筑或机构,尚不清楚,估计就在紫极宫内或者紫极宫附近兴建。

之所以选择紫极宫,则是因为里面有唐玄宗像。紫极宫起源于唐玄宗时期,开元二十九年(741)正月,始"制两京、诸州各置玄元皇帝庙并崇玄学,置生徒"[4];天宝二年(743)三月,"改西京玄元庙为太清宫,东京为太微宫,天下诸郡为紫极宫"[5]。扬州作为东南大州,自然也有紫极宫,并在唐玄宗死后逐渐

[1]〔宋〕欧阳修、宋祁:《新唐书》卷一八八《杨行密传》,中华书局1975年版,第5458页。

[2]〔宋〕司马光编著,〔元〕胡三省音注:《资治通鉴》卷二六三唐昭宗天复二年(902)三月,中华书局1956年版,第8573页。

[3]〔宋〕司马光编著,〔元〕胡三省音注:《资治通鉴》卷二六三唐昭宗天复二年(902)十月,中华书局1956年版,第8584页。

[4]〔后晋〕刘昫等:《旧唐书》卷九《玄宗纪下》,中华书局1975年版,第213页。

[5]〔后晋〕刘昫等:《旧唐书》卷九《玄宗纪下》,中华书局1975年版,第216页。

成为祭祀唐玄宗的场所。至唐末天下大乱之时,由于南方地区与长安、洛阳之间道路不通,紫极宫的官方身份更成为唐王朝在地方上的政治象征。

在杨吴政权的"承制除拜"中,主要包括两种机制:一是江淮宣谕使李俨可以作为唐朝皇帝的代表,授予杨行密及其死后继任的杨渥、杨隆演等人为东面诸道行营都统、弘农王;二是身为东面诸道行营都统、弘农王的杨行密父子可以用"承制除拜"的方式任命自己的官员。这两种机制的实现,得益于三个前提:1. 紫极宫作为唐玄宗时始建的代表李唐王朝官方祀典的场所,兼其有唐玄宗像,其本身可作为唐廷在地方上的象征;2. 杨行密作为当时东南地区的强大藩镇,他本人已经具有"建制敕院",并得以"承制封拜"的实力;3. 身为江淮宣谕使的李俨作为唐昭宗的直接代表,是当下中央权力在地方的直接体现。这三个要素结合之后,即成就了紫极宫作为一个沟通各方的场所,杨行密的统治合法性也得以稳固。

总而言之,"承制除拜"的两种机制集合了历史(唐玄宗像)与现实(唐昭宗)、中央(江淮宣谕使李俨)与地方(淮南节度使杨行密),而紫极宫的作用即在于为链接历史与现实、中央与地方,提供了具体的礼仪场所。

这两种机制在唐昭宗死后依然发挥作用,一直持续到杨吴政权的景帝杨渥、宣帝杨隆演时期。在杨行密死后,天祐二年(905)十一月,"将佐共请宣谕使李俨承制授杨渥淮南节度使、东南诸道行营都统,兼侍中、弘农郡王"。[1] 此时,唐昭宗已经于前一年在洛阳被朱温所弑。杨隆演即位时,天祐五年(908)六月,"淮将将吏请于李俨,承制授杨隆演淮南节度使、东面诸道行营都统、同平章事、弘农王"。[2] 此时,唐王朝也已经在前一年灭亡。另外,还有天祐九年(912)九月,"(徐)温与(刘)威、(陶)雅帅将吏请于李俨,承制加嗣吴王隆演太师、吴王"。[3] 可见,晚至天祐九年,"承制除拜"的第一种机制尚起

[1]〔宋〕司马光编著,〔元〕胡三省音注:《资治通鉴》卷二六五唐昭宣帝天祐二年(905)十一月,中华书局 1956 年版,第 8652 页。

[2]〔宋〕司马光编著,〔元〕胡三省音注:《资治通鉴》卷二六六后梁太祖开平二年(908)六月,中华书局 1956 年版,第 8702 页。关于晚唐各个割据政权中存在的这类墨制行政,见王凤翔:《晚唐五代秦岐政权研究》,三秦出版社 2009 年版,第 76—79 页。

[3]〔宋〕司马光编著,〔元〕胡三省音注:《资治通鉴》卷二六八后梁郢王乾化二年(912)九月,中华书局 1956 年版,第 8762 页。

作用,前后持续了十余年,客观上也将唐朝的存在感持续了数年。

至于第二种机制,也一直在起作用,这体现在对一些将领的任命上。比如《九国志·刘威传》曰:"及行密承制封拜,就迁淮南节度副使、行军司马。"[1]又如《九国志·钟泰章传》曰:"天复三年,朝使李俨至,行密得承制拜授,以功历左监门卫将军。"[2]直到天祐十二年(915)四月,依然有"承制就加(庐州刺史张崇)都团练观察处置等使,守刺史,余勋阶如旧"。[3]不过,"承制除拜"这种形式在杨行密最初立国时尚且比较重要,在其政权日益稳固之后,随着权臣徐温势力的崛起,则逐渐废弛。直到天祐十五年(918)朱瑾之乱时,久居海陵,贫困交加的李俨因与朱瑾有交通而被杀。[4]至此,"承制除拜"彻底结束。

三、杨行密的统治危机

随着领土的扩张,统治集团的扩大,杨行密以扬州为基地,逐渐建立起吴国,并进一步取得合法性。但在唐末这一大环境下,群雄竞起,谁都能通过武力获取对某一地域的合法统治,即便已经属于他人,也可以努力争夺。因此,杨行密的吴国,也一直受到很多军事挑战,从而导致其统治危机。对此,大概可以从地方与中央两方面入手。当然,这里的中央指的是杨吴政权的政治中心扬州。

地方上,杨吴政权境内的重要军事力量对中央权威的挑战行为早已出现在杨行密晚年,如寿州刺史朱延寿、宁国节度使田頵、润州团练使安仁义等,皆曾举州反叛。三人所控制地域,宣州是杨行密借以起家的宣歙观察使(宁国节度使)治所州,润州是与扬州隔江相望的原浙西观察使治所州,都能对扬州造成直接的危险;寿州在淮河沿线,是防备后梁政权的前沿,江玮平

---

[1]〔宋〕路振:《九国志》卷一《刘威传》,傅璇琮、徐海荣、徐吉军主编:《五代史书汇编》第6册,杭州出版社2004年版,第3219页。

[2]〔宋〕路振:《九国志》卷二《钟泰章传》,傅璇琮、徐海荣、徐吉军主编:《五代史书汇编》第6册,杭州出版社2004年版,第3248页。

[3]〔清〕董诰等编:《全唐文》卷八六八(殷文圭)《后唐张崇修庐州外罗城记》,中华书局1983年版,第9096页。

[4]〔宋〕司马光编著,〔元〕胡三省音注:《资治通鉴》卷二七〇后梁末帝贞明四年(918)六月,中华书局1956年版,第8829页。

所归纳出来的"寿州军官团"是寿州政治的主导性力量,也需要重点防控。[1]

先来看田頵。在杨行密消灭孙儒,重回扬州之后,让田頵驻守宣州。但身为宣歙观察使的田頵,实际只能统治宣州,歙州在杨行密旧将、刺史陶雅治下,此人颇有政声。[2]不过,作为与吴越国直接接壤的州,且距离吴越国政治中心杭州最近,宣州的重要性不言而喻。所以,对田頵的任命,应该比对陶雅的任命,重要性更强。因此,田頵作为"少与行密同乡,及戍塞上,情好愈密"的人物,且"博览书传,容止儒雅,雄果有大志",在灭孙儒之战中又出力最多,正是最适合的人选。[3]事实上,在宣州任上,田頵也确实数次进攻吴越国,颇有所获。

当杨吴政权日渐强盛时,田頵依然在宣州任上,虽然作为从小长大的玩伴,也不免有所怨言。特别是天复二年(902)四月,杨行密在田頵的帮助下,消灭了盘踞于由上元县升级而来的昇州之冯弘铎势力,后者继承了张雄的遗产。事后,田頵来到扬州见杨行密,想要得到回报。但一来当时"行密左右要赂者众,下及狱吏,亦有私请",田頵对此颇为不满;二来田頵本想"求池、歙为属郡,行密复未之许",最终田頵更加失望。甚至当田頵离开扬州时,指着扬州城南水门说:"此门不复经入矣。"[4]当年十二月,田頵出兵进攻吴越钱镠,后者向杨行密求援,杨行密以更换宁国军节度使相要挟,田頵不得不退兵。但田頵对此很有意见,说道:

> 侯王守方,以奉天子,古之制也。其或逾越者,譬如百川不朝于海,虽狂奔猛注,澶漫退广,终为涸土,不若恬然顺流,淼茫无穷也。况东南之镇,扬为大,尘贱刀布,阜积金玉。愿公上恒赋,頵将悉储峙,具单车从。[5]

[1]　江玮平:《唐末五代初长江流域下游的在地政治——淮、浙、江西区域的比较研究》,台湾大学硕士论文,2007年,第66—67页。

[2]　〔宋〕路振:《九国志》卷一《陶雅传》,傅璇琮、徐海荣、徐吉军主编:《五代史书汇编》第6册,杭州出版社2004年版,第3220—3221页。

[3]　〔宋〕路振:《九国志》卷三《田頵传》,傅璇琮、徐海荣、徐吉军主编:《五代史书汇编》第6册,杭州出版社2004年版,第3261页。

[4]　〔宋〕路振:《九国志》卷三《田頵传》,傅璇琮、徐海荣、徐吉军主编:《五代史书汇编》第6册,杭州出版社2004年版,第3262页。

[5]　〔宋〕薛居正等:《旧五代史》卷一七《田頵传》,中华书局2015年版,第266页。

在这里,田頵建议杨行密作为尊奉唐王朝的藩镇,应该积极上贡赋税。对此,杨行密答复说:"贡赋繇汴而达,适足资敌尔。"即如果通过汴河进贡,正好给了朱温这个敌人,拒绝了田頵请求。当然,田頵这个请求本身也不现实,杨行密也算提供了一个借口。从此,田頵"绝行密,大募兵"。[1]

再来看润州刺史安仁义,作为光启三年(887)从秦宗衡、孙儒集团投降而来的沙陀武将,安仁义在杨吴政权可谓特殊。但正因其骁勇善战的特征,得到杨行密的赏识,屡屡参与重要战役。安仁义来投后,杨行密"悉以骑兵委之,列于田頵之上",对此,胡三省注云:"杨行密起于合肥,一时诸将,田頵为冠,一旦得安仁义,列于頵上,卒收其力用。史言其知人善任。"[2]可见,一方面,杨行密收获了一员得力的将领,以及"知人善任"的美称;另一方面,安仁义自身也在杨行密集团内部获得了地位的提升,并长期在润州任职。

安仁义在润州十余年,并未见反叛迹象,而是汲汲于财富的聚敛。作为粟特系沙陀人,安仁义具备了粟特人天生的商业性格,史称其"蕃性好货,虽凋敝之后,科敛尤急"。润州人对此颇有怨言,认为在杨吴政权境内其他州域担任刺史的都是循吏,自己润州的刺史却是个蕃人。[3]当然,这对杨行密并无威胁,他主要担心的是"其治军严,善得士心",而且安仁义对自己的武艺颇为自负,经常说:"(米)志诚弩十,不当(朱)瑾槊之一;瑾槊十,不当吾弓之一。"[4]故而,当田頵与安仁义相勾连,并结交朱延寿时,就引起了杨行密的紧张。

最后来看朱延寿,他与杨行密有姻亲关系,是杨行密一位夫人朱氏的弟弟。[5]此人"敢杀",当时"扬州多盗",杨行密抓到盗贼后,表面上让盗贼拿着自己偷盗来的赃物回家,实际上暗中告知朱延寿,让他把这些盗贼都给

[1]〔宋〕欧阳修、宋祁:《新唐书》卷一八九《田頵传》,中华书局1975年版,第5477页。

[2]〔宋〕司马光编著,〔元〕胡三省音注:《资治通鉴》卷二五七唐僖宗光启三年(887)十一月,中华书局1956年版,第8365页。

[3]〔宋〕路振:《九国志》卷三《安仁义传》,傅璇琮、徐海荣、徐吉军主编:《五代史书汇编》第6册,杭州出版社2004年版,第3264页。

[4]〔宋〕欧阳修、宋祁:《新唐书》卷一八九《田頵传》,中华书局1975年版,第5478页。

[5]朱玉龙:《吴王杨行密》,安徽人民出版社2017年版,第106—107页。

杀死。[1]有这样的性格，朱延寿在战场上自然也不会心慈手软。乾宁二年（895），朱延寿一鼓作气，将坚不可摧的寿州城攻下，便被杨行密任命为寿州团练使。[2]寿州地处吴、梁交界处，在杨行密兴起之地庐州北边，属于杨吴政权的北部屏障。而在朱延寿驻守期间，虽然"梁将屡寇淮上"，都因朱延寿"每开关延敌，未尝敢逼"。[3]可知，杨行密对朱延寿的军事能力颇为倚重。

朱延寿与杨行密产生矛盾的直接原因，据《五国故事》所言："延寿潜以宗姓通于梁祖，将规淮甸，行密乃谋去之。"[4]无论朱延寿是否真的与梁太祖朱温潜通，以朱延寿在吴、梁边境重兵驻守这一事实来看，杨行密也不得不担心朱延寿会有二心。另外，朱延寿还与田頵交通，田頵曾"遣二使诈为商人，诣寿州约奉国节度使朱延寿"，不过半路被杨行密拦截，事情败露。[5]于是，杨行密"诈为目疾，每接延寿使，必错乱所见以示之"，让朱延寿收起防备之心。杨行密接着诓骗朱夫人："吾今丧目，军府事大，儿子辈俱幼，不如得三舅代治，吾无忧矣！"以此为由将朱延寿诱杀。[6]

杨行密杀朱延寿在天复三年（903）九月，而在此前一个月，田頵已经与安仁义共谋起兵。田頵曾派帐下颇有名气的文士杜荀鹤到朱温处谋求响应，但朱温当时正与北面河东道的晋王李克用交战，东、西两面也分别有平卢节度使王师范、凤翔节度使李茂贞等独立势力，自顾不暇，无法直接介入。[7]故而，杨行密一方面以后事相托为借口稳住朱延寿，另一方面分别派兵进攻田頵和

[1]〔宋〕路振：《九国志》卷三《朱延寿传》，傅璇琮、徐海荣、徐吉军主编：《五代史书汇编》第6册，杭州出版社2004年版，第3264页。

[2]〔宋〕司马光编著，〔元〕胡三省音注：《资治通鉴》卷二六〇唐昭宗乾宁二年（895）四月，中华书局1956年版，第8468页。

[3]〔宋〕路振：《九国志》卷三《朱延寿传》，傅璇琮、徐海荣、徐吉军主编：《五代史书汇编》第6册，杭州出版社2004年版，第3265页。

[4]〔宋〕不著撰人：《五国故事》卷上"伪吴杨氏"条，傅璇琮、徐海荣、徐吉军主编：《五代史书汇编》第6册，杭州出版社2004年版，第3180页。

[5]〔宋〕司马光编著，〔元〕胡三省音注：《资治通鉴》卷二六四唐昭宗天复三年（903）八月，中华书局1956年版，第8614页。

[6]〔宋〕路振：《九国志》卷三《朱延寿传》，傅璇琮、徐海荣、徐吉军主编：《五代史书汇编》第6册，杭州出版社2004年版，第3265页。

[7]〔宋〕司马光编著，〔元〕胡三省音注：《资治通鉴》卷二六四唐昭宗天复三年（903）八月，中华书局1956年版，第8614页。

安仁义。

其中安仁义在天复三年八月进攻常州,遭到常州刺史李遇反击,退守润州。[1]杨行密又设置润州行营,任命王茂章为招讨使,负责进攻润州。[2]田颢方面,则由昇州刺史李神福负责进攻。天复三年九月,李神福在长江上与田颢的水军大战,利用火攻取胜。[3]十月份,杨行密又派台濛从陆路进攻田颢,后者亲自迎战于广德,但却败退宣州。[4]直到十二月,田颢出城迎战时,坠马被杀。[5]至此,朱延寿与田颢都已被杀,安仁义则直到天祐二年(905)正月方才被王茂章攻下。[6]

三次地方上的危机,终于被杨行密化解了,但天祐二年的杨行密,也即将走到人生的终点。至于他建立的杨吴政权,却尚未稳固,好不容易暂时解决了地方的危机,又将迎来中央权力更替带来的麻烦。这主要由于杨行密本人寿命将尽,但其子嗣尚未成长。前文已述,杨行密在设计擒杀朱延寿时,曾装病迷惑朱夫人。事实上,杨行密本人身体确实不好,不然也不会长时间瞒住朱夫人,朱延寿也不会确信不疑。

更重要的是,杨行密建立吴国依靠的是上文所述"杨行密集团",这些元从此时早已分据各州,一旦杨行密去世,其继承者必然要面对众多兵强马壮的功臣,恐怕难以建立起足够的威信来震慑四方。而正是这种重外轻内的情况,影响到了杨吴政权日后的走向。

---

[1]〔宋〕路振:《九国志》卷三《安仁义传》,傅璇琮、徐海荣、徐吉军主编:《五代史书汇编》第6册,杭州出版社2004年版,第3264页。

[2]〔宋〕司马光编著,〔元〕胡三省音注:《资治通鉴》卷二六四唐昭宗天复三年(903)八月,中华书局1956年版,第8614页。

[3]〔宋〕司马光编著,〔元〕胡三省音注:《资治通鉴》卷二六四唐昭宗天复三年(903)九月,中华书局1956年版,第8617页。

[4]〔宋〕司马光编著,〔元〕胡三省音注:《资治通鉴》卷二六四唐昭宗天复三年(903)十月,中华书局1956年版,第8619页。

[5]〔宋〕路振:《九国志》卷三《田颢传》,傅璇琮、徐海荣、徐吉军主编:《五代史书汇编》第6册,杭州出版社2004年版,第3263页。

[6]〔宋〕司马光编著,〔元〕胡三省音注:《资治通鉴》卷二六五唐昭宣帝天祐二年(905)正月,中华书局1956年版,第8639页。

第二节　杨吴南唐嬗递与扬州

以扬州为立足点的杨吴政权,在杨行密开拓疆土至整个淮南道、宣歙道,浙西道、鄂岳道部分地区,以及河南道的海州、泗州后,同时也陷入了地域范围过大,恐怕会引起四分五裂的境地。基于此,杨行密一方面从唐廷获取正统性的资源,用以控制和约束治下将领;另一方面则将朱延寿、田頵、安仁义为代表的各种抬头的分裂势力予以铲除。但杨行密平定朱、田、安三叛所依靠的力量依然是王茂章、李神福、台濛等旧有元从将领,杨行密若要开创一个王朝,将家业传给自己的子孙,还需要努力培养自己杨氏家族的第二代。可惜,杨行密享祚不永,天祐二年(905)十一月去世,年仅五十四岁。接下来,到937年南唐建立前的三十多年,扬州虽然一直是杨吴政权的首都,但最终以南唐定都金陵结束其首都的地位。这一转变过程,将在本节加以叙述。

一、杨吴权臣徐温的崛起

杨行密壮年去世,诸子尚未长成,于是给其周围的人可乘之机。大体上,五代十国时期地方割据政权的内部动乱有两种类型:一是"地方型",即跟随创业君主的元从将领在逐渐占领地方州县后,手握重兵,对身处政权中心的创业君主产生离心,逐渐脱离政权,或者取代创业君主及其继任者;二是"中央型",即在创业君主周围的臣子,由于取得了创业君主的信任,逐渐掌握废立之权,直至取而代之。在杨行密晚年,也有这两类内部动乱情况。前一节中,我们已经看到了朱、田、安三叛所代表的"地方型"动乱,这里略述"中央型"动乱。

杨吴政权"中央型"动乱的产生,源于杨行密之死。当时,杨行密长子杨渥仅二十岁,但史书上并无其参加杨吴政权扩张战争的记载,可知其略无军事能力。但在杨行密生前,他已经努力在培养杨渥。天祐元年(904)八月,击败田頵后取而代之的"宣州观察使台濛卒,杨行密以其子牙内诸军使渥为宣州观察使"。[1]这一任命无疑是出于锻炼其能力的想法,毕竟作为牙内(衙内)诸军使,杨渥只是在扬州城内任职,并无外出领兵的机会。此后,杨行密逐渐向亲近之人询问择嗣问题的看法,用以确认杨渥的继承人地位。比如淮南节度判官周隐,杨行密就问过一次。根据《资治通鉴》记载:

> 杨行密长子宣州观察使渥,素无令誉,军府轻之。行密寝疾,命节度判官周隐召渥。隐性戆直,对曰:"宣州司徒轻易信谗,喜击球饮酒,非保家之主;余子皆幼,未能驾驭诸将。庐州刺史刘威,从王起细微,必不负王,不若使之权领军府,俟诸子长以授之。"行密不应。左、右牙指挥使徐温、张颢言于行密曰:"王平生出万死,冒矢石,为子孙立基业,安可使他人有之!"行密曰:"吾死瞑目矣。"隐,舒州人也。他日,将佐问疾,行密目留幕僚严可求;众出,可求曰:"王若不讳,如军府何?"行密曰:"吾命周隐召渥,今忍死待之。"可求与徐温诣隐,隐未出见,牒犹在案上,可求即与温取牒,遣使者如宣州召之。[2]

在性格戆直的节度判官周隐看来,对于品行不端的杨渥是否能够胜任节度使是持有怀疑态度的,因此他推荐宿将刘威,后者当时在杨行密的老家庐州刺史任上。但作为左、右牙指挥使的张颢、徐温并不同意。

无论这里涉及的人到底是什么态度,事实上这次择嗣意见的不同,代表了杨行密集团内部在杨行密晚年形成的两种政治势力:即以周隐和刘威等宿将为主的一方,以新晋谋士严可求和张颢、徐温等衙军将领为主的另一方。但鉴于朱延寿、田頵、安仁义等叛乱的前车之鉴,杨行密其实对于跟他一起打天下的将领是有所忌惮的,故而更加倾向于严可求等人的迎合。于是,在这一次较量中,可以说是宿将势力和衙军势力围绕吴王之位继承人问题的首次

---

[1]〔宋〕司马光编著,〔元〕胡三省音注:《资治通鉴》卷二六五唐昭宗天祐元年(904)八月,中华书局1956年版,第8636页。何永成也认为"此举或可视为行密欲由此重镇开始令其历练",参见何永成:《杨行密传位研究》,《第三届中国唐代文化学术研讨会论文集》,台湾中国唐代学会,1997年,第554页。

[2]〔宋〕司马光编著,〔元〕胡三省音注:《资治通鉴》卷二六五唐昭宣帝天祐二年(905)九月,中华书局1956年版,第8648页。

冲突。其结果则是杨渥于天祐二年（905）十月十六日抵达扬州，杨行密授其"淮南节度留后"的职位，并在杨行密死后由宣谕使李俨"承制授（杨）渥兼侍中、淮南节度副大使、东面诸道行营都统，封弘农郡王"。[1]

虽然顺利即位，但杨渥对权力的掌控并无把握，特别是衙军势力一定程度上通过对他的扶持掌握了废立之权，故而杨渥亟须建立自己的武装来巩固地位。于是，他先向接任其宣州观察使之位的王茂章求取宣州旧物，不过王茂章并不想拿出来，杨渥只好派遣父亲的旧将李简进攻宣州，导致曾经平定安仁义的优秀将领王茂章出逃吴越国。[2]之后，杨渥又派遣另一位旧将秦裴进攻割据江西的钟氏家族。[3]除了这两次军事行动，还有因周隐不推举自己而将之杀害的记载。[4]当然，最重要的是组建自己的军事力量，《九国志·徐温传》记载："渥既嗣位，愤大臣擅权，政非己出，乃置东院马军，置立亲信，以为心腹。"[5]这里的"东院马军"明显是另一支牙军，以对抗张颢、徐温的左、右牙军。而且，也正是在这支牙军的辅助下，杨渥才得以恣心所欲。即《江南别录》所记载的："景王（杨渥）所为不道，居父丧中，掘地为室，以作音乐。夜然烛击球，烛大者十围，一烛之费数万。或单马出游，从者不知所诣，奔走道路。"[6]这种表现当然不一定是历史事实，毕竟杨渥后来失败并成为反面形象后，历史解释权已经在徐温手中。但大约还是有其部分真实性的，所以也正好给了张颢、徐温进一步动作的借口。

至于为何杨渥需要建立自己的衙军"东院马军"，则需要了解一下杨吴政权早期的左右衙。杨渥本人之所以能够嗣位，就是因为掌握衙军的张颢、

————————

[1]〔宋〕欧阳修、宋祁：《新唐书》卷一八八《杨行密传》，中华书局 1975 年版，第 5460 页。

[2]〔宋〕欧阳修撰，〔宋〕徐无党注：《新五代史》卷六一《吴世家·杨渥传》，中华书局 2015 年版，第 846 页。

[3]〔宋〕欧阳修撰，〔宋〕徐无党注：《新五代史》卷六一《吴世家·杨渥传》，中华书局 2015 年版，第 846—847 页。

[4]〔宋〕欧阳修撰，〔宋〕徐无党注：《新五代史》卷六一《吴世家·杨渥传》，中华书局 2015 年版，第 846 页。

[5]〔宋〕路振：《九国志》卷三《徐温传》，傅璇琮、徐海荣、徐吉军主编：《五代史书汇编》第 6 册，杭州出版社 2004 年版，第 3266 页。

[6]〔宋〕陈彭年：《江南别录》"义祖徐氏"条，傅璇琮、徐海荣、徐吉军主编：《五代史书汇编》第 9 册，杭州出版社 2004 年版，第 5131 页。

徐温的支持,而周隐所依靠的庐州刺史刘威等宿将镇守在外,鞭长莫及,无法左右中央的政局。现将史料所见杨吴政权早期左右衙的将领列表如下:

表 4-3　　　　　　　　杨吴政权早期左右衙将领表

时　间	人　物	史　料	来　源
光启三年(887)	李宗礼	牙将李宗礼	《资治通鉴》卷二五七,第 8362 页
景福元年(892)	徐　温	奏授衙内右直都将	《九国志》卷三《徐温传》,第 3265 页
景福二年(893)	李神福	迁左衙都校	《九国志》卷一《李神福传》,第 3222 页
乾宁四年(897)	侯　瓒	授瓒衙将	《九国志》卷一《侯瓒传》,第 3233 页
光化四年(901)	郑　璠	迁左衙将	《九国志》卷二《郑璠传》,第 3252 页
天复三年(903)	崔太初	迁太初衙内都指挥使	《九国志》卷二《崔太初传》,第 3256 页
天复三年(903)	徐　温	授右衙都指挥使[1]	《九国志》卷三《徐温传》,第 3266 页
天祐元年(904)	杨　渥	牙内诸军使渥	《资治通鉴》卷二六五,第 8636 页
天祐二年(905)	张　颢	左衙都指挥使张颢	《九国志》卷三《徐温传》,第 3266 页
天祐二年(905)	杨　彪	淮南牙内指挥使杨彪[2]	《资治通鉴》卷二六五,第 8655 页
天祐二年(905)	刘　权	渥袭位,补衙将	《九国志》卷二《刘权传》,第 3255 页

由此表可知,杨吴政权的左右衙最早出现于光启三年(887),但并无左右之分。到景福二年(893)左右,开始有左衙的记载;天复三年(903)左右,有右衙的记载,但应该与左衙同时出现,或者可追溯到景福元年(892)的衙内右直。

所谓衙(牙),就是节度使幕府的亲兵,在晚唐五代藩镇内部普遍存在。杨行密在景福元年(892)回到扬州,正式出任淮南节度使之后,即开始正式组建淮南节度使府的衙兵。但在之前,杨行密担任宁国军节度使时期,应该已有负责护卫他自己的牙兵存在,可以算作淮南节度使府衙兵的前身。杨吴政权的衙兵组织日益扩大之后,开始有左右之分,并在杨行密晚年时,由张颢、徐温分别为左、右衙都指挥使。

另外,从上表中可以发现,列出的这些衙将在受任当时,都是普通将领,

---

[1]　或为"右衙指挥使",见〔宋〕欧阳修撰,〔宋〕徐无党注:《新五代史》卷六一《吴世家·徐温传》,中华书局 2015 年版,第 855 页。

[2]　〔宋〕路振:《九国志》卷二《杨彪传》,傅璇琮、徐海荣、徐吉军主编:《五代史书汇编》第 6 册,杭州出版社 2004 年版,第 3253 页。

杨渥也只是出于其父培养接班人才被授予衔职。此时杨行密元从大将,比如刘威、陶雅等,都在外镇守或征战。只是为了顺利地使继承人接任,杨行密不免过于依靠左右衙军,客观上造成了其权力的进一步上升。当"行密疾甚,召(徐)温与左衙都指挥使张颢同受顾托"[1],从此,徐温和张颢开始正式干预政事。而在为选择接班人有所顾虑时,是张颢与徐温凭借着左右衙的军事力量坚定了杨行密的决心。[2]明确此点,就可以了解为何杨渥想要拥有自己的衙将,而东院马军的建立,又势必影响到张颢、徐温的掌权。于是,双方之间的冲突不可避免,据《新五代史》的叙述:

> 初,渥之入广陵也,留帐下兵三千于宣州,以其腹心陈璠、范遇将之。既入立,恶徐温典牙兵,召璠等为东院马军以自卫。而温与左衙都指挥使张颢皆行密时旧将,又有立渥之功,共恶璠等侵其权。四年正月,渥视事,璠等侍侧,温、颢拥牙兵入,拽璠等下,斩之,渥不能止,由是失政,而心愤未能发,温等益不自安。[3]

不论史官的叙述有没有润色,这段材料所反映的张颢与徐温的真实心态是很有价值的。

杨渥的东院马军被张颢、徐温斩杀之后,双方的矛盾便已经公开化,互相之间有所提防。更进一步,张颢、徐温"二人不自安,共谋弑王,分其地以臣于梁"。[4]杨渥当然也有所察觉,负气说道:"汝谓我不才,何不杀我自为之!"[5]最终,天祐五年(908)五月八日,张颢"遣其党纪祥等弑王于寝室,诈云暴

[1]〔宋〕路振:《九国志》卷三《徐温传》,傅璇琮、徐海荣、徐吉军主编:《五代史书汇编》第6册,杭州出版社2004年版,第3266页。

[2]〔宋〕司马光编著,〔元〕胡三省音注:《资治通鉴》卷二六五唐昭宣帝天祐二年(905)九月,中华书局1956年版,第8648页。

[3]〔宋〕欧阳修撰,〔宋〕徐无党注:《新五代史》卷六一《吴世家·杨渥传》,中华书局2015年版,第847页。

[4]〔宋〕司马光编著,〔元〕胡三省音注:《资治通鉴》卷二六六后梁太祖开平二年(908)五月,中华书局1956年版,第8697页。

[5]〔宋〕司马光编著,〔元〕胡三省音注:《资治通鉴》卷二六六后梁太祖开平元年(907)正月,中华书局1956年版,第8667页。

薨"。[1]

杨渥死后,张颢、徐温之间的矛盾又浮出水面,主要表现在张颢欲自立,而徐温则晚了一步,只能谋求自保。根据马令《南唐书·徐宣祖传》的记载:

> 初,温、颢之谋弑渥,约分其地,以臣于梁。及渥死,颢欲背约自立,温患之,问其客严可求。可求曰:"颢虽刚愎,而暗于成事,此易为也。"明日,颢列剑戟府中,召诸将议事。自大将朱瑾而下,皆去卫从,然后入。颢问诸将:"谁当立者?"诸将莫敢对。颢三问,可求前密启曰:"方今四境多虞,非公主之不可,然恐为之太速。且今外有刘威、陶雅、李简、李遇,皆先王一等人也,公虽自立,未知此辈能降心以事公否?不若辅立幼主,渐以岁时,待其归心,然后可也!"颢不能对。可求因趋,出书一教内袖中,率诸将入贺。诸将莫知所为,及出教宣之,乃渥母史氏教。言杨氏创业艰难,而嗣主不幸,隆演以次当立,告诸将以无负杨氏而善事之。辞旨激切,闻者感动,颢气色皆沮,卒无能为。隆演乃得立。[2]

由此可见,张颢虽然想要自立,但他跟徐温分别掌握左、右衙,就实力而言大体相当,更何况还有杨行密许多旧将在外镇守,不得不有所忌惮。此外,杨行密之妻、杨渥之母史氏的"教",其激切的词旨也感动了现场的诸多将校,使得张颢不便当场强硬,从而无所作为。最后,杨渥弟杨隆演得以嗣位。

虽然杨隆演即位了,但张颢并未放弃夺权的目标。首先是想让徐温出镇地方,但被依附于徐温的严可求给识破,以徐温出镇会让大家认为你张颢马上就要将徐温杀掉,影响不好为由,让张颢收回了这一想法。此后,察觉到严可求投靠徐温的淮南行军副使李承嗣进一步向张颢建议,刺杀严可求,但刺

[1]〔宋〕司马光编著,〔元〕胡三省音注:《资治通鉴》卷二六六后梁太祖开平二年(908)五月,中华书局1956年版,第8697页。

[2]〔宋〕马令:《南唐书》卷八《徐宣祖传》,傅璇琮、徐海荣、徐吉军主编:《五代史书汇编》第9册,杭州出版社2004年版,第5317页。马令此处把〔宋〕欧阳修撰、〔宋〕徐无党注《新五代史》卷六一《吴世家·杨隆演传》(中华书局2015年版,第847—848页)和〔宋〕司马光编著、〔元〕胡三省音注《资治通鉴》卷二六六后梁太祖开平二年(908)五月(中华书局1956年版,第8697—8700页)所载杂糅到了一起,并稍作词句修改。

客却失手了。[1]可见,张颢行事颇为犹豫,这大概与他早年从蔡州孙儒军队中来,又反复于杨行密、蔡俦之间,行事过于谨慎有关。

这一步步的差池,反而为徐温赢得了机会。最终,徐温在严可求的策划下,通过钟泰章成功刺杀张颢。《九国志》记载此事曰:

> 天祐五年,张颢弑渥,将出徐温守润州,以图自立。温与严可求谋,非泰章不可除颢。泰章知之,因选士三十人,夜集军舍。椎牛享之,刺血而饮,以为誓。温谓曰:"吾有老母,不若且止。"泰章曰:"斯事一言既出,宁可中辍耶!"明日,泰章与姚克赡杀颢于衙堂。迁检校尚书、左仆射、左衙副指挥使。[2]

此后,徐温即掌握了杨吴政权的大权,以徐氏家族为主体的强势权力与以杨氏家族为主体的弱势权力并存于杨吴政权高层,这种罕见的"二元政治"一直延续到天祚三年(937)的吴唐禅代,存在近三十年。

徐温之所以能够从杨行密晚年和杨渥时期的政治乱局中脱颖而出,得益于他自身的沉稳性格。相对于张颢之"骁勇"[3],徐温同样身为北方人,专长却不在武艺方面。因此,对于徐温的评价,不能简单地停留在武将层面。徐温早年"入群盗中,以贩盐为事"[4],长期生活在下层社会,但却又"刚毅寡言,罕与人交"[5]。故而似乎在盗贼集团里不合群,后来便退出盐盗行列,投入杨行

---

　　[1]〔宋〕欧阳修撰,〔宋〕徐无党注:《新五代史》卷六一《吴世家·杨隆演传》,中华书局2015年版,第848页;亦见〔宋〕司马光编著,〔元〕胡三省音注:《资治通鉴》卷二六六后梁太祖开平二年(908)五月,中华书局1956年版,第8698—8699页,但没有提到李承嗣劝张颢派刺客之事。

　　[2]〔宋〕路振:《九国志》卷二《钟泰章传》,傅璇琮、徐海荣、徐吉军主编:《五代史书汇编》第6册,杭州出版社2004年版,第3248页。

　　[3]〔宋〕司马光编著,〔元〕胡三省音注:《资治通鉴》卷二五九唐昭宗景福二年(893)四月,中华书局1956年版,第8444页。

　　[4]〔宋〕路振:《九国志》卷三《徐温传》,傅璇琮、徐海荣、徐吉军主编:《五代史书汇编》第6册,杭州出版社2004年版,第3265页。

　　[5]〔宋〕陈彭年:《江南别录》"义祖徐氏"条,傅璇琮、徐海荣、徐吉军主编:《五代史书汇编》第9册,杭州出版社2004年版,第5131页。

密帐下"为伍长"[1]。进入军营后,徐温虽然在"黑云长剑"都为裨将,但"未尝有战功"。[2]可见,其本人并非以武艺擅长,而是善于揣摩人心。比如杨行密攻破宣州时,"诸将争取金帛,徐温独据米囷,为粥以食饿者",胡三省注曰:"徐温之远略已见于此矣。"[3]

此后,徐温继续靠他的智谋,在各种军事行动中如鱼得水。天复二年(902)六月,杨行密派兵进攻朱温控制下的河南道宿州,适逢大雨,大船所运辎重无法前行,唯有徐温预先用小艇运载军粮,顺利解决了前线的后勤问题,从而赢得了杨行密对他的重视。[4]更重要的是,作为在中央掌控一半衙军的右衙都指挥使,徐温周围开始聚集许多谋划之士,如前文提及的严可求。严可求最初于天复三年(903)杨行密计杀朱延寿时见诸史籍。[5]此后,在严可求的辅佐下,徐温地位上升,为他参与谋划的人士也慢慢增加了。比如另有一位骆知祥,初以宣州长史归杨行密,既而辅佐徐温。与严可求并名,史称:"温以军旅委严可求,以财赋委支计官骆知祥,皆称其职,淮南谓之'严骆'。"[6]

此后的徐温顺风顺水,首先通过代表唐王朝的宣谕使李俨之帮助,于天祐五年(908)七月三日,"承制授杨隆演淮南节度使、东面诸道行营都统、同平章事、弘农王"[7]。随之而来的是徐温自己也步步高升,其过程如下表所示:

---

[1] 〔宋〕路振:《九国志》卷三《徐温传》,傅璇琮、徐海荣、徐吉军主编:《五代史书汇编》第6册,杭州出版社2004年版,第3265页。

[2] 〔宋〕马令:《南唐书》卷八《徐宣祖传》,傅璇琮、徐海荣、徐吉军主编:《五代史书汇编》第9册,杭州出版社2004年版,第5316页。

[3] 〔宋〕司马光编著,〔元〕胡三省音注:《资治通鉴》卷二五八唐昭宗龙纪元年(889)六月,中华书局1956年版,第8388页。

[4] 〔宋〕司马光编著,〔元〕胡三省音注:《资治通鉴》卷二六三唐昭宗天复二年(902)六月,中华书局1956年版,第8577页。

[5] 〔宋〕欧阳修撰,〔宋〕徐无党注:《新五代史》卷六一《吴世家·徐温传》,中华书局2015年版,第855页。

[6] 〔宋〕司马光编著,〔元〕胡三省音注:《资治通鉴》卷二六六后梁太祖开平二年(908)五月,中华书局1956年版,第8700页。

[7] 〔宋〕司马光编著,〔元〕胡三省音注:《资治通鉴》卷二六六后梁太祖开平二年(908)七月,中华书局1956年版,第8702页。

表 4-4　　　　　　　**天祐六年至十四年徐温升迁表**

时　间	升　迁	来　源
天祐六年 （909）三月	自以淮南行军副使领昇州刺史，留广陵。	《资治通鉴》卷二六七，第8708 页
天祐九年 （912）九月	温率将吏进隆演位太师、中书令、吴王。温为行军司马、镇海军节度使、同中书门下平章事。	《新五代史》卷六一《吴世家》，第 849 页
天祐十二年 （915）四月	吴徐温以其子牙内都指挥使知训为淮南行军副使、内外马步诸军副使。	《资治通鉴》卷二六九，第8788 页
天祐十二年 （915）八月 二十二日	温请就藩以治舟师，乃加浙西招讨使，封齐国公，以金陵、京口、毗陵、宣城、新安、池阳六郡为都督府。[1]	《九国志》卷三《徐温传》，第 3266—3267 页
天祐十四年 （917）五月	温徙治金陵，以第三子知训为淮南行军副使，留广陵以辅政。	《九国志》卷三《徐温传》，第 3267 页

　　通过上表，可以看到徐温夺权的五个步骤：第一步，徐温自领昇州刺史，但仍留广陵辅政，这是在控制政权之余为自己营建地方势力，毕竟徐温出身牙将，并非在外领兵镇守的将领；第二步，徐温尊奉杨隆演成为吴王，从而使徐温自己亦由润州刺史上升为镇海军节度使，得以把势力从润州扩大到浙西道（虽然当时杨吴政权只控制了浙西道北部的润、昇、常三州），且本职工作尚以淮南行军司马直接掌控杨吴政权；第三步，徐温开始培养亲长子徐知训，让徐知训接替自己监视杨隆演的工作，从而为亲自经营另一个军政中心做准备；第四步，徐温终于亲自接管辛苦营建的根据地润州，并把势力范围扩展到六个州（郡），建立都督府，从而在地理空间上正式奠定"二元政治"格局；第五步，出

---

　　[1]　所载州郡依次为昇、润、常、宣、歙、池六州。〔宋〕欧阳修撰、〔宋〕徐无党注《新五代史》卷六一《吴世家·徐温传》以歙州新安郡为"黄州"（中华书局 2015 年版，第 855 页），同样的记载见〔宋〕马令《南唐书》卷八《徐宣祖传》（傅璇琮、徐海荣、徐吉军主编：《五代史书汇编》第 9 册，杭州出版社2004 年版，第 5318 页），似误。〔宋〕司马光编著、〔元〕胡三省音注《资治通鉴》卷二六九后梁末帝贞明元年（915）八月载"管内水陆马步诸军都指挥使""守侍中"二职（中华书局 1956 年版，第 8796 页）。

于对已经被养子徐知诰治理得很好的昇州的偏好,移镇昇州(金陵)[1]。

自从徐温受封齐国公,并据有六州,无论是在名义上,还是在军事实力上,都已凌驾于其他诸将之上。与此同时,他把原先位于润州的镇海节度使府也迁到了昇州[2],甚至"建大都督府"[3],以示与在外领兵的各节度使有异。加之又得到了国公爵位,这是其他杨行密旧将所没有的。所有这些,都暗示着他有能力和意图改朝换代。

总之,从天祐五年(908)五月十七日,徐温杀张颢,确立其专权地位开始,到十五年(918)七月二十七日,徐温养子徐知诰取得坐镇于昇州的徐温之认可,在扬州辅政吴王,导致徐温权力有所旁落为止,在这十年之间,徐温为巩固其权臣地位并谋求取吴王而代之,可谓费尽心机。

但正如前述,杨行密元从将领大多在地方掌握军政,他们的态度如何,也需要徐温加以关注。对此,先列表如下:

表 4-5　　　　　　徐温执政初期地方将领政治态度表

将　领	身　份	态　度	来　源
李　遇	宣州团练使	叛乱	《九国志》卷一《李遇传》,第 3225 页
刘崇景	袁州刺史	叛乱	《九国志》卷一《柴再用传》,第 3231 页
刘　威	镇南节度使	入觐	《九国志》卷一《刘威传》,第 3219 页
刘　信	抚州刺史	归附	《九国志》卷二《刘信传》,第 3242 页
秦　裴	鄂岳观察使	入觐	《九国志》卷一《秦裴传》,第 3226—3227 页
张　崇	庐州刺史	归附	《九国志》卷一《张崇传》,第 3234 页
陶　雅	歙州观察使	入觐	《九国志》卷一《陶雅传》,第 3220—3221 页
刘仁规	濠州团练使	归附	《九国志》卷一《刘金传》,第 3226 页

[1]〔宋〕欧阳修撰,〔宋〕徐无党注:《新五代史》卷六一《吴世家》:武义二年(920)"七月,改昇州大都督府为金陵府,拜徐温金陵尹"。(中华书局 2015 年版,第 852 页)徐温对昇州早有打算,天祐六年(909)三月即自兼昇州刺史,并以徐知诰为"昇州防遏兼楼船副使"(〔宋〕司马光编著,〔元〕胡三省音注:《资治通鉴》卷二六七后梁太祖开平三年(909)三月,中华书局 1956 年版,第 8708 页)。所谓防遏兼楼船副使,即完善城防功能和训练水军,目的在于当昇州被治理完善后自己居之,以保证对扬州的控制。

[2]　朱玉龙编著:《五代十国方镇年表》"昇州"条注一,中华书局 1997 年版,第 429 页。

[3]〔宋〕路振:《九国志》卷三《徐温传》,傅璇琮、徐海荣、徐吉军主编:《五代史书汇编》第 6 册,杭州出版社 2004 年版,第 3267 页。

续表 4-5

将　领	身　份	态　度	来　源
李　简	常州刺史	归附	《九国志》卷一《李简传》，第 3229 页
周　本	信州刺史	归附	《九国志》卷四《周本传》，第 3271 页
崔太初	寿州团练使	归附	《九国志》卷二《崔太初传》，第 3256 页
王　绾	海州刺史	归附	《九国志》卷一《王绾传》，第 3235 页

　　如上表可知，在可考的十二位将领中，仅有两位在徐温掌权后发动叛乱，其他皆为持归附态度，甚至亲自入觐徐温。在两次反叛事件中，一直参与平叛的柴再用虽亦属于杨行密元从，但也归附于徐温。再加上徐温本人所控制的润州和徐知诰所治理的昇州，可以说在杨吴政权范围内，除了个别州域反叛后被平定之外，没有大规模反对徐温的军事行动。这种情况固然和各位将领的个人性情以及徐温的杀鸡儆猴与安抚政策有关，但起决定作用的因素还是各个将领所控制的地域大抵一二州，实力不足，势力分散，难以抵抗中央军队。

　　唯一值得忧虑的是江南西道境内的势力。当时，杨吴政权正对江西八州进行扩张。为不至于在洪州出现一个能够调动江西八州的节度使，在徐温授意下，对江西南部的虔州等地所采取的军事行动一直拖到徐温完全掌控历任江西（镇南）节度使为止。从而保证全面占领江西八州后，不会出现叛乱。[1]

二、徐知诰取代徐温

　　当徐温掌握杨吴政权时，也遇到了与杨行密类似的难题，即权力传承问题。天祐十二年（915），徐温长子徐知训开始在扬州辅政，徐温自己退居润州。但徐知训未能很好地履行职责，而是数番侮辱吴王杨隆演，直到被东面诸道行营副都统朱瑾所杀，此即"朱瑾政变"。涉及这一事件的人物有朱瑾、杨隆演、徐知训，以及处理后续事宜的徐知诰、徐温等人，以下通过诸人的出身背景和性格特征，分析这一事件的发生原因。

　　首先来看杨隆演（897—920）。正如前文所述，杨渥死后，在徐温、严可求等人的坚持下，杨隆演得以顺利即位。但此后，也迎来了徐温的专权。因为杨隆演是杨行密次子，在即位时年仅十二岁，略无治国能力，只好一切仰仗徐

---

　　[1]　江玮平：《唐末五代初长江流域下游的在地政治——淮、浙、江西区域的比较研究》，台湾大学硕士论文，2006 年，第 154—157 页。

温。此外,杨隆演兄长杨渥在任内过于高调的行为所引来的杀身之祸,也会给杨隆演带来心理阴影,致其不敢放开手脚。还应提到的是,杨渥之母史氏作为杨氏一族唯一的家长,所表现出来的对徐温的屈服,也会对杨隆演产生影响。史氏在经过杨行密死后到杨渥被杀的诸多变乱后对徐温说道:"吾儿年幼,祸乱若此,得保百口以归合淝,公之惠也。"可见其几乎快要放弃对整个政权的掌控。[1]在这样的背景之下,杨隆演更无所作为。

有一件小事可以看出杨隆演的无奈。天祐十三年(916),"宿卫将李球、马谦挟隆演登楼,取库兵以诛知训,阵于门桥。知训与战,频却,朱瑾适自外来,以一骑前视其阵,曰:'此不足为也。'因反顾一麾,外兵争进,遂斩球、谦,而乱兵皆溃"。[2]此事背景与朱瑾之变的背景一致,即徐知训的骄横引起了一些人不满,他们打算借杨隆演名义除掉徐知训。在此事中,朱瑾尚且扮演着平乱的角色,徐知训表现出来的是拙劣的办事能力。最无力的便是杨隆演,不仅忍受徐知训的欺侮,还被宿卫小将挟持。

当然,杨隆演最大的压力来自徐知训(895—918),此人是徐温亲子中最年长者,仅比杨隆演大两岁,但比徐温养子徐知诰要小七岁左右。[3]因为是权臣徐温之亲长子,受命留守广陵知政事,人称"政事仆射"[4],为所欲为。根据记载,徐知训"少学兵法,不能竟,尤喜剑士角抵之戏"。[5]也许徐温本身在武艺上不出色,以及身为右衙指挥使的特殊地位,使得徐知训养成了纨绔子弟的性格。

出于对自身地位的自负,导致了徐知训对杨隆演的轻蔑,史称:

> 徐氏之专政也,隆演幼懦,不能自持,而知训尤凌侮之。尝饮酒楼上,

---

[1]〔宋〕欧阳修撰,〔宋〕徐无党注:《新五代史》卷六一《吴世家·徐温传》,中华书局新修订本2015年版,第855页。

[2]〔宋〕欧阳修撰,〔宋〕徐无党注:《新五代史》卷六一《吴世家·杨隆演传》,中华书局2015年版,第850页。

[3] 关于徐知训与徐知诰年龄、排行的考证,参见胡耀飞:《杨吴政权家族政治研究》,花木兰文化事业有限公司2017年版,第73—74页。

[4]〔宋〕佚名:《五国故事》卷上"伪吴杨氏"条,傅璇琮、徐海荣、徐吉军主编:《五代史书汇编》第6册,杭州出版社2004年版,第3181页。

[5]〔宋〕马令:《南唐书》卷八《徐知训传》,傅璇琮、徐海荣、徐吉军主编:《五代史书汇编》第9册,杭州出版社2004年版,第5319页。

命优人高贵卿侍酒,知训为参军,隆演鹑衣髽髻为苍鹘。知训尝使酒骂坐,语侵隆演,隆演愧耻涕泣,而知训愈辱之。左右扶隆演起去,知训杀吏一人,乃止。吴人皆仄目。[1]

徐知训通过让杨隆演扮演参军戏中的丑角苍鹘来戏弄杨隆演[2],不仅是对吴王不敬,而且间接影响到了其父亲的形象,因为正是徐温扶持杨隆演为吴王的。如果说徐温遥镇金陵是为了避免国人说他蓄谋篡权,那么徐知训对吴王的侮辱行为则是对自己父亲的反辱。

此外,徐知训还对义兄徐知诰十分嫉妒,因为父亲徐温对徐知诰的能力十分看重。时徐知诰正在润州任上。促使他来到这个地方,是他在之前的昇州任上治绩太过突出,以至于徐温亲自移镇昇州,改为金陵。[3]于是,对自己地位稳定性的怀疑,即个人政治能力的不自信,导致了徐知训在徐知诰面前的自卑心理,又数次通过邀请徐知诰赴宴而企图加害之,这种例证颇多。姑亦举例言之:

> 昇事徐温甚孝谨,温尝骂其诸子不如昇,诸子颇不能容,而知训尤甚,尝召昇饮酒,伏剑士欲害之,行酒吏刁彦能觉之,酒至昇,以手爪掐之,昇悟起走,乃免。后昇自润州入觐,知训与饮于山光寺,又欲害之,徐知谏以其谋告昇,昇起遁去。知训以剑授刁彦能,使追杀之,及于中途而还,绐以不及,由是得免。[4]

三次预谋,虽没有成功,但徐知训的阴暗心理可见一斑,甚至连其亲弟徐知谏都看不下去。无怪乎朱瑾会发动政变了。

---

[1]〔宋〕欧阳修撰,〔宋〕徐无党注:《新五代史》卷六一《吴世家·杨隆演传》,中华书局2015年版,第850页。

[2] 朱东根曾举此事为例,讨论唐宋参军戏中参军、苍鹘的角色形象,参见朱东根:《唐参军戏苍鹘角色考论》,《戏曲艺术》2003年第3期,第65—70页。

[3]〔宋〕司马光编著,〔元〕胡三省音注:《资治通鉴》卷二六九后梁末帝贞明三年(917)五月,中华书局1956年版,第8815页。

[4]〔宋〕欧阳修撰,〔宋〕徐无党注:《新五代史》卷六二《南唐世家》,中华书局2015年版,第862页。

　　就朱瑾（867—918）而言，之所以发动政变，也正是由于徐知训的一系列反常行为。朱瑾是宋州下邑人，天平军节度使朱瑄的弟弟，史称其"雄武倜傥，有吞噬四方之志"，明显是北方武人性格。光启二年（886），年甫二十就计取兖州，随后被任命为泰宁军节度使，与兄朱瑄遥相呼应，可谓少年英雄。[1]但在更强大的对手朱温的数年围攻之下，朱瑄战败被杀，朱瑾也只能于乾宁四年（897）南投杨行密。当时的朱瑾才三十一岁，正是精力旺盛之时，但杨行密仅命他参加针对朱温的战役，如清口之战（897）、吕梁之役（899）等，借以发泄其对朱温的仇恨。而当吴、梁边境稍稍平静时，朱瑾的作用也发挥殆尽，毕竟并非淮南元从将领。即使天复二年（902）朱瑾被任命为平卢节度使，也只是遥领。天复三年，杨行密"承制加朱瑾东面诸道行营副都统、同平章事"[2]，则是名义上的尊崇，实同闲职，长居扬州而已。此时朱瑾不过三十七岁。

　　长久的闲居生活，使得朱瑾锐气耗尽。当天祐五年（908）张颢杀掉杨渥，想自立时，唯有书生严可求严词斥责，当时也在场的朱瑾反而默不作声，事后才对严可求说："瑾年十六七即横戈跃马，冲犯大敌，未尝畏慑，今日对颢，不觉流汗，公面折之如无人；乃知瑾匹夫之勇，不及公远矣。"[3]在强悍的张颢面前，一文一武表现如此不同，在场的朱瑾无疑受到巨大刺激。因此，当徐温上台，再次起用他时，朱瑾即重新活跃起来。天祐十年（913），朱瑾随从徐温破梁将王景仁[4]；天祐十一年，朱瑾率军救徐州之围。[5]天祐十四年，朱瑾又参与颍州之役，并斥责不称职的行营都虞候刘权。[6]

---

　　[1]〔宋〕路振：《九国志》卷二《朱瑾传》，傅璇琮、徐海荣、徐吉军主编：《五代史书汇编》第6册，杭州出版社2004年版，第3248页。

　　[2]〔宋〕司马光编著，〔元〕胡三省音注：《资治通鉴》卷二六三唐昭宗天复三年（903）正月，中华书局1956年版，第8600页。

　　[3]〔宋〕司马光编著，〔元〕胡三省音注：《资治通鉴》卷二六六后梁太祖开平二年（908）五月，中华书局1956年版，第8697—8698页。

　　[4]王景仁即此前被杨渥赶到吴越国的王茂章，吴越国尊奉后梁为正朔，他即避朱温曾祖朱茂琳名讳，改名王景仁，并应朱温之请直接进入后梁政权效力。参见〔宋〕薛居正等：《旧五代史》卷二三《王景仁传》，中华书局2015年版，第364—365页。

　　[5]破王景仁之战，参见〔宋〕司马光编著，〔元〕胡三省音注：《资治通鉴》卷二六九后梁末帝乾化三年（913）十二月，中华书局1956年版，第8779—8780页；救徐州之战，参见〔宋〕薛居正等：《旧五代史》卷一三《蒋殷传》，中华书局2015年版，第208页。

　　[6]〔宋〕路振：《九国志》卷二《刘权传》，傅璇琮、徐海荣、徐吉军主编：《五代史书汇编》第6册，杭州出版社2004年版，第3255页。

天祐十五年(918),徐知训依旧对杨隆演无礼,甚至开始对朱瑾也指手画脚。比如对于朱瑾的女妓颇有私心[1],垂涎朱瑾的名马[2]等等。不过朱瑾毕竟是东面诸道行营副都统,名义上属于都统杨隆演的副手,而徐知训不仅能力不足,年龄也小一辈。当时,杨隆演在徐温的运作下,准备称帝开国,借以抬升徐温本人的地位。徐知训则顾虑开国之后,朱瑾的地位会在他之上,故而想让朱瑾出镇泗州,为静淮军节度使。于是,朱瑾考虑到日后离开扬州,更没有机会教训徐知训,便开始谋划政变。

天祐十五年(918)六月,确定朱瑾为静淮军节度使之后,徐知训即设宴饯行朱瑾,朱瑾则出于防范心理,中途退席。第二天,朱瑾来到徐知训府上表达谢意,但徐知训不在,就留下消息后回家了。当天晚上,徐知训来到朱瑾家赴约,即被朱瑾引入室内,灌醉后被杀。[3]随即,朱瑾提头来到室外,呵退徐知训的部下,策马前往吴王宫。但懦弱的杨隆演见到被杀的徐知训,恐怕更加恐惧,对于朱瑾的行为难以认可,一再回避。朱瑾无奈,扔掉徐知训的头,挺剑而出。但这时候,闻讯赶来的子城使翟虔[4]等已率兵堵住朱瑾的去路,朱瑾毕竟只是一介副都统,当其在扬州闲居时,并无兵马在身,只好拔剑自刎而死。[5]

----

[1] 〔宋〕路振:《九国志》卷二《朱瑾传》,傅璇琮、徐海荣、徐吉军主编:《五代史书汇编》第6册,杭州出版社2004年版,第3250页。

[2] 〔宋〕马令:《南唐书》卷八《徐知训传》,傅璇琮、徐海荣、徐吉军主编:《五代史书汇编》第9册,杭州出版社2004年版,第5319页。

[3] 此为行文方便,关于朱瑾杀徐知训的各种史料见:〔宋〕薛居正等:《旧五代史》卷一三《朱瑾传》,中华书局2015年版,第197—198页;〔宋〕路振:《九国志》卷二《朱瑾传》,傅璇琮、徐海荣、徐吉军主编:《五代史书汇编》第6册,杭州出版社2004年版,第3250页;〔宋〕陈彭年:《江南别录》"义祖徐氏"条,傅璇琮、徐海荣、徐吉军主编:《五代史书汇编》第9册,杭州出版社2004年版,第5132页;〔宋〕佚名:《五国故事》卷上"伪吴杨氏"条,傅璇琮、徐海荣、徐吉军主编:《五代史书汇编》第6册,杭州出版社2004年版,第3181页;〔宋〕欧阳修撰,〔宋〕徐无党注:《新五代史》卷四二《朱瑾传》,中华书局2015年版,第515—516页;〔宋〕司马光编著,〔元〕胡三省音注:《资治通鉴》卷二七〇后梁末帝贞明四年(918)六月,中华书局1956年版,第8828—8829页;〔宋〕马令:《南唐书》卷八《徐知训传》,傅璇琮、徐海荣、徐吉军主编:《五代史书汇编》第9册,杭州出版社2004年版,第5319页。

[4] 吴王宫在子城内,子城使负责守卫子城,正好也负责起吴王宫的护卫。杨吴政权的子城,就是唐朝扬州城的子城,关于其现状,参考朱明松:《扬州唐子城城墙遗址的保护现状与思考》,《东南文化》2005年第2期,第95—96页。

[5] 〔宋〕司马光编著,〔元〕胡三省音注:《资治通鉴》卷二七〇后梁末帝贞明四年(918)六月,中华书局1956年版,第8829页。

徐知训被杀,朱瑾自杀,这一事件极大改变了杨吴政权的日后走向。特别是对于首先出来收拾残局的徐温养子徐知诰来说,给了他一个绝好的机会。徐知诰趁此机会,进一步取代了徐知训在扬州的辅政之职,为其将来建立南唐打下了基础。

徐知诰本人早年颠沛流离,曾被杨行密收养,后赐给徐温当养子。在徐温家中,作为外姓,徐知诰小心谨慎,不像徐知训那样顽劣成性。因此,也得到了徐温夫妇,特别是徐夫人的好感。[1]于是,徐温开始从政治上培养徐知诰。天祐六年(909),徐知诰出任昇州防遏兼楼船副使。昇州是此前冯弘铎盘踞的地方,因其拥有大量水军,在扬州杨行密和宣州田頵之间自成一股势力。当冯弘铎被杨行密降伏后,杨行密的元从将领李神福、秦裴等先后出任昇州。徐温上台后,即让徐知诰出任,可见其对昇州、对徐知诰的重视程度。徐知诰则积极抓住这一机会,营建自己的势力集团,特别是招揽各方人才。正如《资治通鉴》所载:

> 时诸州长吏多武夫,专以军旅为务,不恤民事;(徐)知诰在昇州,独选用廉吏,修明政教,招延四方士大夫,倾家赀无所爱。洪州进士宋齐丘,好纵横之术,谒知诰,知诰奇之,辟为推官,与判官王令谋、参军王翃专主谋议,以牙吏马仁裕、周宗、曹悰为腹心。[2]

这些人不仅帮徐知诰治理昇州,赢得了赞誉,在政变发生时更出了大力。徐温移镇金陵,改徐知诰为润州时,徐知诰一开始心许宣州,但正是宋齐丘的一言定议,让徐知诰来到了离扬州仅一江之隔的润州。[3]在润州,徐知诰的政治野心开始暴露。当政变消息传出扬州城时,驻守润州江边渡口蒜山的马仁

---

[1] 在数年之后,徐温重新想起用自己亲子徐知询代替徐知诰辅政时,徐温妻子陈夫人出于对徐知诰的喜爱而表示反对。见〔宋〕陈彭年:《江南别录》"义祖徐氏"条,傅璇琮、徐海荣、徐吉军主编:《五代史书汇编》第9册,杭州出版社2004年版,第5133页。

[2] 〔宋〕司马光编著,〔元〕胡三省音注:《资治通鉴》卷二六八后梁太祖乾化二年(912)五月,中华书局1956年版,第8757页。

[3] 宋齐丘所言,以〔宋〕史温《钓矶立谈》"自杨氏奄有江淮"条最为详细(傅璇琮、徐海荣、徐吉军主编:《五代史书汇编》第9册,杭州出版社2004年版,第5003页)。

裕首先得报[1],他马上告诉徐知诰,从而为徐知诰赢得了处理政变的先机。

在徐知诰平定了扬州的局势后,徐温来到扬州进行后续的安排,据《资治通鉴》记载:

> 吴徐温入朝于广陵,疑诸将皆预朱瑾之谋,欲大行诛戮。徐知诰、严可求具陈徐知训过恶,所以致祸之由,温怒稍解,乃命网瑾骨于雷塘而葬之,责知训将佐不能匡救,皆抵罪;独刁彦能屡有谏书,温赏之。戊戌,以知诰为淮南节度行军副使、内外马步都军副使、通判府事,兼江州团练使。以徐知谏权润州团练事。温还镇金陵,总吴朝大纲,自余庶政,皆决于知诰。[2]

由此可知,他对政变的处理主要在两方面,且反映出他的矛盾心理。一方面,是徐温责备徐知训的僚佐不能匡救。作为徐知训的生父,徐温曾经对徐知训寄予希望,让他辅政扬州,又让他向朱瑾学习兵法,以及跟随朱瑾进攻颍州,都是这种心理的体现。然而,事情发展却不尽如人意,徐知训之死是对徐温最大的打击,打乱了他原本的政治安排。另一方面,是徐温让徐知诰为淮南节度行军副使,通判节度府事。徐温对徐知训的失望,又在徐知诰的成熟中得到了弥补,这是徐温作为徐知诰养父的一种两难心理。虽然亲子才是自己的血脉,但养子毕竟也是儿子,当时情况下,徐温其他亲生儿子还未成长,徐知诰是唯一的依靠。

从此以后,徐温继续在金陵总揽朝政,徐知诰则在扬州具体辅政。虽然杨吴政权依然在徐温手中掌握着,但其养子徐知诰已经通过在扬州辅政,慢慢将人心聚拢在自己这边。至于杨隆演,依旧无所作为。虽然在第二年(919)的四月一日受徐温的拥戴,杨隆演正式建立吴王国,改天祐年号为武义。但他在经历了杨渥之死、徐知训之死这两次大的变动之后,大概因为身心屡次遭到创伤,于武义二年(920)去世。徐氏父子则继续扶持杨隆演的弟弟杨溥为傀儡国王。

---

[1] 〔宋〕马令:《南唐书》卷一一《马仁裕传》,傅璇琮、徐海荣、徐吉军主编:《五代史书汇编》第9册,杭州出版社2004年版,第5337页。

[2] 〔宋〕司马光编著,〔元〕胡三省音注:《资治通鉴》卷二七○后梁末帝贞明四年(918)七月,中华书局1956年版,第8831页。

三、徐知诰的禅代历程

徐知诰取得了辅政扬州的地位后,一方面尽力维护坐镇金陵的徐温的权威,另一方面在扬州积极扩展自己的势力。正如《五国故事》所说:"内谋其家,外谋其国。"[1]当然,这一过程并非一帆风顺。

徐温以衙将的身份控制了杨吴政权首都扬州后,进一步压制了镇守在外的杨行密的元从将领,方才掌握整个杨吴政权。徐知诰身为徐温的养子,并非其天然的继承人,若要真正取代徐温,在已经能够通过辅政扬州逐渐控制杨吴中央的情况下,还需要继续控制地方,才能得偿所愿。而其最大的障碍,自然就是坐镇金陵的养父徐温。

徐温之所以选择金陵,大概有三个方面的原因:政治上,离扬州近,易于操控政权;军事上,有完善的城防,便于在关键时刻防守;文化上,身为六朝古都,能够体现其继承前代帝王的野心。特别是军事上,虽然从隋灭陈以来,建康城下降为县,地位大为下降。[2]但自唐末张雄于光启三年(887)四月占据润州上元县以来,升级为昇州的金陵城在历任统治者手中慢慢恢复城池规模,其作为南北分裂时六朝都城的重要作用开始凸显,比在长江北岸的扬州更有利于抵挡来自北方的进攻。

朱瑾政变后,随着杨隆演于武义元年(919)称帝,徐温也进位为"大丞相,都督中外诸军事,诸道都统,镇海、宁国节度使,守太尉兼中书令、东海郡王",徐知诰则为"左仆射、参政事兼知内外诸军事,仍领江州团练使"。[3]虽然徐温"还镇金陵,总吴朝大纲",而"自余庶政,皆决于知诰"[4],但毕竟尚有余威,占据地理形势比扬州更优的金陵,徐知诰便只能从其他方面加强自身力量。

首先,徐知诰积极招揽谋略之士,为自己出谋划策。根据梳理,徐知诰在

[1]〔宋〕佚名:《五国故事》卷上 "伪吴杨氏"条,傅璇琮、徐海荣、徐吉军主编:《五代史书汇编》第6册,杭州出版社2004年版,第3182页。

[2]〔宋〕司马光编著,〔元〕胡三省音注:《资治通鉴》卷二五七唐僖宗光启三年(887)闰十一月胡注,中华书局1956年版,第8371页。

[3]〔宋〕司马光编著,〔元〕胡三省音注:《资治通鉴》卷二七〇后梁末帝贞明五年(919)四月,中华书局1956年版,第8844页。

[4]〔宋〕司马光编著,〔元〕胡三省音注:《资治通鉴》卷二七〇后梁末帝贞明四年(918)七月,中华书局1956年版,第8831页。

昇州任上和在扬州辅政期间的幕僚可列表如下：

表 4-6　　　　　　昇州任上与扬州辅政时期徐知诰幕僚列表

时间段	人　物	事　迹	来　源
昇州任上（909—917）	宋齐丘	时天下已乱，经籍道熄，齐丘独好学，有大志。及钟传败，齐丘益穷，随众东下，糊口于倡优魏氏。烈祖时为昇州刺史，延四方之士，齐丘依焉。	马《南唐书》卷二〇《宋齐丘传》，第 5387 页
	王令谋	知诰在昇州，独选用廉吏，修明政教，招延四方士大夫，倾家赀无所爱。洪州进士宋齐丘，好纵横之术，谒知诰，知诰奇之，辟为推官，与判官王令谋、参军王翃专主谋议，以牙吏马仁裕、周宗、曹悰为腹心。	《资治通鉴》卷二六八后梁太祖乾化二年五月，第 8757 页
	王　翃	（天祐）九年，（徐知诰）副柴再用平宣州，以功迁昇州刺史。时江淮初定，守令皆武夫，专事军旅。帝（徐知诰）独褒廉吏，课农桑，求遗书，招延四方士大夫，倾身下之。虽以节俭自励，而轻财好施，无所爱者。以宋齐丘、王令谋、王翃主论议，曾禹、张洽、孙饬、徐融为宾客，马仁裕、周宗、曹悰为亲吏。[1]	陆《南唐书》卷一《烈祖本纪》，第 5463—5464 页
	曾　禹	同上。	同上
	张　洽	同上。	同上
	孙　饬	同上。	同上
	曹　悰	同上。	同上
	徐　融[2]	同上。	同上
	马仁裕	初同周宗给使烈祖左右，小心敏干，署为右职。烈祖移镇润州，仁裕监蒜山渡，首闻朱瑾之乱，驰白烈祖，即日以州兵渡江定乱。	马《南唐书》卷一一《马仁裕传》，第 5337 页
	周　宗	常给使烈祖左右，署为牙吏，多使喻旨四方，敏于事任，恩宠日洽。	马《南唐书》卷一一《周宗传》，第 5336 页
	俞文正	初，俞文正为烈祖幕宾，而宗及马仁裕皆从给使。	同上

[1]　在此十人中，王翃、曾禹、张洽、孙饬、曹悰五人以后未见踪影，吴任臣《十国春秋》亦无专传。

[2]　徐融生平可参见〔清〕吴任臣：《十国春秋》卷一〇《徐融传》，中华书局 1983 年版，第 141—142 页。

续表 4-6

时间段	人 物	事 迹	来 源
扬州辅政 （918—931）	常梦锡	梦锡渡淮,诣广陵,烈祖辟致门下,荐为大理司直。	马《南唐书》卷一〇《常梦锡传》,第5329页
	张延翰	烈祖辅政,以浔阳为封邑,乃以延翰为工部郎中,判江州。	马《南唐书》卷一〇《张延翰传》,第5332页
	江梦孙	烈祖辅政,辟置门下,荐为秘书郎。	马《南唐书》卷一五《江梦孙传》,第5359页
	孙 晟	晟来奔于吴,时烈祖辅政,多招四方之士,得晟,甚喜。……引与计议,多合意。	马《南唐书》卷一六《孙晟传》,第5367页

以上列出了史料所见明确为徐知诰所用的幕僚及其受信任的情况。虽然在扬州辅政时期新增的幕僚比在昇州任上少,但是此时徐知诰已经掌握了吴政权的人事任命权,加上身为辅政者的声望,如常梦锡、孙晟等南下的北人都径直前往扬州,而非去金陵见徐温,可见潜在人数更多。由于徐知诰"轻财好施,无所爱吝",并且"多招四方之士",从而在其周围形成了一个谋士集团。正是这些人发挥了他们的聪明才智,徐知诰才最终能够取代徐温,乃至篡吴。

相比之下,徐温谋士一直稀少。除了前文提及的严可求、骆知祥,其余仅有两位:

陈彦谦(866—925),常州人,曾任润州司马、镇海军节度判官。他是一个有智谋的人,擅长处理烦剧之事,曾帮助徐温营建昇州城池。徐温最后得以迁居昇州,即受其影响。陈彦谦又数次劝说徐温自建名号,可惜顺义五年(925)因病去世。陈彦谦临死之时,仍然不忘劝徐温立亲子为嗣。[1]

徐玠(868—943),字蕴圭,徐州人。最初在徐州节帅崔洪幕下任职,后南奔杨吴政权,为杨行密所用。杨渥平江西,以粮料使负责后勤,后被授以吉州刺史。但徐玠在任贪残,被辅政的徐知诰予以罢免。不过他有权谋,善于左

---

[1]〔宋〕路振:《九国志》卷二《陈彦谦传》,傅璇琮、徐海荣、徐吉军主编:《五代史书汇编》第6册,杭州出版社2004年版,第3256—3257页。

右逢源,转而深得徐温信任。徐玠曾经代表徐温前往宣州,试图说服将要反叛的李遇,但没有成功。[1]当徐知诰与徐温对峙时,徐玠经常劝徐温立亲子。然而看到徐知诰的势力渐渐强大后,徐玠又开始投靠徐知诰。

在徐温仅有的几位谋士中,由于陈彦谦早逝,骆知祥、徐玠又明显倾向于徐知诰,严可求虽有一片忠心,终无能为力。[2]顺义七年(927)十月二十三日,徐温来不及让其亲子徐知询代替徐知诰辅佐吴政,便去世了。[3]徐温未能及时让徐知询代替徐知诰的原因有三:首先,当徐知询想要一展身手时,徐温依然认为自己的亲子不如徐知诰;其次,曾经养育徐知诰的陈夫人对徐知诰尚存情谊,不忍心让徐知诰下台;再次,虽然严可求"言之不已",徐温的突然病逝,让这件事最终没有结果。三年后,严可求也去世,再无人为徐知询谋划了。

在此期间,徐知诰又开始积极消除徐温其他亲子的影响。如果说徐知训被杀并非出于徐知诰主观愿望,那么乾贞三年(929)解除徐知询的权力就完全是徐知诰的主动夺权行为。

徐温有亲子五人:徐知训、徐知询、徐知谏、徐知证、徐知谔。徐知训的情况前文已有简述,此处略过。徐知谏的性格是"雅循"[4],对徐知训的行为也看不惯,曾数次帮助徐知诰,相当于站在徐知诰一方。重点在于徐知询。严可求曾经向徐温提议,让徐知询代替徐知诰辅政扬州。[5]武义二年(920)五

---

[1] 〔宋〕司马光编著,〔元〕胡三省音注:《资治通鉴》卷二六八后梁太祖乾化二年(912)三月,中华书局1956年版,第8755页。

[2] 〔宋〕司马光编著,〔元〕胡三省音注:《资治通鉴》卷二七六后唐明宗天成二年(927)十月胡注:"徐温之门,忠于所事者,严可求、陈彦谦而已。"(中华书局1956年版,第9010页)又《资治通鉴》卷二七七后唐明宗长兴元年(930)十月胡注:"严可求,忠于徐氏者也。徐温既卒,可求相吴,坐视徐知询之废不能出一计,权不在焉故也。"(中华书局1956年版,第9049页)

[3] 〔宋〕司马光编著,〔元〕胡三省音注:《资治通鉴》卷二七六后唐明宗天成二年(927)十月,中华书局1956年版,第9010页。关于徐温之死,史书皆记为"暴卒",或与徐知诰指使有关,见曾严奭:《五代时期吴国徐温的死因之谜:兼论徐知诰与徐温的关系》,《修平人文社会学报》第14期,2010年,第67—90页。此说虽然存疑,但也能够反映养父子之间的冲突与矛盾。

[4] 〔宋〕马令:《南唐书》卷八《徐知谏传》,傅璇琮、徐海荣、徐吉军主编:《五代史书汇编》第9册,杭州出版社2004年版,第5321页。

[5] 见〔宋〕司马光编著,〔元〕胡三省音注:《资治通鉴》卷二七〇后梁末帝贞明四年(918)十一月,中华书局1956年版,第8837页。

月,杨隆演病重时,严可求甚至劝徐温马上进行禅代,取代杨氏的统治。[1]但直到徐温病重之时,为了先让杨溥称帝,才派徐知询前往扬州"奉表劝进"。然而时不凑巧,徐温刚好病殁,给正要"草表欲求洪州节度使"的徐知诰以绝好之机会。徐温死后,徐知询匆匆赶回金陵,继承其父遗产,徐知诰得以继续留在扬州辅政。

　　杨溥称帝后,隐忍多年的徐知询终于继任为"诸道副都统,镇海、宁国节度使兼侍中",而实际上"都督中外诸军事"的军事实权已经落入徐知诰手中。尽管徐知询一厢情愿地认为握重兵并居于上游的他想夺取扬州很容易,但终究敌不过经营多年的徐知诰。[2]在徐知询于大和元年(929)争权失败并被外派洪州后,徐知谔被任命为"金陵尹",则已经局限于金陵一地,故而只是象征性地让徐氏家族成员继任而已。徐知询的失败已是前车之鉴,徐知谔不可能有任何作为。等到大和三年(931)十一月徐知诰亲自出镇金陵时,徐知谔便被驱逐到润州。[3]

　　徐温其他亲子如徐知谏,本就倾心于徐知诰,自不待言。徐知证由于一直远离政治中心,也产生不了影响。[4]由于徐温诸子本身的不团结和能力不足,使得原本就以政变上台的徐温父子在寥寥数个谋士或死或叛后,最终失去了在金陵掌控杨吴实权的地位。由此,军政中心也再次统一到扬州。

　　总之,在众多幕僚的帮助下,徐知诰通过辅政扬州的机会,取得了对徐温血亲父子压倒性的胜利,从而使杨吴政权的军政重心回归到扬州。当然,这时候的扬州,已经是徐知诰统治下的扬州,徐知诰接下来要做的便是禅让前

---

　　[1]〔宋〕刘恕《十国纪年》曰:"王疾病,大丞相温来朝,议立嗣君。门下侍郎严可求言王诸子皆不才,引蜀先主顾命诸葛亮事。"转引自〔宋〕司马光编著,〔元〕胡三省音注:《资治通鉴》卷二七一后梁末帝贞明六年(920)五月《考异》,中华书局1956年版,第8855页。虽然《考异》又曰"恐可求亦不应有此言",但考虑到严可求屡劝徐温以徐知询代徐知诰而徐温不为所动,则让徐温亲自行动似无不可。

　　[2]〔宋〕司马光编著,〔元〕胡三省音注:《资治通鉴》卷二七六后唐明宗天成四年(929)十月,中华书局1956年版,第9034—9035页。

　　[3]〔宋〕司马光编著,〔元〕胡三省音注:《资治通鉴》卷二七九后唐末帝清泰二年(935)七月,中华书局1956年版,第9132页。

　　[4]徐知证在大和六年(934)以后镇守江州,相关考证见朱玉龙编著:《五代十国方镇年表》"江州"条注一,中华书局1997年版,第439页。

的准备工作。最终促成他在天祚三年（937）篡国成功的因素，前文已有论述。这里就杨吴政权政治形势做几点补充。

首先，对徐氏、杨氏诸子的处理。如前所述，徐知诰对徐氏诸子有所排挤，但并没有恶意打击。徐知证和徐知谔不仅一直镇守在外，甚至在南唐建国后分别被封为江王和饶王。[1]对于杨吴政权的统治者杨溥及其家族成员，也没有如南朝各国禅代时那样，一建国即加害。而是按情况妥善处理：比如对于一直有不满之心并欲付诸行动的杨行密第三子杨濛，虽然获封丹阳王，但始终没有大动作，只是在徐知诰篡位前夕，才因一个不当行为而于天祚三年八月被杀[2]；对于杨溥一脉，则在禅代后迁之润州[3]；至于其他吴国宗室，也加官增邑[4]。当然，即便如此，徐氏、杨氏诸子还是心有怨言的。比如镇守在洪州的镇南军节度使徐知询，虽然不得已臣服徐知诰后前往洪州任职，但依然在大和五年（933）七月十五日中元节（亦即唐代比较盛行的盂兰盆节），通过出资铸造洪州大安寺铁香炉来隐晦表达自己的怨望之情。[5]

其次，社会稳定情况。徐温掌权以后，整个杨吴政权已基本远离战火，从而使得徐氏父子有精力总揽大权。因为社会一旦稳定，对武备的需要也就下降。于是，在新的一代优秀将领尚未成熟的情况下，当年杨行密的元从功臣

---

[1]〔宋〕司马光编著，〔元〕胡三省音注：《资治通鉴》卷二八一后晋高祖天福二年（937）十月，中华书局1956年版，第9182页。

[2]〔宋〕路振：《九国志》卷四《周本传》，傅璇琮、徐海荣、徐吉军主编：《五代史书汇编》第6册，杭州出版社2004年版，第3271页。

[3]〔宋〕司马光编著，〔元〕胡三省音注：《资治通鉴》卷二八一后晋高祖天福三年（938）五月，中华书局1956年版，第9186页。

[4]〔宋〕司马光编著，〔元〕胡三省音注：《资治通鉴》卷二八一后晋高祖天福二年（937）十月，中华书局1956年版，第9182—9183页。

[5]具体而言，"大安寺"寓意保全杨吴政权安定；"铁"作为金属，象征杨吴政权的金德；"香炉"借以用香上达祈愿，告慰徐温在天之灵；"炉"又谐音庐州的庐，为杨行密、徐温龙兴之地。不过由于大安寺铁香炉铭文并未直接出现徐知询的姓名，所以只是一种猜测。参见胡耀飞：《杨吴政权家族政治研究》，花木兰文化事业有限公司2017年版，第96—127页。

们多已去世。见于记载者有张训[1]、贾铎（？—910）[2]、陶雅（857—913）、刘威（857—914）、秦裴（856—914）、史俨（？—916）、朱瑾（867—918）、米志诚、王祺（？—918）、李厚、李承嗣（866—920）、刘权（？—920）、钟泰章、陈彦谦（866—925）、张可琼（861—925）、翟虔（865—927）、刘信（859—928）、王绾[3]、李简（861—929）、王稔[4]、陈佑[5]、陈璋[6]、张崇、侯瓒（852—931）、杨彪（880—931）、崔太初（866—931）、李涛（861—932）、郑璠[7]、柴再用（864—935）等。他们的相继去世，方便了徐知诰的篡国行动。尚且健在者，如周本和李德诚，在徐知诰的压力和各自子孙为保全家业的催迫下，于天祚二年（936）不顾年迈进京劝进。[8]功臣子孙们为保全家族势力而委曲求全，和新兴将领为自身前途而依附徐氏，除了这两种情况以外，十国时期地方藩镇节帅和州县长官权力普遍缩小也是不争的事实。[9]这自然方便了吴唐禅代顺利进行，这也是徐氏家族两代人积极经营的结果。

再次，文治大兴。自徐知诰治理昇州以来，在他的周围，逐渐聚集起了大

---

[1]〔宋〕路振：《九国志》卷一《张训传》："天祐七年，迁黄州刺史，卒于治所。"傅璇琮、徐海荣、徐吉军主编：《五代史书汇编》第6册，杭州出版社2004年版，第3224页。

[2]〔宋〕路振：《九国志》卷二《贾铎传》，傅璇琮、徐海荣、徐吉军主编：《五代史书汇编》第6册，杭州出版社2004年版，第3244页。

[3]〔宋〕路振：《九国志》卷一《王绾传》："乾贞初卒，年七十二。"傅璇琮、徐海荣、徐吉军主编：《五代史书汇编》第6册，杭州出版社2004年版，第3235页。

[4]〔宋〕路振：《九国志》卷一《王稔传》："乾贞三年，归授左右雄武统军。卒年六十六。"傅璇琮、徐海荣、徐吉军主编：《五代史书汇编》第6册，杭州出版社2004年版，第3236页。

[5]〔宋〕路振：《九国志》卷二《陈佑传》："大和元年，授饶州刺史。卒于任，年六十五。"傅璇琮、徐海荣、徐吉军主编：《五代史书汇编》第6册，杭州出版社2004年版，第3254页。

[6]〔宋〕路振：《九国志》卷一《陈璋传》："大和二年，改镇东将军，充宁国军节度使。遇疾归江都求医，至江阳县卒，年六十五。"傅璇琮、徐海荣、徐吉军主编：《五代史书汇编》第6册，杭州出版社2004年版，第3232页。

[7]〔宋〕路振：《九国志》卷二《郑璠传》："五年，迁金陵行军副使。卒年六十六。"傅璇琮、徐海荣、徐吉军主编：《五代史书汇编》第6册，杭州出版社2004年版，第3253页。

[8]〔宋〕路振：《九国志》卷四《周本传》，傅璇琮、徐海荣、徐吉军主编：《五代史书汇编》第6册，杭州出版社2004年版，第3271页。

[9]地方权力缩小表现在七个方面：第一，任职时间的缩减；第二，父死子继情况的逐渐消失；第三，军政大权的收归中央；第四，节镇辖州范围的缩小；第五，监军的设置；第六，文人出镇；第七，考核制度的完善。具体内容，见宋靖：《十国地方行政考》，任爽主编：《十国典制考》，中华书局2004年版，第276—314页。

批文人。上文对于徐知诰幕僚的论述中,已提及在出任昇州刺史期间和在扬州辅政期间所聚集的文人。当徐知诰出镇金陵时,归附的文人更多,他们在南唐建国过程中所贡献的力量,并非疆土的开拓,而是制度的完善。在他们中间,有很多人并非生长于江淮,而是来自更稳定的南方,或者战乱的北方。比如天祚二年(晋天福元年,936),中原之地沦为契丹战场,一些不甘在战乱中生活的北方文人纷纷南下。[1]正是在这些文人的加盟之下,促成文治大兴。

综上所述,在吴唐禅代之前的十年左右时间内,杨吴政权内并未出现较大的反对势力,更没有足以相抗衡的军政中心的出现。正是这种社会稳定的情况,加速了吴唐禅代的步伐。而在这一过程中,扬州一方面在徐知诰治下,其政治地位逐渐超过徐温坐镇的金陵;另一方面,在徐知诰取代徐温、徐知询父子后,自己坐镇金陵,使得扬州又重新回到了被遥控的地位。因此,整体上来说,金陵的重要性日渐增长,扬州则逐渐下降。

第三节　南唐东都与周末宋初的扬州

杨吴时期,徐温、徐知诰养父子着力经营昇州(金陵)的结果,是扬州在杨吴政权中政治地位的下降,以及南唐最终取代杨吴政权后定都金陵。在天祚三年(937)徐知诰于金陵建立大齐政权(不久改为大唐,史称南唐)后,扬州便成为南唐政权的东都,虽然依然是都城,但已经属于陪都了。随之而来的,是南唐政权对淮南地区的经营力度也开始下降。另一方面,北方的后晋、后汉、后周等中原政权经过对地方上藩镇势力的不断整合,已经逐渐完成中央集权,开始窥探南方,谋求重新统一中国。于是,淮南地区在常年的北方军队压境之下,最终被后周世宗所占。此后,后周、北宋时期,扬州便成了北方政权进攻南唐的前哨,直至南唐灭亡。

以下略述三大部分:一是扬州如何成为东都;二是扬州作为东都在南唐

---

[1]　以韩熙载、史虚白等人为甚。〔宋〕陆游《南唐书》卷七《史虚白传》:"中原丧乱,与北海韩熙载来归。"(傅璇琮、徐海荣、徐吉军主编:《五代史书汇编》第9册,杭州出版社2004年版,第5519页)关于徐知诰对文士的接纳与其自身的文艺行为,见陈葆真:《南唐烈祖的个性与文艺活动》,氏著《李后主和他的时代——南唐艺术与历史》,北京大学出版社2009年版,第1—27页。

治下的情况；三是周末宋初时期作为中原政权进攻南唐前哨的扬州。

一、"二元政治"下南唐东都的形成

在昇州（金陵）地位上升和扬州地位下降的情况下，杨吴政权事实上形成了"二元政治"，为徐知诰的禅代做好了准备。但这"二元政治"也并非一蹴而就，大致有两个重要阶段需要进一步予以揭示。

第一次"二元政治"（915—929）。经过唐末的战乱，扬州早已没有中晚唐时期"扬一益二"的辉煌。杨吴时期虽然想要尽力恢复昔日荣华，但没有多大效果。杨行密选择扬州作为治所，与他身居淮南节度使之位分不开，此后杨隆演作为杨行密和杨渥的继任者，治所不变。然而如上文所述，徐氏家族控制下的杨吴政权首都扬州，不管其名义上的统治者是杨隆演还是杨溥，其实际上的掌权者是徐知训还是徐知诰，都已是形式上的军政中心。而事实上的军政中心，不管是属于徐温，还是徐知询、徐知诰，都在润州和此后的金陵。

于是，在杨吴政权，从天祐十二年（915）开始，到乾贞三年（929）为止，出现了第一次"二元政治"。在这种二元体制下，存在着分别以金陵和扬州为基地的徐温和徐知诰两种势力。一旦徐知诰掌握了杨吴政权，并且没有另外潜在的势力与之对抗，军政中心始终会归于一元。故徐知询于乾贞三年入朝扬州之后，扬州成为唯一的军政中心。

第二次"二元政治"（931—937）。基于与徐温相似又并不完全相同的理由，徐知诰最终于大和三年（931）十一月移镇金陵，并效仿徐温，让自己的长子徐景通留扬州辅政。[1]相似的理由是：军事上能够依靠长江天堑和坚固的城防；政治上有利于培养私人僚属，以区别于杨吴朝臣，从而方便向新王朝过渡；文化上，金陵作为六朝古都，比扬州更具有政治上的号召力。

此外，徐知诰还想利用移镇金陵来加强对长江以南地区的控制力。金陵本是杨吴境内镇海节度使的首府，出镇金陵即是掌握了镇海；金陵又紧邻宣歙道，而宣歙道又是杨吴与江西接触的交通要道，因此出镇金陵也方便直接掌控这两个地区。如果说此前徐温以六州为巡属是为了以昇州为中心在众

---

[1]〔宋〕司马光编著，〔元〕胡三省音注：《资治通鉴》卷二七七后唐明宗长兴二年（931）十一月，中华书局1956年版，第9062页。徐景通即日后的南唐元宗李璟。

多杨行密猛将间建立自己势力范围,那么此时徐知诰出镇金陵则是出于治国方略,以位于政权中央的金陵为日后首都,能够便于对长江南北领土进行整合。天祚元年(935),吴主进封徐知诰齐王,以昇、润、宣、池、歙、常、江、饶、信、海十州为"齐国"[1],这个所谓的"齐国"仅仅是禅代前的过渡,并非徐知诰实际控制区域,但却反映了徐知诰对全国的控制。而出镇金陵正是这种控制的体现。此时的杨吴政权,军政重心随着徐知诰的出镇,再次倾向金陵。于是又形成了虚、实相映的第二次"二元政治"现象。

不论是大和六年(934)十一月徐知诰让次子徐景迁代替徐景通前往扬州,还是天祚二年六月让徐景遂代替卧病的徐景迁,都只为最后的政权交替做准备。天祚三年,徐知诰正式在金陵称帝,扬州遂成为东都,但仍然具有十分重要的意义。总之,在综合考虑城市建设、都城防务、传统军政重心、政治号召力等因素的基础上,徐知诰在将都城从扬州迁往金陵后,并未实际降低扬州的政治地位,扬州对于南唐政权的重要性也没有受到实质性削弱,从而在完成吴唐禅代目标的同时,架构起以金陵为首都、以扬州为东都的"二元政治"体制。在这一体制中,有三条线索贯穿其中:首先是政治中心的转移;其次是政权形态的转变;前两条线索,一直在反映着另一条线索,即权力结构的转变。

总之,经过三十多年的"内谋其家,外谋其国"[2]的苦心经营,徐知诰最终于天祚三年(937)十月五日成功建立齐王朝,改元昇元。新建的齐王朝定都金陵,以扬州为东都,从此开启这一江淮大国的金陵时代,扬州则退居其次。[3]不过一时之间,徐知诰并未将杨吴末代皇帝杨溥赶出扬州,依旧尊之为"让皇帝"。昇元元年(937)十月十日,"唐(齐)主表让皇改东都宫殿名,皆取于仙

---

〔1〕〔宋〕司马光编著,〔元〕胡三省音注:《资治通鉴》卷二七九后唐末帝清泰二年(935)十月,中华书局,1956年版,第9136页。

〔2〕〔宋〕佚名:《五国故事》卷上"伪吴杨氏"条,傅璇琮、徐海荣、徐吉军主编:《五代史书汇编》第6册,杭州出版社2004年版,第3182页。

〔3〕〔宋〕薛居正等:《旧五代史》卷一三四《李昇传》,中华书局2015年版,第2081页;〔宋〕司马光编著,〔元〕胡三省音注:《资治通鉴》卷二八一后晋高祖天福二年(937)十月,中华书局1956年版,第9182页。

经。让皇常服羽衣,习辟谷术。"[1]这一改名,表面上依从让皇"常服羽衣,习辟谷术"的习惯,但实质上取消了东都宫殿作为原杨吴政权皇宫的特殊地位,使之成为一座庞大的道观而已。当然,徐知诰以"表"的形式向"让皇"传达,依旧延续了臣礼,这使得"让皇"颇为不安,史载:"让皇以唐(齐)主上表,致书辞之,唐(齐)主表谢而不改。"[2]徐知诰的这一姿态,自然出于安定人心的需要,也不免是一种试探。

最终,"让皇"还是需要交出已经是新王朝东都的扬州城。对此,徐知诰分了三步进行:

第一步,昇元元年(937)十二月,"以扬州海陵县为泰州,割泰兴、盐城、兴化、如皋四县属焉,以海陵制置使褚仁规为刺史"[3],这是将海陵县为首的五个县单独划分出来,成为一个单独的州,一方面削减扬州的州域,另一方面为安置杨氏家族做准备。

第二步,将"让皇"迁出扬州,昇元二年(938)四月,"迁让皇于丹阳,以王舆为浙西节度使留后,马思让为丹阳宫使,以严兵守之"[4],另外也"以李建勋为迎奉让皇使……客省使公孙圭为监军使"[5],从而监视"让皇"。

第三步,在昇元二年(938)十二月"让皇"卒于丹阳宫后[6],于次年五月"迁让皇之族于泰州,号永宁宫,防卫甚严"[7]。从此,杨氏一族被禁锢在了泰州永宁宫。

---

[1]〔宋〕司马光编著,〔元〕胡三省音注:《资治通鉴》卷二八一后晋高祖天福二年(937)十月,中华书局1956年版,第9182—9183页。

[2]〔宋〕司马光编著,〔元〕胡三省音注:《资治通鉴》卷二八一后晋高祖天福二年(937)十月,中华书局1956年版,第9183页。

[3]〔宋〕马令:《南唐书》卷一《先主书》,傅璇琮、徐海荣、徐吉军主编:《五代史书汇编》第9册,杭州出版社2004年版,第5259页。

[4]〔宋〕马令:《南唐书》卷一《先主书》,傅璇琮、徐海荣、徐吉军主编:《五代史书汇编》第9册,杭州出版社2004年版,第5260页。

[5]〔宋〕司马光编著,〔元〕胡三省音注:《资治通鉴》卷二八一后晋高祖天福三年(938)五月,中华书局1956年版,第9186页。

[6]〔宋〕司马光编著,〔元〕胡三省音注:《资治通鉴》卷二八一后晋高祖天福三年(938)十二月,中华书局1956年版,第9195—9196页。

[7]〔宋〕司马光编著,〔元〕胡三省音注:《资治通鉴》卷二八二后晋高祖天福四年(939)五月,中华书局1956年版,第9202页。

此后的扬州，一直作为齐（南唐）政权的东都而存在，从而开启其东都时代。不过，南唐的东都，实际也是来自杨吴末年的东都，虽然杨吴政权末期的东都完全是为徐知诰禅代做准备的。南唐时期的两都制始于杨吴末年，起因在于徐温、徐知诰父子以来一直奉行的分权，即前文所述"二元政治"。但杨吴末年是否有"东都"这一称呼，诸多史料各有不同记载。以下先罗列相关原始史料如次：

《狼山题名》：天祚□□□□廿四日。东海都镇遏使姚存。上西都朝觐回到此。[1]

《姚嗣骈墓铭》：主上□□□□□之命，建都建业，改元昪元。以吴之宫阙为东都。[2]

《旧五代史》：未几，伪加昪九锡，建天子旌旗，改金陵为西都，以扬州为东都。昪开国依齐、梁故事，用徐玠为齐国右丞相，宋齐丘为左丞相，以为谋主。[3]

《五国故事》：徐氏将移杨氏之祚，乃以昪州为大吴西都，扬州为东都。[4]

《新五代史》：三年，知诰建齐国，立宗庙、社稷，置左、右丞相已下，以金陵为西都，广陵为东都。冬十月……[5]

《资治通鉴》：天祚二年（936）十一月，"癸巳，吴主诏齐王知诰置百

［1］陈尚君辑校：《全唐文补编》卷一〇九"姚存"篇，中华书局 2005 年版，第 1375—1376 页。关于此题名，山根直生亦有研究，并曾于 2002 年 1 月进行实地考察，唯山根氏著录的日期是"十四日"，见〔日〕山根直生：《静海・海门の姚氏——唐宋间、长江河口部の海上势力》，日本宋代史研究会编：《宋代の长江流域——社会经济史の视点から》，汲古书院 2006 年版，第 107—148 页，特别是第 120—122 页。

［2］〔五代〕孙岘：《大唐故右军散押衙、左天威第七指挥使、银青光禄大夫、检校司徒、右领军卫将军兼东都左巡使姚府君墓铭并序》（本文简称《姚嗣骈墓铭》），章红梅校注，毛远明审定：《五代石刻校注》，凤凰出版社 2017 年版，第 1022 页。

［3］〔宋〕薛居正等：《旧五代史》卷一三四《李昪传》，中华书局 2015 年版，第 2081 页。

［4］〔宋〕佚名：《五国故事》卷上"伪吴杨氏"条，傅璇琮、徐海荣、徐吉军主编：《五代史书汇编》第 6 册，杭州出版社 2004 年版，第 3183 页。

［5］〔宋〕欧阳修撰，〔宋〕徐无党注：《新五代史》卷六一《吴世家・杨溥传》，中华书局 2015 年版，第 854 页。

官,以金陵府为西都"。[1]

《资治通鉴》:天祚三年(937)二月,"戊子,吴主使宜阳王璟如西都,册命齐王"。胡三省注:"吴以金陵为西都见上卷上年。"[2]

《资治通鉴》:昇元元年(937)十月,"己丑,唐主表让皇改东都官殿名"。胡三省注:"唐都金陵,以江都为东都。"[3]

马令《南唐书》:冬十月,受吴禅。……以建康为西都,广陵为东都。[4]

陆游《南唐书》:昇元元年冬十月,……以建康为西都,广陵为东都。[5]

大致有三种书写方式:A、《旧五代史》《新五代史》《五国故事》皆以金陵改西都,扬州改东都为徐知诰受禅之前;B、而《资治通鉴》则以金陵改西都在受禅之前,而扬州改东都则在受禅之后;C、马令《南唐书》、陆游《南唐书》则把两次改名都置于受禅之后。

对此,学者多有讨论,吴任臣[6]、朱玉龙[7]选择了B,以《资治通鉴》的记载为标准,其原因当是一贯信服司马光严谨的考证所致。李之龙也选择了B,并且提出了出土材料《姚嗣骈墓铭》作为新证据。[8]但周运中认为,有西都,必有东都,西都不可能单独存在。[9]

不过,大概确实如《姚嗣骈墓铭》所言为"改元昇元。以吴之宫阙为东

---

[1]〔宋〕司马光编著,〔元〕胡三省音注:《资治通鉴》卷二八〇后晋高祖天福元年(936)十一月,中华书局1956年版,第9153页。

[2]〔宋〕司马光编著,〔元〕胡三省音注:《资治通鉴》卷二八一后晋高祖天福二年(937)二月,中华书局1956年版,第9169页。

[3]〔宋〕司马光编著,〔元〕胡三省音注:《资治通鉴》卷二八一后晋高祖天福二年(937)十月,中华书局1956年版,第9182页。

[4]〔宋〕马令:《南唐书》卷一《先主书》,傅璇琮、徐海荣、徐吉军主编:《五代史书汇编》第9册,杭州出版社2004年版,第5259页。

[5]〔宋〕陆游:《南唐书》卷一《烈祖本纪》,傅璇琮、徐海荣、徐吉军主编:《五代史书汇编》第9册,杭州出版社2004年版,第5464—5465页。

[6]〔清〕吴任臣:《十国春秋》卷三《吴睿帝本纪》,中华书局1983年版,第73页。

[7]朱玉龙编著:《五代十国方镇年表》"昇州"条注三,中华书局1997年版,第429—430页。

[8]李之龙:《南唐姚嗣骈墓志初考》,《东南文化》1995年第1期,第69—75页。

[9]周运中:《杨吴、南唐政区地理考》,杜文玉主编:《唐史论丛(第十三辑)》,三秦出版社2011年版,第226页。

都"，可见在改为"东都"之前，扬州江都府并未被直接称为"东都"。事实上，当时金陵府确实改为了"西都"，根据狼山题名，通过管劲丞、徐慎庠二位先生的释读，已经可以确定为天祚三年（937）三月至五月之事。[1]然而，当时杨吴政权的首都毕竟只有一个，即扬州江都府，而京城通常并不会被相对应地称为"东都"。正如唐代时期的洛阳是东都，但长安依旧称为长安，而不会改称西都。重要的是，并未发现出土材料中有称禅代之前的扬州为"东都"的现象，反而有关于"西都"的记载。[2]《五国故事》的记载，也仅是追叙。

综合而言，在官方层面，杨吴末年先将金陵定义为西都，在徐知诰称帝于西都之后，进一步将扬州降级为东都。有意思的是，在禅代之后，扬州民间依然保存对吴国的追念，并未将扬州视为新建的齐王朝的东都。比如昇元元年（937）十二月下葬的田氏，其买地券中写的是"葬于大吴城江都县兴宁乡"[3]，即以"大吴城"来称呼扬州。

当然，即使存在着扬州何时定称为东都这样的疑问，也无法抹杀一个事实：杨吴末年确实实行过两都制。但两都制出现在这个时候，更多地只是具备了一种象征性的意义，即抬高金陵府的政治地位，为徐知诰接受禅让做铺垫。

二、南唐东都的军政统治

两都制建立后不久，即有禅代之事，从而两都制被正式确立为齐（南唐）的地方行政体制。南唐时期，就江都府而言，它管辖着江都、广陵（唐吴时称江阳县）、高邮、永贞（唐扬子县）、六合、天长、兴化（武义二年割海陵县置，昇元元年属泰州）七县[4]；就东都而言，身为陪都，自然也承袭了唐代的旧制，设置有留司，或曰留台。所谓留守，即当皇帝离开这个都城时，留下一部分朝廷官员，以

---

[1] 徐慎庠：《狼山题名坡二十七字及其他》，《南通今古》2008年第2期，第46—47页。

[2] 根据刘刚整理，扬州出土的五代墓葬中，墓志和买地券里关于卒葬地的记载，都是在南唐时期才有东都的称呼。杨吴时期的墓志和买地券，一概称为"都城"或"江都府"。参见刘刚：《关于扬州五代墓葬的两个问题——以出土墓志、地券为中心》，中国考古学会等编：《扬州城考古学术研讨会论文集》，科学出版社2016年版，第244—245页。

[3] 扬州市文物考古研究所（秦宗林等执笔）：《江苏扬州南唐田氏纪年墓发掘简报》，《文物》2019年第5期，第39页。

[4] 李晓杰：《中国行政区划通史·五代十国卷》，复旦大学出版社2017年第2版，第654—656页。

备下次皇帝再来驻跸。[1]此处根据史料对历任东都留守进行考证如下：

（1）李景遂。李景遂（徐景遂）在其父徐知诰于金陵遥控吴政时，即代替其生病的二兄徐景迁前往扬州辅政，以门下侍郎参政事，时在天祚二年（936）六月。[2]禅代之后，江都府成为南唐东都，昇元元年（937）十一月，"以（徐）景遂为侍中、东都留守、江都尹，帅留司百官赴东都"。对此，胡三省注曰："南唐仿盛唐两都之制建东、西都，置留台百司于江都。"[3]可见，徐景遂兼任东都留守和江都尹。东都留守是作为东都留守院的最高长官，以管理留守院诸事务，所负责的是王朝的陪都管理；而江都尹则是江都府的最高长官，所管理的是王朝地方行政区江都府的事务。由于东都位于江都府，故而使一人身兼二任。另外，《资治通鉴》所云"赴东都"，似乎李景遂在禅代之时曾入觐金陵。

（2）李景达。李景达为东都留守，根据学者的考证，并无此事：

> 《通鉴》卷二八三天福八年作七月，以东都留守景达为副元帅，徙封燕王；《五国故事》卷上云知诰疾革，密书召东都留守景达，将付后事；《江南野史》卷二又谓嗣主将禅位于三弟东都留守景达。而均不及何年景达代景遂为东都留守。今按两《南唐书》及《十国春秋》，俱无景达为东都留守事。烈祖诸子，元宗为长，而下依次为景迁、景遂、景达、景逷，《江南野史》所谓"三弟"者，当是景遂，因不取景达之说。[4]

然而，其中列举的史料，均足以证明李景达曾任东都留守。观《资治通鉴》原文，保大元年（943）七月，"唐主缘烈祖意，以天雄节度使兼中书令、金陵尹、燕王景遂为诸道兵马元帅，徙封齐王，居东宫；天平节度使、守侍中、东都留

［1］　勾利军：《唐代东都分司官研究》，上海古籍出版社 2007 年版，第 23—28 页。留台的长官称留守，"多以亲王充任或遥领"，杜文玉：《南唐史略》，陕西人民教育出版社 2001 年版，第 179 页。

［2］　〔宋〕司马光编著，〔元〕胡三省音注：《资治通鉴》卷二八〇后晋高祖天福元年（936）六月，中华书局 1956 年版，第 9145 页。

［3］　〔宋〕司马光编著，〔元〕胡三省音注：《资治通鉴》卷二八一后晋高祖天福二年（937）十一月，中华书局 1956 年版，第 9184 页。

［4］　朱玉龙编著：《五代十国方镇年表》"扬州"条注四，中华书局 1997 年版，第 376 页。

守、鄂王景达为副元帅,徙封燕王;宣告中外,约以传位。立长子弘冀为南昌王。景遂、景达固辞,不许"。[1]可知此时不仅李景达为东都留守,连南唐初年任东都留守的李景遂都已经成为"金陵尹"。则即便马令、陆游《南唐书》和《十国春秋》并未记载李景达为东都留守事,但根据《资治通鉴》《五国故事》《江南野史》这三种比两《南唐书》和《十国春秋》在时间上远远靠前的史料,就足以证明李景达确实曾为东都留守。至于《江南野史》的"三弟",因为当时徐景迁早已在杨吴年间去世,故而"三弟"指景达亦无不可,甚至有可能仅仅是传闻异辞。当然,李景达何时成为东都留守,尚待进一步考证。根据《五国故事》,则在南唐烈祖末年,李景达已经在东都留守任上。又据《资治通鉴》,昇元二年(938)正月"丙寅,唐以侍中吉王景遂参判尚书都省"[2],又昇元三年五月"辛亥,唐徙吉王景遂为寿王,立寿阳公景达为宣城王"[3],又昇元六年二月,"唐左丞相宋齐丘固求豫政事,唐主听入中书;又求领尚书省,乃罢侍中寿王景遂判尚书省,更领中书、门下省,以齐丘知尚书省事"[4],则从昇元二年至昇元六年,李景遂一直在京城理政,似早已离开东都留守之职位。而李景达,恐怕正是因为李景遂的缺席,才被任命为东都留守,其时间或即昇元三年改封爵位之时。

(3)李弘冀。李弘冀为南唐元宗李璟的长子,元宗于保大元年(943)三月即位之时,李弘冀获封南昌王,所谓"避储副之位,留守东都"[5]。当时,南唐元宗欲"缘烈祖意",传位于李景达。烈祖对李景达的属意,甚至临终之时尚

[1]〔宋〕司马光编著,〔元〕胡三省音注:《资治通鉴》卷二八三后晋齐王天福八年(943)七月,中华书局1956年版,第9252页。

[2]〔宋〕司马光编著,〔元〕胡三省音注:《资治通鉴》卷二八一后晋高祖天福三年(938)正月,中华书局1956年版,第9185页。

[3]〔宋〕司马光编著,〔元〕胡三省音注:《资治通鉴》卷二八二后晋高祖天福四年(939)五月,中华书局1956年版,第9202页。附带一提,前文提及李之龙《南唐姚嗣骈墓志初考》一文中,对孙岘《姚嗣骈墓铭》中所出现的"寿王衙通引官"之"寿王"未见于《十国春秋·百官表》表示不解,但《资治通鉴》的这条记载恰好可以解释"寿王"的存在,即李景遂。

[4]〔宋〕司马光编著,〔元〕胡三省音注:《资治通鉴》卷二八三后晋高祖天福七年(942)二月,中华书局1956年版,第9234页。

[5]〔宋〕马令:《南唐书》卷七《太子冀传》,傅璇琮、徐海荣、徐吉军主编:《五代史书汇编》第9册,杭州出版社2004年版,第5312页。

有显现,上文所提及的《五国故事》记载:

> 知诰疾革,以其子景达类己,欲立之。时景达为成王,居守东都。知诰乃密为书以召景达,使入,将付后事。医官吴庭绍与知诰诊候,知其将终,且召景达之事,遂密告李景,使人追回其书。(原文注:时书已出秦淮门,而追及之。)俄而知诰殂,景乃即位。其后,吴庭绍迁内职,人罕知其由。[1]

虽然元宗昭示中外欲传位于李景达,但是内心之中并不一定真正持有这样的想法,而让长子李弘冀留守东都以代替李景达,恐怕正是为了解除李景达坐镇一方的大权。

(4)周宗。周宗是南唐开国功臣,就任之前为宣州宁国军节度使,因传言北方中原王朝大军压境而代替李弘冀为东都留守。[2]徐铉于保大九年(951)春有《还过东都留守周公筵上赠座客》一诗,即咏周宗在任时徐铉从泰州贬谪地返回经东都还京城事。[3]周宗此人,"累迁枢密使,宗亦淳谨自守而已","连历将相,奉法循理",对他的任命似取决于需要一位能镇静一方的老臣。不过,传言中的军事行动并未来到,周宗本人却因老病而乞骸骨,想要退休。[4]

(5)冯延鲁。在周宗致仕之后,由冯延鲁代替为东都留守。然而不久,后周军队即趁其不备占领扬州。不过,奇怪的是,当冯延鲁在扬州城破之后化装成僧侣逃跑时,《资治通鉴》所书官衔却是"副留守"[5],是何原因,尚待考证。

---

[1]〔宋〕佚名:《五国故事》卷上,傅璇琮、徐海荣、徐吉军主编:《五代史书汇编》第6册,杭州出版社2004年版,第3184页。

[2]〔宋〕司马光编著,〔元〕胡三省音注:《资治通鉴》卷二八九后汉隐帝乾祐三年(950)二月,中华书局1956年版,第9419页。

[3]〔宋〕徐铉:《还过东都留守周公筵上赠座客》,李振中校注:《徐铉集校注》卷三,中华书局2018年版,第158—159页。关于徐铉贬谪泰州的情况及年月考,参见贾晋华、傅璇琮:《唐五代文学编年史·五代卷》,辽海出版社1998年版,第438—439页;俞扬:《徐铉谪居泰州年月考》,赵昌智主编:《扬州文化研究论丛(第二辑)》,广陵书社2008年版,第191—193页。

[4]〔宋〕马令:《南唐书》卷一一《周宗传》,傅璇琮、徐海荣、徐吉军主编:《五代史书汇编》第9册,杭州出版社2004年版,第5336页。

[5]〔宋〕司马光编著,〔元〕胡三省音注:《资治通鉴》卷二九二后周世宗显德三年(956)二月,中华书局1956年版,第9541页。

由上可知,南唐以扬州为东都时期,共有五任留守,其任期如下表所示:

表 4-7　　　　　　　　　　**南唐东都留守人事表**

东都留守	受　任	卸　任	任　期
李景遂	昇元元年(937)十一月		
李景达		保大元年(943)七月	
李弘冀	保大元年七月	保大八年(950)二月	约七年
周　宗	保大八年二月	保大十三年(955)十月	约五年半
冯延鲁	保大十三年十月	保大十四年(956)二月	约半年

其中,李景遂、李景达、李弘冀作为亲王,共在任十三年;周宗、冯延鲁作为臣子,共在任六年。

留守之外,则是留守院的属官和办公于东都的其他官员,根据史料记载,共有以下几类,兼考其人事:

江都少尹

艾筠。徐铉《浙西判官艾筠可江都少尹制》曰:"敕:天下之大,建亲分陕以尹之;东夏之重,选能设贰以维之。兹用安民而政举也。某官艾筠,识量纯素,学术通明。奉我东朝,周知其善;辍借侯幕,载扬令名。海隅之康,筠有其力。夫以亚尹之难如彼,而有适用之才若此。俾膺慎选,不亦宜乎!勉励公方,更施勤绩。"学者考证艾筠在保大七年(949)从浙西判官徙任为江都少尹。[1]另外,此处"东夏"用语,即指东都。

钟蒨。此人为豫章人士,据说是钟传的后人,具体尚待考证。《全唐诗》有钟蒨诗一首,其小传云:"钟蒨,字德林。东都尹、勤政殿学士,国亡死节。诗一首。"[2]又据清人吴任臣《十国春秋·钟蒨传》记载:"保大九年(951),为东都少尹。"[3]可知钟蒨为东都少尹当在周宗初任东都留守之时。

冯延鲁。徐铉有《冯延鲁江都少尹制》曰:"……顷者尹县留都,首变田制,克勤于事,以利于人。自归朝行,已逾周岁,如闻众庶,未甚乐成。矧彼浩穰,

---

[1]〔宋〕徐铉:《浙西判官艾筠可江都少尹制》,李振中校注:《徐铉集校注》卷八,中华书局2018年版,第479—480页。

[2]〔五代〕钟蒨:《别诸同志》,傅璇琮主编:《全唐诗:增订本》卷七五七,中华书局2008年版,第8705—8706页。

[3]〔清〕吴任臣:《十国春秋》卷二七《钟蒨传》,中华书局1983年版,第390页。

所宜均一。是用假尔亚尹,往毕旧功;其在条理得中,厚薄无挠。俾乃比屋,咸遂所安。止于刑谳之繁,亦以公平为用。务令称职,无忝加恩。可以本官判江都少尹公事。"据李振中考证,冯延鲁任江都少尹在保大十一年(953)。[1]又,制文中"本官"乃指"自归朝行"之后的京职。另外,从"顷者尹县留都,首变田制"来看,似乎冯延鲁之前也在东都任过职,并进行田制改革。

留守判官

杨嗣。此人具体不详,据《资治通鉴》记载,天福三年(938)六月:"留守判官杨嗣请更姓羊,徐玠曰:'陛下自应天顺人,事非逆取,而谄邪之人专事改更,咸非急务,不可从也。'唐主然之。"[2]这段史料符合当时的情景,不仅杨嗣会因避讳杨吴皇族姓氏而申请改姓,甚至连徐温的亲子也自求改姓李,以证明自己的忠心。但南唐烈祖并未同意杨嗣的请求,一如其没有答应徐温亲子改姓李的请求。

方讷。徐铉有《方讷墓志》:"数岁,以皇孙就傅,命公侍读,讲道赞德,励裨益之诚;端己直躬,尽表微之节。俄迁水部郎中。明年,皇孙封南昌王、东都留守,以公为留守判官,迁主客郎中,参赞政务,事无违者。"[3]所谓"皇孙",即元宗之子李弘冀,保大元年(943)出任东都留守,方讷因曾为侍读而受任留守判官。[4]徐铉又有《水部郎中方讷可主客郎中东都留守判官制》一道:"敕:某官方讷,朕以分陕之任,非亲贤不可,故迭用子弟以居守。复以佩觿之齿,唯训导是务,故慎选名德以从行。而朕在东朝,先皇命尔讷列我宾席,恭慎文雅,挹其风度,将顺规讽,揖其忠诚。寻又奉予爱子,益固是道。今所授任,非讷而谁?"[5]从这道制文中,还可以看到南唐任命东都留守的一个标准,即"非亲贤不可,故迭用子弟以居守"。另外,对于政治经验不丰富的宗室,也慎重

[1]〔宋〕徐铉:《冯延鲁江都少尹制》,李振中校注:《徐铉集校注》卷七,中华书局 2018 年版,第 431—432 页。

[2]〔宋〕司马光编著,〔元〕胡三省音注:《资治通鉴》卷二八一后晋高祖天福三年(938)六月,中华书局 1956 年版,第 9187 页。

[3]〔宋〕徐铉:《唐故金紫光禄大夫检校司徒行少府监河南方公墓志铭》,李振中校注:《徐铉集校注》卷一五,中华书局 2018 年版,第 733 页。

[4] 金传道:《徐铉年谱》,内蒙古教育出版社 2010 年版,第 34—35 页。

[5]〔宋〕徐铉:《水部郎中方讷可主客郎中东都留守判官制》,李振中校注:《徐铉集校注》卷八,中华书局 2018 年版,第 501 页。

地选择相关师傅以教之。

留守巡官

田霖。徐铉《秘书郎田霖可东都留守巡官制》曰："敕：某官田霖，朕命爱子，表正东夏。管记之任，樽俎之间，唯才与行，乃可是选。而朕在储贰，则尝知霖，文艺直心，绰有余裕。累参载笔之任，近登秘笈之司。列于王宫，颇叶时望。故授以留台之职，副兹托乘之求。尔往敬哉，无忝予命。"[1]时在保大元年（943）七月左右。[2]留守巡官是一种"低层的执行官，并无固定职掌，要看他所属的使府而定，主要职务是协助府主执行任务"[3]，而田霖即协助东都留守者。

留守衙前虞候

姚承礼。《姚嗣骈墓铭》，"有子七人：长曰承礼，留守衙前虞候。……"[4]这里的"留守"，根据姚嗣骈本人任职于东都来看，即指东都留守府，"留守衙前虞候"，当即东都留守府衙官之一种。

留守衙通引官

夏某。郑承远《唐故太原郡王氏夫人墓铭》曰：王氏夫人（880—945）有"女十三娘，适龙威指挥教练使夏氏。男留守衙通引官"。[5]可知留守府衙官中有通引官。

东都分司官：秘书郎

徐锴。陆游《南唐书·徐锴传》曰：徐锴"重忤权要，以秘书郎分司东都。然元宗爱其才，复召为虞部员外郎"[6]。被授予东都分司官在唐朝即左迁之象

［1］〔宋〕徐铉：《秘书郎田霖可东都留守巡官制》，李振中校注：《徐铉集校注》卷八，中华书局2018年版，第502页。

［2］金传道：《徐铉年谱》，内蒙古教育出版社2010年版，第34—35页。

［3］赖瑞和：《巡官、推官和掌书记》，氏著《唐代基层文官》，中华书局2008年版，第242—243页。

［4］〔五代〕孙岊：《大唐故右军散押衙、左天威第七指挥使、银青光禄大夫、检校司徒、右领军卫将军兼东都左巡使姚府君墓铭并序》，章红梅校注，毛远明审定：《五代石刻校注》，凤凰出版社2017年版，第1022页。

［5］〔五代〕郑承远：《唐故太原郡王氏夫人墓铭》，章红梅校注，毛远明审定：《五代石刻校注》，凤凰出版社2017年版，第1040页。

［6］〔宋〕陆游：《南唐书》卷五《徐锴传》，傅璇琮、徐海荣、徐吉军主编：《五代史书汇编》第9册，杭州出版社2004年版，第5501页。

征,南唐亦不例外,徐锴因为"重忤权要"而"分司东都",可见其命运之坎坷。

另外,徐铉有《寄江都路员外》诗曰:"吾兄失意在东都,闻说襟怀任所如。已纵乖慵为傲吏,有何关键制豪胥。县斋晓闭多移病,南亩秋荒忆遂初。知道故人相忆否,嵇康不得懒修书。"[1]路员外当为居江都任员外官者,并且因为难制当地"豪胥"而"失意"。又,其中"县斋"当指治于江都之江都县或广陵县,则路员外任职之所在两县衙中之一处。

左右巡使

姚嗣骈。《姚嗣骈墓铭》云:"建都建业,改元昇元。以吴之宫阙为东都,左右金吾使为左右巡使,将俾员警,……兼降迁左天威军第七指挥使,兼东都左巡使、检校司空。"[2]左右巡使作为京城的治安官,自唐代起即负责京城长安的治安,隶属于中央监察机构御史台,由殿中侍御史充任。[3]但在这里,左右巡使由禁军将领兼任,在扬州由杨吴首都降为南唐东都之后,由左右金吾使转化而来,显然与唐代的旧制不同。这里的左右巡使,类似于五代后梁在京城设置的军巡使,由禁军长官充任,负责京城的警备和防卫工作,以适应唐代的坊市门禁制度解体之后愈加难以控制的治安现状。[4]

营屯使

贾崇。马令《南唐书·嗣主书》:"以侍卫诸军都虞候贾崇为东都屯营使。"[5]学者根据这一史料及其他几则史料,认为"禁军屯驻各地称屯营,其领兵长官称屯营使,职级较低的称屯营都虞候"[6]不过,在史料中,"营屯使"而

---

[1]〔宋〕徐铉:《寄江都路员外》,李振中校注:《徐铉集校注》卷二,中华书局 2018 年版,第 101 页。

[2]〔五代〕孙岘:《大唐故右军散押衙、左天威第七指挥使、银青光禄大夫、检校司徒、右领军卫将军兼东都左巡使姚府君墓铭并序》,章红梅校注,毛远明审定:《五代石刻校注》,凤凰出版社 2017 年版,第 1022 页。

[3] 郭绍林:《隋唐治安制度》,氏著《隋唐历史文化续编》,中国文史出版社 2006 年版,第 41—42 页。

[4]〔日〕室永芳三:《五代時代の軍巡院と馬步院の裁判》,《東洋史研究》第 24 卷第 4 期,1966 年 3 月,第 16—38 页。

[5]〔宋〕马令:《南唐书》卷三《嗣主书》,傅璇琮、徐海荣、徐吉军主编:《五代史书汇编》第 9 册,杭州出版社 2004 年版,第 5279 页。

[6] 杜文玉:《南唐史略》,陕西人民教育出版社 2001 年版,第 196 页。

非"屯营使"出现的次数多。无论如何,贾崇以侍卫诸军都虞候的身份任东都营屯使,正是禁军驻防地方的体现。[1]至于营屯使与东都留守之间的关系,尚待进一步考证。

都罗城使

张某。郑承远《唐故太原郡王氏夫人墓铭》曰:王氏夫人(880—945)有"女孙十四娘,适东都都罗城使张氏"。可知,东都设有都罗城使。既有都罗城使,则其下当有罗城使。罗城使和都罗城使,当与东都扬州罗城的巡防事务有关。扬州罗城始筑于唐代,在唐德宗时有所修缮,一直保存到唐末五代。[2]近年来,对唐宋扬州城的考古发掘成果颇多,特别是有学者推测南唐保大时期曾经为防备北方中原王朝的进攻,对扬州城有过"版筑"行为[3],或许所版筑的包括罗城在内。

东都场官

姚彦洪。据1971年出土于江苏南通的《大唐国右军散兵马使充静海指挥使兼都镇遏使屯田钤辖使把捉私茶盐巡检使东都场官银青光禄大夫检校礼部尚书右千牛卫将军员外置同正员兼御史大夫上柱国吴兴姚公夫人东海郡徐氏墓铭并序》,此吴兴姚公之署衔中有"东都场官"一职,当是指南唐时期在东都所置之盐场的管理官员。[4]场官的具体职责则是东都盐场的管理。

江都县令

李浔。徐铉《权知江都令李浔正授制》曰:"敕:四京令之重也,其选惟一,是必试可以进之,均庆以宠之,盖欲慎厥官而安其政也。某官李浔,屡为长吏,

---

[1]　关于对营屯使之名称的考证,和营屯使在加强地方军备上所起到的作用,参见胡耀飞:《唐末五代虔州军政史——割据政权边州研究的个案考察》,杜文玉主编:《唐史论丛(第二十辑)》,三秦出版社2015年版,第274—295页。

[2]　汪勃:《扬州唐罗城形制与运河的关系——兼谈隋唐淮南运河过扬州唐罗城段位置》,《中国国家博物馆馆刊》2019年第2期,第6—19页。

[3]　余国江:《南唐扬州筑城史事考述》,杜文玉主编:《唐史论丛(第三十一辑)》,三秦出版社2020年版,第312—318页。

[4]　山根直生认为,此姚公当为见于《吴越备史》的静海军制置使姚彦洪。参见〔日〕山根直生:《南通市出土、五代十国期墓誌紹介》,《福岡大学研究部論集》第五卷A:人文科学编,第2号,2005年11月,第139—150页;〔日〕山根直生:《静海・海門の姚氏——唐宋間、長江河口部の海上勢力》,日本宋代史研究会编:《宋代の長江流域——社会経済史の視点から》,汲古書院2006年版,第124—133页。

绰有能名,东夏之理,不易其操,事简俗便,予甚多之。爰用加恩,俾从真授,勉钦朝奖,无懈乃心。可。"李振中考证李浔在昇元元年(937)正授江都县令。[1]在此不仅可以知道当时的某位江都县令名为李浔,且能得知江都县令等京令的选择,或需经过一段试用期(即"权知"),在满意之后,方能得到"正授"。

张某。徐铉《送和州张员外为江都令》诗曰:"经年相望隔重湖,一旦相逢在上都。塞诏官班聊慰否,埋轮意气尚存无。由来圣代怜才子,始觉清风激懦夫。若向西冈寻胜赏,旧题名处为踌躇。"[2]此诗题"送和州张员外为江都令",当指徐铉在金陵送张员外赴任江都,而张员外受任之前当从和州或其他地方赶来京城待命,故而诗云"相逢在上都","上都"即指南唐京城。

整理完南唐东都的成立及其人事和机构,可继续讨论南唐东都的战略地位,及其最终被迫放弃东都的因由。10世纪50年代,由于北方中原王朝稳定了中原地区,逐渐将统一全国作为志业,特别是后周世宗即位后,频频压境南唐。在此之前,南唐元宗东入福建,西进湖南,俨然南方霸主。不过,常年战争,也渐渐消耗了国力,使得北周可以趁虚而入。

作为东都的江都府,由于地处长江北岸,无天险以抵御北方中原王朝的军事侵扰,故而更加受到南唐的重视。有学者认为,"设立东都只是政权交替之际的一个权宜之计,没有实际意义。扬州的地位已大为下降"。[3]实际上不尽如此。正如保大十三年(955)南唐元宗在劝阻东都留守周宗罢镇时所说:

昔萧何守巴蜀,而高祖无西顾之患;寇恂守河内,而光武无分民之嫌。今任公以何、恂之事,宜强饭扶力,以副朕意。[4]

---

[1]〔宋〕徐铉:《权知江都令李浔正授制》,李振中校注:《徐铉集校注》卷八,中华书局2018年版,第472页。

[2]〔宋〕徐铉:《送和州张员外为江都令》,李振中校注:《徐铉集校注》卷二,中华书局2018年版,第59页。

[3] 邹劲风:《南唐国史》,南京大学出版社2000年版,第166页。

[4]〔宋〕马令:《南唐书》卷三《嗣主书》,傅璇琮、徐海荣、徐吉军主编:《五代史书汇编》第9册,杭州出版社2004年版,第5279页。

南唐统治者以坚守军事后方的眼光来看待东都留守之职责,可见其重要性之大。因此,在东都留守的人选上,或为亲王,或为重臣,未尝怠慢。

另外,烈祖李昪在将杨吴末帝让皇杨溥迁居丹阳宫,乃至将杨氏家族成员集体迁入泰州后,还曾有一次巡东都的经历,甚至打算留居江都:

> (昇元四年十月)术士孙智永以四星聚斗,分野有灾,劝唐主巡东都。乙巳,唐主命齐王璟监国。……庚戌,唐主发金陵。甲寅,至江都。……唐主欲遂居江都,以水冻,漕运不给,乃还。十二月,丙申,至金陵。[1]

这里主要反映两点:第一,当南唐皇帝离开国都出巡地方时,由亲王监国;第二,即南唐烈祖有过居留东都江都府的打算。至于出巡的原因,大概是安抚刚刚因禅代而丧失都城地位的扬州军民。

李昪想要留在东都的原因不得而知,或许与当时东都留守李景达为烈祖所属意有关,更可能是为安抚扬州军民,故作姿态。不过,最终还是并未留下来。无法居留东都的原因则是进入冬天之后担心“漕运不给”。可见,当时的东都实际上已经失去了作为国都的优越条件,并不具备学者所论关于选择都城的第二个方面“地理与社会经济的形势与需要”[2],所以无法成为首都。进入冬天之后,东都与江南富庶地之间竟然“漕运不给”,也反映出南唐定都金陵之后,长江南北之间的联系日稀。这种现象,可以说明扬州在南唐政权内部的地位有所下降,也能体现长江北岸的南唐领土更加仰赖于东都,而与江南的金陵城日渐疏远。所以,一旦北方大军压境之时,对东都留守的人选,更为南唐统治者所留意,以免东都扬州为首的江北地区脱离政权。

南唐元宗保大七年末至保大八年初(949—950),北方的后汉王朝兵势正

---

[1]　〔宋〕司马光编著,〔元〕胡三省音注:《资治通鉴》卷二八二后晋高祖天福五年(940)十月至十二月,中华书局1956年版,第9218页。

[2]　关于中国古代选择都城所要考虑的三个方面,参见周良霄:《皇帝与皇权》(增订本),上海古籍出版社2006年版,第64页。另可参见史念海:《中国古都和文化》,中华书局1996年版,第213—240页。

盛,南唐数与之交锋不利,从而引火烧身,据诸史载:

> (保大七年)唐兵渡淮,攻正阳。十二月,颍州将白福进击,败之。……
> 丁酉,密州刺史王万敢击唐海州荻水镇,残之。[1]

> (保大八年正月)密州刺史王万敢请益兵以攻唐;诏以前沂州刺史郭
> 琼为东路行营都部署,帅禁军及齐州兵赴之。[2]

虽然王万敢、郭琼的最终目的并非南唐,未大举进攻,但也引起了南唐朝廷的
恐慌,史载:

> (保大八年正月)唐主闻汉兵尽平三叛,始罢李金全北面行营招讨使。
> 唐清淮节度使刘彦贞多敛民财以赂权贵,权贵争誉之;在寿州积年,恐被
> 代,欲以警急自固,妄奏称汉兵将大举南伐。二月,唐主以东都留守燕王
> 弘冀为润、宣二州大都督,镇润州;宁国节度使周宗为东都留守。[3]

此中所谓"三叛",是指后汉王朝境内的三次藩镇叛乱,但在此时皆已平定,
从而得以向南压境。又因为南唐寿州清淮军节度使刘彦贞的私心,使得他对
北部边境的一些军事动向加以夸大,从而造成了南唐朝廷的重视。这种重视,
其最重要的表现就是以宁国军节度使周宗为东都留守,以代替年幼的燕王李
弘冀。正如此条下胡三省所注:"以汉兵大举,弘冀年少,恐不能调用扞御;周
宗为唐祖佐命,宿望也,故徙镇扬州。"

　　不过,周宗在东都留守约六年的任上,并未遭遇重大的军事入侵。当周
宗以老病致仕之后,冯延鲁继任东都留守,并由禁军系统的侍卫诸军都虞候
贾崇为东都营屯使。此时,恰好周世宗柴荣新即帝位,显德二年(955)冬十月,

---

[1]〔宋〕司马光编著,〔元〕胡三省音注:《资治通鉴》卷二八八后汉隐帝乾祐二年(949)十二月,
中华书局1956年版,第9416—9417页。

[2]〔宋〕司马光编著,〔元〕胡三省音注:《资治通鉴》卷二八九后汉隐帝乾祐三年(950)正月,
中华书局1956年版,第9418页。

[3]〔宋〕司马光编著,〔元〕胡三省音注:《资治通鉴》卷二八九后汉隐帝乾祐三年(950)正月至
二月,中华书局1956年版,第9419页。

"始议南征"[1]。到了第二年二月,周兵即兵临城下,进取扬州,史载:

> （显德三年二月）乙酉,韩令坤奄至扬州;平旦,先遣白延遇以数百骑驰入城,城中不之觉。令坤继至,唐东都营屯使贾崇焚官府民舍,弃城南走,副留守、工部侍郎冯延鲁髡发被僧服,匿于佛寺,军士执之。令坤慰抚其民,使皆安堵。[2]

为何南唐重点防备的东都会如此轻而易举地被周军拿下,大致有两个原因:第一,后周将领韩令坤急行军,趁人不备;第二,冯延鲁、贾崇或以为北方边境寿州、濠州等处能够抵挡住后周的进攻,所以戒备心理不足。

这两个原因,皆为人为因素,无损东都扬州在军事上之重要性。后周军队急于拿下扬州,正是看中了其对于南唐的重要意义:首先,扬州是南唐的东都,对东都的占领,其政治威慑不言自明;其次,扬州离南唐的都城金陵隔长江而相遥望,占领此地,足以震慑南唐统治者。

三、周末宋初的扬州

由于南唐综合实力,特别是军事实力落后于北方中原王朝,故而数次落败于北方王朝,最终导致包括东都扬州在内的江北十二州沦陷。此后,出于战略防御需要,南唐元宗一度迁都洪州南昌府,洪州也因此而上升为南都。于是,南唐的两都制从"西都金陵府·东都江都府"变成了"西都金陵府·南都南昌府",当南唐后主李煜重新定都金陵时,这样的两都制便一直延续至政权的终结。

南唐两都制的转变,其背景即东都为中心的江北十二州的沦陷。如前文所述,显德三年(956)二月,扬州沦陷于后周。不过,这并不是东都的最终结局,南唐统治者依然极力谋求收复扬州,根据《资治通鉴》记载:

> 先是,唐主闻扬州失守,命四旁发兵取之。己卯,韩令坤奏败扬州兵

---

[1]〔宋〕薛居正等:《旧五代史》卷一一五《周世宗纪二》,中华书局 2015 年版,第 1782 页。

[2]〔宋〕司马光编著,〔元〕胡三省音注:《资治通鉴》卷二九二后周世宗显德三年(956)二月,中华书局 1956 年版,第 9541 页。

万余人于湾头堰,(胡注:《九域志》:扬州江都县有湾头镇,在今扬州城北十五里。)获涟州刺史秦进崇;张永德奏败泗州万余人于曲溪堰。[1]

由此可知,南唐在争夺战中并未取得上风。同时,后周也积极加强对扬州的控制,显德三年(956)四月:"丙戌,以宣徽南院使向训为权淮南节度使,充沿江招讨使;以侍卫马军都指挥使韩令坤充沿江副招讨使。"对此,《旧五代史考异》解释道:

> 案《宋史·向拱传》,扬州初平,南唐令境上出师谋收复,韩令坤有弃城之意,即驿召拱赴行在,拜淮南节度使,依前宣徽使兼沿江招讨使,以令坤为副。时周师久驻淮阳,都将赵晁、白延遇等骄恣横暴,不相禀从,惟务贪滥,至有劫人妇女者。及拱至,戮其不法者数辈,军中肃然。[2]

可见,后周对扬州的占领也并非一帆风顺,其初期统治政策更非一劳永逸之举。因此,也才给南唐以觊觎的机会。不过,依然接连失败了。可知后周对扬州十分重视,不仅重新设立淮南节度使,周世宗甚至想要亲自到扬州查看军情,只不过迫于现实情况而没有成行。[3]

但是,扬州不久还是被南唐给收复了,时在显德三年七月。讽刺的是,南唐收复扬州的转机,并非来自于自身的积极进取,而是后周淮南节度使向训出于战略考虑撤出扬州的结果,据诸史载:

> 唐之援兵营于紫金山,与寿春城中烽火相应。淮南节度使向训奏请以广陵之兵并力攻寿春,俟克城,更图进取,诏许之。训封府库以授扬州主者,命扬州牙将分部按行城中,秋毫不犯,扬州民感悦,军还,或负糇糒

---

[1] 〔宋〕司马光编著,〔元〕胡三省音注:《资治通鉴》卷二九三后周世宗显德三年(956)四月,中华书局1956年版,第9554页。

[2] 〔宋〕薛居正等:《旧五代史》卷一一六《周世宗纪三》,中华书局2015年版,第1795页。

[3] 〔宋〕司马光编著,〔元〕胡三省音注:《资治通鉴》卷二九三后周世宗显德三年(956)四月,中华书局1956年版,第9554页。

以送之。[1]

当时寿州迟迟没有攻下，导致悬于南方的扬州随时面临着联络中断的危险，故而后周淮南节度使向训果断放弃扬州。[2]在撤离扬州之前，又妥善处置城中各项事宜，笼络民心。此点也反映了后周更在意的并不是领土的一时得失，而是民心的向背。

扬州再次回到南唐手中，但此后由谁治理东都，史籍并无记载。一年之后的显德四年（957）十二月，"帝遣铁骑左厢都指挥使武守琦将骑数百趋扬州，至高邮；唐人悉焚扬州官府民居，驱其人南渡江。后数日，周兵至，城中余癃病十余人而已。癸酉，守琦以闻"[3]。从中可以看出，即使我们不知道南唐再次所派统治扬州之人为谁，也能够推测，在此次陷落之后，南唐已经放弃了对东都的坚守。原因或有二：第一，显德四年三月，寿州刘仁赡力尽而降后周，让南唐统治者丧失了坚守淮南的信心；[4]第二，后周在扬州争取民心的行为一定程度上收到了成效，以至于南唐统治者在东都难以立足，从而导致"驱其人南渡江"，几乎跟几十年前孙儒撤出扬州的行为一样，这是上一年扬州沦陷时所没有的现象。

后周得到扬州之后，显德五年（958）正月"己丑，以侍卫马军都指挥使韩令坤权扬州军府事"[5]，从此开始正式统治。此后，直到北宋初李重进以扬州为基地的叛乱，扬州一直比较稳定。在此期间，后周对扬州的控制日益加

---

[1]〔宋〕司马光编著，〔元〕胡三省音注：《资治通鉴》卷二九三后周世宗显德三年（956）七月，中华书局1956年版，第9558页。

[2]　寿州之役在后周与南唐的战争中，占有重要的地位，牵制了整个战争。参见李明：《后周与南唐淮南之战述评》，《江西社会科学》2001年第4期，第56—59页。另外，也可以通过地图获得更加直观的认识，参见杜文玉："淮南之战示意图"，氏著《南唐史略》，陕西人民教育出版社2001年版，第128页。

[3]〔宋〕司马光编著，〔元〕胡三省音注：《资治通鉴》卷二九三后周世宗显德四年（957）十二月，中华书局1956年版，第9575页。

[4]〔宋〕司马光编著，〔元〕胡三省音注：《资治通鉴》卷二九三后周世宗显德四年（957）三月，中华书局1956年版，第9567页。

[5]〔宋〕司马光编著，〔元〕胡三省音注：《资治通鉴》卷二九四后周世宗显德五年（958）正月，中华书局1956年版，第9577页。

强,用以防范南唐,也为日后进攻做准备。不过对扬州的重视,又不免引起新的跋扈问题。

比如北宋初年,为反对赵匡胤的新政权,占据扬州的李重进发起叛乱,最终被镇压。且不论其失败的结果,在后周与南唐兵火之余的扬州,李重进之所以敢于叛乱的原因之一,在于后周占领扬州后的一系列重建措施。据《旧五代史》,显德五年(958)二月"丁卯,驻跸于广陵。诏发扬州部内丁夫万余人城扬州。帝以扬州焚荡之后,居民南渡,遂于故城内就东南别筑新垒"[1]。对于这座新城,胡三省在《资治通鉴》相应内容中注曰:"今扬州大城是也。"[2]虽然扬州城在形制上变小了,但其军事防守更为集中。

形制虽然变小,但扬州的重要性未曾改变。周世宗此次巡幸便足以说明这一点,从显德五年二月刚到扬州,到四月从扬州启程还汴京,足有两个月之久。在此期间,周世宗于二月癸酉(二十一日)"幸扬子渡,观大江",借以查看日后渡江形势;三月壬午(一日),"幸泰州"[3],大概也是考察此地渡江形势。又据《资治通鉴》记载:

> (三月)辛卯(十日),上如迎銮镇,屡至江口,遣水军击唐兵,破之。上闻唐战舰数百艘泊东沛州,将趣海口扼苏、杭路,遣殿前都虞候慕容延钊将步骑,右神武统军宋延渥将水军,循江而下。甲午(十三日),延钊奏大破唐兵于东沛州。[4]

此时,吴越国也发兵响应,三月戊戌(十七日):"吴越奏遣上直都指挥使·处州刺史邵可迁、秀州刺史路彦铢以战舰四百艘、士卒万七千人屯通州南岸。"[5]

[1]〔宋〕薛居正等:《旧五代史》卷一一八《周世宗纪五》,中华书局2015年版,第1820页。

[2]〔宋〕司马光编著,〔元〕胡三省音注:《资治通鉴》卷二九四后周世宗显德五年(958)二月,中华书局1956年版,第9579页。

[3]〔宋〕薛居正等:《旧五代史》卷一一八《周世宗纪五》,中华书局2015年版,第1820—1821页。

[4]〔宋〕司马光编著,〔元〕胡三省音注:《资治通鉴》卷二九四后周世宗显德五年(958)三月,中华书局1956年版,第9580页。

[5]〔宋〕司马光编著,〔元〕胡三省音注:《资治通鉴》卷二九四后周世宗显德五年(958)三月,中华书局1956年版,第9581页。

此处通州为后周克静海军之后所置,其主要作用即在于把守长江口。上文东沛洲则在泰州东南江中。可见,后周已经将扬州、泰州、通州连成一片,牢牢扼制住长江下游水域。

在此境遇下,南唐元宗为避免金陵城的失守,主动正式交出江北十四州,并准备迁都南昌府。在迁都之前,南唐元宗积极向后周派遣使者,渡江至扬州,当面向后周世宗进献"犒军银十万两,绢十万匹,钱十万贯,茶五十万斤,米麦二十万石"等。[1]在感受到南唐的诚意后,周世宗于四月份回到大梁。

若周世宗不那么快去世,扬州大概会作为后周的南疆一直延续下去,直到周世宗准备好统一的时机。但历史并未如此发展,周世宗于显德六年(959)六月去世,其子柴宗训即位,但第二年即被赵匡胤所篡,北宋开国。由于宋朝立国太易,各地藩镇多有不服,中原局势再次动荡,共计有泽潞、淮南两大主要的叛乱,在淮南的即坐镇扬州的李重进所发起。

李重进之所以会叛乱,主要有四个因素:李重进这边,他是周太祖外甥,对赵匡胤称帝后自己的境遇颇有忧虑,这是其一;周世宗时期,两人曾分掌内外兵权,李重进对于赵匡胤本人的"英武"颇为忌惮,这是其二;李重进在赵匡胤称帝后,所领"宿卫"被分割给韩令坤,使得李重进颇有怨言,这是其三;最后则是李重进申请觐见赵匡胤而不被允许,这是其四。[2]对于赵匡胤而言,这四个因素也可以从反方面来理解,即赵匡胤对于身为周太祖外甥的李重进不仅占据淮南大镇又兼宿卫兵权颇有疑虑,准备一方面解除其宿卫兵权,另一方面将他调离与南唐靠边、随时可能会与南唐勾结的淮南藩镇。

不过李重进并未马上掀起叛乱,甚至在泽潞节度使李筠发动叛乱之时,也未南北夹击,从而错过最佳时期。而赵匡胤也未一次性解除李重进兵权,因为他还要先解决比淮南更近的泽潞地区的李筠之乱。因此,赵匡胤一方面让李昉草诏拒绝李重进觐见,另一方面又通过李重进亲吏翟守珣延缓李重进

---

[1]〔宋〕薛居正等:《旧五代史》卷一一八《周世宗纪五》,中华书局 2015 年版,第 1823—1824 页。

[2]〔宋〕李焘:《续资治通鉴长编》卷一宋太祖建隆元年(960)九月,中华书局 2004 年版,第 23—24 页。

的叛乱进程。等到泽潞叛乱已经平定,方才正式准备解决李重进的问题,并先遣使招抚之。

值得注意的是,赵匡胤明确表示欲赐以铁券。这在表面上是赵匡胤有意不与李重进为难,但基于铁券这一信物在历史上长期兼具双面性的特征,反而会引起获赐铁券者的不安。根据统计,唐五代时期获赐铁券者最终非正常死亡的,唐代占获赐总人数的 26.3%,五代占获赐总人数的 75%。[1]特别在唐末五代战乱期间,获赐铁券者大多并非正常死亡,反而促成了他们的非正常死亡。可见,李重进对于获赐铁券恐怕也并无好感,甚至对于赵匡胤而言,恐怕也有意通过赐铁券来加剧李重进的疑虑。

此外,李重进作为淮南节度使,他是否叛乱,也不是他一个人能够决定,还涉及淮南藩镇内部不同人员的态度。《续资治通鉴长编》对此颇有揭示:

> 陈思诲至淮南,李重进即欲治装,随思诲入朝。左右沮之,重进犹豫不决。又自以前朝近亲,恐不得全,乃拘思诲,益治反具。遣使求援于唐,唐主不敢纳。扬州都监、右屯卫将军安友规知重进必反,逾城来奔。重进疑诸将皆不附己,乃囚军校数十人。军校呼曰:"吾辈为周室屯戍,公苟奉周室,何不使吾辈效命?"重进不听,悉杀之。[2]

在此处,李重进面对赵匡胤的招抚,原已不准备反抗。但淮南藩镇内部人员的动向,反而加速了他的叛乱。

首先是所谓"左右沮之",这里的"左右",当是李重进幕府的文职僚佐或其他亲吏。他们对于李重进的势力不足以抵抗已经掌握整个北方大部分地区的赵匡胤,并非有所不知,而是明知其不可为而欲为之。一来在赵匡胤已经对李重进产生疑忌的情况下,李重进本人若贸然入朝,恐有性命之虞,他们这些僚佐也不会有很好的待遇;二来既然已经准备了叛乱,万一叛乱成功,自己也有襄赞之功。由此,在这些"左右"的坚持下,李重进再次动摇立场。

---

[1] 洪海安:《唐代铁券相关问题研究》,陕西师范大学博士学位论文,2010 年,第 126 页。

[2] 〔宋〕李焘:《续资治通鉴长编》卷一宋太祖建隆元年(960)九月,中华书局 2004 年版,第 24—25 页。

其次是所谓"诸将",这里指的是淮南藩镇的武职僚佐。他们对于李重进的叛乱准备也是有目共睹,并且他们的立场大部分也还是站在"周室"这一边。因此,纵然有安友规等原本属于监视性质的将领"逾城"而逃,但大部分军校其实并不会反对李重进的叛乱之举,甚至如果李重进以光复周室为号召,他们会为李重进"效命"。然而,李重进犹豫的性格再次凸显,怕这批人获释后也像安友规一样逃亡,竟然杀了数十位军校。这样一来,一方面幕府诸将疑惧日深,怕被李重进所杀,反而心向宋廷;另一方面,人力资源的流失,也加剧了李重进自身的危机感,促使其更快发动叛乱。

最终,李重进正式举起反旗,赵匡胤也更能名正言顺地出兵平叛。赵匡胤设置了扬州行营之后,便开始正式进攻扬州了,《续资治通鉴长编》记载:

> （建隆元年九月）己未,重进反书闻,上命马步军副都指挥使、归德节度使石守信为扬州行营都部署、兼知扬州行府事,殿前都指挥使、义成节度使王审琦为副,宣徽北院使李处耘为都监,保信节度使宋延渥为都排阵使,帅禁兵讨之。……癸亥,诏削夺李重进官爵。[1]

随后,在赵普的建议下,宋太祖于当年十月下诏亲征。[2]在强大的军事压力之下,李重进尚未出兵北伐,扬州城即被攻破。当年十一月"丁未,至大义驿。石守信遣使驰奏扬州即破,请上亟临视。是夕,次其城下,登时攻拔之。李重进尽室赴火死,陈思海亦为其党所害。上购得翟守珣,补殿直,俄迁供奉官。重进性鄙吝,未尝有觞酒豆肉及其士卒,下多怨者。兄深州刺史重兴,初闻其叛,即自杀。弟解州刺史重赞,子尚食使延福,并戮于市"[3]。

事实上,李重进之叛,就实力对比而言,赵匡胤没有亲征的必要。但他还是亲征了,而且是在自己建国也才一年的时候亲征,这与其平定李筠时的亲

---

［1］〔宋〕李焘:《续资治通鉴长编》卷一宋太祖建隆元年（960）九月,中华书局2004年版,第25页。

［2］〔宋〕李焘:《续资治通鉴长编》卷一宋太祖建隆元年（960）十月,中华书局2004年版,第27页。

［3］〔宋〕李焘:《续资治通鉴长编》卷一宋太祖建隆元年（960）十一月,中华书局2004年版,第27—28页。

征之举,用途一致。也就是想要通过亲征来显示自身的权威和实力,便于日后对其他各国的平定。

观李重进之败,虽则与扬州经战后残破有关,但主要还是与当时军事局势的大扭转有关。五代后期,地方藩镇经过数十年的调整,已经十分顺服,很难出现唐末五代初那样的强藩,特别是有实力取代中央政府的强藩。相应地,更为可观的势力来自于禁军,而禁军将领也随之强于地方藩帅。因此,赵匡胤身为殿前都点检,能够取后周而代之;李重进身为淮南十四州的藩帅,却无法赢得叛乱。其中关键即赵匡胤"命韩令坤代重进为马步军都指挥使"。故李重进之乱,一方面体现了中原王朝对淮南已经完全掌控,另一方面则是中央对地方藩镇的完全掌控。

平定李重进之乱后,北宋的战略方针逐步扩大为统一全国,而鉴于四周都有敌国,故而得有一顺序,北宋所采取的就是"先南后北"的方针。虽然说先南后北,但南唐本身的实力并未因江北十四州的丧失而大大下降,北宋在并未做好足够准备的情况下,也不敢贸然渡江攻唐。因此,北宋先逐一消灭后蜀、荆南、湖南、南汉诸政权,积极笼络吴越国,最后才全力进攻南唐。

在此过程中,扬州一直作为进攻南唐的前哨。虽然李重进之乱一度危及淮南的稳定,但最终安然度过危机。南唐在此之际,也并未引火烧身,去接纳李重进。因此,在北宋忙于平定其他诸国时,两国之间和平了十几年。此外,大约鉴于淮南已经经过后周南侵和北宋平定李重进之乱两次大规模的战争,宋廷对淮南的统治也以恢复为主。

后周末年中原王朝取得淮南道后的政策,前文已述。平定李重进之乱后,北宋对扬州的治理政策进行了调整,大致如下:

> (建隆元年十一月)己酉,赈给扬州城中民米,人一斛,十岁以下给其半。为重进胁以隶军者,赐衣履纵之。庚戌,诏重进家属、部曲并释罪,逃亡者听自首,尸骸暴露者收瘗之,役夫死城下者,人赐绢三匹,复其家三年。[1]

---

[1] 〔宋〕李焘:《续资治通鉴长编》卷一宋太祖建隆元年(960)十一月,中华书局2004年版,第28页。

以上政策,大致包括三类对象:一类为扬州城民,二类为李重进家属、部曲,三类为受到李重进胁迫的扬州城民。

对淮南地区安抚之余,也需要对南唐君臣予以安抚,以懈怠其心。对此,赵匡胤大约通过两个方面来体现:一方面是直接告知南唐使臣冯延鲁等,宋军并无南渡之意。[1]另一方面是从侧面向南唐君臣转达并不欲南渡的意思,比如当南唐小臣杜著、彭泽县令薛良投奔北宋献平南策时,赵匡胤杀杜著,流配薛良,使南唐君臣得以稍稍安定。[2]此后,北宋、南唐之间相安无事十几年。

但随着北宋将南唐周围的荆南、湖南、南汉等政权都逐一消灭,南唐的亡国也无法避免地到来了。特别是在这十几年间,北宋四处讨平诸国而愈战愈勇,南唐则过于安逸而早已怯于战阵。比如北宋灭南汉之际的开宝三年(970)冬天,南唐南都留守林仁肇曾建议北伐,收复淮南,但南唐后主李煜则害怕失败之后加速灭亡,未能采纳。[3]又如开宝四年(971)冬天,"有商人上密事,请往江陵窃烧皇朝战舰,国主惧事泄,不听,商人遁去"[4]。这些事实都反映出南唐君臣的日益怯懦。

南唐君臣怯懦、惧怕的心态,自然逃不过北宋的耳目,于是北宋开始更加积极地准备对南唐的战事。与此同时,对于北投的南唐士人,北宋也不再拒绝,而且主动进行招揽笼络,比如樊若冰北上归宋以后,即被授予舒州团练推官之职,宋太祖赵匡胤还下令,让南唐后主李煜将樊若冰的家属亲眷护送到江北。樊若冰归宋以后也不负众望,献策在荆湖地区造大舰和黄黑龙船数千艘,为即将到来的渡江之战做好准备。宋太祖开宝七年(974)十月,北宋大将曹彬出任昇州西南面行营马步军战棹都部署,闰十月,率领黄黑龙船沿江南

[1]〔宋〕李焘:《续资治通鉴长编》卷一宋太祖建隆元年(960)十一月,中华书局2004年版,第28—29页。

[2]〔宋〕李焘:《续资治通鉴长编》卷一宋太祖建隆元年(960)十一月,中华书局2004年版,第29页。

[3]〔宋〕李焘:《续资治通鉴长编》卷一一宋太祖开宝三年(970),中华书局2004年版,第254页。

[4]〔宋〕马令:《南唐书》卷五《后主书》,傅璇琮、徐海荣、徐吉军主编:《五代史书汇编》第9册,杭州出版社2004年版,第5293页。

下。另一方面,吴越国也积极配合北宋军队的行动,从南面派兵进攻南唐的常州,并于开宝八年(975)四月攻克常州城。

在平定南唐的过程中,因为荆南、湖南早已平定,长江中游地区掌握在北宋手中,从而形成顺流而下的压境之势,可以在江上发动突然袭击,因此与金陵城隔江对峙的扬州,在北宋南下灭唐之战中的战略地位有所下降,但扬州仍然处于统一战争的前沿。职此之故,北宋在扬州也进行了军事部署,如权知扬州事侯陟在开宝八年(975)二月曾以"所部兵败江南千余众于宣化镇"[1],有力地策应了沿江顺流而下的军事行动。后来,曹彬久攻金陵未下,宋太祖赵匡胤打算让曹彬率部暂时退屯扬州进行休整,侯陟提出建议,主张不能退兵休整,而应该一鼓作气攻取金陵城[2]。最终,开宝八年十一月二十七日,金陵城破,后主李煜出降,南唐至此灭亡。

杨吴政权是由唐末接续高骈在扬州统治的以杨行密为节度使的淮南藩镇演变而来,杨行密对于高骈的取代,可以说是地方势力在唐末动乱背景下兴起的一个绝佳范例。杨行密本人是庐州人,与其一起起兵的也大多是庐州人,他们以庐州为基地,在此前服役于唐王朝庐州地方军队的经历上,攫取了对庐州的统治,并进一步进攻扬州。当时的扬州,正处于高骈统治的末期,受吕用之等人的蒙蔽,高骈此时的统治颇受诟病。于是,高骈旧部毕师铎等部在邻近的宣歙道地方势力秦彦军队的协助下,攻破扬州城,囚禁了高骈。杨行密即以此为由,围攻扬州,试图救出名义上的上司。经过半年多的围城,扬州城内粮食消耗殆尽,城中居民饿死大半。最终,秦、毕坚持不住,加之高骈已经被他们所杀,只好出逃。不过,杨行密在占领扬州之后,又迎来了来自北方蔡州军队的围攻。鉴于扬州城残破不堪,杨行密主动撤退到宣州,与蔡州孙儒势力在淮南、浙西地区周旋了数年,方才最终消灭孙儒。

在消灭劲敌孙儒之后,杨行密可谓横行江淮,并且与两浙地区的地方势

---

[1]〔宋〕李焘:《续资治通鉴长编》卷一六宋太祖开宝八年(975)二月,中华书局2004年版,第335页。

[2]〔宋〕李焘:《续资治通鉴长编》卷一六宋太祖开宝八年(975)七月,中华书局2004年版,第343—344页。

力钱镠划清了各自边界。于是，从文德元年（888）到天祐二年（905）杨行密去世之前，杨吴政权逐步扩大版图，统治范围涵盖了整个淮南道、宣歙道，以及浙西道的常州、润州、昇州，河南道的泗州、海州，鄂岳道的鄂州。在此期间，杨行密于景福元年（892）正式出任淮南节度使，并加同平章事而成为使相；又于乾宁二年（895）获封弘农郡王，并在乾宁四年以江南诸道行营都统的名义取得了对所统治地域的支配权；最后，于天复二年（902）获封吴王。由此杨吴政权也正式建立起来。

　　杨吴政权确立三年以后，杨行密就去世了，留下了尚未长成的几个儿子。其中长子杨渥继任，但他没有经历过战阵，在与已经掌握中央军权的两位衙内都指挥使张颢、徐温的较量中失败了。又仅仅过了三年，杨渥被张颢所杀，张颢又为徐温所杀。于是，杨吴政权开始被徐温及其亲子徐知训、养子徐知诰等人所掌控。在这一阶段，徐温不仅承袭了杨行密父子"承制除拜"帐下将领的权力，也通过这一形式控制了吴王的废立。与此同时，在徐氏父子内部，也出现了类似于杨氏父子的父强子弱的现象。在扬州代替徐温监视吴王的徐温亲子徐知训，被朱瑾所杀后，徐温养子徐知诰开始辅政扬州，并进一步"内谋其家，外谋其国"。

　　徐知诰在扬州的统治，不仅通过广招才能之士为己所用，还凭借着和平的军政环境，使地方上的杨行密元从将领们纷纷降伏。当然，徐知诰对杨吴政权的掌控方法承袭自徐温，即延续了徐温时期的"二元政治"。徐温曾自己坐镇金陵，徐知训、徐知诰先后辅政扬州。徐知诰也自己坐镇金陵，让自己的儿子辅政扬州。另外，在禅代前夕，通过将金陵升格为西都，事实上确认并抬升了金陵的地位。最后，禅代完毕，政治中心完全转移到金陵，扬州变成东都。

　　扬州成为南唐东都之后，作为旧朝的都城，依然受到重视。李景遂、李景达、李弘冀等宗室，周宗、冯延鲁等重臣先后出任东都留守。其余职官设置也十分完备，包括江都少尹、留守判官、留守巡官等留守府官员，以及各类东都分司官和江都县令等等。不过，随着北方中原王朝日益紧迫的压境之势，包括扬州在内的淮南道最终无法支撑。在南唐元宗时，淮南道落入后周版图，扬州也变成了后周、北宋进攻南唐的前哨。开宝八年（975），以扬州为跳板，北宋军队兵临金陵城下。不久，李煜出降，南唐也不复存在。

第五章　隋唐五代扬州的社会经济

经过隋及唐朝前期的持续繁荣,长江流域基本经济区基本形成,从而使得中国的核心经济区由原来的黄河流域一个基本经济区发展为黄河流域、长江流域两个基本经济区。在唐朝以前,北方中原地区的农业生产发达程度超过南方,广大北方地区的粮食供应能够做到自给自足,即便是遇到自然灾害,只要不是全局性的灾害,中原地区依靠内部自相漕运转给,便可以渡过窘境。然而,当历史的车轮驶入唐朝以后,情况就已经发生逆转性的变化,北方地区经常受困于粮食不足,从江淮地区调运粮食接济北方的记载,可谓史不绝书。例如,唐朝刚刚建国不久,就已经开始从江淮地区调运粮食到洛阳了,史载唐高祖武德二年(619)八月,“扬州都督李靖运江淮之米以实雒阳”[1]。首都长安所在的关中地区,虽然号称沃野,却也经常出现粮食“不足以给京师”的局面,以至于经常需要“转漕东南之粟”以保障供给,早在唐高祖、唐太宗在位期间,便已经如此,只不过当时每年漕运东南的粮食比较少,大约每年二十万石,但是从唐高宗以后“岁益增多”,[2]也就是外地调运的粮食每年都呈递增趋势。河南、河北素以农业发达著称,然而在进入唐朝以后,每逢遭遇水旱灾害,也经常需要从南方的江淮地区调运米粮以赈灾荒。如唐高宗咸亨元年(670),“天下四十余州旱及霜虫,百姓饥乏,关中尤甚。诏令任往诸州逐食,仍转江南租米以赈给之”。[3]唐玄宗开元十五年(727)九月,“是秋,六十三州水,十七州霜旱;河北饥,转江淮之南租米百万石以赈给之”。[4]不仅在北方遭遇

---

[1]　〔北宋〕王钦若等编:《册府元龟》卷四九八《邦计部·漕运》,中华书局1960年版,第5966页。

[2]　〔宋〕欧阳修、宋祁:《新唐书》卷五三《食货志三》,中华书局1975年版,第1365页。

[3]　〔后晋〕刘昫等:《旧唐书》卷五《高宗纪下》,中华书局1975年版,第95页。

[4]　〔后晋〕刘昫等:《旧唐书》卷八《玄宗纪上》,中华书局1975年版,第191页。

灾害时需要从南方运粮赈济,甚至有时候还下诏让北方民众南下江淮就食,如唐高宗永隆二年(681)"八月丁卯朔,河南、河北大水,许遭水处往江、淮已南就食"。[1]与此同时,文献中却看不到南方受灾时调运北方粮食赈灾的记述,也没有关于南人到北方就食的记录,至于北粮漕运南下的情况,更是没有任何的史料记载。据此可以断言,当历史迈进唐朝之后,长江流域经济区的粮食生产就已经超过了北方的黄河流域经济区。

及至中晚唐五代时期,长江流域经济区呈现出全面超越黄河流域经济区的发展态势,从而为两宋时期中国经济重心的南移奠定了坚实的物质基础。扬州作为隋唐五代时期江淮地区的中心城市,其经济的持续发展繁荣,可谓长江中下游乃至江淮地区社会经济发展引擎,引领着整个江淮地区经济的繁荣发展。尤其是安史之乱发生以后,随着黄河流域经济区饱受战火摧残,以及"藩镇割据"局面下贡赋不入于中央,以扬州为中心的江淮地区成为支撑大唐王朝最重要的经济来源,谓之为大唐王朝经济命脉之所系的核心经济区,亦绝非过誉之词。例如,唐德宗贞元八年(792),关东、淮南、浙西的广大区域发生特大水灾,百姓流离失所,急需国家出资赈灾,左补阙权德舆上书献策,其中说道:"江淮田一善熟,则旁资数道,故天下大计,仰于东南。"[2]当时以扬州为中心的长江下游经济区农业发展水平,在全国已经处于领先地位。随着"藩镇割据"局面的形成,以河朔三镇为代表的北方藩镇牢牢控制了黄河流域经济区,分毫不入于中央,唐朝的财政收入越来越倚重于扬州为中心的江淮地区,至唐宪宗元和时期(806—820),国家赋税征收,几至于尽数取自于江淮八道,文献中有关唐代中后期"军国费用,取资江淮"[3]"军国大计,仰于江淮"[4]之类的记述,可谓不胜枚举。如元和二年(807)宰相李吉甫奏上《元和国计簿》,其中说道:"总计天下方镇四十八,州府二百九十五,县千四百五十三。其凤翔、鄜坊、邠宁、振武、泾原、银夏、灵盐、河东、易定、魏博、镇冀、范阳、沧

---

[1] 〔后晋〕刘昫等:《旧唐书》卷五《高宗纪下》,中华书局1975年版,第108页。

[2] 〔宋〕欧阳修、宋祁:《新唐书》卷一六五《权德舆传》,中华书局1975年版,第5076页。

[3] 〔宋〕李昉等编:《文苑英华》卷四二二《元和十四年七月二十三日上尊号敕》,中华书局1966年版,第2139页。

[4] 〔唐〕权德舆撰,郭广伟校点:《权德舆诗文集》卷四七《论江淮水灾上疏》,上海古籍出版社2008年版,第739页。

景、淮西、淄青等十五道七十一州不申户口外,每岁赋税倚办止于浙江东西、宣歙、淮南、江西、鄂岳、福建、湖南八道四十九州,一百四十四万户,比天宝税户四分减三。天下兵仰给县官者八十三万余人,比天宝三分增一,大率二户资一兵。其水旱所伤,非时调发,不在此数。"[1]这段史料固然反映了江淮八道人民所承担赋税之苛重,但其中写出了江淮地区社会经济发展水平的状况,江淮八道财富在唐朝中后期已然独立支撑起唐朝的国家命运,这些取资于江淮八道的财富,大部分首先集中于扬州,而后从扬州出发向北运往长安,中晚唐五代一百余年间的扬州,经济空前繁盛、地区经济发展水平遥遥领先于全国,与扬州在江淮地区所处的核心地位有着直接的关联。

随着农业发展水平居于全国领先地位,隋唐五代时期扬州的手工业和商业也繁荣起来,有了发达的农业经济作为基础,扬州手工业和商业的发展就获得了优越的条件,而手工业和商业的繁荣,反过来又进一步促进农业生产的发展。所以,隋唐五代时期扬州社会经济的全面发展和领先于全国,不仅体现为农业的快速发展和农业生产水平的提高,也体现在手工业的全面发展和商业的高度繁荣两个方面。以下分而述之。

第一节　隋唐五代扬州农业的快速发展

隋唐五代时期扬州地区的农业何以能够快速发展,其社会历史背景是什么? 隋唐五代扬州农业快速发展,又有哪些具体表现? 扬州地区农业在隋唐五代时期的快速发展,又具有什么样的历史意义? 诸如此类的问题,都应该稍加叙述。

一、隋唐五代扬州农业快速发展的原因

隋唐五代时期扬州地区的农业之所以能够快速发展,主要有如下几个方面的原因。

其一,扬州地区的农业生产在隋唐五代时期得以快速发展,首先得益于扬州地区的人口在这个时期的进一步集聚和增长。

---

[1] 〔宋〕司马光编著,〔元〕胡三省音注:《资治通鉴》卷二三七唐宪宗元和二年(807),中华书局1956年版,第7647—7648页。

在人类社会生产活动的各种要素中,人的要素始终是第一位的,人类历史发展过程中所取得的任何一项进步,都离不开人的主观能动性和创造性。分析和讨论隋唐五代时期扬州地区农业生产的快速发展,首先必须重视人的因素,充分认识到扬州地区广大民众在发展农业生产中所发挥的关键性作用,因为无论是土地资源的深度开发、农田水利的兴修,还是耕作栽培技术的改良,都需要大量劳动力的投入参与。

隋唐五代时期的扬州地区人口,在总体上一直呈现增长的态势,由此带动了包括农业在内的各个行业的发展进步。隋朝南下灭陈,再次统一中国,特别是隋炀帝开通大运河以后,长江流域经济区呈现加速发展的趋势,扬州凭借位于大运河与长江交汇处的优越区位而成为南北交通的枢纽,经济快速发展,人口加速集聚,史言大运河“西通河洛,南达江淮。炀帝巡幸,每泛舟而往江都焉。其交、广、荆、益、扬、越等州,运漕商旅,往来不绝”。[1]南来北往的人群中,有不少人最终选择落户或徙居扬州,扬州成为隋唐五代时期人口吸附力最强的城市之一。尤其需要强调的是,隋炀帝曾三次巡幸扬州,并把扬州作为陪都建设,从而成为扬州城市发展史的重要转折点,扬州对外地人口的吸引力因此而大大增强,当时有不少北方人迁居扬州。如陇西原北(今陕西长武)人张行密的父亲张素德,就是在隋炀帝大业元年奉敕前往江南,并“移家扬州江阳县城东之育贤村”,而到了张行密兄弟三人这一代,就已经将扬州当成了家乡故里。[2]再如,洛阳人崔克让,其曾祖崔范也是在隋炀帝巡幸江都的时候,“因宦迁家,今遂扬州人矣”[3]。在扬州地区出土的隋唐五代时期墓志中,类似这样的事例还有不少,他们都是因为祖上仕宦或避难而南迁扬州,从而成为扬州地区的“新移民”。随着外来人口的不断迁入,隋唐五代时期扬州地区的社会经济逐渐发展起来,并一步步跃居全国的前列。

关于隋唐五代时期扬州地区人口的增加,可以通过和长江上游益州地区

[1]〔唐〕杜佑撰,王文锦、王永兴、刘俊文、徐庭云、谢方点校:《通典》卷一七七《州郡七》,中华书局1988年版,第4657页。

[2]《唐故张(行密)君墓志》,李文才疏证:《隋唐五代扬州地区石刻文献集成》,凤凰出版社2021年版,第9页。

[3]《大唐故定州都尉知队使崔府君墓志铭并序》,李文才疏证:《隋唐五代扬州地区石刻文献集成》,凤凰出版社2021年版,第12页。

的人口进行比较,一窥其实际变化情况。据历史记载,秦汉时期的益州称为蜀郡,作为长江上游地区的经济文化中心,其间蜀郡的经济、文化和人口都远胜于长江下游的扬州,如西汉末年,蜀郡人口有 7.6 万余户,东汉顺帝永和五年(140)则为 30 余万户;西汉时期的广陵国仅有 3.6 万余户人口,东汉时期的广陵郡则为 8.3 万余户。再以两地人口密度计算,西汉末年的蜀郡,平均每平方公里有 51.4 人,广陵国则仅为 18.8 人,约相当于蜀郡的三分之一,两地相差颇为悬殊。[1] 由人口集聚程度不同所造成的扬州地区经济发展水平,也不能和益州相比,正如司马迁所说的那样:"楚越之地,地广人希,饭稻羹鱼,或火耕而水耨……是故江淮以南,无冻饿之人,亦无千金之家。"[2] 人口的稀少是经济不发达的标志,同时也是限制经济进一步发展的关键因素,因为古代中国一直是以农业立国,农业经济的最大特点就是要求全体人民最大限度地投入生产,才有可能保证相应的产出,因此人口和土地的有效结合,就成为社会财富的基本保证和主要来源。魏晋南北朝时期全国的人口分布情况开始发生变化,特别是西晋末年"永嘉之乱"发生以后,北方陷入五胡乱华的混战局面,北方人民大量南迁,不仅给南方地区带来了较为先进的生产技术,更是大幅增长了南方地区的人口。仍以扬州和益州进行横向比较,刘宋大明八年(464)蜀郡的户口数为 1.1 万余户,广陵郡则有 0.7 万户,[3] 尽管扬州人口仍少于益州,但两者之间的差距幅度却明显缩小了,这表明扬州对于外来人口的吸附力显著增强了。时至隋朝,特别是隋炀帝三幸江都,大大提升了扬州的地位,北方人口迁入扬州明显增多,扬州地区的人口迅速攀升。隋炀帝大业五年(609),江都郡户口达 11.5 万户有余,而同一时间的蜀郡户口却只有10.5 万余户,后者较前者少了约 1 万户,这也是扬州地区的人口历史上第一

---

[1] 谢元鲁:《论"扬一益二"》,史念海主编:《唐史论丛(第三辑)》,陕西人民出版社 1987 年版,第 232 页。

[2] 〔汉〕司马迁撰,〔宋〕裴骃集解,〔唐〕司马贞索隐,〔唐〕张守节正义:《史记》卷一二九《食货志》,中华书局 1982 年版,第 3270 页。

[3] 谢元鲁:《论"扬一益二"》,史念海主编:《唐史论丛(第三辑)》,陕西人民出版社 1987 年版,第 233 页。

次超过益州。[1]据《隋书·地理志》记载,隋代户数超过十万的郡共有 34 个,户口最多者为首都长安,达 30.8 万余户,江都郡、蜀郡分列第 27 位、33 位,[2]而且在户口超过十万的郡中,绝大多数都在黄河流域,这表明当时的黄河流域基本经济区的经济实力,还是遥遥领先于长江流域经济区的。隋末战乱,黄河流域和长江流域都是主要受害区域,因此两地的人口均呈急剧下降之势。唐朝建国的前六七年间,扬州所在的长江下游地区仍一直处于混战之中,因此人口数量继续呈减耗之势。据唐太宗贞观十三年(639)的人口统计数据,其时首都长安户口有 20.7 万多户,尽管尚未达到隋朝极盛时的 30 多万户,但已经初步恢复了;长江上游的益州地区,则因为基本未受隋末战乱影响,故人口反而有所上升,为 11.7 万多户;扬州地区却因为尚未平定的战乱而人口继续下降,这时仅有 2.3 万余户,居于全国各府州的第 29 位。[3]

　　唐高祖武德六年、七年间,江淮地区的战火终于平息,扬州地区进入了经济、人口复苏的模式,此后经过一百多年的安定发展局面,到唐玄宗天宝年间,扬州有 7.7 万余户,人口较唐太宗时期增长 3 倍有余,同一时期的常州、苏州、润州等长江下游城市,户口比起唐初也都分别增长了 3 倍以上。[4]不过,这个时期的黄河流域主要城市的经济发展水平,总体上仍高于扬州。扬州的经济、人口等指标实现对北方黄河流域城市的反超,是到了安史之乱发生,北方再一次遭到战乱的严重破坏之后,这是因为尽管扬州地区也受到战火的困扰,但较诸北方黄河流域,江淮地区所受战乱的影响明显小很多,故而经济能够继续保持繁荣发展的态势。进入中唐以后,黄河流域经济区基本被以河朔三镇为核心的北方叛乱藩镇所把持,唐朝进入经济上主要依赖江淮八道的时期,所谓"当今赋出于天下,而江南居十九"[5],即指此而言,全国的经济重心

[1] 谢元鲁:《论"扬一益二"》,史念海主编:《唐史论丛(第三辑)》,陕西人民出版社 1987 年版,第 233 页。

[2] 谢元鲁:《论"扬一益二"》,史念海主编:《唐史论丛(第三辑)》,陕西人民出版社 1987 年版,第 233 页。

[3] 谢元鲁:《论"扬一益二"》,史念海主编:《唐史论丛(第三辑)》,陕西人民出版社 1987 年版,第 234 页。

[4] 谢元鲁:《论"扬一益二"》,史念海主编:《唐史论丛(第三辑)》,陕西人民出版社 1987 年版,第 234 页。

[5] 〔唐〕韩愈:《韩昌黎全集》卷一九《序一·送陆歙州诗序》,中国书店 1991 年版,第 275 页。

已经转移到以扬州为中心的东南地区了,扬州因为居于交通枢纽的位置而成为整个东南经济区的中心城市,遂有"雄富冠天下"[1]之美誉。东南地区成为新的经济中心,可以从这个地区人口的增长得到反映,据《元和郡县图志》的记载,唐宪宗元和时期,益州有4.6万余户,而其时的长江中下游城市群中,襄州、润州、常州、杭州、婺州、洪州、宣州等地,户口数均已超越益州。由于《元和郡县图志》"淮南道"已经亡佚,故扬州的户口数阙载,考虑到扬州乃是整个东南地区的中心城市,因此其户口数肯定比上述诸州都要多,是完全没有疑问的。清人所编纂的《〔嘉庆〕重修扬州府志》载有元和时期扬州的户口数,称其时扬州有八万七千六百余户[2],这个数字在当时仅次于长安、太原、襄州和洪州,也就是位列全国第五。正是得益于人口的集聚,扬州的农业、手工业和商业都全面进入发展繁荣时期,并一步一步走到了全国的前列,故宋人王象之综合唐人诸说而得出结论,认为扬州"财赋所出,以江淮为渊。淮南天下之劲兵,吴魏交争之地,与成都号为天下繁侈,故称扬、益"。[3]其中"与成都号为天下繁侈,故称扬、益"之句,据王象之自注,语出李吉甫的《元和郡县志》。而与李吉甫同时代的武元衡,于元和二年作诗酬答李吉甫,祝贺他就任淮南节度使、扬州大都督府长史,出镇扬州,其诗序中亦云"出制淮海,时号扬益,俱为重藩",[4]都是将扬州排名在益州之前,这应当就是后来"扬一益二"之说的滥觞。及至公元9世纪末,"扬州富庶甲天下,时人称扬一益二",胡三省注云:"言扬州居一,益州为次也。"[5]不过,这里需要特别强调的是,李吉甫《元和郡县图志》所统计的各州人口数,都不是各州的实际人口数,因为自安史之乱爆发以后,民众四出流亡,加上各地普遍存在隐匿户口的现象,因此登

[1]〔宋〕欧阳修、宋祁:《新唐书》卷二二四下《叛臣下·高骈传》,中华书局1975年版,第6404页。

[2]〔清〕阿克当阿监修,〔清〕姚文田等纂:《〔嘉庆〕重修扬州府志》卷二〇《赋役志》,卢桂平主编:《扬州文库》第6册,广陵书社2015年版,第336页。

[3]〔宋〕王象之编著,赵一生点校:《舆地纪胜》卷三七《淮南东路·扬州》,浙江古籍出版社2012年版,第1155页。

[4]〔清〕彭定求等编:《全唐诗》卷三一七(武元衡)《奉酬淮南中书相公见寄并序》,中华书局1960年版,第3564页。

[5]〔宋〕司马光编著,〔元〕胡三省音注:《资治通鉴》卷二五九唐昭宗景福元年(892)七月,中华书局1956年版,第8430页。

记在国家户口簿上的人口数字,远远少于实际的人口数。因此,有关历史记载的扬州地区的人口统计数据,也是不准确的,扬州地区的人口数应该远比这些数据要多,这是因为从安史之乱以后,扬州成为北人南下的一个重要集聚地,再加上扬州地区发达的经济和相对稳定的社会环境,人口数量具有持续快速增长的可能条件。

　　唐朝灭亡以后,历史进入五代十国的混战时期,扬州地区也遭受兵燹之祸,人口再次大幅下降。时至北宋初年,扬州地区尽管略微有所恢复,但登记在国家户口簿上的人口却只有 2.9 万余户了,人口的大规模减少,直接造成社会经济的萧条和凋敝,“扬一益二”的繁华也成了过眼烟云。进入北宋以后,东南地区的经济进一步发展,长江中下游地区再度繁荣起来,至宋神宗元丰年间(1078—1085),东南七路的人口已经上升到占全国总人口的一半。不过,扬州却未能恢复昔日的繁荣,宋徽宗崇宁年间(1102—1106)的扬州户口,仍不过 5.6 万余户,远远少于唐玄宗天宝时期的户口数。再以开发程度来计算,唐玄宗天宝时期的淮南道人口密度为平均每平方公里 20.3 人,北宋崇宁时期的淮南东路人口密度,却只有每平方公里 16.1 人。[1]由此可见,扬州及其周围地区的繁盛程度,从唐到宋,实际上是下降了,而其转折点即在于五代时期的长期战乱。

　　综上所述,扬州地区的人口数量在隋唐五代时期的变化曲线,大致呈现为增长(隋朝)—减少(隋末唐初战乱)—增长(唐代前期,安史之乱以前)—持续增长(安史之乱以后,北人南迁)—减少(唐末五代战乱)。就总体变化情况来看,扬州地区的人口在隋唐五代时期的多数时间里是呈增长态势的,人口的增长不仅直接带来扬州地区劳动力的增加,而且大量北人南迁还同时带来了北方先进的耕作技术和北方的作物品种,进一步丰富和改善了扬州地区的农作物种类,为扬州地区的农业朝着精耕细作和多品种经营方向的发展,以及提高农业集约化生产水平,都提供了直接助益。因此,完全可以说,隋唐五代时期扬州地区的农业生产之所以能够快速发展,与这个时期扬州地区人口的持续增长,有着直接而密切的关系。

---

　　[1]　以上所涉及的户口等统计数据,主要参见梁方仲编著:《中国历代户口、田地、田赋统计》,上海人民出版社 1980 年版,第 114、164 页。

　　其二,扬州地区的农业在隋唐五代时期得以快速发展,还得益于隋、唐两朝对于农业生产的高度重视,自耕农经济作为从秦至清二千余年期间中国古代农业经济的根本和基础,任何一个皇朝建立以后,都必须和必然重视培育壮大自耕农经济,从而促进农业生产的发展,并从国家战略的层面确保"农战政策"得以落实。因此,无论是隋朝,还是唐朝,其统治集团对于农业的基础性地位,都是有着明确的认识的。

　　隋、唐两朝的最高统治者,在建国之初,都曾积极推行自北魏就开始实行的均田制,以确保最大多数的农民能够获得相应的耕种土地,从而确保农业生产的稳定发展。例如,隋朝建国以后,就开始在全国范围内推行均田制,并经常派遣使节巡行各地,检查均田的推行情况。与此同时,隋文帝还采用"大索貌阅"等方式,重新整顿户籍,督促地方官吏经常性地检查辖区户口,从而使得原先依附于私家的隐庇户口重新登记到国家户籍簿,大大增加了国家控制的编户人数。在整顿户籍的基础上,隋朝又推行"输籍定样",根据新编户籍编制"定簿",以此作为国家收取赋税的依据。通过这一系列的举措,隋朝政府不仅将大量豪强私属人口解放出来,重新变成国家编户齐民而使国家掌管的纳税人丁数量大量增加,而且通过赋税定簿的方式,确定编户齐民应交赋税的数额,不准许超额盘剥,从而进一步调动广大吏民的生产积极性。唐朝统治者也十分重视农业生产,继续在全国范围内推行均田制,以保证个体农民占有一定数量的土地,同时还通过还授规定和限制买卖的措施,力图使农民的土地占有更加稳定。而与均田制相配合而颁布的租庸调征收制度,则使个体农民的负担大致稳定在一个定额之内,也有利于调动农民增加单位面积产量的积极性,从而推动农民改良作物品种的积极性。总而言之,唐朝着力推行的均田制和以租庸调为主的赋税制度,有助于促使农民不断向精耕细作的农业方向发展,相比于魏晋南北朝以前,唐代农业的精耕细作化程度进一步提高,无论是耕种技术还是选种、培育等技术都有了很大提高。

　　除了调整和稳定土地制度、赋税制度等长效政策外,隋唐时期的统治者还会针对新出现的问题随时出台一些相应的措施,体现出对农业生产的格外重视,不仅皇帝经常发布"劝农"诏敕,鼓励发展农业生产,大臣上疏也每每以"劝农"为主要议题。这方面的例子颇多,仅以唐朝为例,开国皇帝唐高祖李渊于武德元年正月发布《亲祀太社诏》,明确提出"劝务农本"[1],武德六年(623)六月又发布《劝农诏》,公开宣布"劝农务本,蠲其力役……州县牧宰,明加劝导"[2];唐太宗在《赈关东等州诏》中也提出"轻徭薄赋,务本劝农"[3];唐睿宗在诰书中则明确说"务本劝农,国之常典"[4];唐玄宗所发布的诏制及回复大臣的"批"答中,有多篇提到了"劝农务穑"[5],反复强调农业为立国之本,并将农业生产摆在"国政攸先"[6]的核心地位,正是基于对农业生产的重视。唐玄宗还接受宇文融的建议,在全国十道设置劝农使、劝农判官诸职,负责"检括田畴,招携户口",同时对于新归附政府户籍的"客户"则给以"免其六年赋调,但轻税入官"的优待。[7]另外,唐代以帝王名义发布的"德音"或"戒"敕中,也每有"劝农重谷"[8]"敦劝农桑"[9]"责躬劝农,其惟在勤"[10]等内容,都体现出对于农业生产的重视。即便是到了五代十国的战乱时代,割据政权的君主也经常发诏"劝农",如前蜀主王建、后蜀后主孟昶皆曾颁布《劝农桑诏》[11],后唐明宗、后晋少帝在敕文中,也提到了"方思丰国,切欲劝农"[12]的问题,表现出对农业生产的重视。至于大臣上疏言及"劝农""务穑",更是

---

[1]〔宋〕宋敏求编:《唐大诏令集》卷七三《亲祀太社诏》,中华书局 2008 年版,第 411 页。

[2]〔宋〕宋敏求编:《唐大诏令集》卷一一一《劝农诏》,中华书局 2008 年版,第 576 页。

[3]〔北宋〕王钦若等编:《册府元龟》卷一四四《帝王部·弭灾二》,中华书局 1960 年版,第 1746 页。

[4]〔北宋〕王钦若等编:《册府元龟》卷八四《帝王部·赦宥三》,中华书局 1960 年版,第 998 页。

[5] 分别见〔清〕董诰等编:《全唐文》卷二一(玄宗皇帝)《量赏租庸如数制》,中华书局 1983 年版,第 245 页;卷二五(玄宗皇帝)《置十道劝农判官制》,第 293 页;卷二七(玄宗皇帝)《遣使巡察河南北诏》,第 309 页;卷二八(玄宗皇帝)《释放流徒等罪诏》,第 321 页;卷二九(玄宗皇帝)《置劝农使诏》,第 328 页;卷三一(玄宗皇帝)《论河南河北租米折留本州诏》,第 346 页;卷三七(玄宗皇帝)《答张九龄贺麦登批》,第 404 页。

[6]〔北宋〕王钦若等编:《册府元龟》卷八五《帝王部·赦宥四》,中华书局 1960 年版,第 1002 页。

[7]〔后晋〕刘昫等:《旧唐书》卷一〇五《宇文融传》,中华书局 1975 年版,第 3217—3218 页。

[8]〔宋〕宋敏求编:《唐大诏令集》卷一一七《安恤天下德音》,中华书局 2008 年版,第 614 页。

[9]〔宋〕宋敏求编:《唐大诏令集》卷七三《明堂灾告庙制》,中华书局 2008 年版,第 410 页。

[10]〔北宋〕王钦若等编:《册府元龟》卷一五八《帝王部·诫励三》,中华书局 1960 年版,第 1909 页。

[11] 分别见〔清〕董诰等编:《全唐文》卷一二九(王建)《劝农桑诏》,中华书局 1983 年版,第 1288 页;(孟昶)《劝农桑诏》,第 1296 页。

[12]〔北宋〕王钦若等编:《册府元龟》卷七〇《帝王部·务农》,中华书局 1960 年版,第 794 页。

不胜枚举。

　　除了下诏并采取切实措施"劝农"之外,隋唐五代时期还会在出现自然灾害时适时地颁布一些政策,减免农民租税,并通过赈灾、减役的方式,帮助农民恢复生产。有唐一代,对于那些受田亩数不足的民户,或者是遭受灾害的地区,政府经常下令减免他们的租税,如唐文宗开成二年(837),扬州、楚州(今江苏淮安)、浙西等地遭遇旱灾,朝廷下诏对两税户进行减免,同时还严禁"土木兴役",原因则是"恐妨农功"[1]。而对于那些特别贫乏的农户,国家不仅蠲免其应征租税,有时还下诏让地方政府为他们提供耕牛、种子,目的都是"以济农事"[2],也就是鼓励农业生产。即便到了安史之乱以后的唐朝中晚期,乃至于五代十国时期,政府官员也经常推行"缓法宽租,劝农务稿"[3]"外劝农桑,内兴学校"[4]之政策,积极鼓励农业生产。从这个角度上来说,扬州地区的农业生产能够在隋唐五代时期获得快速发展,首先是国家政策的必然效应,如果国家不重视农业,不从土地制度和赋税制度等根本问题上加以重视,并适时采取切实的措施调动广大吏民的生产积极性,则扬州地区的农业生产水平也不可能在这个时期获得良好的发展契机。

　　其三,扬州地区的农业在隋唐五代时期得以快速发展,还得益于优越的自然条件,无论是气候条件,还是土壤条件,都非常有利于进行农业生产。

　　扬州地处江淮平原南端,属于亚热带季风性湿润气候向温带季风气候的过渡区,年平均气温为15℃左右,其气候的主要特点是四季分明,日照充足,雨量丰沛,盛行风向随季节有明显变化。这样的气候条件非常适合发展农业生产,特别是适合稻作农业的广泛开展。隋唐五代时期的扬州,地理范围包括今江苏省泰州市、安徽省天长市在内,整个地形呈西高东低态势。今仪征、六合、天长所在的西北部为丘陵地区,但只占较小的部分;大部分地区如今京杭大运河东以东、通扬运河以北为里下河地区,沿江沿湖地区则以平原为主,

　　[1]〔北宋〕王钦若等编:《册府元龟》卷一四五《帝王部·弭灾三》,中华书局1960年版,第1757页。

　　[2]〔后晋〕刘昫等:《旧唐书》卷一五三《袁高传》,中华书局1975年版,第4088页。

　　[3]〔宋〕薛居正等:《旧五代史》卷五二《唐书二十八·李嗣昭传》,中华书局1976年版,第705页。

　　[4]〔宋〕薛居正等:《旧五代史》卷九〇《晋书十六·李承约传》,中华书局1976年版,第1188页。

这里的土地十分肥沃,非常适合水稻种植。如历史明确记载"海陵郡,甸服之地,邦赋最优"[1],唐文宗下发的一道敕书也明确说"海陵是扬州大县,土田饶沃,人户众多"[2]。海陵即今江苏省泰州市,隋唐五代时期属于扬州,其肥沃的土地、充足的人口,非常适合发展农业生产,并成为国家赋税的重要来源地,唐朝政府曾在这里设置监牧以繁育马匹,结果"每年马数甚少",不仅浪费了国家大量钱财,也直接影响了当地农业生产的发展,故而在发现这个弊端以后,唐文宗下令"临海监牧宜停"[3],重新回到发展农业生产的正确轨道上来。

其四,扬州地区的农业生产在隋唐五代时期得以快速发展,还得益于农业生产工具的明显改进与耕作技术的显著进步,大大提高了农业生产效率。

隋唐五代时期扬州地区的农业生产工具得到了明显的改进,据《吴郡志》所记宋人范成大言,南宋时期江东亦即长江中下游一带的农业生产工具与唐代中后期大致相同,这表明包括扬州在内的长江中下游地区,农业生产所必需的各种生产工具在唐代就已经基本齐备并定型。这些农具主要包括哪些呢? 这可以通过宋代的相关史料推知唐代的情况,据历史记载,南宋孝宗乾道五年(1169),为了在楚州宝应、山阳安置从北方南下的"归正人",除了给每个人提供一顷空闲水陆官田外,另外"每种田人二名,给借耕牛一头,犁、杷各一副,锄、锹、镬、镰刀各一件。每牛三头,用开荒劈刀一副。每一甲(五家)用踏水车一部、石辘轴二条,木勒泽一具"。[4]这些都是经营水田最经常使用的几种生产工具,上面所说的楚州宝应、山阳均属于扬州,这表明扬州地区的农业生产工具主要是这些。与此同时,农具的制作工艺也明显改进,在魏晋南北朝时期的农业生产工具多数还是用韧性铸铁制作,其性能和适用范围都

---

[1]〔宋〕徐铉撰,李振中校注:《徐铉集校注》卷一五《唐故泰州刺史陶(敬宣)公墓志》,中华书局2018年版,第729页。按,《全唐文》卷八八五所载墓志铭文,该句作"海陵为膏腴之地,邦赋最优"(中华书局1983年版,第9253页),与此有三字之别。

[2]〔清〕董诰等编:《全唐文》卷七四(文宗皇帝)《罢海陵监牧敕》,中华书局1983年版,第772页。

[3]〔清〕董诰等编:《全唐文》卷七四(文宗皇帝)《罢海陵监牧敕》,中华书局1983年版,第772页。

[4]刘琳、刁忠民、舒大刚等校点:《宋会要辑稿·食货三》"营田杂录二"条,上海古籍出版社2014年版,第6022页。

很受限制,而到了隋唐时期,钢刃铁农具的使用日益普遍起来[1],这无疑有助于提高农业生产效率。再如,水车的制造技术也有了明显改进,变得更加轻巧实用,而水车的改进与广泛运用,主要就是以扬州所在的长江中下游地区为代表,由此大大提高了灌溉效率,有力促进了该地区农业的发展。唐文宗大和年间还从长江中下游地区征调水车工匠到长安集中,就是为了在关中地区推广江南地区的水车,以帮助关中地区改善农业灌溉的状况。[2]

隋唐五代扬州地区农业生产工具和耕作技术的进步,最重要、最有代表性的当属耕犁的改进,因为这对于深耕细作的稻作农业来说具有十分重要的意义。据历史记载,在唐朝以前,无论南方还是北方,多数还是使用长大而笨重的直辕犁。由于其构造简单原始,加上重量太大,因此需要两头牛才能够牵引行进,而且掉头回耕十分费力困难,这种犁用于耕垦平地还可以,但是在山涧或河沟的小块耕地上,便无法使用,因此在黄河流域大块平坦而松软的沙质旱地,直辕犁尚可一用,而长江中下游地区的土地状况却是以地块狭小、土质黏重的水田为主,这种直辕犁就不足为用了。所以,一直到魏晋南北朝时期,包括长江中下游在内的南方广大地区,都较少使用牛耕,如晋武帝诏书中就曾说"东南以水田为业,人无牛犊"[3]。杜预在主政淮南期间,正是鉴于当地的实际情况而将境内陂塘毁废,改水田为旱田,并向朝廷奏请拨给耕牛以事屯田,改种旱地作物。另外,晋代陆云曾言及江南郢县的农田劳作情况,其中说道:"遏长川以为陂,燔茂草以为田,火耕水种,不烦人力。决泄任意,高下在心,举锸成云,下锸成雨,既浸既润,随时代序也。"[4]从中可见,魏晋南北朝时期长江中下游一带的农业生产中,除了"火耕水种"的原始耕作方式仍在继续外,所使用的农具主要是"锸",而没有牛犁。唐代以前的长江中下游地区的农业生产,之所以主要使用较为简陋的手工耕具,而迟迟不能广泛使用牛耕,主要就是因为当时的直辕犁过于笨重,在水田中需要耗费大量的畜力,从而限制了牛耕在南方的推广。时至唐朝,对原来的直辕犁进行了技术

[1] 杨宽:《我国历史上铁农具的改革及其作用》,《历史研究》1980 年第 5 期,第 94 页。

[2] 唐耕耦:《唐代水车的使用与推广》,《文史哲》1978 年第 4 期,第 74 页。

[3] 〔唐〕房玄龄等:《晋书》卷二六《食货志》,中华书局 1974 年版,第 788 页。

[4] 〔晋〕陆云撰,黄葵点校:《陆云集》卷一〇《答车茂安书》,中华书局 1988 年版,第 175 页。

改进,从而发明了曲辕犁,曲辕犁不仅将中国的耕犁基本定型,而且直接推动了长江中下游地区稻作农业的快速发展,从而成为中国农业史上里程碑式的大事。[1]曲辕犁较诸直辕犁的巨大优势,主要就体现在犁的重量大为减轻,更加容易操作,只需要一头耕牛就可以牵引犁田。尤其需要强调的是,曲辕犁特别适合南方水田耕作,这也是曲辕犁首先出现于北方,却是到了长江中下游地区才进一步发展为"江东犁"那样完备形式的原因所在。江东犁所引起的牛耕方式的改变,以及杷、辘轴、勒泽等牛耕配套农具的出现,导致了牛耕成为长江中下游地区最重要的耕作方式,如诗人张籍就描绘了长江下游地区水稻种植中使用牛耕的情况,诗云:"南塘水深芦笋齐,下田种稻不作畦……田头刈莎结为屋,归来系牛还独宿。"[2]牛耕的推广,极大地提高了南方地区的农业生产效率。从这个意义上说,扬州地区的农业生产在隋唐五代时期的快速发展,并日益成为唐中后期最重要的财赋来源地,正是建立在农业生产工具的改进和牛耕的普遍运用这一基础之上的。

　　隋唐五代扬州地区农业耕作技术的进步,可以水稻的栽培和种植为代表加以说明。在隋唐以前,包括扬州在内的广大江淮地区,水稻播种采用的都是直播法,即直接撒播稻种,或者是将催芽后的种子抛撒栽种,即《齐民要术》所说的"一亩三升掷"[3],这种直播法不仅造成种子的浪费,而且水稻的亩产量也不高。时至隋唐,扬州地区的水稻就全部改用插秧法——育苗插栽法了,相较于以前的直播法,插秧法属于精耕细作式集约化农业生产技术,能够大幅度提高水稻的亩产量。例如高适在担任淮南节度使期间,就曾亲眼看见了插秧这一先进的水稻种植方法,并作诗以咏:"溪水堪垂钓,江田耐插秧。"[4]这表明当时江淮地区已经普遍采用插秧法了。插秧法之所以较直播法先进,除了能够提高水稻亩产量外,还可以提高土地利用率,因为这个播种方法的

---

[1]　刘仙洲:《中国古代农业机械发明史》,科学出版社1963年版,第19页。

[2]　〔清〕彭定求等编:《全唐诗》卷三八二(张籍)《江村行》,中华书局1960年版,第4291页。

[3]　〔后魏〕贾思勰原著,缪启愉校释:《齐民要术校释》(第二版)卷二《水稻第十一》:"先放水,十日后……净陶种子,渍;经三宿,漉出,内草篅中裹之。复经三宿,芽生,长二分,一亩三升掷……"(中国农业出版社1998年版,第138页)

[4]　〔唐〕高适著,孙钦善校注:《高适集校注》(修订本)诗《广陵别郑处士》,上海古籍出版社2014年版,第267页。

推广,使得稻麦两熟制成为可能。水稻插秧的最佳时间为每年的农历三月,"先放水,十日后,碌轴打十遍。淘种子,经三宿,去浮者,漉裛;又三宿,芽生,种之。每亩下三斗。美田稀种,瘠田宜稠矣"[1]。其中所说"每亩下三斗(种子)",数量太大,当系记述或刻字时出现了错误,因此应该以《齐民要术》所说"一亩三升掷",即一亩下 3 升种子为是。所谓"一亩三升掷",是指一亩所用的种子数,彼时"一亩三升",折合为今亩制的种子用量,大约相当于每市亩 3.75 升,唐代的水田耕作技术较诸魏晋南北朝时期更加集约化、精细化,每亩 3 升当为隋唐五代时期长江中下游地区水稻下种标准。不仅如此,包括扬州地区在内的长江中下游地区,在隋唐五代时期还实行了"复种制",即除了种植一季水稻外,还可以播种一季小麦。有学者据此认为:"两税法的颁布与施行,正是长江流域稻麦二作制已经形成的反映。"[2]在复种制下,每亩水田除了用稻种 3 升外,大概还要用麦种 2 升。[3]复种制在扬州地区的广泛推行,大大提高了扬州地区农业生产的集约化水平,不仅丰富了扬州地区主粮生产的种类,而且直接提升了粮食生产的单位亩产量与总产量,从而促进扬州地区农业生产的快速发展。

隋唐五代时期扬州地区农业耕作技术的显著进步,还体现在已经出现了人工制作的肥料,从而改进了肥田的方法。据唐人文献记载,扬州地区还种植一种豆科植物——豽豆,这也是一种具有经济价值的作物:"豽豆,微似白豆而小,北地少,江淮多,炒而食之,俗呼之'豽豆'。伧子□□名也。其味腥甜,止于卑屑,无等可称。"[4]这条史料所记述的是"江淮"地区,而扬州地处江淮之间,豽豆势必也多有种植。根据唐人记述,豽豆是可以"炒而食之"即充当食物的。另外,豽豆还可以制作"绿肥",而且豽豆在唐代以前和唐代江淮以

---

[1] 〔唐〕韩鄂原编,缪启愉校释:《四时纂要校释》卷二《三月》,农业出版社 1981 年版,第 80 页。

[2] 李伯重:《我国稻麦复种制产生于唐代长江流域考》,《农业考古》1982 年第 2 期,第 69 页。

[3] 〔唐〕韩鄂原编,缪启愉校释:《四时纂要校释》卷四《八月》:"种小麦,宜下田。《齐民要术》歌云:'高田种小麦,终久不成穗。男儿在他乡,那得不憔悴。'上戊前为上时,种者一亩用子一升半;中戊前为中时,一亩二升;下戊前为下时,一亩二升半。此月初相争十日,而用种便相违如此,力田者,得不务及时?"(中国农业出版社 1981 年版,第 194 页)上戊、中戊、下戊用麦种数,平均为 2 升。

[4] 〔唐〕杨晔:《膳夫经手录》,清初毛氏汲古阁钞本。

外地区,未见有种植的记载,因此应该是唐代江淮地区新有的作物。[1]如果这种说法可信的话,这是中国农业史上人工制作肥料的较早事例,表明江淮地区的肥田方法,比起过去以及同时代的其他地区都有进步。隋唐五代时期扬州农业发展的一个重要表现,就是开始在稻麦种植中使用人工制作的肥料,这也是前代所未有的新事物。

其五,扬州地区的农业生产在隋唐五代时期得以快速发展,还得益于当地农田水利设施的大量兴修,这又包括修复以前旧有的陂塘和新开水利工程设施两个方面。

水利灌溉是农业生产的命脉,扬州大部分地区为水乡泽国,在这种地理环境下进行农业生产,更加需要相应配套的水利工程作为保证。隋唐五代时期扬州地区农业快速发展及其在农业生产方面所取得的各项进步和成就,都是以农田水利建设事业的发展为前提的。从历史的纵向对比来看,隋唐五代时期的长江中下游地区,其水利工程建设的规模大大超越了以前,甚至可以说取得了突破性的进展。无论是大型的水利工程,还是州县境内的小型水利工程,在这个地区得以普遍兴修,尤其是基于工程科学技术水平的提高,一些结构更复杂、效能更高的水利工程设施竞相建设起来,总之水利工程设施的广泛兴修,有效减轻了扬州境内的水旱灾害,从而为农业生产的快速发展提供了支持。魏晋南北朝时期及其以前的农田水利工程建设,受限于工程技术,故多数仍然停留在陂塘灌溉的阶段,即主要利用天然湖泊水源进行农田灌溉,因此文献所记述的水利设施多数集中于天然湖泊所在的地方,其他地区则较少农田水利设施,故而一遇到干旱天气,这些水利工程便无法充分发挥灌溉作用,而一旦遭逢连续阴雨,陂塘附近又往往成为泽国,这些水利工程设施也不能发挥防洪抗涝的作用。以扬州所在的江淮地区而言,这里可谓河湖交织、水网密布,农田水利工程建设颇为落后,从而影响到农业生产的进行,如北魏人崔楷对于江淮地区的农业生产和人民生活方式的这种状况就有所描述,云:"江淮之南,地势洿下,云雨阴霖,动弥旬月。遥途远运,惟用舟舻;南亩畲菑,微事耒耜。"[2]由此可见,扬州所在的江淮地区农业生产活动长期

---

[1]　李伯重:《我国稻麦复种制产生于唐代长江流域考》,《农业考古》1982年第2期,第66页。

[2]　〔北齐〕魏收:《魏书》卷五六《崔辩附子崔楷传》,中华书局1974年版,第1254—1255页。

难以出现突破性的发展,而处于"微事耒耕"的不发达状态,与其"地势洿下"的地形限制,以及缺少用于排灌的基本农田水利工程设施是有着直接的关系的。隋唐五代时期,扬州地区的农田水利工程建设有了较大发展,一举迈过了魏晋南北朝时期陂塘灌溉的阶段,而初步进入人工可以操控的农田水利调剂的阶段,其时已经能够修建兼顾排涝灌溉功能的复杂水利工程了。

　　尽管与江南相比,江北的农业发展水平以及农田水利工程的建设都有一些差距,但是扬州郭下的江都县,以及江都北边的高邮、宝应两县,农田水利工程的建设较诸以前都有了很大发展,促进了当地农业生产水平的提高。以言江都县的农田水利设施,主要有:(1)勾城塘。唐太宗贞观十八年(644),扬州大都督府长史李袭誉在主政扬州期间,鉴于淮南地区崇尚商贾、不事农业的社会风俗,不仅主持疏通雷陂,而且进一步修筑了勾城塘,可有效灌溉农田八百余顷,百姓因此大获其利。[1](2)唐德宗贞元四年(788),淮南节度使杜亚主持重修了爱敬陂水门。爱敬陂,为扬州江都县境内一处著名水利工程,在江都县西十五里,三国时期曹魏陈登为广陵太守,初开此陂,百姓爱而敬之,因而名之曰"爱敬陂",又称为陈登塘。[2]杜亚疏浚爱敬陂,据《新唐书·食货志》记述云:"初,扬州疏太子港、陈登塘,凡三十四陂,以益漕河,辄复堙塞。淮南节度使杜亚乃浚渠蜀冈,疏句城湖、爱敬陂,起堤贯城,以通大舟。河益庳,水下走淮,夏则舟不得前。"[3]从《新唐书·食货志》的记述来看,杜亚疏浚爱敬陂的动机和主要目的,是为了"通大舟",即提高漕运的通航能力,然而在客观上也有利于农田灌溉,如史书记载云:"然后漕挽以兴,商旅以通,自北自南,泰然欢康。其夹堤之田,旱暵得其溉,霖潦得其归。化硗薄为膏腴者,不知几千万亩。"[4](3)雷陂。又名雷塘,淮南节度使杜佑于贞元年间曾决雷

---

　　[1]〔后晋〕刘昫等:《旧唐书》卷五九《李袭志附弟袭誉传》,中华书局1975年版,第2332页。

　　[2]〔宋〕乐史撰,王文楚等点校:《太平寰宇记》卷一二三《淮南道一·扬州》,中华书局2007年版,第2446页。

　　[3]〔宋〕欧阳修、宋祁:《新唐书》卷五三《食货志三》,中华书局1975年版,第1370页。

　　[4]〔宋〕李昉等编:《文苑英华》卷八一二(梁肃)《通爱敬陂水门记》,中华书局1966年版,第4290页。

陂以扩大灌溉面积,开海滨弃地为水田,积米至五十万斛。[1]以言高邮县的
农田水利设施,主要有:(1)富人塘、固本塘。唐宪宗元和年间,淮南节度使
李吉甫主持修筑富人、固本二塘,可灌溉农田近万顷。[2](2)平津堰、平淮堰。
淮南节度使李吉甫主持修筑,鉴于漕渠庳下,蓄水性能不佳,于是筑堤阏以
防不足,泄有余,名曰平津堰。[3]平津、平淮二堰的主要功能在于通漕运,但
同时也有灌溉之利,发生干旱时可以提供灌溉用水,出现连续阴雨则可以防
洪排涝,从而有效调节水位,如宋人王象之就说,平淮堰可溉田数千顷[4]。以
言宝应县的农田水利设施,主要有:(1)白水塘、羡塘,位于宝应县西南八十
里处。白水塘本为三国时邓艾所修,邓艾为储备军粮而修塘灌田,武则天证
圣年间(695)在此地开置屯田,故对白水塘、羡塘重加修筑,以提高其灌溉
能力。(2)徐州泾、青州泾,位于宝应县西南四十里处;大府泾,位于宝应县
西南五十里处;竹子泾,位于宝应县北四里。其中前三泾为唐穆宗长庆年间
(821—824)兴白水塘屯田时,征发青、徐、扬三州吏民开凿而成;竹子泾也
是长庆年间所开凿。[5]

　　扬州地区大型的、主体性的水利工程,皆为官府主持修建。此外还有民
间私开的堰埭,据历史记载,唐宪宗元和三年(808)六月,根据江淮转运使的
奏请,"罢江淮私堰埭二十二"[6]。所谓"私堰埭",就是指民间私募资金所修
筑的小型灌溉工程,转运使之所以奏请罢废这些民间私修小型水利工程,很
可能是因为这些小型堰埭的存在影响了正常的漕运。元和三年所罢废的江
淮地区22处私修堰埭,并非全在今扬州境内,但由于今扬州为当时江淮地区

[1]〔唐〕权德舆撰,郭广伟校点:《权德舆诗文集》卷一一《大唐银青光禄大夫检校司徒同中书
门下平章事太清宫及度支诸道盐铁转运等使崇文馆大学士上柱国岐国公杜公淮南遗爱碑铭并序》,
上海古籍出版社2008年版,第178—182页。

[2]〔宋〕欧阳修、宋祁:《新唐书》卷一四六《李栖筠附子吉甫传》,中华书局1975年版,第4740
页。

[3]〔宋〕欧阳修、宋祁:《新唐书》卷一四六《李栖筠附子吉甫传》,中华书局1975年版,第
4740—4741页。

[4]〔宋〕王象之编著,赵一生点校:《舆地纪胜》卷四三《淮南东路·高邮军》,浙江古籍出版社
2012年版,第1310页。

[5]〔宋〕欧阳修、宋祁:《新唐书》卷四一《地理志五》,中华书局1975年版,第1052页。

[6]〔后晋〕刘昫等:《旧唐书》卷一四《宪宗纪上》,中华书局1975年版,第426页。

漕运转输中心,因此,其中必有多个处于今扬州境内,应该没有疑问。无论官修还是私修,众多水利工程的兴建,不仅可以更多地开垦荒地,扩大耕地面积,还可以有效地调节水源的分布与供应,遇到干旱可以引水以灌,遇到水灾则可以泄洪排涝,即"以塘行水,以泾均水,以塍御水,以埭储水,遇淫潦可泄以去,逢旱岁可引以灌"[1]。因此,隋唐五代时期扬州地区农业生产得以快速发展,在很大程度上得益于这些农田水利工程的修复或创建,有了这些农田水利工程设施作为保障,不仅干旱洪涝等自然灾害对于农业生产所造成的影响大大减弱了,而且可以更多地种植高产的水稻,迅速提高粮食的亩产量,从而加快扬州地区农业生产发展和进步的步伐。

隋唐五代时期扬州地区农业生产之所以能够快速发展,其原因当然不止以上所述五个方面,应该还有其他一些因素,例如地方长官的勤政劝勉、扬州地区民众的辛勤耕作,特别是广大农民终年劳作于陇亩田间,乃是扬州地区农业生产进步的根本保证。

二、隋唐五代扬州农业快速发展的具体表现

前面大致叙述了隋唐五代扬州地区农业快速发展的几个原因,在这些原因当中,有些同时也是扬州地区农业快速发展的具体表现,例如农田水利设施的兴修、农业生产工具制作技术的进步等,既是造成其间扬州农业快速发展的重要原因,同时也是当时农业快速发展的具体表现。除此而外,隋唐五代时期扬州农业的快速发展还有如下几个方面的表现:

其一,隋唐五代时期扬州农业快速发展的第一个重要表现,是扬州地区土地资源得到了进一步的开发,一些原先不适合作物种植的盐碱地或渍涝地被改造为可耕地,从而为农业生产的持续发展提供了坚实的物质基础。

隋唐五代时期扬州地区的粮食生产之所以得到长足的发展,很重要的一个方面,是土地资源在以前的基础上得到了进一步的开发,原先一些不适合农业生产的土地被改造成为良田,从而扩大了可耕地的面积。例如,唐代淮南道的扬州、楚州交界一带宝应县境内的射阳湖区,因为东边临近大海,因此经常受到海潮的侵袭,农业生产受到极大影响,据历史记载,这一带"每东风

---

[1]〔宋〕朱长文撰,金菊林校点:《吴郡图经续记》卷下《治水》,江苏古籍出版社1999年版,第51页。

大发三五日,常遇海水入射阳湖,湖水涨溢,常至平河溪,溪田多浸"。[1]唐代宗大历年间,淮南西道黜陟使李承奏请修筑常丰堰,北起盐城,南至海陵,绵延百余里,以抵御海潮,结果"溉屯田瘠卤,收常十倍它岁"[2]。常丰堰的修筑,就使得原先受到海潮浸渍的盐碱地变成了丰产的良田。前面所述之扬州境内的众多水利工程设施,对于改善当地水文环境、土壤状况,促进土地开发都发挥了积极作用,例如杜佑在担任淮南节度使期间,在江都县境内大兴水利,"决雷陂以广灌溉,斥海濒弃地为田,积米至五十万斛,列营三十区"[3],通过兴修水利而将废弃土地改造成为良田。再以宝应县境内的白水塘和羡塘为例,这一带自三国曹魏时期邓艾在此始开屯田,此后历经东晋南朝,无不在这里大兴屯田,唐代在此基础上进行了更大规模的屯垦,并且先后开凿了徐州泾、青州泾和大府泾等水利工程,这些水利工程的兴修,进一步开发与整合了这一带的土地资源,将原先的一些渍涝洼地改造成适宜种植的农田,从而扩大了可耕地的面积。

其二,隋唐五代时期扬州农业快速发展的第二个重要表现,是扬州地区农业生产集约化程度进一步增强,具体表现为早稻、晚稻双季连作,以及稻麦复种,从而造成主粮亩产量和总产量均有较大提高。

隋唐五代时期扬州的主要粮食作物为水稻,由于得天独厚的土壤、气候条件,扬州地区的稻作生产在这个时期有了很大发展。尤其需要特别指出的是,由于水稻生产耕作技术的进步,扬州境内已经出现了双季稻,据《太平御览》引《唐书》记载:"开元十九年,扬州奏稻生稻二百一十五顷,再熟稻一千八百顷,其粒与常稻无异。"[4]这条史料清晰地表明,唐代扬州境内曾经大面积种植过双季稻,这种早、晚稻连作的双季稻生产,就使得水稻总产量大幅提高。再如,唐德宗贞元时期,时任淮南节度使、扬州大都督府长史的杜佑,

―――――――――

　[1]〔清〕顾炎武撰,顾宏义、严佐之、严文儒校点:《天下郡国利病书·淮南备录·淮南水利考》,《顾炎武全集》第13册,上海古籍出版社2011年版,第1052页。

　[2]〔宋〕欧阳修、宋祁:《新唐书》卷一四三《李承传》,中华书局1975年版,第4686页。

　[3]〔宋〕欧阳修、宋祁:《新唐书》卷一六六《杜佑传》,中华书局1975年版,第5088页。

　[4]〔宋〕李昉等:《太平御览》卷八三九《百谷部三·稻》引《唐书》,中华书局1960年版,第3750页。

在任职期间，决引雷陂水以灌溉稻田，曾一度"积米至五十万斛"[1]，仅仅决引一处雷陂水灌溉稻田的收获，就在短时间内积聚起五十万斛的稻米，由此进一步证明其时扬州水稻种植面积之广大。历史文献中有关隋唐五代扬州地区水稻种植的史料颇多，也可以间接说明，稻米已经成为扬州地区的主要粮食作物了，如唐玄宗开元二年（714）四月，朝廷派遣杨虚受前往江东安抚民众，其敕书中就说道："淮海唯杨……近闻雨泽应节，粳稻有望……"[2]敕书大意是说扬州地区风调雨顺，粳稻丰收在望。唐诗中也有这方面的描写，如张籍于唐代宗大历年间游览扬州甲仗楼，放眼四望，但见"芊芊粳稻色，脉脉苑溪流"[3]，长势旺盛的粳稻，一片苍翠碧绿，预示着又将是一个稻谷丰收的年景；如刘长卿《过前安宜张明府郊居》有云"夕阳临水钓，春雨向田耕"[4]，安宜即今扬州市宝应县，这句诗所描绘的是宝应县民众春耕插秧的景象；如高适《广陵别郑处士》有云"溪水堪垂钓，江田耐插秧"[5]，也是对扬州地区水田插秧景象的写实性描述。稻米是扬州地区的主要粮食作物，稻作生产发达，扬州还培育出一批优良的水稻品种，其中的优质稻米还成为贡品，据《新唐书・地理志》载，扬州所产的黄穋米、乌节米，都是作为扬州地方土贡特产，每年进献给朝廷。[6]日僧圆仁前来中国求法巡礼，登陆后第一站就来到扬州，在这里他亲眼看见了开元寺僧拣择精米以贡奉朝廷的情景，圆仁这样写道："扬州择米，米色极黑，择却稻粒并破损粒，唯取健好""好者进奉天子，以充御食；恶者留着，纳于官里"。[7]圆仁所见到的"米色极黑"之米，当即扬州作为贡品奉献

[1]〔宋〕欧阳修、宋祁：《新唐书》卷一六六《杜佑传》，中华书局1975年版，第5088页。

[2]〔北宋〕王钦若等编：《册府元龟》卷一六二《帝王部・命使二》，中华书局1960年版，第1951页。

[3]〔唐〕张籍：《张文昌文集》卷二《新成甲仗楼》，上海古籍出版社2013年版（据北京图书馆藏宋蜀刻本影印），第51页。

[4]储仲君：《刘长卿诗编年笺注》编年诗《过前安宜张明府郊居》，中华书局1996年版，第303页。

[5]〔唐〕高适著，孙钦善校注：《高适集校注》（修订本）诗《广陵别郑处士》，上海古籍出版社2014年版，第267页。

[6]〔宋〕欧阳修、宋祁：《新唐书》卷四一《地理志五》，中华书局1975年版，第1051页。

[7]〔日〕圆仁撰，顾承甫、何泉达点校：《入唐求法巡礼行记》卷一，上海古籍出版社1986年版，第28页。

给皇帝的乌节米。至于另一种贡品黄稑米是什么样子、有什么特色,则因为史籍缺少记载而不复可知,但可以肯定的是,一直到清代,黄稑米和乌节米还是作为扬州府每年奉献给朝廷的贡品。[1]

　　扬州地区的农业生产在隋唐五代时期获得快速发展,不仅体现在稻作生产的集约化程度有较大幅度提高,还表现为出现了稻、麦复作制的成熟与推广,从而进一步提高了粮食的产量。隋唐五代时期的扬州及其所在的长江下游地区,大麦、小麦均已普遍种植,这在唐诗中也有反映,如李白《赠徐安宜》诗有云:"浮人若云归,耕种满郊岐。川光净麦陇,日色明桑枝。"[2]安宜即今扬州市宝应县,这是李白写给曾经在安宜县任职的徐姓朋友的赠诗,从中可以看到,麦作已经是安宜县的一项重要农事活动了。盱眙县尽管行政区属于楚州,但同属淮南节度使辖区,而且一度归扬子盐铁院直辖,实际上也归扬州管辖,盱眙除了稻作以外,麦子种植也很普遍,如温庭筠就曾在诗中描写过盱眙的种麦景象,云"离离麦擢芒"[3]。和盱眙相连的天长、六合等扬州都督府直辖地区,其农业生产与盱眙相同,因此普遍种植大麦小麦,是完全可以肯定的。另外,从唐代中后期实行两税法之后,唐朝中央政府"每岁天下共敛三千余万贯……税米麦共千六百余万石"[4],由于当时唐朝财赋完全依赖于以扬州为中心的江淮八道,因此其所云"税米麦"只能来自于江淮特别是长江中下游地区,这就足以证明稻、麦已经成为包括扬州在内的江淮地区两种最重要的粮食作物。由此可见,隋唐五代时期扬州地区主要粮食作物不仅包括双季连作的早、晚两茬水稻,还包括大麦、小麦与水稻的稻麦连作,这是扬州地区农业生产集约化水平显著提高的标志,无论是粮食的单位亩产量还是粮食的总产量,比起以前都有了较大增长。扬州粮食产量发生较大增长,还可以从租调方式由以前的"钱"折变为粮食得到反映,据《新唐书·食货志》记载:

　　[1]　〔清〕黄之隽等编纂,〔清〕赵弘恩监修:《乾隆江南通志》卷八六《食货志·物产》,广陵书社2010年版,第1421页。

　　[2]　〔唐〕李白著,〔清〕王琦注:《李太白全集》卷九《赠徐安宜》,中华书局1977年版,第465页。

　　[3]　刘学锴:《温庭筠全集校注》卷八《旅次盱眙县》,中华书局2007年版,第696页。

　　[4]　〔唐〕杜佑撰,王文锦、王永兴、刘俊文、徐庭云、谢方点校:《通典》卷六《食货六》,中华书局1988年版,第111页。

"先是扬州租、调以钱,岭南以米,安南以丝,益州以罗、䌷、绫、绢供春采。"[1]后来,扬州的租、调不再用钱,而是改为粮食,之所以发生这个变化,一个可能是由于漕运条件的改善,漕运粮食已经相对容易;另一个可能就是意味着以前的淮南地区粮食生产不够充足,没有多余的粮食可以外运。大概从唐玄宗开元十六年(728)以后,扬州就成为东南漕运粮食的中心了,特别是到了安史之乱以后,唐朝中央所需赋税粮食完全依赖于江淮地区,如唐德宗兴元元年(784)十二月,淮南节度使陈少游死后,杜亚接任扬州大都督府长史、淮南节度使,一次就从扬州向中央贡米20万石"至东渭桥",[2]这20万石贡米不一定全部来自扬州,而可能同时取自淮南节度使所辖的其他一些州郡,但扬州作为淮南节度使下辖的最大州之一,又是节度使首府,其贡献了其中大部分米粮应该是可信的。史籍所载淮南每年漕运的米粮数有20万石、40万石、50万石等不同记录,唐德宗贞元十五年(799)三月,曾下诏令江淮每年宜转运米200万石,但实际漕运来的米只有40万石。唐宪宗元和初年,"李巽为度支转运使,旧例每岁运江淮米五十万斛抵河阴,久不盈其数,唯巽三年登焉";元和六年(811)四月,裴堪奏请每年江淮运糙米40万石到东渭桥。[3]因此,40—50万石大概就是江淮地区每年漕运粮食的常量,或围绕这个常量有所波动。从以前的无粮食可以外运,到后来每年可以运出数十万石,而且必须强调指出的是,这只是每年按照惯例向外调运的粮食数,不包括那些因为赈灾或战争等偶发因素而临时调发的粮食,江淮地区粮食在大量外运,正反映了扬州所在的江淮地区粮食产量有了较大增长这一事实。

其三,隋唐五代时期扬州农业快速发展的第三个重要表现,是扬州地区果、蔬、林、牧、渔等各种副业得到了充分发展,成为农业的重要补充,农作物种植的种类进一步多样化,一些经济作物的栽培和生产表现出明显的集约化趋势,从而为农产品商品化程度的提高奠定了坚实的物质基础。

果、蔬、林、牧、渔等副业作为农业的有益补充,对丰富农业生产的内容和

---

[1]〔宋〕欧阳修、宋祁:《新唐书》卷五一《食货志一》,中华书局1975年版,第1345页。

[2]〔后晋〕刘昫等:《旧唐书》卷一三〇《崔造传》,中华书局1975年版,第3626页。

[3]〔北宋〕王钦若等编:《册府元龟》卷四九八《邦计部·漕运》,中华书局1960年版,第5970—5971页。

改善农民的生活水平,具有非常重要的意义。早在先秦时期,《管子》论"富民之要,食民有率"时,就已经指出经营副业对于农民生产活动的重要性,当时由副业生产所提供的果蔬、六畜及糠秕等,甚至占据农民所生产食物的40%[1]。因此,副业生产的经营水平,完全可以作为衡量农业发展水平的一项重要指标。历史发展到隋唐五代,副业的范畴更加广泛,举凡果、蔬、林、牧、渔等,都有不同程度的发展。以言扬州地区的副业生产,发展水平远远超过了以前任何朝代,从事副业生产的农民呈现日益增多的趋势,副业生产给农民的生活与生产带来了越来越重要的影响,副业生产不仅可以直接为农民提供较诸以前更多的副食产品,从而改善其生活,也进一步丰富了扬州地区农业生产的内容,推动扬州农业生产进一步发展。隋唐五代扬州地区的农副产业发展,可以从以下几个方面略作说明。

(1)随着扬州城市的发展和人口的聚集,城市居民的需求日益呈现出多样化的态势,为了满足城市居民衣食需求,在扬州城市的近郊,出现了一些专门从事蔬菜、水果和花卉种植的农民,或可以称之为菜农、果农和花农。例如,扬州六合县园叟张老,就是一个以种菜为主要经济生活来源的菜农,他说"灌园之业,亦可衣食",张老娶妻韦氏以后,"园业不废,负秽镬地,鬻蔬不辍。其妻躬执爨濯,了无怍色"。[2]张老之所以能够以种菜为业,主要就是因为扬州城市发达,聚集的人口众多,对于蔬菜的日常需求量大。这个故事发生的背景是在南北朝后期,相较之下,隋唐五代时期的扬州城市更加繁荣发达,集聚的人口更多,所需要的蔬菜供应量更大,像张老这样以种菜为业的专业化菜农较诸以前应该更多,实属情理之中,论者以为:"《张老》所述之事虽托梁天

---

[1]〔清〕戴望:《管子校正》卷一七《禁藏第五十三》:"所以富民有要,食民有率。率三十亩而足以卒岁,岁兼美恶。亩取一石,则人有三十石,果蔬素食当十石,糠秕六畜当十石,则人有五十石。布帛麻丝,旁入奇利,未在其中也。(注:言不在五十石之中也。)故国有余藏,民有余食。(注:每年人有五十石,故藏皆余也。)"(《诸子集成》第6册,上海书店1986年版,第292页)每年每人有50石,其中粮食生产占30石,果蔬占10石,糠秕六畜占10石,如果说三十亩田收入的30石为农业(主业)收入,则果蔬、糠秕、六畜所占的20石,就是副业收入,所占比例为40%。

[2]〔宋〕李昉等编:《太平广记》卷一六《神仙十六》"张老"条引《续玄怪录》,中华书局1961年版,第112—113页。

监年间,但实际上是描写中唐扬州的情况。"[1]这个说法是有道理的。

扬州的水果种植,也是值得称述的一项副业。在唐代诗赋作品中,每有歌咏扬州水果者,如李白《秋日登扬州西灵塔》有云"露浴梧楸白,霜催橘柚黄"[2]之句,这表明扬州地区橘子、柚子的种植颇多。古训"橘生淮南则为橘,生于淮北则为枳",扬州地处淮河以南,气候、土壤等条件均适合橘、柚等水果的生长。橘、柚之外,扬州桃树的种植也比较多,桃子也是当地产量较大的一种水果,如唐文宗开成年间,日僧圆仁求法巡礼来到扬州,扬州开元寺僧赠送给他的礼物中,就有桃果等物品。[3]再如,文献记载"广陵瓜州市中,有人市果实"[4],瓜洲的市场上有专门卖水果的商贩,表明扬州水果种植及数量、品种之多。扬州的水果中,还有一种夏梨比较知名,段成式曾专门记述了曹州及扬州淮口所出产的夏梨[5]。樱桃也是扬州地区的一种当季水果,这是因为扬州所在的淮南地区樱桃种植本来就比较多。如唐太宗贞观年间,王敬伯奉使淮南,乘船经过高邮时,遇到昔日老友裴谌,在交谈中裴谌告知,说他经常"市药于广陵,亦有息肩之地。青园桥东,有数里樱桃园,园北车门即吾宅也"。王敬伯到广陵十余日后,便前往樱桃园寻访故友,进到裴宅后,他发现此宅"楼阁重复,花木鲜秀,似非人境。烟翠葱茏,景色妍媚,不可形状。香风飒来,神清气爽,飘飘然有凌云之意"。[6]由此不难想见这方圆数里之樱桃园的盛况。樱桃乃是一种名贵时鲜水果,每当樱桃上市的季节,总是能够给种植者带来不错的经济效益,这里有一个故事可资说明。据《唐摭言》记载:每年的新科进士庆贺宴会中,特别重视樱桃宴,唐僖宗乾符四年(877),刘邺之子刘覃科

---

[1] 李伯重:《唐代长江流域地区农民副业生产的发展》,《厦门大学学报(哲学社会科学版)》1982年第4期,第52页。

[2] 〔唐〕李白著,〔清〕王琦注:《李太白全集》卷二一《秋日登扬州西灵塔》,中华书局1977年版,第977页。

[3] 〔日〕圆仁撰,顾承甫、何泉达点校:《入唐求法巡礼行记》卷一,上海古籍出版社1986年版,第5页。

[4] 〔宋〕李昉等编:《太平广记》卷三五五《鬼四十》"杨副使"条引《稽神录》,中华书局1961年版,第2809页。

[5] 〔唐〕段成式著,杜聪校点:《酉阳杂俎·续集》卷九《支植上》,齐鲁书社2007年版,第210页。

[6] 〔宋〕李昉等编:《太平广记》卷一七《神仙十七》"裴谌"条引《续玄怪录》,中华书局1961年版,第116—118页。

举及第,其时刘邺正坐镇扬州担任淮南节度使,他深知新科进士尤重樱桃宴的情况,就让府吏取一铤银子前去购买樱桃,准备给儿子刘覃在樱桃宴上用。然而,刘覃早已暗中派人"厚以金帛,预购数十硕矣。于是独置是宴,大会公卿。时京国樱桃初出,虽贵达未适口,而覃山积铺席,复和以糖酪者,人享蛮榼一小盎,亦不啻数升。以至参御辈,靡不沾足。"[1]从这个故事可以约略了解到如下信息:扬州应该也有专门从事樱桃种植和买卖的民户,否则刘邺便不会派遣府吏持银采购;樱桃的应时价格并不便宜,这从"以银一铤"和"厚以金帛"可以看出;扬州地区的樱桃上市季节,比长安时间稍早一些,京城达官贵人尚未"适口"时,扬州人已经品尝到新鲜的樱桃了;扬州出产的樱桃,每年都有相当一部分运往京城长安,以供新科进士"樱桃宴"之用和一饱达官贵人的口福。扬州还盛产石榴,古代乐府诗中就有对扬州石榴的吟咏:"扬州石榴花,摘插双襟中。葳蕤当忆我,莫持艳他侬。"[2]郭茂倩生活的时代是南北朝,那个时候的扬州石榴花已经成为诗歌吟诵的意象,正反映出扬州地区石榴种植范围之广泛,时至隋唐五代,随着社会生产和果树栽培技术的进一步发展,完全有理由相信扬州地区的石榴种植较诸以前更加普遍。由于石榴已经成为一种人所熟知的常见水果,所以关于石榴的栽培和加工技术到隋唐五代时期已经有了全面性的发展。如唐人韩鄂所著《四时纂要》中,就记述了石榴栽培的最佳时间和管理的技术要领,云:"(三月)上旬,取直枝如大拇指大,斩一尺长,八九条共为一科,烧下头二寸。作坑,深一尺余,口径一尺。竖枝坑畔,周布令匀。置佑骨、礓石于枝间,下土令实。一重石骨一重土,出枝头一寸。水浇即生。又以石置枝间,即茂。"[3]韩鄂还在书中讲了石榴的其他用途及其进一步的深加工技术,如"要作燕脂……于净器中盛取醋,石榴子捣碎,以少醋水和之,布绞取汁,即泻置花汁中。即下英粉,大如醋枣,澄着良久,

---

[1]〔五代〕王定保撰,黄寿成点校:《唐摭言》卷三"慈恩寺题名游赏赋咏杂记"条,三秦出版社2011年版,第49页。

[2]〔宋〕郭茂倩编撰,聂世美、仓阳卿校点:《乐府诗集》卷四九《清商曲辞六·西曲歌下》(佚名)《孟珠十首》其四,上海古籍出版社1998年版,第552页。

[3]〔唐〕韩鄂原编,缪启愉校释:《四时纂要校释》卷二《三月》,农业出版社1981年版,第81—82页。

沥去清汁至醇处,倾绢角袋中悬,令浥浥,捻作小瓣,如麻子粒,阴干。"[1]这是用石榴子制作女子化妆用品——胭脂。

尽管总体上广大吏民仍然是以粮食作物种植作为主业,副业经营只是他们整个经济生活的一种补充,但由于经营副业所获赢利往往超过种植主粮,于是就出现一批抛弃主业而专门经营副业的人,例如唐诗中颇多描写"种花人"和"卖花人"。如郑谷在一首诗中这样写道:"禾黍不阳艳,竞栽桃李春。翻令力耕者,半作卖花人。"[2]这些"卖花人"之所以放弃"力耕",当然是因为种花、卖花可以获得更大收益。隋唐五代时期扬州城内已经出现了鲜花销售摊贩,他们或沿街叫卖,或出入旅店、茶肆、酒楼等场所,以兜售鲜花作为谋生的手段。据文献记载,有一鄂州小将曾到扬州出差,住进一家旅馆,"见一妇人卖花",卖花妇人后来告诉他"在此与娘子卖花给食"[3],能够通过卖花"给食",说明扬州城中对于鲜花的需求量较大。长江中下游地区地处南方,气候和土壤较诸北方更适合花卉的栽培生长,因此花卉的经营和发展更具优越的自然条件。另外,以扬州为中心的东南地区城市群的兴起和繁荣,也增加了花卉的需求量,从而为专业花农的出现奠定了经济基础。尽管我们并没有找到唐代扬州花农的直接史料,但在长江南岸的苏州,确已出现了专以种花为业的农户,如唐人陆龟蒙曾赋诗吟咏"卖花翁",题曰《阊阖城北有卖花翁,讨春之士往往造焉,因招袭美》,诗云:"故城边有卖花翁,水曲舟轻去尽通。十亩芳菲为旧业,一家烟雨是元功。闲添药品年年别,笑指生涯树树红。若要见春归处所,不过携手问东风。"[4]这个卖花翁在苏州城北所经营的花圃多达十亩,并且以此为"旧业",而爱花之士经常造访其花圃。皮日休的诗中也写到了以种花"为身计",略云:"九十携锄伛偻翁,小园幽事尽能通。厮烟栽药为身计,负水浇花是世功。婚嫁定期杉叶紫,盖藏应待桂枝红。不知家道能

---

[1]〔唐〕韩鄂原编,缪启愉校释:《四时纂要校释》卷三《五月》,农业出版社1981年版,第137页。

[2]〔唐〕郑谷:《郑守愚文集》卷一《杂著·感兴》,上海古籍出版社2013年版(据北京图书馆藏宋蜀刻本影印),第20页。

[3]〔宋〕李昉等编:《太平广记》卷一三〇《报应二十九》"鄂州小将"条,中华书局1961年版,第924页。

[4]何锡光校注:《陆龟蒙全集校注·唐甫里先生文集》卷八《阊阖城北有卖花翁讨春之士往往造焉因招袭美》,凤凰出版社2015年版,第502—503页。

多少,只在勾芒一夜风。"[1]这个年且九十的老翁也是一位技艺高超的种花好手,大概是因为他有家世祖传的秘诀,至于他靠种花置办了多少家当,那就只能去问一问木神勾芒了[2]。唐诗中吟唱"卖花"颇多,正是花卉种植和买卖已经成为有利可图之业的写照,如《卖花谣》:"紫艳红苞价不同,匝街罗列起香风。无言无语呈颜色,知落谁家池馆中。"[3]《卖花翁》:"和烟和露一丛花,担入宫城许史家。惆怅东风无处说,不教闲地著春花。"[4]白居易的诗中曾说:"贵贱无常价,酬直看花数。……家家习为俗,人人迷不悟。有一田舍翁,偶来买花处。低头独长叹,此叹无人谕。一丛深色花,十户中人赋。"[5]表明寻常人家对于种花、买花都已经习以为俗了,甚至种田的农夫偶尔也会光顾卖花的地方,当然更令人称叹的是,一丛深色的鲜花,价值竟抵得上十户中等人家所交纳的赋税,由此不难想见种花的利润了。唐诗所吟咏扬州地区的花中,辛夷花是比较知名的一种,如皮日休、陆龟蒙皆曾赋诗,记述其在扬州看辛夷花事,其中皮诗题作《扬州看辛夷花》[6],陆诗题作《和扬州看辛夷花韵》[7]。辛夷花即玉兰花,为木兰科、玉兰属乔木,材质优良,可制作家具;玉兰花含芳香油,可提取配制香精或制浸膏;花被片食用或用以熏茶;种子还可榨油。早春时节,玉兰白花满树,艳丽芳香,又是庭园观赏树种。玉兰花蕾干燥后称为辛夷,可入药,有祛风发散、通鼻窍之功效。因此,辛夷花(玉兰)不仅可供观赏以满足人民精神文化生活方面的需求,还具有制作家具、食用、药用等多方面的经济价值。

---

　　[1]〔唐〕皮日休著,萧涤非、郑庆笃整理:《皮子文薮》附录一皮日休诗文《鲁望以花翁之什见招,因次韵酬之》,上海古籍出版社 1981 年版,第 184 页。

　　[2]　按,勾芒为中国古代民间神话传说中的木神即春神,主管树木的发芽生长,辅佐东方上帝青帝太皞。又,太阳每天早上从神树扶桑上面升起,扶桑和太阳升起的那片地方皆归勾芒管辖。

　　[3]〔清〕彭定求等编:《全唐诗》卷六四二(来鹄)《卖花谣》,中华书局 1960 年版,第 7360 页。

　　[4]〔清〕彭定求等编:《全唐诗》卷六八五(吴融)《卖花翁》,中华书局 1960 年版,第 7873 页。

　　[5]〔唐〕白居易著,朱金城笺校:《白居易集笺校》卷二《讽谕二·秦中吟十首·买花》,上海古籍出版社 1988 年版,第 96 页。

　　[6]〔唐〕皮日休著,萧涤非、郑庆笃整理:《皮子文薮》附录一皮日休诗文《扬州看辛夷花》,上海古籍出版社 1981 年版,第 182 页。

　　[7]　何锡光校注:《陆龟蒙全集校注·唐甫里先生文集》卷八《和扬州看辛夷花韵》,凤凰出版社 2015 年版,第 493 页。

由以上记述约略可知,蔬菜、水果和鲜花等非粮食作物的种植,到隋唐五代时期已经发展成为专业化、集约化程度较高的副业,从事鲜花、水果或蔬菜的种植,所带来的收益甚至已经超过普通的大田农作物,相较于主粮生产的大田劳作,以"园圃"形式经营的鲜花、蔬菜和水果业似乎更易于谋生。职此之故,唐律已经设有专门的法律条文,加大对"园圃"的保护力度,明确规定:侵夺相同面积的"园圃",较诸普通田亩要罪加一等。据《唐律疏议》载:"诸在官侵夺私田者,一亩以下杖六十;三亩加一等,过杖一百;五亩加一等,罪止徒二年半。园圃,加一等。"疏议云:"……'园圃',谓莳果实、种菜蔬之所而有篱院者,以其沃堉不类,故加一等。"[1]扬州地处长江中下游地区,优越的气候、土壤和水文状况,都是发展鲜花、蔬菜、水果等种植业的有利条件,因此,伴随着作物栽培技术的进步,隋唐五代时期扬州地区出现了一些专门从事鲜花、蔬菜和果树种植的农户,他们通过经营这些副业以谋生计,从而成为这一时期扬州地区农业生产快速发展的一个具体表现。

（2）隋唐五代时期扬州地区林业的发展,也是这一时期农业生产发展的具体表现之一。林业作为农业生产活动的副业之一,乃是农业的有益补充和组成部分。随着社会的进步和人口的增加,特别是城市的发展,人类对于林木的需求也呈现出日益增长的态势。隋唐五代时期的扬州作为长江中下游地区最重要、最发达的城市,因此对于林木有较大需求是十分自然的事情,从而带动这个时期扬州地区林业的进一步发展。

扬州由于地处南方,自然环境特别适合草木的生长,因此自古以来扬州就是林木的重要来源地,所谓"《禹贡》'淮海惟扬州,厥木惟乔,厥草惟夭',是扬州草木美茂也"[2],就是指此而言的。尽管《禹贡》所说"扬州",乃是一个涵盖长江中下游广阔区域的"大九州"意义上的概念,但我们今天所说的扬州也包括在内。时至隋唐五代,尽管南方林木在历史上也曾被大量砍伐,但远不及北方林木资源破坏得厉害,加上南方地理位置优越,植物易于生长,

---

［1］〔唐〕长孙无忌等撰,刘俊文点校:《唐律疏议》卷一三《户婚》,中华书局1983年版,第246页。

［2］〔汉〕毛亨传,〔汉〕郑玄笺,〔唐〕孔颖达疏,龚抗云、李传书、胡渐逵、肖永明、夏先培整理,刘家和审定:《毛诗正义》卷一《樛木》,北京大学出版社2000年版,第50页。

植被破坏后较北方容易恢复,因此仍然能够保持良好的生态。据历史记载,隋唐时期修建宫观殿堂,多数都是到南方采运大木,及至中晚唐五代时期,以扬州为中心的长江流域各州,仍有十分丰富的森林资源可资利用。以扬州而言,就是"有泽渔山伐之饶"[1],说明扬州此时的森林覆盖率仍然比较高。扬州林木资源开发利用,除了各种树木之外,使用比较广泛的还有竹子。不仅扬州地区竹子开发利用广泛,整个江淮地区都是如此,江淮地区多用竹子建筑房屋,例如刘禹锡在诗中就曾说淮阴"竹楼缘岸上"[2],当时淮河以南地区沿运河两岸的房屋,多用竹子修建,扬州也是如此。竹子作为房屋建筑材料,可以就地取材,经济适用,但竹子最怕火,因此"江淮州郡,火令最严,犯者无赦",主要原因即在于此地"盖多竹屋,或不慎之,动则千百间立成煨烬。高骈镇维扬之岁,有术士之家延火,烧数千户"。[3]据此可知,高骈主政淮南、坐镇扬州期间,扬州曾发生火灾,一下子就烧毁数千家以竹子建筑的房屋,正说明扬州的竹制房舍十分普遍。竹子除了可以用作房屋建筑材料外,还可以用来制作各种生活用具,如白居易谪居江州时,曾获得蕲州所产竹制编簟,此为夏季驱暑的佳器,因此他把竹簟作为珍贵礼物送给好朋友元稹。再如,扬州卖卜女巫包九娘,"买竹,作粗笼子,可盛五六斗者,积之不知其数",次年陈少游担任淮南节度使,修筑广陵城,需要购买大量竹笼子以装土垒筑城墙,包九娘于是便将囤积的竹笼子售卖,共获七八万钱的丰厚利润。[4]这个故事中的包九娘,明为卖卜女巫,实际却可能是一位竹器作坊的经营者,她是先购买竹子,然后命人制作竹笼,再售卖以获利,既然她以此获得丰厚利润,自然不太可能是自己亲自动手制作,而应当是开设了生产作坊,并雇佣了为数不少的个体手工业者为之生产,否则以个人一己之力或一个家庭的人力,是决不可

[1] 〔唐〕陆贽撰,王素点校:《陆贽集》卷九《制诰·杜亚淮南节度使制》,中华书局 2006 年版,第 268 页。

[2] 陶敏、陶红雨校注:《刘禹锡全集编年校注》卷一《淮阴行五首》其一,岳麓书社 2003 年版,第 18 页。

[3] 〔宋〕李昉等编:《太平广记》卷二一九《医二》"高骈"条引《玉堂闲话》,中华书局 1961 年版,第 1679 页。

[4] 〔宋〕李昉等编:《太平广记》卷三六三《妖怪五》"王恿"条引《乾𦠆子》,中华书局 1961 年版,第 2883—2884 页。

能获得如此厚利的。由于竹子用途广泛,需求量很大,仅靠自然生长的竹子,可能供应不上,于是扬州地区还开始了人工栽培竹子,如唐人姚合赋诗中就说,扬州"有地惟栽竹"[1]。唐文宗开成年间来到扬州的日僧圆仁,在其行记中也记载说,扬州海陵县境内,"竹林无处不有,竹长四丈许为上"。[2]这表明扬州地区有很多人工栽培的竹林或竹园。正因为扬州地区多竹林,故文人写词赋诗,每每称扬州为"竹西佳处",如杜牧《题扬州禅智寺》即有"谁知竹西路,歌吹是扬州"[3]之句,这些诗句都不是凭空设想,而是有实景作为依托,因为扬州城郊广布竹林,自然可以称得上"竹西佳处"。

除了竹子广泛栽植和应用外,扬州还出产大木,如隋炀帝大业元年(605),派遣黄门侍郎王弘、上仪同於士澄前往江南采伐大木,以制造龙舟及各种战船[4]。扬州作为造船基地,这些制造大型船只的木材,既有长江流域其他各州采运而来,也有很多是从扬州本地就地取材而来的。此外,扬州的土贡中,还有柘木[5]。柘木,又名桑柘木,为落叶灌木或小乔木,属桑科植物。在中国历代文献记载中,柘木不仅属于名贵木料,而且具有多种经济价值,据李时珍《本草纲目》记载:"宗奭曰:柘木里有纹,亦可旋为器。其叶可饲蚕,曰柘蚕,然叶硬,不及桑叶。入药以无刺者良。时珍曰:处处山中有之。喜丛生。干疏而直。叶丰而厚,团而有尖。其叶饲蚕,取丝作琴瑟,清响胜常。《尔雅》所谓棘茧,即此蚕也。《考工记》云:弓人取材以柘为上。其实状如桑子,而圆粒如椒,名佳子(佳音锥)。其木染黄赤色,谓之柘黄,天子所服。《相感志》云:柘木以酒醋调矿灰涂之,一宿则作间道乌木文。物性相伏也。"[6]由此可知,柘木树叶既可能用作幼蚕饲料,还可以入药,木材则是制弓的上佳材料,此外,柘木汁液还可以用作黄色染料,帝王服装染色即取材于柘木,谓之柘黄。

[1]〔唐〕姚合著,吴河清校注:《姚合诗集校注·姚少监诗集》卷六《扬州春词三首》其三,上海古籍出版社2012年版,第313页。

[2]〔日〕圆仁撰,顾承甫、何泉达点校:《入唐求法巡礼行记》卷一,上海古籍出版社1986年版,第7页。

[3]吴在庆:《杜牧集系年校注·樊川文集》卷三《题扬州禅智寺》,中华书局2008年版,第344页。

[4]〔唐〕魏徵、令狐德棻:《隋书》卷三《炀帝纪上》,中华书局1973年版,第63—64页。

[5]〔宋〕乐史撰,王文楚等点校:《太平寰宇记》卷一二三《淮南道一·扬州》,中华书局2007年版,第2443页。

[6]〔明〕李时珍:《本草纲目》卷三六"柘"条,人民卫生出版社1982年版,第2072页。

据此约略可以推知,扬州用作贡品的柘木,很可能主要就是供应唐朝皇帝服装染色之用,当然也不排除用这些贡品柘木以制作雕弓。

隋唐五代扬州林业活动的范围并不限于扬州本地,还包括从其他地区贩运木材到扬州作进一步的深加工,从而获取更多的经济价值,在这个过程中,商人的参与使得扬州地区的林木加工业有了更大发展,并呈现出商品化经营的趋势。例如:"豫章诸县,尽出良材,求利者采之,将至广陵,利则数倍。天宝五载,有杨溥者,与数人入林求木。"[1]豫章即洪州(今江西南昌),盛产良木,而将豫章所产木材贩运到扬州,则可获利数倍,因此很多人前往豫章寻求良材以致富。当时在江南采伐的木材,多数都是通过水路运输集中到扬州,然后再从扬州转运到北方,或供应建筑用材,或用以制作家具,因此隋唐五代时期扬州地区出现了很多专业经营的木材商和家具商。随着林木业的发展,扬州地区的木器制造业也朝着精品化、商品化的方向前进,扬州地区制作的木器贩运到外地,可以卖出更高的价钱,如文献记载:"广陵有贾人,以柏木造床,凡什器百余事,制作甚精,其费已二十万,载之建康,卖以求利。"[2]再如,唐僖宗时,扬州地区有一个木工,技艺出众,能够"刻木为鹤,大如小驴,羁辔中设机楗,人或逼之,奋然飞动"。[3]与此同时,专业的木工匠人也出现了,如《太平广记》记述了一个"广陵木工"因为手足病而不能执斤斧从事劳作,后在扶踊行乞的过程中遇到一个道士赠药,从而治愈其手足的故事。[4]这个"广陵木工"应该是专业从事木材加工制作的匠人,"广陵木工"的故事从某个侧面反映出其时扬州的林木加工业比较发达的事实。

(3)隋唐五代时期扬州农业的快速发展,其中一个表现就是民间普遍饲养六畜,而又呈现出较为明显的地域性特色。六畜的养殖,既是农业活动的重

---

[1]〔宋〕李昉等编:《太平广记》卷三三一《鬼十六》"杨溥"条引《纪闻》,中华书局1961年版,第2632页。

[2]〔宋〕李昉等编:《太平广记》卷三五五《鬼四十》"广陵贾人"条引《稽神录》,中华书局1961年版,第2810页。

[3]〔唐〕罗隐:《广陵妖乱志》,〔唐〕罗隐著,潘慧惠校注:《罗隐集校注》,浙江古籍出版社1995年版,第537页。

[4]〔宋〕李昉等编:《太平广记》卷二二〇《医三》"广陵木工"条引《稽神录》,中华书局1961年版,第1685页。

要内容,也可以作为主粮生产的重要补充。六畜中的家禽,饲养历史悠久,早已成为中国人民日常生活的一项重要内容,因此多数家庭普遍饲养鸡鸭鹅等家禽,这在唐诗中多有反映,如李白诗中就说"闲时田亩中,搔背牧鸡鹅"[1];杜甫诗中也有"鹅鸭宜长数,柴荆莫浪开"[2]之句。普通百姓饲养家禽主要不是为拿到市场出卖,而多是为了补充副食,供自家食用。历史文献关于隋唐五代时期扬州饲养六畜的记述,猪、羊相对罕见,关于牛的记述,则以水牛居多,家禽中则鸡、鸭、鹅皆有,而以鹅、鸭居多。扬州地处江淮之间,大部分为水乡地貌,十分适合饲养鹅、鸭,这从唐诗每多吟咏可见一斑,如姚合在《扬州春词》中写道"有地惟栽竹,无家不养鹅"[3],表明扬州百姓几乎家家养鹅。唐文宗开成年间,日僧圆仁求法巡礼来到扬州海陵县境内,他也发现这里"白鹅白鸭,往往多有"[4],而未曾说到鸡的情况。除了鸡、鸭、鹅等家禽之外,当时扬州地区的人民还饲养一种"水鸟",据圆仁记述,他在海陵县看到"水路之侧,有人养水鸟,追集一处,不令外散,一处所养,数二千有余,如斯之类,江曲有之矣"。[5]圆仁所见的这种"水鸟"究竟是什么鸟,我们不得而知,但据他说这些水鸟都是集中饲养,一处即多达二千多只,而且是"江曲有之",就是说在沿江河汊的很多地方都圈养有这种水鸟,想来也应该是一种能够给广大饲养户带来不错经济收益的禽类。

　　扬州主粮生产以水田稻作为主,故耕田多用水牛,这是因为水牛不仅力气更大,而且较黄牛更加适合水田耕作,所以扬州地区以水牛饲养居多。而根据文献记载,水牛不仅用于农田耕作,还有军事用途,据杜佑《通典》记载,广

　　[1]〔唐〕李白著,〔清〕王琦注:《李太白全集》卷一〇《书情赠蔡舍人雄》,中华书局1977年版,第518页。
　　[2]萧涤非主编:《杜甫全集校注》卷一〇《舍弟占归草堂检校,聊示此诗》,人民文学出版社2014年版,第3012页。
　　[3]〔唐〕姚合著,吴河清校注:《姚合诗集校注·姚少监诗集》卷六《扬州春词三首》其三,上海古籍出版社2012年版,第313页。
　　[4]〔日〕圆仁撰,顾承甫、何泉达点校:《入唐求法巡礼行记》卷一,上海古籍出版社1986年版,第7页。
　　[5]〔日〕圆仁撰,顾承甫、何泉达点校:《入唐求法巡礼行记》卷一,上海古籍出版社1986年版,第7页。

陵郡每年"造水牛皮甲千领并袋"[1]，也就是用水牛皮制作的盔甲和皮囊达千领，由此可见扬州地区水牛饲养之多。此外，水牛还常常被用作运输的畜力，由于扬州地区河湖密布，行船成为一种很重要的交通方式，但遇到水浅处，往往船行不利，这时候就需要借助畜力或人力的拉拽牵引，水牛这时候就有了用武之地。据日僧圆仁记载，唐文宗开成三年（838）七月，他在海陵县如皋镇亲眼看见了用水牛牵引官船的情形："十八日早朝，公私财物运舫船……水牛二头以系卅余舫，或编三艘为一船，或编二只为一船，以缆续之。……十九日寅时，水牛前牵进发……廿日，卯毕，到赤岸村……暂行人疲，更亦长续系牛曳去……爱人皆云：'一牛之力即当百人矣！'……盐官船积盐，或三四船，或四五船……廿二日，平明，诸船系水牛牵去。"[2]可见，在隋唐五代时期的扬州地区，经常使用水牛作为牵引车船的畜力。扬州地区虽以水牛居多，但同时也有黄牛，如《太平广记》曾记述广陵有一人姓朱，"家世勋贵，性好食黄牛，所杀无数"[3]，朱氏所食黄牛，尽管不排除有些是从外地贩卖而来，但多数应该来自扬州本地饲养，是完全可以肯定的。

除了水牛、黄牛之外，扬州地区马匹还较为常见，如圆仁在扬州期间，见到扬州大都督府的办事人员到寺庙来，多数时候都是骑马，而且还见到过"骑马军二百来""门头骑马军八十匹许"的骑兵队伍[4]，这表明淮南节度使府应该有一批数量不会太少的骑军，这些军用马匹可能有些是从产马区调运而来，但肯定也有不少是扬州本地饲养的马匹。证之以唐文宗曾下敕罢废海陵监牧，可知唐朝曾经在海陵县境内设置监牧以培养马匹，据敕文云："海陵是扬州大县，土田饶沃，人户众多，自置监牧已来，或闻有所妨废。又，计每年马数甚少，若以所用钱收市，则必有馀。其临海监牧宜停。令度支每年供送飞

---

[1]〔唐〕杜佑撰，王文锦、王永兴、刘俊文、徐庭云、谢方点校：《通典》卷六《食货六》"赋税"，中华书局1988年版，第120页。

[2]〔日〕圆仁撰，顾承甫、何泉达点校：《入唐求法巡礼行记》卷一，上海古籍出版社1986年版，第5—7页。

[3]〔宋〕李昉等编：《太平广记》卷四三四《畜兽一》"朱氏子"条引《稽神录》，中华书局1961年版，第3522页。

[4]〔日〕圆仁撰，顾承甫、何泉达点校：《入唐求法巡礼行记》卷一，上海古籍出版社1986年版，第14、18页。

龙使见钱八千贯文,仍春秋两季各送四千贯,充市进马及养马饲见在马等用。其监牧见在马,仍令飞龙使割付诸群牧,收管讫分析闻奏。"[1]可知唐朝曾在海陵县置监牧养马,唐文宗时鉴于养马效率不高,而且严重影响海陵县的农业生产,于是下诏敕停止海陵监牧。扬州地区除了官府监牧饲养马匹之外,民间也有私人养马,如广陵郡有一男子曾向人讲述过去的经历,说他曾经替别人饲养马匹,因为懒惰而受到主人的责备。[2]这个故事清楚地表明,扬州不仅有民间私人养马,而且私人养马中也出现了雇佣现象,雇佣情况的出现则意味着其家庭养马可能也具有了一定规模。

(4)隋唐五代时期扬州地区的渔业,以及各种水产品的种植与采捕,都较以前有所发展,这也是这个时期扬州地区农业发展的一个具体表现。

扬州地处江淮之间,又位于长江和大运河的交汇处,加上境内河湖密布,因此渔业资源丰富,鱼、虾、蟹等各种水产品和莲藕、菱角等各种水生植物品类繁多,因此扬州地区具有发展渔业的天然优势。隋唐五代时期的扬州人民,充分利用这一大自然赐予的宝贵资源,在农田劳作之余,还经常捕鱼摸虾、采菱择藕,以作为农事活动的补充,并借此改善一下生活。这个情况在唐诗中每有反映,如李嘉佑"鱼网平铺荷叶,鹭鸶闲步稻田"[3]、高适"溪水堪垂钓,江田耐插秧"、唐彦谦"湖田十月清霜堕,晚稻初香蟹如虎。扳罾拖网取赛多,篾篓挑将水边货。……买之最厌黄髯老,偿价十钱尚嫌少"[4]等句,皆是对包括扬州在内的长江中下游地区渔稻两业并行这一实际状况的生动描述,尤其是唐彦谦诗中所透露出来的捕蟹以售,只蟹十钱尚嫌价低等信息,可知稻田养蟹具有颇高的经济效益。从上述诸句中,可以看到水乡人民在谋划农事活动时,合理恰当安排时间,兼顾水稻插秧和垂钓捕鱼而两不耽误,从而在相同

[1]〔清〕董诰等编:《全唐文》卷七四(文宗皇帝)《罢海陵监牧敕》,中华书局1983年版,第772页。

[2]〔宋〕李昉等编:《太平广记》卷一三三《报应三十二》"广陵男子"条引《稽神录》,中华书局1961年版,第950页。

[3]〔清〕彭定求等编:《全唐诗》卷二〇七(李嘉佑)《白田西忆楚州使君弟》,中华书局1960年版,第2167页。

[4]〔清〕彭定求等编:《全唐诗》卷六七一(唐彦谦)《蟹》,中华书局1960年版,第7680—7681页。

时间里获取更多经济收益的事实。

隋唐五代时期的扬州地区渔业发达,水产丰富,据历史文献记载,唐代扬州广陵郡的"土贡"中就有鱼脐、鱼鲏、糖蟹、藕等水产品[1]。渔业作为隋唐五代时期长江中下游地区一种重要的副业,其在经济活动中的作用已经不可小觑,包括扬州在内的长江下游地区甚至已经出现一些专业的渔户。如瓜洲就有一个渔人,专以捕鱼为业,每天都在瓜洲和金山之间的长江上捕鱼,有一次他在打鱼时捞到一只棺材,他发现棺材中的女人只是生病而未死,于是就将她带到自己的"渔舍"中,"每多得鳗鲎鱼以食之,久之病愈,遂为渔人之妻"。[2]由此可知,长江流域已经出现很多类似这样的专业渔户,他们已基本摆脱农业生产,成为专职从事渔捕活动的"水族"了。扬州地处大运河与长江的交汇处,具有从事渔捕活动的天然优势,正如陆龟蒙在诗中所说:"采江之鱼兮,朝船有鲈。采江之蔬兮,暮筐有蒲。"[3]因此,像瓜洲渔人这样在长江上靠捕鱼为业的渔户必定有很多。除了瓜洲渔人这样的"专业渔户"外,在长江或运河上以摆渡为业的人,也会利用闲暇或适当的时机而垂纶钓鱼,或是张网以捕,如王昌龄的诗中写道:"楼头广陵近,九月在南徐。秋色明海县,寒烟生里间。夜帆归楚客,昨日度江书。为问易名叟,垂纶不见鱼。"[4]这位在扬州与润州江面摆渡载客的老叟,想必每日也是垂纶钓鱼。陆龟蒙在《寄淮南郑宝书记》中写道:"清词醉草无因见,但钓寒江半尺鲈。"[5]可见垂钓在扬州地区是很常见的事情。后唐冯贽在《云仙杂记》中曾记述扬州太守间丘惠召集辖区渔民进行捕鱼比赛的故事:"扬州太守间丘惠会僚友于转沙亭,集境内渔户,令曰:'所得鱼多者有金帛之赏。'有一渔人以肉物作小块,散悬于网上,取鱼倍众力,凡十网,得鱼三千六百,无甚小者。众渔惭而退。太守询之,曰:'鱼喜胎鹿之香,适散悬者乃此物也。下网

---

[1]〔宋〕欧阳修、宋祁:《新唐书》卷四一《地理志五》,中华书局 1975 年版,第 1051 页。

[2]〔宋〕李昉等编:《太平广记》卷二二〇《医三》"渔人妻"条引《稽神录》,中华书局 1961 年版,第 1683 页。

[3]〔清〕彭定求等编:《全唐诗》卷六二一(陆龟蒙)《庚歌》,中华书局 1960 年版,第 7150 页。

[4]李云逸注:《王昌龄诗注》卷三《客广陵》,上海古籍出版社 1984 年版,第 106 页。

[5]何锡光校注:《陆龟蒙全集校注·唐甫里先生文集》卷八《寄淮南郑宝书记》,凤凰出版社 2015 年版,第 482 页。

召之,万鱼毕聚矣!'"[1]由此可见,扬州境内专门从事捕捞的渔户很多,这才有可能组织起一场捕鱼比赛。随着渔业活动的展开和渔业经营规模的不断扩大,渔业经营在唐代已经发展成为一个有利可图的行业,于是政府开始征收渔业税,据白居易诗云:"水市通阛阓,烟村混舳舻。吏征渔户税,人纳火田租。"[2]官府既然已经对渔户开始征税,那就表明渔业经营具有了相当的规模,长江中下游地区渔业的发展,已经不仅仅是作为常规农业活动的一个补充,甚至成为足以独立谋生的行业。

经营渔业不仅可以有效地补充农业生产的不足,为广大民众提供更多的肉食来源,而且长江中下游地区的养鱼技术也因此有了充分的发展,如苏州籍诗人张籍的诗中,就有对长江下游地区人民养鱼情况的描述,诗云:"长塘湖,一斛水中半斛鱼。大鱼如柳叶,小鱼如针锋,水浊谁能辨真龙。"[3]可见湖塘养鱼的密度颇大,而高密度养鱼所反映的,必然是养鱼技术的成熟和进步。其时不仅养鱼技术水平有了很大提高,而且水乡人民已经形成了科学的捕捞观念,据陆龟蒙诗云:"南泾有渔父,往往携稚造。问其所以渔,对我真道蹈。吾初籍鱼鳖,童丱至于耄。窟穴与生成,自然通壶奥。孜孜戒吾属,天物不可暴。大小参去留,候其孳养报。终朝获渔利,鱼亦未常耗。"[4]由此可见,水乡人民在捕捉鱼虾蟹等水族的渔业活动中,已经充分认识到了,在捕捞活动中必须捕大放小,不可竭泽而渔,只有这样,才能够"终朝获鱼利,鱼亦未常耗",也就是保证了鱼虾繁殖的可持续发展。扬州地区的河蟹捕捉与养殖,在隋唐五代时期也比较普遍,因此当时扬州的酒楼中,螃蟹是常见的一种河鲜,如李白诗中写道:"我来扬都市,送客回轻舠。……摇扇对酒楼,持袂把蟹螯。"[5]

---

[1] 〔后唐〕冯贽编,张力伟点校:《云仙杂记》第 342 条"鹿胎召鱼",中华书局 2008 年版,第 163 页。

[2] 〔唐〕白居易著,朱金城笺校:《白居易集笺校》卷一六《律诗·东南行一百韵寄通州元九侍御澧州李十一舍人果州崔二十二使君开州韦大员外庾三十二补阙杜十四拾遗李二十助教员外窦七校书》,上海古籍出版社 1988 年版,第 965 页。

[3] 〔清〕彭定求等编:《全唐诗》卷三八二(张籍)《长塘湖》,中华书局 1960 年版,第 4293 页。

[4] 何锡光校注:《陆龟蒙全集校注·唐甫里先生文集》卷三《南泾》,凤凰出版社 2015 年版,第 307 页。

[5] 〔唐〕李白著,〔清〕王琦注:《李太白全集》卷一六《送当涂赵少府赴长芦》,中华书局 1977 年版,第 763 页。

李白在扬州酒楼为朋友饯行,菜肴中就有新鲜河蟹,可见河蟹已经成为扬州酒楼中常见之物,这也是扬州渔业发展的一个具体表现。

扬州所在的江淮地区因为其河源广布的水文环境,有利于发展渔业,而渔业的发展反过来又会对民众的日常生活造成直接的影响,在风调雨顺、农业丰收的时候,渔业收入主要是丰富和补充了人民的肉食需求,而一旦遇到自然灾害、主粮歉收的情况,渔业的作用就会凸显出来,因为鱼虾捕捞可以在一定程度上缓解因粮食短缺所造成的饥荒,甚至可以挽救饥困民众的性命。据历史记载,武则天长寿元年(692)五月,下诏禁止屠杀和捕捞鱼虾,而当年江淮地区大旱,造成十分严重的饥荒,然而慑于朝廷刚刚发布禁捕诏令,江淮人民无法像往常一样捕鱼捉虾,结果"饿死者甚众",对此胡三省不禁感慨:"(武)后禁屠捕而杀人如刈草菅,可以人而不如物乎!"[1]这个事例从反面说明渔业活动对江淮地区的人民生活已经产生了较为重要的影响。

扬州的水生植物资源也十分丰富,经济价值较高的主要有莲藕、菱角、芦笋、菰米等,这些都是隋唐五代时期扬州人民日常食用的重要副食。唐诗中有大量描写长江中下游地区人民采莲、采菱、采藕、采芦笋等生活情景的篇章,如"岸草连荒色,村声乐稔年。晚晴初获稻,闲却采莲船"[2]。其中的"采莲"或作"采菱",这首诗所描写的正是江南水乡人民利用收获稻谷的余暇,采摘莲藕或菱角的情景。又如,"浊水菱叶肥,清水菱叶鲜……浦口多渔家,相与邀我船。饭稻以终日,莼羹将永年……"[3],则描写了扬州地区人民捕鱼采菱、饭稻羹莼的日常生活场景,因为这首诗的作者储光羲曾较长时间任职于安宜县,也就是今天的扬州市宝应县,对于水乡人民的生产生活方式比较熟悉,从而生动地写出了水乡人民的日常生活情景。张籍在诗歌中则描写了长江下游地区人民在插秧季节采摘芦笋的情况,诗云:"南塘水深芦笋齐,下田种稻不作畦。耕场磷磷在水底,短衣半染芦中泥。"[4]莲藕也是扬州地区的贡品之一,

---

[1]〔宋〕司马光编著,〔元〕胡三省音注:《资治通鉴》卷二○五则天后长寿元年(692)五月,中华书局1956年版,第6482页。

[2]〔清〕彭定求等编:《全唐诗》卷二三九(钱起)《江行无题一百首》其三十一,中华书局1960年版,第2678页。

[3]〔唐〕储光羲:《储光羲诗集》卷一《采菱词》,上海古籍出版社1992年版,第4页。

[4]〔清〕彭定求等编:《全唐诗》卷三八二(张籍)《江村行》,中华书局1960年版,第4291页。

种植比较广泛,甚至还出现了莲藕专业种植户,如唐代宗大历年间,"高邮百姓张存以踏藕为业"[1],扬州地区像张存这样以踏藕为业的家户应该不少,由此可以想象出扬州地区莲藕的种植技术应该处于领先水平,这也是扬州莲藕成为贡品的一个重要原因吧。此外,菰米也是长江下游水乡地区的特产,唐诗中描写菰米作炊的篇章颇多,如郑谷诗有云"闲烹芦笋炊菰米,会向源流作醉翁"[2],王维也有"蔗浆菰米饭,蒟酱露葵羹"[3]之句,可见菰米饭是长江下游地区人民日常生活十分常见的一种食物。扬州境内湖泊密布,正适合菰蒋草生长,如清代乾隆年间编撰的《江南通志》就说"菰米,即菰蒋草也,高(邮)宝(应)兴(化)诸湖多有之,秋生米,名雕胡",并举杜甫诗句"波漂菰米沉云黑"以作说明[4],由此可见隋唐五代时期的扬州地区,其河湖沟汊到处都生长有这种水生植物。菰蒋草具有多方面的经济价值,据文献记载云:"菰生水中,叶如蒲苇,刈以秣马,甚肥。又谓之菱白。其岁久者,中心生白台,如小儿臂,谓之菰手。其台中有黑者,谓之菰郁。其根如芦根,下泽处谓之菰蒋。以去其叶,便可耕莳。其苗有茎梗者,谓之菰蒋草。至秋结实,乃雕胡米也。(《本草》)云子,菰米饭也。(杜诗注)菰可以为席,甚温。(杜诗注)"[5]菰蒋草的子实、根茎不仅可以供人类食用,叶子还可以充当喂养马匹的上好饲料,成熟的茎梗还是编织草席的优质原料。

综合以上所述,扬州地区的农业生产在隋唐五代时期的快速发展,不仅表现为稻、麦等主要粮食作物的集约化生产程度有了明显提高,还表现为林、牧、渔等副业的全面发展,从而为长江流域基本经济区全面超越黄河流域基本经济区,促成中国经济重心南移奠定了坚实的物质基础。隋唐五代时期扬州地区农业生产的快速发展,其意义不仅体现在农业生产领域内实现了阶段

[1]〔宋〕李昉等编:《太平广记》卷二三二《器玩四》"张存"条引《酉阳杂俎》,中华书局1961年版,第1776—1777页。

[2]〔唐〕郑谷:《郑守愚文集》卷二《杂著·倦客》,上海古籍出版社2013年版,第56页。

[3]〔唐〕王维撰,〔清〕赵殿成笺注:《王右丞集笺注》卷一二《春过贺遂员外药园》,上海古籍出版社1961年版,第217页。

[4]〔清〕黄之隽等编纂,〔清〕赵弘恩监修:《乾隆江南通志》卷八六《食货志·物产》,广陵书社2010年版,第1421页。

[5]〔宋〕陈景沂编,程杰、王三毛点校:《全芳备祖》后集卷一二《草部》"菰"条,浙江古籍出版社2014年版,第885页。

性跨越,更体现在它进一步推动了扬州地区手工业技术的显著进步和商业的繁荣发展,甚至于扬州地区社会的全面发展进步,也是奠基于农业的快速发展之上。

第二节　隋唐五代扬州手工业技术的显著进步

隋唐五代时期扬州地区社会安定,农业生产快速发展,从而为手工业的进步提供了坚实的物质基础。特别是安史之乱以后,以扬州为中心的江淮地区日益成为唐朝中央政府的财税来源地,扬州更是进一步稳固了其南北漕运的核心枢纽地位,经济实力更加雄厚,不仅可以提供发展手工业所需的各种原料,同时也提供了更加广阔的商品市场,从而为工商业的进一步繁荣发展提供了物质条件,而伴随着商品经济的发展和工商业的繁荣,扬州的手工业生产规模不断扩大,手工业技术有了十分显著的进步。以下略述隋唐五代时期扬州手工业技术显著进步的主要原因及其表现。

一、隋唐五代扬州手工业快速发展与技术显著进步的原因

隋唐五代时期扬州地区手工业得以快速发展,手工业技术也取得了显著进步,首先得益于广大手工业工匠生产积极性的提高,以及由此带来的制作工艺的显著改进,而广大手工业工匠的生产积极性之所以被调动起来,又和他们的身份改善和社会地位有所提高存在着密切的关系。

隋唐五代时期扬州地区的手工业与同时代的全国大部分地区一样,仍然实行作坊制,当时的手工作坊主要包括官营作坊、私营作坊两大类。在官营作坊,即由各级官府主管经营的手工作坊中,劳动者的成份构成较为复杂,主要有囚徒、丁匠(每年服役20天)、工匠(包括长上匠和轮番匠两种类型,长上匠即"长役无番"的工匠;轮番匠即轮番服役的工匠,有一年三番、每番一个月,以及二年五番两种),另外还有一部分"和雇匠"或称"募匠",也就是政府出资雇佣的工匠。至于私营作坊,其劳动者的人员构成相对单一,绝大部分都是雇佣工匠,还有少部分私家依附性人口。从总体上来看,隋唐五代时期扬州地区从事手工业的劳动者,除了囚徒属于强制性、惩罚性的劳动而基本没有人身自由之外,其他手工业从业人员的人身依附关系较诸以前已经大

为减轻。例如官营作坊中的丁匠和工匠,尽管他们在服役时属于无偿工作,但是他们都可以通过纳资代役的方式而免除匠役,然后官府再用他们所交纳的这些"匠资"去雇佣其他人充当工匠。而原本就在官营作坊中从事生产活动的"和雇匠",他们本身就是官府花钱雇佣而来的,和官府没有任何的人身依附关系,自由程度更高。私营作坊中的雇佣工匠,他们和作坊的经营者(官府或私营作坊主)之间,更是不存在任何的人身依附关系,他们双方之间是通过契约形成的自愿性的劳动雇佣关系。而且有史料表明,唐代"和雇匠"已经成为官营作坊的主要劳动人员,如唐德宗时,陆贽上疏指斥裴延龄之过失,其中说道:"延龄……遂乃搜求市廛,豪夺入献;追捕夫匠,迫胁就功。以敕索为名,而不酬其直;以和雇为称,而不偿其佣。都城之中,列肆为之昼闭;兴役之所,百工比于幽囚。……此其罪之大者也。"[1]这条史料反过来看,那就是不能通过高压手段逼迫手工业者从事某项劳动,而必须通过付给报酬的方式进行"和雇",并且要足额支付其应得的劳动报酬,裴延龄却假借皇帝诏敕之名,以"和雇"的名义强征工匠服役,不付给任何报酬,结果造成市场经营者关门闭户,众多手工业者形同被幽禁的囚徒,陆贽因此上疏参奏,说这是裴延龄的重大罪行。陆贽敢于上疏参奏唐德宗的宠臣裴延龄,那是因为陆贽所言不仅占据情理的道德高位,而且还有法律作为根据,因为唐律明确规定,无论是官府还是私营作坊主,都必须按照约定足额支付工匠的匠资,有时候为雇佣到技艺高超的工匠,政府还必须拿出高于一般规定的工钱,如韦伦曾就出资雇佣铸钱工匠而向杨国忠提出建议,他说:"铸钱须得本色人,今抑百姓农人为之,尤费力无功,人且兴谤。请厚悬市估价,募工晓者为之。"杨国忠采纳了这个建议,"由是役使减少,而益铸钱之数"。[2]这是因为铸钱在古代是技术含量较高的行业,对于从业者的技艺水平要求比较高,如果政府给出的工钱少了,就雇不到人,唐朝通行的雇佣价格是"雇者,日为绢三尺"[3],韦伦所说的"厚悬市估价,募工晓者",自然是高于每天三尺绢的价格。由此可见,广大手工业工匠的个人权益是有法律保障的,只有个人权益得到切实保障,

[1]〔后晋〕刘昫等:《旧唐书》卷一三五《裴延龄传》,中华书局1975年版,第3722页。

[2]〔后晋〕刘昫等:《旧唐书》卷一三八《韦伦传》,中华书局1975年版,第3780页。

[3]〔宋〕欧阳修、宋祁:《新唐书》卷四六《百官志一》,中华书局1975年版,第1201页。

工匠才会有生产劳动的积极性。此外，在遇到天降灾祸的特殊情况下，唐朝政府还会下诏免除工匠的力役，以减轻其经济负担，如唐代宗大历七年（772）十一月，"诏以淮南数州秋夏无雨，杨、洪、宣等三州作坊，往以军兴，是资戎器。既属时岁大歉，虑乎人不宁居，征夫役工，损费尤甚，务从省约，以息疲人，亦宜并停"[1]。这是唐代宗在位期间鉴于淮南地区发生大规模旱灾，而下诏暂时停止扬州、洪州、宣州三州军器作坊的生产，从而免除三州军器作坊"征夫役工"的匠役。这些来自帝王的恩泽雨露尽管具有一定的偶然性而非常态化，但对于皇权专制政治体制下艰难生活的广大工匠来说，也是意外之恩惠，对于调动他们的生产积极性也有一些积极作用。

隋唐五代时期扬州地区的雇佣现象颇为普遍，这意味着人身依附关系比起以前更为松弛，从而有效提升了手工业者的劳动积极性，因为这种情况下从事手工业生产，不再具有强制性。这方面的例子颇多，如怀州人王琚在武周时期曾谋划刺杀武三思，事情败露而逃到扬州避难，为了生存而"自佣于扬州富商家"[2]。再如，唐德宗贞元（785—805）初年，"广陵人冯俊，以佣工资生，多力而愚直，故易售"。[3]这里所说的广陵人冯俊，就是靠佣工谋生，因为干活卖力，所以很容易找到佣工的机会。又如，"伪吴杨行密，初定扬州，远坊居人稀少，烟火不接。有康氏者，以佣赁为业……"[4]这里的康氏也是靠佣工为生。再如，广陵豆仓官吴延瑫为弟弟娶妻于张家，张家至富，其"厅之西复有广厦，百工制作毕备"。[5]很显然，在张家所开设的制作"百工"的手工业作坊中，其劳动人员多数都是雇佣而来，而从张家作坊"百工制作毕备"的情况来看，可知其应该是规模较大的家庭手工业作坊。上述文献中的那些依靠出卖自己的劳动力、通过佣工以谋生的人员，他们受雇的场所呈现多样化

[1]〔北宋〕王钦若等编：《册府元龟》卷一三五《帝王部·愍征役》，中华书局1960年版，第1631页。

[2]〔宋〕欧阳修、宋祁：《新唐书》卷一二一《王琚传》，中华书局1975年版，第4332页。

[3]〔宋〕李昉等编：《太平广记》卷二三《神仙二十三》"冯俊"条引《原仙记》，中华书局1961年版，第156页。

[4]〔宋〕李昉等编：《太平广记》卷四〇一《宝二》"康氏"条引《稽神录》，中华书局1961年版，第3226页。

[5]〔宋〕李昉等编：《太平广记》卷三一五《神二十五》"吴延瑫"条引《稽神录》，中华书局1961年版，第2491页。

的特点,不但可以受雇于富商家里,同样也可以受雇于手工业作坊,因为他们都有着充分的人身自由,他们和雇主之间只是一种劳动契约关系,是否愿意受雇到手工业作坊劳动,完全可以自己决定。从某种意义上说,他们是在为自己而劳动或工作,因此比起那些受到刑事处罚的囚徒,或者带有强制性质的服役人员,他们的劳动积极性提高了很多。例如,扬州所出土的五代杨吴时期扬州罗城城砖铭文中,除了含有白沙窑、东窑、西窑等字样外,还有大量城砖铭文同时刻有人名,如白沙窑陈全、白沙窑陈洪、白沙窑陈璠、白沙窑郭思……东窑孙彦、东窑汤义、东窑王初、东窑王瑶、东窑许春、东窑徐……西窑董宾、西窑方通、西窑胡廷美、西窑黄规、西窑况管、西窑李章、西窑刘武……白沙窑即开设于白沙镇的砖窑,唐代白沙镇,原为扬州大都督府下属扬子县(后改永正县,又改为六合县)的治所,即今江苏扬州仪征市人民政府所在地真州镇,"白沙窑"应该是以"白沙镇"而得名。[1]上述这些砖窑应该都是官府所开办,砖文所刻人名,应该是窑工的名字,这些窑工的身份可能不完全相同,其中或有丁役、长上工匠、轮番工匠,但多数人应该是"和雇匠"即雇佣而来的工匠。之所以要在城砖上刻上工匠的名字,很有可能是为计件付给报酬,同时也是为了保证烧制城砖的质量,有了名字便可以追踪质量的问题。

其次,隋唐五代扬州地区手工业的快速发展,以及手工业技术取得显著进步,与扬州独特的区位优势、江淮地区喜好工商业的民风,以及充分发展的社会经济条件也有关系。

隋唐五代时期随着人身依附关系的松弛,扬州凭借其位于大运河与长江交汇处的独特区位优势,各行各业都有了快速发展,农业生产的繁荣发达,为手工业、商业的繁荣发展提供了坚实的物质基础。这个时期扬州地区的庄园经济较诸以前也有进一步的发展,各种手工业行会也纷纷建立起来,社会分工也进一步细化,掌握一定手工业技艺而又摆脱了人身束缚的农民中,有相当一部分人开始投身于手工业,从而成为专业的工匠,诸如木匠、铁匠、军器匠、铜器匠、银器匠、玉器匠、冶匠、造船匠、漆器匠、织染匠等。如扬州大明寺僧鉴真于唐玄宗天宝二年(743)东渡日本,随船东渡者中有"玉作人、画师、

---

[1] 李文才疏证:《隋唐五代扬州地区石刻文献集成》"三六、扬州出土唐五代砖瓦铭文"条,凤凰出版社2021年版,第588—593页。

雕佛、刻镂、铸写、绣师、修文、镌碑等工手都有八十五人"[1]，这些"工手"就是掌握不同手工技艺的工匠，他们之被称为"工手"，表明他们与主要从事农业生产活动的农民不同，另一方面他们也不属于官营或私营手工业作坊，而是有着充分人身自由的城市个体小手工业从业人员，因为不受拘束，所以他们才能够随同鉴真一起东渡日本。类似这样身份自由的、专业性较强的个体手工业工匠，隋唐五代时期的扬州地区十分常见，他们因为人身比较自由，所以生产积极性就比较高。扬州地区手工业门类众多，许多行业在全国处于领先水平，与这些手工业者的身份自由、生产积极性高涨有着直接的关系。当然，扬州地区手工业的发展和技术的进步，还与隋唐五代时期扬州地区的社会大环境有关，首先主要得益于这个时期长江中下游地区农业经济发展所提供的雄厚物质基础，同时扬州地区丰富的地下资源，以及作为东南地区物资汇聚的中心，皆为扬州发展手工业提供了原料的支撑。据诸史载，扬州大都督府直辖的江都、六合（今江苏仪征为主）、海陵（今江苏泰州）、天长（今属安徽）等县，盛产铜、铁、盐；淮南道所属的楚州、滁州等地也出产铜、铁、盐；江南东、西道的杭州、睦州、湖州、苏州、润州、昇州、宣州、池州、洪州、江州、鄂州、岳州等，则出产铜、铁、锡、金、银、木材、丝、麻等。以上这些都是发展手工业生产的重要原材料，这些原料除了当地自用一部分外，其余部分主要都是转运到扬州，故而扬州就成为当时南方广大地区的原材料集散地。这些积聚到扬州的原料，有一部分从扬州继续北运，但多数却是在扬州作进一步的深加工，扬州地区的手工业因此而繁荣起来。在长期的手工业生产过程中，扬州就掌握了很多领先的手工业技术，大批能工巧匠应运而生，他们所制作的产品因为工艺精湛而成为全国的畅销货，进而成为奉献给朝廷的贡品，例如扬州所生产的毡帽、江心镜都是当时驰名全国的手工精品，而深受人民的喜爱。有些产品甚至远销海外，如中亚地区的哈萨克斯坦，中东地区的伊朗、约旦、叙利亚以及东亚的日本，均发现有中国的铜镜，其中很多都是唐代扬州所制造的。

　　隋唐五代时期扬州手工业快速发展以及手工业技术取得显著进步，与江淮地区的社会风尚也有一定关系，包括扬州在内的江淮地区，历来就有喜好手

[1]　〔日〕真人元开著，汪向荣校注：《唐大和上东征传》，中华书局2000年版，第51页。

工商业的社会风俗,如《旧唐书·李袭誉传》中就说扬州"俗好商贾,不事农桑"[1],故李袭誉就任扬州大都督府长史以后,便通过兴修水利工程等方式积极发展农业。不过,这个记载也带有一定片面性,实际情况应该是扬州地区并非不事农业,而是这个地区的人民除了从事农业生产之外,还会利用家事余暇兼营手工业、商业等其他行业。时至唐代,尽管统治者仍然强调重农抑商的基本政策,也通过颁布相应的法律,规定从事工商业者不得入仕为官,但是以农业求富最不容易,所谓农不如工,工不如商,乃是自古以来的铁律。所以尽管国家政策反复强调和鼓励业农,实际上却又不得不承认现实,故崔融在奏疏中引用班固《汉书·食货志》之语云:"《班志》亦云:'财者,帝王聚人守位,养成群生,奉顺天德,理国安人之本也。仕农工商,四人有业。学以居位曰仕,辟土殖谷曰农,作巧成器曰工,通财鬻货曰商。圣王量能授事,四人陈力受职。'然则四人各业久矣,今复安得动而摇之!"[2]表明在现实社会中,对于手工商业者所从事的职业已经完全认同了,而且认为不应该轻易改变他们的职业,这种观念早已成为全社会的共识,因此,从事工商业者的社会地位并没有显得低人一等,而这种共识性社会观念的形成,对于改善手工业者的社会地位美誉度,淡化对手工业者的偏见,从而提高其生产积极性,无疑具有重要的促进作用。从这个意义上说,扬州地区"俗好商贾"的社会风俗,就是在这个大时代背景下的必然产物,并且这种喜好商贾的风气反过来也推动了手工业的进一步发展,因为只有进入商品化运作之后,所生产出来的各种手工业制品才能够行销国内海外,从而又进一步推动手工业技术的改进和提高。

最后,隋唐五代扬州地区手工业的快速发展与手工业技术的显著进步,与其时社会需求的推动也有很大关系。

隋唐五代时期扬州地区手工业的发展和手工业技术的改进,很多情况下是为了满足当时的各种社会需求,例如唐人姚合在诗中曾说扬州"车马少于船""邻里漾船过"[3],这就是说,船只乃是扬州地区人民群众日常生活的一种

[1] 〔后晋〕刘昫等:《旧唐书》卷五九《李袭志附弟袭誉传》,中华书局 1975 年版,第 2332 页。
[2] 〔后晋〕刘昫等:《旧唐书》卷九四《崔融传》,中华书局 1975 年版,第 2997 页。
[3] 〔唐〕姚合著,吴河清校注:《姚合诗集校注·姚少监诗集》卷六《扬州春词三首》其一、其三,上海古籍出版社 2012 年版,第 311、313 页。

必需品,系当地民众出行所必不可少的交通工具,这是因为扬州地区河湖众多,水路交通发达,离开船只生活就会极不方便。这种来自广大群众日常生活的普遍性社会需求,直接造成扬州地区的船只需求量很大,从而使得造船成为有利可图的行业,于是许多人纷纷投身到造船行业,其最终结果必然是导致扬州造船业格外发达,从而促进扬州地区造船技术的提升。

除了民众日常生活需求,有助于推动扬州造船业的发展和造船技术的进步外,国家政策的调整有时也会直接促进造船业的发展和造船技术的改进。例如,隋炀帝即位后,调整了国家边防政策,先后发动了三征高丽之役,为了东征高丽,一方面调动陆军集中于涿郡,另一方面需要制造战船,组成一支与陆军配合作战的海军。当时制造战舰的主要场所,一是与高丽隔海相望的东莱海口,二就是扬州。隋唐五代时期扬州的造船业最为发达,与隋炀帝时期曾经在这里设置制造战舰的基地,自然有着很大的关系。造船基地既设置于扬州,则扬州地区必定汇集了众多造船工匠,便是毋庸置疑的了,扬州地区的造船工艺因此得到很大提升和改进,自然也是合乎逻辑的事情。此外,还有传统的因素也必须考虑进去,扬州造船业和造船技术的发达程度,在隋唐五代时期之所以能够遥遥领先,与扬州悠久的造船历史也有很大关系,扬州地处江淮,河湖众多,水上交通发达,因此造船业很早就已经出现了。据历史记载,早在西汉时期,扬州地区就已经有了官营的造船厂,如 1980 年高邮天山所发掘广陵王刘胥或其亲属的墓葬中,出土巨型棺椁一副,棺、椁背面有隶书"广陵船板"四字,由此可以证明此棺椁系由船板改制而成。又如,西汉武帝元鼎五年(前 112),南越王相吕嘉造反,楼船将军杨仆等人率江淮以南楼船十万人,前往征讨,结合出土文物来看,当时的广陵国亦如唐代扬州,也是营造楼船的一个重要基地。凭借历史悠久的造船技术,到了隋唐五代时期,扬州地区的造船工艺有了更进一步的提升,如历史记载:"杨玄感之乱,龙舟水殿皆为所焚,诏江都更造,凡数千艘,制度仍大于旧者。"[1]扬州为何能够在短时间内,制造出数千艘规模远胜于从前的大型龙舟? 主要就是因为这里集聚了大量的造船工匠,他们不仅能够制造各种类型的船只,而且还掌握了过

---

[1]　〔宋〕司马光编著,〔元〕胡三省音注:《资治通鉴》卷一八二隋炀帝大业十一年(615)十月,
中华书局 1956 年版,第 5700 页。

硬的造船技术,仅此一事便清晰地反映出扬州造船业规模之大及其技术之精湛,皆远非其他地区可以比拟。

其他各行手工业的情况大致相类,如扬州地区的铜镜制作、钱币铸造、金银器制作、毡帽编织等,皆可谓引领时尚,独擅美名,其高超的制作工艺,在某种意义上都可以说是社会需求所促成的结果。如《旧唐书·杨贵妃传》记载:"扬、益、岭表刺史,必求良工造作奇器异服,以奉贵妃献贺。"[1]这种社会需求属于统治集团人物追求奢华生活享受,但客观上确实也有助于或是刺激了手工业技术的发展和进步,因为要想制作出"奇器异服",非得有高超的、富于想象力的技艺不可,这就对工匠的技艺提出了特殊的要求。唐代淮南道向朝廷交纳的贡赋中,丝织品也是大宗的物资,其中有些还是作为土贡奉献给朝廷的名贵丝织品,如唐玄宗天宝二年(743),韦坚在广运潭盛陈江淮地区各郡奉献给朝廷的土贡特产,广陵郡的贡船排在第一位,"堆积广陵所出锦、镜、铜器、海味"[2],在众多广陵郡贡品中,排在第一位的为锦,这充分说明扬州所织锦的工艺和质量,都具有领先全国的地位。《新唐书·地理志》所载广陵郡的土贡共有24种[3],杜佑《通典》记述江淮地区各郡的土贡,广陵郡亦有15种之多[4],种类在当时各郡、府中高居榜首。在种类多样的土贡产品中,仅丝织品就有5种,即"绵、蕃客袍锦、被锦、半臂锦、独窠绫"[5],其中的"绵"当作"锦",这些织锦制品都是具有扬州地域特色的丝织品,代表唐代扬州地区丝织工艺的最高水平。再如,扬州制作的金银器,也都是难得的质量上乘的工艺品,经常被大臣们当成进贡皇帝的珍稀之物,以讨取皇帝的欢心,如长庆四年(824)八月,时任淮南节度使王播,向唐穆宗进贡宣索银妆奁二件,十月,淮南、淮西又各进奉宣索银妆奁三件[6];大和元年(827)五月,王播从扬州入朝,

[1]〔后晋〕刘昫等:《旧唐书》卷五一《后妃上·玄宗杨贵妃传》,中华书局1975年版,第2179页。

[2]〔后晋〕刘昫等:《旧唐书》卷一〇五《韦坚传》,中华书局1975年版,第3222页。

[3]〔宋〕欧阳修、宋祁:《新唐书》卷四一《地理志五》,中华书局1975年版,第1051页。

[4]〔唐〕杜佑撰,王文锦、王永兴、刘俊文、徐庭云、谢方点校:《通典》卷六《食货六》,1988年版,第119—120页。

[5]〔宋〕欧阳修、宋祁:《新唐书》卷四一《地理志五》,中华书局1975年版,第1051页。

[6]〔北宋〕王钦若等编:《册府元龟》卷一六九《帝王部·纳贡献》,中华书局1960年版,第2034页。

又向唐文宗一次进奉大小银碗三千四百枚[1]。这些也都是出于统治阶级追求奢华生活的需要,而刺激或促进了相关手工业技术的发展进步。

二、隋唐五代扬州手工业快速发展与技术进步

隋唐五代时期扬州地区手工业的高度发展,以及手工业技术所取得的显著进步,约略可以概括为如下几个方面。

其一,隋唐五代时期扬州手工业作坊的规模大,生产能力强。1975、1977、1978 年,文物考古工作者对扬州唐城遗址先后进行了三次发掘,在唐城西部扫垢山发现了唐代手工业作坊的遗址,总计有炉灶 22 座、井 7 口,另外发现熔铸坩埚、碾轮、碾槽、石磨、砺石、铜矿石、煤渣、铜绿锈块、骨料和骨制品、各种陶瓷器皿等遗物,参照地层结构推定,遗址范围至少有 2000 平方米左右的面积,从遗址的内涵分析可知,应该主要是金属熔铸、雕刻制骨两种手工业作坊,如果将考古调查与钻探的范围整个加起来,则这片手工业作坊遗址至少在一万平方米以上。[2] 由此可知,这是一个规模相当巨大的手工业作坊,如此大规模的手工业作坊,而且又以金属熔铸为主业,因此不太可能是私营作坊,而应该是当时扬州大都督府或广陵郡下属的官营作坊。隋唐五代时期扬州地区的私营手工作坊,尽管并无考古发现可以说明其经营规模,不过我们可以根据历史文献的相关记载略加推断,如前举广陵人吴延瑫为弟娶妻于张司空家一事,张家巨富,广室大厅,"厅之西复有广厦,百工制作毕备",很显然,张家"广厦"中所开设的"百工制作",就是一个有多种经营业务的私人手工业作坊,而从张家作坊"百工制作毕备"的情况来看,可知这个家庭手工业作坊的规模较大。再如,有史料记载说扬州地区"侨寄衣冠及工商等多侵衢造宅,行旅拥弊"[3],隋唐五代时期的扬州有很多富商大贾,此处史料中"工商"并举,其中的"工"自然是指手工业作坊主,如果他们只是规模较小的手工业作坊主,是绝对没有"侵衢造宅"的雄厚财力和社会势力的,因此应该

[1]〔后晋〕刘昫等:《旧唐书》卷一六四《王播传》,中华书局 1975 年版,第 4277 页。

[2] 南京博物院、扬州博物馆、扬州师范学院发掘工作组:《扬州唐城遗址 1975 年考古工作简报》,《文物》1977 年第 9 期,第 16—30 页。南京博物院:《扬州唐城手工业作坊遗址第二、三次发掘简报》(刘惠英执笔),《文物》1980 年第 3 期,第 11—14 页。

[3]〔后晋〕刘昫等:《旧唐书》卷一四六《杜亚传》,中华书局 1975 年版,第 3963 页。

属于那种经营大型手工业作坊的私营作坊主。

隋唐五代扬州手工业作坊规模之大,还可以从其强大的生产能力得到反映。这里可举漆器生产为例,以资说明。漆器本以襄州为胜,但扬州后来居上,到晚唐时期不仅制作工艺领先,而且生产能力惊人,如高骈担任淮南节度使时,仅在乾符六年(879)一次贡献给朝廷的漆器就多达15935件,据文献记载云:"当道造成乾符六年供进漆器一万五千九百三十五事……臣今差押银青光禄大夫、检校太子宾客、兼御史中丞、上柱国辛从实押领,随状奉进。谨进。"[1]由此不难想象,扬州漆器制造业的规模该有多么大了!此外,隋唐五代时期的扬州造船业、铸钱业的规模,在当时都是遥遥领先于全国其他各地,这些将在后面详细叙述。唐代扬州手工业制造能力强大,还表现为能够制作大型器物,当时朝廷所需要的大型器物很多时候都是委托给扬州制造,例如:"唐中宗令扬州造方丈镜,铸铜为桂树,金花银叶。帝每常骑马自照,人马并在镜中。"[2]由此可见,这是一枚巨型铜镜,因为连人带马都能够照入镜中,其制作工艺之精巧,由"铸铜为桂树,金花银叶"可以推知,关键是这枚巨型铜镜所需耗费的巨量原料、如何确定合金的比例、怎样做到镜面光洁度等,都是对制造能力的考验,因为无论是一次浇铸成型,还是分铸合成,对于铜镜制作都有极高的技术要求。再如,扬州有一次奉命制作巨型铜灯树,薛昇认为此事太过奢侈,遂上疏劝谏,云:"所造灯树,匠人计料,用钱四万贯……扬州到上都三千余里,州县所过,人皆见之,未审此物欲将何用? ……非抑奢从俭、敦本塞末之道也。"[3]这个巨型铜灯树规模有多大呢? 我们可以通过对所用原料的数量加以推断,张滂在唐德宗贞元九年(793)正月上奏章,其中说:"诸州府公私诸色铸造铜器杂物等。伏以国家钱少,损失多门。兴贩之徒,潜将销铸,钱一千为铜六斤,造写器物,则斤直六百余。有利既厚,销铸遂多,江淮

---

[1]〔新罗〕崔致远撰,党银平校注:《桂苑笔耕集校注》卷五《进漆器状》,中华书局2007年版,第129页。

[2]〔宋〕李昉等编:《太平广记》卷二三一《器玩三》"唐中宗"条引《朝野佥载》,中华书局1961年版,第1770页。

[3]〔宋〕李昉等编:《文苑英华》卷六一三(薛昇)《代崔大夫进铜灯树表》,中华书局1966年版,第3178页。

之间,钱实减耗。"[1]从中可知,唐代江淮地区民间私自销钱铸器,每销毁 1000 钱可以得到 6 斤铜,再铸为铜器出售,每斤铜折算下来最高可值 600 多钱,这里我们姑且按照每斤铜值 650 钱计算。唐代每贯 1000 钱,则"四万贯"的料钱可买得铜 61538 斤。制作这枚铜灯树,仅铜料就需要 6 万多斤,如果再加上其他装饰用材,则这个铜灯树的重量和体积之巨大,可谓惊人。那么,远在长安的唐朝中央政府,为何不远千里,选择由扬州制造这枚铜灯树呢? 除了扬州铜器制作工艺精湛外,还因为扬州具有制作大型铜器的能力。

其二,隋唐五代时期扬州手工业的高度发达,还表现为手工业的门类齐全,举凡社会生活与生产所需求的物品,扬州皆有相应的手工业作坊进行生产供应。

对于唐代扬州地区手工业的门类,有人总结为"衣、食、住、行、用"五类,以言"衣",则有纺织(主要包括丝织、麻织两类)、成衣制造、毡帽制作等业;以言"食",则有制盐、制糖、酿酒、制茶、制药、菱藕加工等业;以言"住",土木建筑业,而以"竹"之广泛运用为特色;以言"行",则以造船、造桥业为突出特色;以言"用",则包罗万象,如经济领域则以铸钱业驰名海内(扬州铸钱直接关系到国计民生),文化领域则有造纸、雕版印刷、乐器制作、石刻等,日常生活用品领域则有铜器、铜镜、铁器、金银器、漆器、木器、骨器、玉器等业。[2]门类齐全的手工业制作,不仅能够直接满足普通民众日常生活、生产所需,而且扬州还具有加工生产对技术工艺要求高、价值昂贵的奢侈品的能力,能够满足不同人群的社会需求,例如各种金银器、珠宝玉器乃是社会上层人士所钟爱的奢侈品,扬州也有专门的制造作坊进行生产。隋唐五代扬州地区素以金银器、珠宝玉器加工制作驰名海内,其产品不仅为扬州人民所喜爱,还远销全国各地,甚至境外的国家,例如扬州制作的铜镜、漆器和丝织品,一直是当时海外贸易中的重要出口物资,深受东南亚、南亚及西域诸国人民的喜爱,甚至遥远的非洲地区,也发现有扬州手工业制品的遗迹,因此,说隋唐五代时期扬州手工业生产的物品远销海内外,并非不符合史实的夸张之辞。

其三,隋唐五代时期扬州手工业的高度发达,还表现为手工业技术领先,

---

[1] 〔后晋〕刘昫等:《旧唐书》卷四八《食货志上》,中华书局 1975 年版,第 2101 页。

[2] 卞孝萱:《唐代扬州手工业与出土文物》,《文物》1977 年第 9 期,第 33 页。

制作工艺精湛,手工业制品质量优良。关于这一点,前面已经有所论述,这里我们再以扬州的金银器制造业为例作进一步的说明。

从历史上来看,金银器主要是作为一种消费性的奢侈品而出现的,隋唐五代时期也不例外,由于金银本身就具有极高的价值,因此金银器在某种意义上又被看作财富的象征。隋唐五代时期,扬州是金银器制作的主要基地之一,在扬州进献给朝廷的土贡中[1],金银器就是一项大宗物品。不过,扬州本地并没有金矿和银矿,如赵璘《因话录》中所记卢仲元从洛阳持黄金到扬州出卖,正赶上当时金价腾贵,从而卖得好价钱,然后又从扬州"市南货入洛",从而为妻兄崔氏遗孤置办家业的故事[2],以及日僧圆仁亲眼看见人们在扬州买卖"砂金"[3]的事实,都可以说明扬州本地不出产金银。因此,扬州金银器作坊用来制作加工金银的原料,都是从外地调运而来的,将外地所产金银运到扬州加工生产,正说明扬州地区金银器制作技术的高超。扬州本地虽然不产金银,但扬州所在的江淮地区却盛产金银,据《新唐书·食货志》记载:"凡银、铜、铁、锡之冶一百六十八。陕、宣、润、饶、衢、信五州(按,此处记述有误,"五"当为"六"之讹),银冶五十八。"[4]《新唐书》所记述的六处银冶集中地区,宣、润、饶、衢、信五州皆在淮南节度使(扬州大都督府)辖区之内,江淮地区的银冶六占其五,充分说明江淮地区银矿资源之丰富。扬州作为江淮地区政治、经济、文化、军事与技术的中心城市,其银器制造业也就有了充足的原料供应,因此,扬州在隋唐五代时期能够成为全国的金银器制造中心地区,并不是偶然的,而是与扬州在整个江淮地区所处的中心地位有直接关系。

正是因为扬州为当时江淮地区乃至全国的金银器制作中心,所以大量金银原料被运到这里,扬州因此也积聚起数量不菲的黄金和白银。据历史记载,唐德宗建中(780—783)末年,长安发生动乱,皇帝率文武百官逃往梁州、洋州一带(今陕西汉中),为了解决中央财政的燃眉之急,盐铁使包佶紧急从扬

[1] 〔宋〕欧阳修、宋祁:《新唐书》卷四一《地理志五》,中华书局 1975 年版,第 1051 页。

[2] 〔唐〕赵璘:《因话录》卷三《商部下》,上海古籍出版社 1979 年版,第 88—89 页。

[3] 据〔日〕圆仁撰,顾承甫、何泉达点校《入唐求法巡礼行记》卷一:(开成三年十月)十四日,"砂金大二两于市头,令交易。市头秤定一大两七钱,七钱准当大二分半,价九贯四百文。更买白绢二匹,价二贯……"(上海古籍出版社 1986 年版,第 16 页)。

[4] 〔宋〕欧阳修、宋祁:《新唐书》卷五四《食货志四》,中华书局 1975 年版,第 1383 页。

州调运金币,准备输送到唐德宗避难的梁洋地区[1]。又如,唐宪宗元和十一年(816),征伐藩镇造成军费支出大增,时任淮南节度使李鄘,曾向朝廷进献绢三万匹、黄金五百两、白银三千两[2]。值得注意的是,李鄘当时所献黄金白银,并不计算在每年定期交纳的“土贡”之内,而是额外供给皇帝的“进献”。还有,唐僖宗光启三年(887),吕用之曾告诉杨行密,说有五万铤白银埋在地下,待攻克扬州城池以后,可以取来使用。[3]或以为吕用之这是欺人之谈,但是如果扬州地区没有比较多的白银,想来他也不敢用这种谎言欺骗杨行密。不宁唯是,这一点已经为扬州所发现的唐代银铤实物所证实,1982年在扬州市农科所所在地域发现一只重约1600克的船形银铤,加上1978年扬州博物馆在扬州市梅岭大队出土的2只船形银铤,通过与其他地区出土银铤的对比分析,可以推断这3只船形银铤应为唐代遗物。[4]这不仅为纠正船形银铤始见于宋代的传统观点提供了佐证,而且为唐代扬州多金银提供了实物证据,并进一步印证了史书所载“东南扬为大,刀布金玉积如阜”[5]之句的可信性,即使这句话不免有夸大其辞的成份,却也在一定程度上描写出了隋唐五代时期扬州地区金银业的发达状况,从某种意义上反映了唐代扬州金融业的发达,并为研究唐代经济及货币史的相关问题提供了弥足珍贵的资料。

隋唐五代时期扬州手工业作坊所制造的金银器,其手工技艺之精美情形,可以从唐人的一些记述文字中得到印证。如唐中宗时,扬州曾奉命制作方丈镜,“铸铜为桂树,金花银叶”,方丈镜的主要装饰图案为桂花树,其主干枝条为铸铜,而花、叶则分别以黄金、白银制成,这显然是一种铜上镶嵌金银的制作技术。唐玄宗天宝二年(743),大明寺僧鉴真东渡日本,随船携带“金泥像一躯”,这个佛像采用的是泥上涂抹黄金屑的制作工艺。再如,杜牧诗云“金络擎雕去,鸾环拾翠来”[6],前一句所写手持鸟笼,乃是用黄金丝编织而成。

---

[1]　〔后晋〕刘昫等:《旧唐书》卷一五一《伊慎传》,中华书局1975年版,第4055页。

[2]　〔北宋〕王钦若等编:《册府元龟》卷四八五《邦计部·济军》,中华书局1960年版,第5797页。

[3]　〔宋〕司马光编著,〔元〕胡三省音注:《资治通鉴》卷二五七唐僖宗光启三年(887)十一月,中华书局1956年版,第8370页。

[4]　韩荣福、周长源:《扬州两次出土唐代船形银铤》,《中国钱币》1984年第4期,第68页。

[5]　〔宋〕欧阳修、宋祁:《新唐书》卷一八九《田颐传》,中华书局1975年版,第5477页。

[6]　吴在庆:《杜牧集系年校注·樊川文集》卷三《扬州三首》其二,中华书局2008年版,第337页。

张祜《赠淮南将》一诗中写道:"年少好风情,垂鞭眦眼行。带金师子小,裘锦麒麟狞。拣匠装银镫,堆钱买细筝。李陵虽效死,时论亦轻生。"[1]从中可以看到,这位骑在马上的少年,腰勒的黄金带上刻镂着狮子的图案,所乘的马匹则使用了白银为饰的马镫。正是因为扬州金银器制作工艺水平很高,所以金银器始终是作为扬州地区的必备贡品奉献给朝廷,这个时期的扬州历任地方官,经常通过奉献金银器以博取皇帝的欢心,如唐穆宗长庆四年(824)九月,淮南节度使向朝廷进贡"宣索银妆奁三具"[2],这是专供皇室使用的银制化妆盒子之类的物品。再如前面已有所述,唐文宗大和元年(827)五月,淮南节度使王播从扬州前往长安拜见皇帝,一次进贡"大小银碗三千四百枚"。这些上贡给皇帝的银碗,想必也都是制作精美的工艺品了。

隋唐五代时期扬州地区金银器制作技艺之精湛绝美,不仅有历史文献记录可资稽考,还得到了出土文物的证实。中华人民共和国建立以后,扬州地区的考古事业得到了长足的发展,1975年在扬州市邗江县杨庙公社(今杨庙镇)境内发掘了一座五代时期的墓葬。尽管这座墓葬早经盗掘,但在残存的随葬品中,还是发现了一批有价值的金银器、漆器、木器的残片,其中有鎏金铜钥匙、刻镂有喜鹊登梅图案的银饰、银萼珠花、银平脱花纹漆器残片、雕花镶银饰的木几残件、残存贴金痕迹的浮雕着龙凤的木板等。[3]可知扬州金银器制作工艺程序十分复杂,涉及铸造、镶嵌、刻镂、鎏金、贴金、涂金、金银平脱等多个工艺环节,仅以漆器的平脱工艺为例,就有极高的技术要求。所谓平脱工艺,就是将金银薄片镂空成为花纹后,粘贴在漆胎上,然后涂上两三层漆,再打磨平滑,而这座墓葬中所出土的漆器残片上,平脱的花纹上有些还同时镌刻"绶带鸟"的毛雕,就进一步增加了工艺制作的难度,充分反映出扬州地区金银器制作的精湛工艺。1983年8月,在扬州市区三元桥施工工地上,出土了20件唐代黄金首饰,包括金钗、金戒指(包括素面、宝石珍珠花形嵌饰、宝石嵌饰三

---

[1]〔唐〕张祜:《张承吉文集》卷三《赠淮南将》,上海古籍出版社2013年版(据北京图书馆藏宋蜀刻本影印),第60页。

[2]〔后晋〕刘昫等:《旧唐书》卷一七上《敬宗纪》,中华书局1975年版,第512页。按,长庆四年(824)正月壬申,唐穆宗驾崩,癸酉,太子即位,是为唐敬宗。敬宗即位后,并未改元,直到次年正月辛亥,始改元宝历。故长庆四年虽为穆宗时的年号,但皇帝却是敬宗。特此说明。

[3]扬州博物馆:《江苏邗江蔡庄五代墓清理简报》,《文物》1980年第8期,第41—53页。

种类型）、金耳坠（包括普通、球形、球形珍珠宝石嵌饰三种类型）、马蹄形金挂饰、金串饰等物。其中最引人注目的是那枚马蹄形金栉，高 12.5 厘米、宽 14.5 厘米，重 65 克。纵剖面上部呈弧形，系用 0.2—0.4 毫米厚的金箔剪制錾刻而成；下部剪成栉齿，齿上端保留着剪制的划痕，共有 39 齿，中间较长，两侧渐短，每齿宽度 2.5—4 毫米不等，齿尖均剪成尖角。金栉的上端装饰有多种花纹，中间主纹凸起，以卷云形蔓草纹为地，中心饰以一组如意云纹，上方錾刻一对奏乐的飞天，身系飘带，其一吹笙，另一手持拍板。卷云形蔓草周围饰一圈莲瓣纹带。主纹之下有一条花纹带，以鱼鳞纹为地，上饰两条水波形蔓草纹，与主纹之间有一条联珠纹栏界。周边纹饰共分四层，由里及外，第一、三层饰弦纹夹联珠纹带，第二层为镂空鱼鳞纹带，第四层为镂空的缠枝梅花与蝴蝶相间的纹饰。四层纹饰内容各异，布局合理，疏密有致，有效地衬托了主体纹饰，金栉因此更显富丽华贵。至于戒指、耳坠、挂饰、串饰等小型饰品，则多数由金、银、珠、玉等珍贵材料组合而成，其中所发现的 31 颗珍珠，大小不一，中心多有穿孔，大概是作为串饰或镶嵌之用。[1]从 1983 年考古发现的这批金银器来看，制作工艺之精美，皆非寻常可比，以金栉为例，其纹饰尽管只是錾刻于一层薄薄的金箔上，却给人多层次的立体观感，纹饰中的人物、动物和植物，细节刻画入微，需要借助放大镜才能分辨清楚，其中的飞天形象，面部丰满，身材纤秀，十分灵动，谓之巧夺天工，绝非过誉，真无愧于扬州"珠翠珍怪之产"[2]的美称，这也是唐代扬州地区不产金银而金银器却是作为土贡奉献给朝廷的原因所在。

三、隋唐五代扬州手工业发展的具体表现

以上概括叙述了隋唐五代时期扬州地区手工业发展与技术进步的相关情况，从中可以知道当时扬州手工业生产的门类、技术与规模，都获得了长足的发展，及其处于全国领先水平的相关史实。不过，由于以上只是概括性的记述，仍然不足以全面展示隋唐五代时期扬州地区手工业发展与技术进步的全貌。以下分别以造船、冶炼铸造、纺织及区域特色明显的代表性行业为例，略述隋唐五代扬州手工业发展的具体表现。

---

[1]　徐良玉、李久海、张容生：《扬州发现一批唐代金首饰》，《文物》1986 年第 5 期，第 68—69、77 页。

[2]　〔后晋〕刘昫等：《旧唐书》卷八八《苏瓌传》，中华书局 1975 年版，第 2878 页。

（一）技术领先、规模巨大的造船业

作为隋唐五代时期全国的船舶制造中心，扬州的造船业及其发展情况，前面已经有所叙述，但比较简略，这里还需要稍作详细的阐述。

发达的水路交通，促进了扬州造船业在隋唐五代时期的快速发展，在"车马少于船"，甚至邻里之间的相互走动也要依赖于船只的扬州地区，船只日益成为广大民众日常生活不可或缺的出行工具，为了满足这个巨大的社会需求，扬州的造船业因此而发达起来，大批造船工匠汇集于此，他们掌握着当时较为先进的造船技术。那么，航行漂荡于扬州境内各种水面上的船只究竟有多少呢？由于历史文献并没有记载这方面的统计数据，无法考知其确切数字，但相关的一些史料记述，却能够给我们以启示。据历史记载，唐玄宗天宝十载（751），"广陵郡大风架海潮，沦江口大小船数千艘"[1]。仅在一次大风中，广陵郡的船只就沦没数千艘之多，不难想象扬州境内船只数量之多到了何种地步了。再如，唐德宗贞元时期，萧洞玄从浙东抵达扬州，"至废亭埭，维舟于逆旅主人。于时舳舻万艘，隘于河次，堰开争路，上下众船，相轧者移时"[2]。又如，日僧圆仁入唐求法，在扬州他亲眼看见了"江中充满大舫船，积芦舡，小船等不可胜计"。[3]大明寺僧鉴真第五次东渡日本失败，绕道回扬州后，"江都道俗，奔填道路，江中迎舟，舳舻连接"[4]；诗人卢纶夜泊扬子津渡口时，看到了"山映南徐暮，千帆入古津"[5]的景象；刘长卿送别堂兄到淮南，所咏"万艘江县郭，一树海人家"[6]之句，令人不禁联想起扬州城郭的运河上，万艘船只航行归来的情景；刘禹锡也是在扬州的一次宴会上第一次遇到白居易，便以"沉

　[1]〔后晋〕刘昫等：《旧唐书》卷三七《五行志》，中华书局1975年版，第1358页。

　[2]〔宋〕李昉等编：《太平广记》卷四四《神仙四十四》"萧洞玄"条引《河东记》，中华书局1961年版，第277页。

　[3]〔日〕圆仁撰，顾承甫、何泉达点校：《入唐求法巡礼行记》卷一，上海古籍出版社1986年版，第8页。

　[4]〔日〕真人元开著，汪向荣校注：《唐大和上东征传》，中华书局2000年版，第80页。

　[5]〔清〕彭定求等编：《全唐诗》卷二七九（卢纶）《泊扬子江岸》，中华书局1960年版，第3177页。

　[6]储仲君：《刘长卿诗编年笺注》编年诗《送从兄昱罢官后之淮西》，中华书局1996年版，第122页。

舟侧畔千帆过,病树前头万木春"[1]相赠,想必也是看到长江运河上穿梭如织的大小船只,从而心有所感而成诗吧。

隋唐五代时期的扬州作为全国的漕运中心,每每为人所提及,论扬州之繁华,也多数会想到漕运。扬州何以成为当时全国的漕运中心? 除了因为它地处大运河与长江交汇处,具有交通枢纽地位的因素之外,也同扬州拥有强大的造船能力和维修能力,有着直接的关系。扬州在成为漕运中心之后,来往停泊于扬州的众多漕船,需要大量人员对其进行维护和保养,特别是从唐玄宗开元以后,扬州地区的漕运呈现明显加速增长的趋势,漕船制造和维护的压力越来越大,如果不具备制造和维修大量漕船的能力,则无法满足日益增长的漕运需求,也无法维持扬州漕运中心的地位。扬州到底有多少漕船,历史文献并无这方面的任何记述,不过一些相关的历史记载,却为我们提供推测的依据。史载唐玄宗开元九年(721),扬州、润州两地发生风暴,漂损公私船舫一千多只,其中不少船只应该就是漕船。天宝十载(751)正月,陕郡大风,造成漕船失火,烧毁运米船只二百多艘,死者多达五百人,这些运送米粮的漕船中很多即来自扬州;同年八月,广陵郡大风,潮水覆败船只数千艘,可以肯定其中也必定有为数不少的漕船。这些被大风倾覆的船只,并非全部由扬州制造,但多数应该出自扬州所产,却是无须争议的。

安史之乱发生以后,随着江淮八道成为中央财赋的主要来源地,扬州作为物资漕运转移中心的地位进一步强化,对于漕运船只的需求也进一步加大,于是就在扬州增设新的造船场。据历史记载,唐代宗广德二年(764),刘晏出任东都、河南、江淮、山南诸道转运租庸盐铁使,为了解决漕运不足的问题,刘晏一方面组织疏浚运河水道,提高运河通航能力;另一方面在扬子县(即今扬州市仪征市)新设十个造船场,差专知官十人具体负责营造漕船,每船造价高达百万,一次可以运载漕粮千石。当时有人提出异议,认为其时国家财政资金紧张,应该削减造船开支,主张每船造价减至五十万钱以下,刘晏当即反对,指出凡事都应该从长远打算,既然造船就应该经久耐用,而不能降低造船标准或偷工减料。刘晏所主持的扬子院造船场,乃是唐代相关文献所

---

[1] 陶敏、陶红雨校注:《刘禹锡全集编年校注》卷六《酬乐天扬州初逢席上见赠》,岳麓书社2003年版,第402页。

记载的扬州地区最大规模的船场,某种意义上代表了唐代的造船技术水平。刘晏所主持创建的扬子院造船场,所造船只质量稳定可靠,每船可运载漕粮一千石,对于沟通唐代后期政治中心与财赋中心的联系,确保漕运数量与质量,都发挥了重大作用。扬子院十造船场能够造出坚实的、高品质的漕船,与刘晏先进的造船理念又有直接的关系,因为刘晏首先确定了十分充裕的造船经费标准,每船造价为一百万钱,目的就是为了保证造船原材料的优质足量;同时也确保造船工匠能够按时足额领取应得的劳动报酬,从而提升造船工匠的劳动积极性。其次,扬子院十造船场委派"专知官十人,竞自营办"[1],也就是让十名专知官各自负责一个造船场,并允许各船场之间相互竞争,这种竞争机制也在一定程度上有助于保障造船质量的可靠性,同时也有效保证了扬州地区官办造船场的长期兴旺发达。刘晏先进的造船理念及其正确性,被几十年后所发生的事情有力地证明了,因为刘晏坚持造价百万钱的千石大船,在运营五十年以后仍然可以承担漕运任务。然而,到了唐懿宗咸通(860—874)末年,扬子院官杜侍御主持造船场事务,削减了造船费用,改为每艘造价不到五十万钱,并将原一千石载重量改为五百石载重量,再加上造船执行官吴尧卿改变原有盐铁制度,对采购的造船木材及其他原料的质量把控不严,结果因为板材、钉、灰、油等造船用料都不合格,以至于所造出来的漕船,使用不久便全部损坏。[2]

隋唐五代时期扬州造船技术发达领先,还表现为扬州的造船场能够制造不同用途的专用船只,如军队专用船舰——"军舟"、端午竞渡的专用船只——龙舟。扬州制造军用船舶的历史十分悠久,早在西汉时期,扬州就已经能够造出适合内河水战的军队专用舰船了,如楼船将军杨仆率军征伐南越,所乘坐的战船主要就是由当时的广陵国所承造。隋炀帝东征高丽,来护儿等人所统率的海军战船,其中大部分也是由扬州船场制造的。到了唐代,扬州官营造船场规模进一步扩大,不仅需要承担漕船制造的任务,同时还承担了军用船只的建造任务。扬州所造的军用战船,不仅包括适合在长江、运河、湖泊等内河上航行的舰船,还包括能够适用于海上追捕、作战的战船。隋唐五

---

[1]〔宋〕王谠撰,周勋初校证:《唐语林校证》卷一,中华书局1987年版,第61页。

[2]〔宋〕王谠撰,周勋初校证:《唐语林校证》卷一,中华书局1987年版,第60—61页。

代时期扬州地区的战船制造，一直长盛不衰，而且一直保持较大的需求量，主要又是因为扬州大都督府辖域广阔，河湖交织、水网纵横，兼之濒临大海，长期存在水上盗匪为患的情况，扬州大都督府及其下属州府清剿和打击水匪的军事行动，也就始终未曾消歇，从而对军用战船有着持续性的需求。

扬州大都督府辖区水上盗匪载诸史籍者，主要有两类，一是活动于长江流域的江贼，二是活动于沿海岛屿的海贼。据诸史籍所载，整个隋唐五代时期，扬州地区的社会治安始终面临江贼和海贼的袭扰和威胁，打击江贼和海贼也就成为扬州大都督府（淮南节度使府）一项长期的军事任务。隋唐五代时期扬州地区的江贼，早在两汉魏晋南北朝时期已经出现，可谓由来已久，有关江贼打家劫舍、扰乱社会的情况则间有记载。隋唐五代时期扬州地区的江贼酿成大祸，却是到安史之乱发生之后，因为当时的唐朝中央财政已经主要依恃江淮地区，而活动于长江流域的江贼，他们少则二三十人，多则上百人，经常性地骚扰或烧杀沿江村落或州府县城，江南江北地区几无幸免，有时竟公然劫夺国家漕运船只，这就直接威胁到国家经济命脉的安全。唐武宗朝，杜牧曾经上书执政宰相李德裕，陈述了江贼对漕运所造成的严重威胁，认为江贼已经构成国家的大患，他说："伏以江淮赋税，国用根本，今有大患，是劫江贼耳。某到任才九月，日寻穷询访，实知端倪。夫劫贼徒，上至三船两船百人五十人，下不减三二十人，始肯行劫，劫杀商旅，婴孩不留……凡江淮草市，尽近水际，富室大户，多居其间。自十五年来，江南、江北，凡名草市，劫杀皆遍，只有三年再劫者，无有五年获安者……"为清除日趋严重的江贼祸患，杜牧向李德裕提出建议，认为应该组建清剿队伍，宣、润、洪、鄂四州各百人，淮南四百人，每只战船三十人，同时设专职判官负责沿江巡逻、清剿事宜。此外，杜牧还建议，应该着令各地观察使设法招降江贼头目，任命为军职，让他们负责清剿其余江贼，通过"以贼制贼"的方式，尽可能地肃清江贼的祸患。[1]由此可见，长江流域江贼的危害已经十分严重，唐朝政府必须组建水军队伍，对其实施有效打击和清剿，并最终实现消灭他们的目标，而组建水军就需要相当数量的、适合江面作战的舰船，扬州地区造船场原本就拥有制造战船的实

---

[1]　吴在庆：《杜牧集系年校注·樊川文集》卷——《上李太尉论江贼书》，中华书局2008年版，第826—831页。

力和技术,出于打击江贼、组建水军的政治需要,扬州的造船业规模也得到了进一步壮大。

　　威胁扬州地区水上航行的隐患,除了以江贼为代表的内河水上盗匪之外,还有活跃于沿江岛屿上的海贼。海贼之患,也是由来已久,至迟从西汉末年,海贼就已经见诸史载了。以距离隋唐较近之东晋而言,晋成帝咸和六年(331)就曾因为"海贼寇抄,运漕不继",而征发王公以下余丁各运米六斛,以保证军粮之供应。[1]唐代文献有关海贼的记录更多,从今广东南海地区到今河北渤海地区,举凡沿海地区皆有海贼出没。以扬州大都督府辖区的具体事例来说,如唐玄宗天宝二年十二月,海贼吴令光进寇永嘉郡[2];唐代宗大历年间(766—779),常州江阴县尉邹待徵妻薄氏被海贼掳走,薄氏为守节而投江自杀[3];唐僖宗乾符二年(875)四月,海贼王郢曾攻剽浙西郡邑[4]。海贼不仅烧杀或抢掠一般性的财物,有时还抢掠人口贩卖到其他地方,从而给沿海地区的安全造成严重危害。鉴于海贼势力的猖獗,为了保证沿海地区的社会安定,唐朝中央政府曾不止一次地下发诏敕,要求地方政府设法打击海贼,如唐玄宗就曾针对长江下游地区海贼为患而下发诏敕,任命裴敦复为"摄御史大夫,仍持节",前往江东地区"宣抚百姓并招谕海贼",并特许他便宜行事。[5]日本真人元开在所著《唐大和上东征传》中,对于东南沿海地区的海贼记述颇多:唐玄宗天宝二年(743),"海贼大动繁多,台州、温州、明州海边,并被其害,海路埋塞,公私断行"。[6]后来甚至有传言,说扬州地区有僧侣"造舟入海,与海贼连",在既济寺、开元寺、大明寺一些僧侣的掩护下,有一百多个海贼混进了扬州城。尽管后来经过查证,并无僧侣勾结海贼之事。但是"海贼大动"的形势,却直接到影响到海上航行,大明寺僧鉴真先后几次东渡日本而未

　　[1]〔唐〕房玄龄等:《晋书》卷二六《食货志》,中华书局1974年版,第792页。

　　[2]〔宋〕欧阳修、宋祁:《新唐书》卷五《玄宗纪》,中华书局1975年版,第143页。

　　[3]〔后晋〕刘昫等:《旧唐书》卷一九三《列女·邹待徵妻薄氏传》,中华书局1975年版,第5148—5149页。

　　[4]〔后晋〕刘昫等:《旧唐书》卷一九下《僖宗纪》,中华书局1975年版,第694页。

　　[5]〔宋〕宋敏求编:《唐大诏令集》卷一一八《遣裴敦复往江东招讨海贼敕》,中华书局2008年版,第617页。

　　[6]〔日〕真人元开著,汪向荣校注:《唐大和上东征传》,中华书局2000年版,第43页。

获成功,其中固然有海啸大风等天灾的因素,实际上也和海贼活动猖獗,致使"海路堙塞"有很大关系。面对海贼为患日趋猖獗的严峻形势,唐朝中央政府和扬州地方政府必然要加大对水军的训练和投入,这就需要较大批量地制造能够在海上航行和作战的专用舰船。从真人元开的相关记述来看,当时包括扬州大都督府辖区在内的沿海地区,水军可能都配有专用的海上舰船,如鉴真第一次准备东渡时,除了出资在扬州东河打造航海船外,还曾以八十贯钱,向岭南道采访使刘巨鳞购得"军舟"一只,并雇佣"舟人"等十八口。[1]这里所说的军舟,应该就是沿海水军专用的舰船,鉴真东渡除了在扬州新造航海船,还另外购买军舟,应该是军舟的质量高、排水量大,更适合海上航行。扬州能够大批量地制造军舟,充分说明扬州的造船能力、造船技术在当时都处于全国领先的地位。

龙舟竞渡是隋唐五代时期端午节庆活动的重要项目,很多地方在这一天都要举行这个竞赛活动,因此龙舟的市场需求量一直比较大。端午龙舟竞渡所使用的"龙舟",也属于一种专用船只,扬州制造的龙舟,不仅供应扬州本地使用,还远销他方,也从一个侧面证明了扬州造船技术的发达。例如,生活在唐高宗时期的张鷟曾记述:"五月五日洛水竞渡船十只,请差使于扬州修造,须钱五千贯,请速分付。"[2]洛阳地区举行龙舟竞渡大赛,为何要到扬州地区选购竞赛所需船只呢? 这当然是因为扬州所造龙舟技术先进,扬州汇集了全国的一流造船工匠,造船技术领先。龙舟竞渡,作为扬州地区端午节一项重要的节日娱乐活动,场面宏阔,甚至淮南节度使亲自主持此事。据唐人记载,杜亚担任淮南节度使时,曾经组织"竞渡、采莲、龙舟、锦缆、绣帆之戏,费金数千万"[3]。由此可见扬州地区端午龙舟竞渡之盛况,而所有的活动都离不开船只——龙舟,竞渡、采莲乃是言其具体活动,锦缆、绣帆则是龙舟的构成部件,以锦作船缆、以绣作船帆,可见扬州所造"龙舟"之豪华,当然也直接反映了扬州地区龙舟制作工艺的高超和技术的领先。

---

[1]〔日〕真人元开著,汪向荣校注:《唐大和上东征传》,中华书局2000年版,第47页。

[2]〔唐〕张鷟撰,蒋宗许、刘云生、蒋信、谭勤、陈默笺注:《龙筋凤髓判笺注》卷二《水衡监二条》,法律出版社2013年版,第104页。

[3]〔唐〕佚名:《大唐传载》,清《守山阁丛书》本。

　　扬州造船工艺技术领先,不仅体现在能够制作豪华的龙舟,更表现在能够制造适合航海的大型船只,如唐玄宗天宝二年(743),扬州大明寺僧鉴真第一次准备东渡日本,遂于扬州东河造船,由扬州大都督府仓曹参军李凑检校营造事宜。[1]能够制造航海大船,充分证明扬州地区雄厚的造船实力和高超的造船技术。1973年6—8月,南京博物院的考古工作者在今江苏省如皋市(唐代为广陵郡海陵县如皋镇)东南七十余里的马港发掘一艘唐代木船,船身狭长,隔舱多,容积大,船舱及底部均以铁钉钉成人字缝而成,其中填充有石灰和桐油,严密坚固。以长、宽、高计算,载重大约20吨,这种船具有“底平,吃水浅,顺逆风均能行驶,逆风顶水也能航行”的特点,特别适合在长江、湖泊及近海航行。如皋木船采用的人字缝钉合技术,虽然不及现在木船榫合技术先进,但在当时却是十分领先的技术,当时西方尚不知道使用铁钉缝合,而只知道使用皮条,所以唐代扬州地区的木船制造中所使用这种铁钉钉合技术,在世界造船史上处于技术领先的优势地位。[2]到了唐宋之际,扬州地区的造船技术进一步发展,由铁钉钉合技术发展到榫头和铁钉并用衔接的方法,如1960年3月在扬州施桥镇挖河工程中,发现大木船和独木船各一只,就是采用的这种复合式的拼接方法:“整个船身是以榫头和铁钉并用衔连的方法建造的,船内隔仓板及仓板枕木,均与左右船舷榫接。船舷是由四根大木料,以铁钉成排钉合而成(铁钉长17厘米,钉帽直径2厘米。平均每隔25厘米钉一根),船底也以同样方法建造。”[3]对扬州地区考古所发现的唐代船只进行综合分析,可知唐代扬州所造船只的主要特点为吃水较浅,载重量大,航速较快。这里尤其需要重点强调的是,唐代扬州造船所采用的水密舱技术,在当时属于十分先进的技术。以如皋考古发现的唐代木船来说,该船残存部分即长达17米多,不仅能够适应在内河航行,而且可以在近海航行。此船共分九个船舱,舱板和船底之间通过铁钉钉合,并用石灰、桐油填实缝隙,每个船舱之间也是密封分隔,这就是现代造船技术中常用的水密舱技术。这种技术的最大优点是,当船体发生触礁事故时,即便有一两个船舱破损,由于其他船

[1]〔日〕真人元开著,汪向荣校注:《唐大和上东征传》,中华书局2000年版,第43页。

[2]南京博物院:《如皋发现的唐代木船》,《文物》1974年第5期,第84—90页。

[3]江苏省文物工作队:《扬州施桥发现了古代木船》,《文物》1961年第6期,第52—54页。

舱仍然有浮力,故整个船体并不会沉没。另外,分舱式摆放货物,既有利于货物保管,也方便货物的装卸。唐代扬州造船技术不仅在全国领先,而且在世界上也处于遥遥领先的地位,例如如皋木船所采用的水密舱和分舱式造船技术,世界其他地区要到18世纪末期才开始采用,由此进一步证明唐代扬州造船技术之先进性。

　　隋唐五代时期扬州地区造船业发达,除了体现在官营造船场规模大、技术先进、实力雄厚等几个方面外,还表现为民间私营造船作坊数量之众多,这些民间私营作坊尽管规模实力均无法同官营造船场相比,但是也掌握了较为先进的制作工艺。1978年3月,江苏文物考古工作人员在今扬州市区石塔寺、文昌阁附近发现两条南北向的古河道,根据出土文物的层次关系,判断这是两条初唐、中唐到晚唐五代时期一直都在使用的内城河道。在石塔寺附近的古河道上发现木桥桥桩33根,在第二条河道的淤泥中发现两条唐代古船,一条残长7.1米,宽0.64米;另一条残长6.3米,宽0.7米。这两条船均为窄长形的小船,但船舱构造均为分隔式的多仓结构,船舱中发现有漆器、瓷器残片,考古人员推测这应当是一种短途运输的货船。[1]这种短途运输的货船,很有可能就是由私营作坊所制造,从它在内城河道运行的情况来看,隋唐五代时期扬州民众日常生活中所用的船只,大概都是这种适合在内城水道航行的小型船只。为何说这种小船有可能出自民间私营船坊呢? 这是因为扬州地区水域广阔,船只乃是民众日常生活不可或缺的交通工具,因此,如果仅仅依靠官营船场所造的船只,是没有办法满足如此庞大的社会需求的,这就为那些数量众多的私人造船作坊提供了广阔的市场。以扬州为水路交通枢纽,南自广州、交州、泉州,西到荆州、益州,北至洛阳、长安,在辽阔万里、纵横交错的水路上航行的无数大小船只,每天究竟会有多少船舶经过、停泊于扬州,又有多少船只从扬州启航,分赴全国各地? 再加上扬州本地区也是"车马少于船""邻里漾船过",扬州的水道经常发生拥堵滞塞,便成为经常性的现象。穿梭于扬州各水道上无数船只中,很大一部分来自于民间私营船场所造,而这又从一个方面证明扬州地区造船业规模之巨大、技术之先进、实力之雄厚,

────────────

[1]　罗宗真:《扬州唐代古河道等的发现和有关问题的探讨》,《文物》1980第3期,第21—27、33页。

皆非寻常可比。

（二）门类众多、技术领先的冶炼铸造业

作为隋唐五代时期全国金属冶炼铸造的中心城市之一，扬州的金属冶炼铸造业不仅技术领先，而且门类众多，举凡铜、铁矿的开采冶炼与铸造、金银器的制作、军器的生产、钱币的铸造等多个行业，都具有举足轻重的地位。唐代扬州金银器的制作与生产，前面已经有所叙述，这里不再重复，仅对隋唐五代时期扬州地区的铜、铁冶炼与制造业略作陈述。

1. 历史悠久的铜、铁冶炼业

有唐一代，铜、铁均属具有国家战略地位的物资，因此唐朝政府对于铜矿、铁矿的开采冶炼均曾实行严格的管控，特别是在西北边疆等边境地区，管制更加严格，不允许民间私人开采和冶炼。以唐朝前期来说，"凡天下出铜铁州府，听人私采，官收其税。若白镴，则官市之。其西北诸州，禁人无置铁冶及采铁。若器用所须，具名移于所由官供之"[1]。扬州不属于西北边疆地区，因此根据唐朝制度规定，民间可以开采铜矿或铁矿，并进行铜铁的冶炼熔铸与加工制作。大约从安史之乱发生以后，国家对于内地的铜铁开采冶炼也加强了管制，如唐代宗大历七年（772）十二月曾下敕，禁断一切民间私人开采铜矿的行为，唐德宗建中元年（780）六月也曾重申了大历七年的禁令，对民间私采铜矿严加禁止。然而，由于铜矿开采熔铸利益丰厚，一味严控并不能完全禁断民间的私采行为，反而激化了社会矛盾。于是，唐德宗贞元九年（793）再次开放了铜禁。先是，诸道盐铁使张滂奏曰："……应有铜山，任百姓开采，一依时价，官为收市。除铸镜外，一切不得铸造及私相买卖。其旧器物，先在人家，不可收集。破损者，仍许卖入官所……委所在观察使与臣属吏会计处置。"唐德宗诏曰："可。"[2]我们注意到，这道敕书尽管重新允许民间私自开采铜矿，但是相对于唐朝前期的"官收其税"，无论是"官为收市"的措施，还是"除铸镜外，一切不得铸造及私相买卖"等规定，都显示出唐朝中央政府对于铜矿开采和铜器冶炼熔铸的管控进一步趋向严格。另外，还必须注意，贞元九年的

---

[1]〔后晋〕刘昫等：《旧唐书》卷四四《职官志三》，中华书局1975年版，第1894页。

[2]〔北宋〕王钦若等编：《册府元龟》卷五〇一《邦计部·钱币三》，中华书局1960年版，第6000—6001页。

这道诏敕，主要是针对"江淮之间，钱实减耗"[1]的情形而发布的。这说明"江淮之间"铜的开采冶炼在其时具有举足轻重的地位，已经直接影响到国家政策的层面，而所谓的"江淮之间"，当然主要是以扬州为中心，这就进一步证明了唐代扬州的铜矿开采、铜器熔铸、钱币铸造在江淮地区乃至全国范围内所具有的重要地位。

隋唐五代时期的扬州境内，铜矿主要分布在江都、六合、天长三县，其中六合县境内还有铁矿。唐代扬州的铜、铁开采和冶炼熔铸业一直比较发达。唐代诗人许棠说"冶例开山铸，民多酌海煎"[2]，后一句写的是海陵县制盐业，前一句写的就是扬州地区的铜、铁开采和冶炼业，诗人将开矿冶炼与煮海制盐并列，充分说明二者在唐代扬州地区的手工业生产活动中具有同等重要的地位。唐代扬州六合县，地理范围包括今扬州仪征市和南京六合区，其铜矿开采，始于西汉早期吴王刘濞统治时期，开采的铜矿主要用于铸造钱币，当然也会用于制作其他铜器。至于扬州六合县境内的铁矿开采与铜铁冶炼，历史更为悠久，六合县境内的冶山素有"华夏冶铸第一山"之称。据历史记载，早从西周时期起，这里就成为采炼铜铁之地，距今已超过3000年，被视为中华冶炼的肇始之地，如今这里已经建成"南京冶山国家矿山公园"，作为"开创中国冶炼史上的一个里程碑"的六合县冶山，在中国的冶炼史上占有重要地位。唐人房翰所撰写的《大唐扬州大都督府六合县冶山祇洹寺碑》[3]碑文中，就有关于隋唐五代时期扬州地区冶铁业情况的记述，如碑文有一句是这样写的："铁冶腾光而赫赫，上烛霞空；石梁激溜而洄洄，旁亘烟野"，上半句"铁冶腾光而赫赫，上烛霞空"，就透露出有唐一代冶山的冶铁业发达景象之一斑。唐代扬州富庶甲于天下，煮海为盐、开山冶铸、漕运粮米、转运盐铁都可谓其时扬州的支柱性产业，扬州大都督府下属的六合县冶山，也是当时的财富聚集地之一。

---

[1]〔北宋〕王钦若等编：《册府元龟》卷五〇一《邦计部·钱币三》，中华书局1960年版，第6000页。

[2]〔清〕彭定求等编：《全唐诗》卷六〇三（许棠）《送李员外知扬子州留务》，中华书局1960年版，第6964页。

[3]〔清〕董诰等编：《全唐文》卷三五三（房翰）《大唐扬州大都督府六合县冶山祇洹寺碑》，中华书局1983年版，第3575—3576页。

　　隋唐五代时期扬州的冶铁业,不仅规模很大,而且技术十分先进,当时不仅境内的六合县冶山有大型冶铁作坊,扬州城内也有一些颇具规模的铁器作坊,如1975年文物考古工作人员在江苏农学院农场(今扬州大学文汇路校区)发现一处唐代遗址,出土了一批砖砌炉灶和陶制坩埚。这些圆形的炉灶分为两种类型:第一种共5座,其中1座口小底大,余者4座皆口大底小,最大的一座炉灶内,清理出铁片和铁块;第二种共4座,圆筒形,炉灶附近有大块铁渣。陶制坩埚保存较完整的共5件,其中圆筒状的3件,壁内有铜汁,壁外有釉泪;杯状的2件,口沿有流,形制较圆筒的为小。随同坩埚一起出土的有铜矿石、煤渣、铜绿锈块等。此外,在炉灶和坩埚等处,均发现有唐朝初年开始使用的"开元通宝"钱,还有数量较少的隋朝"五铢"钱。[1]综合判断,这应该是一个唐代铁器、铜器镕炼制造的作坊遗址。这个生产铜铁器具的作坊设置在当时的扬州城内,表明它可能以制作民众日常生活生产用品为主。

　　铁作为国家战略性物资,时至唐代已经广泛应用于社会生产和生活的各个领域,例如房屋建筑、车船制造,都有铁制的配件,至于犁、耙、锄、锹等各种农业生产工具,则更是以铁制为主。这里要着重说明的是,唐代扬州还是当时兵器制造中心之一,设置有为数不少的军器制造手工业作坊,如唐代宗大历七年十一月下发过一道诏书,其中说道:"淮南数州秋夏无雨,扬、洪、宣等三州作坊,往以军兴,是资戎器。既属时岁大歉,虑乎人不宁居,征夫役工,损费尤甚,务从省约,以息疲人,亦宜并停。"[2]从中可知,当时的扬州、洪州、宣州均设有专门制造兵器的手工业作坊,扬、洪、宣三州生产的"戎器",曾经是唐朝政府军队兵器的主要供应来源。另外,唐代扬州的土贡中,还有"铁精"[3]一项,这说明扬州地区的锻铁技术高超。铁精正适合于制造兵器,因为兵器最讲究锋利,而铁精的冶炼和锻造对于技术都有很高的要求。由于铁属于国家严格管控的战略性物资,所以唐朝政府有时也会根据需要发布铁及铁制

　　[1]　南京博物院、扬州博物馆、扬州师范学院发掘工作组:《扬州唐城遗址1975年考古工作简报》,《文物》1977年第9期,第16—30页。

　　[2]　〔北宋〕王钦若等编:《册府元龟》卷一三五《帝王部·悯征役》,中华书局1960年版,第1631页。

　　[3]　〔宋〕欧阳修、宋祁:《新唐书》卷四一《地理志五》,中华书局1975年版,第1051页。

品买卖的相关禁令,扬州作为铁矿开采和生铁冶炼的重要基地之一,一般情况下都会严格执行中央政府有关铁禁的规定。例如,唐文宗开成三年(838)十一月,扬州开元寺僧贞顺曾私自将寺院中破釜卖给商人,"现有十斤,其商人得铁出去,于寺门里逢巡检人,被勘捉归来。巡检人五人来云:'近者相公断铁,不令卖买,何辄卖与?'贞顺答云:'未知有断,卖与。'……自知扬州管内不许卖买铁矣"[1]。

2. 具有重要影响的铸钱业

有唐一代,有关铜禁的诏敕政令颇多,大臣上疏言及钱货问题,也必然说到铸钱和铜禁的问题,因此,隋唐五代时期的铸钱业与铜的开采、冶炼和制作密不可分。唐代扬州作为政府指定的重要铸钱地点之一,设有丹杨监、广陵监两处钱官[2],专门负责扬州地区的铸钱事宜。扬州地区的铸钱业尽管在安史之乱以后曾一度中断,但就整个隋唐五代时期而言,扬州的铸钱业仍然有着不可低估的影响。

扬州在隋唐时期一直为重要的铸钱地区,唐高祖武德四年(621),废除隋朝的五铢钱,而以新铸的"开元通宝"钱通用于天下,同时严申禁令,凡私铸者一律处以极刑。扬州所在的江淮地区,从唐朝建立起就设有官炉铸钱,由于铸钱获利甚大,而且扬州地区铸钱历史悠久,所以当地不少人利用特殊的地理环境,一直偷偷私铸。而且这种民间私铸之风,始终未曾消歇。唐高宗仪凤年间(676—679),由于长江下游沿江地区私铸之风盛行,已经影响到正常的经济秩序,唐廷下诏要求巡江官吏严加督捕,查禁铸钱所用原料铜、锡、镴,凡超过百斤皆没入官府。武则天统治时期,江淮地区私铸更甚,"江淮之南,盗铸者或就陂湖、巨海、深山之中,波涛险峻,人迹罕到,州县莫能禁约。"[3]唐玄宗开元初年,私铸之风遍及全国,而以江淮地区最盛,其私铸钱号称"尤滥恶",当时扬州地区不仅有官炉铸钱,而且有所谓的"偏炉、棱钱、时钱等数色"。鉴于扬州地区私铸恶钱泛滥,执政宰相宋璟派遣监察御史萧

---

[1]　〔日〕圆仁撰,顾承甫、何泉达点校:《入唐求法巡礼行记》卷一,上海古籍出版社1986年版,第18页。

[2]　〔宋〕欧阳修、宋祁:《新唐书》卷四一《地理志五》,中华书局1975年版,第1051页。

[3]　〔后晋〕刘昫等:《旧唐书》卷四八《食货志上》,中华书局1975年版,第2096页。

隐之为江淮使,前往扬州查禁私铸,萧隐之到江淮地区以后,严令各户出钱,当地百姓只得以成色较好的上青钱交纳给官府,而将那些分量不足的"小恶者"销毁或沉到水底,以求免除罪责。由于萧隐之督查甚严,结果造成市井不通,物价腾贵,江淮地区社会秩序因此动荡不宁。朝廷了解到这种情况之后,只好将萧隐之贬官,宋璟也因此罢相。[1]唐玄宗开元二十二年(734),张九龄执政,奏请不再禁止民间私铸,唐玄宗下令百官会商此事,尽管有人在会上主张应该严禁私铸,但多数人认为严禁私铸并不是解决问题的办法,而且禁止私铸多有不便,于是唐玄宗只能下敕要求地方政府"严断恶钱",而不再强令严禁私铸。[2]

民间私铸毕竟不能保证铸钱的质量和分量,还会对正常的经济活动造成负面影响,却又无法完全禁断私铸。于是,唐朝中央政府便只好加大官办铸钱的力度,希望通过增加官方铸钱的数量以满足社会对钱币的需求,时至唐玄宗天宝年间,全国共设有官办铸钱炉99个,其中扬州地区就有10炉。当时每炉每年铸钱3300贯(缗),每铸1000钱(1贯)的成本,所用铜、锡、镴折合起来大约750钱。[3]也就是说,每铸一贯钱可以获利250钱,其利润率为25%,可谓丰厚,这还是符合国家标准的官炉铸钱,如果是民间私铸的"小恶"钱,由于所需成本更低,则获利更大。这也正是民间私铸无论如何也禁止不了的根本原因所在。以扬州地区而言,私铸之风之所以始终兴盛,除了铸钱可得厚利这个原因之外,还由于当时社会上有这种需要,特别是京城长安的权贵、富商,他们每年都要从江淮地区偷运私铸恶钱到京城。这是因为长安人口众多、商品交易繁荣,对于钱的需求量很大,又由于长安钱币流通状况是"好恶通用",于是权贵富豪们便悄悄地将"好钱"收藏起来,而将那些从江淮地区偷运来的私铸恶钱投放市场;另外,当时官铸钱币一枚,可折抵私铸恶钱5—8钱,富商权贵于是就用所收藏的官钱,交换江淮地区的私铸钱,运到京城或其他地区冒充官钱,从中牟取暴利。

扬州从唐初就是官方铸钱的重要基地之一,唐玄宗开元时期,中央政府

---

[1]〔后晋〕刘昫等:《旧唐书》卷四八《食货志上》,中华书局1975年版,第2096—2097页。

[2]〔后晋〕刘昫等:《旧唐书》卷四八《食货志上》,中华书局1975年版,第2097—2099页。

[3]〔宋〕欧阳修、宋祁:《新唐书》卷五四《食货志四》,中华书局1975年版,第1386页。

在江淮地区共设置有 7 个钱监,以负责官炉铸钱,扬州就占有其中两个,一个是广陵监,一个是丹杨监,监址均在扬子县(今扬州仪征市境内)。其时江淮七监每年向中央输送铸钱 45000 贯[1],如果按照七监平均数计算,则广陵、丹杨二监每年向中央输送的铸钱为 12857 贯。至天宝年间,扬州共设 10 炉铸钱,每炉以每年铸钱 3300 缗计,则扬州每年向中央交纳 33000 缗(贯),这是扬州官炉每年所铸的钱数。唐玄宗天宝末年爆发安史之乱,北方陷入战乱之中,扬州所在江淮地区所受战争影响相对较小,社会形势尚属稳定,因此国家所需钱币,更加倚重以扬州为中心的江淮钱监。唐肃宗至德元载(756),因为平叛战争所造成的军费开支巨大,北方官炉铸钱不能正常进行,朝廷遂派遣郑叔清前往江淮地区,向当地富商豪强贷钱以充军费,谓之“率贷”[2],但仍然不能满足需要。唐代宗广德二年(764),刘晏执掌江淮盐铁事务,进一步加大在江淮地区铸钱的力度,他鉴于江南、岭南等州土贡多贱弱笨重之货,转运至长安的运费,甚至超过土贡货物本身的价值,于是下令将这些货物转运到江淮之后,就地交易为铜、锡、铅、薪、炭等物,提供给当地的官炉铸钱,然后再将铸好的钱币运往长安、荆州等地,从而满足了市场流通的需要,很快稳定了物价。唐德宗即位不久,刘晏死于党争,他转运南货于江淮铸钱的措施因此被废止,不久之后就出现了铜贵钱轻的情况。但情况很快又发生逆转,以铜铸器比起铸钱,可获利三倍以上,于是江淮地区私铸钱者越来越少,而毁钱铸器者日趋增多,又造成了物轻钱重的新问题,以扬州为中心的江淮地区尤其突出。

　　唐德宗建中元年(780)九月,曾一度下诏停止江淮七监铸钱,原因是铸钱的成本加上运输至京城长安的成本,超过了钱利一倍以上,此即《旧唐书》

---

　　[1]〔后晋〕刘昫等:《旧唐书》卷一二九《韩滉附弟洄传》,中华书局 1975 年版,第 3606 页。(又见同书卷四八《食货志上》,第 2101 页)

　　[2]〔宋〕欧阳修、宋祁:《新唐书》卷五一《食货志一》:“自两京陷没,民物耗弊,天下萧然。肃宗即位,遣御史郑叔清等籍江淮、蜀汉富商右族訾畜,十收其二,谓之率贷。诸道亦税商贾以赡军,钱一千者有税。于是北海郡录事参军第五琦以钱谷得见,请于江淮置租庸使,吴盐、蜀麻、铜冶皆有税,市轻货繇江陵、襄阳、上津路,转至凤翔。”(中华书局 1975 年版,第 1347 页)又,〔后晋〕刘昫等:《旧唐书》卷四八《食货志上》:“肃宗建号于灵武,后用云间郑叔清为御史,于江淮间豪族富商率贷及卖官爵,以裨国用。”(中华书局 1975 年版,第 2087 页)

所记载的"户部侍郎韩洄上言：'江淮钱监，岁共铸钱四万五千贯，输于京师，度工用转运之费，每贯计钱二千，是本倍利也……其江淮七监，请皆停罢。'从之。"[1]扬州铸钱于是暂停。不过，扬州及江淮地区毕竟是国家重要的官办铸钱中心之一，所以建中元年暂停铸钱不久，便因为钱币的短缺而重新恢复了江淮铸钱，进而扩大了铸钱的范围，如唐宪宗元和十五年（820）八月，中书门下奏请："其府州有出铜铅可以开炉处，具申有司，便令同诸监冶例，每年与本充铸。"[2]在国家允许出铜铅州府申请置炉铸钱、扩大铸钱地区范围的情况下，本来就置有钱监铸钱的扬州，其铸钱业因此有了更大发展，完全无须怀疑。

唐武宗会昌五年（845），在全国范围内开展大规模的"毁佛"运动，其中一个重要动因就是为了解决"钱荒"的问题，规定：没收天下寺院铜像、铜钟、铜磬、铜炉、铜铎等铜制器皿，归诸道巡院，由盐铁使负责监督铸钱，盐铁使人手不足者委托诸道观察使置钱坊铸钱。淮南节度使李绅因此奏请，天下以州名铸钱，如长安官炉所铸称为"京钱"，扬州官炉所铸则称为"扬州钱"，会昌新铸钱的大小径寸，以唐初"开元通宝"为规制，并规定此后一切交易，禁用旧钱而改用新铸钱。不久之后，唐武宗驾崩，唐宣宗即位，"尽黜会昌之政"，会昌新铸钱又全部被毁废而铸为铜佛像。[3]实际上，唐文宗时期也曾颁布过"断铜"的禁令，起因也在于缺少足够的铜用以铸钱，如日僧圆仁于唐文宗开成三年（838）十一月在扬州境内，就曾目睹了扬州地方政府奉敕断铜，据他说："十一月二日……有敕断铜，不许天下卖买。说六年一度例而有之，恐天下百姓一向作铜器，无铜铸钱，所以禁断矣。"[4]按照圆仁的说法，"铜禁"实为唐朝政府一项持久性的政策，每六年进行一次"严打式"的禁断，目的就是为了保证政府能够有足够的铜用来铸钱。所以，唐武宗会昌五年下敕毁佛，夺佛寺像、钟、磬、炉、铎等铜器以铸钱之事，不过是将这项长久性的国家政策推向更加严厉的程度而已。

［1］〔后晋〕刘昫等：《旧唐书》卷四八《食货志上》，中华书局 1975 年版，第 2101 页。

［2］〔后晋〕刘昫等：《旧唐书》卷四八《食货志上》，中华书局 1975 年版，第 2104 页。

［3］〔宋〕欧阳修、宋祁：《新唐书》卷五四《食货志四》，中华书局 1975 年版，第 1390—1391 页。

［4］〔日〕圆仁撰：顾承甫、何泉达点校：《入唐求法巡礼行记》卷一，上海古籍出版社 1986 年版，第 18 页。

　　尽管唐代扬州地区的官营铸钱业发展并非一帆风顺,其间曾有过停办的历史,但在国家政策调整以后,却能够迅速恢复生产,主要原因就在于扬州以及江淮地区有大量掌握铸钱技术的工匠,一旦官府开炉铸钱,就可以在很短时间内召集到所需的铸钱工匠。尽管这些民间铸钱工匠,被唐朝政府定义为"盗铸者",但他们确实又是掌握较高铸钱技术的工匠,扬州作为江淮地区的中心城市,同时也是"盗铸"的中心,其"盗铸"的情况尤为突出,如史书这样记载道:"江淮之南,盗铸者或就陂湖、巨海、深山之中,波涛险峻,人迹罕到,州县莫能禁约。以至神龙、先天之际,两京用钱尤滥。"[1]从这段记述可知,从武则天末年至唐玄宗即位之前这一时期,长安、洛阳两京使用的钱币"尤滥",主要就是因为以扬州为中心的江淮地区"盗铸"钱的数量过于巨大,以致扰乱了两京的货币市场。而且终唐皇朝灭亡,江淮"盗铸"亦即民间私铸非但始终未曾停止,甚至呈进一步扩大的态势,"盗铸"的私钱种类也日渐增多,如唐玄宗在位期间,"江淮偏炉钱数十种,杂以铁锡,轻漫无复钱形"[2]。其中所说的"偏炉钱",是相对于官炉所铸的"正炉钱"来说的,指的是民间私营作坊"盗铸"的钱币。唐德宗时期,江淮地区又出现了"铅锡钱",即"江淮多铅锡钱,以铜荡外,不盈斤两,帛价益贵"[3]。江淮地区的盗铸从以前的用铁、锡合金铸钱,改为铅、锡合金铸钱,而"以铜荡外",也就是用铜水浇注在铅锡钱的表面,由铁锡合金造"假钱"到铅锡合金造"假钱",尽管钱的质量更加低劣,但就金属铸造技术来说,却不能不认为是一种进步。

　　隋唐五代时期的扬州经济繁荣,商品贸易活动发达,与扬州地区钱币数量多、流通快是有一定关系的,而扬州之所以"钱多",又因为这里既是江淮地区官炉铸币的中心,同时也是民间"盗铸"的中心,官铸和民间"盗铸"叠加起来,就使得扬州成为钱币充盈的地区。扬州的铸钱多于其他州府郡县,还可以从"扬州租调以钱"得到说明,据诸史载:"先是杨州租、调以钱,岭南以米,安南以丝,益州以罗、绅、绫、绢供春彩。"[4]扬州地区的租、调之所以能够

---

　　[1]〔后晋〕刘昫等:《旧唐书》卷四八《食货志上》,中华书局1975年版,第2096页。

　　[2]〔宋〕欧阳修、宋祁:《新唐书》卷五四《食货志四》,中华书局1975年版,第1386页。

　　[3]〔宋〕欧阳修、宋祁:《新唐书》卷五四《食货志四》,中华书局1975年版,第1388页。

　　[4]〔宋〕欧阳修、宋祁:《新唐书》卷五一《食货志一》,中华书局1975年版,第1345页。

以钱代替,而不是以粮食、丝织品、麻织品等实物上缴,关键就在于扬州有足够多的钱。扬州铸钱之多,还可以从相关的文献记载得到说明,例如唐玄宗天宝二年(743)扬州大明寺僧鉴真准备东渡日本,先是拿出"正炉钱"八十贯,向岭南道采访使刘巨鳞购买"军舟"一只;备办的"海粮"及大量物品,想必也是花费了巨资,同时随船携带了"青钱十千贯,正炉钱十千贯,紫边钱五千贯",其中的"青钱""紫边钱",据学者解释,就是青铜钱和紫铜钱,都是质量较高的铜钱。[1]唐文宗开成二年(837),李德裕接替牛僧孺出任扬州大都督府长史、淮南节度使,"时扬州府藏钱帛八十万贯匹"[2]。除了历史文献的记述外,考古发现也可以证明这一点,如前述1975年考古工作人员在今扬州大学文汇路校区所进行的考古发掘中,在炉灶、窨井、陶缸和灰坑等唐代遗址附近,均发现了数量不等的"开元通宝"钱,其中T78方出土的炉灶1的底部有一个陶缸,陶缸中除了黄沙土和草木灰外,还有53枚"开元通宝"钱。[3]同样是在1975年的考古发掘中,在今扬州市槐子桥附近发现一个唐代窖藏,出土了"开元通宝""乾元重宝"等唐代钱币14.5万多枚[4],由此不难想象唐代扬州地区流通的钱币之多,可谓惊人。

(三)地域特色鲜明、工艺技术先进的纺织业

隋唐五代时期,扬州地区的纺织业不仅工艺技术有了较快发展而进入全国先进行列,同时又表现出鲜明的扬州地方特色,从而成为全国著名纺织中心之一,这首先可以从扬州土贡中有丝织品得到说明。男耕女织作为中国传统社会自然经济的基本形态,纺织从来都是家庭手工业必不可少的项目,扬州地区当然也不例外。据文献记载,唐代淮南道"厥赋:絁、绢、绵、布。厥贡:丝、布、纻、葛"[5]。可见作为淮南道"贡""赋"的纺织品中,既有丝织品,也有

[1]〔日〕真人元开著,汪向荣校注:《唐大和上东征传》,中华书局2000年版,第47—50页。

[2]〔后晋〕刘昫等:《旧唐书》卷一七四《李德裕传》,中华书局1975年版,第4521页。(〔宋〕欧阳修、宋祁:《新唐书》卷一八○《李德裕传》"淮南府钱八十万缗",中华书局1975年版,第5334页)

[3]南京博物院、扬州博物馆、扬州师范学院发掘工作组:《扬州唐城遗址1975年考古工作简报》,《文物》1977年第9期,第16—30页。

[4]蒋华:《唐代扬州古城遗址和出土文物参观记》,转引自卞孝萱:《唐代扬州手工业与出土文物》,《文物》1977年第9期,第34页。

[5]〔宋〕欧阳修、宋祁:《新唐书》卷四一《地理志五》,中华书局1975年版,第1051页。

麻织品。土贡作为带有地域性标志的特产,通常情况下都是代表了该地区在同类产品生产中处于领先地位,扬州广陵郡的土贡纺织品中,既包括用作生产原料的纺织半成品,也包括成衣制品,据《新唐书》记载:"绵、蕃客袍锦、被锦、半臂锦、独窠绫。"[1]以下试加叙述。

1. 原料性纺织品

绵,亦作丝绵,是指用蚕丝加工而成的絮状物,属于蚕丝的初级加工品。绵,既是编织绫、锦、绢、绝等的纺织原料,也可以用作棉衣、锦袍、锦被等成品的填充物。广陵郡的绵之所以成为土贡,主要就是因为其质量上佳。

锦作为丝织品中的佳品,唐代以蜀郡和广陵郡所产最为知名。蜀郡即益州,今四川成都,自古就以织锦著称,早在三国时期蜀锦就驰名天下了,并因杜甫的诗"花重锦官城"而享有"锦城"之美誉。唐朝前期的扬州织锦业还是默默无闻,大概到盛唐以后,就追赶上来了。扬州织锦业之所以能够后来居上,与扬州织锦工匠擅长学习先进技术有着直接的关系。如唐末高骈镇扬州时,曾赠送幽州李可举红锦缴壁 2 条、暖子锦 3 匹、被锦 2 匹、西川罗夹缬 20 匹、真红地绢夹缬 80 匹,除了"西川罗夹缬"为成都所生产外,其余 4 种皆为扬州本地所生产,据其附信中说"右件缴壁锦、缬等,龟城传样,凤杼成功。张广幅而宛见虹舒,叠彩缯而免惭鲛织……"[2]云云,其中龟城即指成都,这句话的意思是说,锦缴壁、暖子锦、被锦、真红地绢夹缬等丝织品的式样是从成都传过来的,而在扬州本地生产,这就表明扬州地区的织锦在技术和花样等方面曾长期学习和借鉴蜀锦。不过,扬州织锦匠人并未停留于简单的模仿,而是在学习和借鉴蜀锦编织工艺的基础上大胆创新,从而生产出高质量的锦织品,如前面所说的广陵郡土贡纺织品中,就至少有"蕃客锦袍、被锦、半臂锦"三种,当时广陵郡每年必须向朝廷贡献"蕃客锦袍五十领,锦被五十张,半臂锦百段,新加锦袍二百领……独窠细绫十匹"[3]。广陵郡所产的"蕃客锦

〔1〕〔宋〕欧阳修、宋祁:《新唐书》卷四一《地理志五》,中华书局 1975 年版,第 1051 页。

〔2〕〔新罗〕崔致远撰,党银平校注:《桂苑笔耕集校注》卷一〇《幽州李可举太保五首第四》,中华书局 2007 年版,第 301 页。

〔3〕〔唐〕杜佑撰,王文锦、王永兴、刘俊文、徐庭云、谢方点校:《通典》卷六《食货六》,中华书局 1988 年版,第 119—120 页。

袍、锦被、半臂锦"成为贡品,正说明其织锦的工艺与质量已经能够和蜀锦并驾齐驱,甚至可以说是青出于蓝而胜于蓝了。独窠绫或独窠细绫,也是一种精美的丝织品,唐代独窠绫最有名者,一为定州博陵郡所产,一为扬州广陵郡所产。那么,何谓独窠绫?据清人汇解李贺"御笺银沫冷,长簟凤窠斜"所言:"……唐时有独窠绫、两窠绫。所谓窠者,即团花也。凤窠,织作团花为凤凰形者耳。"[1]据此可知,独窠绫就是上面织有一个大团花纹的绫,两窠绫则是织有两朵团花的绫,这些"窠"即作为中心花纹图案的团花纹,可以是龙、凤、虎、狮、孔雀、凤凰、鸳鸯等动物形象,也可以是牡丹、梅花、荷花、葵花等植物花卉形象。

广陵郡所贡的"蕃客锦袍",应当是赏赐给四夷或外国来华使团人员的服装,属于成衣制品,如相传为唐代画家阎立本所绘《步辇图》中,禄东赞所穿的袍子,应当就是由扬州广陵所织造的蕃客锦袍。唐朝为什么要赏赐来华使团人员以蕃客锦袍呢?这应当是随着"丝绸之路"的畅通,四夷或域外人民对于中原皇朝特有的丝织品尤所珍爱,故而唐朝统治者便以此作为奖赏,以招徕四夷域外之人前来向化朝贡,以此言之,在唐皇朝四夷来朝、"万国衣冠拜冕旒"[2]这样的盛世局面中,扬州元素也成为其中的一个亮点。

"锦被",即用锦作为面料的被子,被子的面积都比较大,因此用作缝纫面料的锦,就必须拥有更大的面积,要纺织出超长、超宽的锦并不容易,因为这必然对织锦的机械和技术提出更高的要求。换言之,编织出用作被子面料的纹锦,并不是每个地方都能够办到的。扬州锦被作为进献朝廷的贡品,恰好说明扬州地区织锦技术的领先水平。

"半臂锦",半臂或称半袖,关于其起源,说法不一,有秦、汉、魏晋南北朝、隋等说,据清人《名义考》云:"古者有半臂背子。《事物纪原》:隋大业中,内官多服半臂,除即长袖也。又曰:秦二世诏衫子上朝服加背子,其制袖短于衫,身与衫齐而大袖。按《方言》:襜褕,其短者自关之西谓之䙽裾。郭璞云:

---

[1]〔唐〕李贺撰,〔清〕王琦汇解:《李长吉歌诗汇解》卷三《梁公子》,清乾隆王氏宝笏楼刻本。

[2]〔唐〕王维撰,〔清〕赵殿成笺注:《王右丞集笺注》卷一〇《和贾舍人早朝大明宫之作》,上海古籍出版社1961年版,第177页。

俗名褙掖,一曰襜褕。即是诸于上加绣褙,如今半臂。"[1]半臂又称半袖,是从魏晋以来上襦发展而出的一种无领(或翻领)、对襟(或套头)短外衣,其特征是袖长及肘,身长及腰。[2]不论其起源于何时,可以肯定的是,半臂在隋代主要流行于宫廷,为宫中内官、女史所常服,到了唐代便已传至民间,成为男、女皆穿的服装了,并进入宫廷常服的行列。唐代多以锦为制作半臂的面料,在圆领袍衫里面,故称锦半臂,由此可知,当时扬州所生产的半臂锦,就是专供制作半臂的一种纹锦,当时半臂锦常用的纹样有雕团、连珠、团窠、对兽、对禽等。用扬州半臂锦所制作的半臂,乃是引领时尚的流行服装,如唐懿宗咸通年间(860—874),广州人郑愚雄才奥学,生性喜好奢华,经常身着扬州锦半臂。郑愚路过荆南时,前去拜谒崔铉,而以先前文章呈送,崔铉只看了文章开头,便大加赞赏,感叹说:"真销得锦半臂也"[3]。崔铉的意思是郑愚才华出众,足可与当时扬州的锦半臂相比美。崔铉借扬州锦半臂为喻,称赞郑愚文章华彩,正生动地映衬了扬州锦半臂以其华美之姿而引领着服饰的时尚潮流。再如唐玄宗开元二十九年(741),长安广运潭排满了各地进贡的船只,扬州广陵郡船排在头一个,陕县县尉崔成甫还特别组织了一个由一百多名妇女组成的合唱团,齐声演唱《得宝歌》:"得宝弘农野,弘农得宝耶!潭里船车闹,扬州铜器多。三郎当殿坐,看唱《得宝歌》。"崔成甫还新作歌词十首,"自衣缺胯绿衫,锦半臂,偏袒膊,红罗抹额,于第一船作号头唱之。和者妇人一百人,皆鲜服靓妆,齐声接影,鼓笛胡部以应之"。[4]崔成甫所穿的"锦半臂"当为扬州所生产无疑,因为他所在的第一船就是满载广陵郡土贡的船只,甚至于他所穿着的"缺胯绿衫""红罗抹额",以及唱歌的一百名妇女所着"鲜服靓妆",都有可能是来自扬州所制作的成衣。扬州所生产的半臂锦,不仅成为每年进献给朝廷的贡品,而且成为畅销全国的服饰精品,当时很多人渴望拥有一件扬州锦半臂,甚至成为其梦想,如唐德宗贞元年间,御史中丞窦参曾经梦见唐

---

　[1]〔清〕周祈:《名义考》卷一一《物部》"半臂背子"条,民国《湖北先正遗书》本。

　[2]　沈从文编著:《中国古代服饰研究》,商务印书馆2011年版,第364页。

　[3]〔五代〕孙光宪撰,贾二强点校:《北梦琐言》卷三"郑愚尚书锦半臂"条,中华书局2002年版,第53页。

　[4]〔后晋〕刘昫等:《旧唐书》卷一〇五《韦坚传》,中华书局1975年版,第3222—3223页。

德宗在便殿召见了他,并且赐给他一件锦半臂。[1]尽管这是一个以"解梦"来附托对窦参官运前程预测的故事,但扬州锦半臂能够成为构成这一传奇故事的关键线索,并成为皇帝褒奖大臣的赏赐用物,也侧证了这种服饰受到世人喜爱的程度。不仅一些传奇性的故事可以说明扬州锦半臂之深受欢迎,还有直接的史料可以说明锦半臂之畅销全国,因为甚至在遥远的西北敦煌地区,也有关于半臂锦的记载,如敦煌文书"衣物账"中就记载有"帛绫半臂一,碧绫兰(襕)"[2],其中的"帛绫半臂"便是来自扬州或者是对扬州锦半臂的仿造之物。

扬州的丝织品作为奉献给朝廷的贡品,以质量上佳而深受包括皇室在内的上层社会人士的喜爱,扬州也因此成为皇室御服的原材料供应基地。据唐穆宗长庆三年(823)三月下敕书:"应御服及器用在淮南、两浙、宣歙等道合供进者,并端午诞节常例进献者,一切权停。"[3]所说的淮南道自然也包括扬州在内,敕书所说的"一切权停",也就是临时暂停,这就表明包括以扬州为首府的淮南道在内,每年在端午节或皇帝生辰日都必须向朝廷进献"御服",以及其他专供皇家的"器用",早已成为定制。至于淮南节度使每年向朝廷进奉绫、绢等丝织品,更是史不绝书,如唐宪宗元和十一年(816),李鄘一次就进献给朝廷3万匹绢,次年再次进献3万匹以供军需。[4]王播担任淮南节度使兼盐铁转运使期间,于唐敬宗宝历元年(825)七月,向朝廷进献绢100万匹,并奏请每天进献2万匹,连续进献50天,又为100万匹,如此计算下来总计200万匹;[5]唐文宗大和元年(827)又一次进献绫绢20万匹。[6]唐僖宗乾符六年(879),高骈转任淮南后,除了按以往惯例继续进献"御衣罗折造布并绫锦等"之外,又"续织造九千六百七十八段"[7],后来又"进奉绫绢锦银绮等一十万匹

[1]　〔宋〕李昉等编:《太平广记》卷二七八《梦三》"窦参"条,中华书局1961年版,第2204页。

[2]　唐耕耦、陆宏基编:《敦煌社会经济文献真迹释录(第三辑)》(二)施入疏《癸酉年(公元七九三年)二月沙州莲台寺诸家散施历状》,全国图书馆文献缩微复制中心1990年版,第71页。

[3]　〔后晋〕刘昫等:《旧唐书》卷一六《穆宗纪》,中华书局1975年版,第502页。

[4]　〔宋〕王钦若等编:《册府元龟》卷四八五《邦计部·济军》,中华书局1960年版,第5797页。

[5]　〔后晋〕刘昫等:《旧唐书》卷一七上《敬宗纪》,中华书局1975年版,第515页。

[6]　〔后晋〕刘昫等:《旧唐书》卷一六四《王播传》,中华书局1975年版,第4277页。

[7]　〔新罗〕崔致远撰,党银平校注:《桂苑笔耕集校注》卷五《进御衣段状》,中华书局2007年版,第130页。

段两"[1]。高骈主政扬州之后,前后所进献的绫、绢、锦、绮等丝织品,其用途据崔致远在进献状文中说,"既成功于凤杼,希入用于龙衣",可见主要都是用作缝纫皇室"御服"的高级衣料,而这些丝织品之所以能够被用作"御服"衣料,又是由于这些纺织品的织造工艺高超、质量上乘,据崔致远的描述,这些丝织品是"薄惭蝉翼,轻愧鸿毛,然而舒张则冻雪交光,叠积则余霞斗彩"[2],由此不难想见其织造水平已经达到了很高的境界。当然,以上所列丝织品乃是淮南道所进献的贡品,不可能全部产自广陵郡,也有淮南道所属其他州郡所生产的,但其中相当大一部分由广陵郡所生产,则是没有疑问的。

除了丝织品以外,扬州的麻织品也比较有名,但是有关这方面的文献记载比较少,所以无法了解唐代扬州麻织业的全貌。不过,扬州的土贡中,有细纻这种以麻为主要原料的纺织品,细纻等麻织品能够成为贡品,表明扬州麻织品的质量还是上乘的。

这里顺带说一下具有扬州鲜明地方特色的土贡品——莞席。莞席作为唐代扬州的土贡之一,而被载入《新唐书·地理志》[3],故属于具有鲜明地域特色的扬州地方土产。莞,江淮地区比较常见的一种水生植物,一名"小蒲",又名水葱,茎高五六尺,可织席,叶小如鳞片,花黄绿色。所谓莞席即用莞草编织的席子,又因莞草可称为莞蒲,故莞席又可称为蒲席。今扬州经济技术开发区境内有朴席镇,镇名当即渊源于该地悠久的织席历史,颇疑"朴席"为"蒲席"之同音讹传,因此联系《新唐书》所记载扬州土贡中有"莞席",抑或今朴席镇之名至迟起源于唐代。隋唐五代扬州地区除了"莞席"编织享誉一时外,苇席编织也是由来已久,因为芦苇是江淮水乡地区最为常见的一种水生植物。据历史记载,晚唐时期的淮南节度使高骈,曾要求江都、江阳二县交纳苇席,"率百姓苇席数千领"[4],江都、江阳二县吏民在一天时间里就交纳上

---

[1]〔新罗〕崔致远撰,党银平校注:《桂苑笔耕集校注》卷五《进绫绢锦绮等状》,中华书局2007年版,第132页。

[2]〔新罗〕崔致远撰,党银平校注:《桂苑笔耕集校注》卷五《进御衣段状》,中华书局2007年版,第130页。

[3]〔宋〕欧阳修、宋祁:《新唐书》卷四一《地理志五》,中华书局1975年版,第1051页。

[4]〔宋〕李昉等编:《太平广记》卷二九〇《妖妄三》"诸葛殷"条引《妖乱志》,中华书局1961年版,第2307页。

来数千领苇席,正反映出扬州地区民众家庭普遍会编织苇席的事实,从而表明编织莞席和苇席已经成为当时扬州广大吏民的一种日常生产活动,这既是一项可以为扬州地区广大吏民带来不错经济收益的副业,也是具有显著地域特色的一项家庭手工业。

2. 成衣制品

除了各种丝织、麻织品以及其他织品以外,扬州的成衣制造也很发达。据历史记载,"扬、益、岭表刺史,必求良工造作奇器异服,以奉贵妃献贺"[1]。可见扬州地方官用来讨好后宫的物品,既有"奇器"也有"异服",这些深为后宫嫔妃喜爱的扬州"异服",当然都是制作好的成衣而非半成品的纺织物,由此可见扬州的成衣加工业也是很发达的。有史实表明,唐代扬州城内有专门替人加工成衣的裁缝铺或成衣作坊,这些坊、铺不仅承接百姓日常成衣加工,还可为寺庙等提供僧服等特种服饰的加工,而且这些裁缝铺或成衣作坊的加工费都有相应的市场价格。如日僧圆仁于唐文宗、武宗之际入唐求法,曾在扬州城住过一段时间,开成三年(838)十月九日就亲眼看见开元寺在外面定制僧服,并支付了相应的手工费:"缝手功:作大衣廿五条,用一贯钱;作七条,四百文;作五条,三百文,总计一贯七百文。令开元寺僧贞顺勾当此事。"[2]

唐代扬州成衣制品中,名气最大也最为人们所熟知者,非"扬州毡帽"莫属。扬州毡帽制作始于何时,虽然已经不可确切考知,但是它开始闻名海内,为世人所重,当与唐宪宗元和年间裴度遇刺事件有关。元和十年(815)六月,叛乱藩镇王承宗、李师道派遣刺客潜入长安,密谋刺杀宰相武元衡与御史中丞裴度。武元衡被杀后,刺客又暗中袭击裴度:当天,裴度从通化里出来后,一共被击刺三剑,第一剑斩断了靴带,第二剑击中背部,衣服被砍透,第三剑刺中头部,造成裴度落马,因为当时裴度戴着毡帽,"故创不至深……(裴)度已堕沟中,贼谓度已死,乃舍去"[3]。裴度所戴毡帽即产自扬州,此事《续定命

---

[1]〔后晋〕刘昫等:《旧唐书》卷五一《后妃上·玄宗杨贵妃传》,中华书局1975年版,第2179页。

[2]〔日〕圆仁撰,顾承甫、何泉达点校:《入唐求法巡礼行记》卷一,上海古籍出版社1986年版,第16页。

[3]〔后晋〕刘昫等:《旧唐书》卷一七〇《裴度传》,中华书局1975年版,第4414—4415页。

录》记载更为详细："是时京师始重扬州毡帽。前一日,广陵师献公新样者一枚,公玩而服之。将朝,烛下既栉,乃取其盖张焉。导马出坊之东门,贼奄至,唱杀甚厉。贼遂挥刀中帽,坠马。贼为公已丧元矣……度赖帽子顶厚,经刀处,微伤如线数寸,旬余如平常。"[1]其中所说的"广陵师"当为"广陵帅"之讹,即时任淮南节度使李鄘,曾与裴度同朝为官,故以最新式的扬州毡帽赠送在京为官的裴度。扬州地方官用本地所产毡帽作为馈赠朝廷重臣的礼物,则扬州毡帽声誉之高由此不难想见。更为重要的是,这顶来自扬州的毡帽竟然救了裴度的性命,此事件发生不久,裴度受命率部平定淮西镇吴元济之叛。从此,扬州毡帽不仅名重首都长安,而且名扬四海,成为社会各界都十分喜爱和渴望得到的一种服饰了,这有唐诗可以为证:"金紫少年郎,绕街鞍马光。身从左中尉,官属右春坊。划戴扬州帽,重熏异国香。垂鞭踏青草,来去杏园芳。"[2]衣着光鲜、骑着高头大马的翩翩少年,耀武扬威地骑行在首都长安的大街上,其标配服饰之一就是扬州毡帽。扬州毡帽四海闻名,可谓一帽难求,不光是活着的人希望能够拥有一枚扬州毡帽,就是阴间的人对于扬州毡帽也是心怀期冀,有这样一个故事很能说明问题:李敏求在长安住店,一夜神魂飞离躯体,去见阴间官员泰山府君柳判官,二人分手时柳判官向他求请:"此间甚难得扬州毡帽子,他日请致一枚。"[3]这个泰山府君柳判官,系阴间官员,他也希望得到一枚扬州毡帽,一则说明扬州毡帽在市场上十分畅销,不太容易弄到,往往要托人情方可购买得;二则隐喻获得一顶扬州毡帽甚至成为一些人至死不泯的愿望;三则表明泰山所在的青齐地区,也以扬州毡帽为难得的珍贵稀罕之物,扬州毡帽之畅销海内外由此可见一斑!

（四）创新领先的漆器制造业

漆器制作也是扬州代表性手工业之一,扬州所生产的漆器及其漆器工艺技术,在隋唐五代时期一直颇负盛名。唐代漆器的著名产地还有襄阳,时有

---

[1] 〔宋〕李昉等编:《太平广记》卷一五三《定数八》"裴度"条引《续定命录》,中华书局1961年版,第1101—1102页。

[2] 〔清〕彭定求等编:《全唐诗》卷二四（李廓）《长安少年行十首》其一,中华书局1960年版,第327页。

[3] 〔宋〕李昉等编:《太平广记》卷一五七《定数十二》"李敏求"条引《河东记》,中华书局1961年版,第1127—1128页。

"襄州人善为漆器,天下取法,谓之'襄样'"[1]之说。扬州漆器则在坚持自有传统技法的基础上,取法"襄样"而做了进一步的改进,从而将扬州漆器工艺进一步发扬光大,并使得扬州成为隋唐五代时期漆器生产的中心之一。扬州漆器工艺应用范围广阔,包括佛教造像、金银器制作、日用家具、铜镜铸造等领域,均大量运用髹漆工艺。

扬州地区的出土文物,也可说明唐代扬州漆器的应用十分广泛,因为大凡唐代遗址考古,多数都发现有数量不等的各种漆器。如1978年2月在扬州市迎宾路唐代木桥遗址考古中,就曾出土10件漆器,均为素面黑漆髹成,有竹胎、木胎两种,其中两只盘、碗比较完整,碗底还有朱书文字,碗口径15厘米。[2]再如,1957年考古工作人员清理了扬州市解放桥附近的韦署墓,其中也发现了一枚残漆器。[3]

隋唐五代时期的扬州,佛寺林立,仅扬州城内就有官寺49座,凡寺庙则必有造像,而造像就离不开髹漆工艺。干漆造像亦称夹苎造像,其工艺最早可溯源至战国秦汉时期的夹苎漆器,以麻布涂漆作为胎骨,魏晋南北朝时期佛法大兴,因为举行佛教活动的时候,经常要抬着佛像游行,称为"行像",故佛像制作必不能太重,同时还要求佛像结实可靠,不变形、不开裂,干漆造像正好可以满足这个要求。扬州寺庙开始广泛运用干漆造像,始于唐僧鉴真,他曾经游历长安、洛阳,遂将盛行于长安、洛阳诸寺的干漆造像技法带回扬州,从此扬州寺庙中的佛造像,渐渐以干漆造像为主了。大明寺僧鉴真第一次东渡日本时,采购的众多物品中,就有"漆合子盘卅具""金漆泥像一躯"[4]等漆器和漆制佛像。唐玄宗天宝十二载(753)十月,鉴真一行从扬州扬子津第六次东渡日本并获成功,不仅带去各种佛菩萨造像,还将干漆造像法带到日本,其随行僧团成员义静、思托、昙静、如宝、法力等人,都是扬州几个寺院中的营建、塑造和绘像高手,他们到达日本后在奈良招提寺塑造的三座大佛像,可谓唐代干漆造像

[1] 〔唐〕李肇:《唐国史补》卷中,上海古籍出版社1979年版,第37页。

[2] 扬州博物馆:《扬州唐代木桥遗址清理简报》(徐良玉执笔),《文物》1980年第3期,第17—18页。

[3] 朱江:《扬州唐墓清理》,《考古通讯》1958年第6期,第53—54页。

[4] 〔日〕真人元开著,汪向荣校注:《唐大和上东征传》,中华书局2000年版,第47页。

东传的代表之作,至今仍被日本视为国宝。其中的卢舍那大像,坐高 3.03 米,以竹为胎,以布、漆涂抹十三层,为日本现存最大的干漆夹苎像;卢舍那像两边的"药师如来立像"和"千手观音菩萨立像",则为木心干漆像,也是义静主持塑造的。国际美术史研究者公认,夹苎造像法,是由鉴真及其弟子传到日本的,日本 1915 年出版的《日本寺宇及其宝藏》一书,也持此观点。[1]

扬州的金银器、珠宝业也十分发达,无论是金银器还是珠宝,都有精美的镶嵌装饰物,其中必然运用到髹漆工艺,无论是镶嵌有珠玉宝石的大型木板屏风,还是小巧精致的珠宝首饰盒子,其平顺光滑的表面都离不开髹漆。这一点已经被出土文物所证实,1975 年 4 月,考古工作人员在邗江县杨庙公社殷湖大队蔡庄生产队(今扬州市邗江区杨庙镇蔡庄)发掘了寻阳公主墓,其中出土了多件金银平脱漆器,如:(1)木胎黑漆并蒂莲状漆器 1 件,器内有金属平脱的痕迹;(2)圆形漆器底 2 件,其一朱书"胡真"二字,其二朱书"胡真盖花叁两"六字,其下皆有花押,"胡真"很可能是漆器制作匠人的姓名;(3)银平脱花纹 2 片,其一为侧身飞翔的绶带鸟,上有精美的毛雕,其二为漆器口,镌刻有缠枝蕙草图案;(4)数量众多的残漆片上,均保留有金属扣或金银平脱的遗痕。[2]从这些残存的漆器或漆器部件中,我们可以推知,金银平脱漆器乃是隋唐五代时期流行于扬州地区的一种漆器工艺。

隋唐五代时期扬州的家具制造业也比较发达,其中的木制家具多运用髹漆工艺。扬州家具使用髹漆工艺,可以从晚唐五代时期的一些名画中找到旁证,如南唐画家顾闳中《韩熙载夜宴图》、周文矩《重屏会棋图》、王齐翰《勘书图》,这些名画图案中的屏风、床、榻、桌、椅、几、凳,明显都是运用髹漆工艺处理过的漆木家具,这就表明至迟到五代时期,扬州的家具制造已经广泛应用髹漆的工艺了。因为杨吴政权是以扬州为首都,后来徐知诰(李昪)在扬州篡夺杨吴政权,移都金陵,改国号为唐,扬州遂作为南唐的东都。因此,南唐画家作品中的家具形制,完全可以视为晚唐五代时期扬州地区漆木家具形制的写实性记录。而我们之所以作出这样的判断,乃是因为早在唐代,扬州就是长江中下游地区家具制作的中心,经常有人从扬州贩卖家具到金陵(建康)

---

[1]　张燕:《唐代扬州漆器》,《南京艺术学院学报(美术与设计版)》1988 年第 1 期,第 56—57 页。

[2]　扬州博物馆:《江苏邗江蔡庄五代墓清理简报》,《文物》1980 年第 8 期,第 45 页。

以获取厚利,如前揭文献记载:"广陵有贾人,以柏木造床,凡什器百余事,制作甚精,其费已二十万,载之建康,卖以求利。"[1]可见扬州制作家具的工艺水平是建康(金陵)所不能比拟的,这才为商贾通过贩卖扬州家具至建康以牟利提供了契机。扬州家具制作工艺水平领先于建康的情况,即便是南唐从扬州迁都金陵以后,短时间内也不会有所改变,因此南唐画家笔下的家具模型多数来自扬州制造,应该还是可信的。扬州家具制作使用髹漆工艺,也为考古发现所证实,前揭邗江蔡庄寻阳公主墓,其中出土了一批残木器,这些残木器都是各种家具的残存部件,如雕花嵌银饰六足木几、墨线勾绘花卉木座、浮雕龙凤贴金木板残片、蕙草云纹板、缠枝牡丹浮雕花板等[2],尽管这些残木器已经残破不堪,但还是能够较为清晰地看出,这些家具残部件都运用了髹漆技术工艺,由此可证隋唐五代时期扬州地区一直流行漆木家具。

铜镜作为隋唐五代时期扬州手工艺品的卓越代表之一,本属金属铸造业的范畴,与漆器业分属两大行业。然而,早在战国时期的铸镜工艺中,就已经运用髹漆技术对铜镜进行镶嵌装饰,漆开始主要是用作镶嵌材料的黏合剂或青铜材料的保护层,后来发展成为增加铜镜美观度的装饰物,从而使得铜镜铸造与髹漆工艺发生了日益密切的联系。以隋唐五代时期来说,不断涌现出来的金银平脱镜、螺钿镜、槌金银镜、彩漆绘嵌琉璃镜等新镜种,实际上都是铜镜铸造和髹漆工艺密切结合的产物。例如,金银平脱镜就是隋唐五代十分流行的金银平脱漆器的附加产品。平脱的核心工艺,就是将镜背髹漆之后,再进行打磨,从而将花纹平托出来,具体做法就是用金银片镂刻成图案粘于漆底,然后髹漆、磨显、推光,从而将金银片托出与漆面持平,例如陕西历史博物馆收藏的唐金银平脱天马鸾凤镜、金花漆背镜,都属于这种工艺类型的铜镜。再如前面所说的唐中宗令扬州所造的方丈镜,也是镜背使用髹漆工艺进行特种加工的大型金银平脱或金银镶嵌的大铜镜。至于扬州及其他地方所出土的一些唐代铜镜,如胶漆涂金四蝶镜、打马球菱花镜、双狮方镜、海兽葡萄镜等,其镜背一无例外地都是运用了髹漆技术。这些铜镜都是通过在铸镜

[1]〔宋〕李昉等编:《太平广记》卷三五五《鬼四十》"广陵贾人"条引《稽神录》,中华书局1961年版,第2810页。

[2]扬州博物馆:《江苏邗江蔡庄五代墓清理简报》,《文物》1980年第8期,第44—45页。

过程中加入髹漆工艺这一程序,不仅直接增加了铜镜的靓度,也进一步提升了铜镜的技术含量,使得扬州的铜镜制作工艺更上一层楼。

（五）其他特色鲜明的地域性手工业

隋唐五代时期扬州的手工业门类齐全,除了上面所介绍的那些生产规模大、从业人员多、组织程度高的行业外,还有一些具有扬州本土鲜明特色的地域性手工业,也稍作叙述如下。

1. 技精品多的雕刻业

扬州雕刻业素来发达,“天下玉,扬州工”的说法,主要就是源于扬州历史悠久、门类齐全而又技艺精湛的雕刻业。隋唐五代时期的扬州雕刻业,约略可以概括为如下几种:

（1）玉石雕镂。扬州的玉石雕刻工艺历史悠久,隋唐五代时期一直处于发达领先的地位。先来说扬州的玉雕。唐玄宗天宝二年（743）鉴真第一次东渡日本时,所携带的物品中,有“珠幡十四条,玉环手幡八口”[1];天宝十二载（753）鉴真第六次东渡日本,所携带物品中也有“玉环水精手幡四口”“玳瑁叠子八面”[2],珠、玉、水精（水晶）、玳瑁都可归入广义的玉雕饰品。另外鉴真第一次东渡的随行人员有“玉作人、画师、雕佛、刻镂、铸写、绣师、修文、镌碑等工手都有八十五人”[3],其中的“玉作人”即指玉器雕刻匠师。前面所述邗江蔡庄五代墓中,虽然早就被盗掘过,但其中的残留遗物中,还是发现了一些珍珠和半球形的水晶、蜜蜡饰件,这种情况表明该墓曾有为数不少的珠宝玉器等随葬品。1983年,考古工作人员在扬州市三元桥一处工地上发现了一批唐代金银首饰,其中的“花形嵌饰金戒指”“嵌饰金戒指”“马蹄形金挂饰”“球形嵌饰金耳坠”,均装饰或坠有数量不等的珍珠、琉璃珠、红宝石,另外还发现散落的珍珠31颗,这些珍珠大小不一,中心多有穿孔,应该是用作串饰或镶嵌之用。[4]

其他文献所记述的唐代扬州玉雕相关史料还有很多,如李德裕任淮南节

---

[1]　〔日〕真人元开著,汪向荣校注:《唐大和上东征传》,中华书局2000年版,第47页。

[2]　〔日〕真人元开著,汪向荣校注:《唐大和上东征传》,中华书局2000年版,第88页。

[3]　〔日〕真人元开著,汪向荣校注:《唐大和上东征传》,中华书局2000年版,第51页。

[4]　徐良玉、李久海、张容生:《扬州发现一批唐代金首饰》,《文物》1986年第5期,第68—69页。

度使期间，曾赠送监军使杨钦义"宝器、图画数床，皆殊绝"[1]，所谓"宝器"，《资治通鉴》作"珍玩"[2]，也就是用珠、玉、金、银等贵重物品制作的手工艺品。再如，"马举镇淮南日，有人携一棋局献之，皆饰以珠玉，举与钱千万而纳焉"[3]，这棋价值千万，就是因为它是由珠、玉雕刻装饰而成。又，高骈主政扬州期间，曾"于府第别建道院，院有迎仙楼、延和阁，高八十尺，饰以珠玑金钿"[4]。唐僖宗光启三年（887）四月，高骈"作郊天、御楼六军立仗仪服，及大殿元会、内署行幸供张器用，皆刻镂金玉、蟠龙蹙凤数十万事"[5]。高骈任淮南节度使时，已经是唐朝末年，此时扬州从事玉器雕镂的工匠依然众多，玉器制作继续保持着很高的水平，不仅能够雕镂供人把玩或用作服装饰品的小件玉器手工艺品，还能够在楼阁殿堂等大型建筑上进行大块金石玉器的加工制作。凡此均可证明，隋唐五代时期扬州的玉器制造业始终处于领先地位。

再来说扬州的石雕。鉴真东渡日本时的随行人员中，"雕佛""刻镂"有可能是木雕师、木刻镂师，也有可能是石雕师、石刻镂师，"镌碑"则可以肯定是石雕匠师，这就表明扬州地区肯定有为数不少的石雕匠师，否则鉴真东渡也不可能轻易找到他们。尽管扬州地区少山石，但并不妨碍扬州石雕工艺的发展。1964 年在扬州长江边上的瓜洲出土了一批沙石造像，1976 年在原扬州师范学院（今扬州大学瘦西湖校区）内出土了 8 件青石造像，根据考古人员推断，前者可能是佛塔倒塌以后的遗留物，后者则出土于唐代寺庙遗址，此地曾是唐代扬州龙兴寺所在地，因此应该是龙兴寺的佛像遗留。1964 年、1976年扬州地区先后出土的两批唐代石造像，为唐代扬州地区的石雕业提供了实物佐证。[6]瓜洲出土的沙石造像，体积不大，但比较完整，似乎是佛塔自然倒

　　[1]〔宋〕李昉等编：《太平广记》卷二三九《谄佞一》"李德裕"条引《幽闲鼓吹》，中华书局1961 年版，第 1846 页。

　　[2]〔宋〕司马光编著，〔元〕胡三省音注：《资治通鉴》卷二四六唐文宗开成五年（840）八月，中华书局 1956 年版，第 7946 页。

　　[3]〔宋〕李昉等编：《太平广记》卷三七一《精怪四》"马举"条引《潇湘录》，中华书局1961 年版，第 2949 页。

　　[4]〔后晋〕刘昫等：《旧唐书》卷一八二《高骈传》，中华书局 1975 年版，第 4711 页。

　　[5]〔宋〕司马光编著，〔元〕胡三省音注：《资治通鉴》卷二五七唐僖宗光启三年（887）四月，中华书局 1956 年版，第 8355 页。

　　[6]扬州博物馆、李万才：《扬州出土的唐代石造像》，《文物》1980 年第 4 期，第 65—67 页。

塌以后被掩盖于地下,其中有佛、菩萨、天王、力士、狮、象等,工艺水平颇高。如天王像(高45厘米)手持金刚杵,怒目蹙眉,身材魁伟,脚踏两个鬼邪,生动刻画了护法神的威严;另一个力士像(高22.5厘米)造型也很生动,上身赤裸,一手上举,一手在前,五指伸张,竖眉突眼,头侧向一边,似睃巡左右孽障,要镇服它们似的。从雕刻技法来说,刀法多变,如上面所说的天王像和力士像,多用平直刀法,形体块面清晰,多棱角锋刃,立体感很强,给人一种坚忍劲拔的感觉。而六臂十一种变相观音菩萨像(高43厘米),则运用浑圆刀法,观音直身赤足立于莲座之上,面部丰满,嘴角深陷,似有笑容,神态端庄慈祥,这种雕塑手法正与天王、力士像形成鲜明对比。其他一些造像也都各有不同表情,展现出不同的雕刻刀法与工艺。在这批石造像中,还有几组群像雕刻,也体现出匠师高超的雕刻技法,如高41厘米的以一佛为主体的一铺群像,分为上、下两层,上层中间突出一佛,下层中心为供案,整个外形酷似一瓣莲花,气氛肃穆庄严。该组群像突出主体大佛,对次要人物的形体,仅雕出几块大面,刀法简洁,寥寥数刀即成,而轮廓、动态却清晰别致,充分反映了唐代扬州石雕匠师高度的概括能力和娴熟的刀工技法。原扬州师范学院出土的石造像,体积较大,多数大于真人,因遭受过破坏,皆已残缺不全。从残存的部分来看,仍然可以看出雕塑技法之高与造型之精美,如天王上身残像,头部仅剩余三分之一弱,上身直到腰部,肌肉丰厚而突起,充分展示了威武壮美的气概,那残留在天王像上唇的一撮胡须,系用浮雕线条刻划,疏落有致而生动自然。[1]扬州本土少山石,所用石材多数采自江南,如唐僖宗中和元年(881)下诏“于广陵立(高)骈生祠,并刻石颂,差州人采碑材于宣城”[2],据此可知扬州考古出土的众多石造像,其原料也很有可能采自江南宣城等地。

　　就上述瓜洲和唐代寺庙遗址所出土的石雕像来看,明显属于两种不同的艺术风格,瓜洲沙石造像刀法简练,粗犷中不失劲秀,尽管用刀粗疏,但所表现的内容却依然丰富;寺庙出土的青石造像,则刀法浑圆,更趋于写实,人物形象更加雄伟饱满。这两种不同的雕刻艺术风格,表明隋唐五代时期扬州地

---

[1]　扬州博物馆、李万才:《扬州出土的唐代石造像》,《文物》1980年第4期,第65—67页。

[2]　〔唐〕罗隐:《广陵妖乱志》,〔唐〕罗隐著,潘慧惠校注:《罗隐集校注》,浙江古籍出版社1995年版,第536页。

区存在多个雕塑艺术流派,何以扬州雕塑艺术流派众多呢? 这又由扬州的政治经济地位所决定,彼时扬州不仅是东南地区的中心城市,而且是国际化的商贸中心之一,各地各种匠师云集。以雕塑行业而言,不仅有扬州当地的匠师,而且有外地的匠师,甚至有外国匠师,如吕用之在扬州江阳县修建庙宇,"土木工师,尽江南之选"[1],这说明参与者有很多人并非扬州本地人;此外,鉴真东渡日本,随行人员中有"胡国人安如宝,昆仑国人军法力,瞻波国人善听"等人,他们随鉴真到达日本后参与了奈良招提寺金堂和佛像的建造[2],这表明隋唐五代时期的扬州地区有不少来自外国的雕塑技师。上述这些来自不同地区和域外的雕塑匠师汇集扬州,他们之间相互切磋交流,不仅有力提升了扬州地区的雕塑工艺水平,也使得扬州地区的雕塑艺术流派呈现出多样化的特点。

(2)骨器雕镂。以扬州为中心的江淮地区,一直是唐代铠甲、弓弩等军用物资的制造基地,这是由于制作铠甲的原材料皮革、制作弩弦的角筋,必须使用水牛的皮和筋,因为水牛的皮、筋坚硬而韧度高,水牛则主要出于江淮地区,所谓"材干筋革,出自江淮"[3],即指此而言。扬州作为江淮地区的中心城市,设有官府专营的制甲、制弩手工业作坊,水牛的皮、筋用于制作甲、弩,骨、角、蹄等剩余物,也没有浪费,而是被用来制作各种日常生活用具,充分体现出扬州匠人的经济头脑和聪明智慧。例如,1975 年在扬州师范学院的唐代遗址考古发掘中,发现有大量用骨头磨制的各种器具,以及制作骨器的工具。其中有石磨残件和砺石,砺石又分为两种,一种是用来磨制平面器物,一种是用来磨制圆形器物。而在一灰坑中则发现了大约 650 块骨料,绝大部分是牛骨、牛蹄和牛角,还有簪、钗、针、梳、刷等骨制品,数量最多的是骨簪,又分为透空雕花、扁平圆头等样式,另外还有一些平面雕花的骨板。除了这些骨器成品外,还有不少半成品或废品。在原江苏农学院农场发掘的唐代遗址中,

---

[1] 〔宋〕李昉等编:《太平广记》卷二九〇《妖妄三》"诸葛殷"条引《妖乱志》,中华书局 1961 年版,第 2307 页。

[2] 〔日〕真人元开著,汪向荣校注:《唐大和上东征传》,中华书局 2000 年版,第 85—87 页。

[3] 〔唐〕李德裕撰,傅璇琮、周建国校笺:《李德裕文集校笺》卷七《赐王元逵诏书(会昌三年十二月)》,中华书局 2018 年版,第 134 页。

也出土了数量不菲的牛骨架和水牛头骨,显然也是准备用作制作骨器的原料。[1]在后来的持续考古发掘中,又陆续发现一些骨器成品和骨料,这些骨料大多数是牛骨,还有少数的狗骨、鹿骨。[2]因此,这里应当是唐代扬州的一处骨器手工业作坊遗址。

在其他一些唐代考古遗迹中也发现有骨器成品或骨器原料,如扬州大东门街基建工地唐代排水沟遗址中,曾发现"瓷质素胎碾轮和骨料"[3],碾轮是骨器制作的工具,骨料则是制作骨器的原材料。又如,1984年在邗江县八里乡新河大队荷庄村(今扬州市邗江区八里镇新河社区)唐墓,也出土了骨簪5件,残长13.5—14.6厘米不等,簪身圆体,上粗下细,其中有一件在簪的上半截雕有圆鼓形和竹节形的图案,并刻划有几何纹饰,其余四件皆为素面。[4]又如前揭邗江蔡庄寻阳公主墓中,也发现了一些珍珠和骨珠,所谓"骨珠"就是用动物骨头加工成的珠子,此墓中所发现的骨珠表面为瓜楞状,伴随出土的还有银制花托,结合骨珠旁边同时发现的水晶、蜜蜡等半球状珠宝首饰等来看,这些珍珠和骨珠显然都是用作首饰的,应当是一组银萼珠花,用作珠花的材料主要就是半球状的水晶、球状珍珠和瓜楞状的骨珠。[5]骨珠的发现,也侧证了隋唐五代扬州地区的骨器雕镂工艺达到了十分精致的程度。

(3)木器雕刻。隋唐五代时期扬州的木器雕刻工艺是伴随着家具制造业的兴盛而发展起来的,从前面所记述的广陵贾人将扬州制作的家具贩运至建康便可获得高额利润一事,可知扬州的家具制造业较为发达,扬州所产家具之所以能够卖得高价,主要又得益于高超的木器雕刻工艺,从而增加了这些木制家具的附加值。扬州家具广泛运用雕刻工艺,得到了出土文物的证实,上述寻阳公主墓出土了一批残木器,如雕花镶银饰的木几2件、木龙雕版1

[1]　南京博物院、扬州博物馆、扬州师范学院发掘工作组:《扬州唐城遗址1975年考古工作简报》,《文物》1977年第9期,第21页。

[2]　南京博物院:《扬州唐城手工业作坊遗址第二、三次发掘简报》(刘惠英执笔),《文物》1980年第3期,第13页。

[3]　王勤金:《扬州大东门街基建工地唐代排水沟等遗迹的发现和初步研究》,《考古与文物》1995年第3期,第47页。

[4]　扬州博物馆:《扬州近年发现唐墓》(吴炜执笔),《考古》1990年第9期,第831—832页。

[5]　扬州博物馆:《江苏邗江蔡庄五代墓清理简报》,《文物》1980年第8期,第45页。

对、木凤雕版 2 对（其中一对残存贴金痕迹）、墨线勾绘花卉的木座 4 件（其中四足木座 2 件，三足木座 1 件，另一件仅存木足 2 根，器形不详）及雕刻蕙草云纹的木板、缠枝牡丹浮雕花板等[1]。尽管这些残木器或家具残存部件的破损比较严重，但雕刻工艺之精美程度还是可以明显看得出来的。

雕刻工艺除了广泛应用于家具的制作外，还被运用于佛像、木俑的制作等方面。隋唐五代时期扬州地区佛寺众多，有不少佛像采用了木雕造型，例如唐玄宗天宝十二载（753）鉴真第六次东渡日本，就随船携带有"雕白旃檀千手像一躯"[2]。所谓旃檀，亦作栴檀，梵文"栴檀那"的简称，系檀香科常绿乔木，主要产于印度、中国和泰国，因此这里所说的"雕白旃檀千手像"，就是白色檀香木雕刻的千手观音像。

前述邗江蔡庄寻阳公主墓一共出土 44 件木俑，皆为杪木雕刻而成，其中男俑 20 件，通高 36—40 厘米，分为执盾武士俑、昂首执笏俑、跪俑、戴风帽和戴幞头俑、生肖俑，共五种。女俑 13 件，基本完好，分着衣女俑和一般女侍俑两类，前者高约 60 厘米，头与身躯涂黑漆，四肢可活动，所着衣服已腐败无存，可能是舞蹈俑；后者分大中小三种，高髻，两侧贴鬓发，多数头后有四个插银饰用的小孔，仅有一个仍保留着银饰。动物俑和人首动物身俑 12 件，多数完好，有镇墓兽、鸡俑、蛙俑、人首蛇身俑、人首鱼身俑、人首龙身俑、人首兽身俑等，其中人首动物身俑与南唐二陵的同类俑极为相似。[3]寻阳公主墓陪葬木俑的发现，也侧证了唐五代时期的扬州木器雕刻业发达的历史事实。

（4）雕版印刷。雕版印刷在印刷史上素有"活化石"之称，属于国家非常重视保护的非物质文化遗产。扬州作为中国雕版印刷术的发源地之一，如今是中国国内唯一保存全套古老雕版印刷工艺的城市。雕版印刷起源于唐代，并在唐代中后期开始普遍使用[4]。唐代中后期的扬州，雕版印刷处于领先地位，据冯宿在奏章中说"剑南、两川及淮南道，皆以版印历日鬻于市，每岁司天

［1］ 扬州博物馆：《江苏邗江蔡庄五代墓清理简报》，《文物》1980 年第 8 期，第 44—45 页。

［2］〔日〕真人元开著，汪向荣校注：《唐大和上东征传》，中华书局 2000 年版，第 87 页。

［3］ 扬州博物馆：《江苏邗江蔡庄五代墓清理简报》，《文物》1980 年第 8 期，第 43 页。

［4］ 邓广铭：《隋唐五代史讲义》，《邓广铭全集》第六卷，河北教育出版社 2005 年版，第 178—180 页。

台未奏颁下新历,其印历已满天下"[1],由此可见,当时扬州的工匠已经熟练掌握了雕版印刷技术,因此每年在司天台颁布新的日历之前,他们所印制的日历早已在市场上公开售卖了。买卖日历一般是在每年的冬至前后,如日僧圆仁入唐求法,于唐文宗开成三年(838)腊月二十日,在扬州"买新历"[2],这就说明扬州城内可能有专门售卖日历的店铺,当然也有可能是书铺或书肆同时兼卖日历。因为日历是每个家庭必不可少的必需品,所以日历的社会需求量很大,这就势必要求印刷作坊或匠人设法提高印刷效率和改善印刷质量,从而在客观上促进了印刷技术的进步。

扬州的雕版印刷,除了用于印制日历以外,还运用于佛教经书的刊刻。鉴真东渡日本,每次携带的物品中,都有数量众多的佛经,如唐玄宗天宝二年(743)他第一次东渡日本时,随船携带的佛教经书:"金字《华严经》一部,金字《大品经》一部,金字《大集经》一部,金字《大涅槃经》一部,杂经、章疏等都一百部。"[3]天宝十二载(753)第六次东渡时,携带的佛教经书也有很多,计有《大方广佛华严经》80卷、《大佛名经》16卷、金字《大品经》一部、金字《大集经》一部、南本《涅槃经》一部40卷、《四分律》一部60卷、法励师《四分疏》五本各10卷、光统律师《四分疏》百廿纸、《镜中记》二本、智周师《菩萨戒疏》5卷、灵溪释子《菩萨戒疏》2卷、《天台止观》40卷、《法门玄义》《文句》各10卷、《四教义》12卷、《次第禅门》11卷、《行法华忏法》1卷、《小止观》1卷、《六妙门》1卷、《明了论》1卷、定宾律师《饰宗义记》9卷、《补释宗义记》1卷、《戒疏》二本各1卷、观音寺亮律师《义记》二本10卷、终南山宣律师《含注戒本》1卷及疏、怀道律师《戒本疏》4卷、《行事抄》五本、《羯磨疏》等二本、怀素律师《戒本疏》4卷、大觉律师《批记》14卷、《音训》二本、《比丘尼传》二本4卷、玄奘法师《西域记》一本12卷、终南山宣律师《关中创开戒坛图经》1卷、法铣律师《尼戒本》1卷及疏2卷,以上合48部。[4]当然这些佛教经书

---

[1]〔清〕董诰等编:《全唐文》卷六二四(冯宿)《禁版印时宪书奏》,中华书局1983年版,第6300—6301页。

[2]〔日〕圆仁撰,顾承甫、何泉达点校:《入唐求法巡礼行记》卷一,上海古籍出版社1986年版,第24页。

[3]〔日〕真人元开著,汪向荣校注:《唐大和上东征传》,中华书局2000年版,第47页。

[4]〔日〕真人元开著,汪向荣校注:《唐大和上东征传》,中华书局2000年版,第87—88页。

不排除有些仍是抄本,但其中大部分应当是采用雕版印刷的印刷本,因为如此大批量的图书,显然不是以前的抄写方式所能克尽其功的。而且这些印刷本中,有相当多的一部分可能就是在扬州印刷的,这是因为当时天下雕版印刷发达的地区,主要就是淮南道、剑南道和两川,其中又以淮南道的扬州为雕版印刷的中心。

因为扬州的雕版印刷比较发达,所以扬州城内有专门售卖各种书籍的书肆或书铺,如日僧圆仁于唐文宗开成三年(838)入唐求法,十一月二日,他曾在扬州城内"买《维摩关中疏》四卷,价四百五十文"[1],圆仁因为僧侣的身份,所以他所购买的图书当然是佛教的经疏,这个书铺或书肆不可能只卖佛教经疏,应该还同时经营其他种类的图书。鉴真前后六次东渡,每次都要携带大量佛教经疏,也应该是从书肆或书铺购买而得,因为他不可能每次临行前亲自或组织人抄写或临时刊刻。

2. "青出于蓝"的制糖业

唐代以前中国还不知道制糖法,"我们中国古代没有'糖'这个字,只有一个'饧'字,指的是麦芽糖一类的东西。甘蔗我们是有的,比如《楚辞·招魂》中说:'腼鳖包羔,有柘浆些。''柘浆'就是后代的'蔗浆'。……古代的蔗浆只供饮用,而不用来熬糖。熬糖则使用麦芽。利用甘蔗汁熬糖是以后的事情。大概到了南北朝时期才出现了'糖'字,利用蔗浆熬糖可能也始于此时。"[2]大约在魏晋南北朝时期,中国人通过《摩诃僧祇律》《五分律》《四分律》等佛教著作,开始了解到印度用甘蔗汁制糖的信息,后来唐僧义净翻译的佛教著作中,也介绍过印度的制糖法,但中国那时候还没有生产过蔗糖。中国第一次生产蔗糖,是进入唐朝以后。

贞观二十一年(647),唐太宗派遣王玄策出使印度,前往摩揭陀国(今印度比哈尔邦)摩诃菩提寺求取制糖法。贞观二十三年(649),王玄策请得摩揭陀国摩诃菩提寺石蜜匠及僧人8人入唐。唐太宗下令,让他们按照印度制糖法在扬州制糖,从而生产出中国第一锅蔗糖。此事载诸《新唐书·西域传》:

[1]〔日〕圆仁撰,顾承甫、何泉达点校:《入唐求法巡礼行记》卷一,上海古籍出版社1986年版,第18页。

[2] 季羡林:《交光互影的中外文化交流》,《群言》1986年第5期,第17页。

"太宗遣使取熬糖法,即诏扬州上诸蔗,拃沈如其剂,色味愈西域远甚。"[1]据此可知,扬州匠师不仅完全学会了印度的制糖技术,而且"青出于蓝而胜于蓝",对印度原有制糖工艺进行了改进,结果所生产出来的蔗糖无论色泽还是味道,均远胜印度所产蔗糖,从而实现制糖技术的飞跃。后来中国所造的优质蔗糖又传到印度,被印度人惊叹为"中国雪"。

由于扬州是中国蔗糖生产的发源地,所以大概从那个时候起,扬州的饮食便与糖产生了密切联系,如今扬州地区的饮食风格仍然偏向甜食,与此应该有某些关系。更为重要的是,从那个时候起,扬州的制糖技术就一直处于领先地位,而且很长时期都是全国蔗糖生产的中心。这里有史料可以为证,如唐玄宗天宝二年(743)鉴真第一次东渡日本时,在所采购的物品中,"毕钵诃梨勒、胡椒、阿魏、石蜜、蔗糖等五百余斤"[2]。在上述诸多物品中,毕钵即毕钵罗,梵语"菩提树"之意,这里只能是菩提树的种子;诃梨勒,亦作"诃黎勒",一种常绿乔木,果实可入药;胡椒,是一种来自西域的调味品,亦可入药;阿魏,中药名,为一种伞形科植物的树脂,主产地为中国新疆;石蜜,《唐本草》说"石蜜出益州、西域",据考证,石蜜一词最早出现在汉代文献中,又称为"西极石蜜"或"西国石蜜",产自古印度,因此这里所说的"石蜜"仍为印度所产的糖;蔗糖,应该是扬州本地所生产的糖。上述"五百余斤"物品中,前面几种中草药或调味品,重量都不可能太大,石蜜则因为从印度传入,估计数量也不会太多,因此其中当以"蔗糖"所占重量最大,一是因为蔗糖相比于其他几种物品,密度大、重量足而所占空间小;二是因为它是扬州本地所产,产量比较大,易于采购。

3."满耳笙歌"的乐器制造业

隋唐五代时期的扬州,作为当时最为著名的商业消费型城市,扬州市民也是唐代最善于消费、最善于享受生活的城市居民,风花雪月、歌舞升平大概是唐代扬州市民最为熟悉的生活节奏,唐诗中描写或记述扬州音乐舞蹈的句子,可谓俯拾皆是,不胜枚举,如姚合诗"暖日凝花柳,春风散管弦""春风荡

---

[1]〔宋〕欧阳修、宋祁:《新唐书》卷二二一上《西域上·摩揭它传》,中华书局1975年版,第6239页。

[2]〔日〕真人元开著,汪向荣校注:《唐大和上东征传》,中华书局2000年版,第47页。

城郭,满耳是笙歌"[1],如陈羽诗"月中歌吹满扬州,相看醉舞倡楼月"[2],如李中诗"绮罗香未歇,丝竹韵犹迟"[3],如杜牧诗"谁家唱水调,明月满扬州""天碧台阁丽,风凉歌管清"[4]"二十四桥明月夜,玉人何处教吹箫"[5],权德舆诗"兰麝远不散,管弦闲自清"[6]。这些描写扬州城市生活的诗歌,无不透露出扬州音乐舞蹈发达的信息。正史中也有扬州向皇室进贡"女乐"的记载,如据《旧唐书》记载,宝历二年(826)十二月己酉,刚即位四天的唐文宗下敕书:"凤翔、淮南先进女乐二十四人,并放归本道。"[7]扬州是淮南道的首府,淮南道进献"女乐",实即扬州向朝廷进献女乐,能够向皇室进贡"女乐",正说明扬州地区的音乐舞蹈十分发达。

音乐舞蹈的发达,也带动了扬州地区乐器制造业的发展,上述唐诗中所写的丝、竹、管、弦、笙、箫,都是乐器,这些乐器多数都是扬州本土制造。扬州的乐器制造水平比较高,有不少人都希望得到一件扬州制作的乐器,如白居易的一首诗题为《偶于维扬牛相公处觅得筝,筝未到,先寄诗来,走笔戏答》,诗云:"楚匠饶巧思,秦筝多好音。如能惠一面,何啻直双金?"[8]秦筝本是诞生并流行于西北关中地区的乐器,扬州古属楚地,"楚匠"即指扬州本地制造乐器的匠人,白居易向在扬州任职的牛僧孺求得秦筝一面,心中喜悦无限,正从一个方面说明扬州不仅能够制造秦筝等乐器,而且所造出来的乐器质量水

---

[1]〔唐〕姚合著,吴河清校注:《姚合诗集校注·姚少监诗集》卷六《扬州春词三首》其一、其三,上海古籍出版社 2012 年版,第 311、313 页。

[2]〔清〕彭定求等编:《全唐诗》卷三四八(陈羽)《广陵秋夜对月即事》,中华书局 1960 年版,第 3895 页。

[3]〔清〕彭定求等编:《全唐诗》卷七四九(李中)《广陵寒食夜》,中华书局 1960 年版,第 8533 页。

[4]吴在庆:《杜牧集系年校注·樊川文集》卷三《扬州三首》其一、其三,中华书局 2008 年版,第 335、339 页。

[5]吴在庆:《杜牧集系年校注·樊川文集》卷四《寄扬州韩绰判官》,中华书局 2008 年版,第 545 页。

[6]〔唐〕权德舆撰,郭广伟校点:《权德舆诗文集》卷九《广陵诗》,上海古籍出版社 2008 年版,第 153 页。

[7]〔后晋〕刘昫等:《旧唐书》卷一七上《文宗纪上》,中华书局 1975 年版,第 523 页。

[8]〔唐〕白居易著,朱金城笺校:《白居易集笺校》卷三三《偶于维扬牛相公处觅得筝筝未到先寄诗来走笔戏答》,上海古籍出版社 1988 年版,第 2275 页。

平都比较高。扬州地区今天仍是中国古筝制作和古筝音乐艺术表演的中心之一,应当与其历史悠久的古筝制造业有一定关系。隋唐五代时期扬州乐器制造业比较发达,不仅有文献记载为证,也得到了出土文物的证实,如前述邗江寻阳公主墓,其中出土了一批残存的乐器,具体包括:(1)琵琶2件,较大的一件为乐器实物残存,琵琶颈上部残损,残长46厘米、宽26厘米,根据指板上四个穿弦孔可知,此为四弦琵琶;较小的一件为明器,器身实心,四弦孔,颈后曲近直角,上有弦轴四根,长55厘米、宽19厘米。(2)拍板6块,拍板两端呈弧形,一端略狭,狭的一端各有二圈孔,连接用,长34—38厘米。(3)四弦孔指板、五弦孔指板及其他乐器残片。(4)木制乐器架3个。[1]琵琶乐为隋唐五代时期尤其受人喜爱的一种音乐,这从白居易的名篇《琵琶行》可知一斑。又,南唐昭惠周皇后死后,后主李煜"自制诔,刻之石,与后所爱金屑檀槽琵琶同葬"[2],可见至五代晚期,琵琶仍是备受人们喜爱的一种乐器,蔡庄五代墓葬所出土的两件琵琶,则为此提供了具体的物证。同时,这也是隋唐五代时期扬州地区乐器制造业发达的一个实物佐证。

四、隋唐五代扬州铜镜文化及其精神意蕴

这一内容原属金属冶铸业方面,应该归入"隋唐五代扬州手工业发展的具体表现"一节讲述。这里之所以将其单独列出,主要是因为隋唐五代时期扬州的铜镜及其铸造,不仅仅是扬州青铜器制造业工艺先进的典型代表,而且蕴含着丰富精深的文化意蕴。从文化的意义上讲,隋唐五代扬州的铜镜铸造,早已不再局限于物质层面上的手工业制造工艺,而是精神层面上"天下器,扬州工"的灵魂所系。扬州铜镜铸造过程中所追求的极致境界,集中体现了历代扬州人民精益求精、一丝不苟的品格,并从形、神两个方面直接塑造了扬州文化的精神内涵——追求精致、追求卓越。

(一)工艺先进的铜镜制造业

铜之为用,首要在于铸钱,其次为铜器制作。隋唐五代时期的扬州铜器驰名全国,在扬州奉献给朝廷的众多土贡中,铜器是必不可少的贡品。唐玄

---

[1]　扬州博物馆:《江苏邗江蔡庄五代墓清理简报》,《文物》1980年第8期,第44页。

[2]　〔宋〕陆游:《南唐书》卷一六《后主昭惠国后周氏传》,傅璇琮等主编:《五代史书汇编》第9册,杭州出版社2004年版,第5589页。

宗天宝二年(743),水陆转运使韦坚组织各地向皇帝"献宝",在长安广运潭中排列起二三百艘"小斛底船"以展示各地进奉的贡品,排在第一位置的就是"广陵郡船",船上"堆积广陵所出锦、镜、铜器、海味",最显眼、数量最多的就是铜器,同时还伴有女声合唱,演唱经过改编的民歌《得宝歌》,歌词云:"得宝弘农野,弘农得宝耶!潭里船车闹,扬州铜器多。三郎当殿坐,看唱《得宝歌》。"[1]同年,扬州大明寺僧鉴真东渡日本,临行前鉴真采购了大批物品,其中就有很多铜器,如铜瓶 20 口、大铜盂 4 口、大铜盘 20 面、中铜盘 20 面、小铜盘 44 面、一尺铜叠 80 面、小铜叠 300 面等,另外还随船携带了青铜钱 1 万贯、正炉钱 1 万贯、紫铜钱 5000 贯。[2]再如前文已经有所叙述的巨型铜灯树,也是扬州所制造,仅铜料一项就超过 6 万斤,充分展现出扬州制造大型铜器的技术和实力。

铜镜作为扬州土贡物品之一,不仅是隋唐五代时期扬州铜器制造业中的大宗和精品,而且在一定意义上代表着扬州地区青铜器制造的最高水平。因此,这里重点叙述一下隋唐五代时期扬州铜镜及其制造的相关情况,以窥扬州铜器制造业的全豹。

扬州制作铜镜历史悠久,形成一种具有独特、浓郁地域色彩的铜镜文化。两汉魏晋南北朝时期,扬州一直就是铜镜的重要生产地,至隋唐五代,铜镜作为土贡已然成为扬州一张靓丽的名片了。据《河洛记》记载:"隋炀帝喜奢侈,幸江都,王世充献铜镜屏,帝甚喜,擢江都通守。"[3]此事《资治通鉴》亦有记载,系年于隋炀帝大业十二年(616)[4],但王世充以进献铜镜屏而被提拔为江都通守事,当发生在大业十二年以前。又,1955 年 3 月,文物考古工作人员在西安东郊郭家滩第 646 号隋墓中,出土一枚"玉面方窥四兽镜",直径 14.7 厘米,圆钮,圆座,素缘,外区铭带,铭文右旋,云:"杨府可则,盘龙斯铸,徐稚经

[1]〔后晋〕刘昫等:《旧唐书》卷一〇五《韦坚传》,中华书局 1975 年版,第 3222—3223 页。

[2]〔日〕真人元开著,汪向荣校注:《唐大和上东征传》,中华书局 2000 年版,第 47—50 页。

[3]〔清〕张英、王士禛等:《渊鉴类函》卷三八〇《服饰部十一·镜三》,中国书店 1985 年版,第 15 册第 497 页。

[4]〔宋〕司马光编著,〔元〕胡三省音注:《资治通鉴》卷一八三隋炀帝大业十二年(616)十二月,中华书局 1956 年版,第 5716 页。

磨,孙承晋赋,散池菱影,开云桂树,玉面方窥,仙刀永故。"[1]其中的"杨府",即指扬州大总管府,隋朝曾设置扬州、益州、并州、荆州四大总管府,因此这枚铜镜应该是扬州制造或模仿扬州造镜工艺制作而成;"徐稚经磨,孙承晋赋",徐稚经是磨镜人,上面的铭文即"赋"则由孙承晋撰写。这枚铜镜无论是由扬州大总管府制作,还是外地模仿扬州工艺制作,均可表明至迟到隋朝,扬州所造铜镜,已经达到很高的技术水平,成为驰名海内的工艺精品,否则不可能作为进献给帝王的贡品。时至唐代,扬州铜镜便成为列入扬州土贡清单的必备贡品了,如唐高祖武德五年(622),扬州总管府新造一枚铜镜,以充当来年(癸未年,623)的贡品,其镜铭文《全唐文》有记载:"武德五年,岁次壬午八月十五日甲子,扬州总管府造青铜镜一面,充癸未年元正朝贡。其铭曰:上元启祚,灵鉴飞天,一登仁寿,于万斯年。"[2]武德五年八月十五日扬州总管府所造的这枚铜镜,其背面的图画模样载诸宋人所著《宣和博古图录》卷二九"唐武德鉴",从镜背图画模样看,花纹十分复杂精巧,铭文则呈环形排列,字体瘦长,清晰雅致。[3]武德五年"元正朝贡"的青铜镜,为目前史料所见唐代扬州上贡铜镜的最早事例,而且根据其为"元正朝贡"的事实,可以推断至迟从这个时候开始,铜镜就已经成为扬州进献给朝廷的"常贡"[4]了,也就是每年定时进献土贡中的必备贡品。尽管唐玄宗开元(713—741)以前扬州进贡铜镜的史料文献记载相对较少,但扬州铜镜作为地方土贡中的常贡物品,还是可以肯定的,例如唐中宗在位期间,曾专门下令扬州制作方丈镜,"铸铜为桂树,金花银叶。帝每常骑马自照,人马并在镜中"[5]。皇帝之所以下敕令要求扬州制作铜镜,一方面是因为铜镜为扬州土贡,则扬州造镜技艺必有其独到精妙

　　[1]　陕西省文物管理委员会:《陕西省出土铜镜》图80"玉面方窥四兽镜",文物出版社1959年版,第90页。

　　[2]　〔清〕董诰等编:《全唐文》卷九八八(阙名)《唐武德鉴铭》,中华书局1983年版,第10230页。

　　[3]　〔宋〕王黼等:《泊如斋重修宣和博古图录》卷二九,明万历十六年泊如斋刊本。

　　[4]　按,唐代地方政府进献中央的土贡,可以细分多个种类,如李锦绣就将"元正贡""冬至贡""季节贡"三类归纳为唐代前期州郡每年的"常贡",除常贡以外,还有所谓杂贡、别索贡、访求贡、折造贡等多种名目。详参李锦绣:《唐代财政史稿》上卷第二分册,北京大学出版社1995年版,第627—638页。

　　[5]　〔宋〕李昉等编:《太平广记》卷二三一《器玩三》"唐中宗"条引《朝野佥载》,中华书局1961年版,第1770页。

之处,也进一步侧证了扬州土贡中铜镜为每年必进之贡品的事实。唐玄宗开元、天宝为唐朝极盛时期,一切制度均可正常施行,地方郡县每年必须按规定及时交纳贡品成为常态,故扬州土贡铜镜的史料记述就较为常见了。如唐玄宗开元二十五年(737),鉴于有些地方进献的土贡并非本地所产,而是通过"外处市供"即花钱从外地购买以充土贡的情况,于是敕令中书门下向各地朝集使重申:"凡天下十道,任土所出而为贡赋之差",即各地土贡必须确定是本地所产,其时扬州土贡排在首位的就是"青铜镜"。[1]天宝年间(742—756),"天下诸郡每年常贡"最终定制,其中广陵郡的土贡为:"蕃客锦袍五十领,锦被五十张,半臂锦百段,新加锦袍二百领,青铜镜十面,莞席十领,独窠细绫十匹,蛇床子七斗,蛇床仁一斗,铁精一斤,兔丝子一斤,白芒十五斤,空青三两,造水牛皮甲千领并袋。"[2]从中可知每年的"常贡"品都是有一定数量限制的,不过这些数据只能是制度上的规定,因为朝廷对于各地土贡的需求量不可能这么少,因此扬州每年进献朝廷的青铜镜数量,肯定远不止"十面"。青铜镜作为扬州最重要的土贡之一,每年进献时还有专人负责铜镜进贡,称之为"进镜官",如唐玄宗天宝三载(744)五月十五日,扬州进献水心镜一面,就是由扬州府参军李守泰充当"进镜官"而上供的。[3]唐人李肇在其所撰《国史补》中,则直接将扬州制作的"江心镜"作为"扬州贡"的代名词:"扬州旧贡江心镜,五月五日扬子江中所铸也。或言无有百炼者,或至六七十炼则已,易破难成,往往有自鸣者。"[4]农历五月五日为端午节,尽管这一天在中国民俗传统中是"恶日",但是却成为扬州铸造"江心镜"的好日子。端午节所造"江心镜"成为贡品,有正史资料为根据,如大历十四年(779)五月,唐德宗李适即位,六月"己未,扬州每年贡端午日江心所铸镜,幽州贡麝

---

[1]〔唐〕李林甫等撰,陈仲夫点校:《唐六典》卷三《尚书户部》,中华书局1992年版,第64、69页。

[2]〔唐〕杜佑撰,王文锦、王永兴、刘俊文、徐庭云、谢方点校:《通典》卷六《食货六》,中华书局1988年版,第119—120页。

[3]〔宋〕李昉等编:《太平广记》卷二三一《器玩三》"李守泰"条引《异闻录》,中华书局1961年版,第1771页。

[4]〔唐〕李肇:《唐国史补》卷下,上海古籍出版社1979年版,第64页。又,此条亦见〔宋〕李昉等编《太平广记》卷二三二《器玩四》"扬州贡"条引《国史补》(中华书局1961年版,第1776页),唯个别字词有所差异。

香,皆罢之"[1]。这清楚地表明,在此之前"江心镜"为扬州每年进献给皇帝的必供品。至于唐德宗在位期间或以后有没有恢复这项土贡,则因为没有明确的史料记述而无法判断。

扬州铜镜制作精美,也得到出土实物的印证,我们这里仅举扬州博物馆馆藏的几件略作介绍。(1)"海马葡萄镜",或作"海兽葡萄镜"。1969年,考古工作人员在邗江县槐泗公社温庄大队(今扬州市广陵区槐泗镇温庄村)的一座唐代墓葬中,发现了一面唐代"海兽葡萄镜",直径22.2厘米,重2700克,兽纽。这是迄今为止所出土唐代铜镜中较大的一枚,造型极为精美,纹饰图案中的海马纹、葡萄纹均清晰雅致,应是一件珍品。[2](2)"十二生肖镜"。1975年3月在邗江县城北公社(今扬州市广陵区城北乡)出土,直径约20.4厘米,圆形龙纹纽座,镜纹内区主图案为鹿、虎、豹等走兽,补以莲瓣和流云纹;镜纹外区是十二生肖,每一生肖之间,饰以莲纹;内、外区之间为"铭带",铭文:"仙人并照,智水齐名,花朝艳采,月夜流明,龙盘五瑞,鸾舞双情,传闻仁寿,始验销兵。"铜镜的边缘,则饰以缠枝纹。整个纹饰层次分明,形象生动,堪称镜中佳品。[3]经过比对,这枚"十二生肖镜"上的铭文,和1955年西安市东郊郭家滩第525号唐墓出土的"仁寿镜"[4]铭文相同,而纹饰则与西安市西郊三桥东第189号唐墓出土的"盘龙舞凤镜"极为相似[5]。因此,不排除西安所出土的这两枚铜镜也是由扬州所铸造,很有可能是当年扬州进献朝廷的土贡。

唐代扬州铜镜制作工艺技术领先,一方面表现为继承传统而有所创新,另一方面又表现为立足本土、借鉴域外而完成了中外文化元素的融汇,从而确立了唐式镜的基本面貌,使得"扬州标准"成为唐代铜镜制作的范式。如今唐代铜镜的"扬州标准"已经得到了科学证实,1979年扬州曙光仪器厂检验组对扬州出土的唐四神镜和双鸾镜的化学成份进行分析,这两面镜子均为

---

[1]〔后晋〕刘昫等:《旧唐书》卷一二《德宗纪上》,中华书局1975年版,第322页。

[2]周欣、周长源:《扬州出土的唐代铜镜》,《文物》1979年第7期,第54页。

[3]周欣、周长源:《扬州出土的唐代铜镜》,《文物》1979年第7期,第54页。

[4]陕西省文物管理委员会:《陕西省出土铜镜》图103"仁寿镜",文物出版社1959年版,第113页。

[5]陕西省文物管理委员会:《陕西省出土铜镜》图105"盘龙舞凤镜",文物出版社1959年版,第115页。

铜、锡、铅合金,四神镜的铜、锡、铅构成比例分别为 68.60%、23、60%、6.08%,双鸾镜的铜、锡、铅构成比例分别为 69.30%、21.60%、5.45%。这两组数据与国内外学者分析化验唐代的铜、锡、铅比例基本一致,也和当时中原地区铜镜的合金构成比例相近,这充分表明唐代扬州铜镜制作的工艺技术早已赶超中原而臻于鼎盛。[1]

（二）唐代扬州铜镜文化及其精神意蕴

对于唐代扬州铜镜的认识,不能仅仅停留在工艺品制作的层面,还应该上升到文化的高度加以认识,从某种意义上来说,唐代扬州铜镜已非单纯的铜器,而是一种文化的象征,是唐代扬州文化精神的集中体现,蕴含着十分丰富的历史文化内容。

1. 扬州铜镜体现了"天下器,扬州工"的精品意识

扬州铜镜及其制作工艺之所以能够成为唐代扬州文化精神的象征,首先就在于铜镜铸造充分体现了唐代"扬州制造"精益求精的"匠心"精神。例如人们所熟知的"天下器,扬州工"这一说法,实与扬州工艺品制作历来强调求精创新的精品意识密不可分。扬州工艺品制造源远流长,唐代扬州铜镜制作则为"扬州工"做出了最好的诠释。

扬州铸镜工艺之精湛,可以从文献记述与出土实物两个方面得到印证,如唐人张汇的《千秋镜赋》尽管是一篇文学作品,但对于扬州铸镜的精湛工艺也有所描述:"考工垂典,匠人有作,或铸或镕,是磨是削,刻以为龙,镂以成鹊。初临玉宸,透鸾景而将飞;末树金墀,拂菱花而不着。"[2]从中可知,扬州千秋镜的铸造工艺流程至少包括熔、铸、磨、削、刻、镂等环节。再如,唐玄宗天宝三载(744)五月十五日扬州所进水心镜,"纵横九寸,青莹耀日,背有盘龙长三尺四寸五分,势如生动"。[3]"青莹耀日",以及镜背上的"盘龙"活灵活现,好像一直在运动中的形象,便足以说明其制作之精巧。又,唐玄宗开元

---

[1] 周长源、束家平、马富坤:《铸镜广陵市,菱花匣中发——析扬州出土的唐代铜镜》,《艺术市场》2006 年第 1 期,第 64—65 页。

[2] 〔宋〕李昉等编:《文苑英华》卷一〇五(张汇)《千秋镜赋》,中华书局 1966 年版,第 479—480 页。

[3] 〔宋〕李昉等编:《太平广记》卷二三一《器玩三》"李守泰"条引《异闻录》,中华书局 1961 年版,第 1771 页。

十七年（729）设立千秋节，节日期间特意安排了赐镜、献镜的活动，其时唐玄宗向四品以上官员赐镜，而王公以下群臣则向皇帝奉献铜镜，为此唐玄宗作诗云："铸得千秋镜，光生百炼金。分将赐群后，遇象见清心。台上冰华澈，窗中月影临。更衔长绶带，留意感人深。"[1]其中所说的"千秋镜""百炼金"，即指扬州铸造"百炼千秋镜"，所谓"百炼"即指铸镜工艺，需要经过上百次的熔铸锤炼。扬州所造"百炼千秋镜"，甚至还直接促成扬州地方行政区划的一次调整，据《旧唐书·地理志》载"天宝元年，割江都、六合、高邮三县地置千秋县，天宝七载，改为天长。"[2]又据《新唐书·地理志》载，广陵郡所统七县中，只有江都、六合、天长三县境内有铜矿。另外，千秋节改名为天长节的时间，就在天宝七载（748）。由此可见，千秋节、天长节与扬州之间有着密切的关联，千秋县（天长县）应该就是"百炼千秋镜"的制作基地。而且有史料显示，在千秋节（天长节）时，文武百官进献给皇帝的铜镜，主要就是扬州地区所生产的，如独孤及在天长节时曾向唐肃宗进献铜镜，他在进镜表中说道："……以去年五月五日，于淮阳铸上件镜，欲献之行在……臣幸逢佳节，愿展微诚，谨遣某官某乙进上件二镜，一献圣皇，一献陛下……臣伏以圣皇执契垂化，有如金玉之式；陛下时乘驭天，骋飞龙于国步。臣故以金龙饰镜，以表圣德。"[3]从中可知，独孤及进献给唐玄宗、唐肃宗父子的铜镜，乃是作为天长节（亦即"千秋节"）的贺礼而特别制作的，故以金龙作为装饰图案，这两面金龙铜镜也是"于淮阳（按，'阳'当为'扬'）铸"，也是在扬州境内所铸造的"百炼千秋镜"。又，1954年7月，西安市东郊郭家滩第39号唐墓出土一枚四角圆弧状正方形"八卦百炼镜"，直径14.8厘米，圆钮，素缘，内圈八卦就其方折之势，外圈铭文左旋，每边四字："精金百炼，有鉴思极，子育长生，形神相识。"[4]1955年1月，西安市东郊郭家滩第65号唐墓出土一枚"云龙镜"，圆钮，葵花式流云纹

　　[1]〔清〕彭定求等编：《全唐诗》卷三（明皇帝）《千秋节赐群臣镜》，中华书局1960年版，第32页。

　　[2]〔后晋〕刘昫等：《旧唐书》卷四〇《地理志三》，中华书局1975年版，第1572页。

　　[3]〔宋〕李昉等编：《文苑英华》卷六一三（独孤及）《为独孤中丞天长节进镜表》，中华书局1966年版，第3179页。

　　[4]陕西省文物管理委员会：《陕西省出土铜镜》图93"八卦百炼镜"，文物出版社1959年版，第103页。

及花纹缘,镜缘花心内有"千秋"二字铭文。[1]以上两枚发现于今西安东郊唐墓的"八卦百炼镜"和"云龙镜"(或可称曰"千秋云龙镜"),很有可能都是扬州所造,它们之所以出土于西安郊区的唐代墓葬中,是因为百炼镜和千秋镜皆是扬州的重要土贡,每年都要向朝廷进献很多铜镜,所以这些出土于西安郊区的铜镜,很有可能就是当年的贡品。

　　除了"百炼千秋镜",在唐玄宗开元(713—741)、天宝(742—756)时期,扬州铜镜作坊又开发出了新的铜镜品种——"漆背金花镜",也可谓工艺精湛之铜镜佳品。这里首先来看一个故事:唐玄宗天宝年间,新淦县(今江西新干)丞韦栗有一女儿十几岁,随父亲到任职处所生活。行至扬州时,女儿求父亲为她买一个漆背金花镜。韦栗告诉女儿说:"我现在经济上比较困难,哪里买得起这个东西? 等我到任之后,再给你买吧。"不料一年多以后,女儿病死,韦栗也忘记曾经许诺给女儿买镜之事。后来,韦栗任职期满,北返家乡,再次行至扬州,停泊在运河上歇息。韦栗女儿与一个婢女持钱到扬州城内买铜镜。因为韦女十分漂亮又雍容华贵,所以大家都争相卖镜给她。有一个年龄20余的少年,白皙可喜,韦女便以"黄钱五千余",从少年手中买得一面直径一尺余的漆背金花镜。这时旁边有另外一个卖镜人说,他有一面镜子比这个更好,只需要三千钱。于是,卖镜少年只好再降价两千。韦女买镜后离去,卖镜少年令人随她到居处取钱,但到钱铺兑换时,却只有"黄纸三贯"。于是,卖镜少年拿着这三贯纸钱来到韦栗所乘船只,告诉韦栗说:"刚才有一个女郎持钱买镜,后来她回到了这个船中,而现在那些钱都成为纸钱了。"韦栗告诉少年人:"我只有一女,早已死去几年了。那你说一说那个女孩的样貌如何。"少年于是详细讲述了女孩的服色容貌。韦栗夫妻听后,不禁痛哭,因为少年所说的正是自己的女儿。于是,他们引领少年到船上搜检,结果只找到了韦母所剪的纸钱,置在樔边案上。韦母原本剪了九贯,检查后发现少了三贯。众人都十分诧异,于是打开棺椁,赫然发现里面有一面漆背金花镜。卖镜少年说,

---

[1] 陕西省文物管理委员会:《陕西省出土铜镜》图146"云龙镜",文物出版社1959年版,第156页。

钱并不重要，又赠钱十千为韦女设斋祭奠。[1]无论何时何地，爱美都是女孩子的天性，这个故事生动地告诉我们，能够拥有一面扬州制造的铜镜是那个时代许多女孩子的梦想，甚至于不论生死。同时这个故事还告诉我们：（1）扬州铜镜知名度高，为畅销全国的商品，拥有一面扬州所造的漆背金花镜（或其他铜镜）是很多人心中的梦想；（2）扬州市面上有很多卖镜人，存在竞价销售甚至以经营铜镜买卖为生的情况；（3）漆背金花镜价格高，需要三千至五千钱（三贯到五贯），这个价格意味着什么？该故事发生于唐玄宗天宝年间，其时"海内富实，米斗之价钱十三，青、齐间斗才三钱，绢一匹钱二百"[2]，一面漆背金花镜即便以低价三千钱计算，也可以折合购买米 230.7 斗，绢 15 匹；如果在青、齐地区（今山东青州潍坊一带），则可买米 1000 斗。如果一面漆背金花镜卖到五千钱的高价，则折合购买的米或绢分别为 384.6 斗或者 25 匹。正是因为漆背金花镜价格高昂，所以身为八品县丞的韦栗在女儿提出购买铜镜的要求后，只能以经济困难为由拒绝，同时向女儿许诺，等他到任以后再行购买。扬州制造的漆背金花镜为世人所珍爱，还有一个故事，唐玄宗时御史贺兰进明，其侄在睢阳娶一狐妇，经常给贺兰家人带去礼物，后来贺兰家有人向狐妇"乞漆背金花镜"，狐妇为满足其要求，于是便潜入别人家中盗取铜镜，结果被主人发觉后击杀。[3]扬州铜镜深受人民喜爱，故常常被用作馈赠友朋的珍贵礼品，据历史记载：冯履谦任职河北县尉时，河阳县尉张怀道赠给他一枚扬州所产铜镜，冯履谦于是"集县吏遍示之，咸曰：'维扬之美者，甚嘉也。'谦谓县吏曰：'此张公所致也。吾与之有旧，虽亲故不坐，著之章程。吾效官，但得俸禄自守，岂私受遗哉？《昌言》曰"清水见底，明镜照心"，余之效官，必同于此。'复书于使者，乃归之。闻者莫不钦尚。"[4]扬州铜镜被用作礼品，乃是因为属于"维扬之美者"，亦即由于它是制作精美、寻常难得之物的缘故。

［1］〔宋〕李昉等编：《太平广记》卷三三四《鬼十九》"韦栗"条引《广异记》，中华书局 1961 年版，第 2651—2652 页。

［2］〔宋〕欧阳修、宋祁：《新唐书》卷五一《食货志一》，中华书局 1975 年版，第 1346 页。

［3］〔宋〕陈元靓撰，许逸民点校：《岁时广记》卷二三《端午下》"绝妖怪"条，中华书局 2020 年版，第 474—475 页。

［4］〔唐〕刘肃撰，许德楠、李鼎霞点校：《大唐新语》卷三《清廉第六》，中华书局 1984 年版，第 51 页。

　　扬州所制漆背金花镜,即考古发现的金平脱铜镜,其制作方法是在镜背粘贴极薄的金箔纹饰片,然后髹漆数重,再将纹饰片和漆面细致研磨,直至金箔片纹露于平面,因此工艺十分复杂,而且所用材料又精细珍贵,其价格自然不可能便宜。金银平脱法,是盛唐时期才臻于成熟的一种铜镜制作方法,代表扬州铜镜工艺水平的一个高峰。据历史记载,唐玄宗天宝十载(751),杨贵妃在安禄山过生日时,曾赏赐他"金平脱装一具",内中装有"漆半花镜一,玉合子二,玳瑁刮舌篦、耳篦各一,铜镊子各一,犀角梳篦刷子一,骨鼬合子三,金镀银盒子二,金平脱盒子四,碧罗帕子一,红罗绣帕子二,紫罗枕一,毡一,金平脱铁面枕一,并平脱锁子一,银沙罗一,银钩碗一,紫衣二副,内一副锦,每衣计四事件"[1]。其中所说的"漆半花镜",即漆背金花镜,当出自扬州所产,至于其他金银器具,产自扬州的可能性也比较大。

　　扬州所造漆背金花镜至今仍有实物传世,日本东大寺正仓院42号中第6、12号两镜为"金银平脱镜",在光明皇后于天平胜宝八年(756)进献的《国家珍宝帐》中被记为"漆背金银平脱",这两件铜镜是日本圣武天皇的"御遣爱品",可能是在唐玄宗开元二十四年(736)或天宝十三载(754)遣唐使团从唐朝带回日本的。[2]从中可知,当时不仅有"漆背金花镜",应该还有"漆背银花镜",当然不排除还有"漆背金银花镜",也就是同时使用金箔、银箔两种装饰材料的漆背铜镜。综合日本正仓院所藏金银平脱镜,以及唐代墓葬出土的铜镜实物来看,大致可以判断采用这种金银平脱技法制作的铜镜,始盛于唐玄宗开元、天宝时期,并在唐代中后期一直比较流行,因此从工艺创新的角度来说,采用金银平脱工艺法所制作的漆背金花镜,实为创始于盛唐时期的一种新兴镜种,体现了扬州铜镜制作工匠求精创新精神。正是得益于这种不断创新的意识和实践,隋唐五代时期的扬州铜镜制造业始终保持着全国领先的水平,扬州所生产的铜镜在畅销国内的同时,还随着胡商在扬州的活动而远销海外并深受外国人民的喜爱。如中华人民共和国成立以来,在今哈萨克斯坦东北部、伊朗首都德黑兰、约旦、叙利亚及日本等地,均发现有唐代铜镜,其中多数为扬州所制造。

---

[1]　〔唐〕姚汝能撰,曾贻芬点校:《安禄山事迹》卷上,中华书局2006年版,第82页。

[2]　陈灿平:《唐代扬州铸镜考实》,《四川文物》2011年第4期,第60页。

2. 扬州铜镜是扬州地域文化的载体和表征

扬州铜镜之所以能够被视作唐代扬州文化精神的象征,还在于扬州铜镜为唐代文学发展提供了新的创作题材,从而进一步充实和丰富了唐代文学和文化的内涵,而当扬州铜镜进入文学创作的视野之后,它们也就不再是单纯物质意义的金属器皿或物质性的商品,而成为扬州地域文化的载体或体现唐代扬州文化精神的意象了。

唐诗作为唐代文化的代表,其中有许多以扬州铜镜或扬州铸镜作为吟咏对象的篇什,由于这些诗篇数量太多,这里仅列举几例以资说明。从诗人张籍“扬州青铜作明镜,暗中持照不见影”[1]的句中,可以了解到扬州制作青铜镜,早已驰名全国而成为世人熟知之物。韦应物“铸镜广陵市,菱花匣中发”之句[2],则是对扬州铸镜风俗的直接描写,通过韦应物的诗作,可以知道铸镜已然成为扬州有代表性的手工艺品。白居易《百炼镜》诗云:“百炼镜,镕范非常规,日辰处所灵且祇。江心波上舟中铸,五月五日日午时。琼粉金膏磨莹已,化为一片秋潭水。”[3]这首诗不仅写出了扬州百炼镜的特殊制作工艺,而且还指出了百炼镜必须选择特别的地点和时间进行铸造。刘禹锡“把取菱花百炼镜,换他竹叶十分杯”[4]之句,则告诉我们“菱花百炼镜”乃是当时人们所习知的日常生活用镜,大概很多家庭都拥有一面扬州所造的“菱花百炼镜”吧。卢仝《月蚀诗》云“……烂银盘从海底出,出来照我草屋东。天色绀滑凝不流,冰光交贯寒朣胧。初疑白莲花,浮出龙王宫。八月十五夜,比并不可双。此时怪事发,有物吞食来。轮如壮士斧斫坏,桂似雪山风拉摧。百炼镜,照见胆,平地埋寒灰;火龙珠,飞出脑,却入蚌蛤胎”[5],则是将扬州所造的百炼镜,比作八月十五日夜晚的一轮明月,中秋节的明月和扬州造百炼镜,看上去就像是刚刚从海底捞出的两只灿烂银盘,又好似从龙宫浮出水面的白莲花。

［1］〔清〕彭定求等编:《全唐诗》卷二〇(张籍)《白头吟》,中华书局1960年版,第249页。

［2］〔唐〕韦应物:《韦苏州集》卷六《感镜》,上海古籍出版社1993年版,第55页。

［3］〔唐〕白居易著,朱金城笺校:《白居易集笺校》卷四《讽谕四·百炼镜》,上海古籍出版社1988年版,第204页。

［4］陶敏、陶红雨校注:《刘禹锡全集编年校注》卷七《和乐天以镜换杯》,岳麓书社2003年版,第471页。

［5］〔清〕彭定求等编:《全唐诗》卷三八七(卢仝)《月蚀诗》,中华书局1960年版,第4364页。

　　除了唐诗对扬州百炼镜多有吟咏外,唐人还撰写了很多赋以歌颂扬州铜镜。如崔护《屈刀为镜赋》[1]、何据《镜花赋》《古镜赋》[2]、王起《照宝镜赋》[3]、张汇《千秋镜赋》[4]、王棨《握金镜赋》[5]、韦模当《金镜赋》[6]、崔膺《金镜赋》[7]、赵自励《八月五日花萼楼赐百官明镜赋》[8]、徐夤《铸百炼镜赋》[9]等,都是以镜为写作题材的"赋",在上面这些"镜赋"中,张汇《千秋镜赋》、赵自励《八月五日花萼楼赐百官明镜赋》和佚名《铸百炼镜赋》三篇,可以确定就是以扬州铜镜或扬州铸镜为歌颂的对象。如徐夤《铸百炼镜赋》中写道:"十数炼者,未足为明;一百炼者,方为至精。祝皇帝以终贡,命良工而铸成……匠者曰:'金虽精,则不炼不神;炼有数,非百之不新。'又曰:'火为阳晶,午为阴月。阳得阴则百工备,阳失阴则万化阙。臣今选五月五日之亨吉,为乃锻乃砺之始卒。而又就澄澈,革昏沉。拟犯乌光于天上,乃维鹊首于江心。亦以水能鉴物,火能化金。念器大以晚成,其功乃倍'……"这首赋借匠人之口,讲出了"百炼镜""江心镜"作为敬献给皇帝的贡品,不仅有其特殊的制作工艺,而且必须选择恰当的时间和地点才可能铸成,时间是五月初五端午节,地点则是长江江心洲。另外从这首赋中又可知,"百炼镜"或作"百炼江心镜",疑与"百炼千秋镜"皆是相同铸造工艺,或者同镜而异名。

　　扬州铜镜不仅是唐人诗赋所歌咏的重要对象,也为唐以后诸朝文人墨客所关注,并成为他们文学创作的重要题材。据宋人洪迈记述云:"唐世五月五

　　[1]〔宋〕李昉等编:《文苑英华》卷一〇五(崔护)《屈刀为镜赋》,中华书局1966年版,第482页。

　　[2]〔宋〕李昉等编:《文苑英华》卷一〇五(何据)《镜花赋》《古镜赋》,中华书局1966年版,第480—481页。

　　[3]〔宋〕李昉等编:《文苑英华》卷一〇五(王起)《照宝镜赋》,中华书局1966年版,第481页。

　　[4]〔宋〕李昉等编:《文苑英华》卷一〇五(张汇)《千秋镜赋》,中华书局1966年版,第479—480页。

　　[5]〔清〕董诰等编:《全唐文》卷七六九(王棨)《握金镜赋》,中华书局1983年版,第8012—8013页。

　　[6]〔清〕董诰等编:《全唐文》卷九四六(韦模当)《金镜赋》,中华书局1983年版,第9822页。

　　[7]〔宋〕李昉等编:《文苑英华》卷一〇五(崔膺)《金镜赋并序》,中华书局1966年版,第479页。

　　[8]〔宋〕李昉等编:《文苑英华》卷一〇五(赵自励)《八月五日花萼楼赐百官明镜赋》,中华书局1966年版,第479页。

　　[9]〔清〕陆心源编:《唐文拾遗》卷四五(徐夤)《铸百炼镜赋》,中华书局1983年版,第10887—10888页。

日,扬州于江心铸镜以进,故国朝翰苑撰端午贴子词,多用其事,然遣词命意,工拙不同。王禹玉云:'紫阁曈昽隐晓霞,瑶墀九御荐菖华。何时又进江心鉴,试与君王却众邪。'李邦直云:'艾叶成人后,榴花结子初。江心新得镜,龙瑞护仙居。'赵彦若云:'扬子江中方铸镜,未央宫里更飞符。菱花欲共朱灵合,驱尽神奸又得无?'又:'扬子江中百炼金,宝奁疑是月华沉。争如圣后无私鉴,明照人间万善心。'又:'江心百炼青铜镜,架上双绅翠缕衣。'李士美云:'何须百炼鉴,自胜五兵符。'傅墨卿云:'百炼鉴从江上铸,五时花向帐前施。'许冲元云:'江中今日成龙鉴,苑外多年废鹭陂。合照乾坤共作镜,放生河海尽为池。'苏子由云:'扬子江中写镜龙,波如细縠不摇风。宫中惊捧秋天月,长照人间助至公。'大概如此。唯东坡不然,曰:'讲馀交翟转回廊,始觉深宫夏日长。扬子江心空百炼,只将《无逸》监兴亡。'其辉光气焰,可畏而仰也。若白乐天讽谏《百炼镜》篇云:'江心波上舟中铸,五月五日日午时。''背有九五飞天龙,人人呼为天子镜。'又云:'太宗常以人为镜,监古监今不监容。''乃知天子别有镜,不是扬州百炼铜。'用意正与坡合。予亦尝有一联云:'愿储医国三年艾,不博江心百炼铜。'然去之远矣。端午故事,莫如楚人竞渡之的,盖以其非吉祥,不可施诸祝颂,故必用镜事云。"[1]从洪迈的这段记述文字可知,宋人对于扬州铸镜颇为推许,并以之为题材创作了很多诗歌,通过阅读宋人的这些诗作,我们对于唐代扬州江心铸镜的情况有了更多的了解,如:(1)长江(扬子江)江心洲为扬州重要的铸镜地点,后人所说的"江心镜""水心镜""百炼镜""千秋镜"多数都是铸造于此,而且这些名称可以通用;(2)每年的五月五日端午节是扬州铸镜的重要时间点;(3)江心铸镜的图案花色多样,艾叶、石榴花、菱花(莲花)、飞龙在天等形象,则是江心镜背面使用较多的装饰图案。不仅宋人对唐代扬州铸镜颇多吟咏,其后的元、明、清诸朝也有不少篇什,如元黄玠诗云:"我爱扬子江心百炼镜,明于月,冷于水,揭之可以照天地。"[2]元刘敏中诗云:"明月上东窗,照我一寸心。有如百炼镜,对挂千丈浔。"[3]明

---

[1]〔宋〕洪迈撰,穆公校点:《容斋随笔·容斋五笔》卷九"端午贴子词"条,上海古籍出版社2015年版,第623—624页。

[2]〔元〕黄玠:《别夹谷知事可与》,杨镰主编:《全元诗》第35册,中华书局2013年版,第202页。

[3]〔元〕刘敏中:《中庵集》卷一七《赋诗·明月上东窗十首》其六,清钞本。

胡奎诗云：“潘郎买得扬州镜，团团比似扬州月。持向扬州住十年，旦暮照人头上雪。”[1]明朱之蕃诗云：“铸出江心满月悬，擎来宝玉琢蓝田。”[2]明陆可教诗云：“廷臣莫献扬州镜，自有元公帝鉴图。”[3]明邹迪光诗云：“铸得扬州铜镜好，怕看白发上头颅。”[4]清高景芳诗云：“忆当三五时，皎月方团圆。俨如百炼镜，高飞上青天。”[5]清曹应枢诗云：“吾闻扬州百炼镜，恨不往观铸江中。”[6]清刘大绅诗云：“七宝香车辗玉尘，花开桃李记青春。可怜百炼扬州镜，不照妖姬照老人。”[7]可见，扬州镜历唐、宋、元、明、清诸朝，一直都是文人雅士深爱之物，并成为历代咏物文学创作不可或缺的一个题材。

3. 扬州铜镜承载着丰富的政治鉴戒功能

扬州铜镜之所以体现出深厚的文化意蕴，还在于人们可以托物言志，借助扬州铜镜以寓讽谏，向皇帝进言或陈述个人的政治见解，从而使得扬州铜镜不再仅仅是日常生活意义上的正衣冠、肃仪容的用具，而成为一种能够承载丰富政治鉴戒功能的文化意象。

托物言志、借物兴喻作为中国传统政治生活中特有的一种文化现象，可谓由来已久。大到天地江河湖海，小到锅碗瓢盆等日常生活用品，从日月星辰等具体性事物到神仙鬼怪等抽象化概念，均可被用来引喻兴譬。铜镜作为人们日常生活用来正衣冠、肃仪容的物品，其天然的“鉴戒”功能自然很容易被引喻发挥，从而表达个人的政治见解。如白居易在《百炼镜》诗中写道：“镜成将献蓬莱宫，扬州长史手自封。人间臣妾不合照，背有九五飞天龙。人人

---

[1]〔明〕胡奎：《斗南老人集》卷二《照镜词赠镊工潘郎》，清文渊阁《四库全书》本。

[2]〔清〕张玉书、〔清〕汪霦编：《佩文斋咏物诗选》卷二〇六《玉镜台》，清文渊阁《四库全书》本。

[3]〔明〕陆可教：《陆学士先生遗稿》卷七《中秋后二日实皇上降诞之辰予猥以词臣尝与载笔螭头之上俯听廷臣山呼万寿圣颜和粹有穆其容今山居阅岁届期追忆如在九天聊缀短歌用伸芹曝金镜之述有待来兹》其十一，《四库禁毁书丛刊》集部第160册，北京出版社1997年版，第362页。

[4]〔明〕邹迪光：《始青阁稿》卷九《五月五日于膏夏堂召客并集诸儿孙泛蒲二首》其二，《四库禁毁书丛刊》集部第103册，北京出版社1997年版，第265页。

[5]〔清〕高景芳：《红雪轩稿》卷二《咏月五首》其三，清康熙五十八年刻本。

[6]〔清〕潘衍桐编纂，夏勇、熊湘整理：《两浙辅轩续录》卷二九（曹应枢）《秦镜图为友人作》，浙江古籍出版社2014年版，第2130页。

[7]〔清〕刘大绅：《寄庵诗文钞·诗钞续》卷三《绝句二首》其一，《清代诗文集汇编》第421册，上海古籍出版社2010年版，第112页。

呼为天子镜,我有一言闻太宗。太宗常以人为镜,鉴古鉴今不鉴容。四海安危居掌内,百王治乱悬心中。乃知天子别有镜,不是扬州百炼铜。"[1]在这首诗中,白居易先是借镜兴喻,将扬州百炼镜比拟为"人间臣妾不合照"的"天子镜",接下来又通过对唐太宗"以人为镜""鉴古鉴今"广纳谏言等史实的回顾,规劝当朝皇帝向前辈学习,虚心纳谏,关心国家治乱安危,从而完成由实体物象的扬州百炼镜向以人为镜、以古为鉴的虚拟质的"天子别有镜"的自然过渡,达到其讽喻劝谏的政治目的。再如前揭徐夤《铸百炼镜赋》中也说道:"可以照肝胆,可以慑奸邪……比君德之不昧,论臣心之无苟。"[2]这首镜赋也是以镜为喻,讨论了人臣之忠良奸邪、君主纳谏以及君臣相处之道等政治话题。扬州百炼镜之所以被用作规劝皇帝的物象,一则说明唐代宫廷所用铜镜多来自于扬州制造的事实,二则表明时人可以借镜兴喻,表达个人的政治诉求和政治见解,从而赋予扬州铜镜以政治文化的意蕴。如果说诗人和辞赋作者是以文学家的情怀,托物言志,对君主进行委婉的规劝,那么作为政治家的张九龄,对于扬州铜镜所蕴含政治文化意象的认识,相对更加明确,从而更为主动地利用扬州铜镜作为载体以表达他对政治的看法。据历史记载,开元二十四年(736)八月壬子,"千秋节,群臣皆献宝镜。张九龄以为以镜自照见形容,以人自照见吉凶。乃述前世兴废之源,为书五卷,谓之《千秋金镜录》,上之;上赐书褒美"。[3]《千秋金镜录》又作《千秋金鉴录》,据《新唐书·张九龄传》载:"初,千秋节,公、王并献宝鉴,九龄上'事鉴'十章,号《千秋金鉴录》,以伸讽谕……当是时,帝在位久,稍怠于政,故九龄议论必极言得失,所推引皆正人。"[4]张九龄在其他臣僚争相进献千秋镜的时候,却别出心裁地奏上《千秋金鉴录》,以表达他对于现实政治的看法,结果赢得了唐玄宗的高度认可。可见扬州千秋镜在其他大臣那里,只是他们向皇帝邀功请赏的珍贵物品,而张九龄却借镜为喻,表达他对现实政治的见解。

---

[1]〔唐〕白居易著,朱金城笺校:《白居易集笺校》卷四《讽谕四·百炼镜》,上海古籍出版社1988年版,第204—205页。

[2]〔清〕陆心源编:《唐文拾遗》卷四五(徐夤)《铸百炼镜赋》,中华书局1983年版,第10888页。

[3]〔宋〕司马光编著,〔元〕胡三省音注:《资治通鉴》卷二一四唐玄宗开元二十四(736)年八月,中华书局1956年版,第6821页。

[4]〔宋〕欧阳修、宋祁:《新唐书》卷一二六《张九龄传》,中华书局1975年版,第4429页。

4. 扬州铜镜蕴含着扬州地域文化的因素

隋唐五代时期的扬州铜镜，本身就蕴含有丰富的文化内涵，反映了扬州地区特有的民俗文化元素，此外扬州铜镜的造型、装饰花纹、镌刻文字等方面，也都体现出深厚的文化意蕴。

扬州铸镜所反映的扬州地域民俗文化，可以从龙镜祈雨的传说得到充分说明。据前揭《异闻录》载，扬州参军李守泰到长安奉献水心镜，镜背"有盘龙长三尺四寸五分，势如生动。玄宗览而异之"，于是李守泰为玄宗讲述了铸镜的过程：铸造此镜时，有一白衫老者自称名叫龙护，带着一位年约十岁、身着黑衣、名叫玄冥的孩童，于五月初一那天来到铸镜场所，没有人认识他俩。老者对镜匠吕晖说："我家住在附近，听说你们几个年轻人在这里铸镜，我们就过来看一看。我知道怎么铸造真龙，让我为你们造吧，我相信所造的铜镜一定能够令皇帝满意。"于是，老者就和小童玄冥来到铸镜场所，"扃闭户牖，不令人到"，经过三天三夜之后，打开门窗。吕晖等二十人搜索院内，也没有找到龙护和玄冥。只在镜炉前找到一纸素书，上面写有几行隶书文字："镜龙长三尺四寸五分，法三才，象四气，禀五行也。纵横九寸，类九州分野，镜鼻如明月珠焉。开元皇帝圣通神灵，吾遂降祉，斯镜可以辟邪，鉴万物，秦始皇之镜无以加焉。歌曰：盘龙盘龙，隐于镜中。分野有象，变化无穷。兴云吐雾，行雨生风。上清仙子，来献圣聪。"吕晖等人于是将镜炉移置船中，以五月五日午时在扬子江中铸镜。铸镜开始之前，天地清谧，在铸造之际，左右江水忽然涨高三十多尺，好像雪山浮江，又仿佛听到龙吟如笙簧之声，声音传出几十里以外。吕晖等镜匠感到十分神奇，便去请教一些铸镜前因，他们也都说，自从开始铸镜以来，从未遇到如此神异的情形。听完李守泰的讲述，唐玄宗下令有关部门对此铜镜加以特别保管。时至天宝七载（748），关中大旱，从三月到六月一直没有下雨。唐玄宗亲自到龙堂祈雨，但也没有任何反应。于是玄宗便去询问昊天观道士叶法善，叶法善告诉玄宗，龙堂祈雨所以不灵，是因为那里所画的龙不是也不像真龙，如果能找到一个像真龙的图像，就会有灵验。玄宗于是令中使孙知古带着叶法善到皇宫内库查找真龙画像，结果看到了扬州所献的这面盘龙水心镜。叶法善立刻启奏玄宗，说这面铜镜中的镜龙就是真龙。玄宗便召叶法善到凝阴殿，对着镜龙祈雨，果然"甘雨大澍"，一连下了七天,关中旱情彻底缓解,并获得大丰收。[1]

　　这个故事的核心内容,包括:(1)水心镜(或盘龙水心镜)必须是五月初五端午节午时,在长江江心中铸造。(2)镜龙乃老人与小童所化,故天宝七载叶法善向镜龙祈雨而得甘霖天降。端午节午时长江江心铸镜和镜龙祈雨的故事传说,都真实地反映了扬州地区的民俗信仰,前者选择特别时间、特定地点铸镜,应该是出于铸镜技术保密的要求,同时也是为了增强铸镜的神秘化色彩,而演变成扬州区域性的民俗,进而保证了扬州铸镜技术在全国的领先性;后者镜龙祈雨固然是不可相信的神话故事,但同样反映了扬州地区的民俗文化,然则天旱祈雨,自古有之,起初这项权力或责任是专属于政府官员或最高统治者,到后来逐渐向民间扩散并成为一种普遍性的民俗信仰,而且最初祈雨的对象也比较多,包括天地、山川河流、日月星辰在内,都可能成为祈雨的拜求对象。至迟到隋唐时期,“龙”渐渐变成为专司降雨的天神,并“垄断”了降雨的权力而专享人间祈雨之祭祀,这从唐宋时期有关投龙祈雨、土龙祈雨或涂龙祈雨的文献记载日趋增多,可以看得出来。“龙”的形象也广泛出现在各种器物之中,因此扬州所铸盘龙镜具有祈雨的神异功能,正从某一方面反映了扬州地区向龙神祈雨的民俗。何以将龙的形象铸造于铜镜就使得铜镜也具备了祈雨的功能? 这主要是因为镜龙形象的生动逼真,很容易使人联想起龙行雨生的神异,由此亦可见扬州铜镜龙纹装饰图案之精美。

　　扬州铜镜的造型、装饰花纹、镌刻文字也体现出深厚的文化意蕴。首先说一下唐代扬州铜镜的造型。自清代以来,扬州地区就不断有唐代铜镜出土,尤以中华人民共和国建立以后出土为多,今扬州博物馆收藏有唐代铜镜一百多枚(有人说超过二百枚),多数都是建国以后的几十年间所出土。从这些馆藏的唐代铜镜来看,其造型多样化一目了然,其中以圆形镜居多,葵花形、菱花形的也比较多,还有少量的方形、方亚形铜镜,相较于汉代造型单一的圆形镜来说,这显然是一个重大突破,表明时至隋唐五代,扬州的铜镜制作有了长足的发展,不仅制作工艺全面改进,而且在外观形式上也更加多样化,从而丰富和提升了唐代扬州铜镜文化的意蕴与内涵。

---

　　[1]　〔宋〕李昉等编:《太平广记》卷二三一《器玩三》“李守泰”条引《异闻录》,中华书局 1961年版,第 1771—1772 页。

其次说一下扬州铜镜的装饰花纹。隋唐五代时期扬州铜镜制作工艺的精湛,还表现为铜镜装饰图案的日趋精美和花样的日渐繁多,扬州铜镜装饰图案的多样化趋势,既是中华传统文化继续发展的物质化外现,也是这个时期中外文化交流日益频繁和持续深入的具体反映。因为通过对扬州铜镜图案的考察分析,可以清晰地看到其中所蕴含的本土文化、域外文化以及中外文化交流碰撞的因素。以言中华传统文化的因子,如盘龙镜、双凤镜、莲花镜、雀绕花枝镜、胶漆涂金四蝶镜、双鸾神兽镜、双鸾衔兽带镜、真子飞霜镜、十二生肖镜、万字镜、千秋万岁镜等,这些铜镜的装饰图案都是取材于中国本土物象,集中体现了中华传统文化特有的审美观。以言域外与中外文化交流的因子,如打马球镜、双狮方镜、孔雀镜、海马葡萄镜、瑞兽葡萄镜、宝相花镜等,其中的图案全部或其主体部分则取材于域外物象,或者同时包含本土和域外两种物象,如上述镜中的打马球镜,因为打马球作为风靡唐代的一种贵族运动,实际上起源于波斯(今伊朗),后来由波斯使团或波斯商人传入中国;再如狮子、孔雀、葡萄等皆非中国土产而是从域外引进的物种,因此扬州铜镜采用这些域外物象作为装饰图案,正是中外文化交流与域外文化因素影响的生动体现。宝相花镜则集中体现了佛教传入以后对中国传统文化所产生的重要影响,宝相是佛教徒对佛像的尊称,宝相花又称宝仙花、宝莲花,是中国传统吉祥纹样之一。宝相花用作纹饰图案,是魏晋南北朝以来伴随佛教传播而逐渐流行起来的,它集中了莲花、牡丹、菊花的特征,经过艺术处理而组合的图案,盛行于中国隋唐时期,因此隋唐五代时期扬州所铸造的宝相花镜,正是佛教文化对中国传统文化产生深刻影响以及隋唐时期佛教完成中国化等史实的反映。

扬州铜镜所镌刻的文字,也很有文化内涵,内容不拘一格,类型变化多样,其中有一些铭文还有助于考史。例如上海博物馆藏"月宫葵花镜",直径16.1厘米,重560克,兽钮,兽口中噬咬一马。内区纹饰为月宫故事,左为桂树,右为玉兔执杵臼捣药,钮下为一跳跃的蟾蜍;外围三圈铭文,共156字,由外圈往里环读:"杨府吕氏者,其先出于吕公望,封于齐八百年,与周衰兴,后为权臣田儿所篡,子孙流进,家子(于)淮扬焉。君气高志精,代罕知者,心如明镜,曰:得其精焉。常云:秦王之镜,照(接中圈)胆照心,此盖有神,非良工所得。吾每见古镜极佳者，吾今所制，但恨不得，停之多年，若停之一二百年，亦可毛发无隐矣。蕲州刺史杜元志，好（接里圈）奇赏鉴之士，吾今为之造此镜，亦吾子之一生极思。开元十年五月五日铸成，东平邵（郡）吕神贤之词。"[1] 铭文不仅记录铜镜制作工匠的姓名（吕神贤）、铸造时间（开元十年端午节）、地点（扬州）等情况，我们还可以据此深度了解如下信息：铸镜人吕神贤的祖籍地为东平郡，吕氏子孙流移淮扬、定居于扬州的历史，吕神贤铸镜技艺的精湛，蕲州刺史杜元志一生渴望能得到一面这样的铜镜，吕神贤应杜元志请求而为之铸造此镜等。当然，铭文中也有错别字，如"家子淮扬"的"子"当为"于"，"东平邵"的"邵"当为"郡"。其中所记吕神贤的郡望"东平"有助于我们考察史地。按，隋朝曾置东平郡，治于鲁，唐初改郡为州，置郓州，唐玄宗天宝元年（742），复改为东平郡，乾元元年（758）复为郓州。铭文所记吕神贤将祖籍远溯至吕公望（即民间所谓姜太公、太公望），可能不免有假托的嫌疑，但所记载青齐兖地区大族南迁江淮一事，却并非杜撰，西晋"永嘉之乱"时以及后来的南北朝对峙时期，青齐兖一带人民不断南下，为此南朝政府还在今扬州地区侨置"南青州""南兖州"，因此吕氏有可能就是在这个时候南移扬州。另外，吕神贤之名也有可能是真实的，因为根据前揭《异闻录》所载扬州参军李守泰于开元三年（715）[2]以"进镜官"的身份到长安进奉"水心镜"，其中也提到了"镜匠吕晖"，及吕晖于五月初五午时于扬子江江心铸镜事。开元三年有铸镜匠吕晖，开元十年（722）又有铸镜匠吕神贤，在七八年之间有两个姓吕的铸镜工匠，这难道只是一种巧合吗？另外，此月宫葵花镜铭文所言"蕲州刺史杜元志"，也是于史有征，据《新唐书·艺文志》载："《杜元志集》十卷。（自注：字道宁，开元考功郎中，杭州刺史。）"[3]由此可知，杜元志还曾担任过杭州刺史。

还有一类文字，虽然对于考证史地并不能提供实质性帮助，但具有较强的文学性和趣味性，如镜铭中的"回字文"就是如此。例如，"转轮钩枝八花

---

［1］　陈佩芬编著：《上海博物馆藏青铜镜》图 89，上海书画出版社 1987 年版，第 53 页。

［2］　按，故事开头作"唐天宝三载五月十五日，扬州进水心镜一面"，而据诸后文称唐玄宗为"开元皇帝圣通神灵"，可知"天宝三载"当为"开元三年"之讹误。

［3］　〔宋〕欧阳修、宋祁：《新唐书》卷六〇《艺文志四》，中华书局 1975 年版，第 1602 页。

鉴"右花上的八字"清河晓月澄雪皎波",这八字"环旋读之",无论从哪一个字开始,都读得通,共得十六句:"清河晓月,澄雪皎波。月晓河澄,雪皎波清。晓河澄雪,皎波清月。波清月晓,河澄雪皎。清波皎雪,澄河晓月。波皎雪澄,河晓月清。皎雪澄河,晓月清波。雪澄河晓,月清波皎。"[1]右枝上的八字,同样如此。类似这样的"回字文",不仅妙趣横生,也充分展示了汉语言文字的神奇优美!还有一些文字,本身可能就是一首意味隽永的诗词,如《水星镜铭》云:"永保命,水银星。阴精百炼得为镜,八卦寿象备卫神。"[2]这面"百炼镜"上的铭文,既简练地描述了铜镜的铸造工艺和纹饰,同时也文学化地将祈福之义寓于其中。

5. 扬州铜镜是唐代铜镜文化发展历程的代表

扬州铜镜及其制作工艺之所以能够成为一种地域化特色鲜明的文化,还因为它集中体现了唐代铜镜文化发展的过程。

铜镜作为一种日常生活用品,其背面装饰图案艺术的发展变化,乃是历代铸镜匠师工艺成就不断创新、发展、进步的反映。相较于以前特别是汉代铸镜而言,隋唐五代扬州铜镜制作的文化内涵更加丰富而充满创新意识,首先体现在装饰图案风格上的不同,隋唐铜镜一改汉镜拘谨、板滞的风格,而朝着流畅、华丽的姿势转变,反映了人们对于"美"的追求,不仅注重于铜镜的实际功用,而且对于铜镜的装饰部分也有了更高的期待;其次,从图案的取材范围来看,由从前单一的矫揉造作的神话传说,而转向自由、写实、故事化,更加贴近世俗化的现实生活,而随着图案取材范围的拓展,铸镜匠师的艺术创作灵感与创新意识也被进一步激发,反过来又促进了铸镜工艺技术的提高;最后是铸造技法的进步,相较于汉代铸镜技术手法的纷繁杂乱,隋唐五代时期扬州铜镜铸造技法变得清新雅致、自由活泼,这是工艺技术进步的重要表现。

隋唐五代时期扬州铜镜制作领域所发生的上述诸多变化,又是扬州铸镜文化变化和进步的体现。作为一种有着鲜明地域特色、丰富厚重文化内涵和

---

[1]〔清〕董诰等编:《全唐文》卷九八八(阙名)《罄鉴铭(一名转轮钩枝八花鉴铭)》,中华书局1983年版,第10230页。

[2]〔清〕董诰等编:《全唐文》卷九八八(阙名)《水星镜铭》,中华书局1983年版,第10231页。

体现创新意识的扬州铜镜文化,其形成过程中所发生的种种变化和进步,不可能在一朝一夕间完成,必然经历一个较长的时间段。隋唐五代时期扬州铜镜文化发生较为显著的变化,大约起始于唐高宗统治时期,其具体表现之一是新的铜镜种类出现,二是主题饰纹种类的增多并不断发生变化。以隋代和唐初最为盛行的瑞兽镜为例,在继承传统的基础上,也同时发生了很多变化,并在变化中酝酿发展出了新的铜镜种类。具体来说,隋与唐初的瑞兽镜的装饰造型风格中,"铭带"是必不可少的元素,但呈现日益减少直至消失的趋势,取而代之的则是忍冬、蔓草、葡萄等纹饰的流行,镜背内外区的间隔由以前的"铭带"转而被这些植物纹饰所代替,此其一;图案中的瑞兽,也由从前的静态向动态转变,造型更加灵动,从而增添了动感,此其二;镜背构图总体布局和风格也发生明显变化,由以前的规整、紧密甚至是呆板,变得错落有致、开放而活泼动人,此其三。瑞兽镜所发生的上述各种变化,其直接的影响则是造成一些新镜种的产生,如瑞兽葡萄镜、瑞兽鸾鸟镜,就是在传统瑞兽镜的基础上发展而来,前者是由瑞兽镜增加了葡萄枝蔓而形成,后者则由瑞兽镜增加飞禽和葡萄花叶而形成。尤其需要指出的是,扬州铜镜制作工艺所发生的这些变化,并不是暂时性的、停顿性的,而是长期的、持续性的变化,由图案较为单一的瑞兽镜,一变而为瑞兽、葡萄枝蔓、飞禽、花叶等图案混合布局的瑞兽葡萄镜或瑞兽鸾鸟镜,再进一步演变发展为后来的雀绕花枝镜,从而揭开唐代铜镜以花鸟为主题纹饰的序幕。

考察扬州铜镜发展演变的历史,可以明显感到其作为一种由物质性载体所表现的艺术文化,一定程度上体现出与唐朝社会历史演进同步性的特征。有学者认为:"唐高宗至唐德宗时期是铜镜新形式、新题材、新风格由确立到成熟的时期。中国古代铜镜进入了富丽绚烂的时代,形成了另一种美的典型。人们在欣赏铜镜艺术美的同时,也强烈感到它与现实生活的和谐。"[1]尽管这里所说的是指唐代全国范围内的铜镜,但由于扬州是当时最重要的铸镜中心,因此也可以用来说明唐代扬州铜镜文化的变化与演进史,无论是铸镜的工艺、造型风格还是装饰图案,扬州铜镜在不同历史时段均体现出与时俱

---

[1]　孔祥星、刘一曼:《中国古代铜镜》,文物出版社 1984 年版,第 174 页。

进的创新性。例如铜镜在突破圆形、方形等传统形式的同时,与之相对应的纹饰也发生明显变化,铜镜铭文尤其是圈带铭文的减少直至消失,就使镜背有限的面积得以更好地表现主题纹饰,同时也打破了内、外区的界限,使得整个图案的构思布局更加舒展与灵活,这些变化在某种意义上就是唐朝历史时代发生变化的体现。因为从唐高宗到唐德宗的时期,尽管在唐玄宗天宝末年发生了安史之乱,唐朝从此由盛转衰,但是其间唐玄宗开元、天宝近半个世纪的"盛世"时代,国家统一安定,社会经济高度繁荣,文化高度发展,各民族友好交往,对外交流十分活跃,这些情况在扬州铜镜文化中多少都有所反映。如铭带的消失和铜镜背面内、外区界限的打破,正是唐朝各民族友好往来与对外和平交往、"和同为一家,天下百姓,普皆安乐"[1]这种盛唐气象的缩影或写照。

6. 扬州铜镜体现了中外文化交流的内容

扬州铜镜作为一种有着鲜明地域化特色的物质文化载体,还表现为它集中反映了隋唐五代时期中外文化交流的内容,有助于深化和拓展对中外关系面貌的认识和理解。隋唐五代特别是唐朝时期的中国,作为"万方朝宗"之地,享有极高的国际声誉,其间中外交通空前发达,唐朝与世界各国人民的友好交往十分频繁,中国的物质文明和精神文明不断输出,给世界各国都造成了深刻影响,扬州铜镜就是当时输往国外的一种重要物品。在国外很多地方,如日本、朝鲜、蒙古、伊朗、哈萨克斯坦、吉尔吉斯斯坦、塔吉克斯坦、乌兹别克斯坦等国境内,都出土或发现了隋唐时期的铜镜,其中有千秋双凤镜、花纹镜、海兽葡萄镜、秦王镜、瑞兽镜、八棱草花四鸟镜、八棱花朵四鸟镜等镜种,这些唐代铜镜中有很多都是由当时的扬州所制造。在上述国家中,尤以日本所收藏的隋唐铜镜为多,可以通过对日本境内所保存的隋唐五代时期铜镜的分析考察,探讨当时中日友好交往和文化交流情况,进而透视隋唐五代时期中外关系和文化交流的盛况。日本境内的隋唐铜镜来源,主要包括历史遗留下来的传世镜和考古发现的出土镜两类,如日本著名文物收藏机构东大寺正仓院,就至少收藏有 55 面中国古代铜镜,其中多数为唐代铜镜,其知名者如

---

[1]〔后晋〕刘昫等:《旧唐书》卷一九六上《吐蕃传上》,中华书局 1975 年版,第 5231 页。

瑞兽葡萄镜 5 面、金银平脱镜 2 面、螺钿镜 9 面、银贴镀金镜 1 面、琉璃钿背七宝镜 1 面；其他如千叶县香取神宫、四国伊予大山祇神社、奈良春日大社则一直收藏有传世的瑞兽葡萄镜；奈良县明日香村高松塚古坟、法隆寺五重塔中心柱础以及栃木县、群马县、爱知县、奈良县、兵库县、福冈县、京都府、大阪府、冈山市等地，均出土过海兽葡萄镜。[1]正仓院所在的东大寺乃是与日本圣武天皇有着亲密关系的寺院，法隆寺则是从圣德太子以后一直与日本皇室有着密切往还的庙宇，至于其他神社、神宫及古坟，也多数与日本贵族之间有着密切的关系，因此这里收藏或出土的铜镜，正表明古代日本上流社会对唐朝铜镜的喜爱之情。此外，上述唐代铜镜的出土地点，则或为日本古代重要的政治地域，或为其文化繁荣地域，或位于同中国大陆往来的交通要冲，这些出土的唐代铜镜也就因此成为古代日本与中国友好交往的物证，据此不仅可以探究唐代中国文化对于日本古代历史文化所造成的深刻影响，还可以进一步探讨古代中日之间的物质文明和精神文化方面的频繁交流。例如，高松塚古坟所出土的海兽葡萄镜就曾一度引起了日本历史学界、考古学界的热烈讨论，因为古坟出土的物品均缺少明确纪年，所以关于这座古坟的墓主究系何人、埋葬于何时等相关问题，都是日本历史与考古学界所不能回避而必须探索的。就在日本学术界围绕高松塚古坟所处时代以及其所出土海兽葡萄镜的流行时间等问题进行争论的时候，1958 年独孤思贞墓出土了一面海兽葡萄镜[2]，与高松塚古坟出土的海兽葡萄镜有较大相似性。中国学者先是根据中、日所出土两面铜镜的形制、花纹、重量、尺寸等参数指标，判断独孤思贞墓所发现铜镜"与日本高松塚古坟出土的铜镜可以说是完全相同，毫无差异"，后来中国学者又得以手持高松塚古坟出土铜镜实物，进行反复仔细地观察，"确认它与独孤思贞墓出土的海兽葡萄镜在形制和纹饰方面完全一致，两者应属同范镜无疑"。[3]这样不仅可以根据独孤思贞墓出土铜镜推断高松塚古坟所属时代，而且高松塚古坟海兽葡萄镜的出土，还为研究中日两国在隋唐时期的文化交流提供了新的物证，充分表明中日两国人民自古就存在友好交往的

---

[1]　〔日〕森豊：《海獣葡萄鏡：シルクロードと高松塚》，中央公論社 1973 年版。

[2]　中国社会科学院考古研究所：《唐长安城郊隋唐墓》图 60，文物出版社 1980 年版，第 39 页。

[3]　王仲殊：《关于日本高松塚古坟的年代问题》，《考古》1981 年第 3 期，第 277—278 页。

关系。至于说到唐代铜镜对于考证日本历史文化演变史所发挥的独特作用，海兽葡萄镜同样是一个极佳的考察范例。大约从明治时代开始，日本学术界围绕法隆寺的创建历史就一直存在着分歧性的意见，一派主张该寺是圣德太子（574—622）所创建的庙宇，另一派则根据《日本书纪》天智天皇九年（670，唐高宗咸亨元年）四月三十日庙宇建筑全部毁于火灾的文献记载，认为该寺是后来重建的，从而形成"非重建说"和"重建说"彼此对垒、争论不休的两种观点。大正十五年（1926），法隆寺五重塔中心柱础底部因腐朽而进行改建，结果在柱础石的穴内与舍利容器一起出土了一面海兽葡萄镜，这面铜镜遂成为解决这场学术争论的重要资料：假如这面铜镜是隋朝（581—618）之物，则有助于佐证"非重建说"；假如它是唐朝（618—907）之物，则对"重建说"有帮助，这是因为唐代铜镜是不太可能埋在唐朝建国不久所修建的法隆寺五重塔中心柱础石中的。后续的考古发掘中又发现了火灾的遗迹，于是综合各种情况判定：法隆寺确实是重修的，所出土的海兽葡萄镜也的确是唐代铜镜。作为和独孤思贞墓海兽葡萄镜的同范镜，高松塚古坟出土的海兽葡萄镜究竟何时、通过什么途径传入日本的问题，中国学者认为应该与以粟田真人为执节使的日本第七次遣唐使团有关。此次遣唐使团于长安三年（703）在长安大明宫麟德殿受到武则天的盛情款待，大约在长安四年七月，除了副使、大使等少数人员延迟回国外，包括粟田真人在内的绝大多数遣唐使团成员都返回了日本，因此，这面海兽葡萄镜很可能就是在这个时候由遣唐使团带回日本的。[1]

　　众所周知，人类文化的交流与影响从来都是双向的、互动的，隋唐时代的政治、经济、文化在给予域外诸国深刻影响的同时，域外诸国物质与精神文化的输入也进一步丰富了中国人民的物质和精神生活，并在一定程度上影响到中国传统文化的面貌。就隋唐五代时期的扬州铜镜制作来说，中外文化交融的痕迹就十分显著，如扬州所铸造的各种花式铜镜如葡萄鸟兽花草镜、麒麟狮子镜、醉拂菻击拍鼓开狮子镜、骑士玩波罗球镜、黑昆仑舞镜、太子玩莲镜等，就同时包含中外文化的元素，其中的葡萄、狮子、拂菻、波罗球（即马球）、

---

[1]　王仲殊：《关于日本高松塚古坟的年代和被葬者》，《考古》1982年第4期，第410—413页。

黑昆仑(即昆仑奴,黑人)等花纹内容,均为域外传入中土之物象,而麒麟、鸟兽、花草、击鼓、莲花则为中土固有之物的形象,而其中的太子玩莲图案则明显带有佛教文化的色彩,表明受天竺(今印度)文化的影响无疑,骑士玩波罗球镜即打马球图作为装饰图案,则是受波斯文化影响的结果。日本学者曾将唐代"葡萄纹镜""狩猎纹镜""鸟兽相对纹镜""月兔纹镜"等纹饰,和中亚、西亚地区出土的器物图案进行比较,认为这些铜镜的纹饰或构图,是受到波斯萨珊式图案影响的结果。[1]尽管日本学者的这些看法不免存在片面化的倾向,但所言唐代铜镜纹饰构图受到域外文化的深刻影响,大致还是可信的,因为他们所举的这些铜镜纹饰图案,乃是中国传统图案与萨珊式图案相互交流、融合、影响所产生的新图案,同时包含有中外绘画技法的元素。再如,对鸟纹饰和对鸟衔绶纹饰作为盛唐以后流行的铜镜纹饰图案,实际上也是当时中西文化交融的一个反映,这些花纹从盛唐以后开始流行于中国,从某种意义上可以说正是中西友好交往的产物。关于这一点,可以通过对铜镜纹饰与丝织品纹饰图案的比较加以印证,中华人民共和国成立以后,在今新疆吐鲁番地区考古发现了为数不少的丝织品。在这些丝织品的华丽纹饰图案中,被称为连珠纹的图案占有较大比重,所谓连珠纹一般是指围绕着一个中心纹饰,再以联珠缀成多个圆圈的图案,其中心纹饰的主题内容多为对禽或对兽纹,如对鸟、对鸳鸯、对鸡、对孔雀、对狮、对鹿、对马、对羊、对象等纹饰,综合纹饰内容、形象风格、联珠构图方式等多方面进行判断,不难发现这些织物皆具有明显的波斯风格。[2]如果将这些丝织品上的对禽对兽纹饰图案与扬州唐代铜镜上的同类纹饰图案进行比较,可以看到:尽管铜镜纹饰的形态、风格、构图体现出较为明显的中华民族传统艺术倾向,但仍然能够从中看出所受域外文化元素的影响,或者可以理解为,扬州铜镜上的对禽对兽纹饰是在丝织品上广泛运用对禽对兽纹饰的基础上发展而来,并形成了中国自己的民族风格。再如前文多次提及的瑞兽葡萄镜、海兽葡萄镜,也都存在着类似的情况,都是通过对域外文化元素的吸收、改造和利用,从而丰富了扬州铜镜纹饰图案的内容。扬州铜镜所包含的域外文化元素及其所体现出来的浓郁的中外

[1]　〔日〕原田淑人:《東亞古文化研究》,座右寶刊行會1940年版。

[2]　孔祥星、刘一蔓:《中国古代铜镜》,文物出版社1984年版,第183页。

文化交融风貌,正是唐代扬州作为开放性国际化大都市和胡汉文化交流中心城市这一历史事实的写照。

第三节　隋唐五代扬州商业的高度繁荣

隋唐五代时期,随着扬州取代金陵成为东南地区的中心城市,扬州的经济发展水平迈上新的台阶,商品经济的发展更为繁盛。以下试从几个方面对隋唐五代时期扬州商业的发展繁荣情况略加叙述。

一、隋唐五代扬州商业高度繁荣的原因

隋唐五代时期扬州地区的商业经济比以前有了很大发展,其间除了唐末五代之际因为军阀混战而一度暂时落入低谷,其余绝大部分时间里在全国都是位列前茅,处于领先地位。隋唐五代时期扬州地区的商品经济高度发展,商业活动繁荣昌盛,其原因概括而言,主要有以下几个方面。

其一,扬州地区人口的集聚与扬州地区喜好经商的风俗,乃是扬州地区商业繁荣发展的内在动因。隋唐五代时期扬州地区农业、手工业都有了很大发展,在全国均处于领先地位,主要原因之一就是得益于这个时期扬州地区人口的增长和集聚,扬州商业的繁荣发展,与此也有直接的关系。人口的增长和集聚,为隋唐五代时期扬州地区社会经济发展繁荣提供了丰富的人力资源。同时,商品经济的繁荣和商业活动的发达,还离不开生活、生产的消费,如果没有人的消费活动,商业活动便失去了动力,而消费的水平与力度又取决于人类的生产和生活需要,历观古今中外,凡是商品经济活跃、商业发达的地区,必定对应着众多的人口。因此,隋唐五代时期扬州地区的商品经营活动发达与商业的繁荣,正是建立在扬州地区的人口在这个时期有了较大增长和集聚的基础之上。

扬州地区素有喜好经商的风俗。纵观扬州地区的社会历史发展,商业活动一直处于相对繁荣发展的状态,显然与当地的风俗习惯相关。就唐代而言,有史料明确记载:"江都俗好商贾,不事农桑。"[1]可见,喜好经商乃是扬州普

---

[1]〔后晋〕刘昫等:《旧唐书》卷五九《李袭志附弟袭誉传》,中华书局1975年版,第2332页。

遍性的社会风俗,有一则故事足可说明:"李珏,广陵江阳人也,世居城市,贩籴自业。而珏性端谨,异于常辈。年十五时,父适他行,以珏专贩事。人有籴者,与籴,珏即授以升斗,俾令自量,不计时之贵贱,一斗只求两文利,以资父母。岁月既深,衣食甚丰。父怪而问之,具以实对。父曰:'吾之所业,同流中无不用出入升斗,出轻入重,以规厚利。虽官司以春秋较榷,终莫断其弊。吾但以升斗出入皆用之,自以为无偏久矣。汝今更出入任之自量,吾不可及也。然衣食丰给,岂非神明之助耶?'后父母殁,及珏年八十余,不改其业。"[1]因为李家世代经商,故李珏子承父业,一直到八十多岁,仍以经商自业,并因此而致富。再如,扬州城内有一个"广陵茶姥","每旦将一器茶卖于市,市人争买,自旦至暮"[2],这个"广陵茶姥"就是一个以卖茶为生的老妇,类似她这种小本经营以谋求生计的人,在扬州城内应该不少。这种重商风俗甚至影响到扬州地方官员和驻军,史载扬州"诸道节度观察使,以广陵当南北大冲,百货所集,多以军储货贩,列置邸肆,名托军用,实私其利息"[3],这条文献史料正与韦应物"海云助兵气,宝货益军饶"[4]之诗句形成呼应。所谓"近朱者赤,近墨者黑",隋唐五代时期扬州地区全民皆商的风气,使得地方政府与驻军亦染此习,正从一个侧面表明扬州商业经济之繁荣状况。

其二,隋唐五代时期扬州农业和手工业的快速发展,为商业的繁荣奠定了坚实的物质基础。中国传统以农立国,农业是"皇权—吏民"社会得以长久维持的基础,男耕女织的基本社会形态,决定了手工业的发展也主要围绕服务于农业而进行。一般而言,商品经济的发展程度,受限于农业和手工业的发展水平,没有农业和手工业的快速发展,以及由此所奠定的物质基础,扬州地区的商业繁荣局面也就不会出现。从这个意义上说,正是扬州地区的农业和手工业的快速发展,为隋唐五代时期扬州地区商业的繁荣和商品经济的活跃奠定了坚实的物质基础。

---

[1]〔宋〕李昉等编:《太平广记》卷三一《神仙三十一》"李珏"条引《续仙传》,中华书局1961年版,第200页。

[2]〔宋〕李昉等编:《太平广记》卷七〇《女仙十五》"茶姥"条引《墉城集仙录》,中华书局1961年版,第439页。

[3]〔宋〕王溥:《唐会要》卷八六《市》,中华书局1955年版,第1582页。

[4]〔唐〕韦应物:《韦苏州集》卷九《广陵行》,上海古籍出版社1993年版,第77页。

　　值得注意的是,隋唐五代时期扬州农业和手工业快速发展的过程,恰恰基本同步于中国经济重心的南移,隋唐时期的中国已经由以前的黄河流域一个基本经济区发展为黄河、长江流域两个基本经济区,而从唐代中叶开始,中国经济的重心渐渐由北方的黄河流域经济区向南方的长江流域经济区转移了。到唐代中后期,江淮地区和长江下游的太湖流域地区早已发展为最富庶的区域,扬州作为这个最富庶地区的中心城市,被盛赞为"淮海奥区,一方都会,兼水陆漕挽之利,有泽渔山伐之饶,俗具五方,地绵千里"[1],扬州的经济发展水平处于最领先的位置。与此同时,以扬州为中心的江淮地区城市群也已经形成,南边有润州、常州、苏州、越州、杭州,西边有宣州、庐州、和州、寿州,北边有楚州、泗州、宿州、徐州,江淮地区一跃成为当时经济最为繁盛发达的区域,这里不仅面积辽阔,人口众多,农业、手工业生产均高度发达,社会经济实力雄厚,从而为扬州地区的商业繁荣奠定了坚实的物质基础。

　　其三,高度发达的交通为扬州商业的繁荣创造了优越的条件。隋炀帝开通大运河,一举提升了扬州的交通区位优势,凭借地处长江与大运河交汇处的优越地理位置,扬州成为沟通中国南北水陆交通的枢纽,从这个角度来说,是大运河的开通成就了扬州商业的繁荣局面。这一点我们可以通过历史的纵向对比看得十分清楚,在大运河贯通之前,如南北朝对峙时期,中国南方和北方的物资交流渠道,最主要的两条交通路线分别为洛阳·宛西—荆州·襄阳、寿春(今安徽寿县)—建业(今江苏南京),当时通过扬州转运的物资几乎可以忽略不计。这种局面的成因,一方面是由于扬州地处江淮之间,既是南北军事争夺的重点城市,也是南朝政权刻意经营的江北军事据点,军事功能重于经济价值;另一方面由扬州向北的水路并未开通,由扬州向北主要是陆路转运,与水路运输通道相比,陆路运输的效率几乎为零。与此同时,洛阳·宛西—荆州·襄阳、寿春—建业两条通道,尽管所在区域也经常发生战争,但这两条路线的主干皆为水路,而且总体上较为畅通,因此大宗物品的转运多数都是经由这两条路线完成。

　　时至隋朝,随着大运河的全线贯通,联系南北的水路大动脉打通了,海

---

　　[1]〔唐〕陆贽撰,王素点校:《陆贽集》卷九《制诰·杜亚淮南节度使制》,中华书局 2006 年版,第 268 页。

河、黄河、淮河、长江、钱塘江五大水域可以自由航行,扬州由于地处大运河与长江交汇处,成为全国的水路交通枢纽,从此中国南方、北方的货物都可交会于此,扬州作为全国经济贸易中心的地位就此奠定。唐人李吉甫曾这样描述大运河的开通为扬州所带来的巨大经济效益:"隋炀帝大业元年更令开导,名通济渠,自洛阳西苑引谷、洛水达于河,自板渚引河入汴口,又从大梁之东引汴水入于泗,达于淮,自江都宫入于海。亦谓之御河,河畔筑御道,树之以柳,炀帝巡幸,乘龙舟而往江都。自扬、益、湘南至交、广、闽中等州,公家运漕,私行商旅,舳舻相继。隋氏作之虽劳,后代实受其利焉。"[1]扬州可以说是因运河而兴起的城市,所享受运河带来的红利,无有其匹。此外,唐代中期以前的扬州还位于长江入海口,海船可以直达扬子津,属于距离首都长安最近而又同时濒临长江、运河的对外港口,当时从日本、东南亚以及中东地区漂洋过海而来的外国商船,多数都是先到扬州,而后再从扬州北上长安、洛阳,历史文献所记载的"广陵当南北大冲,百货所集"[2],主要就是从这个方面来说的,扬州之所以成为全国各地"百货"汇集之地,主要就是得益于它处于南北交通要冲的优越地理位置,隋唐五代时期扬州商业高度繁荣,原因即在于此。

其四,安史之乱的发生,使得唐朝在经济上主要依靠以扬州为中心的江淮地区,进一步提升了扬州的经济地位,从而进一步促进扬州地区商业的繁荣。与前面几个客观因素相比,这个因素带有一定的偶然性和特殊性。在安史之乱爆发以前,河南道、河北道、河东道作为传统的经济发达地区,已然足以提供保证唐皇朝政治运转的财政开支,因此对于通过运河漕运南方物资到北方,既无必要更非迫切,在这种情况下,漕运的重要性相对并不显著,扬州的地位自然也就没有那么突出了。据历史文献记载,唐玄宗天宝初期的诸道仓储数据,最多的是河南道,其次是河北道,其后依次是关内道、河东道,江南道和淮南道位居上述诸道之后。甚至早在开元年间,唐玄宗还曾一度下令江淮等道停运租米,这对于扬州来说,自然也有较大影响,直接造成扬州经济地位的下降。

---

[1]〔唐〕李吉甫撰,贺次君点校:《元和郡县图志》卷五《河南道一·河南府》,中华书局1983年版,第137页。

[2]〔宋〕王溥:《唐会要》卷八六《市》,中华书局1955年版,第1582页。

　　然而,此一时彼一时,唐玄宗天宝末年爆发了安史之乱,大唐皇朝从此由盛转衰,黄河流域基本经济区饱受战火摧残,社会经济迅速下行以至于凋敝,无法为唐皇朝提供足够的经济支撑。特别是后来以"河朔三镇"为首的北方藩镇公开与朝廷对抗,贡赋分毫不入于中央,唐朝的财政收入几乎完全仰给于东南地区,即所谓的"江淮八道"——浙江东、浙江西、宣歙、淮南、江西、鄂岳、福建、湖南。上述江淮八道的财赋漕运,第一步是必须集中到扬州,然后由扬州通过运河向北转运而达首都长安,扬州因此而成为东南财赋的集中地和唯一转运枢纽。据记载,唐代初年如贞观时期,每年从扬州经运河漕运至长安的租米,大约 20 万石,而到了唐德宗年间增加到每年一百万石左右,是原来的五倍甚至还多[1],及朱泚之乱发生,唐德宗出临奉天时,"度支汴东两税使包佶寓扬州,所储财赋八百万缗将输京师"[2],由此可见扬州作为东南经济中心城市,所储藏财赋之雄厚。总之,在特定历史条件下,扬州凭借东南财赋的集中地和物资漕运中心的有利地位,农业、手工业和商业均有了长足的发展,商业经济也获得了快速繁荣发展的机遇。

二、隋唐五代扬州商业繁荣的表现

　　隋唐五代时期扬州的商品贸易活跃,商业经济繁荣发达,主要有五个方面的表现:一是扬州成为全国性的商品贸易集散地,经营商品丰富,门类齐全;二是扬州的商业资金雄厚,金融业高度发达;三是扬州商业市场组织形式出现近代化商业市场的萌芽;四是扬州商业经营模式发生新变化;五是各种各样的商业店铺遍布城乡。

(一)扬州成为全国商品贸易集散地

　　隋唐五代时期扬州商业高度繁荣的第一个重要表现,是扬州逐渐发展为全国重要的商品贸易集散地之一,进而成为全国最重要的商品集散中心。早

---

　　[1]〔唐〕陆贽撰,王素点校:《陆贽集》卷一八《请减京东水运收脚价于缘边州镇储蓄军粮事宜状》注引《食货志》:"德宗以给事中崔造敢言,为能立事,用为相。造素嫌钱谷诸使颛利罔上,乃奏诸道观察使、刺史选官部送两税至京师……增江淮之运,浙江东、西运米七十五万石,复以两税易米百万石,江西、湖南、鄂岳、福建、岭南米亦百二十万石,诏浙江东、西节度使韩滉,淮南节度使杜亚运至东、西渭桥仓。"(中华书局 2006 年版,第 595—596 页)

　　[2]〔宋〕欧阳修、宋祁:《新唐书》卷二二四上《叛臣上·陈少游传》,中华书局 1975 年版,第6380 页。

在隋及唐代前期，扬州便以其“地当冲要”而发展为“多富商大贾，珠翠珍怪之产”[1]的重要商业城市了，其时全国的重要商品贸易集散地，还包括首都长安、东都洛阳、成都、洪州等几个城市，如果一定要说这个时候的扬州商品经济发达程度超过以上几个城市，可能还有所争议。然而，到了唐代中期特别是安史之乱以后，扬州的商业繁荣程度跃居全国第一位，就已经是无须争辩的事实了。如宋人沈括曾这样记述北宋时期扬州的商业繁盛景象：“扬州常节制淮南十一郡之地。自淮南之西，大江之东，南至五岭、蜀汉，十一路百州之迁徙贸易之人，往还皆出其下。舟车南北，日夜灌输京师者，居天下之七。”[2]北宋扬州商业的繁荣是继承唐五代而来的，历史文献所载隋唐五代扬州商业的盛况，较诸沈括的记述丝毫也不逊色，如“广陵大镇，富甲天下”[3]“商贾如织”[4]“东南扬为大，刀布金玉积如阜”[5]“扬州雄富冠天下”[6]等等，无一不是描绘着扬州繁华的商业经济面貌，扬州到中晚唐以后已然成为全国商业经济最为发达的大都会，可谓不虚。

隋唐五代时期的扬州作为全国重要的贸易集散地，第一个重要表现就是这里已然成为全国各地与域外富商大贾的麇集之所。因为水运乃是古代效率最高的运输方式，扬州又位于长江和大运河的交汇处，占据了全国交通枢纽的有利位置，所以非常方便各地商贾和货品汇聚于此。当时扬州城内城外的水面上，不仅停泊着“千舳万艘”的“弘舸巨舰”，而且往来的船只也是千帆竞渡、万舸争流，这“万舸此中来，连帆过扬州”[7]的繁忙景象，无疑以商船居多。包括笔记小说、唐诗、传奇在内的各种文学作品，关于扬州商贾或者到扬州经商的记述，不胜枚举，如《太平广记》和《唐人传奇集》中，就记载有很

---

[1]〔后晋〕刘昫等:《旧唐书》卷八八《苏瓌传》，中华书局1975年版，第2878页。

[2]〔明〕朱怀幹修，〔明〕盛仪辑:《嘉靖惟扬志》卷三三《平山堂记》，卢桂平主编:《扬州文库》第1册，广陵书社2015年版，第229页。

[3]〔后晋〕刘昫等:《旧唐书》卷一八二《秦彦传》，中华书局1975年版，第4716页。

[4]〔宋〕洪迈:《容斋随笔》卷九“唐扬州之盛”条，上海古籍出版社1996年版，第122页。

[5]〔宋〕欧阳修、宋祁:《新唐书》卷一八九《田頵传》，中华书局1975年版，第5477页。

[6]〔宋〕欧阳修、宋祁:《新唐书》卷二二四下《叛臣下·高骈传》，中华书局1975年版，第6404页。

[7]〔唐〕李白著，〔清〕王琦注:《李太白全集》卷一一《经乱离后，天恩流夜郎，忆旧游书怀赠江夏韦太守良宰》，中华书局1977年版，第574页。

多与扬州商业有关的故事。至于数量众多的唐诗,其中以扬州商贾或扬州经商为吟咏对象的篇什,也可以说唾手可得,如李白诗云:"为言嫁夫婿,得免常相思。谁知嫁商贾,令人却愁苦。……去年下扬州,相送黄鹤楼。"[1]张继诗云:"京口情人别久,扬州估客来疏。潮至浔阳回去,相思无处通书。"[2]王建诗云:"扬州桥边小妇,长干市里商人。三年不得消息,各自拜鬼求神。"[3]刘禹锡诗云:"大艑高船一百尺,新声促柱十三弦。扬州市里商人女,来占江西明月天。"[4]其中都有对扬州商贾从事经营活动及其家庭生活情况的描写。再如刘驾诗云:"贾客灯下起,犹言发已迟。高山有疾路,暗行终不疑。寇盗伏其路,猛兽来相追。金玉四散去,空囊委路岐。扬州有大宅,白骨无地归。少妇当此日,对镜弄花枝。"[5]这是写扬州商贾为了经商求利,不畏险阻,甚至于因为求利而丧失性命,只是可惜了他在扬州置下的大宅院,还有等待他回家的女人,正在无聊地对着明镜摆弄着花枝呢。扬州不仅是国内商贾的逐利之地,也是胡商经营的乐园,扬州作为当时国际化商品贸易中心,当时来到这里经商甚至是定居的胡商很多,这在唐诗中也有反映,如杜甫诗有云:"商胡离别下扬州,忆上西陵故驿楼。"[6]

隋唐五代时期的扬州作为全国性的贸易集散地,另一个重要表现是这里已然成为大宗商品存储、运输、销售的全国性枢纽和中心,来自全国各地的众多商品多数汇集于此,之后再通过运河、长江航道销往全国各地。扬州作为当时全国最大的物资交流市场,不仅货品齐全,流量巨大,而且运销距离遥远,辐射面宽广,商品销售流通跨越国门而远销域外。仅以国内而言,可以说大江南北,长城内外,南至交广,北越大漠,东极滨海,西逾流沙,都可以找到

[1]〔唐〕李白著,〔清〕王琦注:《李太白全集》卷八《江夏行》,中华书局1977年版,第446页。

[2]〔清〕彭定求等编:《全唐诗》卷二四二(张继)《春寄皇甫补阙》,中华书局1960年版,第2721页。

[3]〔清〕彭定求等编:《全唐诗》卷二六(王建)《江南三台四首》其一,中华书局1960年版,第363页。

[4]陶敏、陶红雨校注:《刘禹锡全集编年校注》卷五《夜闻商人船中筝》,岳麓书社2003年版,第336页。

[5]〔清〕彭定求等编:《全唐诗》卷二一(刘驾)《贾客词》,中华书局1960年版,第274页。

[6]萧涤非主编:《杜甫全集校注》卷一七《解闷十二首》其二,人民文学出版社2014年版,第4941页。

从扬州运来的商品,直接影响着广大人民群众的生产和生活。盐铁行业在中国古代历来具有国家战略意义,因此历朝历代无不实行盐铁专卖制度,盐铁的生产和经营多数时候掌握在政府手中,隋唐五代时期亦然。从唐朝建国起,就设立专司盐铁的国家机构,负责盐铁的经营管理,及至安史之乱发生,唐朝国家财政主要仰给于江淮,扬州作为国家财赋供给的中心城市,地位进一步上升,唐皇朝设置盐铁转运使,遂长驻于此。从此扬州地区对于盐铁生产和经营的重要性变得无可替代,竟至于可以直接影响和左右全国其他地区的食盐价格。如唐德宗在位期间,首都长安一度食盐供应不足,以至价格暴涨,令百姓生活痛苦不堪,唐德宗下诏从扬州漕运食盐以济京师,盐铁转运使刘晏于是紧急从扬州"取三万斛以赡关中,自扬州四旬至都,人以为神"[1],有效缓解了关中缺盐的窘境。茗茶作为人民群众日常生活必不可少的饮品,从唐代开始也成为一种新兴的大宗商品,江淮八道等南方地区作为茗茶的主要产区,其所产茗茶首先都是汇集于扬州,再由扬州销运往全国各地,对此唐人曾有明确记述:"自邹、齐、沧、棣,渐至京邑,城市多开店铺煎茶卖之,不问道俗,投钱取饮。其茶自江淮而来,舟车相继,所在山积,色额甚多。"[2]从中可见,因为饮茶已经成为一种日常生活习惯,故包括邹、齐、沧、棣以至京师长安的北方大多数城市中,到处开设有售卖茶饮的店铺茶楼,这些茗茶都是"自江淮而来",也就是经由扬州转运过来的。当时从扬州向北方运送茗茶的车船呈现"舟车相继"的繁忙景象,而扬州所囤积的茗茶则是"所在山积,色额甚多",即数量很多堆积如山,茗茶的品类十分繁多,可以满足不同人群的饮茶需要。

由于扬州是当时各种大宗商品的储存和集散地,也是各种物资向外漕运的出发地,每天都有大量的物资运进运出,为了加强这方面的领导管理工作,同时也是为了适应吞吐、转运大宗商品的需要,唐朝政府专门设立了盐铁转运使并长驻扬州以负责此事。由于江淮八道转运到扬州的物品数量实在太多,仅仅扬州一个地方无法容纳,于是后来又在扬州附近地区,包括扬州大都督府下属的庐州、寿州、楚州等地广泛设置"场院",用以存储暂时无法外运

---

[1]〔宋〕欧阳修、宋祁:《新唐书》卷一四九《刘晏传》,中华书局1975年版,第4796页。
[2]〔唐〕封演撰,赵贞信校注:《封氏闻见记校注》卷六《饮茶》,中华书局2005年版,第51页。

的大宗商品,这些"场院"实际上就相当于现代的大型仓储设备。其中淮南节度使府所在的扬州附近,就有著名的"扬子院",位于扬州扬子县(今江苏仪征)境内,据文献记载,仅唐宪宗元和十一年(816)十二月,一次性从扬子"诸院"漕运 50 万石米和 1500 万束荸[1],由此不难想象当时扬州地区的仓储规模有多么巨大了。

隋唐五代时期的扬州作为全国性的贸易集散地,还有一个重要表现,就是市场交易繁荣,商品门类众多,各种货物应有尽有,文献所记载的扬州地当"南北大冲,百货所集",没有丝毫夸张之处,在扬州的市场上不仅可以直接买到本地生产的各种商品,还可以买到来自全国各地的土特产品。这里以一个例子说明扬州市场商品种类的丰富程度。唐玄宗天宝二年(743),扬州大明寺僧鉴真第一次东渡日本,临行前在扬州的市场上采购航海所需物品,具体如下:

> 仍出正炉八十贯钱,买得岭南道采访使刘巨鳞之军舟一只,雇得舟人等十八口。备办海粮:落脂红绿米一百石,甜豉三十石,牛苏一百八十斤,面五十石,干胡饼二车,干蒸饼一车,干薄饼一万,番捻头一半车;漆合子盘卅具,兼将画五顶像一铺,宝像一铺,金漆泥像一躯,六扇佛菩萨障子一具,金字《华严经》一部,金字《大品经》一部,金字《大集经》一部,金字《大涅槃经》一部,杂经、章疏等都一百部;月令障子一具,行天障子一具,道场幡一百廿口,珠幡十四条,玉环手幡八口;螺钿经函五十口,铜瓶廿口;花毡廿四领,袈裟一千领,裙衫一千对,坐具一千床;大铜盂四口,竹叶盂卅口,大铜盘廿面,中铜盘廿面,小铜盘四十四面,一尺铜叠八十面,小铜叠三百面;白藤簟十六领,五色藤簟六领;麝香廿剂,沉香、甲香、甘松香、龙脑香、胆唐香、安息香、栈香、零陵香、青木香、薰陆香都有六百余斤;又有毕钵、诃梨勒、胡椒、阿魏、石蜜、蔗糖等五百余斤,蜂蜜十斛,甘蔗八十束;青钱十千贯,正炉钱十千贯,紫边钱五千贯;罗补头二千枚,麻靴卅量,席冒卅个。[2]

[1]〔后晋〕刘昫等:《旧唐书》卷一五《宪宗纪下》,中华书局 1975 年版,第 458 页。

[2]〔日〕真人元开著,汪向荣校注:《唐大和上东征传》,中华书局 2000 年版,第 47—48 页。

鉴真为航海所采购的物品,大到渡海的航船,小到穿戴的靴、帽;既有米、面、牛苏等用于制作饮食的食品原料,也有豆豉、干饼、萝卜头、蜂蜜、甘蔗等可以直接食用的成品;既有盒子、铜瓶、铜盘、铜碟、铜盂、藤席、毡子等各种日常生活用具,也有佛像、佛经、经函、障子、幡子、坐具等佛事活动用品,还有袈裟、裙衫、麻靴、席冒等僧侣服饰;既有麝香、沉香、甲香、甘松香、龙脑、香胆、唐香、安息香、栈香、零陵香、青木香、薰陆香等各种香料,也有毕钵、诃梨勒、胡椒、阿魏、石蜜、蔗糖等调味品与中药材;另外还随船带有三种铜钱共二万五千贯。还要特别注意的是,所采购的这些物品数量都比较多,这就说明扬州市场上的商品不仅种类多、门类全,而且储量十分庞大,能够一次性买到各种香料 600 多斤、各种调味品和中药材 500 多斤、牛苏 180 斤,若非市场商品储量足够大,是无法办到的。

（二）扬州商业资金雄厚

隋唐五代时期扬州商业高度繁荣的第二个重要表现,是扬州的商业资金雄厚,由此促进金融业的快速发展,导致经营"飞钱""便换"等金融机构的诞生,而飞钱、便换的出现反过来又进一步表明扬州商品经济的活跃与商业的繁荣。

关于扬州地区商业资金雄厚的史实,无论是正史还是野史文献资料都颇多记述。由于扬州地处全国交通枢纽的要地,因此吸引了众多富商大贾到此从事商业活动,这些富商大贾所拥有的资金十分雄厚,他们凭借着雄厚的资金不仅能够操纵市场,而且打通了与官府的关节,从而获取丰厚的商业利润。扬州富商大贾人数之多,"动逾百数"[1],其中有一个被称为"王四舅"的商贾,商业实力尤为雄厚,"匿迹货殖,厚自奉养,人不可见。扬州富商大贾,质库酒家,得王四舅一字,悉奔走之"[2]。这个王四舅平时深居简出,已经不需要像其他"富商大贾"那样抛头露面奔走于市场,很显然他已经成为一位拥有雄厚资金、足以在幕后拨弄商海风云的商业金融业巨贾了。在扬州经营的富商大贾,不仅来自于国内各地,还有许多来自域外的胡商,当时在扬州从事商业活

　　[1]〔宋〕李昉等编:《太平广记》卷二九〇《妖妄三》"吕用之"条引《妖乱志》,中华书局 1961 年版,第 2304 页。

　　[2]〔唐〕李肇:《唐国史补》卷中,上海古籍出版社 1979 年版,第 46—47 页。

动的波斯人、大食人、新罗人、日本人、占婆(今越南)人、狮子国(今斯里兰卡)人都有很多,他们在扬州既有从事药材、珠宝经营的富商大贾,也有一些沿街叫卖胡饼的小商小贩,其中那些经营药材、珠宝的大胡商,商业资金实力雄厚,他们的交易额动辄百万,甚至千万。

由于商品经济活跃,大宗商品交易频繁,动用的交易资金数量巨大,于是扬州出现了一些可以办理抵押贷款的"邸店""质库",类似于后世的商号钱庄。如前文所说的王四舅就应该是一位拥有庞大资金、同时经营质押贷款的钱庄经营者,这从"扬州富商大贾、质库酒家,得王四舅一字,悉奔走之"可以推知,扬州地区的一些富商大贾,或经营质库、酒楼的商户,他们从王四舅那里得到的"一字",大概相当于获得资金贷款的同意批文。类似王四舅这样同时经营钱庄业务的富商,扬州并不罕见,其中还有一些是胡商所经营的。如李生因经营不善欠下官府二万贯债务,后在扬州偶遇故友卢生,卢生在聊天中得知李生欠债情况,便递给他一根"拄杖",告诉他"将此于波斯店取钱",李生于是拿着这个拄杖来到指定的波斯店,店中一波斯人看到拄杖,便取出二万贯钱交与李生。[1]这个波斯店显然同时也兼营质押贷款、放贷取息等金融业务。又如,扬州六合县园叟张老娶妻韦氏,韦氏兄前往探望。临别时,张老奉金二十镒,并给韦氏兄一旧席帽,告诉他说,若日后缺钱,可持此帽前往"扬州北邸卖药王老家,取一千万"。五六年后,韦氏兄持帽前往扬州,"入北邸,而王老者方当肆陈药。韦前曰:'叟何姓?'曰:'姓王。'韦曰:'张老令取钱一千万,持此帽为信。'王曰:'钱即实有,席帽是乎?'韦曰:'叟可验之,岂不识耶?'王老未语。有小女出青布帏中曰:'张老常过,令缝帽顶,其时无皂线,以红线缝之,线色手踪,皆可自验。'因取看之,果是也。遂得载钱而归"。[2]这个"卖药王老家"与上面的"波斯店"相似,除了经营药铺这个主要业务外,也兼营存贷款等金融业务。

由上述可知唐代扬州有很多这样拥有雄厚资金的"邸""店",这些

　[1]〔宋〕李昉等编:《太平广记》卷一七《神仙十七》"卢李二生"条引《逸史》,中华书局1961年版,第119页。

　[2]〔宋〕李昉等编:《太平广记》卷一六《神仙十六》"张老"条引《续玄怪录》,中华书局1961年版,第114页。

"邸""店"除了经营实体商业(如买卖珠宝、药材等)外,还同时兼营放贷业务,具有钱庄的性质,前一故事中李生所持的挂杖,后一故事中的旧席帽,都有点类似现代贸易活动中使用的支票。凡此均可说明,唐代扬州商业贸易发达,大宗交易由于所需资金数额巨大,可以凭借某种信物,进行借贷支付或者兑换现金,在当时有许多"店""邸"均可以从事这一类借贷活动。

如果说上述"邸""店"经营存贷款业务,还属于兼营的性质,那么"飞钱""便换"的出现则是隋唐五代扬州金融业进一步走向专业化的标志。飞钱、便换首先出现于扬州,并不是偶然的,既是唐代中期以后扬州商业繁荣昌盛的表现,也是扬州商品经济发展、经济地位日益重要的必然结果。关于飞钱、便换的最早、最权威的史料文献,为《旧唐书·食货志》:"(元和)七年,王播奏去年盐利除割峡内盐,收钱六百八十五万,从实估也。又奏,商人于户部、度支、盐铁三司飞钱,谓之'便换'。"[1]宋刻本《详注昌黎先生文集》卷三七《钱重物轻状》题下长注,对于飞钱、便换的兴废演变情况稍有详述,略云:"唐《食货志》:宪宗时,商贾至京师,委钱诸道进奏院及诸军、诸使,富家以轻装趋四方,合券乃取之,号'飞钱'。京兆尹裴武请禁之,搜索诸坊,十人为保,自京师废飞钱,家有滞藏,物价浸轻。判度支卢坦、户部王绍、盐铁使王播请许商人于户部、度支、盐铁三司飞钱,每千钱增给百钱,然商人无至者,复许与商人敌贯而易之,然钱重帛轻如故。"[2]宋人高承《事物纪原》对于飞钱或便换的兑换程序以及何以出现,略有记述,云:"唐《食货志》曰:宪宗时,商贾至京师,委钱诸道富家,以轻装趋四方,合券乃取之,号'飞钱'。京兆尹裴武禁之。卢坦请许商人于三司飞钱,每千增给百,令大府给公据,次以字号兑便。如卢坦请曰钞钱。盖唐飞钱之旧也,起于宪宗之世。"[3]

飞钱或便换何以首先出现于扬州呢?除了唐朝两税法改革这一政治因素外,主要的还是在于经济方面,即商业的繁荣发展,对于钱币的流通与使用都提出了更高要求。扬州地区商品经济高度发展,大宗商品交易频繁,市场

[1]〔后晋〕刘昫等:《旧唐书》卷四九《食货志下》,中华书局1975年版,第2121页。

[2]〔唐〕韩愈撰,〔宋〕文谠注:《详注昌黎先生文集》卷三七《钱重物轻状》,宋刻本。

[3]〔宋〕高承撰,〔明〕李果订,金圆、许沛藻点校:《事物纪原》卷一〇"兑便"条,中华书局1989年版,第540页。

交易额度巨大,以铜币为主的金属货币因为重量太大而不方便携带,革新货币交易的方法就势在必行。于是"柜坊"从有其他主业经营的"邸店"中分离出来,成为专门经营飞钱的金融机构。从性质上讲,柜坊相当于近代出现的"银行",飞钱或便换就相当于近代的汇兑业务,它们均开始出现于中唐时期,其确切时间则是唐宪宗元和七年(812),是因为盐铁转运使王播的奏请而正式获得朝廷的批准。王播时任淮南节度使,兼任盐铁转运使,正在扬州任职期间,所以这件事情不是偶然的,正是扬州商业高度繁荣发展的结果。不过,当时经营飞钱的主体并不止于商家,还包括诸道进奏院、诸军、诸使,这三者都带有官府的背景,商人所经营的柜坊则为私人性质,其基本做法就是商业经营户可以将钱"纳于公藏,而持牒以归,世所谓便换者"[1],其中纳于"公藏"即官府经营的柜坊称为公便换,纳于普通富商大贾之家的柜坊称为私便换。飞钱或便换的出现,尤其方便了那些远道经营的客商,因为携带大量金属货币既不方便,也会增加旅途的风险,所以商户往往将货币存入所在地的"公藏"或"私藏"的柜坊中,然后手持柜坊所开具的"牒"到经营目的地就近取用,不仅灵活方便,而且可以规避行程中的各种风险。这里有一个例子很能说明飞钱或便换的便利,据记载:有一个人在外经商获利数百缗,因为担心"川途之难赍",于是就将这几百缗钱"纳于公藏,而持牒以归",这"牒"就是世人所熟知的"便换",类似于近代的汇票。他将"牒"贴身藏于衣囊中。有一天,他喝醉了酒,指着衣囊对人说:"莫轻此囊,大有好物。"不料当时他身边有个强盗,恰好听到了。强盗以为衣囊中有黄金白银之类,就在当天夜里杀了他,取走衣囊。但强盗打开衣囊后,并未找到金银,便将那张"牒"投入水中。这个故事的主旨,并不是为了说明便换的好与不好,而是意在告诫世人做事要考虑周密,否则可能就会像这个商人一样因为"不密而致害"。[2]不过我们却可以从中了解到,当时大宗商品交易通常会采用飞钱、便换的支付方式,因为这样既便利,又可以规避长途旅行中携带大量钱财可能带来的风险。唐代扬州商业繁荣发达,无论是从外地到扬州,还是从扬州到外地进行远道经营的富商大贾都很多,为了方便大宗商品交易而发明或采用飞钱或

---

[1]〔唐〕赵璘:《因话录》卷六《羽部》,上海古籍出版社 1979 年版,第 112 页。
[2]〔唐〕赵璘:《因话录》卷六《羽部》,上海古籍出版社 1979 年版,第 112 页。

便换的方式,便十分自然了,这也正是飞钱首先从扬州兴起的原因。随着飞钱、便换业的快速发展,大量原本流通于市场的钱币被那些大型柜坊吸纳、存储甚至是"囤积",从而造成金属货币的相对高度集中,进而导致市场出现了"钱荒"的情况。在这种情势下,唐朝政府曾一度下令禁止飞钱、便换业务的展开,如唐宪宗元和六年(811)二月,下诏规定:"公私交易,十贯钱已上,即须兼用匹段。委度支、盐铁使及京兆尹即具作分数,条流闻奏。茶商等公私便换见钱,并须禁断。"[1]唐朝政府之所以下诏禁止"茶商等公私便换见钱",主要就是为了解决因为便换业的快速发展所导致的"钱荒"问题。这恰恰从反面说明,当时的"公私便换"十分流行,并且已经对当时的"货币供应"造成了比较重大的影响,以至于国家不得不通过诏令的形式,一方面申明公私交易中凡额度超过"十贯钱"的,必须同时兼用"匹段"即布帛等实物货币的形式进行,同时又对于当时的一些大宗商品交易如茶业贸易中所开展的便换业务进行严格的禁断,试图通过这两项措施以解决当时的"钱荒"即货币供应不足的问题。

(三)扬州商业市场组织形式的率先突破

隋唐五代时期扬州商业高度繁荣的第三个重要表现,为扬州的商业市场组织形式发生了明显异于古代的变化。具体说就是,一方面突破了传统坊、市分开管理的旧制度,"坊"与"市"的界线逐渐模糊乃至消失;另一方面是交易的时间由以前的"聚散有时"演变为不限时经营。

唐代前期沿袭以前的做法,对于市场设置有专门的职官进行管理,如《大唐六典》明文规定,凡设市之地皆置有市令,以负责市场管理,这是和坊、市分开管理的城市管理制度相配合的一种市场管理的办法。唐代中期以前的中国城市管理,严格推行坊、市分开管理的制度,"坊"为居民区(汉代称"里",后世称"坊里"或"里坊",即由此而来),市为商业区,集中经营、集中管理。无论坊还是市,起初四周都被围墙或篱笆包围着,后来围墙或篱笆消失而演变为路道分割,但其"城中之城"的管理模式并未发生实质性改变。以首都长安为例,坊、市就是严格分开管理的,商品交易全部集中在"东市""西市"

---

[1]　〔后晋〕刘昫等:《旧唐书》卷四八《食货志上》,中华书局1975年版,第2102页。

进行,市外严禁设立商铺;商业交易有时间限制,市每天按照规定的时间开启和闭关,即"其市当以午时击鼓二百下,而众大会,日入前七刻,击钲三百下,散";市必须设立在县级治所及以上的地方,即"诸非州县之所,不得置市"。[1]中唐以前,全国各地的其他城市管理,大致都是采用坊、市分离的管理模式。

既是受到"日出而作,日落而息"传统作息观念的影响,也和城市管理实行坊、市分开管理模式相配合,唐代中期以前的城市普遍实行夜禁的政策,晚上到了规定的时间,燃灯点烛也有严格的规定,不是随便就可以张灯结彩的,如果违反了宵禁的规定必定会受到惩罚。据历史记载,唐太宗贞观十年(636)之前,城、市、坊门禁制度甚为严格,无论是城门,还是市门、坊门,都是定时启闭,每到启闭的时间,便会有官府所设的专人呼喝传令。后来在此基础上,马周又创置了"街鼓"制度,据《旧唐书·马周传》载:"先是,京城诸街,每至晨暮,遣人传呼以警众。周遂奏诸街置鼓,每击以警众,令罢传呼,时人便之,太宗益加赏劳。"[2]此"街鼓"制度一直延续到中晚唐而不变[3],成为城市宵禁制度中的一项常规措施。这种严格的宵禁制度,虽然在一定程度上有助于城市治安管理,但是也较为严重地限制了城市商业经济的发展。

唐代中期以后,随着商品经济的发展,包括坊市分开管理、"宵禁"等在内的城市管理制度开始被突破,不仅坊、市的界线逐渐出现打破的迹象和趋势,而且"宵禁"在很多城市也不再被严格执行,例如在一些居民区即"坊"的周围或"坊"内,也开始出现从事商品交易的市肆邸店了;扬州、益州等商业经济发达的城市出现了夜市贸易,城市的夜生活也日益开放并丰富起来。坊、市界线消失,坊、市混杂,夜市的兴旺发达以及城市夜生活的开放,乃是中国古代城市布局格式与管理方式所发生的一个重要变化。扬州作为唐代中期以后商业最为繁荣发达的城市,在突破传统坊市制度、打破坊市界线、引领夜市和城市夜生活等方面,都走在了全国的前列。

---

[1]〔宋〕王溥:《唐会要》卷八六《市》,中华书局1955年版,第1581页。

[2]〔后晋〕刘昫等:《旧唐书》卷七四《马周传》,中华书局1975年版,第2619页。

[3] 历史文献中有关唐代"街鼓"制度的记述颇多,如《旧唐书》《全唐诗》、唐人诗文集、笔记小说中,可谓在在皆是。从所记述的时间来看,从唐初贞观年间到晚唐五代皆有,因此可以断定这项制度一直持续到唐朝灭亡,成为唐代城市管理制度中的一项常规性措施。

扬州的夜市兴旺和夜生活的丰富多彩,是唐代中期以后扬州商业繁荣发达的重要体现。有关这方面的情况,唐诗有直接的描述,如王建诗云:"夜市千灯照碧云,高楼红袖客纷纷。如今不似时平日,犹自笙歌彻晓闻。"[1]在诗人的笔下,扬州不仅"夜市千灯"生意兴隆,而且"笙歌彻晓",一派歌舞升平,俨然成为一座"不夜城"。李绅诗云:"江横渡阔烟波晚,潮过金陵落叶秋。嘹唳塞鸿经楚泽,浅深红树见扬州。夜桥灯火连星汉,水郭帆樯近斗牛。今日市朝风俗变,不须开口问迷楼。"[2]二十四桥的灯火串连起天上的璀璨星河,运河上连片的船帆俨然成为一道靠近斗牛的高墙,本来应该是白天进行交易的商船,怎么到了晚上还在忙碌?看来扬州经商的"风俗"早就不同于往昔,已然发生了重要的变化!扬州夜市的兴旺和夜生活的丰富多彩,表明随着商品贸易活动的日益活跃,原有的坊市制度已经不能适应社会进步的需要,如果不突破旧有坊市制度的束缚,则不仅商业经济繁荣的局面不可持续,整个社会经济也不可能有进一步的发展。扬州夜市贸易的繁荣发展和夜生活的丰富多彩,清楚地表明:(1)商业活动已经突破了时间上的限制,由从前的商品交易"聚散有时",变为任何时候都可以进行交易,这不仅是对旧有坊市制度的突破,也是社会发展进步特别是商业经济繁荣发展的必然结果和重要表现;(2)商业活动已经突破空间上的限制,以前商品交易活动被严格限定在"市"中进行,但是唐代中后期的扬州已经突破这个界线,将交易的场所扩大到居民区了,历史记载扬州"侨寄衣冠及工商等多侵衢造宅,行旅拥弊"[3]。这个记载得到了扬州出土墓志铭文的证实,邓珀墓志铭记载其家于江都县"市东北壁"[4],也就是在靠近市场东北方向的区域,从江都县的市场既有"东北壁",可以推知亦必相应地存在"西北壁""东南壁""西南壁"等交易场所。唐代中期以前城市建筑布局坊、市分离,也就是市场与居民区呈分离状态,但是到中晚唐以后,坊、市分离的城市建筑布局有渐趋打破的倾向,靠近市场的周边渐渐出现了居

[1] 〔清〕彭定求等编:《全唐诗》卷三〇一(王建)《夜看扬州市》,中华书局1960年版,第3430页。
[2] 〔清〕彭定求等编:《全唐诗》卷四八一(李绅)《宿扬州》,中华书局1960年版,第5470页。
[3] 〔后晋〕刘昫等:《旧唐书》卷一四六《杜亚传》,中华书局1975年版,第3963页。
[4] 《唐故邓府君墓志铭并序》,李文才疏证:《隋唐五代扬州地区石刻文献集成》,凤凰出版社2021年版,第230页。

民，"市壁"可能就代表了这个趋势。"市""壁"性质相类，皆与市场贸易管理有关系，"市史""壁师"就是负责管理"市""壁"交易的胥吏性质的官府人员。唐代前期城市中的市场，乃是一个四周有"壁"的环形封闭市场，市有东、西、南、北四壁，沿壁有店、肆，分成若干行。[1]但是到了中期以后，突破了"市壁"的限制，商铺与居民区直接相连了，所谓"工商等多侵衢造宅"，就是指这情况来说的。因此，唐诗"十里长街市井连"[2]，可谓扬州城市面貌的真实写照，说明手工作坊、商业店铺已经和居民区连为一体了，坊、市严格区别的旧有城市管理制度，在中晚唐时期的扬州已经不复存在了。

（四）扬州商业经营模式的变化

隋唐五代时期扬州商业高度繁荣的第四个重要表现，为扬州的商业经营模式也发生了重要变化，具体来说，一方面表现为由以前主要为社会上层提供商品供给，转向为社会各个阶层提供服务，从而造成经营商品种类进一步增多；另一方面经营模式由以前的相对单一的买卖商品，转向兼营旅店、饭馆、货栈、买卖等多业，从而形成一种复合型商业经营模式，甚至萌生出近代商业经营的某些特征。

"士农工商"四业，缺一而不可，但中国传统以农立国，农业被称为"本业"，经商则一向被视为"末业"，起初商业经营的范围，主要就是为统治阶级的生活提供服务，经营贸易的主要物品多为珠宝玉器以及一些生活用的奢侈品。随着社会的发展，商业经营的范围不断扩大，服务的对象也不断下沉，成为服务于社会各个阶层的一个行业，所经营的商品种类日益繁多。以唐代扬州商业经营的范围而言，尽管仍然有为唐朝皇室及上层社会所提供的消费性奢侈品，但主要的部分却是与广大吏民日常生活有密切关系的盐、铁、茶、米、丝绸、木材、药材等大宗商品，此外，陶瓷器皿、铜器、漆器、家具等商品，交易的数量虽然比不上前面的几种，但同样也是百姓日常生活离不开的必需品。扬州商业经营商品构成所发生的这个重要变化颇具意义，因为它是商业经济发展到较高程度的表现和标志，意味着扬州社会经济在隋唐五代时期特别是中

---

[1]《唐故邓府君墓志铭并序》，李文才疏证：《隋唐五代扬州地区石刻文献集成》，凤凰出版社2021年版，第230—231页。

[2]〔清〕彭定求等编：《全唐诗》卷五一一（张祜）《纵游淮南》，中华书局1960年版，第5846页。

唐以后得到了长足的发展,并表现出从古代型商业向近代型商业转变的萌芽。

随着扬州商业的发展,扬州城内城外均出现了一些类似行栈性质的邸店,如唐代宗大历十四年(779)七月,朝廷下令:"王公百官及天下长吏,无得与人争利,先于扬州置邸肆贸易者,罢之。先是,诸道节度观察使,以广陵当南北大冲,百货所集,多以军储货贩,列置邸肆,名托军用,实私其利息,至是乃绝。"[1]其中所说的"邸肆",又可称为邸店、店铺、邸铺等,据《唐律疏议》卷四"其船及碾硙、邸店之类亦依犯时赁直"条疏议云:"自船以下,或大小不同,或闲要有异,故依当时赁直,不可准常赁为估。邸店者,居物之处为邸,沽卖之所为店。称'之类'者,铺肆、园宅,品目至多,略举宏纲,不可备载,故言'之类'。"[2]所谓"居物之处为邸",可知"邸"实际相当于后世所说的货栈;所谓"沽卖之所为店",又据崔豹《古今注》云"店,置也,所以置货鬻物也"[3],可见店除了经营旅店生意外,还同时经营商品的存放和买卖等业务,功能较诸"邸"似乎更多一些。在实际经营中,邸店往往不分,因此在中国古代文献中或称邸或称店,或连称邸店,或称店铺、邸铺等。邸店不仅可以为外来客商提供住宿、饮食等服务项目,也为他们提供储存货物的场所,其中有些客商因经常住宿于某家邸店而与邸店经营者关系近密,于是在有些时候就会委托邸店帮自己代销所储存的货品。久而久之,便促进了居间贸易商队伍的壮大,这种居间贸易商,是由过去"市侩"发展而来,就其所从事的职业来说,继续称之为"市侩"亦无不可。"市侩"一词出现甚早,《方言》释义曰:"狯也,市侩。"[4]《淮南子》"段干木,晋国之大驵也,而为文侯师"句注曰:"驵,驕悍。一曰驵,市侩也,言魏国之大侩也。"[5]《三国志》记载长安市场上有一个叫作刘仲始的"市侩"[6]。那么,"市侩"是干什么呢?据《汉书·货殖列传》"节驵

[1]〔宋〕王溥:《唐会要》卷八六《市》,中华书局1955年版,第1582页。

[2]〔唐〕长孙无忌等撰,刘俊文点校:《唐律疏议》卷四《名例》,中华书局1983年版,第92页。

[3]〔宋〕陈彭年等:《宋本广韵》卷四《去声》"五十六"条,中国书店1982年版,第424页。

[4]〔汉〕杨雄记,〔晋〕郭璞注:《方言》卷一二"屑恢"条,商务印书馆1936年版,第106页。

[5]〔汉〕刘安著,〔汉〕高诱注:《淮南子注》卷一三《泛论训》,上海书店1986年版(影印《诸子集成》本),第225—226页。

[6]〔晋〕陈寿撰,〔宋〕裴松之注:《三国志》卷二三《魏书·裴潜传》注引鱼豢曰:"……昔长安市侩有刘仲始者,一为市吏所辱,乃感激,蹋其尺折之,遂行学问,经明行修,流名海内。"(中华书局1959年版,第676页)

侩"注："孟康曰：'节，节物贵贱也。谓除估侩，其余利比于千乘之家也。'师古曰：'侩者，合会二家交易者也。'"[1]白居易在解释"市侩"的涵义时，即引《汉书》"节驵侩"注[2]。由此可见，市侩最初就是在商业活动中撮合买卖双方交易的中间人，相当于双方的中介，市侩一开始就是起到牵线搭桥的作用，从中赚取一些中介"佣金"。时至唐代，这些市侩的业务已经不限于赚取中介佣金了，他们进一步拓展了业务，而发展成为一种居间商。由于外来客商对当地市场不是十分熟悉，又因为他们往往急于将手中的货品脱手，于是他们往往将这些货品以相对较低的价格转手给市侩，由他们负责销售。有了市侩居间商帮助外地客商办理大宗货品的批发和包销，有利于这些外地客商迅速回笼资金，加快资金流通和周转的速度，从这个意义上可以说，市侩队伍的壮大在一定程度上促进了商业的繁荣，意味着商品流通专业化的不断加强。

不过，市侩对于商品交易活动也有负面影响，有时候也会干扰和破坏正常的商业交易，甚至激化社会矛盾。隋唐五代文献中的"市侩"，又称侩、商侩、驵侩、牙侩、牙子、市牙，如唐初名将、并州人王君廓，"少孤贫，为驵侩"[3]；扬州海陵县有市侩夏氏，其先人曾为盐商[4]；唐德宗时，税间架、算除陌时，其中多有"牙子""市牙子"参与其间[5]；唐敬宗时，张又新曾经"买婢违约，为牙侩搜索陵突"[6]，这是讲张又新买婢女本已签约，后来想要反悔，结果遭到"牙侩"即市侩的搜索陵突；唐末淮南节度使高骈手下亲信吕用之，"世为商侩，往来广陵，得诸贾之欢"[7]，商侩即市侩同义词。市侩在唐代商业贸易中的地位，可谓今非昔比，远远超过以前，特别是在与官府参与的经营中，他们的地

　　[1]〔汉〕班固撰，〔唐〕颜师古注：《汉书》卷九一《货殖列传》，中华书局1962年版，第3687、3689页。

　　[2]〔唐〕白居易：《白氏六帖事类集》卷二四"市第二"条，民国影宋本。

　　[3]〔宋〕欧阳修、宋祁：《新唐书》卷九二《王君廓传》，中华书局1975年版，第3807页。

　　[4]〔宋〕李昉等编：《太平广记》卷三九〇《冢墓二》"海陵夏氏"条引《稽神录》，中华书局1961年版，第3120页。

　　[5]〔后晋〕刘昫等：《旧唐书》卷一三五《卢杞传》，中华书局1975年版，第3715—3716页。按，〔宋〕欧阳修、宋祁：《新唐书》卷二二三下《奸臣下·卢杞传》，将"牙子"或"市牙子"直接称为"侩"。（中华书局1975年版，第6353页）

　　[6]〔宋〕欧阳修、宋祁：《新唐书》卷一七五《张又新传》，中华书局1975年版，第5247页。

　　[7]〔宋〕欧阳修、宋祁：《新唐书》卷二二四下《叛臣下·高骈传》，中华书局1975年版，第6396页。

位尤其重要,有时甚至和商品买卖的主人相提并论。如唐宪宗元和年间,加强食盐专卖管理,规定:凡是私自买卖两池盐(即蒲州安邑、解县盐池),"坊市居邸主人、市侩皆论坐"[1],这里将"市侩"与坊市邸店主人并提,也就是说,在涉及两池盐的买卖交易中,市侩与邸店主人承担相同的责任,这正是"市侩"在当时商业交易中地位重要性的反映。又,前揭唐德宗建中二年(781)六月,赵赞奏请"税间架、算除陌","除陌法,天下公私给与贸易,率一贯旧算二十,益加算为五十,给与物或两换者,约钱为率算之。市主人牙子各给印纸,人有买卖,随自署记,翌日合算之。有自贸易不用市牙子者,验其私簿,投状自其有私簿投状。其有隐钱百,没入,二千杖六十,告者赏钱十千,出于其家。法既行,主人市牙得专其柄,率多隐盗,公家所入,百不得半,怨讟之声,嚣然满于天下。及十月,泾师犯阙,乱兵呼于市曰:'不夺汝商户僦质矣!不税汝间架除陌矣!'是时人心愁怨,泾师乘间谋乱,奉天之奔播,职杞之由。故天下无贤不肖,视杞如雠"。[2]"税间架,算除陌"虽然是赵赞提出的,但它却是卢杞经济改革的组成部分,"税间架"就是征收房产税,凡屋两架为一间,分上、中、下三等,分别征收2000、1000、500钱。"算除陌"就是征收商品交易税,过去的税率是每贯收税20钱,现在增加为每贯收50钱。如果仅仅是提高交易税也就罢了,至多就是多交一些税钱而已,问题是其中有"市牙子"即市侩参与其间,"市牙子"居间不仅徇私舞弊、牟取私利,而且有时通过诬告等手段迫害打击合法经营的商人,最终结果是官府所得实际收益达不到预想的一半,买卖双方特别是合法经营的商人利益也同时受到了极大损害,于是激起公愤,所谓"怨讟之声,嚣然满于天下"。同年十月,朱泚策动"泾师之变",非常巧妙地利用了这次舆情,以"不夺汝商户僦质矣,不税汝间架除陌矣"为号召,从而赢得很大一部分人特别是商贾的支持而顺利攻入长安,唐德宗仓皇外逃奉天(今陕西乾县)。卢杞所主导的这次经济改革,目的是想通过征收房产税以及提高商品交易税的办法,从而增加政府的财政收入,但是在操作过程中,由于"市侩"居中牟利,商家不仅要承担更高的商品交易税,还经常遭受市侩的暗中盘剥甚至是陷害,利益受到极大侵害甚至于人货两亡,从而

---

[1] 〔宋〕欧阳修、宋祁:《新唐书》卷五四《食货志四》,中华书局1975年版,第1380页。

[2] 〔后晋〕刘昫等:《旧唐书》卷一三五《卢杞传》,中华书局1975年版,第3715—3716页。

激起社会的普遍不满。

总之,隋唐五代时期扬州商业经营模式所发生的上述诸多变化,如邸店、货栈、柜坊、飞钱、便换、市侩、代客包销、大宗物品批发等日益频繁出现或运用,表明扬州商品市场繁荣和商业发达已经达到了相当高的水平。

(五)扬州的城乡店铺

隋唐五代时期扬州商业高度繁荣的第五个重要表现,为扬州城市商业经济的快速发展有效带动了整个扬州地区的经济进步和发展,导致商品经济由城市向农村的全面渗透,其间不仅扬州城内市肆林立、商品经济活跃,而且其下属县城、乡镇甚至是乡村的商业也有了很大发展,涌现出很多商业店铺,这些店铺的经营也呈现出多样化的面貌。

判断一个地区的经济发展水平如何,不能只看中心城市的繁荣程度,更应该着眼于整个区域的发展情况,尤其应该看一看作为中心城市对于所在区域的经济发展是否具有带动效应。如果某个城市作为所在区域的中心城市,它的经济发展同时带动了整个地区的发展,则其经济发展乃是一种良性的、真正的、可持续的发展模式。反之,如果仅仅是中心城市一派欣欣向荣,而所在的区域总体上却是民生凋敝,则它的经济发展就是片面的、畸形的、不可持续的发展模式。从总体上来看,隋唐五代时期扬州地区的商业发展,乃是一种良性的、真正的、可持续的商业经济发展模式,因为它并不仅仅表现为扬州城市商业的繁荣昌盛,还直接体现为扬州下属县域、乡镇与农村商品经济的快速发展与高度活跃。唐代扬州城市的繁荣,史籍记载班班可见,毋庸赘言。就历史所记述的扬州下属县城或乡镇,也是一派繁华景象,无论是县城,还是乡镇,甚至是比较偏僻的乡村,随处都可以看到很多从事不同商业交易的店铺。如日僧圆仁入唐求法巡礼,在登陆以后首先经过了扬州下辖的海陵县如皋镇(今江苏如皋),就看到了很多店铺,据圆仁记述说:“未时到如皋,茶店暂停。掘沟北岸,店家相连。”[1]这里所说的“未时”,相当于今13:00至15:00,一般来说正是茶店休息打烊的时间,故圆仁一行在这个时间段到达如皋镇,看到了“茶店暂停”的景象。与此同时,圆仁也注意到掘沟北岸“店家相连”的情况。掘沟,

---

[1]　〔日〕圆仁撰,顾承甫、何泉达点校:《入唐求法巡礼行记》卷一,上海古籍出版社1986年版,第6页。

又称掘港，即今江苏省南通市如东县掘港镇（按，如东县原属如皋县，后分为两县），唐太宗贞观元年（627），曾在掘港设置淮南煎盐亭，直辖于扬州大都督府下属之广陵郡海陵县。当时的掘沟仅仅是海陵县如皋镇下属的一个村级行政区，但因淮南煎盐亭设置于此，故而沿掘沟北岸开设了很多店铺。何以掘沟"店家相连"，全部都是设置在岸边呢？这并不是偶然的，而是与彼时扬州因水而兴的城市特征恰相吻合。隋唐五代时期的扬州，经济繁荣发达，各行各业都有了长足的发展进步，主要就是得益于大运河的南北贯通，以及由此所造成的发达畅通的水路运输系统。扬州境内水网密布，数量众多、大小不一的船只成为境内十分重要的交通工具，它们日夜穿梭于河湖水泊，从而编织起一个遍布全境的水路交通运输网络，除西北部丘陵山区外，扬州绝大部分地区的交通都与水运相关，发达的水路交通有力促进了农业、手工业和商业经济的进一步发展，唐诗"隔海城通舶，连河市响楼"[1]之句，正是隋唐五代时期扬州市场繁荣主要依赖于发达便利的水运交通这一历史事实的写照。因此，圆仁在如皋镇所见到的那些沿掘沟北岸而开设的众多店铺，进一步佐证了扬州城市商业繁荣与水运交通、漕运发达之间的紧密联系，掘沟北岸"店家相连"，主要就是为往来的船只提供各种服务。

无论是扬州城内，还是其下辖的县城，乃至县下的乡镇，购物都颇为方便，这从圆仁的行记中可以看得出来，如开成四年（839）二月，圆仁等人准备离开扬州北上前往楚州（今江苏淮安），二月廿日，同船四人"为买香药等，下船到市"，廿二日，"射手身人部贞净于市买物"[2]，可见下了船，即可到市场购买所需之物。这说明彼时的扬州城乡市场设置颇多，这遍布城乡各地的众多交易市场，正是隋唐五代时期扬州商品经济发达繁荣的一个重要表现。不仅城乡各处遍置市场，供来往过客行人食宿的旅店也很多，从城市到乡镇都很方便。据圆仁记述，他在登陆以后，就住过或见到过许多官、私经营的旅店，例如在逗留扬州的日子里，圆仁等人一直在"江南官店"，后来启程前往楚州

---

[1]〔清〕彭定求等编：《全唐诗》卷七二二（李洞）《送韦太尉自坤维除广陵》，中华书局1960年版，第8291页。

[2]〔日〕圆仁撰，顾承甫、何泉达点校：《入唐求法巡礼行记》卷一，上海古籍出版社1986年版，第32页。

的途中，又先后住过扬州城内"平桥馆"、江阳县"回船堰""路巾驿"、宝应县"安乐馆"等旅店，他们还曾在高邮"暂住"，尽管没有记述具体的住处，但也应该住宿于可以提供食宿的旅店。[1]圆仁所记述的这些"店""馆""堰""驿"，既有开设在县城附近的，也有开设于城镇的，还有开设于较为偏远乡村的。由此可见，扬州地区旅店业很是发达，无论是在州城，还是在县城，甚至是在城镇乡村，都有供客商行人吃饭住宿的旅店，而旅店业的发达，又是扬州商品经济发展较为充分的一个体现。

三、具有全国影响力的代表性商业

从唐朝中期以后，以扬州为中心的江淮地区逐渐成为支撑大唐皇朝赖以生存的经济核心区域。在"唐都长安，仰赖江淮之米，运道险远，更甚于今"[2]的形势下，扬州的商业经济获得了进一步发展的机会，并渐渐形成盐、茶、药等多个富有地方特色而又最具全国影响力的商品贸易行业。

（一）"根本在于江淮"的扬州盐业

如前所言，隋唐五代时期扬州商业高度繁荣的一个重要表现，就是扬州逐渐发展为全国性的商品集散地，不仅所经营的商品丰富多彩、门类齐全，而且商业资本雄厚、交易额巨大，其中一些行业的商品交易甚至直接影响到国计民生。食盐不仅是民众日常生活须臾不可离的食品，也是一个有着极高利润的行业，因此在国民经济活动中具有不可替代的作用，历朝历代均不同程度地实行盐铁专卖制度，其根本原因即在于此。以扬州为中心的淮南地区，在隋唐五代时期乃是最为重要的海盐产区，特别是到了安史之乱以后，随着淮南的盐业经营由以前的自产自销转为国家专卖，盐利便成为唐朝国家财赋收入的重要来源之一。

唐代淮南盐业素来发达，可谓历史悠久，其中以扬、楚二州最为重要（楚州治今江苏淮安，唐代一直是扬州大都督府、淮南节度使下辖的重要州域）。早在唐朝前期，政府就明确规定："负海州岁免租为盐二万斛以输司农。青、

---

［1］〔日〕圆仁撰，顾承甫、何泉达点校：《入唐求法巡礼行记》卷一，上海古籍出版社1986年版，第8—33页。

［2］〔明〕陈子龙撰，孙启治校点：《安雅堂稿》卷一七《上元辅周相公书》，辽宁教育出版社2003年版，第339页。

楚、海、沧、棣、杭、苏等州,以盐价市轻货,亦输司农。"[1]从那个时候起,淮南的海盐便集聚于扬州,进而漕运至中原地区,"东都则水漕淮海,易资盐穀之蓄"[2]"引鱼盐于淮海"[3]等说法,都是指此而言。不过,唐初的一百多年间,江淮地区的盐业经营方式还是以自由产销为主。及至安史之乱发生,唐朝财政来源逐渐仰赖于江淮地区,江淮地区的盐铁之利便日益成为国家开源的对象,并占据越来越重要的地位,于是唐朝政府开始实行食盐专卖,所谓"盐铁重务,根本在于江淮"[4]的局面遂因此而形成,以扬州为中心的江淮盐业终于成为唐朝财赋的重要支撑。为了加强对盐利的控制,确保国家财赋收入,唐朝政府在扬州设置盐铁使,专职负责食盐的专卖事宜,同时兼营铜、铁等矿的开采与冶炼,盐铁使多由淮南节度使兼任,长驻于扬州,扬州因此成为江淮地区食盐的集散地,盐商云集于扬州。

唐玄宗天宝(742—756)到唐肃宗至德(756—758)期间,由于淮南地区海盐大量运至中原地区,当时每斗食盐的价格只有十钱,可见淮南地区食盐产量之大。乾元元年(758)二月以后,第五琦出任盐铁铸钱使,"初变盐法,就山海井灶近利之地置监院,游民业盐者为亭户,免杂徭。盗鬻者论以法"[5]。第五琦变革盐法的核心,就是将原本那些处于自由经营盐业的人(包括非法的私盐贩卖者),变成"亭户",又称"盐户",即官府掌控的煮盐户,并实行官运官销的食盐专卖制度,盐价一举而登上每斗一百一十钱的高位,政府盐利收入陡然大增,却加重了普通民众的生活负担,对民生产生了较大戕害。及至刘晏任盐铁转运使,进一步改革盐法,将原来官运官销的食盐专卖改为"就场专卖",即"于出盐之乡置盐官,收盐户所煮之盐转鬻于商人,任其所之"[6],实际上是一种官督民产而商销的经营方式。具体的操作方法是: 盐户所生产

[1]〔宋〕欧阳修、宋祁:《新唐书》卷五四《食货志四》,中华书局1975年版,第1377页。

[2]〔清〕董诰等编:《全唐文》卷二四五(李峤)《百官请不从灵驾表》,中华书局1983年版,第2482页。

[3]〔宋〕宋敏求编:《唐大诏令集》卷七九《行幸东都诏》,中华书局2008年版,第451页。

[4] 吴在庆:《杜牧集系年校注·樊川文集》卷一三《上盐铁裴侍郎书》,中华书局2008年版,第889页。

[5]〔宋〕欧阳修、宋祁:《新唐书》卷五四《食货志》,中华书局1975年版,第1378页。

[6]〔宋〕司马光编著,〔元〕胡三省音注:《资治通鉴》卷二二六唐德宗建中元年(780)七月,中华书局1956年版,第7286页。

的盐全部由官府统一收购,不准许私自卖给商人,"盐官"从盐户手中收购以后,就在盐场或盐监所在地卖给商人,商人从"盐官"所购得的盐,其价格已含税收,故商人在运销过程中,官府不再向其征税,商人向"盐官"交纳钱款以后,即可自由运销到各地,不再受到任何地域的局限。另外,对于那些距离产盐区较远的地区,则设置"常平盐",也就是官府事先转运官盐贮存到那里,遇到"商绝盐贵"的情况,则减价出售,以保证人民日常生活不受影响,也使得"官获其利而民不乏盐"。刘晏对盐法所进行的改革,在解决了私盐泛滥无序以及由此所造成的社会治安问题的同时,也深受盐商的欢迎,盐的销量大增,既充分保障了民生,也增加了国家的盐利收入,史言:"其始江淮盐利不过四十万缗,季年乃六百余万缗,由是国用充足而民不困弊。"[1]

刘晏改革盐法,直接推动了扬州盐业的发展,淮南地区很多游走于社会的流民因此成为官府管辖的煮盐户,煮盐业兴盛发达,唐诗"冶例开山铸,民多酌海煎"[2]之句,就是淮南地区很多人以盐为业的生动写照。淮南节度使辖区拥有唐朝盐铁十监中最大的两个盐监——海陵监、盐城监,其中海陵监早在唐玄宗开元元年(713)就已经开设,每年"煮盐六十万石,而楚州盐城、浙西嘉兴临平两监所出次焉,计每岁天下所收盐利,当租赋二分之一"。[3]盐城县,"在海中,洲上有盐亭百二十三所,每岁煮盐四十五万石"[4]。官督民产商销的经营方式效果很明显,"自淮北列置巡院,搜择能吏以主之,广牢盆以来商贾"[5],扬州很快成为江淮盐业的集散、转运中心。江淮地区的食盐通过运河,源源不断地运往外地,日僧圆仁于唐文宗开成三年(838)来到唐朝巡礼求法,在他登陆后从延海村向扬州进发的途中,就目睹了运河上穿梭的盐运官船:七月廿一日"申(时)终,到延海乡延海村停宿。蚊蜎甚多,辛苦罔极。

[1]〔宋〕司马光编著,〔元〕胡三省音注:《资治通鉴》卷二二六唐德宗建中元年(780)七月,中华书局1956年版,第7286页。

[2]〔清〕彭定求等编:《全唐诗》卷六〇三(许棠)《送李员外知扬子州留务》,中华书局1975年版,第6964页。

[3]〔宋〕乐史撰,王文楚等点校:《太平寰宇记》卷一三〇《淮南道八·泰州》,中华书局2007年版,第2565页。

[4]〔宋〕王应麟著,傅林祥点校:《通鉴地理通释》卷二《历代州域总叙中》"汉郡国盐铁官"条注引《(元和)郡县志》,中华书局2013年版,第34—35页。

[5]〔后晋〕刘昫等:《旧唐书》卷四九《食货志下》,中华书局1975年版,第2117页。

半夜发行,盐官船积盐,或三四船,或四五船,双结续编,不绝数十例,相随而行"。[1]此外,圆仁在行记中还记述他在如皋镇亲眼看到用水牛牵引运盐官船的情形。圆仁所目睹的这些运盐船只,其目的地皆为扬州,因为扬州是当时江淮地区海盐的集散中心,史载这个时期的"吴、越、扬、楚盐廪至数千,积盐二万余石"[2]。扬州作为江淮地区的海盐集散地,因此成为唐代盐商活动的中心,来自不同地区的盐商从扬州将海盐运销各地。唐穆宗长庆元年(821)三月,时任盐铁使王播奏请:"诸道盐院粜盐付商人,请每斗加五十,通旧三百文价;诸处煎盐停场,置小铺粜盐,每斗加二十文,通旧一百九十文价。"[3]这样以扬州为中心的江淮地区海盐,被源源不断地运销各地,有运往首都长安所在地关中的,刘晏任盐铁转运使时,"京师盐暴贵,诏取三万斛以赡关中,自扬州四旬至都,人以为神"[4]。有运往西江地区的,如白居易诗云:"盐商妇,多金帛,不事田农与蚕绩。南北东西不失家,风水为乡船作宅。本是扬州小家女,嫁得西江大商客。绿鬟富去金钗多,皓腕肥来银钏窄。前呼苍头后叱婢,问尔因何得如此?婿作盐商十五年,不属州县属天子。每年盐利入官时,少入官家多入私。官家利薄私家厚,盐铁尚书远不知……"[5]这位衣着光鲜而富有的"扬州小家女",之所以能够呼奴唤婢,就是因为她嫁给了一位在扬州贩盐为业的"西江大商客",其业务主要就是将盐从扬州贩运到西江销售。有运往长江中游荆襄地区的,如"蜀麻久不来,吴盐拥荆门"[6],这是讲商人从扬州贩盐至长江中游荆襄一带进行销售。因为扬州运出的海盐数量巨大,影响到其他产盐地区的盐业经营,所以后来唐朝政府一度出台了限制性规定,对产自不同地区的食盐进行划区域销售:"自许、汝、郑、邓之西,皆食河东池盐,度

[1]〔日〕圆仁撰,顾承甫、何泉达点校:《入唐求法巡礼行记》卷一,上海古籍出版社1986年版,第7页。

[2]〔宋〕欧阳修、宋祁:《新唐书》卷五四《食货志》,中华书局1975年版,第1378页。

[3]〔后晋〕刘昫等:《旧唐书》卷四八《食货志上》,中华书局1975年版,第2109页。

[4]〔宋〕欧阳修、宋祁:《新唐书》卷一四九《刘晏传》,中华书局1975年版,第4796页。

[5]〔唐〕白居易著,朱金城笺校:《白居易集笺校》卷四《讽谕四·盐商妇》,上海古籍出版社1988年版,第241页。

[6]萧涤非主编:《杜甫全集校注》卷一二《客居》,人民文学出版社2014年版,第3505页。

支主之；汴、滑、唐、蔡之东，皆食海盐，（刘）晏主之。"[1]明确规定淮南地区海盐的销售范围，这在唐朝还是第一次。至于江淮地区，所销售的当然就是本地所产的海盐了。

由于盐利丰厚，很多人都想得到经营海盐的权力，江淮地区的土著豪强更是通过"情愿把盐每年纳利"，亦即将盐利的大部分交纳给盐铁监院长官的办法，以获得经销的资格，从而成为合法经营的"土盐商"。[2]除了这些通过与扬州盐铁院使特殊关系而获得海盐合法经营权的"土盐商"外，江淮地区还出现了许多"私市""私贩"的非法盐商，为了打击私盐贩子，保护合法经销商的利益，唐朝政府曾设置十三所巡院负责捕捉私盐贩子，其中仅淮南地区就置有扬州、庐寿、白沙三所巡院。但终究因为经销私盐利润巨大，很多人还是铤而走险，投身于私盐贩卖，这些私盐贩子还与本地的"富家大户"相互勾结，共同牟取丰厚的盐利，如唐文宗大和七年（833）八月的一道敕书中这样说道："江淮富家大户，纳利殊少，影庇至多，私贩茶盐，颇挠文法。"[3]由此可见，江淮地区贩卖私盐活动十分猖獗，与不法私盐商贩得到了本地豪强大族的庇护也有很大关系。江淮地区的私盐商贩不仅与当地富户强宗有密切联系，甚至还与盗匪勾结，如唐武宗时"江淮诸道，私盐贼盗多结群党，兼持兵仗，劫盗及贩卖私盐，因缘便为大劫"[4]。江淮地区私盐贩卖屡禁不止，尽管所展示的是扬州盐业经营灰色地带的一面，但同时也是扬州盐业市场活跃的一种反映。总之，非法盐商与合法盐商并存，大小盐商汇聚于扬州，均直接反映出扬州作为江淮海盐集散中心的事实。

盐利的巨大收益不仅直接促进了扬州经济的繁荣，也大大增强了唐朝中央政府的财政收入，成为唐朝中后期国家财赋收入的重要支柱，史言刘晏改

---

[1]　〔宋〕司马光编著，〔元〕胡三省音注：《资治通鉴》卷二二六唐德宗建中元年（780）七月，中华书局1956年版，第7286页。

[2]　吴在庆：《杜牧集系年校注·樊川文集》卷一三《上盐铁裴侍郎书》，中华书局2008年版，第889页。

[3]　〔北宋〕王钦若等编：《册府元龟》卷五〇七《邦计部·俸禄三》，中华书局1960年版，第6090页。

[4]　〔宋〕李昉等编：《文苑英华》卷四二九《会昌五年正月三日南郊赦文》，中华书局1966年版，第2175页。

革盐法之后，"天下之赋，盐利居半，宫闱服御、军饷、百官禄俸，皆仰给焉"[1]。扬州作为江淮盐业经营的中心城市，其盐业经营所获取的利润，在居天下财赋之半的"盐利"中占有最大比例，成为支撑大唐皇朝经济命脉的行业，是没有疑问的。

（二）"舟车相继，所在山积"的扬州茶业

唐代淮南道的商业经营中，能够与盐业比肩的是茶业，特别是到安史之乱以后的唐代中晚期，江淮地区的榷茶税收不仅成为本地财赋收入的重要来源之一，甚至对于国家总体的财赋收入也有直接影响，盖因唐代中晚期唐朝国家经济命脉之所系已经主要依靠以扬州为中心的江淮八道了。

中国饮茶史源远流长，时至魏晋南北朝，饮茶已然成为江南地区的社会风尚。就唐代饮茶风气而言，唐玄宗开元以前，北方人饮茶者尚不多见，大约从开元之后，流风所及，北方人茶饮之风渐浓，据《封氏闻见记》记载云：

> 茶，早采者为茶，晚采者为茗。《本草》云："止渴，令人不眠。"南人好饮之，北人初不多饮。
>
> 开元中，泰山灵岩寺有降魔师大兴禅教，学禅务于不寐，又不夕食，皆许其饮茶。人自怀挟，到处煮饮，从此转相仿效，遂成风俗。自邹、齐、沧、棣，渐至京邑，城市多开店铺煎茶卖之，不问道俗，投钱取饮。其茶自江淮而来，舟车相继，所在山积，色额甚多。
>
> 楚人陆鸿渐为《茶论》，说茶之功效并煎茶炙茶之法，造茶具二十四事以"都统笼"贮之。远近倾慕，好事者家藏一副。有常伯熊者，又因鸿渐之论广润色之，于是茶道大行，王公朝士无不饮者。[2]

北方饮茶成为习俗之后，进而扩展至回纥、吐蕃等周边少数民族，造成茶叶的需求量越来越大。茶叶社会需求量的日益增大，反过来又促进了茶叶生产的进一步发展。茶叶的种植、采摘、制作、销售，以及遍布城乡的茶楼酒肆无不经营茶饮，使得茶的经营成为一项有丰厚利润可图的产业，许多商人竞相投

---

[1]〔宋〕欧阳修、宋祁：《新唐书》卷五四《食货志四》，中华书局 1975 年版，第 1378 页。

[2]〔唐〕封演撰，赵贞信校注：《封氏闻见记校注》卷六《饮茶》，中华书局 2005 年版，第 51 页。

身于茶业的经营,最终引起朝廷的重视并开始榷茶,茶税遂因此成为唐朝中后期江淮地区一项重要的赋税来源。

中国的茶叶产地主要在南方,陆羽《茶经》记述的茶叶产地有山南、淮南、浙西、浙东、剑南、黔中、江西、岭南八道,其中质量最好、产量最高的则是淮南道,其次是浙西、浙东两道。作为江淮地区的中心城市,扬州自东晋时期起就饮茶成风,喝茶成为扬州人日常饮食生活中的一个习俗,因此在扬州城内经营茶肆、茶摊已经成为一些人谋生的手段。据张君房《云笈七签》记述,晋元帝南渡之后,广陵城内有一茶姥"每持一器茗,往市鬻之,市人争买,自旦至暮,所卖极多"[1]。扬州附近也出产茶叶,如蜀冈有茶园,"《图经》云:'今枕禅智寺,即隋之故宫。冈有茶园,其茶甘香,味如蒙顶。'"[2]扬州蜀冈尽管也出产茶叶,而且质量也是上佳,但总体上来看,扬州本地所产茶叶数量并不多,也没有形成大规模的茶叶种植。扬州茶业经营之所以发展成为规模性的产业,主要得益于它作为江淮地区的中心城市而成为江淮地区茶叶经营、销售的集散地。遍布江淮各地的茶园,所出产的茶叶多数情况下都是先运到扬州,然后再从扬州远销北方。

以扬州为集散中心的淮南道,茶叶交易十分活跃,茶叶市场因为中国南北饮茶风气的形成和兴盛而日益扩大,茶叶逐渐成为民众日常生活所不可或缺的饮品。如唐人李珏就说:"茶为食物,无异米盐,于人所资,远近同俗。既祛竭乏,难舍斯须,田间之间,嗜好尤切。"[3]饮茶既成为人民群众日常生活的必需品,茶业向商品化方向发展便有了社会基础,茶业市场的形成和新的赚钱商机便出现了。江淮地区不仅盛产茶叶,而且茶叶质量上乘,涌现出很多名茶,因此以扬州中心的淮南茶叶交易市场率先形成,出现了很多专门从事茶叶买卖的商人。他们将茶叶从产茶区贩运到扬州,然后再以扬州为集散地向其他地区贩运,如鄱阳人吕璜"以货茗为业,来往于淮浙间。时四方无事,广

---

[1]〔宋〕张君房辑:《云笈七签》卷一一五《纪传部十七》"广陵茶姥"条,齐鲁书社1988年版,第645页。

[2]〔宋〕乐史撰,王文楚等点校:《太平寰宇记》卷一二三《淮南道一·扬州》,中华书局2007年版,第2443页。

[3]〔后晋〕刘昫等:《旧唐书》卷一七三《李珏传》,中华书局1975年版,第4503—4504页。

陵为歌钟之地,富商大贾动逾百数,璹明敏善酒律,多与群商游"。[1]显然,吕璹就是一个在扬州从事茶叶贩卖的专业茶商,因为买卖茶叶而往返于江淮与浙西、浙东等茶叶产地,并凭借经营茶叶而与扬州的许多富商多有交往。再如,敦煌文献中也有江淮茶叶贸易供需两旺的记述:茶商"将到市廛,安排未毕,人来买之,钱财盈溢。言下便得富饶,不在明朝后日"。[2]这段文字透露的信息颇多,集中反映出江淮地区茶市的兴旺发达,因为茶商刚一入市,还未来得及铺陈摊位,便有人争相购买,茶商因此从中获得丰厚利润,而且茶商根本不愁没有市场,今天卖不出去的茶叶,明天也会卖得出去,这就是文书中所说"便得富饶,不在明朝后日"的真实含义。江淮茶叶市场以扬州为集散中心,汇聚于扬州的茶商,以大运河为主要通道,将茶叶源源不断地运往中原各地,沿运河而兴起的一些北方城市得益于漕运的便利,不仅很快发展为二级茶叶批发交易市场,而且也渐渐养成了饮茶的习俗,从而进一步拉动了茶叶的消费与销售。例如位于黄河之滨的汴州(今河南开封)就是如此,汴州凭借其处于运河与黄河交汇点的优越地理条件,不仅迅速发展成为北方中原地区的一个茶叶经销中心,而且也形成了饮茶的社会风习,汴州城内出现了不少通宵经营的茶市,这从王建"水门向晚茶商闹,桥市通宵酒客行"[3]的诗句中,可以得到印证。

随着北方饮茶习俗的形成,茶叶成为在北方广大地区十分畅销的商品,从南方向北方运销茶叶也因此成为一项利润丰厚的新兴商贸活动。由于经营茶叶所获利润远远大于一些传统商品经营,于是一些商人便将原先经营的其他商品折换成茶叶,然后运往北方销售,以牟取更大利润。不仅商人热衷于向北方贩卖茶叶,就连那些长期活跃于长江流域、沿江抢劫的江贼,出于"洗白"赃物和牟取更多利润的想法,也每每将抢夺所得物品带到产茶山区,换购成茶叶,再四处贩卖。据杜牧写给宰相李德裕的奏疏中说:"濠、亳、徐、

---

[1]　〔宋〕李昉等编:《太平广记》卷二九〇《妖妄三》"吕用之"条引《妖乱志》,中华书局1961年版,第2304页。

[2]　潘重规编:《敦煌变文集新书》卷七(王敷)《茶酒论一卷并序》,文津出版社1994年版,第1170页。

[3]　〔清〕彭定求等编:《全唐诗》卷三〇〇(王建)《寄汴州令狐相公》,中华书局1960年版,第3406页。

泗、汴、宋州贼,多劫江西、淮南、宣润等道,许、蔡、申、光州贼,多劫荆襄、鄂岳等道,劫得财物,皆是博茶,北归本州货卖,循环往来,终而复始。更有江南土人,相为表里,校其多少,十居其半。"[1]这些来自北方地区而在长江上劫道为生的江贼,他们在抢到财物之后,并不急于销赃,而是将所劫物品运到产茶区换购为茶叶——"博茶",然后再将茶叶运到北方各州货卖。江贼之所以如此大费周章,就是因为茶叶在南方产地比较便宜,而在北方却是价值不菲的畅销商品,从南方将茶叶运到北方销售可以获得更为丰厚的利润。眼见贩运茶叶利润不菲,一些南方人也加入了"博茶"的行列,他们与江贼里外呼应、相互配合,共同牟取茶叶经销的利润。江贼劫掠以"博茶"的事实,一方面反映了唐末长江流域社会治安的混乱状况,另一方面也反映出江淮地区茶叶交易市场的活跃,以及茶叶交易中所蕴含的丰厚利润。唐朝政府即便对江贼危害社会治安的忧虑并不急切,但面临严重经济压力的情势,也自然要考虑"撷茶之饶,尽入公室"[2]的问题——如何才能够将茶叶经营的利润变成国家的财赋来源。茶叶经销所带来的丰厚利润,甚至还激发起地方长官的占有欲望。如淮南地区的寿州(治今安徽寿县)茶业最盛,早在唐玄宗天宝年间就已经出现了私人经营、自产自销的"茶园",后来随着茶叶成为畅销商品,专门种植和经营茶叶的"茶户"和官私经营的"茶园"越来越多,寿州茶业的商品化程度越来越高,茶叶所带来的利润也越来越丰厚,终于引起了地方长官的垂涎。最有代表性的事件,是淮西节度使吴少诚看到寿州茶业所产生的丰厚利润,于是就派兵抄掠寿州茶山,以充实军费。及至贞元十五年(799)八月,唐德宗下诏削夺吴少诚在身官爵,其中所指斥他的一大罪状就是"寿州茶园,辄纵凌夺"[3]。及至唐宪宗元和十一年(816)讨伐吴元济,唐朝政府特别下令"寿州以兵三千保其境内茶园"[4]。吴少诚抢掠茶园和唐政府派兵保护茶园,都是因

[1]　吴在庆:《杜牧集系年校注·樊川文集》卷一一《上李太尉论江贼书》,中华书局 2008 年版,第 828 页。

[2]　吴在庆:《杜牧集系年校注·樊川文集》卷一一《上李太尉论江贼书》,中华书局 2008 年版,第 829 页。

[3]　〔后晋〕刘昫等:《旧唐书》卷一三《德宗纪下》,中华书局 1975 年版,第 391 页。

[4]　〔北宋〕王钦若等编:《册府元龟》卷四九三《邦计部·山泽一》,中华书局 1960 年版,第 5900 页。

为寿州茶业生产规模大,已经成为当地重要的税收来源。

唐朝全国境内的茶叶交易市场,具有决定性影响的就是以扬州为中心的江淮茶叶市场,唐朝政府从最初榷茶,到后来多次调节茶税,无论是新制订的茶税额度还是出台某项政策,主要就是围绕江淮地区的茶叶市场进行的。综合两《唐书·食货志》的记载,唐朝从初次榷茶,到唐朝灭亡,曾先后七次调整茶税(包括第一次榷茶在内)。唐代调整茶税,总体上看具有两个比较明显的特点,一是榷茶的税率不断提高,所征收的茶税总额呈持续上升之势,这说明茶叶的产量和交易量一直都在增加,预示着茶业作为商品交易行业中的新兴产业蕴藏着十分丰厚的利润,从而引起政府的日益重视;二是茶税调整多数情况下主要围绕江淮地区的茶业展开,表明江淮产茶区在全国茶叶生产中具有行业领导者的地位,江淮茶业所发生的起伏变化直接影响到全国茶叶的生产情况。唐代七次榷茶税率的调整变化情况如下:

(1)第一次开征茶税。唐德宗建中四年(783),时任户部侍郎赵赞提请奏议:"税天下茶、漆、竹、木,十取一,以为常平本钱。"[1]这是唐朝第一次开征茶税。除了榷茶,还同时对漆、竹、木等开征税收,主要是为了解决"常平本钱"不足的问题。但榷茶不久,"朱泚之乱"爆发,唐德宗仓惶之下出幸奉天,不得已而下罪己诏,直接废除了茶税。

(2)第二次调整茶税。贞元八年(792),因发生较大规模水灾,朝廷下诏减免税收,国家财政吃紧。至贞元九年,盐铁使张滂上奏章,请求修订茶税政策,提出:"出茶州县若山及商人要路,以三等定估,十税其一。自是岁得钱四十万缗,然水旱亦未尝拯之也。"[2]这是唐朝第二次修订茶税政策,所制订的"十税其一"的税率,与第一次榷茶税率相同。

(3)第三次修订茶税。唐穆宗在位期间,盐铁转运使王播奏请增加茶税,背景是"穆宗即位,两镇用兵,帑藏空虚,禁中起百尺楼,费不可胜计"[3]。可见此次调整茶税,是在国库空虚的情况下进行的。时任盐铁转运使王播"图宠以自幸",希望通过增收茶税以取悦于唐穆宗,于是"乃增天下茶税,率百钱

---

[1]〔宋〕欧阳修、宋祁:《新唐书》卷五四《食货志四》,中华书局1975年版,第1381页。

[2]〔宋〕欧阳修、宋祁:《新唐书》卷五四《食货志四》,中华书局1975年版,第1382页。

[3]〔宋〕欧阳修、宋祁:《新唐书》卷五四《食货志四》,中华书局1975年版,第1382页。

增五十。江淮、浙东·西、岭南、福建、荆襄茶,(王)播自领之,两川以户部领之"。[1]王播不仅亲自主持江淮地区的茶税征收,还在征税过程中,制定新的"度量衡"制,规定"天下茶加斤至二十两",也就是规定二十两为一斤,较以前的十六两为一斤,增加了25%。这固然反映了当时的茶叶流通量比较大,需要加大"度量衡"制,但王播的主要动机还是为了变相提高茶税,从而加大对茶农、茶商的盘剥力度,客观上打击了江淮地区的茶业经济。对于王播增加茶税的做法,右拾遗李珏明确表示反对,他提出了三个理由:"榷率起于养兵,今边境无虞,而厚敛伤民,不可一也。茗饮,人之所资,重税则价必增,贫弱益困,不可二也。山泽之饶,其出不訾,论税以售多为利,价腾踊则市者稀,不可三也。"[2]尽管李珏的反对理由很充分,但终究因为茶税可以直接增加政府财赋收入所带来的利益诱惑无法抗拒,所以皇帝并未采纳,也没有降低榷茶的税率。

（4）第四次调节茶税。唐文宗大和九年(835)九月,时任盐铁转运使王涯"奏请变江淮、岭南茶法,并请加税以赡邦计"[3]。此次茶税调整除了继续提高榷茶税率外,还积极推行官办茶场,"徙民茶树于官场,焚其旧积者",结果造成"天下大怨"的后果。[4]同年十二月,令狐楚取代王涯担任盐铁转运使,同时兼任新设置的"榷茶使",一身而兼二职,为了缓和民间怨诽和不满情绪,令狐楚奏请:"一依旧法,不用新条。唯纳榷之时,须节级加价。商人转卖,必较稍贵,即是钱出万国,利归有司。既无害茶商,又不扰茶户。"[5]令狐楚奏议的核心问题,就是不再强迫百姓将茶树移栽于官府茶场,从而终止了官办茶场的做法,但实际上茶税并未较以前有所降低。

（5）第五次调整茶税。唐文宗在位期间,李石担任宰相后,将茶税征收的权力重新交给盐铁转运使,并"复贞元之制",也就是恢复了贞元时期"三等

[1]〔宋〕欧阳修、宋祁:《新唐书》卷五四《食货志四》,中华书局1975年版,第1382页。

[2]〔宋〕欧阳修、宋祁:《新唐书》卷五四《食货志四》,中华书局1975年版,第1382页。

[3]〔北宋〕王钦若等编:《册府元龟》卷四九四《邦计部·山泽二》,中华书局1960年版,第5905页。

[4]〔宋〕欧阳修、宋祁:《新唐书》卷五四《食货志》,中华书局1975年版,第1382页。

[5]〔北宋〕王钦若等编:《册府元龟》卷四九四《邦计部·山泽二》,中华书局1960年版,第5905页。

定估,十税其一"的茶税,以缓和由榷茶所造成的社会矛盾,这是第五次调整茶税。表面上看,将茶税恢复到"十税其一"的贞元旧制,政府的财税收入好像减少了,但实际上由于茶叶经营数额较诸以前有了巨大增长,因此,江淮地区的茶税收入仍然十分可观,如唐文宗开成二年(837)五月,武宁军节度使薛元赏,"奏泗口税场,先是一物货税,今请停去杂税,唯留税茶一色,以助供军"[1]。薛元赏奏请停止征收其他货物"杂税",仅保留茶税一项,以补充军费,正说明茶税收入额度大。薛元赏的请求并没有得到批准,但唐文宗下诏每年"以度支户部钱二万贯赐供本军及充驿料"[2],补足了武宁军军费的差额。这就表明泗口税场每年所能征收到的茶税,应该至少有二万贯,薛元赏当初放弃泗口的其他"杂税"而单单保留茶税,原因即在于此。仅从泗口一个税场的茶税收入即可达每年二万贯来看,可知每年仅仅是"税场"的茶税收入就是相当惊人了。

(6)第六次调整茶税。唐武宗即位以后,盐铁转运使崔珙奏请增加江淮地区的茶税,这是唐代第六次调整茶税。但是这次调整茶税的政策并不成功,官府在征收茶税的过程中,甚至伴有掠夺行为,史言:"是时茶商所过州县有重税,或掠夺舟车,露积雨中,诸道置邸以收税,谓之'拓地钱',故私贩益起。"[3]这种带有抢劫性质的征税方式,不仅严重损害了茶商的利益,也直接摧残和破坏了江淮地区的茶业经济。茶商为了逃避苛重的税收,也是为了避免遭到官府公开的抢夺,便将公开的茶叶贸易改为暗中进行,即所谓"私贩益起",茶农与茶商的这些走私性贩卖茶叶的行为,实际上是对国家重税茶叶政策的变相反抗。

(7)第七次调整茶税。唐宣宗大中五年(851),裴休担任盐铁转运使,次年升任宰相,兼任盐铁转运使,针对日益严重的私贩型茶叶贸易,他着手修订茶税和茶法,这是唐代第七次修订茶税。"六年五月,又立税茶之法,凡十二条,陈奏,上大悦……尽可其奏。"[4]裴休所主持的茶税和茶法修订具有改革的

---

[1]〔北宋〕王钦若等编:《册府元龟》卷五〇四《邦计部·关市》,中华书局1960年版,第6051页。

[2]〔北宋〕王钦若等编:《册府元龟》卷五〇四《邦计部·关市》,中华书局1960年版,第6051页。

[3]〔宋〕欧阳修、宋祁:《新唐书》卷五四《食货志四》,中华书局1975年版,第1382页。

[4]〔后晋〕刘昫等:《旧唐书》卷四九《食货志下》,中华书局1975年版,第2122页。

性质,首先是停止征收具有掠夺性质的"拓地钱",即"诸道节度、观察使,置店停上茶商,每斤收拓地钱,并税经过商人,颇乖法理。今请厘革横税,以通舟船,商旅既安,课利自厚"[1]。其次,打击私贩,保护"正税茶商",内容不仅涉及茶商的经营行为,还涉及茶叶交易中间商与保人的责任、茶农生产种植、茶叶运输过程的管理,以及茶园所在地区长官刺史、县令应承担的责任,明确规定:"私鬻三犯皆三百斤,乃论死;长行群旅,茶虽少皆死;雇载三犯至五百斤、居舍侩保四犯至千斤者,皆死;园户私鬻百斤以上,杖背,三犯,加重徭;伐园失业者,刺史、县令以纵私盐论。"[2]明确规定,园户种植茶叶不准许私自售卖,只能卖给官府,实际上就是实行官府专卖,而辖区如果出现园户砍伐茶树造成茶业经营流失的情况,则所在地的刺史、县令以放纵私盐罪论处。之所以要实行茶叶政府专卖,自然是为了增加国家的财赋收入。与此同时,唐廷还针对庐州、寿州和淮南这三个最重要的产茶区,制订了三项专门政策,即"庐、寿、淮南皆加半税,私商给自首之帖"[3],上述三个地区的茶税较其他地区增加一半,私营茶商可以通过向官府"自首"的方式,从官府领取合法经营的"帖子",以获得茶叶经营的资格,从而加强对茶商的管制;明确规定"江淮茶为大摸,一斤至五十两"[4],王播担任盐铁转运使期间,曾规定二十两为一斤,而这时更增加至"一斤至五十两"的"大摸",用以计量江淮地区的茶叶,这主要是因为江淮地区的茶叶产量巨大,为方便计算,故而扩大了"度量衡制";调遣"强干官吏,先于出茶山口,及庐、寿淮南界内,布置把捉,晓谕招收,量加半税,给陈首帖子,令其所在公行,从此通流,更无苛夺。所冀招恤穷困,下绝奸欺,使私贩者免犯法之忧,正税者无失利之叹"[5],即政府派出精明强干的官吏,加强对庐、寿、淮南境内茶叶产区的管制,同时通过给茶叶私贩颁发合法经营"帖子"的方式,使他们能够光明正大地从事茶叶经营活动,在防止因为私贩茶叶而出现偷税漏税情况的同时,也有效保证了茶叶经营有序正常,使

---

[1]〔后晋〕刘昫等:《旧唐书》卷四九《食货志下》,中华书局 1975 年版,第 2130 页。

[2]〔宋〕欧阳修、宋祁:《新唐书》卷五四《食货志四》,中华书局 1975 年版,第 1382 页。

[3]〔宋〕欧阳修、宋祁:《新唐书》卷五四《食货志四》,中华书局 1975 年版,第 1382 页。

[4]〔宋〕欧阳修、宋祁:《新唐书》卷五四《食货志四》,中华书局 1975 年版,第 1382—1383 页。

[5]〔后晋〕刘昫等:《旧唐书》卷四九《食货志下》,中华书局 1975 年版,第 2130 页。

得原来的茶叶私贩免除了违法经营之风险，又有效保护了正常纳税商户的利益，从而确保国库茶税收入的稳定。之所以要对这三个地区出台专门的、针对性的政策，主要就是因为这三个地区的茶叶产量巨大，茶叶经济所占比重大，只要将这三个地区的茶税如数征缴上来，则茶税的大部分就会变成国家稳定的财税来源了。

唐代中晚期淮南地区的茶税收入，在当地财税收入中所占比重较大，甚至可以直接影响到国家财政支出的稳定性。如唐宣宗大中六年（852）四月，淮南节度使、天平军节度使与浙西观察使"皆奏军用困竭，伏乞且赐依旧税茶"，但朝廷下旨重申正月二十六日的敕令，也就是加强对淮南等地茶叶经营的管控。[1]上述淮南节度使治于扬州，天平军治于郓州即今山东东平，浙西观察使治昇州即今江苏南京，除天平军不在产茶区，淮南、浙西皆是著名的产茶区，它们一旦失去征收茶税的权力（收归中央），直接造成"军用困竭"的经济窘境，这充分表明地方财政对于茶商和茶税的严重依赖状况。至于天平军虽然所在区域不属于产茶区，本地茶税收入对其财政状况影响虽然并不明显，但其财税来源很可能依赖于其他产茶区的供应，否则它又为何同淮南、浙西一道上此奏章？扬州作为淮南节度使的首府，也是江淮地区茶叶的集散中心，大量茶商汇聚于此，将茶叶源源不断地运往全国各地，每年给扬州以及淮南节度使府所带来的赋税收入之多，是不难想象的。扬州附近的运河、长江航道上，常年停泊或航行的运茶船，一方面将来自江淮各个产茶区的茶叶"舟车相继"地运到扬州贮藏，一方面又将这"所在山积"的茶叶络绎不绝地运往广大的北方乃至全国各地，从而给扬州带来巨大的财富收益，茶业经营已经成为唐代中期以后扬州重要的财富来源。

（三）"喧喧卖药市"的扬州药材业

隋唐五代时期的扬州不仅是全国盐、茶的集散中心，同时也是十分重要的药材市场。扬州作为江淮地区首屈一指的药材集散中心，在唐诗中颇有反映，如皎然在《买药歌送杨山人》一诗中吟唱道："华阴少年何所希，欲饵丹砂化骨飞。江南药少淮南有……片云无数是扬州。扬州喧喧卖药市，浮俗无由

---

[1]〔后晋〕刘昫等：《旧唐书》卷四九《食货志下》，中华书局 1975 年版，第 2130 页。

识仙子……"[1]在华阴和江南等地无法买到的药材,在扬州的"药市"却可以买到。唐诗吟诵扬州药市之句还有一些,如:"金鹅山中客,来到扬州市。买药床头一破颜,撇然便有上天意。"[2]

关于唐代扬州的药材市场与药材交易,除了唐诗有所反映外,唐代笔记小说中的记述就更加多样化,充分反映出扬州作为全国药材集散地的城市风貌。扬州城内不少财力雄厚的大药商、大药铺,如前揭《续玄怪录》记载,扬州六合园叟张老,曾让妻兄韦某持一顶席帽作为取钱凭证,前往扬州北邸王老家药铺取钱一千万。韦某持帽来到王家药铺,"王老者方当肆陈药",经过验证后,王老即给付韦某一千万钱。王家药铺也有可能同时经营钱庄,但经营药铺应该是他的主业,他是通过贩卖药材、经营药铺而发财致富,王老家药铺能够一次性拿出一千万钱,充分表明其药铺有着十分雄厚的财力。再如,裴谌依靠"市药于广陵"而挣得巨额财富,其在青园桥东置办宅院,"楼阁重复,花木鲜秀,似非人境。烟翠葱茏,景色妍媚……窗户栋梁,饰以异宝,屏帐皆画云鹤"。[3]再如,唐德宗贞元(785—805)初年,广陵人冯俊曾在扬州药市遇到一个道士购买药材,"置一囊,重百余斤,募能独负者,当倍酬其直。俊乃请行,至六合,约酬一千文"[4]。再如,唐玄宗开元年间,张、李二生同在泰山学道,后来李生进入仕途,两人遂各分东西。李生于天宝末年官至大理寺丞,安史之乱发生以后,李生曾奉使扬州,并再遇张生,张生邀其到家做客。"既至,门庭宏壮,侯从璀璨,状若贵人",张生设宴款待李生,席间问他"君欲几多钱而遂其愿?"李生回答,若得三百千,即可将事情办妥。于是,张生便递给他一顶旧席帽,告诉他前往王老家药铺取钱。李生遂持此席帽前往王老家药铺,"王老令送帽问家人,审是张老帽否?其女云:'前所缀绿线犹在。'李问张是

[1]〔清〕彭定求等编:《全唐诗》卷八二一(皎然)《买药歌送杨山人》,中华书局1960年版,第9260—9261页。

[2]〔清〕彭定求等编:《全唐诗》卷三八八(卢仝)《赠金鹅山人沈师鲁》,中华书局1960年版,第4382页。

[3]〔宋〕李昉等编:《太平广记》卷一七《神仙十七》"裴谌"条引《续玄怪录》,中华书局1961年版,第117页。

[4]〔宋〕李昉等编:《太平广记》卷二三《神仙二十三》"冯俊"条引《原仙记》,中华书局1961年版,第156页。

何人,王云:'是五十年前来茯苓主顾,今有二千余贯钱在药行中。'李领钱而回"。[1]从中可知,王老家药铺资本雄厚,同时兼营钱柜业,而且是一家经营时间很长的老字号药铺,而故事中的张生则是一位曾经靠贩卖茯苓等名贵药材而致富的大药商,五十年前曾经将一笔款项寄存于王老家药行。除了这些拥有雄厚资本的大药铺外,扬州城内还有许多小本经营的小药摊或小药铺,甚至还有游医走街串巷、沿街叫卖,如彭城人刘商免官后,"东游入广陵,于城街逢一道士,方卖药,聚众极多。所卖药,人言颇有灵效……翌日,又于城街访之。道士仍卖药,见商愈喜,复挈上酒楼,剧谈劝醉,出一小药囊赠商……"[2]刘商在扬州城内所遇卖药道士,每天游走于扬州城内,沿街叫卖药品,类似这样流动性售卖药品的小药摊或游医,在扬州城内并非罕见个例。以上这些故事尽管带有一些神话色彩,故事情节容有夸张传奇,但故事来源于现实生活,是唐代扬州城内大小药铺很多的写照。

扬州之所以成为江淮地区乃至全国著名的药材市场,与扬州经济繁荣、人口众多也是有些关系的。作为江淮地区的中心城市,扬州不仅本地土著人口众多而密集,而且南来北往、食宿于此的商旅客等流动性人口也十分繁多,像扬州这样人口密集的大都市,一旦发生疾疫特别是传染性疾病,就很容易扩散蔓延,因此扬州本身对于药物就有着十分庞大的需求量,再加上扬州位于运河和长江交汇处,交通便利发达,有助于各种药材的汇入与转出,从而促进了扬州药市的集聚和繁荣。扬州市场上汇集了来自天南海北的各种药材,其中既有来自荆、益、闽、粤、青、冀、陕、晋等地的国产药材,也有来自南洋、西域等番邦海外的药材。史载唐玄宗天宝二年(743),扬州大明寺僧鉴真筹划东渡日本,临行前采购的众多物品中,就有很多种类的香药,如麝香、沉香、甲香、甘松香、龙脑、香胆、唐香、安息香、栈香、零陵香、青木香、熏陆香等,扬州本地并不产香药,上述这些种类繁多的香药既有产自国内其他地区,还有一些是来自南洋、西域等域外地区的舶来品。汇集天下药材于一市的事实,

[1]〔宋〕李昉等编:《太平广记》卷二三《神仙二十三》"张李二公"条引《广异记》,中华书局1961年版,第158页。

[2]〔宋〕李昉等编:《太平广记》卷四六《神仙四十六》"刘商"条注引《续仙传》,中华书局1961年版,第289页。

生动地反映了扬州药材市场的活跃状况,以及扬州药市成为全国性药材集散地的事实。作为当时国际性的大都市,扬州的药市不仅汇聚了产自国内国外的各种药材,还吸引了来自海内外的药商,他们为了谋求商业利润,不远万里汇聚于扬州,因此唐代扬州既云集有来自国内各城的药商,也吸引了大量胡商即外国商人的涌入,在数量众多的胡商中也有一些专门经营各种药物的商人,其中又以日本、南洋、朝鲜半岛诸国以及西域的胡商居多。晚唐时期,日本人多治比安江曾受日本天皇委派,前来唐朝求取中国香药,唐僖宗乾符六年(877),多治比安江从扬州启程回国,带回去大批药物和其他物品。据学者研究,日本著名文物收藏机构正仓院所珍藏的六十多种古代药物中,有很大一部分就是从扬州买去的。[1]考虑到多治比安江是从扬州启程东返日本的,因此他从扬州药市购买大量药物,应该是可信的事实。

唐朝皇室奉道教为国教,故道教在唐代一直比较发达,信道者颇多。道教博取世人信任的一个重要方法,就是其拥有包括修炼长生术在内的众多方术,其中服食丹药则为实现长生不老的重要方法之一,唐朝皇帝中颇有迷信丹药者,由此导致炼制丹药在唐代较为兴盛。丹药炼制一方面确实是道教蛊惑和收拢人心的方法之一,但另一方面也有助于促进医药技术的提高。扬州药市作为唐朝全国性的药材集散中心,也出现了不少专门从事丹药炼制的人,其中既包括道士,也包括一些行医人员,有些人还凭借或利用所掌握的丹药炼制技术而博取统治者的欢心,或以此作为进身上层社会的手段或方法。这方面的例子可以举出一些,如崔万安以司农少卿之职分司广陵,"常病苦脾泄",后来梦见一妇人给了他一个药方,"取青木香、肉豆蔻等,分枣肉为丸米,饮下二十丸",于是崔万安照方抓药,"服之遂愈"。[2]再如,沧州景田里人张守一掌握了一些炼制丹药的技术,于晚唐五代之际辗转来到扬州,在追随杨行密之后,"请为诸将合太还丹",试图借此获得杨行密进一步的重用。[3]再

---

[1] 朱江:《海上丝绸之路的著名港口——扬州》,海洋出版社 1986 年版,第 70 页。

[2] 〔宋〕李昉等编:《太平广记》卷二七八《梦三》"崔万安"条引《稽神录》,中华书局 1961 年版,第 2214—2215 页。

[3] 〔宋〕李昉等编:《太平广记》卷二八九《妖妄二》"张守一"条引《妖乱志》,中华书局 1961 年版,第 2303 页。

如前面所引用的皎然《买药歌送杨山人》一诗说道："华阴少年何所希,欲饵丹砂化骨飞。江南药少淮南有,暂别胥门上京口。京口斜通江水流,斐回应上青山头。夜惊潮没鸬鹚堰,朝看日出芙蓉楼。摇荡春风乱帆影,片云无数是扬州。扬州喧喧卖药市,浮俗无由识仙子。河间姹女直千金,紫阳夫人服不死。吾于此道复何如,昨朝新得蓬莱书。"可见在扬州的"喧喧卖药市"中,兜售各种丹药的药铺、摊点,甚至是游方郎中都不在少数,在他们所叫卖的炼制丹药中,也一定会有宣称具有延年益寿甚至是长生不老功效者,而且这些炼制丹药甚至能够卖出"千金"的高价。丹药的流行,也是扬州药市繁荣及其作为江淮地区药材集散中心这一事实的反映。

四、唐代扬州的胡商

隋唐五代时期的扬州是著名的国际化大都市,聚居着数量众多的外国人,其中包括大食人、波斯人、昆仑人、瞻波(占婆)人、日本人、高丽人、新罗人、天竺人,等等,总人数多达数千。这些居住于扬州的外国人既有学者、高僧,也有跟随"遣隋使""遣唐使"一起来华的水手、匠人等,但最多的却是商人,即所谓胡商。胡商云集是隋唐五代时期扬州商业高度繁荣的一个重要表现。聚集于扬州的众多胡商,他们或是不远万里,奔波于中国与外国之间,寻找一切可能赚钱的商机;或是在中国境内往还于南北东西之间,从事不同种类商品的贸易经营;或是定居于扬州,成为在扬州坐地经营的固定商贩,进而成为扬州的"新居民",把扬州当成了他们的新家乡。

由于胡商蕃客众多,扬州地方官员为了便于管理,安排他们集中居住,从而形成"蕃坊"。不过,关于哪些城市设置有"蕃坊",论者多重视到当时广州的情况:"广州当局为了外商便于营业和便于管理,特在市内划定一个区域,供外商居住和营业之用,名为'蕃坊'。"[1]或曰:"在广州的外来游客中,有许多人居住在城内专门为外国人划定的居住区内。"[2]不过,从唐代国际贸易发展的实际情况来看,其时的京师长安、东都洛阳、扬州、泉州等地,也都是外商云集的大都市,在那里定居经营的胡商蕃客均人数众多,胡商蕃客在这些城市中都应该有相对集中居住的区域,这些集中居住区实际上都可以称为"蕃坊",

---

[1]　傅筑夫:《中国封建社会经济史》第四卷,人民出版社 1986 年版,第 453 页。

[2]　〔美〕谢弗著,吴玉贵译:《唐代的外来文明》,中国社会科学出版社 1995 年版,第 21 页。

当然不一定非得冠以"蕃坊"的名称。如长安醴泉坊、普宁坊、义宁坊,洛阳会节坊、立德坊等,都是胡商的集中居住区域。在这些胡商聚居区内,几乎都有一处波斯寺、祆祠或胡祆神庙。[1]以扬州而言,不仅设有专门管理对外贸易的市舶司,且居住有大量的胡商蕃客,其中最多的是大食人和波斯人,他们长期居住扬州,开设各种"胡店""波斯邸",主要经营珠宝、香料等珍贵商品,因此扬州官府肯定会为他们划定相对集中的居住区以加强管理。

扬州胡商经营的商品范围很广泛,既有价值连城、富可敌国的珍贵珠宝经营业,也有走街串巷、沿路叫卖的小本经营,其中又以经营珠宝最为知名,因此相关文献所记载的唐代扬州胡商,很多都是珠宝商人。《太平广记》所记录的胡商及其所从事的珠宝交易活动,以扬州和广州最多,主要就是这两个城市都是唐代对外贸易的中心城市,国际化程度位居前列,因此而成为唐代胡商蕃客的重要聚居地。其中有几条与扬州有密切关系,从这些故事中,我们可以看到唐代胡商在扬州经营珠宝业的情况。第一条是写江南地区的句容县令偶然得到一件宝贝,但是遍问周围,却无人识荆,于是"令小吏持往杨州卖之,冀有识者,诚之,若有买者,但高举其价,看至几钱"。小吏于是携宝来到扬州,结果被一胡商看到,便提出购买,而在砍价过程中,该胡商从不犹豫,一直加价,后跟随该小吏到句容县令家中,购得此宝一半。[2]这个购得一半宝物的胡人,显然是一位在扬州从事珠宝经营的胡商。再比如,唐玄宗开元年间,落第举子韦弇游历巴蜀时因奇缘获得三件宝物,初无人能识,后来东游扬州,宝贝为一在扬州经营的胡商所识,该胡商出价数十万金购得此宝,韦弇则凭借售卖珍宝所获

---

[1] 按,据〔清〕徐松撰、〔清〕张穆校补、方严点校《唐两京城坊考》(中华书局 1985 年版)记载,西京长安、东都洛阳有波斯寺、波斯胡寺、胡祆祠、祆祠多所,情况如下:卷二《西京·外郭城》注引韦述《记》,载有波斯寺 2 所,胡祆祠 4 所;卷四《西京》云醴泉坊、义宁坊各有波斯胡寺 1 所,布政坊有胡祆祠 1 所,普宁坊有祆祠 1 所;卷五《东京·外郭城》云东都洛阳会节坊有祆祠 1 所,立德坊有胡祆祠 1 所,修善坊有波斯胡寺 1 所。胡寺祆祠作为来华胡商蕃客表达宗教信仰的神圣场所,以及他们节日或日常生活的聚会之地,一般情况下都设置于胡商蕃客较为集中的居住地,易言之,在当时两京及其他大都市中,一旦某个里坊中建有胡寺祆祠,则表明该里坊可能居住着人数颇多的胡人。

[2] 〔宋〕李昉等编:《太平广记》卷二二〇《医三》"句容佐史"条引《广异记》,中华书局 1961 年版,第 1689 页。

巨资而在扬州置家定居。[1]类似这样的故事还有不少,如:(1)有一守船人,在苏州华亭县得一宝珠,"至扬州胡店卖之,获数千缗。问胡曰:'此何珠也?'胡人不告而去"。[2]这是写在苏州得宝,因为无人识荆,只能拿到扬州"胡店"出售。(2)一僧人有一宝物紫妹羯,"有波斯胡人见之,如其价(一百万)以市之而去。胡人至扬州,长史邓景山知其事,以问胡"。[3]这是写波斯胡商以巨资购得宝物后前往扬州,并接受扬州大都督府长史邓景山质询。(3)唐德宗建中年间,乐安人任顼得一粒径寸珠,"殆不可识。顼后特至广陵市,有胡人见之曰:'此真骊龙之宝也,而世人莫可得。'以数千万为价而市之"。[4]这也是写得宝后,到扬州为一胡商所识,并以巨额资金购得宝物。(4)柳毅于龙宫得宝,"因适广陵宝肆,鬻其所得,百未发一,财以盈兆,故淮右富族咸以为莫如"。[5]这也是写柳毅得宝后,要到扬州"宝肆"售卖。

众多胡商在扬州经营珠宝生意,绝非无缘无故,尽管上述故事不可能全为写实,但就发生的背景来看,应当可信,这主要就是因为唐代扬州社会经济繁荣,国际贸易高度发达,云集于扬州的外国商贾众多。诚然,广州、交州、泉州等地以其地处沿海的地理位置而成为外商登陆中国的滩头,其中尤以广州为代表,在唐朝时对外贸易十分发达。如果单论对外贸易,扬州可能有不及广州之处,不过岭南地区除广州、交州等少数几个城市以外,绝大部分区域都还处于初期开发阶段。因此,以综合经济实力而言,以扬州为中心的长江流域经济区,远远超过以广州为中心的岭南经济区,扬州的综合经济实力,也是强

　　[1]〔宋〕李昉等编:《太平广记》卷三三《神仙三十三》"韦弇"条引《神仙感遇传》,中华书局1961年版,第209—210页。又同书卷四〇三《宝四》"玉清三宝"条引《宣室志》所载与此略同,云:"明年下第,东游至广陵,因以其集于广陵市。有胡人见而拜曰:此天下之奇宝也,虽千万年,人无得者,君何得而有? 弇以告之。因问曰:此何宝乎? 曰:乃玉清真三宝也。遂以数千万为直而易之。"(第3250页)可知,当为同一故事的不同版本。

　　[2]〔宋〕李昉等编:《太平广记》卷四〇二《宝三》"守船者"引《原化记》,中华书局1961年版,第3241—3242页。

　　[3]〔宋〕李昉等编:《太平广记》卷四〇三《宝四》"紫妹羯"条引《广异记》,中华书局1961年版,第3251页。

　　[4]〔宋〕李昉等编:《太平广记》卷四二一《龙四》"任顼"条引《宣室志》,中华书局1961年版,第3430—3431页。

　　[5]〔宋〕李昉等编:《太平广记》卷四一九《龙二》"柳毅"条引《异闻集》,中华书局1961年版,第3415页。

于广州的。另外,由于大运河的贯通,扬州不仅成为沟通海河、黄河、淮河、长江、钱塘江五大水域的水路交通枢纽,也成为联结黄河、长江两大基本经济区域的经济枢纽。扬州因而更加繁荣,中国经济重心的南移,就是指以扬州为中心的江淮地区经济,超过黄河流域经济区,尤其是安史之乱以后,江淮地区更成为支撑唐朝运转的经济命脉所在。作为东南名城,扬州不仅是唐代中国的东南重镇,同时也是外商麇集寄居的国际商埠,其繁荣富庶之程度,在当时有"扬一益二"的美称。扬州所汇集的富商大贾,甚至比起东、西两京都要多,史言:"扬州地当冲要,多富商大贾,珠翠珍怪之产。"[1]唐代扬州之繁荣昌盛,首先可以唐人记载见其一斑,如"时四方无事,广陵为歌钟之地,富商大贾动逾百数"[2]。"扬州雄富冠天下,自(毕)师铎、(杨)行密、(孙)儒迭攻迭守,焚市落,剽民人,兵饥相仍,其地遂空。"[3]"扬州胜地也,每重城向夕,倡楼之上,常有绛纱灯万数,辉罗耀烈空中,九里三十步街中,珠翠填咽,邈若仙境。"[4]凡此均是对唐代扬州繁盛状况的如实记录。至于宋人洪迈,更是通过与宋朝的对比,极力铺陈唐代扬州的盛况,略云:

> 唐世盐铁转运使在扬州,尽斡利权,判官多至数十人,商贾如织。故谚称"扬一益二",谓天下之盛,扬为一而蜀次之也。杜牧之有"春风十里珠帘"之句。张祜诗云:"十里长街市井连,月明桥上看神仙。人生只合扬州死,禅智山光好墓田。"王建诗云:"夜市千灯照碧云,高楼红袖客纷纷。如今不似时平日,犹自笙歌彻晓闻。"徐凝诗云:"天下三分明月夜,二分无赖是扬州。"其盛可知矣!自毕师铎、孙儒之乱,荡为丘墟。杨行密复茸之,稍成壮藩,又毁于显德。本朝承平百七十年,尚不能及唐之什

---

[1]〔后晋〕刘昫等:《旧唐书》卷八八《苏瓖传》,中华书局1975年版,第2878页。

[2]〔宋〕李昉等编:《太平广记》卷二九〇《妖妄三》"吕用之"条引《妖乱志》,中华书局1961年版,第2304页。

[3]〔宋〕欧阳修、宋祁:《新唐书》卷二二四下《叛臣下·高骈传》,中华书局1975年版,第6404页。

[4]〔宋〕李昉等编:《太平广记》卷二七三《妇人四》"杜牧"条引《唐阙史》,中华书局1961年版,第2151页。

一,今日真可酸鼻也![1]

况之以唐代扬州经济发展水平,尤其是商业贸易发达状况,可知洪迈之语并无夸张。唐代扬州商业贸易之高度发达及其繁盛情况,诚如论者所指出:"实远非东、西二京所能比。"[2]

经营珠宝生意,需要拥有雄厚的财力,因为珠宝往往价值连城,这也是胡商有些时候必须通力合作、集资购买珠宝的重要原因。[3]以唐代而言,长安、洛阳、扬州、广州等大都市中,拥有雄厚资财的胡商人数众多,他们所经营的"胡店""胡邸""波斯邸""波斯店"动辄就可以拿出或贷出数万、数十万、百万乃至千万的资金。其中尤以扬州的"胡店""胡邸""波斯店"为多,明人谢肇淛对此曾有评说,云:"唐时扬州常有波斯胡店,《太平广记》往往称之,想不妄也。今时俗相传,回回人善别宝,时游闽、广、金陵间。"[4]谢氏此说可与《太平广记》所记载的一则故事相互印证,故事一:卢、李二生曾一起在太白山读书修道,后来李生中途放弃,转而浪迹江湖经商,却因经营不善欠下官府数万贯债务,从而羁縻不得归乡。偶然的机会,李生在扬州阿使桥附近遇到昔日故友卢生,经过一番交谈,卢生了解到李生欠下二万贯债务,于是便将手中挂杖递给李生,让他以此为凭据前往扬州城内"波斯店"取钱偿还债务。李生将信将疑之中,来到波斯店,店中正在经营的波斯胡商看到他手中挂杖,便付给李生二万贯钱。[5]与此相类似的还有扬州六合县园叟张老的故事,张老的

---

[1]　〔宋〕洪迈:《容斋随笔》卷九"唐扬州之盛"条,上海古籍出版社1996年版,第122页。

[2]　傅筑夫:《中国封建社会经济史》第四卷,人民出版社1986年版,第15页。

[3]　如《太平广记》卷四〇二《宝三》"宝珠"条引《广异记》载,武则天在位时,有一土人持一宝珠前往扬州,遇到一群胡商。胡商提出购买此宝珠,遂"与众定其价,作五万缣。群胡合钱市之"。(中华书局1961年版,第3238页)这里明确写出"群胡"合资购宝。此外,文献所载"群胡"集体行动的事例颇多,如《太平广记》卷四〇二"李勉"条引《集异记》,卷四七六"陆颙"条引《宣室志》,都写到"群胡"的集体性活动。这些胡商之所以要"抱团取暖"集体行动,主要是因为身处异乡,单纯靠个体的力量,生存比较困难,尤其是在需要大量资金的贸易中,往往需要齐心协力,才有可能完成。

[4]　〔明〕谢肇淛:《五杂组》卷一二,中国书店2019年版,第1021页。

[5]　〔宋〕李昉等编:《太平广记》卷一七《神仙十七》"卢李二生"条引《逸史》,中华书局1961年版,第119页。

妻兄也是持一顶旧席帽,便从"扬州北邸卖药王老家"取回了一千万钱。[1]在当时的扬州,拥有如此雄厚资金的"邸""店"很多,这些"邸""店"实兼有钱庄性质,其中有很大一部分为来华的胡商所经营。前一故事中李生所持的拄杖,后一故事中的旧席帽,都有点类似现代贸易活动中使用的支票。这些故事均可说明,唐代扬州商业贸易发达,大宗交易由于所需资金数额巨大,可以凭借某种信物,进行借贷支付或者兑换现金,在当时有许多"胡店""胡邸"均可以从事这一类借贷活动。在这些由胡商经营的邸店中,其中又以波斯商人所经营者居多,这一点不仅正史、野史资料中有所记载,在出土的一些石刻文献中,也透露出这方面的有关信息,如1963年6月在扬州东郊五台山出土了一方时间为唐僖宗光启二年(886)的唐代墓志,题为《唐渤海吴公夫人卫氏墓志铭》,其中说到卫氏生育二男三女,"长子曰延玉,次曰波斯……"[2]卫氏给儿子取名波斯,正表明生活在扬州的波斯人颇多。另外,扬州还出土过"波罗球镜"(按,即打马球镜)、"狮纹铜镜"、"波斯绿釉罐"等,这些出土文物均与波斯有密切关系。另外,还有一事值得关注,杜子春从长安西市"波斯邸"中取得几千万钱之后,"遂转资扬州,买良田百顷,郭中起甲第,要路置邸百余间"[3],专门收养天下孤孀。杜子春为何选择扬州为其最后的经商和定居地?其中原因应当在于扬州经济发达,经商风气浓厚,尤其是胡商蕃客众多,此前杜子春经历过数次坎坷,每次都是从胡商经营的"波斯邸"中获取翻身的资金,再联系"唐时扬州常有波斯胡店",所以很有可能杜子春所经营的商业与胡商蕃客交集颇多,故而他选择胡商聚集的扬州作为最后的置业福地。

由于扬州集聚的胡商众多,所以在唐朝皇帝所下发的有关胡商管理问题的诏敕中,有些专门提到了扬州,如唐文宗大和年间发布过一道德音诏,略云:"南海蕃舶,本以慕化而来,固在接以仁恩……其岭南、福建及扬州蕃客,宜委节度观察使,除舶脚收市进奉外,任其来往,自为交易,不得重加率税。"[4]

[1] 〔宋〕李昉等编:《太平广记》卷一六《神仙十六》"张老"条引《续玄怪录》,中华书局1961年版,第112—114页。

[2] 李文才疏证:《隋唐五代扬州地区石刻文献集成》,凤凰出版社2021年版,第304页。

[3] 〔宋〕李昉等编:《太平广记》卷一六《神仙十六》"杜子春"条引《续玄怪录》,中华书局1961年版,第110页。

[4] 〔宋〕宋敏求编:《唐大诏令集》卷一〇《太和三年疾愈德音》,中华书局2008年版,第65页。

诏书中所重点强调的几个地方,分别为岭南、福建及扬州,要求上述各地的地方长官对于辖区内的胡商"接以仁恩",允许他们在辖区内自由经商,并不得擅自加重税收。类似这样允许胡商自由经营、维护胡商经济利益的奏表诏敕应当不止这一条,这表明唐朝统治者对于胡商蕃客在华经营商业,总体上持积极扶植的态度,对于胡商正当的商业经营活动予以保护鼓励,对侵害胡商利益的行为则坚决予以惩处。允许、支持甚至是鼓励胡商在华经营的开明开放政策,应该是唐朝成为其时万方朝宗之地的一个重要原因,也是扬州、广州、泉州等南方沿海沿江城市聚集有众多胡商的原因所在。

唐代扬州不仅胡商众多,而且经济实力超强,直接引起了唐朝地方官府的瞩目,甚至于在战乱时期成为官府和叛军勒索和抢劫的目标。例如,唐肃宗乾元年间(758—760),唐朝克复长安、洛阳,国家财政入不敷出,遂派遣郑叔清为御史,"于江淮间豪族富商率贷及卖官爵,以裨国用"[1],当时洪州有一僧人表示愿意献纳百万钱,便于腋下取一小瓶以供出售,有一个波斯胡商以百万钱购得。后来这个波斯胡人来到扬州,淮南节度使、扬州大都督府长史邓景山盘问此事,于是"又率胡人一万贯,胡乐输其财而不为恨"[2]。这个波斯胡商先是出资百万购得紫抹羯,后来又再次被征缴税款一万贯"而不为恨",充分证明这些胡商的财力十分雄厚。这个波斯胡商只是在扬州众多胡商中的一个,他所展示出来的经济实力令扬州地方长官震惊。上元元年(760),邓景山招徕平卢兵马使田神功,协助自己讨伐刘展。田神功来到扬州以后,"大掠百姓商人资产,郡内比屋发掘略遍,商胡波斯被杀者数千人"[3]。被田神功一次所掠杀的胡商就有数千人之多,由此不难想见扬州城内居住的胡人之多,他们之所以被抢掠和杀害,一个很重要的原因就是他们所拥有的巨额财产勾起觊觎者的贪婪之心,所谓"匹夫无罪,怀璧其罪",即指此而言。田神功的这次大肆杀戮,是对唐代扬州胡商群体的一次沉重打击,经过很长时间以后,

[1]〔后晋〕刘昫等:《旧唐书》卷四八《食货志上》,中华书局1975年版,第2087页。

[2]〔宋〕李昉等编:《太平广记》卷四○三《宝四》"紫抹羯"条引《广异记》,中华书局1961年版,第3251—3252页。

[3]〔后晋〕刘昫等:《旧唐书》卷一二四《田神功传》,中华书局1975年版,第3533页。同书卷一一○《邓景山传》所载略同,云:"神功至扬州,大掠居人资产,鞭笞发掘略尽,商胡大食、波斯等商旅死者数千人。"(第3313页)

扬州的胡商经营才随着局势的渐趋稳定而恢复。

　　隋唐五代时期的扬州社会经济繁荣发达,在全国居于领先地位,从而赢得"扬一益二"的美称。扬州社会经济的快速发展,具体表现在农业、手工业、商业等多个方面,扬州发展成为国际化的城市也正是在隋唐时期。

　　隋唐五代时期扬州地区的农业得到快速发展的原因,可以概括为如下五个方面:(一)人口的进一步集聚和增长。隋唐五代时期的扬州地区人口,在总体上一直呈现增长的态势,由此带动了包括农业在内的各个行业的发展进步。(二)统治集团对于农业生产的高度重视。隋唐两朝的统治者对于农业的基础性地位,都有明确的认识,并采取相应的政策措施,调动广大吏民的生产积极性,从而促进扬州地区的农业生产快速发展。(三)扬州地区优越的自然条件。扬州地区无论是气候条件,还是土壤条件,都非常有利于进行农业生产。(四)农业生产工具的明显改进与耕作技术的显著进步,大大提高了农业生产效率。隋唐五代时期扬州农业耕作技术的进步,可以水稻种植为例略作说明。在隋唐以前,包括扬州在内的广大江淮地区,水稻播种采用直播法,即直接撒播稻种,或是将催芽后的种子抛撒栽种,直播法不仅造成种子的浪费,而且水稻的亩产量也不高。隋唐时期扬州地区的水稻就全部改用育苗插栽法,相较于直播法,插秧法属于精耕细作式集约化农业生产技术,能够大幅度提高水稻亩产量。隋唐五代时期扬州地区农业耕作技术的显著进步,还体现在已经出现了人工制作的肥料,从而改进了肥田的方法。(五)农田水利设施的大量兴修,这又包括修复以前旧有的陂塘和新开水利工程设施两个方面。农田水利工程的修复或创建,有效抵御了干旱洪涝等自然灾害对农业生产的影响,而且可以更多地种植高产水稻,迅速提高粮食亩产量,从而加快扬州地区农业生产发展和进步的步伐。

　　隋唐五代时期扬州地区农业生产的快速发展和高度发达,主要有如下三个方面的表现:(一)扬州地区土地资源得到了进一步的开发,一些原先不适合作物种植的盐碱地或渍涝地被改造为可耕地,从而为农业生产的持续发展提供了坚实的物质基础。(二)扬州地区农业生产集约化程度进一步增强,具体表现为早稻、晚稻双季连作,以及稻麦复种,从而造成主粮亩产量和总产量均有较大提高。隋唐五代时期扬州地区主要粮食作物不仅包括双季连作的早、晚两茬水稻，还包括大麦、小麦与水稻的稻麦连作，这是扬州地区农业生产集约化水平显著提高的标志，无论是粮食的单位亩产量还是粮食的总产量，比起以前都有了较大增长。（三）扬州地区果、蔬、林、牧、渔等各种副业得到了充分发展，成为农业的重要补充。在农副产业发展的基础上，农作物种植的种类进一步多样化，一些经济作物的栽培和生产表现出明显的集约化趋势，从而为农产品商品化程度的提高奠定了坚实的物质基础。

隋唐五代时期扬州地区社会安定，农业生产快速发展，从而为手工业的进步提供了坚实的物质基础。特别是安史之乱以后，以扬州为中心的江淮地区日益成为唐朝中央政府的财税来源地，扬州更是进一步稳固了其南北漕运的核心枢纽地位，经济实力更加雄厚，不仅可以提供发展手工业所需的各种原料，同时也提供了更加广阔的商品市场，从而为工商业的进一步繁荣发展提供了物质条件，而伴随着商品经济的发展和工商业的繁荣，扬州的手工业生产规模不断扩大，手工业技术有了十分显著的进步。

隋唐五代时期扬州地区手工业快速发展与技术进步，主要有三个方面的原因：（一）首先得益于广大手工业工匠生产积极性的提高，以及由此所导致的制作工艺的显著改进，而广大手工业工匠的生产积极性之所以被调动起来，又和他们的人身自由度改善和社会地位有所提高存在着密切的关系。人身依附关系的削弱与自由度的提高，有效提升了手工业者的劳动积极性，从而促进了手工业生产的快速发展。（二）与扬州独特的区位优势、江淮地区喜好工商业的民风，以及充分发展的社会经济条件也有关系。隋唐五代时期扬州地区的手工业经济较诸以前有了进一步发展，各种手工业行会也纷纷建立起来，社会分工也进一步细化，掌握一定手工业技艺而又摆脱了人身束缚的农民中，有相当一部分人开始投身于手工业，从而成为专业的工匠。此外，隋唐五代时期扬州手工业快速发展以及手工业技术取得显著进步，与江淮地区的社会风尚也有一定关系，扬州地区"俗好商贾"的社会风俗，反过来又推动了手工业的进一步发展，因为只有进入商品化运作之后，所生产出来的各种手工业制品才能够行销国内海外，从而又进一步推动手工业技术的改进和提高。（三）与其时社会需求的推动也有很大关系。隋唐五代时期扬州地区手工业技术的革新和进步,在很大程度上就是由当时的各种社会需求所导致或促成的。以造船业为例,因为扬州乃是一个"车马少于船""邻里漾船过"的水上城市,船只作为当地民众日常生活的一种必需品,系当地民众出行所必不可少的交通工具,这种来自广大群众日常生活的普遍性社会需求,直接造成扬州地区的船只需求量很大,从而使得造船成为有利可图的行业,于是许多人纷纷投身到造船行业,最终必然导致扬州造船业格外发达,并进一步促进扬州地区造船技术的提高。

隋唐五代时期扬州地区的手工业作坊规模大、生产能力强、门类齐全、技术领先、工艺精湛、产品质量优良,在全国都是居于前列。隋唐五代时期扬州地区手工业快速发展与技术进步,具体可以概括为如下三个方面:(一)扬州手工业的规模和生产能力,可以漆器生产和大型器具制造为例略加说明。漆器本以襄州为胜,但扬州后来居上,时至晚唐,不仅制作工艺领先,而且生产能力惊人,如高骈担任淮南节度使时,仅在乾符六年(879)一次贡献给朝廷的漆器就多达15935件,足见扬州漆器制造业规模之大。唐代扬州手工业制造能力强大,还表现为能够制作大型器物,当时朝廷所需要的大型器物很多时候都是委托给扬州制造,如唐德宗时期曾命扬州制作巨型铜灯树,仅铜料就用去6万多斤,如果再加上其他装饰用材,则这个铜灯树的重量和体积之巨大,可谓惊人。(二)扬州手工业门类齐全,凡是社会生活与生产所需求的物品,扬州皆有相应的手工业作坊进行生产供应。对于唐代扬州地区手工业的门类,涵盖"衣、食、住、行、用"五类,凡民众生活、生产所需要的一切产品,皆可以生产。扬州地区门类齐全的手工业制作,不仅能够直接满足普通民众日常生活、生产所需,而且还具有制造工艺要求高、价值昂贵的奢侈品的能力,能够满足不同人群的社会需求,例如各种金银器、珠宝玉器乃是社会上层人士所钟爱的奢侈品,扬州都有专门的制造作坊进行生产。(三)扬州手工业技术领先、制作工艺精湛和手工业制品质量优良,全方位地体现在造船、金属冶炼、纺织、漆器、雕刻、制糖、乐器制作等各个领域。以金银器制造业中的铜镜为例,扬州铜镜不仅是扬州青铜器制造业工艺先进的典型代表,而且蕴含着丰富精深的文化意蕴,从某种意义来说,隋唐五代时期扬州的铜镜铸造,已不局限于物质层面的手工业制造工艺,而是精神层面上"天下器,扬州工"的灵魂所系。扬州铜镜铸造过程中所追求的极致境界,集中体现了历代扬州人民精益求精、一丝不苟的品格,并从形、神两个方面直接塑造了扬州文化的精神内涵——追求精致、追求卓越。从文化层面的意义而言,扬州铜镜不仅是唐代铜镜文化发展的杰出代表,集中体现了唐代铜镜文化演化发展的历程,而且蕴含了丰富的中外文化交流的内容,有助于深化和拓展中西交通史的内涵,扬州铜镜所包含的域外文化元素及其所体现出来的浓郁的中外文化交融风貌,正是唐代扬州作为开放性国际化大都市和胡汉文化交流中心城市这一历史事实的写照。

早在魏晋南北朝时期,扬州地区的商品经济就已经有了较大发展。隋唐五代时期,随着扬州成为东南地区的中心城市,以及社会经济发展水平迈上新台阶,扬州地区商品经济的发展和商业的繁荣,更是远胜往昔。隋唐五代时期扬州地区的商品经济高度发展,商业活动繁荣昌盛,原因可以概括为如下四个方面:(一)扬州地区人口的集聚与扬州地区喜好经商的风俗,乃是扬州地区商业繁荣发展的内在动因。隋唐五代时期扬州地区农业、手工业,均居于全国领先地位,扬州商业的繁荣发展,也直接得益于其间扬州地区人口的增长和集聚。商品经济的繁荣和商业活动的发达,离不开生活、生产的消费,如果没有人的消费活动,商业活动便失去了动力,而消费的水平与力度又取决于人类的生产和生活需要,历观古今中外,凡是商品经济活跃、商业发达的地区,必定对应着众多的人口。以此言之,隋唐五代时期扬州的人口有了较大增长和集聚,正是扬州地区的商品经营活动发达与商业繁荣的根本和基础。(二)农业和手工业的快速发展,为隋唐五代时期扬州的商业繁荣奠定了物质基础。农业作为中国传统"皇权—吏民"社会的根本性经济基础,决定了手工业、商业的发展也主要围绕服务于农业而进行,从根本上来说,商品经济的发展程度,直接受限于农业和手工业的发展水平,如果没有农业和手工业发展所奠定的物质基础,扬州地区的商业繁荣局面也就不会出现。隋唐五代时期以扬州为中心所形成的江淮地区城市群,使得江淮地区一跃成为经济最繁盛发达的区域,这里土地辽阔富饶,人口众多,农业、手工业生产高度发达,社会经济实力雄厚,从而为扬州地区的商业繁荣奠定了坚实的物质基础。(三)高度发达的交通为扬州商业的繁荣创造了优越的条件。隋炀帝开通大运河,一举提升了扬州的交通区位优势,凭借地处长江与大运河交汇处的优越地理位置,扬州成为沟通中国南北水陆交通的枢纽,大运河的开通成就了扬州商业的繁荣局面。大运河的全线贯通,彻底打通了中国南北的水路大动脉,海河、黄河、淮河、长江、钱塘江五大水系得以自由地航行,扬州由于地处大运河与长江的交汇处,成为全国的水路交通枢纽,从此中国南方、北方的货物都可交会于此,扬州作为全国经济贸易中心的地位就此奠定。(四)安史之乱的发生,使得唐朝在经济上主要依靠以扬州为中心的江淮地区,进一步提升了扬州的经济地位,从而进一步促进扬州地区商业的繁荣。安史之乱以前,河南道、河北道、河东道作为传统的经济发达地区,基本可以提供保证唐朝政治运转的财政开支,通过运河漕运南方物资到北方并无紧迫性,漕运的重要性因此并不显著,扬州的地位自然也就无足轻重。安史之乱以后,黄河流域基本经济区饱受战火摧残,无法为唐朝提供足够的经济支撑,特别是"河朔三镇"为首的北方藩镇公开与朝廷对抗,贡赋分毫不入于中央,唐朝财政收入几乎完全仰给于东南地区的"江淮八道"——浙江东、浙江西、宣歙、淮南、江西、鄂岳、福建、湖南。而江淮八道的财赋漕运,第一步是必须集中到扬州,然后由扬州通过运河向北转运而达首都长安,扬州因此而成为东南财赋的集中地和唯一转运枢纽。扬州凭借东南财赋的集中地和物资漕运中心的有利地位,不仅农业、手工业有了进一步的发展,商业经济更是获得了快速繁荣发展的有利时机。

隋唐五代时期扬州商业经济繁荣发达,主要有五个方面的表现:(一)扬州成为全国性的商品贸易集散地,经营商品丰富,门类齐全。早在隋及唐朝前期,扬州便已发展成"多富商大贾,珠翠珍怪之产"的重要商业城市,其时全国的重要商品贸易集散地,还有长安、洛阳、成都、洪州等,不过到安史之乱以后,扬州的商业繁荣程度便已经跃居全国第一位,成为国内外富商大贾的聚集地,以及大宗商品存储、运输、销售的枢纽和中心,来自各方的众多商品汇集于此,再通过运河、长江航道销往全国各地。扬州作为当时全国最大的物资交流市场,不仅货品齐全,流量巨大,而且运销距离遥远,辐射面宽广,商品销售流通跨越国门而远销域外。(二)扬州的商业资金雄厚,金融业高度发达。一方面扬州富商大贾凭借雄厚资金直接操纵市场,打通与官府的关节,从中牟取丰厚商业利润;另一方面由于大宗商品交易频繁,动用的交易资金数量巨大,因而出现了一些可以办理抵押贷款的"邸店""质库","飞钱""便换"的出现是隋唐五代扬州金融业进一步走向专业化的标志。飞钱、便换首先出现于扬州并非偶然,既是唐代中期以后扬州商业繁荣昌盛的表现,也是扬州商品经济发展、经济地位日益重要性的必然结果。(三)扬州商业市场组织形式出现了近代化商业市场的萌芽,一方面由于商业经济的发展,使得扬州的城市管理突破了传统"坊""市"分开管理的旧制度,"坊"与"市"的界线逐渐模糊乃至消失,商业活动的区域发生了突破,另一方面则是商品交易的时间由以前的"聚散有时"演变为不限时经营,这集中体现为扬州"夜市"的空前繁荣。(四)扬州商业经营模式发生新变化,以前商业活动主要为社会上层提供服务,此时转向为社会各个阶层提供服务,造成经营商品种类进一步增多;与此同时,经营模式由以前相对单一的买卖商品,转向兼营旅店、饭馆、货栈、买卖等多业,从而形成复合型商业经营模式,甚至萌生出近代商业经营的某些特征。(五)各种各样的商业店铺遍布城乡,是隋唐五代时期扬州商业高度繁荣的又一个重要表现。扬州城市商业经济的快速发展有效带动了整个扬州地区的经济进步和发展,导致商品经济由城市向农村的全面渗透,其间不仅扬州城内市肆林立、商品经济活跃,而且其下属县城、乡镇甚至是乡村的商业也有了很大发展,涌现出很多商业店铺,这些店铺的经营也呈现出多样化的面貌。

　　中唐以后,随着以扬州为中心的江淮地区逐渐成为支撑唐朝财政开支的经济核心区域,在"唐都长安,仰赖江淮之米,运道险远,更甚于今"的形势下,扬州的商业经济获得了进一步发展的机会,并渐渐形成盐、茶、药等多个富有地方特色而又最具全国影响力的商品贸易行业。以影响国计民生的盐业来说,已然形成"根本在于江淮"的局面,而江淮盐业的根本又是在于扬州,作为江淮盐业经营的中心城市,扬州盐业经营所获取的利润,在居天下财赋之半的"盐利"中占有最大比例,成为支撑唐皇朝经济命脉的行业。唐代淮南道的商业经营中,能够与盐业比肩的是茶业,特别是到安史之乱以后的唐代中晚期,江淮地区的榷茶税收不仅成为本地财赋收入的重要来源之一,甚至对于国家总体的财赋收入也有直接影响,"舟车相继,所在山积"的扬州茶业,成为唐皇朝又一重要财赋来源。隋唐五代时期的扬州还是全国重要的药材集散中心和核心市场,之所以如此,又与扬州经济繁荣、人口众多有直接关系。作为江淮地区的中心城市,扬州不仅土著人口众多而密集,而且南来北往的商旅客等流动性人口也十分繁多,人口密集的大都市一旦发生疾疫特别是传染性疾病,就很容易扩散蔓延,因此扬州本身对于药物就有着十分庞大的需求量,再加上扬州位于运河和长江交汇处,交通便利发达,有助于各种药材的汇入与转出,从而促进了扬州药市的集聚和繁荣。

唐代扬州的胡商,也值得关注。隋唐五代时期的扬州是著名的国际化大都市,聚居着数量众多的外国人,有大食人、波斯人、昆仑人、瞻波(占婆)人、日本人、高丽人、新罗人、天竺人等,其中既有学者、高僧,也有一般的普通人,最多的则是商人——胡商。聚集于扬州的众多胡商,他们或是不远万里,奔波于中国与外国之间,寻找一切可能赚钱的商机;或是在中国境内往还于南北东西之间,从事不同种类商品的贸易经营;或是定居于扬州,成为在扬州坐地经营的固定商贩,进而成为扬州的"新居民",把扬州当成了他们的新家乡。胡商云集既是隋唐五代时期扬州商业高度繁荣发达的一个重要表现,也是扬州社会经济高度发达并呈现国际化趋势的具体反映。